二十世纪人文译丛

历史著作史

〔美〕哈里·埃尔默·巴恩斯 著
魏凤莲 译

商务印书馆
SINCE 1897 The Commercial Press

Harry Elmer Barnes

A HISTORY OF HISTORICAL WRITING

本书根据多佛出版公司1962年版译出。

商务印书馆（上海）有限公司 出品
The Commercial Press (Shanghai) Co. Ltd.

“二十世纪人文译丛”
编辑委员会

〔美〕哈里・埃尔默・巴恩斯

作者简介

哈里・埃尔默・巴恩斯（Harry Elmer Barnes，1889—1968），美国新史学的代表人物之一。他关注西方社会的文化史，著有《新史学与社会科学》《西方文明史》等。曾于哥伦比亚大学任教，后成为自由作家。20世纪30年代，国内学界已经翻译出版了他的著作，当时他的名字被译为“班兹”，他的《史学》（向达译，1930年版）、《史学史》（向达译，1934年版）和《新史学与社会科学》（董之学译，1933年版）均由商务印书馆出版。

译者简介

魏凤莲，鲁东大学历史文化学院教授，主持完成2项国家社科基金项目，出版《跨文化视野下的狄奥尼索斯崇拜研究》等专著3部，发表论文20余篇，4次获得山东省社会科学优秀成果奖。出版《新全球史：文明的传承与交流》等译著3部，其中，《简明新全球史》获第五届国家图书馆文津图书奖。

总　序

“人文”是人类普遍的自我关怀，表现为对教化、德行、情操的关切，对人的尊严、价值、命运的维护，对理想人格的塑造，对崇高境界的追慕。人文关注人类自身的精神层面，审视自我，认识自我。人之所以是万物之灵，就在于其有人文，有自己特有的智慧风貌。

“时代”孕育“人文”，“人文”引领“时代”。

古希腊的德尔斐神谕“认识你自己”揭示了人文的核心内涵。一部浩瀚无穷的人类发展史，就是一部人类不断“认识自己”的人文史。不同的时代散发着不同的人文气息。古代以降，人文在同自然与神道的相生相克中，留下了不同的历史发展印痕，并把高蹈而超迈的一面引向二十世纪。

二十世纪是科技昌明的时代，科技是“立世之基”，而人文为“处世之本”，两者互动互补，相协相生，共同推动着人类文明的发展。科技在实证的基础上，通过计算、测量来研究整个自然界。它揭示一切现象与过程的实质及规律，为人类利用和改造自然（包括人的自然生命）提供工具理性。人文则立足于“人”的视角，思考人无法被工具理性所规范的生命体验和精神超越。它引导人在面对无孔不入的科技时审视内心，保持自身的主体地位，防止科技被滥用，确保精神世界不被侵蚀与物化。

回首二十世纪，战争与革命、和平与发展这两对时代主题深刻地影响了人文领域的发展。两次工业革命所积累的矛盾以两次世界大战的惨烈方式得以缓解。空前的灾难促使西方学者严肃而痛苦地反思工业文明。受第三次科技革命的刺激，科学技术飞速发展，科技与人文之互相渗透也走向了全新的高度，伴随着高速和高效发展而来的，既有欣喜和振奋，也有担忧和悲伤；而这种审视也考问着所有人的心灵，日益尖锐的全球性问题成了人文研究领域的共同课题。在此大背景下，西方学界在人文领域取得了举世瞩目的成就，并以其特有的方式影响和干预了这一时代，进而为新世纪的到来奠定了极具启发性、开创性的契机。

为使读者系统、方便地感受和探究其中的杰出成果，我们精心遴选汇编了这套“二十世纪人文译丛”。如同西方学术界因工业革命、政治革命、帝国主义所带来的巨大影响而提出的“漫长的十八世纪”“漫长的十九世纪”等概念，此处所说的“二十世纪”也是一个“漫长的二十世纪”，包含了从十九世纪晚期到二十一世纪早期的漫长岁月。希望以这套丛书为契机，通过借鉴“漫长的二十世纪”的优秀人文学科著作，帮助读者更深刻地理解“人文”本身，并为当今的中国社会注入更多人文气息、滋养更多人文关怀、传扬更多“仁以为己任”的人文精神。

本丛书拟涵盖人文各学科、各领域的理论探讨与实证研究，既注重学术性与专业性，又强调普适性和可读性，意在尽可能多地展现人文领域的多彩魅力。我们的理想是把现代知识人的专业知识和社会责任感紧密结合，不仅为高校师生、社会大众提供深入了解人文的通道，也为人文交流提供重要平台，成为传承人文精神的工具，从而为推动建设一个高度文明与和谐的社会贡献自己的一份力量。因此，我们殷切希望有志于此项事业的学界同行参与其中，同时也希望读者们不吝指正，让我们携手共同努力把这套丛书做好。

“二十世纪人文译丛”编委会

2015年6月26日于光启编译馆

谨以此书致敬

历史领域的巨匠、宽厚仁慈的朋友——

费迪南德·谢维尔（Ferdinand Schevill）

目　录

再版前言

《历史著作史》(*A History of Historical Writing*)的这个新版本是为了回应很多高等院校历史教师的要求，他们认为，这本书仍然是对历史写作整个过程的唯一充分的考察。他们向我指出，就历史学和历史方法的课程而言，一直并且仍将非常需要一个指南和教材——这本书对于这些目标来说，的确是必不可少的。这些需求在过去的十年里越来越多，而这本书却已绝版。承蒙多佛出版公司海沃德·舍克(Hayward Cirker)的睿智、慷慨和盛情，使我有可能满足这些需求。 vii

出于坦率和指导的目的，有必要指出这次再版的本质是什么。因为很明显，作为一种胶印产品，它与 1937 年出版的第一版以及 1938 年稍作修改的再版本在本质上仍然是同一本书。但这对我们想要达到的目的来说并不是什么不利因素。这本书，正是那些对这本书的再版感兴趣的人所一直要求的，它满足了这些人想要达到的目的，也满足了所有其他历史学家希望有一本合适的教科书的愿望。

更进一步说，即使这个版本允许重新排版，在修改时可以完全自由，它也不会在本质上与现在有所不同。我对 1937 年的版本尽了我最大的努力，多年来也没有任何理由对它进行重要改动。如果要出版一本更厚的书，情况可能就不是这样了，但即使如此，书的篇幅增加了，相应地，作为一本易于拿放的教科书，其使用难度也就增加了。

因此，在准备此次修订时，笔者充分考虑了 1937 年版本收到的所有批评，以及自其出版后得到的所有意见和建议。笔者详细阅读了自 1938 年以来出版的关于历史著作史的杰作，特别是詹姆斯·汤普森(James Westfall Thompson)的鸿篇巨制、迈克尔·克劳斯(Michael Kraus)关于美国史学

viii 的杰作、卡尔·贝克尔（Carl Becker）和查尔斯·比尔德（Charles Austin Beard）的几部关于历史写作发展的著作，以及涉及“历史相对论”问题的著作。

新版本的主要变化是，增加了1938年以来出版的最重要的历史著作，这些著作涉及了从史前时代到今天冷战的所有历史阶段。参考书目和脚注已被更新，包括1963年出版的重要书籍。1938年以来，历史方法上的很多变化和新技术的发展改变了历史观点、研究、文献和写作，这些变化和发展在新版本中都给予了适当的考虑。

虽然作者对第二次世界大战及其后果的史学研究比任何在世的历史学家都要细致和深入，却坚决抵制住了在这一版本中讨论这个问题的诱惑。那些想找到并陈述作者关于这一问题的观点的人，完全知道在哪里可以找到作者在这方面的论述。

哈里·埃尔默·巴恩斯

马里布，加利福尼亚

1963年9月

第一版前言

这本书是对历史著作史的简介。它概述了作为艺术和科学的历史写作从最早期到我们今天的发展，同时关注了这种发展与影响演变的文化背景和智力因素之间的关系。我们对创作历史作品的主要作家给予了应有的关注，并努力表明这些作家特殊的个人贡献和思想影响有助于塑造他们的历史观念。历史著作正如其他形式的文化一样，是一种真正的历史产物，必须在它赖以成长的文明背景下加以考虑。因此，一部历史著作史在很大程度上，必然是人类思想史的一个部分。明智的历史著作必须恰当地考虑伟人理论和文化决定论的概念。历史著作史以一种不同寻常的方式说明了这两个因素在文化进化中的力量。 ix

探讨历史著作史这一主题的方法主要有三种。写作者可能会挑选大约 20 位重要的历史学家——从希罗多德（Herodotus）到爱德华·迈耶（Eduard Meyer），然后为每一个人写一篇文学论文。这种模式比其他任何形式都更有趣，也更适合文学艺术。莫里茨·里特尔（Moritz Ritter）的《主要著作中历史科学的发展》（*Die Entwicklung der Geschichtswissenschaft in den fuhrenden Werken betrachtet*）就是一部这样的作品。但是，这样的作品无论在读者兴趣和文学价值上获得了什么，它都失去了信息的完整性和全面性。

另一种解决问题的方法是，提供一本关于历史著作的百科全书式的书目，威廉·艾利森（William Henry Allison）的《历史文献指南》（*Guide to Historical Literature*）和查尔斯·朗格卢瓦（Charles V. Langlois）的《历史文献目录手册》（*Manuel de bibliographie historique*）就是这样做的。这种方法达到了前面提到的第一种方法所缺乏的全面性，但是这种方法带来的必然是纯粹的参考书，并不适合连续阅读。

第三种可能的方法是，描述西方文明中每个主要发展阶段的思想背景，展现每个阶段的历史文献如何与其母文化之间存在关联，指出每个时代历史写作的主要特征，从而说明历史科学的进步（如果有的话）以及这个时代 x 重要历史学家的个人贡献。这种处理方式使我们能够阐述每个时代的重大进展，并指出所涉及的主要人物的特性，既有可读性，又保留了全面的信息。爱德华·富埃特（Eduard Fueter）在其名著《现代史学史》（*Histoire de l'historiographie moderne*）里就采用了这种方法，这也是本书所选择的方法。我确信，在任何介绍性研究中，这都是挖掘这个主题的理想方式。但也要由别人来判断所选择的方法实施得有多好。

本书的前几部分略去了历史写作的时间顺序，但仍然保留了传统的按时间发展的各个阶段，因此，整本书大致按时间顺序贯穿始终。但在本书的后半部分，对主题的安排做了一些让步。这是不可避免的，因为历史写作的不同趋势在时间上是平行发展的。例如，现代历史学研究的起源、历史哲学的兴起、历史写作中的理性张力以及历史文学中民族主义基调的出现，都发生在 17 世纪和 18 世纪。同样，在过去的一百年里，博学的历史著述不断完善，文化史崛起，社会科学对历史写作产生了深刻的影响。如果把这些发展放在一个单一的时间顺序里进行处理只会导致混乱。而对严格的年代顺序进行轻微的调整，就会使主题安排更加明晰并具有启发性。

很明显，在确定哪些历史学家应该被列出或者应该被单独描绘时，对历史学家进行挑选是必要的。否则，这本书就会退化成一个纯粹的目录，特别是在后半部分。我努力使这种挑选尽可能地公正和智慧，不可避免的是，在很多情况下，其他人的选择会与我不同。但至少我可以说，没有一个人是因为我个人对某一历史观点或某一个人的偏爱而被选进书里的，也没有一个人是因为我的偏见或个人的怨恨而被排除在外的。如果确有重要的遗漏，也有人善意地提醒我关注的话，我将很高兴在再版之时予以考虑。

在对待当代历史著作和在世的历史学家时，我一直非常坦率而直接，正如我评价古代和中世纪的历史著作和历史学家一样。这种做法偏离了通常被认可的步骤，但我相信，这是任何要把故事书写到最近的历史著作都不可或缺的。历史上最重要的历史著作都是在过去 50 年里完成的，而许多杰出的历史学家也都还在世。将在世的历史学家和他们的著作排除在评论和批评之外，将会在批判性评价中留下严重的空白，而本书恰恰承载着要包含这些批判性评价的期待。有关历史和社会科学的著作如果当真拒绝处理当代问题的 xi
话，对我们这些活在今天的人来说，就丧失了它们的应用价值。查尔斯·比尔德《高贵的梦想》（“That Noble Dream”）这样的论文比一整卷批评中世纪编年史家的著作更有实际意义。尽管如此，直率地处理当代的著作也更加“具有冒险性”。活着的人可以抗议，但死去的人无法在面对批评时为自己辩护。

本书更多地关注了历史学家们兴趣的扩大和我们今天所依赖的拓展研究。20 世纪历史写作中最重要的创新是：一个概念，认为历史兴趣的范围不断拓展；一个观念，认为对过去的研究告诉我们事物是如何发展的以及它们在过去是怎样的；一种信念，坚信人类过去的历史将会帮助我们更好地理解人类的现在，并更好地规划人类的未来；以及一种认可，即认可几种社会科学为历史学家胜任其工作提供了重要帮助。这些创新思想明确地预测了历史写作在未来几代人中的发展——如果文明还存在的话。甚至博学派也最终承认了这一事实，美国历史协会的一个委员会关于社会研究的详尽报告就是一个例证。然而，我们这一代人对于所谓的“新史学”的重要性的认识，并没有使我精打细算，进而挤占传统历史研究已经获得的篇幅。新史学已受到充分尊重和应有的赞扬。

本书的目的绝非要成为深奥学问的概要集锦。它可能会把学者们阅读中未解决的问题组合在一起，它可以向历史研究的初学者介绍其未来研究领域的主要发展以及这个领域的巨匠。本书也期待吸引普通读者的兴趣。伟大的历史学家对喜欢世界文学的高雅读者来说，一直具有诱惑力和传奇色彩。其中，修昔底德（Thucydides）、塔西佗（Tacitus）、休谟（Hume）、吉本（Gibbon）、莫特利（Motley）、帕克曼（Parkman）、麦考利（Macaulay）

和其他作家都是在文化和专业背景下从事历史写作的，并得到了同时代的人的正确评价。整部史学史应该比任何一个历史学家及其著作的叙述更有趣，也更有启发性。此外，对史学史的考察必然是对人类思想和世俗智慧成长历史的有益探索。最后，对历史著作史的研究，以及对历史事实的研究，应该为我们更好地处理今天的问题以及由此产生的当代诠释问题做好准备。

xii 在职业理念的指导下，在我所能支配的篇幅内，我尽我所能地完成了这项任务。如果有人认为他可以在这个项目上做得更好，他肯定会找到施展才华的空间。目前在所有语言中，本书是唯一的一部历史著作史。我祝愿任何潜在的竞争者好运，没有人会比我更期待优秀的著作得以出版。

哈里·埃尔默·巴恩斯

奥本，纽约

1937 年 5 月 1 日

致 谢

欧柏林学院（Oberlin College）的院长卡尔·维特克（Carl Wittke）和俄克拉荷马大学（the University of Oklahoma）的拉尔夫·雷考兹（Ralph H. Records）教授分别阅读了全部手稿，并提出了许多建设性的批评，对我修订材料大有助益。其他人则从自己的兴趣领域对手稿的相关部分给予了特别的关注。康奈尔大学（Cornell University）的纳撒尼尔·施密特（Nathaniel Schmidt）教授阅读了第一章。北卡罗来纳大学（the University of North Carolina）的华莱士·考德威尔（Wallace E. Caldwell）教授阅读了第一、二章。斯坦福大学利兰分校（Leland Stanford University）的爱德华·休姆（Edward Maslin Hulme）教授和北卡罗来纳大学的约西亚·拉塞尔（Josiah C. Russel）教授阅读了第三至六章。阿尔伯特·莱拜尔（Albert H. Lybyer）教授阅读了第四章关于拜占庭和穆斯林历史学家的部分内容。宾夕法尼亚州立学院（Pennsylvania State College）的詹姆斯·吉莱斯皮（James E. Gillespie）教授和长岛大学（Long Island University）的利奥·格申（Leo Gershoy）教授阅读了第七章。纽约市的恩格尔布雷希特（H. C. Engelbrecht）博士阅读了第八至九章。哥伦比亚大学（Columbia University）的大卫·穆泽（David S. Muzzey）教授阅读了第十章和第十一章的初稿。路易斯·哈克（Louis M. Hacker）教授阅读了第十章的部分内容，北卡罗来纳女子学院（the North Carolina College for Women）的本杰明·肯德里克（Benjamin B. Kendrick）教授读了第十二、十三章和第十五章。哥伦比亚大学教师学院（Teachers College, Columbia University）的默尔·科蒂（Merle Curti）教授和加利福尼亚州帕萨迪纳市亨廷顿图书馆（Huntington Library, Pasadena, California）的富尔默·穆德（Fulmer

Mood）博士阅读了第十四章。这些人发现了很多错误，并为材料的改进提出了许多建设性的意见，在本次修订中，已根据这些意见做了修改。

感谢俄克拉荷马州诺曼市（Norman, Oklahoma）的萨瓦·洛提维勒（Savoie Lottinville）先生核对校阅了书中的人名和日期，并制作了索引。我们很高兴地感谢俄克拉荷马大学出版社的约瑟夫·勃兰特（Joseph A. Brandt）先生谦和而有力地监督了编辑和出版细节。安东尼·尼特鲍埃（Anthony Netboy）先生帮助我检查了校样。

在编写这一版本的过程中，作者没有要求任何人提供帮助，但他从1938年以来收到的批评和评论中获益良多。他要特别感谢罗伯特·哈钦森（Robert Hutchinson）先生及多佛出版公司的编辑同事，感谢他们的专业协助，感谢他们在这个项目上与我合作时的耐心和体贴。

第一章　历史著作的起源

历史的本质

“历史”这个词，在通常的使用上，有两种完全不同的含义。它经常被 3
用来指称人类在过去的活动。在这种意义上，尤其是在人类活动进程中的某个关键阶段，人们经常听到这种说法，即“历史正在被创造出来”。而另一个更加普遍的用法是，人们把历史看成是活动的记录而不是活动本身。在这已被普遍接受的第二种用法中，又包括两层含义。从客观的角度看，借用詹姆斯·鲁滨逊（James Harvey Robinson）教授的话来说，历史是“所有我们知道的关于人类曾经所做、所想或所感知的一切”；而从主观或从心理的角度，历史可以被认为是发生在人类感知领域内的所有记录。

当历史被看作是人类过去活动的记录时，历史也被某些人首先看成是艺术——文学的一个分支，尤其是在早期阶段。随着越来越多的学术权威的出现，历史主要被看成是一种遗传社会科学，关注于最大可能地重新构建人类过去的思想和活动。

史前考古学家的那些重大发现极大地拓展了我们对远古人类活动的认识，而在这些重大发现之前，传统的做法是将“历史”这个词局限在文献描述过或保存下来的活动记录中。但是现在，考古学告诉了我们更多的关于早期人类在不同阶段的生活情况，远远超过我们从文献资料中获得的关于晚近时代的信息。现在使用“史前”（prehistoric）这个词已不再准确，也不符合逻辑了，除非这个词被用来指称人类发展之初的那个模糊和假定的时期，在这个时期还不存在确定且真实的记录；或者除非将这个词局限于历史只是文学的一个分支这样的观念里。在总体上已经摒弃“史前”时代这个词的今天，已经出现了一个替代的概念，那就是“文字出现之前的历史”（preliterary history）。它描述的是人类发展的一个阶段，我们对它的认识来自于考古证据而不是文献资料。

简言之，在用“史前”这个词指称任何保存下大量记录的时代时，不论是文献资料还是刻在石头、骨头和日常生活使用的金属手工制品上的记录，
4 都出现了基本的错误和矛盾，在这一点上人们已经达成一致看法。在最近一些作家笔下，“史前”这个词也与“前亚当”（pre-Adamite）等词汇一起被扔进了废弃概念的仓库，而随着我们关于人类时空活动的知识不断增加，不可避免地，这个仓库也将不断扩充。

在此，还不宜详细讨论对“历史”的各种解释，也不宜以“叙述”为主要内容。因为本书的重要任务就是要揭示对历史的各种解释，历史意味着什么，或者人们认为历史意味着什么，这个备受争议的问题将在其自身的历史突变和演变中展现出来。[1]

文字出现之前的历史发展

我们已经看到，历史——按照我们这个时代的用法——可以追溯至对人类存在和活动的最早记录，因此必须在那些早期手工制品里寻找历史的终极源头，这些手工制品在形式上独一无二，在质料上坚韧持久，它们穿过漫长岁月留存下来，成为人类在掌握书写艺术之前的宇宙洪荒中所建功绩的证据。因此可以说，历史在模糊的、遥远的和想象中的原始石器时代就已真正开启。最早的历史文献产生于首个无可争议的原始石器时代，这一点应该非

1 也参见第344页及以次。（本书脚注中所标示页码是原书页码，即本书边码，下同。——译者注）

常明确，或者，假如原始石器时代不被认可的话，那就应该是在河流沉积时期首个确定的旧石器时代。

由于篇幅所限，我们只能对早期人类发展中最有趣的故事做极简要的概括，这些故事是那些保存下来的手工制品讲述的。在超过25万年几乎不可计量的时代里，最令人震惊的有关人类旨趣和活动的证据是河流沉积时期的手斧、洞穴时代非常薄的燧石片、动物骨头上的雕刻、诸如阿尔塔米拉（Altamira）和枫德哥姆（Font-de-Gaume）等地洞穴里的早期绘画、青铜时代和铁器时代的杰作，这些证据展现出最令人叹服的人类旨趣。而对这些做过全面论述可供读者查阅的是这样一些著作：C. R. 奈特（C. R. Knight）的《历史黎明之前》(*Before the Dawn of History*)[1]、乔治·麦考迪（George Grant MacCurdy）的《人类的到来》(*The Coming of Man*)[2]及斯坦利·卡森（Stanley Casson）的《考古学的进步》(*Progress of Archeology*)[3]。在此，我们对他们的重要观点做简要总结。

19世纪有两个关于人类起源的发现意义深远且具有革命性。犹太人和基督教的经典都提到，在基督到来之前的4000多年前，地球上的生物，尤其是 5
人，是神一时兴起在一周之内创造出来的，但是这个观念被第一个发现打破了。距今500万年前的沙滩上，留下了直立人的脚印，在那时，他们的基本习惯、形体特征已与我们今天的智人有很多相似之处。

非常矛盾的是，与新近所揭示出的地球本身的年龄相比，第二个发现使人类再次成为婴儿。创世记的传统神话被迫让位给新的观点，我们认识到，距离地球最初作为气团脱离母恒星，或者地球作为巨大星子盘内的旋转碎片，有一段非常漫长的时间。但是，对地球年龄的估算有很大差异，我们知道，自大气开始凝固或者地球上出现颗粒聚集以来，其间巨大的时间跨度也完全超越了人类的有限理解力。但是，按照天文学家估算的时间，地球的

1　McGraw-Hill Book Co., 1935.

2　University Society, 1932.

3　McGraw-Hill, 1935.

诞生是宇宙近期才发生的一个事件。“很久，很久以前，”沙普利（Shapley）教授说，“上万亿年前，还没有‘万物之主’时，恒星已经释放出它们的辐射能，天体运行，自然法则统治着宇宙。”

我们关于地球年龄的进步观念在很大程度上得益于地质学。是地质学在正统的壁垒上撬开了第一个缺口。直到19世纪早期，人们还接受这一理论，即认为地球历史上的一系列“巨大的灾难”是上帝的杰作，以此来解释地球表面的物质结构。英国地质学家查尔斯·莱伊尔爵士（Sir Charles Lyell）最先证明地球的表面不是巨大灾难的结果，而是源于自然因素，并且这种自然因素依然在变化之中。这一点目前已经众所周知。在他1830—1833年出版的名著《地质学原理》（*Principles of Geology*）里，莱伊尔清晰阐释了在数万亿年的自然进程之后，形成了各种各样的地质层次、山脉与河谷。在他之后的地质学家用更为详尽的著作证明了他的观点。30年后的1863年，莱伊尔出版了另一部专著《人类的古代》（*Antiquity of Man*），仍然是当时的重要论著。这本书总结概括了丰富的证据，证明在远远早于当时人们普遍认为的时间点上，人类就已经出现了。不久，查尔斯·达尔文（Charles Darwin）在《人之由来》（*Descent of Man*）一书中证明，人类是由更早的类人猿演变而来。

从地质学的角度来看，地球上有机生命的进化可以分为四个主要的阶
6 段：（1）初级或古生代，（2）次级或中生代，（3）第三纪或哺乳动物时代，（4）第四纪或人类时代。有时候，第三纪和第四纪也被称为“新生代”。前两个阶段，即古生代和中生代，占用了漫长的时间，大约3亿年之久。对地质时间的估算不同的权威之间差别很大，所以我们只能满足于粗略的时间。第三纪被认为持续了500万年到3000万年，现在人们普遍认为，第四纪大约有100万年。后两个阶段还可以再细分。第三纪可分为始新世、渐新世、中新世、上新世，第四纪可分为更新世和近期。第四纪的年表在计算人类时代时非常重要，它以四个冰期和三个间冰期为基础，这些冰期一个接一个地延续到更新世末期。我们今天可能就生活在第四个间冰期。

不久以前，人类文化的起源与人类起源的问题一样还被笼罩在黑暗之

中。只要亚当被认为是第一个人，那么，在他之前就不会存在人类历史的概念。“史前”考古的科学也就没有存在的理由，因为人类书写的起源可上溯到《圣经》历史中“第一个人”的同时代。保存在远古地质沉积物里的人类遗骸，证明了在远古时期存在着人类的早期形态。而在类似的沉积物里发现的人类手工制品也清晰地证明，人类及其文化的历史肯定还会回溯到更远的时间段。如今，我们有了丰富知识——尽管远未获得全部的知识，但我们已经能够清晰地了解人类文化从远古的源头穿过多个阶段发展到我们今天的大体轮廓。

使“史前”考古成为可能的科学不过百年。因为在文字出现之前的时代里，还没有日历，考古学家被迫使用他所处理的物品——已挖掘出的石头、骨制品和金属遗存物——按照时间顺序来为证据进行分类和确定年代，这样的时间顺序就直接与物质文化的进步发展相关联。地质学家和古生物学家也能为此提供帮助，他们能够给出这些物品的粗略时间。他们尽可能准确地判断人骨和手工制品所沉积的地质层组的年龄以及在里面找到的动物骨头的年龄。碳14技术能够确定早在5万年以前的沉积物的年代。钾氩测年法（Potassium-Agon）可以确定200多万年以前的年代。

我们今天已经知道石头工具是原始人制造的，但是石头工具的存在，也
曾经使古代的异教作家感受到它们存在的真实意义。伟大的罗马诗人和哲学 7
家卢克莱修（Lucretus）在公元前1世纪写作时，似乎已经本能地认识到石器时代、青铜时代和铁器时代的次序。但是，石制工具通常被认为是诸神掷出的“雷霆圣石”，这一看法存在了成百上千年。它们甚至被认为具有魔力而被珍藏起来。16世纪，托斯卡纳人米歇尔·莫卡特（Michael Mercate）提出，“雷霆圣石”可能是早期人类制造出来的，他的理论已经超前了他所处的时代。一个世纪之后，一个叫托里乌斯（Tollius）的人还为这个信仰神的世界写道，“雷霆圣石”是“在天空中产生的，是云层中聚集起来的闪电似的球状物”。

直到19世纪，这些古代石制工具的人类起源才被完全确定。在某种程

度上，这是被丹麦博物馆馆长汤姆森（C. J. Thomsen）确定的，但是更全面的证明是由勤奋而勇敢的法国考古学家雅克·佩尔特斯（Jacques Boucher de Perthes）完成的。汤姆森为卢克莱修的或多或少的模糊直觉找到了科学基础。他按照地质学早期使用的方法，以石器时代、青铜时代和铁器时代的次序对博物馆的展品进行了分类。但是，汤姆森所做的并没有增加我们对展品分类的意义及其古老性的认识。已知多年的古老石制工具，实际上是数千年前人类大家庭的成员使用的，佩尔特斯的任务就是要证明这一点。大约在1830年，他开始对索姆河河谷（Somme Valley）的文化遗存进行系统性的勘察，从古老的河床沙砾里找到了大量的石制工具和武器。1846年，他出版了《原始手工制品》（*De l'industrie primitive*）。在这部名著中，佩尔特斯认为，他发现的石制工具毫无疑问就是人类制作的。起初，他遭到了尖锐的嘲讽。但是面对这些冷嘲热讽，他依然坚持自己的观点，不久，他的假说不仅被接受，而且得到了人类早期历史领域里的主流学者，比如约翰·伊文思爵士（Sir John Evans）的热情捍卫。

而一旦这些古代石制工具的人类起源被完全确定，汤姆森的早期分类就有了重要意义。现在，原始人的工具可以按照他们的历史和技术进化进行排列。从19世纪中叶以来，考古学取得了快速发展。发掘出土的石质、骨质和金属材料越来越多，而与之齐头并进的是更加准确和专业的分类。

19世纪60年代，约翰·卢伯克爵士（Sir John Lubbock）把石器时代分为两个独立的阶段：旧石器时代和新石器时代。他把粗略制作石器的阶段称
8 为旧石器时代。在其后的阶段里，磨制石器已经出现，他称之为新石器时代。约翰爵士的著作思路清晰，说服力强，对考古学这门年轻的科学大有裨益。他在1865年出版的著作《史前时代》（*Prehistoric Times*）尤其令人瞩目。法国人爱德华·拉尔泰（Édouard Lartet）在新发现（1861年）的基础上，又把旧石器时代分为前后两个阶段。这种把每一个大的阶段再细分为更小的阶段以描述文化进步的工作快速发展起来。

加布里埃尔·德·莫尔蒂耶（Gabriel de Mortillet）在他的《关于分

类的论述》（*Essai de classification*，1869）中为史前年表的确立打下了基础，同时也使我们得以在今天细分旧石器时代，按照年代次序，分为梅斯文时期（Mesvinian）、切拉尼时期（Chellean）、阿舍利时期（Acheulian）、莫斯特时期（Mousterian）、奥瑞纳时期（Aurignacian）、梭鲁特时期（Solutrean）、玛格德林时期（Magdalenian）、阿齐利时期（Azilian）和塔登努阿时期（Tardenoisian）。这些又是较大的分类阶段前旧石器时代、中旧石器时代和后旧石器时代里的更细小的划分。有时，阿齐利时期和塔登努阿时期并不被划在旧石器时代里，而是被看作是旧石器时代与新石器时代之间的过渡时期。“中石器时代”这个词最近被用来表示这个阶段。亨利·布列耶（Henri Breuil）等学者继续进行旧石器时代的研究工作，施密特（R. R. Schmidt）、奥古斯塔·申克（August Schenk）、奥斯卡·蒙特留斯（Oskar Montelius）等学者研究的是新石器时代。20世纪，比利时考古学家艾梅·鲁特（Aimé Rutot）和英国的里德·莫尔（J. Reid Moir）非常明确地提出，在旧石器时代之前还存在着一个漫长的原始石器时代。而在另一端，金属时代与石器时代一直相关联，金属时代的年表也已确定。

一旦原始人工制品或粗陋工具的发现与分类有可能为文字出现之前的阶段确定一份大致的年表，接下来的工作便是为欧洲的不同地区提供考古学的综合分析。鲁特令人钦佩地描述了比利时和索姆河河谷地带史前文化的整体性。约瑟夫·德谢莱特（Joseph Dechelette）、亨利·布列耶、皮埃尔·布列（Pierre Marcellin Boule）和埃米尔·卡泰莱克（Emil Cartailhac）为法国准备了考古学分析。卡泰莱克和雨果·奥伯迈尔（Hugo Obermaier）为西班牙、皮特（T. E. Peet）为意大利半岛分别做了考古学分析。施密特和奥伯迈尔分析了德国的考古学。蒙特留斯以学术的方式研究考察了斯堪的纳维亚的材料。其他学者关注了其他国家，而对整个史前时代的第一个完整而现代的分析来自美国学者乔治·麦考迪。[1]

1 *Human Origins* (D. Applèton and Co., 1924, 2 vols.).

对于史前考古学领域的初学者来说，诸如梭鲁特时期、莫斯特时期和塔登努阿时期此类的名词，可能显得麻烦和琐碎。但是一旦理解了它们的含
9 义，它们就变得简洁易懂了。这些名词代表着文化发展的次序，同时，它们证明了早期石制工具和武器在制作技术上的日趋完美，这是通过石头制品（武器和工具）的数量、设计、形状和边缘切割反映出来的。我们已经说过，这是为史前时代建立年表的唯一途径。可能与第一印象相反的是，加给不同文化时期的奇怪名称并不是任意选择的，不是为了让学生困惑，也不是为了让他们练习拼写和发音，而是有着一个可理解的和自然的起源。每个阶段的名称都来自文化形式所指定的“典型遗址”。典型遗址是指某一石器文化首次被发现的地点，代表了这一文化最典型和最完整的遗迹。莫斯特文化的典型遗址是莫斯特洞穴，奥瑞纳文化的典型遗址是奥瑞纳洞穴。法国的拉斯科（Lascaux）洞穴最完美地展现了史前时代的艺术和绘画。

尽管人类在大约500万年的漫长历史中，没有文字，也没有历史文献，但是考古发现刻写了人类历史的真正开端，记录了人类从野蛮走向文明的崎岖道路。事实上，考古发现展现出来的人类生活远远多于后来的历史文学所记录的，因为历史文献忽略了人类生活中那些更核心和更重要的层面。[1]它们具有重要的历史价值，因为在掌握书写艺术之前，人类在地球上生存的历史已经过去90%以上了。正因如此，我们才放弃“史前”这个词，而代之以“文字出现之前的历史”这一概念。

随着考古学家对史前物质文化的重新构建，社会人类学家也开始研究原始社会的制度化生活。当然，在文字出现之前的时代里，人类的制度以及群体生活留下的痕迹非常轻微，只在某些事物上留下了暗示，比如作为宗教仪式的证据以及那些必须共同努力才能完成的杰作——以石材为主。我们不得不借助引申和比较，即通过研究现存未开化民族的制度生活来重构人类的群体生活，因为现存未开化民族的物质文化与史前人类的大体相似。这

1 参见第291页及以次。

种重构得益于进化理论的采纳及其被用来解释社会的发展。摩尔根（Lewis Henry Morgan）的《古代社会》（*Ancient Society*）就是这种“进化”人类学的最具代表性的范例。尽管这种理论做出了很多重要贡献，但它还是过于简单化了。摩尔根研究原始社会的重要方法被他的学生莱斯利·怀特（Leslie 10
A. White）应用到《文化的进化》（*Evolution of Culture*）一书中，更好地与事实证据吻合在一起。这本《文化的进化》连同罗伯特·罗伊（Robert H. Lowie）的《原始社会》（*Primitive Society*）大致可与麦考迪在《人类的起源》（*Human Origins*）一书中对考古资料的分析相媲美。

掌握书写艺术

尽管非文字的考古遗存对重构早期人类的生活和活动方式帮助很大，且具有重要意义，但是，人们还不可能对过去的活动保留广泛的记录，直到人类能在永久性地表达思想和行动方面有所进步——也就是说，直到人类掌握书写艺术。

书写艺术的模糊起源肯定要追溯到图画文字，它们最早出现在旧石器时代中期和晚期的工具和洞穴墙壁之上。然而，在这些图画可能被认为是真正的文字之前，一定会经历三个界限分明的发展阶段。第一步，图画被定型化，这样它们就有了同样的外观，特指同一个物体。第二步，它们必须不仅指某一具体的物体，而且成为抽象概念的象征。第三步，这些定型化了的符号进入到这样的阶段，它们融合了抽象概念的表达以及人类的发音。最后这一阶段本身也经历了若干发展。首先可能是黏着性语言的原始形态。其次，是“声音文字”最简单和最基本的形式，每个符号代表一个完整的词。一些语言，比如汉语，从未超越这种原始的单音节阶段。然而，在通常情况下，符号一般不代表一个完整的词而只是代表一个音节。或迟或早，人类的各种发音被不同的符号或字母所分解和表达，随之而来的是，出现了字母表。

大约在公元前3000年，埃及人在这一方向上迈出了重要的一步，他们使用24个象形符号来表达很多辅音。但是，他们并不认为仅有这些符号就能满足他们的需要，而是继续采用大量其他的符号来表达单词和音节，却因此丢掉了对真正的音标字母来说最本质的东西。已知最早的音标字母铭文出现在西奈半岛和巴勒斯坦南部。这个字母表的作者脱离了不完美的埃及字母表的限制。他可能是来自比布鲁斯（Byblos）的腓尼基人，也可能
11 来自其他的闪米特族，大致生活在公元前19世纪。最近在拉塞斯·萨姆拉（Rasesh Shamra）发现了重要铭文，此地位于古代乌加里特（Ugarit）拉塔基亚（Latakiyeh）附近。其中一些铭文是用楔形文字的字母写成，是西北部闪米特方言。目前还不能确定，这个发明者是用一种已知的闪米特字母表替代了楔形符号，还是自己独立设计出了这一体系。但是很明显，我们必须修正那种认为是腓尼基人发明了第一个语音字母表的普遍观念了。已知最早的发展成熟的腓尼基字母表是亚希兰（Ahiram）字母表，出现在公元前13世纪的拉美西斯二世（Ramses Ⅱ）时期。这个字母表包括22个字母，都是辅音字母。后来，希腊人用其中的一些辅音来表达元音，从而完善了字母表。又经过一些修改后，希腊字母表通过罗马人传遍西方世界，通过拜占庭人传遍东欧的各民族。罗马人留给我们的独特字体已经在现代西方世界中的绝大多数国家里成为传统。今天普遍存在的大写字母和小写字母之间的差异，是到罗马时期才开始形成的。在希腊罗马时期，那些文学名篇还都是用大写字母写成的。小写字母只被用在商业和非常个人的交流中。在查理曼（Charlemagne）[1] 统治时期，教士抄写员在查理曼宫廷里开始使用小写字母，同时也用大写字母抄写文学名篇，从此，这种做法被延续下来。

随着人们对书写技术的掌握，在何种材料上书写字母和单词成为问题。石柱和石墙，或者巴比伦尼亚的泥版，尽管从耐久性的角度看，它们具有很多优点，但它们始终是笨重的、受限制的，不适合作为书写材料。埃及人用

1 查理曼即查理大帝之意。——译者注

纸莎草内的薄膜制作了一种纸，解决了这一难题。之后，那些没有纸莎草的人开始使用动物皮做成的羊皮纸。从丝和桑树的纸浆中提取的纸，最早是在公元前后，由中国人发明的。大约在公元750年，阿拉伯人用棉花的纤维制作了纸。这种技术传到西班牙后，亚麻替代了棉布，约1250年，现代的亚麻布纹纸开始使用。到14世纪，布料纸已在西欧普及。最早的墨水是把黏稠的植物胶与黑锅的炭黑混合在一起的水。后来，墨水是动物与植物染料的混合物，在今天，墨水是用各种化学颜料做成的。最早的笔是削尖了的芦苇，然后是用鹅或其他动物的羽毛做成的羽毛笔，一直使用到19世纪，人们发明了钢笔。

由于字母表和书写材料的使用，历史写作开始了漫长的发展过程，从 12
希罗多德和修昔底德到冯·兰克（von Ranke）、奥拉尔（Aulard）、加德纳（Gardiner）、奥斯古德（Osgood）和哈斯金斯（Haskins）。詹姆斯·布雷斯特（James H. Breasted）教授从文明进化的总体上和历史写作的具体上，很好地阐述了这一步的重要意义："书写的发明和在纸上做记录的便捷体系在提升人类的作用上远大于人类的其他智力成就。它比之前发生的所有战争和设计的所有制度都更加重要。"[1]然而，在真正的历史观念被提出之前，还必须找到测量时间的方法，并建立年代表的科学方法。

时间的发现和年表的出现

测量时间的方法对记载人类的思想和行为不可或缺，但是，这并不是日历被创造出来的最初目的。关于这一点，詹姆斯·肖特韦尔（James T. Shotwell）教授做过论述，赫顿·韦伯斯特（Hutton Webster）也有更细致的说明，他们认为早期的日历最初要确定和记录的是神的而不是人的功绩。测量时间的方法是随着确定禁忌日和神圣日的需要以及记录被认为具有宗教

1　J. H. Breasted, *Ancient Times* (Ginn and Co., 1916), p. 45.

意义的异常自然现象的需要而逐渐形成的。也就是说，时间的概念产生于人们对自然重复的觉悟，也产生于根据特定的神圣美德或品质区分日子的必要性。测量时间的方法是一个“从运气到数学”的渐变过程。在粗略的日历被用于宗教用途之后不久，它们也被用来为记录世俗的历史活动提供年表。

最简单和最原始的日历类型是与月相相关的阴历，其基础是29天半的阴历月。以此为基础，才有可能提供比一个月更长一些或更短一些的大致方便的计量单位。作为一种时间单位，阴历的两周被广泛接受，周是月的四分之一，或者把月分成三段，每段为10天，后一种情况最接近可行的数学算法。12个阴历月合起来是354天的阴历年，为了确保月份与季节划分相同步，在
13 适当的间隔里插补进第13个月。公元前750年左右，希腊人使用了一个比较长的间隔，是约19年的月运周期。

尽管阴历没有提供精确的时间划分，它或长或短，总是处于失调状态，但是古代的各民族都容忍并留用了它。只有埃及人除外。埃及人第一个创造出了实际意义上的太阳年，开启了现代历法——这份荣耀也属于墨西哥的土著居民。他们的农业生活以及太阳神在埃及的重要性，使得尼罗河河谷的居住者们更愿意减弱月亮的地位，而提升太阳的重要性。相应地，早在公元前4236年[1]，这是已确定的最早历史年代，埃及人似乎已经计算出一个太阳年有365天，12个月，每月30天，每年年末有5个节日。[2]现代日历中的每周7天，贯穿于年月之间，来自苏美尔人和希伯来人对宗教事务的安排。早在公元前238年，亚历山大里亚的科学家们就设计出一种每四年一次的闰年，在希腊化时期，希伯来人的星期被改进，形成了我们现代日历中的行星周。公元前46年，尤利乌斯·恺撒（Julius Caesar）把太阳历引入罗马世界，但是公元2世纪之前，行星周并没有在罗马广泛使用。1582年，教皇格里高利十三世

1 有些学者认为这个年代是公元前2776年而不是公元前4236年。

2 实际上一个太阳年加上四分之一天也要比精确的太阳年短一些，埃及人的日历年是以恒星和太阳为基础计算出来的。埃及人的年开始于天狼星第一次出现在东方地平线上，与此同时，太阳升起在下三角洲的纬度内。

（Gregory XIII）在完善日历上迈出了最后一步。日历里减掉11天，只有能被400整除时，百年才被视为闰年。

一些粗略日历的出现，只是历史系统化的必要前提，在测量和记录时间的机制先进到足以为历史学家提供重要服务之前，这个过程还要再往前推进一步。仅仅以年和年的分段来衡量时间是不够的，换句话说，还需要一些方法以确定连续的年份来建立一个年表。

埃及人有一种非常好的方法为天文学上1461年的“天狼周期”（Sothic Cycle）建立了一种科学的年表，但在历史计算上他们没有使用这种方法，也从来没有创造出一种科学的年表。埃及最早的近似于年表的是一种用大事名年的年代记。著名的“帕勒莫石碑”（Palermo Stele）建立了现存最早的年表记录，被认为以最原始和最完整的方式，确定了从公元前3400年到公元 14
前2700年这700年的时间。当这些年被以某个国王在位时期来命名的时候，方法论上就又取得了一个进展。留存至今的关于埃及统治的综合王表是“都灵纸草”（Turin Papyrus）——虽然处于碎片状态，但是雕刻在其后代王朝神庙墙壁上的王表对其做了补充。大约在公元前275年，托勒密·费拉德尔福斯（Ptolemy Philadelphus）委派一个博学的埃及祭司曼涅托（Manetho）收集埃及所有的年代记和王表，并翻译成希腊语。曼涅托的工作留下了一些残篇，以此为纲要，现代埃及学家们重新构建了古代埃及历史的年代表。

巴比伦人从未超越编年史里的年代记阶段，也就是说，他们通过一些显著的事件来确定年代。但是他们记述的内容相当丰富，也有能力编撰国王年表。与曼涅托同时代的贝罗索斯（Berossos），是安提柯一世（Antiochus Ⅰ）宫廷里的巴比伦祭司，他试图按照曼涅托制作埃及年表的方法，把巴比伦的年代记系统化。但是从由其他抄写者保留下来的他的著作残篇来看，他的年表似乎并未做到全面和准确。在亚述时期，王室年代记在公元前14世纪开始出现，到提格拉特帕拉萨尔一世（Tiglathpileser Ⅰ，约公元前1100）时期，出于确定时间的目的，它们已经相当完整和可靠。而且，亚述年表更准确的事实依据是，某个国王的统治年代通过每年任命的被称为“里木”（limmu）

的名年官得以确定。由于同时代的“里木”的名字也会出现在泥版档案里的事件告示里，名年官表因此可以使历史学家以更高的准确度重构亚述的年表。在亚述和巴比伦历史的后期阶段，关于“时代”（era）的概念也出现了，始于公元前747年尼布甲尼撒（Nabonassar）统治时期。

希伯来人的编年史从来都不比以代际计算的粗陋家谱体系更准确，传统的一代人的时间长度为40年。一些模糊的关于时代的概念似乎也出现了，例如，从亚伯拉罕到大卫的阶段，或者从大卫到“囚禁”的阶段。希伯来年代记体系的经典范例是《历代记》（*Chronicles*）第一卷的开篇以及《马太福音》（*Matthew*）的第一章。

尽管希腊时代有着令人赞叹的开端，有半神话的特洛伊围城，也有不同寻常的以19年为期计算时间的灵巧机制——阴阳历结合的“默冬周期”（cycle of Meton），但是早期希腊历史学家在创造年表方面，没有比他们的
15 前辈做得更好。到公元前5世纪中叶，希腊人拥有的唯一年表记录是地方宗谱以及执政官、男祭司和女祭司的名字。公元前5世纪后半叶，列斯堡岛（Lesbos）的赫拉尼库斯（Hellanicus）从宗谱里加工出年表的早期尝试是“建立在没有牢固基础之上的精巧大厦”，但是即使这种努力也有一定的意义。无论希罗多德还是修昔底德都没有在解决年表问题上做一些重要尝试，后来的希腊历史学家在完成自己的著作时所使用的年表体系，相比于蒂迈欧（Timaeus）在约公元前300年引进的以奥林匹克年计算的笨拙方法，也并不能令人更加满意。奥林匹克“时代”始于公元前776年，据推测，奥林匹克运动会在这一年建立。蒂迈欧之后的80年里，埃拉托色尼（Eratosthenes）把希腊年表置于坚实的天文学计算基础之上，但是，他的这种令人赞美的努力并没有得到历史学家的利用和鼓励，尽管亚历山大里亚的科学家们的天文学研究对年表的未来至关重要。

务实的罗马人是第一个发明出一套理性且可靠的年表体系的古代民族。他们适当地从公元前753年开始计算他们的年代，这一年是传说中罗马建城的时间。令人惊叹的基督教年代学始于阿非加纳斯（Julius Africanus）、攸

西比乌斯（Eusebius）和哲罗姆（Jerome），而在近代早期，约瑟夫·斯卡利杰（Joseph Scaliger）的《年表的构建》（*De emendation temporum*）和克莱芒修士（Dom Clément）的《确定时间的艺术》（*L'Art de vérifier les dates*）为现代的科学年代学奠定了真正基础，我们将在后面介绍这两本书。[1]在这里只要牢记一个事实就足够了，即只有罗马年表才能确保古代的历史学家在处理同时代历史之外，还能处理其他时代的事情。这也可以从某种程度上解释这个疑问：为什么希腊伟大的历史著作多数记载的都是近代和同时代的事件？

与历史年代学的发展关系最为密切的是历史可能分期的观念，其在传统的古代、中世纪和近代历史分期中，为我们所熟悉。但是分期的用法直到17世纪末才开始出现。

历史分期或分阶段的观念在早期是沉思的和怀旧的。犹太人和基督徒回望原始的伊甸园，“人类堕落”及被逐出伊甸园之前或之后的几个阶段被认为是最主要的历史时期。犹太人用流放来计算他们的年代。希腊人也有类似的从最初的“黄金时代”不断衰退的观念，最广为人知的表达是赫西俄德（Hesiod）对人类五个阶段的描述：黄金时代、白银时代、青铜时代、英雄时代和黑铁时代。在早期基督教领袖的著作里，原始伊甸园和黄金时代的概 16
念彼此融合，关于衰退的异教徒观念等同于基督徒“堕落”的教理。在希腊人和罗马人中间，更加普遍流行的是人类发展的循环观念。他们认为文化注定要经历上升和衰落的发展阶段，且这个过程会无限重复。

中世纪的历史学家多半习惯于强调历史的连续性，忽视历史时代的划分。他们倾向于认为，中世纪阶段是罗马帝国的延续。最早打破这一观念的是博学的人文主义历史学家弗拉菲乌斯·布隆德斯（Flavius Blondus，1388—1463）。[2]他认为中世纪是一个独立的历史时期，其间，西欧人脱离了罗马帝国，建立了他们自己的历史和文化。因此，布隆德斯的心中至少有两个明确

1　参见第172页及以次。

2　参见第105页及以次。

的历史阶段——古代和中世纪。但是为我们建立传统历史分期的人是荷兰人文学者克里斯托弗·凯勒（Christoph Keller，即策勒留斯［Cellarius］），他在17世纪末写了一本书，其中把历史分为三个阶段:（1）古代，至君士坦丁大帝;（2）中世纪，至1453年君士坦丁堡陷落;（3）现代，从1453年至今。这些历史分期被沿用下来，至少大体上从策勒留斯到我们今天。根据今天我们对人类发展的理解，在后面的章节中，我们将指出这种分期产生的误导及其真正的弱点——实际上，从总体来看，被应用到人类文化史中的所有类型的分期都是不恰当的。[1]

至此，我们简略叙述了历史写作所必须具备的先决条件的形成，接下来，让我们把注意力转向历史写作在古代的开端。

历史写作的东方开端

除了希伯来的历史学家之外，古代东方的历史文献直到很晚近的时代，也就是直到希腊化时期希腊文化深刻地影响古代近东之前，都相对分量不足，也不够正式。历史材料基本上局限于铭文和王表。这些铭文主要是为了赞颂国王，阐明他们的建筑设施、军事胜利和狩猎功业。其中最多的材料是献给君主或者神的，据推测，应该是由祭司—抄写者写成。这些材料里没有任何批判的意味，对他们的君主及引导他们的神，也没有任何诋毁性的内容。

17 在气候条件下，埃及变成了一座真正的考古学博物馆，或者，正如布雷斯特教授为之命名的“一部巨大的历史书卷”，建筑、工程技术、丰富的王陵遗存、造型艺术，甚至还有雕刻在陵墓、王宫、神庙和纪念碑石头表面的铭文，都可能保留了大量珍贵的历史信息资源，但是，几乎没有历史作品被保留下来。有一个例外是图特摩斯三世（Thutrnose Ⅲ）的祭司的作品，极

1 参见第330页及以次。

具才能地描述了这位勇猛强大的君主所进行的征服活动。除了这个作品以及少数零碎的年代记，比如帕勒莫石碑和都灵纸草，在希腊化时代之前，我们就不知道还有什么是由埃及人写的重要的历史文献了。在希腊化时代，埃及文化中的希腊因素已经大于埃及因素，一个已经被完全希腊化的埃及书吏，即前文提到的曼涅托，编撰了埃及的年代记和叙事体的埃及史，这在当时似乎就是一件非常重要的事情。在编辑和解释材料方面，曼涅托具有理解力和客观性。但是令人遗憾的是，他的重要著作几乎没有被保留下来，只有在犹太历史学家约瑟夫和早期基督教史学家阿非加纳斯、攸西比乌斯等人的著作里保留了一些被篡改的不完整的节录。

巴比伦人和亚述人在编撰历史文献方面做得要比埃及人好一些，尽管在希腊化的巴比伦祭司贝罗索斯出现之前，没有一个美索不达米亚的历史学家能媲美曼涅托，贝罗索斯写作巴比伦尼亚史与曼涅托的写作是同在一个世纪。最早的亚洲历史著述是苏美尔的书吏所做的记述，但是我们没有找到能归于此类的系统性叙事。早期的记载，始于公元前三千纪，是巴比伦奉献铭文，记录了国王的名字，详述了他们的宗谱，描绘了竖立的建筑物。巴比伦人也编撰了很多王表。苏美尔时期，拉伽什的古迪亚（Gudea of Lagash，公元前2070）滚筒铭文也是非常珍贵的历史文献，特别是对当时的风俗习惯而言。大约三个世纪之后出现的《汉谟拉比法典》（Code of Hammurabi）不仅对巴比伦社会史来说是非常重要的资料，而且是早期法制历史上最重要的单独文本。此外，再没有其他的重要历史写作可以归于早期苏美尔和巴比伦时代了。

亚述历史的史实和年表主要从三种类型的记载中收集而来：（1）“展示性铭文”，主要写在石板上，用于建筑装饰，基本与历史叙事的准确性无关；（2）王室年代记类型的铭文，会按照时间顺序记录对每年大事的简短总结，因此这是亚述历史最重要的史料；（3）《名年官表》（*Eponym canon*）， 18
记录了名年官（*limmi*）的名单以及他们被任命的年代。《名年官表》对亚述年代学的重要性已经很清楚。有两部亚述历史著述貌似严肃的编撰，被称为《当代史》(*Synchronous History*)和《亚述年表》(*Assyrian Chronicle*)。《当代史》是从约公元前1600年到公元前800年间巴比伦亚和亚述之间的关系史,记录了其中涉及的国王名单。边界纠纷被给予了特别的关注。它曾经被认为是一部严肃的历史著述,但是后来的研究似乎建立了这样一个事实,即它只是一个精心制作的"展示性铭文",旨在颂扬亚述和他们信仰的神,同时描绘邪恶的巴比伦人所犯下的罪行。同时期其他资料的缺乏,使其成为珍贵的信息来源。《亚述年表》很枯燥却异常珍贵,编撰的是官员、官职和看起来每年最重要的事件。亚述历史编纂中最接近文学艺术的成分表现在王室年代记的生动语言中。阿舒尔巴尼拔(Ashurbanipal,公元前668—前626)统治时期对亚述历史著述的发展具有特殊的重要性。国王下令组建了一个大型图书馆,不仅保存了早期历史材料,而且收藏了阿舒尔巴尼拔在位时期的铭文,与早期的王室年代记相比,这些铭文在风格上更接近于历史叙事。

在新巴比伦王国时期和迦勒底时期,出现了两种值得称赞的历史叙事。一个是《巴比伦编年史》(*Babylonian Chronicle*),涵盖了从公元前745年到公元前668年的历史。它的视角不同于亚述的记录,对其进行了补充和更正,不偏不倚地叙述了亚述与埃兰的战争。另一个是保留了部分内容的《加德年代记》(*Gadd Chronicle*),处理了从公元前616年到公元前610年的历史,描述了公元前614年阿舒尔的陷落、公元前612年尼尼微的陷落和公元前610年哈兰的陷落,充分赞扬了米底人在军事上的勇猛和实力。贝罗索斯的《历史》(*History*)是公元前3世纪初用希腊语写成的,很明显,汇编了巴比伦本地的记录,也保留了它所具有的特殊风格。尽管我们只有其中的一些晚近且不可靠的节录,但是由于缺少其他材料,对希腊—罗马世界而言,它就成为重要的原始资料,持续保有一种独特的价值。

米底国王和波斯国王在总体风格上延续了巴比伦人和亚述人的王室年代记。其中最重要的是大流士刻在贝希斯敦悬崖上的铭文,对我们今天构建古代东方历史和语言的知识具有特殊的意义。这个叙述翔实的铭文用波斯语、
19 苏撒语和巴比伦语写成。在近一个世纪之前,亨利·罗林森爵士(Sir Henry

Rawlinson）通过拓印和破解这个铭文，揭开了楔形文字语言的奥秘。

赫梯人曾写出过令人瞩目的历史文学，这是最近才明确的事。我们阅读和解释了大量历史文献，绝大多数是楔形文字泥版，也有写在后来象形文字文本上的文献，现在已经被破译成功。除了历史纪事之外，还有涉及早期政治关系的条约。特别值得注意的是铁列平（Telepinus，约公元前1100）的《历史》（*History*）跨越了三个多世纪。它有明确的说教目的，也就是说，它要显示血亲复仇作为一种平息犯罪和争端的手段所具有的种种弊端。作者展示出这种手段如何促进了王朝的毁灭，以及如何促使哈图斯里三世（Hattusil Ⅲ，约公元前1281—前1260）的《赫梯法典》（Hittite Code）采用了赔偿金（wergild）制度。同样唤起人们关注的是第一个历史自传的榜样，即哈图斯里三世的自传。

真正的范围广且准确性高的历史叙述是由古代巴勒斯坦的希伯来人首创的。这些希伯来人的历史作品主要保留在《圣经》里，我们不妨简要地考察一下与希伯来《圣经》的本质相关的学术观点是如何出现的。

罗马帝国后期，一些更具批判性的教父针对谁是《圣经》原创者的传统观念表达了怀疑，但第一个认真质疑传统观点的是富有才干的中世纪犹太学者伊本·埃兹拉（Aben Ezra），他大约在公元1150年对摩西是“摩西五经”（Pentateuch）原作者的观念提出严肃挑战。17世纪，杰出的哲学批评家托马斯·霍布斯（Thomas Hobbes）对摩西为原作者的质疑不是建立在对文本和历史的学术考察之上，而是建立在对逻辑和常识的反思之上。他指出如果摩西真是作者的话，该是一件多么怪异的事。因为作者一面写自己的自传，一面让人关注他的死亡，同时又吹嘘他被安葬得多么好，以至于很多年之后仍然无人能够确定他被葬在何处。但是，“摩西五经”说出了摩西安葬的秘密，并且细致描述了犹太人在他死后的哀悼。犹太学者斯宾诺莎（Baruch Spinoza）与霍布斯生活在同一时代，但比后者年轻一些，他开启了对《创世记》起源的真正批判性研究。他的研究表明《创世记》不可能是一个作者在一个时间段写的，同时也为“摩西五经”的作者是摩西的理论提供了反面证据。

18世纪中叶，法国杰出的内科医生让·阿斯特鲁克（Jean Astruc）粗略地概述了“摩西五经”编写并被作为准确版本接受的过程。18世纪末，卡尔·伊尔根（Karl David Ilgen）迈出了决定性的第二步。他指出，《创世记》里至少有17种不同的文献，其中三个主要的文献一直以来都被认为是
20 正确的。在伊尔根之后的世纪里，人们在解决《旧约圣经》作者这一难题上，取得了巨大进展。与这一伟大的学术胜利相关的领军人物是：德韦特（W. M. L. DeWette）、赫尔曼·霍普菲尔德（Hermann Hupfeld）、毕索普·约翰（Bishop John）、威廉·科伦索（William Colenso）、伯恩哈德·施塔德（Bernhard Stade）、亚伯拉罕·昆宁（Abraham Kuenen）、伯恩哈德·杜姆（Bernhard Duhm）、尤里乌斯·威尔浩生（Julius Wellhausen）。威尔浩生极大地推进了对《旧约圣经》的考证，被公认为是这一领域的大师。自这一时代开始，且恩（T. K. Cheyne）、德里弗（S. R. Driver）和培根（B. W. Bacon）等人也做出了重要贡献。

这一批评过程已经远远超出了对《旧约圣经》的文本研究。剑桥大学的著名教授威廉·罗伯逊·史密斯（William Robertson Smith）在其著作《闪米特人的宗教》（*Religion of the Semites*）里，证明犹太人的宗教并不是独一无二的，指出古代希伯来人的宗教与其他闪米特分支的宗教观念和实践之间存在很多相似性。沿着这条更加全面和准确的调查线索，德里奇（Delitzsch）、温克勒（Winckler）和罗杰斯（Rogers）等学者理清了巴比伦神话和宗教传统对希伯来宗教的深刻影响，特别是希伯来宗教吸收了巴比伦的宇宙观、创世神话和诸如巴别塔、大洪水等早期历史神话。同样重要的贡献也体现在查尔斯（R. H. Charles）及其他学者的工作中，他们证明了晚近的犹太版本具有波斯基础，其中关于魔鬼、地狱和灵魂不朽的观念成为独特的基督教信条。

正如我们已经指出的，“摩西五经”在公元前13世纪，由上帝口述给希伯来伟大的政治家和忠诚的抄录者摩西——这只是虔诚的犹太人和基督

徒的看法。圣经学者已经证明，首先，“摩西五经”这个专有名词本身就是一个误解、一个误称。它不是五本书，而是十一本，即除《路得记》之外的《圣经》最早的十二本书，《路得记》是波斯和希腊时期的晚近作品。“摩西五经”远非一个作者在某几年的时间里写出来的作品，而是由至少四批作者在从公元前10世纪到公元前5世纪这段相当长的时间跨度里编纂完成的。在《圣经》的这一部分里，至少有四个基本的类别。最早的，即“J文献”，是公元前10世纪晚期和前9世纪早期的作品。之所以被称为“J文献”，是因为作者称希伯来人的上帝为“耶和华”（Jahveh）。依年代顺序而论的第二个原始记录是“E文献”，因为作者在这里使用“埃洛希姆”（Elohim）一词来描绘神。这个记录出自公元前8世纪。第三个基础文献是《申命记》，写于公元前650年至前620年之间，学者们名之为“D文献”。 21
第四个也是最后一个文献是所谓的“祭司”文献或“P文献”，时间大致在公元前586年至前450年间。这四种文献每一个都是集体创作而不是某一个作者写成的。

这四种存在于《圣经》里的基础文献完全是以不同的写作方式记录下来的，也都在不同程度上被后来的编辑者改动过。“摩西五经”也不是“J”“E”“D”和“P”各文献按照年代顺序穿成一串的丛书。这些文献是由后来的编辑组合在一起并且糅合成近乎无法分割的风格。正是因为经过了后期的编辑和组合，才使得解密“摩西五经”的作者和写作成为一个特别复杂的问题，以至于需要学者们为之努力一个世纪之久。大约在公元前8世纪末，“J”和“E”被编辑整合在一起，接着“J”“E”和“D”在公元前620年和前450年间被编辑整合，最终，在公元前5世纪中叶，已经被不断修订和编辑的“J”“E”和“D”与“P”合在一起构成了我们在《旧约圣经》里看到的著名的“摩西五经”。这些关于“摩西五经”的历史事实，既简略又不完整，根本无法讲述出情况的复杂性，尽管如此，仍然显示出我们前文所描述的那种对“摩西五经”的简单虔诚的认识与真相之间有着多么遥远的距离。詹姆斯·肖特韦尔曾经把《圣经》与一部设想的希腊作品做过令人震撼的比较，认为它们之间有着相似的特点和结构，引用他的话，也许可以让我们更清楚地认识《圣经》的本质：

> 例如，我们可以想象，我们讨论的不是犹太人的经典，而是希腊人的经典。假设，希腊人的遗产以《圣经》的形式保留至今。那么，这本书的特征将会是什么呢？也许开始的几段是来自赫西俄德关于诸神诞生的叙述，文明的开端融合了《伊利亚特》（*Iliad*）的残篇，然后两者都被编进希罗多德冗长的历史段落中。柏拉图的对话也许由荷马时代的英雄们说出，伟大的戏剧家们（不是先知）的文本被保存下来，散落在亚历山大里亚学派的平庸评论之中。接下来，再想象一下，随着岁月的流逝，他们的权威感日渐模糊，哲学家们——因为哲学家之于希腊正如神学家之于以色列——开始相信，这些组合在一起的历史和哲学作品大部分都是梭伦所写，传达的是德尔菲神谕。最后，再想象，这些文本变成了陈规，成为神圣，甚至禁忌的言辞，成为异族人的遗产，这些人除了这部汇编里的内容外，完全不了解希腊历史。虽然有点儿夸张，但这样的汇编就会成为希腊人的圣经，在形式上与犹太人的《圣经》（*Bible*）一样。如果这种比较有点儿过分的话，那也是没有危险的，但我们必
> 22 须在思想上有所保留，以免做得太过火。总的来说，就形式和结构而言，这种类比非常适用。[1]

希伯来人历史著述的开端发生在希伯来人的繁荣和权威极度扩张时期，也正是扫罗、大卫和所罗门作为统一国家的国王时期。正如乔治·摩尔（George Foote Moore）所说：“创造伟大的历史常常会成为历史写作的第一推动力，我们完全可以相信在以色列就是如此。希伯来历史著作的开端，从

1 J. T. Shotwell, *An Introduction to the History of History* (Columbia University Press, 1922), pp. 82–83.

其正确意义上来说，是从扫罗和大卫开始的。”[1]

第一部希伯来人的历史著作是“摩西五经”的“J文献”、《约书亚书》、《撒母耳记》和《列王纪》第一卷的开头，这些作品的作者不确定，却是真实历史叙述出现的最早标志，作为记录被保存下来。关于这一点，布雷斯特教授做了如下评论：“在所有人中，他们是以散文写作历史的最早典范，他们的无名作者也是古代世界里最早的历史学家。”[2]爱德华·迈耶也提到过历史写作中这段最美好的过程：“令人惊奇的是，具有这一特征的历史文学就应该出现在这一时期的以色列。它远远超越了我们所知道的古代东方其他地方的历史写作。”显然，希伯来人历史叙事的杰出典范是《大卫史》（*History of David*），可能是大祭司亚比亚他（Abiathar）所写。关于这一点，奥姆斯特德（A. T. Olmstead）教授曾写道：

> 无论这本书是不是亚比亚他写的，现代职业历史学家都必须公正对待这位三千多年前的前辈。他给了我们真正的历史，而且就我们所知，他之前没有先例。没有关于君王战争的令人激动的年代记，没有简单枯燥的年表，也没有往昔英雄的民间传说，这些我们在埃及人、巴比伦人和亚述人那里能找到的，这里都没有，但是，这是一部当代史，如果与当时对统治所做的记录相比，它在本质上不会受到什么损失。我们的历史学家一直在幕后，他简单却生动地记录着，不是为他的君主做宣传，而是为未来的几代人陈述历史事实。
>
> 他做到了彻底的客观，这是不可思议的。的确，大卫是他的英雄，而且我们也认识到为什么他能以自己的制胜之道俘获了所有人的心，但是他毫不吝啬地描述大卫的弱点、他早期生活中的盗匪

1　G. F. Moore, *Literature of the Old Testament* (Henry Holt, 1911), p. 96.

2　Breasted, *op cit.*, p. 208.

> 行为、他不断重复的谎言、他的投敌、他对米甲救命之恩的遗忘、
> 23 他与拔士巴的私通及其对家庭造成的严重后果、他因成功和奢侈的
> 堕落。宫廷里的其他成员，甚至是取代亚比亚他成为大祭司的撒
> 督，都被同等客观地对待。无论是不是亚比亚他，他都是第一个伟
> 大的历史学家。[1]

《旧约圣经》经典里余下的历史书是大约写于公元前560年的《列王纪》（Books of Kings）[2]和大约公元前300年的《以斯拉-尼希米记》（Chronicles-Ezra-Nehemiah）。《列王纪》第一次说明历史的概念：历史是“通过实例进行的哲学教育”。作者最初的目的是为了使他的人民相信虔诚于宗教的价值，因此他引用了关于灾难的那些历史描述，正是因为希伯来人放弃了自己的民族宗教，这些灾难才会降临在他们头上。《列王纪》的作者，在以色列和犹太王国的同期历史中，以及在关于犹太王国后期国王的故事里，利用了非常可贵的早期记录，其史实上的准确性在相当大的程度上被同期的铭文所证实，而年代记在准确性上明显要差一些。《以斯拉-尼希米记》主要是由一个作者完成的，他是耶路撒冷的祭司，他通过宗谱和叙事来考察希伯来人的历史，目的是为了颂扬，通过大量夸张的言辞，颂扬大卫和所罗门统治下的希伯来王国的辉煌，也为了再次强调《列王纪》作者的警告：要敬畏因抛弃真正宗教而受到的惩罚。《以斯拉-尼希米记》里最重要的原始资料是尼希米丰富而有趣的个人记忆，体现在总体叙事里。这些成为这本书的特色，远远优于作者为祭司的作品。后者被认为伪造了以斯拉的记忆。除了《旧约圣经》的叙述之外，还有其他一些有价值的历史资料收录在这个宗教文集里。其中的希伯来人法律（宗教和世俗法律）《高等批判》（Higher Critics）最终是按照历史顺序编排的。其他重要的还有诗歌、颂歌和民间传说，比如各族长传

1 A. T. Olmstead et al., *Persecution and Liberty: Essays in Honor of George Lincoln Burr* (Century, 1931), p. 33. 本页的脚注可参考《撒母耳记》中具体的圣经段落，这些段落构成了《大卫史》。

2 提到的最后一个事件是阿米特·马尔杜克（Amit Marduk）的统治（公元前562—前560）。

说、参孙的故事、大卫和所罗门的故事。

希伯来人的历史编纂中最好的一部作品是《马卡比书》(Book of Maccabees)第一卷。它没有被翻译者用作《圣经》里的希伯来正典，也没有被收录在新教圣经里。这部历史，大约写于公元前125年，是一个精力充沛的、虔诚的撒都该人所写，他同时也是阿斯莫尼家族(Asmonean house)的狂热崇拜者——有种犹太人的特雷奇克[1]的意味，讲述了从亚历山大大帝征服巴勒斯坦到约翰·胡肯努(John Hyrcanus)继位期间希伯来人动荡的历史，集中讲述了在犹大·马卡比(Judas Maccabaeus)及其后继者的军事征服下，巴勒斯坦从叙利亚统治下解放出来的过程。在强烈的爱国主义自豪 24
感的驱动下，作者以世俗的态度创作了一部在他那个时代独一无二的作品。他把希伯来人的胜利归功于阿斯莫尼家族个人的能力和勇气，并不认为这是上帝为了犹太人的利益而进行的直接干预。但是，很可惜，中世纪欧洲的基督教史学家并没有把《马卡比书》第一卷精彩绝伦的世俗叙述作为希伯来典范，而要通过模仿更传统的希伯来历史故事增强信徒的热诚、恐吓他们的敌对者，他们的故事讲的是上帝神奇的干预，以及上帝对忠诚者的奖赏和对罪人的惩罚。

最后一位杰出的希伯来历史学家是弗拉维·约瑟夫(Flavius Josephus，约37—105)。他是犹太人的民族历史学家，他的写作大部分完成于公元70年犹太民族的权力和统一遭到毁灭之后，他试图通过强调犹太人过往的辉煌来慰藉在当时遭遇不幸的人们。因此，他夸张地描述古代巴勒斯坦的财富、人口和国际声誉，夸张程度几乎超过了《以斯拉-尼希米记》的作者。他的两部主要著作是《犹太战争史》(*War of the Jews*)和《古代犹太史》(*Antiquities of the Jews*)。《犹太战争史》讲述了犹太战争之前的犹太人历史，犹太战争结束于耶路撒冷的毁灭，作者还详细叙述了犹太人最后的抵抗活动。

1　Treitschke，德国著名历史学家，写了《19世纪德国史》。——译者注在对旧约时期的处理上，他的叙述非常不可靠，但是对后马卡比时代的讨论则远离了夸张和轻信。他用希腊语写作，带着相当多的文学技巧，并因此被称为“犹太人的李维”。虽然这种比较在事实上有一定的基础，但是，在文学价值上，约瑟夫还不能完全与罗马的民族历史学家相提并论，虽然在叙述的准确性上，他可能会媲美于李维。

尽管希伯来人带来了真正的历史叙事，但是在基督徒接受犹太人的圣经之前，希伯来历史编纂学并没有影响历史写作的总体趋势。基督徒不仅把犹太人的圣经作为他们大部分神学的基础，而且作为年代记和综合分析过去历史的基础。对希腊人来说，直到阿非加纳斯、奥罗修（Orosius）和攸西比乌斯的时代，这种在古典时代占主导地位并盛行的历史写作类型才受到他们的关注，关于其起源和发展的主要文献才得以被描述。实际上，除早期希伯
25 来历史写作之外，古代东方所有的重要系统性历史叙事，都受到希腊文化的深刻影响。曼涅托、贝罗索斯和约瑟夫已经完全希腊化了，他们都是用希腊语写作的。

参考文献

H. E. Barnes, *The New History and the Social Studies*. The Century Co., 1925.

A. C. Haddon, *History of Anthropology*. G. P. Putnam's Sons, 1910.

B. J. Stern, *Lewis Henry Morgan, Social Evolutionist*. University of Chicago Press, 1931.

Stanley Casson, *Progress of Archeology*. McGraw-Hill Book Co., 1935.

B. L. Ullman, *Ancient Writing*. Longmans, Green and Co., 1932.

W. A. Mason, *History of the Art of Writing*. Macmillan, 1920.

Hutton Webster, *Rest Days*. Macmillan, 1916.

J. C. McDonald, *Chronologies and Calendars*. London, 1927.

J. T. Shotwell, *Introduction to the History of History*, chaps. i–xi. Columbia University Press, 1922.

Adolf Erman, *Literature of the Ancient Egyptians*. E. P. Dutton and Co., 1927.

A.T. Olmstead, *Assyrian Historiography*. University of Missouri Press, 1916.

D.D. Luckenbill, *Ancient Records of Assyria and Babylonia*. University of Chicago Press,

1927, 2 vols.

G.A. Barton, *The Royal Inscriptions of Sumer and Akkad.* Yale University Press, 1929.

R.W. Rogers, *Cuneiform Parallels to the Old Testament.* Abingdon Press, 1912.

G.F. Moore, *Literature of the Old Testament.* Henry Holt, 1911.

A.T. Olmstead, "Hebrew History and Historical Method," in Olmstead et al., *Persecution and Liberty: Essays in Honor of George Lincoln Burr*, pp. 21 ff. Century, 1931.

Hans Schmidt, *Die Geschichtschreibung im Alten Testament.* Tübingen, 1911.

J. W. Thompson, *A History of Historical Writing*, Vol. I, chap. i. 2 vols., Macmillan, 1942.

H. E. Barnes and Howard Becker, *Social Thought from Lore to Science*, Vol. I, chap. iii. 3 Vols., Dover, 1961.

Herbert Wendt, *In Search of Adam.* Houghton Mifflin, 1956.

J. H. Robinson, *The New History.* The Macmillan Co., 1912.

L. A. White, *The Evolution of Culture.* McGraw-Hill, 1959.

Julius Lippert, *The Evolution of Culture.* Macmillan, 1931.

Will Durant, *Our Oriental Heritage.* Simon and Schuster, 1938.

Jack Finegan, *Light from the Ancient Past.* Princeton University Press, 1959.

Werner Keller, *The Bible as History*. Hodder Stoughton, 1956.

F. J. Teggart, *The Theory of History*. Yale University Press, 1925.

J. O. Hertzler, *Social Thought of the Ancient Civilizations.* McGraw-Hill, 1936.

J. H. Breasted, *Ancient Records of Egypt.* Univ. of Chicago Press, 1906–7.

J. A. Bewer, *Literature of the Old Testament.* Columbia Univ. Press, 1951.

Alexander Heidel, *The Babylonian Genesis.* Univ. of Chicago Press, 1951.

第二章　希腊人和罗马人的历史著作

希腊人的历史著作

26 有人说，希腊最早的历史名作是荷马的诗歌，这话有一定的根据。至少，作为关于文化和社会的原始资料，荷马史诗包含的史料在范围和内容上优于绝大多数希腊传统的历史著作。西摩（T. D. Seymour）、安德鲁·朗格（Andrew Lang）及凯勒（A. G. Keller）关于荷马社会的著作很好地说明，研究荷马史诗能够获取到关于那个时代的多么清晰和充足的文明图景。

然而，从文化背景上看，正式的历史写作出现在希腊还需要几个必要条件，而公元前6世纪之前还不具备这些条件。这些条件是：简洁并常见的散文写作；对当时关于希腊起源的神话有了批判性的拒绝；社会起源和社会制度中的利益刺激。到公元前6世纪中期，这些历史写作所不可或缺的前提条件已经形成于爱奥尼亚的米利都城。公元前6世纪早期，米利都的卡德摩斯（Cadmus of Miletus）以散文写作代替了诗歌，他因此被认为是希腊最早的散文家或者“散文记事家”（*logographoi*）之一。而在同一时期，爱奥尼亚的思辨哲学也出现了，这是自由思想和批判哲学在世界的起源。正如伯里（J. B. Bury）教授所说的那样：“我们最衷心的感谢应该给希腊人，他们是自由、思想和辩论的创始人……小亚细亚的爱奥尼亚是思辨哲学的摇篮。欧洲科学和欧洲哲学开端于爱奥尼亚。在这里，在公元前5世纪和公元前6世纪，最早的哲学家运用他们的理性深入探索了世界的起源和结构……他们开始摧毁正统的观念和宗教信仰。”[1]

在东方的殖民运动、贸易和旅行活动极大地促进了爱奥尼亚和爱琴海地区希腊人的文明开化，提升了文化和批判精神，为希腊哲学、文学和历史写作的兴起奠定了基础。文化上的交流激发了人的好奇心和智力发展，这一点非常重要，第一位希腊历史学家赫卡泰俄斯（Hecataeus），就曾到埃及广泛游历。 27

最后，波斯人兼并爱奥尼亚之后，通过更深层次的文化交流过程，为爱奥尼亚的希腊人带来了更加广阔的文化视野。在新近已成为统一体的大帝国内，生活着形形色色的民族，他们的文明激发了爱奥尼亚希腊人的兴趣。

因此，希腊历史文学的起源是伟大的理性运动的一部分，传统上，这一理性运动被认为是散文记事家和希腊批判哲学在爱奥尼亚的兴起。关于希腊历史文学首次出现的原因，除了这些较为概括的解释和文化上的解释之外，还应该注意到那个时代比较显赫的公民所具有的支配欲望以及由此产生的个人冲动，即要为他们的家族提供一个高贵的宗谱。赫西俄德热爱希腊的众神，为他们提供了一个高尚的血统，同样，散文记事家们也致力于为贵族们提供类似的服务。对地理学和民族志的兴趣辅以宗谱因素，推动了希腊历史写作的兴起。这一点也有助于解释这个问题，即为什么在希腊历史文学中普遍存在着地理描写以及社会学和民族学的描述。

从前文概述的早期希腊批判性散文所处的理性环境来看，希腊的第一个历史学家自然应该是赫卡泰俄斯（生于公元前550），他是米利都的旅行家。米利都是希腊散文和希腊批判性哲学的诞生地。他的主要贡献在于，他以真理来检测其陈述，对传统的希腊创世神话持有坦率的批判态度，由此预示了历史科学方法上的两个重要的新发展。对任何写作者来说，他的《家谱》（*Genealogies*）开篇首段可能就体现着对历史批判本质的首次觉悟：“我在这里所写的，”他说，“是我认为真实的那些事情：因为希腊人的故事虽然数不胜数，但在我看来却是荒谬可笑的。”

1　J. B. Bury, *The History of the Freedom of Thought* (Holt, 1913), pp. 22–23.

造就出赫卡泰俄斯的理性趋势发展得很快，从赫卡泰俄斯的《家谱》到希罗多德的《历史》（*History*），这中间的巨大成就得以快速完成。公元前5世纪中叶，兰普萨库斯的卡隆（Charon of Lampsacus）和米利都的狄奥尼修斯（Dionysius of Miletus）编撰了波斯历史，卡利安达的西拉克斯（Scylax of Caryanda）写下了第一部历史传记。在公元前5世后半叶，叙拉古的安提柯（Antiochus of Syracus）撰写了第一部关于希腊各民族的历史，列斯堡岛的赫拉尼库斯以其广泛的兴趣为希罗多德铺平了道路。他不仅从广阔的社会
28 视野去处理波斯和希腊的历史，而且是最早认识到必须建立年代学综合体系的希腊历史学家。他甚至还比较成功地提供了一个年表。

第一部由希腊作家编写的全面而系统的历史著作是希罗多德写的，记述了从吕底亚克洛伊索斯（Croesus）统治时期（公元前560—前546）到公元前478年波斯入侵希腊被击败期间希腊与小亚细亚之间的关系。波斯战争唤醒了希腊人对近东文明特征的兴趣。因此，任何把对东方文化的描写与希腊人抵抗波斯人这一引人入胜的爱国主题联系起来的作家，必然会吸引许多热情的读者。哈利卡纳苏斯的希罗多德（Herodotus of Halicarnassus，约公元前484—前425）抓住了这一时机。他对文明的民族和未开化的民族都有兴趣。因此，他既被认为是历史之父，也被认为是人类学之父，这是恰当的。关于希罗多德著作的总体特征和重要性，莫瑞斯·克罗伊塞特（Maurice Croiset）这样写道：

> 哈利卡纳苏斯的希罗多德，一个小亚细亚的希腊人，承担了向他的希腊同胞揭示更多东方文化的任务，并且成功地完成了这一任务。他是一位不知疲倦的旅行家，对见闻有着强烈的愿望，先后去过埃及、小亚细亚和希腊几乎所有的地区，还去过西西里和意大利，后来，他定居在意大利，也可能在那里终老。他成功地完成了一项最有价值的调查研究——他问话咨询、探查古迹，亲身了解风俗、法律、管理形式和宗教等所有相关的事务，他没有先入为主的

> 观念和偏见，却自带一种独特的风格，混合着敏锐和轻信、永不满足的好奇心和虔诚的态度。凭借其天才的力量，凭借其对美好事物的敏锐感觉，凭借其讲故事的才能，凭借其迷人的文风，他把他的所见、所读及所闻写成了一部真正令人赞叹的著作。在他所构建的巨大框架之内，他向读者描绘了20个不同民族的生活画卷，宛若一幅活动的全景图。在这个百科全书式的集子里，人的多样性、宗教的多样性和各种制度的历史，有着多么有趣的阐述啊！提供了多么丰富的知识啊！即使是那个时代的悲剧也没有对人类的文献做如此丰富的呈现。[1]

希罗多德《历史》的中心主题是波斯战争，特别是希腊人对薛西斯军队的摧毁。但是，他为写作寻找的背景，却提供了比波斯战争的具体历史更为重要和有趣的史料。事实上，希罗多德在军事史方面是最糟糕的记录者，在这方面，他显得非常粗心，也没有能力去考查细节。但是，从某种意义上说，他的著作在这方面又是不同寻常和值得称道的。他的判断力和对公正的 29
感觉战胜了他的爱国偏见。他公正地对待波斯人，也愿意承认他们的勇猛，正是在这一点上，他遭到了希腊爱国读者的强烈批评。

对希罗多德来说，波斯战争代表了两种重要却差异明显的文明类型——希腊文明和东方文明——之间的冲突。因此，他“退一步”去分析这些冲突中的文化。在这种历史视角下，他进行了写作实践，他描述的公元前5、6世纪地中海西部和小亚细亚地区的民族，非常有趣、清晰，且具有启发性。这些材料混合了文化历史和描述性的社会学。他的研究范围从各地的气候到他所接触的各民族日常生活的规则。他不带任何种族偏见地描述了多种不同的民族。长期以来，他被视为一个极度轻信的受害者，但是，当代考古研究却表明，他所记载的很多生动故事和描述是真实的。在他所处的时代里，他

1　Maurice Croiset, *Hellenic Civilization* (Alfred A. Knopf, 1935), pp. 143–144.

以非凡的成就区分了什么是通俗故事，什么是作者亲身经历及亲自确信的记载。由于其广泛的兴趣，希罗多德确实堪称文化历史学家，而值得注意的是，他所撰写的第一部综合性的历史著作同时也是一部文明史。

在对波斯战争的具体描述中，希罗多德并没有做到很巧妙、很成功，尽管他的叙述非常有趣。肖特韦尔教授曾说他是“波斯战争的荷马”，这种比较非常贴切和中肯，其著作的这部分内容堪称一部散文史诗。希罗多德是雅典“民主”的崇拜者。他在赞扬波斯人勇敢的同时，也歌颂雅典及其对专制波斯帝国的胜利，其所怀有的激情大体相当于班克罗夫特（Bancroft）在描述美国摆脱大英帝国赢得独立时的狂热。但是，在叙述军事史实时，他不太关注准确性，这一点与后来的修昔底德完全不同，叙述准确是修昔底德的特征。他也未能完全摆脱神干预人类事务的观念，超自然的因果推论经常会出现在他的著作中。

但是，希罗多德的声名亘古弥新，他是历史写作领域里第一个具有建设性的艺术家，他是最早的综合性历史著作的作者，他是第一个认为历史学家的任务就是要重建人类全部过去生活的写作者，在整个历史著作史上，他是最引人入胜的一个讲故事的人。由于历史文化日益普及，同时也由于从修昔底德直到我们今天的20世纪，长期受到欢迎的军事史和政治史日渐衰落，希罗多德的威望和重要性在我们这一代人中已经得到了提升。

30 希腊第二位重要的历史学家是修昔底德（公元前456—前396），他对历史问题的探讨完全不同于希罗多德的精神理念。他不再讲有趣的故事，更愿意对他所认定的历史事实进行冷静而认真的叙述。他严格排除了那些希罗多德陶醉其中的神话和传说。在对历史因果关系的处理上，修昔底德把历史从史诗和超自然主义中分离出来，把历史事件的发生归因于理性的原因或世俗的借口。在希罗多德的著作中，我们发现冗长而离题的叙述比比皆是，但是在修昔底德的书里则没有这些废话。相反，修昔底德为他的历史事业选择了一个明确的主题，然后，他紧紧地围绕这条已选择的脉络进行写作。他的材料不仅总是与主题有关，而且总是与正在讨论的具体问题密切相关。

修昔底德历史著作的主题是伯罗奔尼撒战争（公元前431—前404），比希罗多德所涵盖的领域要窄得多，也受限很多。把修昔底德和希罗多德的著作相比较，就像把美国内战史与自16世纪以来盎格鲁-美利坚文明的发展史进行比较一样。修昔底德的著作有一部分是在战争期间准备的，因此它既是一个战地记者——一个古代的弗兰克·席蒙德（Frank Simonds）——的学术和哲学之作，也是一部由冷静的历史学家在研究文献的基础上重新构建过去的历史著作。在讲述伯罗奔尼撒战争之前，他概述了希腊的崛起，从早期城邦写到雅典帝国，显示出，如果修昔底德认为内容适合他的著作，他就会展现出极佳的刻画能力。但他的著作在很大程度上只是一部杰出的当代史，他自己作为雅典的将军和政治家，是这段历史的亲历者。

正如我们在前文提到的，修昔底德对历史编纂学的贡献主要是在考证和方法论上。他充满活力地提出，一部历史作品的永久价值和持久声誉应该更多地取决于其叙述的准确性，而不是其叙述的娱乐性。关于历史科学的这一基本原则，19世纪初的利奥波德·冯·兰克并没有比公元前5世纪末的修昔底德阐释得更为真诚，修昔底德的意思是说，数据的准确性必须是历史写作的真正基础。修昔底德的第二个历史原则是材料的相关和中肯原则——正如我们已经看到的，在这一点上，他比希罗多德前进了一大步。除此之外，还应该说一下他对细节的掌控能力，他能让细节服务于整体叙事的向前发展。在这些方面，修昔底德完全称得上是历史科学和考证的奠基人。而且，修昔底德还可能是第一个明确阐述历史写作和历史研究具有“实用主义”价值的历史学家。在修昔底德看来，“对过往的历史有准确的了解是有益的，因为， 31
按照人类的概率，相似的事情总会再次发生”。

修昔底德不仅坚持筛选史料，而且坚持以准确的文献记录构建他的叙述。在组织和解释史料方面，他也显示了超强的能力。如果说他主要是对政治资料感兴趣的话，他同时也是第一位以哲学家的眼光看待政治的历史学家。他仔细思考了他所理解的历史和政治因果关系问题，既认识和处理了间接原因，也能认识和处理直接原因。他在心理分析方面非常敏锐，把心理分析用于个人和群体，这体现在他对一系列人物的研究中，也体现在他对公众舆论的分析中，比如对公元前411年雅典革命的分析。修昔底德也是一位令人印象深刻的文学艺术家。他广泛使用文献和口头资料，却巧妙地隐藏了这一点，把学术研究的外在性技术手段置于从属地位，从而完成了流畅生动的叙述。

修昔底德对历史科学做出了杰出的贡献，但他的著作也并非没有缺点。他不能完全掌握时间的概念，也不能从真正的历史角度来看待历史事实。对历史发展中的地理因素的重要性，他缺乏希罗多德所具有的敏锐鉴别力。他的历史范围狭窄，只考虑了当代的政治现象，甚至把政治现象仅仅局限于政治活动外在的军事和外交层面上。他忽视了更深层次的文化、社会和经济力量在历史中的重要意义。康福德（F. M. Cornford）先生夸大了修昔底德的这一缺点。他在《修昔底德的神话》（*Thucydides Mythistoricus*）里认为，修昔底德没有弄懂伯罗奔尼撒战争的真实性质和背景。康福德认为，战争是由庇雷埃夫斯（Piraeus）的工商业群体——商业中产阶级——的政策引发的，而修昔底德甚至都没有提到过这个基本事实。作为一个典型势利的雅典绅士，修昔底德似乎不愿意关注这个商业阶级的活动和欲望，伯里克利关于这场战争的公开演说，他只看到了表面价值。阿伯特（G. F. Abbott）和其他学者在这些问题上，为修昔底德做了辩护，但不是很成功。

最重要的是，修昔底德没有利用这一写作良机去描绘雅典文明的辉煌。但这是因为他对历史学家的使命在认识上有局限，而不是因为他缺乏文化史学家所具有的能力。他对伯里克利葬礼演说辞的著名重构已经让人隐约想
32 到，如果以此为主题的话，他本可以在文化史领域有所成就的。毋庸置疑，他过度强调了对“相关性”的验证。希罗多德在描述过程中多次离题甚远甚长，而修昔底德则明显地忽略了很多与其整体叙述密切相关的基本史料。在历史情境下，有些非政治因素和非军事因素尤其是重要的相关史料。而且，尽管在刻画人物性格方面，他不具备卡莱尔（Carlyle）的能力，却以伟大人物的口吻和措辞来为历史事件做夸张的解释，在这一点上，他展现了与卡莱尔一样的弱点。他接受了历史纯粹是个人原因的观点，但即使是在这一点

上，他也有些草率，他总是仅仅写下一些借口来代替真正的原因。最后，他的著作里很少或没有马比荣（Mabillon）那种对批判性地使用文献所进行的深刻探讨。正如我们所指出的，为了不损害叙述风格，他刻意隐藏了自己的资料来源。

人们可能会完全赞同伯里的说法：“修昔底德的著作是个人在朝着创造出今天的历史迈进的过程中，最具深远意义和决定性的一步。”但是并不认为这句话是一种纯粹的赞美。修昔底德的确具有很大的影响力，他把历史编纂学带进了“政治史”和断代史占主导地位的局面，从古典时代到19世纪，史学编纂都深受其害。不可忘记的还有，正如兰普雷希特（Lamprecht）所坚持的，真正的历史准确性需要考虑事件的起源和文化背景，就像它需要考虑所叙述的这些事实具有基本的真实性一样。[1]而从这个关于历史准确性的更广泛和更基本的观点来看，修昔底德几乎无法与希罗多德比肩。修昔底德的狂热崇拜者常常忘记，历史的视野和内容与研究方法的完善或叙述的严谨中肯同等重要。

最后一位重要的希腊历史学家是波里比阿（Polybius，约公元前198—前117）。无论是从写作的篇幅还是从深刻程度上来看，他都优于修昔底德，而在历史陈述的准确性方面，他也完全可以与修昔底德媲美。然而，由于他的文字佶屈聱牙，文风散漫，导致他没能像两位前辈历史学家那样赢得读者大众的欢迎。他的鸿篇巨制《通史》（*History*）分为40卷，记录了罗马帝国在公元前146年之前的扩张史和制度发展史。如果说波里比阿有什么不同的话，那就是他比修昔底德更加强调成为历史学家的资格：必须是担任重要职务的人，最好是一名将军和政治家。

希罗多德反映了早期希腊历史学家对东方的兴趣，修昔底德描写过雅典文明鼎盛时期的雅典对外关系，与他们一样，波里比阿的著作反映出，随着 33
希腊人的衰落，历史学家的兴趣点已经转移到西方新出现的罗马政权上。波

1 参见第316页及以次。

里比阿是土生土长的希腊人，成年后的大部分时光却是在罗马度过的，在对待希腊和罗马的历史上，他比古代任何其他历史学家都更加接近于不偏不倚的理想状态。他想通过一部有理有据的著作来解释罗马崛起的原因。他的第6卷本是现存最好的一部分析罗马政治理想和军事方法的古代著作。他发现了罗马人的别具一格的政治天才，即他们采用了一种混合的政治体制——融合了君主制、贵族制和民主制。正是由于采用政治体制的这三种主要形式，罗马人才摆脱了不可避免的循环趋势，即从君主制到贵族制、到寡头制、民主制和暴民统治，然后再次循环往复。波里比阿在评估政策方面具有敏锐的判断力，对各种事件和人物都有很好的洞察力。他的人物描写——比如对汉尼拔的刻画——常常堪称杰作。

与修昔底德的情况相比，波里比阿对历史科学发展的贡献更在于他构建了理想中的历史方法论。他的第12卷本评判了古文物研究者蒂迈欧，是第一部关于历史科学方法论的伟大论著。这种独立于修昔底德的讨论，直到我们这个时代还没有被超越，他的公正堪称所有历史学家的楷模。尤其值得注意的是，他坚信地理学和地形学的知识对历史学家非常重要。与修昔底德一样，他希望自己写的历史具有强烈的实用主义功能——成为“哲学教学的实例”。他认为历史的主要实用价值在于提供准确的历史事实，这可能有助于指导现在的公共事务管理。但在写作中，他更多的时候是历史学家而不是哲学家。他对因果关系问题有着极大的兴趣，他对客观原因的分析比修昔底德更深入，尽管他的解释是基于道德而不是经济或社会因素。克罗伊塞特这样评论说：“波里比阿在他的著作里，明确了人类生活的连续性、事物之间的紧密逻辑关系，以及国家之间的相互依存，而在他之前，这些观念都是孤立的……此后，历史不再孤立地考察地理学、国家宪政、法律和习俗，或者经济和军事组织，不再把它们视为只是为了满足读者暂时好奇心的零散主题。”[1]下面这段话引自他的第12卷本，很好地概括了他对历史视野、方法和任务的理解：

1 Croiset, *op. cit.*, p.218.

> 历史科学有三个方面：首先，处理文献档案，整理已获得的史料；其次，地志，聚居地和城市的外观，描绘河流和港口，以 34
> 及一般来说的，海洋和国家的具体特征以及它们之间相对的距离；最后，政治事务……历史的特殊职能是，首先要弄清所使用的原话是什么，其次要弄清某项政策或安排失败或成功的原因是什么。因为对某一事件仅做简单的叙述确实有趣，却没有教育意义；而如果加上对原因的分析，历史研究就富有成就了。因为只有把类比运用到我们自己的情况中，我们才能获得计算未来的方法和基础，才能从过去吸取教训，知道今天的我们应该在什么时候谨慎行事，在什么时候大胆行事。

在分析和批判希腊古文物研究者蒂迈欧时，波里比阿认真思考了历史学家必须使用可靠资料的问题。他谴责党派的偏见，严厉批判已经开始败坏希腊和罗马历史写作的修辞学。

总而言之，人们几乎都认同乔治·博茨福德（George Willis Botsford）教授的看法："只有仔细阅读波里比阿的著作，才是了解我们今天所理解的历史精神和方法的最可能的途径。"或者如肖特韦尔教授所说，"在兰克时代之前，波里比阿对历史写作指导性原则的讨论，是最早的也是最珍贵的关于历史学家科学理想的陈述"。

色诺芬（Xenophon，约公元前430—前354）作为一位历史学家，远逊色于希罗多德、修昔底德和波里比阿。从年代顺序上来看，他比波里比阿早了两个多世纪。他的文学才能是一流的，但他对历史进行深刻分析的能力却很有限。他是一个很好的回忆录作家，他的《远征记》（*Anabasis*）是希腊最脍炙人口的回忆录。在他的《希腊史》（*Hellenica*）里，他试图续写修昔底德的历史，从公元前411年写到了公元前362年。作为这段历史时期的史料，这本书非常珍贵，但同时，它又很粗略，它的最大历史功绩在于它模仿了修昔底德著作的方法和结构。色诺芬还创作了希腊文学中最好的历史传记，即他的《阿格西劳斯传》(*Life of Agesilaus*)。他的《方法和手段》(*Ways and Means*)对政治中的经济因素进行了全面思考，在希腊历史学家中树立了唯一的榜样。然而，总的来说，伯里教授对色诺芬的评价是恰当的，他认为，色诺芬拥有历史学家的荣誉是基于这样一个事实：由于后代人缺乏批判精神，导致他的著作被保存下来，而其他一些更有价值的著作却湮没无闻了，“如果他生活在现代，他可能是一流的记者、时事评论员，或者也能作为战地记者而发大财”[1]。然而，否认色诺芬在文学上的多种才能也是
35 不公平的，这些才能体现在回忆录、传记、成体系的历史、政体分析和经济理论等诸多方面。

作为一名历史学家，波里比阿在他所处的时代是独一无二的。早在他写作其巨著很久之前，希腊的史学就已经从修昔底德所设定的标准上开始衰落了，到公元前4世纪时，完全处于修辞学的影响之下。随着他们日渐趋向于乏味的道德说教、夸张做作的演讲，以及他们对“颂辞”的强烈爱好，修辞学学派的历史著作像极了后世傅华萨(Froissart)和拉马丁(Lamartine)的作品，“展现的是艺术而不是历史的天赋”。赫尔曼·彼得(Hermann Peter)认为，在大众对修辞学的普遍要求下，历史写作被迫做出让步，这是希腊历史著作及其罗马的仿制品不断衰落和停滞的主要原因。[2]

在公元前4世纪的修辞学者中，伊索克拉底(Isocrates)是领袖，这一学派的主要历史学家是埃福罗斯(Ephorus)和特奥彭波斯(Theopompus)。埃福罗斯的著作在希腊历史编纂学上，可能最接近于希腊人的“民族史”。托罗门尼翁的提麦奥斯(Timaeus of Tauomenius)的著作具有完全不同的风格。提麦奥斯穷其一生，耐心地汇编了与西西里和意大利的历史相关的大量可靠史实。他是第一个也是最具才干的古文物研究者，在公元前3世纪时颇负盛名，可以被看作是布隆德斯和利兰(Leland)的原型。在他之后，还有

1 J. B. Bury, *The Ancient Greek Historians* (Dover, 1958), p. 151，也参见L. V. Jacks, *Xenophon: Soldier of Fortune* (Scribner's, 1930)。

2 Hermann Peter, *Wahrheit und Kunst* (Leipzig, 1911).

两部雄心勃勃的汇编——西西里的狄奥多罗斯（Diodorus of Sicily，约公元前90—前21）的《世界史》（*World History*），和比他年轻的同代人哈利卡纳苏斯的狄奥尼修斯（Dionysius of Halicarnassus）出版于公元7年的《罗马史》（*Roman History*）。这两部著作虽然在准确性上有所欠缺，但是已经远远优于修辞学家的著作了。历史是“哲学教学的实例”这一点也在《罗马史》中首次得到了阐释。

希腊人的历史传记是由修辞学者的领袖伊索克拉底推动的，而最早的一部传记是色诺芬写的《阿格西劳斯传》。后来的历史学家在传记写作上花了相当大的精力。普鲁塔克（Plutarch，约50—125）精心写作的《希腊罗马名人传》（*Parallel Lives*）一直处于世界传记作品中最受欢迎的前列，即使不是因为它具有高度的历史准确性，也是因为它具有不可抗拒的吸引力。我们必须记住，普鲁塔克是一位道德家，他所写的《希腊罗马名人传》并不是严格的历史传记，而是要为他的道德准则提供一个具体的辩护，为读者带来道德上的启迪。

在罗马的希腊文化复兴时期，许多希腊历史学家为历史写作做出了贡献，他们的功绩各不相同。这些不太著名的著作包括：阿里安（Arrian，约95—175）的《亚历山大远征记》（*Anabasis of Alexander*）和同一时期阿庇安（Appian）的《罗马史》（*History of Rome*）。比这些著作更优秀的是狄奥·卡西乌斯（Dio Cassius，约155—240）写的敏锐而深刻的《罗马史》
（*History of Rome*），以及马塞林（Ammianus Marcellinus，约330—401）写 36
的构思宏阔的罗马帝国史。马塞林是希腊著名历史学家长名单上的最后一位，他的罗马帝国史从公元96年写到378年，既包含了罗马帝国的社会因素，也描写了罗马帝国的政治条件。为了获得罗马的大众读者，他的著作是用拉丁语写成的，他的叙述直截了当，总体上可信，但是他写的拉丁语缺乏优美之感。

希腊人对历史科学还有一项附带的重要贡献，他们创造了可以被人们所接受的历史年代学的概念。古文物研究者蒂迈欧（约公元前350）根据奥林匹克运动会四年召开一次的周期发明了一种纪年方法。在亚历山大里亚，博学的图书馆长埃拉托色尼（约公元前276—前194）更进一步地使用了一种科学的年表，他利用天文计算和传统的历史参考资料，首先确定了希腊历史上几个重要阶段的日期。他的年表被雅典的阿波罗多罗斯（Apollodorus of Athens，约公元前120）普及推广为希腊重要的年代学指南。公元前61年，罗得岛的卡斯特（Castor of Rhodes）还在继续使用这个年表。希腊人的这个年代表后来又被阿非加纳斯、攸西比乌斯和哲罗姆等学者加以利用，从而造就了早期基督教对世界历史的纪年方法。[1]

罗马人的历史著作

罗马人对历史编纂学没做什么原创性的贡献。正如罗马文化的其他方面一样，罗马在历史编纂学上也遵循了希腊人建立起来的样本。即使是罗马的杰出历史学家，也无人能在批判方法的坚守上与修昔底德或者波里比阿相提并论，而在文字风格上，只有李维和塔西佗能与希腊最好的历史学家比肩。

罗马历史编纂学对希腊的直接依赖是显而易见的，实际上，直到公元前2世纪，绝大多数的罗马历史文献都是用希腊语写就的。这些早期的希腊语历史著作主要是编年史，其中，第一部也是最有名的编年史是匹克托（Fabius Pictor，生于公元前254）写的。首次提出罗马起源于特洛伊传说的作品是埃涅阿斯（Ennius，约卒于公元前169）的《编年史》（*Annals*）。埃涅阿斯是诗人，他改编了希腊的文学。最早用拉丁语写作的是监察官加图（Cato the Censor，约公元前234—前149），他写了《罗马历史源流》（*Origins*）。在这本书里，他概述了罗马的历史，按照他明显的爱国主义情绪和乡村贵族的偏见对历史进行了解释。罗马最著名的古文物研究者是多才多艺而又不知疲倦的作家瓦罗（Varro），他在这方面的主要著作是《罗马考

1 参见第44页及以次。

古》(*Roman Antiquities*，公元前47)。

从时间上来看，尤利乌斯·恺撒（公元前100—前44）是罗马第一个重要的历史学家，而从能力来看，他是所有罗马人的领袖。恺撒为自己的事业 37
所做的辩护——《高卢战记》(*Commentaries on the Gallic Wars*)和《内战记》(*Civil War*)——是古代最好的历史回忆录，叙事准确、清晰，风格强劲、直接，可以媲美于任何时期的回忆录。在所有历史文献中，恺撒的历史著作代表了一种最聪明的单方面说理的方法。他始终保持着一种微妙的自我控制，以一种非常谦逊的个人口吻，机敏地捍卫了自己的立场，极为成功地展现了自己的才能。他的《高卢战记》对我们了解前罗马时代的高卢极为重要，相当于塔西佗的《日耳曼尼亚志》(*Germania*)对于前罗马时代的日耳曼的重要性。

更具条理的罗马历史学家是撒路斯特（Gaius Sallustius Crispus，约公元前86—前34），他是修昔底德在罗马的信徒。他的主要著作《罗马史》记载了从公元前78年到前67年的历史，但这本书逸失了。他的另外两本著作《喀提林阴谋》(*Conspiracy of Catiline*)和《朱古达战争》(*Jugurthine War*)，可以让我们欣赏到其生动而庄重的写作风格，看到他在分析人物性格和政治力量对比方面的能力。撒路斯特面对的政治局势对他影响至深，但他能保持公正的立场，这一点尤其为评论者所赞赏，同时被赞赏的还有他描写和分析历史人物的超强能力。然而，他无法完全掩饰自己对罗马帝国前途的悲观看法，这个动荡和混乱的时代标志着罗马共和国的衰落。撒路斯特没有充分认识到在他所处的时代里，潜藏着罗马政治的历史潮流，他也不关心著作中的年代顺序和地理知识，他的大量历史研究是雇用秘书来做的。

罗马国家的伟大历史是由李维（Livy［Titus Livius］，公元前59—公元17）写就的，他是历史上最伟大的讲述者。他的著作是关于罗马这一世界帝国成长的长篇散文史诗。虽然他相当珍视历史叙述的准确性，但是在他的历史叙述中，准确性还是让位给了风格的完美。他的写作风格模仿的是希腊修辞学家，而不是修昔底德。李维的历史所具有的出类拔萃的文学价值，他对罗马民族及其现代崇拜者的自负情绪的抚慰，以及后来的人文学者对李维的广泛欢迎，所有这些都促成了李维极高的历史地位，一种超过了纯粹的历史价值所能保证的地位。

实际上，李维的写作是为了荣耀罗马、歌颂民族的自豪感，激励罗马青年的爱国热情。他的虔诚不亚于他的爱国主义。超自然因素再次强烈地体现在他的历史叙述之中。在将历史事件归因于神的干预方面，很少有中世纪的历史学家比他更有才能。他在使用资料时粗心大意，他没有拒绝神话和传统因素的能力，也没有这方面的意识。所有比他早的历史资料都是他磨坊里的
38 谷粒。他写的关于罗马起源的历史尤其不可靠，完全是一个关于神话、奇迹和各种预兆的大杂烩。而不幸的是，保留到后世的正是他历史著作的前半部分。因此，李维和波里比阿都写了罗马历史，但他们之间的对比实际上最能凸显充满爱国激情的历史讲述者和有科学观念的历史学家之间的巨大差异。

然而，值得记住的是，李维本人可能并不是一个轻信的人。他知道自己在干什么。他承认他的资料对早期罗马历史几乎毫无价值，但在使用这些资料时又罔顾这一事实。因为他知道，就算他写的这段历史从科学意义上来说不是好历史，却能成为优秀的文学作品和爱国宣传品，而这正是他感兴趣的写作内容。

在修辞学派书写的罗马历史著作中，有一个不那么成功的例子，是维莱里乌斯·帕特尔库路斯（Velleius Paterculus）在帝国早期的提比略统治时期写的罗马历史。

罗马最后一位重要的历史学家是塔西佗（约55—120）。同修昔底德和波里比阿一样，他也是一位实干家。塔西佗狂热崇拜贵族政治的罗马共和国，他对罗马帝国的早期政治和社会怀有更深的悲观情绪，甚至比撒路斯特对共和国的衰落还要悲观。塔西佗的写作充满活力，人物描写能力超强，叙事大体准确。然而，夹在其作品中的主观道德因素，在提升其文学声誉的同时，也大大降低了史学价值。在对罗马帝国衰落的解释中，“道德原因”是一种令人肃然起敬但又极具欺骗性的虚构，塔西佗和朱文诺

（Juvenal）要对此观点的形成负主要责任，这一道德原因后来被查尔斯·金斯利（Charles Kingsley）等人接受并做了详尽阐释，影响甚坏。

塔西佗的两部主要历史著作是《编年史》和《历史》[1]。前者记载了从奥古斯都去世到公元69年间的历史，后者开始于公元69年的政治危机，讲述了弗拉维王朝时期的诸位皇帝。作为一个有科学观念的历史学家，塔西佗大体介于李维和波里比阿中间。他不像李维那样粗心大意、轻信别人，也没有波里比阿那般冷静公正。他对帝国的偏见以及对戏剧写作的爱好使他在可信度上远低于波里比阿。他的写作立场是元老阶层，他对旧的共和体制有着明显的偏爱，尽管他自己也认识到共和的灭亡源于其自身的弱点。

然而，在剖析政治阴谋和描述显要人物的性格特征方面，塔西佗却是古代历史学家中的佼佼者。他对提比略的描绘在古代历史著作中无与伦比。如果说波里比阿认为历史应该服务于治国之道的话，塔西佗则认为历史应该支持个人和公众的道德。他认为，“历史最伟大的功能是让任何没有价值的行为不配得到纪念，把后世子孙的谴责视为对那些邪恶言行的恐惧”。塔西佗 39
把流行的古典历史循环论引入了道德领域。在他的《编年史》（Ⅲ，55）里，他写道：“也许所有的事物都有一种周期，就像季节的变化一样，道德也有周期变化。过去也不是一切都好。我们的时代，也产生了很多优秀的典范，也有供人模仿的文化繁荣。”塔西佗的著作缺乏波里比阿那样的宏大规划，在细节上又多有混淆之处，导致只见树木不见森林，罗马帝国发展的全局迷失在对个人事件和当时的复杂阴谋、党派之争的叙述之中了。

除了纯粹的历史著作外，塔西佗还写了《日耳曼尼亚志》，最早涉足了叙述社会学领域。《日耳曼尼亚志》提供了关于塔西佗所处时代的日耳曼人制度的大量原始资料，在后世获得了重要地位。除了“摩西五经”和《马太福音》之外，它是现存最具争议的历史文献。这本书在人文主义时期被发现，并通过波吉奥（Poggio）、埃斯克利的埃诺克（Enoc of Ascoli）和康

1　也译为《罗马史》。——译者注

拉德·塞尔提斯（Conrad Celtis）等学者为博学之士所熟悉，进而成为现代条顿主义者和高卢历史学家之间历史争论的焦点，正如阿尔萨斯-洛林一直是其各自的民族国家在政治和军事上进行对抗的关键点一样。[1]更重要的是，塔西佗以牺牲罗马人为代价，美化了早期的日耳曼人，这种倾向导致了一种对日耳曼人“入侵”历史的曲解，这种曲解虽然有趣，却是灾难性的，在充满了奇思遐想的《罗马人和条顿人》（*The Roman and the Teuton*）一书里，查尔斯·金斯利把这一曲解发展到极致。[2]

在罗马所有著名的历史学家中，苏维托尼乌斯（Suetonius Tranquillus，75—160）算是最后一位，除非他是科尔内曼（Kornemann）一直在努力构建的那个生平事迹模糊的人物。[3]苏维托尼乌斯是哈德良近卫军长官秘书，博学多才，他的《恺撒传》（*Lives of the Caesars*）充满了奇闻逸事，传播甚广，他在叙述公共事件时非常可靠，但这本书是历史上以揭发和兜售名人丑闻的早期典范之作。苏维托尼乌斯的传记记载了从奥古斯都到弗拉维王朝的历史，情节丰富，人物描述非常生动。尽管他非常喜欢活色生鲜的细节描述，却避开了当时流行的修辞学方法，而让历史事实自己说话。苏维托尼乌斯在历史编纂学上的主要贡献在于，他是人文主义时期历史传记在风格和结构上的榜样。

在结束这段关于罗马历史著作的简短叙述时，我们不能不提到一位作
40 家，他虽然不是专业的历史学家，但却可能是古代最具历史思想的人。他就是进化论的伟大诗人卢克莱修（公元前95—前55）。在1860年赫伯特·斯宾塞（Herbert Spencer）出版《第一项原则》（*First Principles*）之前，卢克莱修的《物性论》（*De Rerum Natura*）是关于宇宙演化的最清晰的论述。这本著作涵盖了物质文化、制度和风俗习惯的演化，肖特韦尔教授评价说：“在所有古代文学中，这本著作可能是最令人惊叹的展现了。”

---

1 参见第178页及以次。

2 参见第218页及以次。

3 Cf Ernst Kornemann, *Kaiser Hadrian und der letzte grosse Historiker von Rom*, Leipzig, 1905.

尽管罗马历史学家缺乏原创性，也一直或多或少地受到希腊修辞学家的影响，但相对于历史写作形式来说，罗马的历史编纂学在可靠性上仍然具有无与伦比的高度。但是，后世继承的是罗马人的写作形式，因此把历史重新带回到神话和宗教偏见的魔咒之下，而在8个世纪前，米利都的赫卡泰俄斯已开始要从这些魔咒中摆脱出来了。

参考文献

J. T. Shotwell, *Introduction to the History of History*, chaps. xii–xxiii.

Thompson, *History of Historical Writing,* Vol. I, chap. ii–vii.

Moritz Ritter, *Die Entwicklung der Geschichtswissenschaft.* Munich, 1919.

C. Wchsmuth, *Einleitung in das Studium der alten Geschichte.* Leipzig, 1895,

——, *Uber Ziele und Methoden der griechischen Geschichtshchreibung*. Leipzig, 1897.

J. B. Bury, *The Ancient Greek Historians*. Dover, 1957.

Hermann Peter, *Die Geschichtliche Litteratur uber die romische Kaiserzeit bis Theodosius I.* Leipzig, 1897.

——, *Wahrheit und Kunst.* Leipzig, 1911.

T. R. Glover, *Herodotus.* University of California Press, 1924.

Lionel Pearson, *Early Ionic Historians.* Oxford University Press, 1939.

J. E. Powell, *The History of Herodotus.* Cambridge University Press, 1939.

F. M. Cornford, *Thucydides Mythistoricus.* London, 1907.

G. B. Grundy, *Thucydides and the History of His Age.* London, 1911.

G. F. Abbott, *Thucydides: A Study in Historical Reality.* London, 1925.

C. N. Cochrane, *Thucydides and the Science of History.* London, 1929.

Otto Cuntz, *Poybius und sein Werk.* Leipzig, 1902.

R. A. Laquer, *Polybius.* Leipzig, 1913.

T. S. Brown, *Timaeus of Tauromenium.* University of California Press, 1958.

A. J. Tonybee, *Greek Historical Thought.* Macmillan, 1924.

Wihelm Soltau, *Livius Geschichtswerk.* Leipzig, 1897.

——, *Romische Geschichtschreibung*. Leipzig, 1909.

Gaston Boissier, *Tacitus.* London, 1906.

Wolf Steidle, *Sallusts Historische Monographien.* Wiesbaden, 1958.

M. L. W. Laistner, *The Greater Roman Historians*. University of California Press, 1947.

Willy Strehl and Wilhelm Soltau, *Grundriss der alten Geschichte und Quellenkunde*. Breslau, 1913. 2 vols.

Arthur Rosenberg, *Einleitung und Quellenkunde zur römischen Geschichte*. Berlin, 1921.

W. S. Teuffel and L. Schwabe, *History of Roman Literature*. 2 vols., London, 1900.

第三章　早期基督教的历史著作

基督教历史著作的知识背景

基督教对异教的胜利彻底改变了历史著作的概念以及引领历史著作的观念。至少在形式上，作为魔鬼作品的异教文化已被厌弃。与犹太人在《旧约圣经》里具体表达的圣典相比，异教徒的历史著作远远没有得到尊重，尽管作为历史，《旧约圣经》的大部分内容要远远逊色于那些比较好的异教历史作品。同样，基督教作品贬低在希腊人的精神生活中一直占据重要地位的原因分析，却把信仰提升到主导地位。轻信，尤其是对超自然事物的轻信，成为一种主要的思想美德，也成为一种精神美德。肖特韦尔教授已经令人钦佩地总结了这场伟大的知识革命的本质特征，就其对历史著作的影响而言：

在人类思想史上，没有比这更重要的革命了，在革命中，思想家、艺术家、哲学家、诗人和政治家的成就被抛弃，得到的是先知的启示和放弃世俗的福音……犹太人的圣经替代了古代的文学。历史记录的历史正在发生着一场革命。荷马和修昔底德，波里比阿和李维，这些古老政权下的光荣，都遭受了共同的命运。世界上那些最聪明的人的科学观点，与在原始野蛮人的篝火旁臆想生成的传说，都属于同一类。都是异教的。这就意味着所有这些都具有欺骗性，都是不可靠的，除非它能被新的宗教所检验，或者由于生活的

> 需要被迫进入常识性的世界……所以，对历史编纂学来说，一种新的标准获得了胜利，这是一场灾难。在古代世界巨大而复杂的演变过程中，启示宗教的权威只批准了一种历史方案。一个几乎不可逾越的障碍出现在科学探究的道路上，这个障碍至少花了19个世纪才得以跨越。[1]

然而，尽管基督教教父们对异教文化有着根深蒂固的偏见，但他们无法完全摆脱异教带来的间接和无意识的影响，这种影响存在于他们周围的知识
42 环境中。因此，一个有趣的命运反讽是，他们所憎恶的异教文化实际上影响了他们的宇宙观和历史哲学，几乎与犹太教文化传统带来的影响一样多。基督教教父使用古典语言，一直处于古典修辞魅力的影响之下。他们中间的很多人在皈依基督教之前，接受的是异教徒教育，他们融合的神学带有浓厚的异教色彩。他们的政治理想和实践是对罗马帝国的全面模仿，正因如此，乔治·伯尔（George Lincoln Burr）教授非常恰当地把基督教教会政制的起源称为“新罗马的崛起”。

仅次于古典风格、修辞和语法的影响，异教徒对基督教历史观最具影响力的贡献可能来自新柏拉图主义，它为多少有些简单和天真的基督教信仰颂词提供了一个高贵的哲学辩护。它的论点是情感和直觉优于理性和智力，它主张在宗教问题上“无限的轻信”，它非常符合早期教父的心理反应，成为早期教父和中世纪历史学家精神状态不可分割的一部分。奥古斯丁（Augustine）年轻时就曾尝试过新柏拉图主义的思想，这在他后来的哲学中显得十分重要。随之而来的是巨大的中世纪推动力，部分原因是《天阶体系》（*Celestial Hierarchy*）的广受欢迎，这是新柏拉图主义的基督教版本，由叙利亚僧侣伪狄奥尼修斯（pseudo-Dionysius）在公元5世纪写成；另一部分原因是约翰·埃里金纳（John Scotus Erigena）的哲学和文学活动。此外，在寓言化的

1 Shotwell, *Introduction to the History of History*, pp. 284–286.

倾向下，任何对历史知识来源的坚决怀疑和批判态度都不可能发展起来。

基督教的历史哲学

就异教文化的正式地位而言，早期教父的历史文献更加强调实用主义和目的论，这一点堪比与古典史学的决裂。对早期基督教历史学家来说，“历史的进程”有其重要性和意义。它是更伟大的宇宙进程的一部分，上帝和人类是其主要参与者。“基督徒可能是最早对历史上的真正伟大提出质疑的人，”詹姆斯·鲁滨逊教授说，“因为对他们来说，历史的进程是一部神圣的史诗，可以追溯到人类诞生之时，也可以追溯到善与恶在最后一次重大而决定性的危机中最终分离。”这种基督教的历史哲学，乔治·桑塔亚纳（George Santayana）恰当地名之为“基督教的史诗”，逐渐被教父发展起来，并且在奥古斯丁的《上帝之城》（*City of God*）里得到了最终表达。实际上，这种哲学对波斯和希腊学说的借鉴与从希伯来文献汲取的营养一样多，它把历史进程看作是善与恶两种力量在宇宙中彼此斗争的现实展现。就其现实和历史意义而言，这种冲突是“上帝之城”与“撒旦之城”之间的斗 43
争，“上帝之城”是蒙希伯来和基督教上帝拣选之人的群体，“撒旦之城”是从前和现在的异教信徒以及基督徒中的堕落者的集合。最终的结果是前者取得了辉煌的胜利，后者遭到了彻底的失败。在这种哲学背景下，就不难理解基督教历史编纂的务实程度是波里比阿和狄奥尼修斯都没有想到的，这是具有真正报复意味的“通过实例进行的哲学教育”。在这些利害攸关的问题面前，最微不足道的事件也具有了至关重要的含义。这“史诗”在奥古斯丁的作品里得到了哲学展示，在奥罗修书写的历史里得到说明，塞尔维乌斯（Sulpicius Severus，363—423）在《编年史》（*Chronica*）里也对其做了生动而愉悦的文学阐释。[1]

1　参见第52页及以次。

早期基督教关于历史方法的观念

基督教历史学家也在很大程度上背离了修昔底德和波里比阿奠定的历史方法的原则。他们对异教有极大偏见，因此谈不上丝毫的客观性，除此之外，为了处理“受启示的”文献，还有必要发明一种特殊的方法。例如，如果用与赫卡泰俄斯同样的批评希腊神话的态度去设想希伯来人的创世传说，就是不虔诚的和有罪的。因此，如果“受启示的”陈述明显荒谬或者貌似不可信的话，就要找出其隐藏的内在含义。

为了回应这种需求，寓言和象征方法取代诚实和批判分析，成为历史方法的基础。“甚至《圣经》（Holy Writ），”伯尔教授说，“也不是因为贫乏的历史事实而受到珍视的，而是因为那些在历史事实之下能够被理解的、讽喻的、道德的和神秘主义的深层含义。”解释《旧约圣经》的寓言方法是亚历山大里亚的犹太人斐洛（Philo Judaeus）提出的，出现在早期基督教著作《启示录》（*Book of Revelation*）、《巴拿巴的使徒书》（*The Epistle of Barnabas*）和《牧人书》（*The Shepherd of Hermas*）里。教父们早期的动力来自亚历山大里亚的神学家奥利金（Origen，186—255）。按照奥利金的方法，弗雷德里克·孔尼白（Frederick Cornwallis Conybeare）这样写道：

> 无论什么时候，当我们遇到如此无用的、不可能的事情和训
> 令时，我们必须放弃字面上的解释，而去思考它们能做何种道德解
> 释，它们具有何种更高的和更神秘的含义，它们试图用象征方法和
> 44 寓言启示在表达着何种更深层次的真理。神的智慧已经预设了这些
> 小陷阱和绊脚石，通过在《圣经》中插入各式各样不可能和不合适
> 的东西，以遏制我们对文本进行盲目的历史理解。圣灵为我们设下
> 这样的埋伏，是为了让我们在表面看来并不真实和有用的启示的感

召下，去追寻隐秘的真理，去追寻《圣经》里那些我们认为能与上帝启示相配的含义。[1]

这种寓言化的倾向，超越了批评，几乎被教父们普遍接受，并在格里高利一世（Gregory the Great，540—604）的著作《道德论》（*Moralia*）或译《〈约伯记〉注释》（*Commentary on the Book of Job*），以及塞维利亚的伊西多尔（Isidore of Seville，卒于636）的《对圣经的解释》（*Allegoriae quaedam sacrae scripturae*）里得到经典的表述，后者按时间顺序指出了《旧约圣经》和《新约圣经》里提到的所有人物的寓意，成为中世纪寓意的标准指南。

在使用和解释历史文献上，不仅发明了两种完全不同的标准，而且还划定了两个泾渭分明的历史领域：神圣的和世俗的，前者与宗教相关，后者关注世俗活动。[2] 无须指出，神圣的历史被赋予了无可比拟的重要意义，人们认为创造奇迹比建立一个王朝更重要。教父们愿意付出最大的辛苦劳动，为《圣经》里枯燥而矛盾的陈述做出寓言性的解释，但是，不可想象的是，他们中的一个人竟然能收集和分析158个章程的内容，就像亚里士多德曾经做过的那样。

然而，必须公正地指出，历史研究在早期基督教阶段的明显衰落不能完全归咎于基督教对历史数据和问题的态度。尽管前文已经列举了一些原因，解释了基督教历史编纂可能比异教历史缺少合理性的原因，但不能否认的是，罗马帝国后期已经处于思想整体衰落的阶段，或者也可以说，对古典文化顶峰时期的理想和成就的背离在影响异教徒的同时，也影响了基督教作家。[3]

1　F. C. Conybeare, *A History of New Testament Criticism* (G. P. Putnam's Sons, 1910), pp. 14–15.

2　J. H. Robinson, "Sacred and Profane History," in *Annual Report of the American Historical Association*, 1899, I, 527–535.

3　Cf. H. O. Taylor, *The Classical Heritage of the Middle Ages* (Macmillan Co., 1911).

基督徒的历史视角：基督教的编年史

在消除疑虑和吸引皈依者参与运动方面，最有效的一种帮助就是能够指
45 出辉煌的过去。基督徒敏锐地感受到这一点，把犹太人的《圣经》作为自己祖先的官方记录，自然也就面对着一种紧迫的需要，即要赋予希伯来人的古代历史以权威和古老，而这些早已被隐藏在异教历史学家的作品里了。异教历史学家对犹太人的历史只给予了极少的篇幅和注意力，而这正是与犹太人的不引人注目的政治历史相匹配的。因此，狄奥多罗斯（Diodorus Siculus）和特罗古斯（Pompeius Trogus）写作的两部世界史，虽然明显优于基督教历史学家编纂的世界史，但是完全不符合基督教宣传的需要。约瑟夫的犹太通史也不可接受，因为其过度夸张了犹太人的作用，却对基督徒关注甚少。因此，基督教的文人墨客着手杜撰过去的历史，要为所谓的希伯来人的古代荣耀增加应有的粉墨重彩，同时也要说明为什么犹太人已不配拥有古代的遗产。这是犹太人因受惩罚而丧失的，他们之前的荣耀现在已经传递给了基督徒。

基督教历史学家的第一个任务是为基督教的信仰提供一个壮丽的历史背景，确立神圣历史——犹太和基督教的历史——的重要性和古老性。犹太人和基督徒的历史发展成为全部过往历史的中心线。在犹太人和基督教的历史背景下，在它们的基本年代表里，异教国家记录的历史事件只是被捎带着提及，也被认为明显不如犹太人和基督教的历史事件重要。正如风格鲜明且富有魅力的伯尔教授所写的那样：

> 现在作为他们序言的漫长历史，是上帝选民的神圣历史，雅各的梯子连接着尘世与天堂。核心演员是耶和华，现在他是所有凡人的上帝。关于这个故事和它的顶点，所有的历史现在都必须依序排列；从神圣的记录中——因为记录也是神圣的——可以了解全能上帝的计划。是哲罗姆在希伯来人的解释和幻象里——在金头铜肚

> 的雕像里，在从海里出来的四个巨兽里——发现了它们，从哲罗姆的时代一直到我们今天，世界上不断更换的帝国都要在这个计划里找到一个位置。非神圣的编年史只要被发现与《圣经》相冲突就一定被弃之不用。所有留下的都与《圣经》里的话相适合。人类在地球上的业绩变成了堕落。人类也不应该因有智慧而自鸣得意：毕达哥拉斯和柏拉图曾向摩西学习；塞内加（Seneca）曾向保罗求教。[1]

基督教作家试图为人类历史提供一个合适的年代表，以便使新宗教的 46
需求和远景协调一致，最早这样做的人是阿非加纳斯（约180—约250）。他的《编年史》5卷本，概括了从创世到公元221年间犹太人和异教徒的过往历史。阿非加纳斯利用了前辈犹太作家和异教作家在年代学方面的成果。他所依赖的作家包括曼涅托、贝罗索斯、阿波罗多罗斯、约瑟夫和提比略的尤斯图斯（Justus of Tiberius）。这些人已经计算出一个粗略的犹太国王年表。按照阿非加纳斯对时间的安排，创世发生在公元前5499年。世界在耶稣诞生之后将继续发展500年，随后“千禧年”将降临。阿非加纳斯以简洁的风格总结了犹太和异教国家的事件和编年史，把重点放在了犹太人的历史上。象征主义和幻想同数学一样，也主导了他对时间的安排。

更完整、更系统和更有影响力的是著名的攸西比乌斯（约260—约340）的《编年史》（*Chronicle*）。攸西比乌斯是恺撒里亚主教，也是基督教教会早期最重要的历史学家。他接受调动去准备《编年史》，以便为他计划写作的《教会史》（*Church History*）提供恰当的历史和年代背景，同时也使他能够建立摩西在希腊和罗马先贤中的优先地位。

攸西比乌斯在303年之前完成了《编年史》，他大量利用了阿非加纳斯此前的成果。这本书分为两个主要部分。第一部分是《计时体系》

1　G. L. Burr, “The Freedom of History,” in *American Historical Review*, January, 1917, pp. 259–260.

（*Chronographia*），这是对犹太人和异教徒的年代学体系的总结，也是以每个国家传统历史学家的作品节选为基础的世界史摘要。关于迦勒底人的历史，他依赖亚历山大·波里希斯托（Alexander Polyhistor）、阿比德诺斯（Abydenos）和约瑟夫；关于犹太人的历史，他依赖《旧约圣经》、约瑟夫和亚历山大里亚的克莱门（Clement of Alexandria）；关于埃及人的历史，他依赖狄奥多罗斯、曼涅托和波菲利（Porphyry）；关于希腊人的历史，他依赖卡斯特、波菲利和狄奥多罗斯；关于罗马人的历史，他依赖哈利卡纳苏斯的狄奥尼修斯、狄奥多罗斯和卡斯特。因此，很多最有才干的和最可靠的异教历史学家被攸西比乌斯无视或忽略掉了。

《编年史》的第二部分《年表的规则》（*Chronological Canons*）更重要一些，代表了攸西比乌斯在年代学上的真正贡献。犹太人的活动被首要考虑，与之相关的日期贯穿于每一页的中心。异教活动与犹太—基督教的历史于是在并行栏中同步进行，但是犹太—基督教的历史居于领导地位。实际上，此时，历史活动被分为两类——神圣的（*sared*，犹太—基督教的历史）
47 和世俗的（*profane*，异教的历史）。神圣历史中的活动被置于日期列表的左侧，异教历史的原始资料被安排在列表的右侧。

一个简单的圣经年表带领读者追溯到创世记，但是比较详细的编年史只能从所谓的亚伯拉罕诞生日（公元前2016）开始。从这时起，历史纪年分为5个阶段或时代。（1）从亚伯拉罕到特洛伊陷落；（2）从特洛伊陷落到第一届奥林匹克运动会；（3）从第一届奥林匹克运动会到大流士统治的第二年；（4）从大流士统治的第二年到耶稣受死；（5）从耶稣受死到君士坦丁皇帝统治。

正如我们已经暗示的那样，史料被安置在并行栏内，编号按照所考察的年代而不同。并行栏的开始是亚述诸王、希伯来诸先知、西锡安诸王（Sicyonian kings）以及埃及诸法老。第二阶段到第四阶段的并行栏数量最多，最后一个阶段以三行表格做结尾，分别是犹太人、希腊人和罗马人的年代表。在并行表的边缘，攸西比乌斯加上了注释。在整理和选择史料时，攸西比乌斯不仅显示了他的勤奋和博学，还暴露了他的轻信。已故校长安德鲁·怀特（Andrew D. White）就指出了这一点，他曾写道："在这些表中，摩西、约书亚和巴库斯；底波拉、俄耳甫斯和亚马逊人；亚比米勒、斯芬克斯和俄狄浦斯，作为同样真实的人物出现在一起，他们在编年史里的地位也同样确定。"[1]

攸西比乌斯用希腊语写作，在那个时代，西罗马帝国只有为数很少的知识分子才能读懂希腊语。因此，就产生了用拉丁语把它传给帝国西部基督徒的真实需求。博学的西部教父哲罗姆提供了这一服务。在379年，他于匆忙中口述了对攸西比乌斯《编年史》的拉丁语翻译，其中做了某些修订和增改。他在翻译《计时体系》时没有做重要改动。但是，为了使这部著作更加有助于帝国西部，哲罗姆在翻译《年表的规则》时，增加了更多的历史事实，特别是增加了更多的关于罗马历史和罗马文学的材料。他继续完成了后续直到378年的编年总结。

哲罗姆翻译的攸西比乌斯《编年史》为基督教的帝国西部提供了权威的年表，直到1583年才被约瑟夫·尤斯图斯·斯卡利杰修订，在1650年，又得到詹姆斯·厄舍主教（Bishop James Usher）的修订。它在塞尔维乌斯（约360—约410）的《编年史》里，在卡西奥多鲁斯（Cassiodorus）与人合编的《三部历史》（*Historia Tripartita*）里，进入了系统化的教会史。在中世纪全部的历史写作中，都非常流行使用这个年表，因为这个时代的编年史作 48
者都习惯于在叙述国家和地区的历史发展之前，先缀上它，这样就可以直接连接到创世记了。哲罗姆的《编年史》被阿奎丹的普洛斯珀（Prosper of Aquitaine）续到了455年，被西班牙主教埃达提乌斯（Idatius）续到了468年。非洲僧侣维克多·托嫩嫩西斯（Victor Tonnennensis）制作了一个总年表，从创世记直到公元566年。更有名的是7世纪早期西班牙学者塞维利亚的伊西多尔的《编年史》（*Chronicle*），它以攸西比乌斯和哲罗姆为基础，也

1　A. D. White, *A History of the Warfare of Science with Theology* (Dover, 1960), I, 250.

受到了奥古斯丁的影响，从而衍生出伊西多尔自己的世界历史分期，按照创世的六天时间，分为六个时代。它按照年代顺序，总结了从创世之初到615年间的人类历史，但是对早期的年表没有增加任何实质性内容。尊者比德（Venerable Bede）在8世纪也写过一部年代学方面的力作《时间的计算》（*De Temporum Ratione*）。这本书把自创世以来的历史分为六个时代，也被中世纪的历史学家广泛抄录。比德首次扩散了年表的使用，在实践中，我们把基督的诞生作为历史日期的分界线——使用公元前（B.C.）和公元后（A.D.）。这一方法已经被“小个子”狄奥尼修斯（Dionysius Exiguus，约卒于550）采用。

在这个世界历史的基督教综合体里，除了年表及其时间同步对照的人工痕迹外，还有两个特点值得注意，即荒谬地重视希伯来历史，对异教文明充满严重偏见，使得客观的历史观点不可能从这里产生。关于第一种倾向，鲁滨逊教授说：“这种神学上的统一和历史意义获得胜利的巨大代价是，牺牲了所有的世俗观点和准确性。亚摩利人被赋予了重要地位，而迦太基人却没有。以诺和罗得在历史上形象突出，却没有人知道伯里克利。”[1]犹太民族在世界历史上占有突出地位，在很大程度上要归功于早期基督教历史学家对历史观点的歪曲，这一点非常讽刺，却是不可否认的事实。

奥罗修和基督教世界史

很难期待基督教教父对异教历史的简单编年史会一直感到满意。比较理想的是，要准备一套系统的、官方的基督教人类史来维护基督教。这一业绩实际上是异教徒指责基督教的副产品，他们指责基督教应该为罗马帝国后期
49 的那些灾难负责，尤其要为公元5世纪早期阿拉里克（Alaric）洗劫罗马城负责。奥古斯丁把通过世界历史来驳斥这一指控的任务交给了自己的助理——

1 J. H. Robinson, *The New History* (Macmillan, 1912), p. 30.

忠诚勤奋的奥罗修（约380—约420）。奥罗修出生在西班牙，后来去了非洲。他崇拜奥古斯丁，在他门下学习了5年。在他写作自己重要的历史著作之前，他已经在奥古斯丁的建议下，写过一些关于教义和反异教的论文。他应对异教徒指控基督教的历史反驳，是著名的《反异教史七书》（*Seven Books of History Against the Pagans*），编撰于415—418年间。

奥罗修的历史论述以奥古斯丁的历史神助理论为基础，即认为上帝的计划既控制着异教帝国的命运，也控制着犹太—基督教的历史。巴比伦和罗马是被拣选出来的两个异教国家，直接影响了犹太人和基督徒的历史进展。埃及并没有被认真地纳入这个画面之中。马其顿和迦太基作为附属的帝国有助于把巴比伦文化传输给罗马——也证实了“从海里出来的四个巨兽”的象征意义，这种象征意义是从希伯来人的幻象里衍生出来，并由哲罗姆在基督教历史观念中确立的。奥罗修写作的编年史以攸西比乌斯《编年史》的哲罗姆译本为基础。关于构建历史所使用的资料，奥罗修没有费力去查阅东方、希腊和罗马的古典历史学家，而是使用了希罗多德、波里比阿、李维、塔西佗等人的二手拉丁语摘要。

《反异教史七书》开篇是奥罗修所知道的世界的地理略图，特别提到他要在著作里处理的地区。接着，从创世以来的人类历史开始于对哲罗姆《编年史》的改编。在概述了巴比伦历史之后，奥罗修从早期罗马史一直写到高卢人劫掠罗马，他很愿意把高卢人的劫掠描绘成比阿拉里克的掠夺更为可怕和更具毁灭性的事件。接着是希腊和马其顿的历史，从伯里克利写到伊庇鲁斯的皮洛士挫败。然后，奥罗修转向迦太基，他讲述了迦太基从殖民直到毁灭的历史。最后，奥罗修回顾了罗马的后期历史，他特别强调了罗马之于新兴基督教教会的父亲般的联系，也没有忽视异教徒因其罪恶和迫害而造成的恐怖。叙述截止到417年。

非常明显，在奥罗修的历史里存在着巨大的空白，结果是，某些国家被排除在考虑之外，而在处理被考虑到的国家时，既不全面又任意而为。然而，作为一部历史书，该书的主要缺点不在于它的肤浅，而在于它的目的，50

也就是说，它要证明自基督教产生以来，那些降临到罗马的灾难在数量和毁坏程度上远远地少于异教社会所遭遇的灾难。奥罗修忽视异教文化令人愉悦的方面，同时，又通过梳理异教历史收集了一部真正的《灾难史》（*historia calamitatum*），以展现一幅几乎令人无法释怀的画面——“所有战争、瘟疫和饥荒的恐怖惨景，地震和洪水带来的可怕的毁坏，令人恐惧的火灾、电闪雷鸣带来的破坏，犯罪带来的可怕不幸”。“埃及、希腊和罗马的所有成就，”鲁滨逊教授写道，“在奥古斯丁的信徒奥罗修的心里，全都消失不见了，剩下的只有崇拜魔鬼的异教的悲哀。”[1]

然而，在奥罗修生动的叙述中，也附带着具有远见和创见性的段落，这些我们也不应该忽略。在他的异教战争和大屠杀历史中，奥罗修让我们清楚地看到了战争的含义，无论对贵族来说战争是多么令人激动，但对平民的影响却是极度可怕的。他暗示说，有一个重要的故事要讲出来，那就是关于平民的历史，对他们来说，战争才是真正的灾难。而且，他对后期罗马帝国的处理给我们留下了这样一个印象，他知道他生活在一个过渡的时代，也知道我们所知道的中世纪就在那时已经开始了。在这种态度上，他比他的导师奥古斯丁或者他那个时代的其他基督教作家都领先了一步。

尽管作为一部论战的作品，这本书本意是为基督教的信仰进行辩护，却成为中世纪对世俗历史——也就是古代异教世界的历史——的标准说明书。对中世纪的历史学者来说，这是令人非常遗憾的事情，其中几个显而易见的原因是：第一，这本书对异教的民族和文化有着武断的偏见。第二，它忽视了异教生活中那些更和平、更有创造性的因素。第三，在涉及国家及类似的主题时，它对古代历史的处理过于概略和不恰当。第四，甚至这些概略的材料都是不可靠的，是从第二手文摘中编辑过来的，然后把它们塞进了预先设定的历史解释的框架之中。

1 Robinson, *op. cit.*, p.30.

系统化的教会史

在教会史学领域内，最值得称赞的成就体现在系统化的基督教教会史
里。尽管作家的世界观损害了他们的视角，歪曲了他们的解释，但是它们对
历史研究造成的损害在这个领域是最小的。尽管明显存在着对异教的偏见、 51
追求神迹的渴望、作家虔诚的轻信和基督教的历史哲学，但是教会史这一主
题特性使得他们在这个领域的写作不及对古代史的综合研究那么糟糕。人们
的注意力几乎完全集中在教会事务上，作家们在很大程度上处理的是他们最
近的宗教同道中人，这些人几乎没有受到像《圣经》中人物那样的尊敬。

最早的关于基督教史的半叙事资料是最近发现的《死海古卷》（*Dead Sea Scrolls*）、1世纪的《保罗书信》（Pauline Epistles）和可能写于1世纪最后30多年的《对观福音书》（Synoptic Gospels）。关于福音书，最可靠的是写于公元70年的《马可福音》，尽管《路加福音》是更精致和更完整的历史著作。《使徒行传》（The Acts of the Apostles）是1世纪仅存的经典历史著作，约公元100年由作者路加所写。公元2世纪和3世纪的基督教辩护者也是珍贵的资料来源，尽管他们的作品争议很多。

在基督教早期教父时代，恺撒里亚主教攸西比乌斯的《教会史》（*Ecclesiastical History*）是一部杰出的系统化的教会历史著作。我们在前文中已经指出，攸西比乌斯也是基督教编年史权威的奠基人。他是重要的教会政治家、君士坦丁皇帝的朋友和知己、一个博学的基督教古文物研究者。为了准备《教会史》的写作，他广泛阅读，在其赞助人的图书馆里做了大量研究。他的赞助人是恺撒里亚的帕姆菲勒斯（Pamphilus of Caesaria），在马克西米努斯的迫害中殉难。攸西比乌斯的宗教观深受最博学的东方教父亚历山大里亚的奥利金影响。他的《教会史》叙述了基督教的起源和胜利，也讲述了基督教教会在使徒时代和早期教父时代的成长和组织。攸西比乌斯更像是一个学者、古文物研究者和语言学家——他是基督徒版的蒂迈欧——而不是一个历史哲学家或一个创新性的文学艺术家。德弗拉利（Deferrari）教授这

样概括他的才能和贡献："攸西比乌斯是第一个明确理解基督教文学概念的人，他采用古代的方法确定作家的日期，为他们的作品进行编目。他把亚历山大里亚的文献学译介到基督教的土壤上。"[1]

攸西比乌斯在他的《编年史》里概要叙述了教会的崛起，他的《教会史》则是对这个概要的大规模扩充。他的著作分为以下几个主要部分：（1）重要
52 主教教区的主教继任；（2）杰出的基督教教师和作家；（3）主要的异端邪说和异教徒；（4）犹太人处死耶稣后遭遇的各种惩罚；（5）罗马对基督徒的迫害；（6）攸西比乌斯时代的殉道者和神迹。

可以想见，整部作品充斥着对基督教的全面辩解。所有历史都在证明基督的神性和使命。然而，作为一位早期基督教的写作者，尤其是老师和挚友已经被异教政府杀害的人，攸西比乌斯的历史基调显得非常公正和平静。他的著作展示了其阅读的广泛和研究的细致。实际上，历史，从某种意义上说，就是早期基督教历史上重要文献的选集，被编织成有指导意义的功能性文本。对攸西比乌斯来说，教会史主要是"流传下来的资料汇编"。这种与原始资料的相似性虽然延缓了攸西比乌斯的阅读速度，但是书中用到的很多文献对后来早期教会史的研究都具有不可估量的价值。这些文献中的绝大部分后来都遗失了，我们只能在攸西比乌斯的历史里找到关于它们的记载。然而，文献的丰富却妨碍了这部历史成为一部文学艺术作品，同时，其散漫的风格也减弱了叙事的生动。它只能是一部杰出的关于早期基督教研究的著作。攸西比乌斯四次重新修订这部著作，最后一版是在323年。

公元5世纪，教会历史学家苏格拉底（Socrates）、索卓门（Sozomen）和狄奥多勒（Theodoret）续写了攸西比乌斯的《教会史》。他们的作品里存在着大量重复。苏格拉底写的是306—439年间的历史，索卓门写了323—439年间的历史，狄奥多勒写了325—427年的历史。公元6世纪，埃匹塔尼乌斯（Epithanius）等人在卡西奥多鲁斯（Cassiodorus）的指导下，整合压

1 In Peter Guilday, ed., *Church Historians* (Kenedy, 1926), p. 24.

缩了这几个人的著作，并翻译成拉丁语，同时又续写到518年。卡西奥多鲁斯本人为这个拉丁语译本写了导言。学者们认为卡西奥多鲁斯亲自指导了这次缩写，并决定了材料的选择和安排。卡西奥多鲁斯及其学生的这部作品，即《三部历史》，成了整个中世纪普遍使用的教会（神圣的）历史指南。尽管它混乱、不连贯、不准确，有着浓重的编年史风格，它仍然在学术上优于奥罗修提供的世俗（异教的）历史教材。

在早期基督教时代所写的教会史里，有一部历史具有真正的文学价值，那就是塞尔维乌斯的《神圣历史》（*Sacred History*）。它是教会史的一个简短而有趣的缩影，包含着一份在攸西比乌斯《教会史》基础上制作的简介，按时间顺序介绍了基督教世界历史概念的发展。塞尔维乌斯的历史一直写到公元400年。他的写作旨在引发有学问的公众对教会史的兴趣，而他也以自 53
己的才能完成了这一计划。尽管如此，他的这本小册子在中世纪还是被遗忘了，人们喜欢的是冗长的、粗糙的、支离破碎的《三部历史》。但是在早期现代人文学者中它又受到了欢迎，他们能够欣赏这种风格的卓越之处。

这些早期教会历史的最大缺陷是，他们描绘了伟大的宗教运动，却没有分析其更深层次的动力和更重要的历史事件。部分原因在于他们的信仰，他们认为基督教完全是凭借神的眷顾才发展进步的，而另一部分原因在于，这些作者都受制于其首要目的是讲述神迹、殉道者和圣徒的观念。

基督徒的传记

基督教教会的发展在很大程度上依赖于那些著名的皈依者和圣徒。因此，毫不奇怪，历史传记在早期基督教历史编纂中具有重要作用。在这方面，攸西比乌斯在《教会史》前面内容的写作中，就迈出了第一步，他提到了一些杰出教徒的生活和工作。但是，第一部正式的著名基督徒传记汇编是《名人传》（*De Viris Illustribus*），由哲罗姆于392年在伯利恒写成。罗马传记作家苏维托尼乌斯在113年出版了一本同名著作，列出并描写了此前拉丁文学里出现的重要人物。异教徒往往嘲笑基督徒在文学上的自命不凡，也斥责他们没有文化，是不学无术之徒。所以哲罗姆决定列一份名单，说出那些他认为通过文学业绩荣耀教会的人，以此来驳斥异教的诋毁者。他以下列言辞表达了他对比较的质疑：

> 那么，让他们学习吧——切尔苏斯（Celsus）、波菲利和尤里安（Julian）之流，那些狂言反对基督的疯狗们——让他们的信徒学习吧，这些人臆想着基督教会既没有哲学家、演说家和医生，也没有天才的人和宽容的人去建设她、发展她和美化她；他们攻击我们的信仰除了乡巴佬的纯朴外什么都不是，让他们的攻击停止吧，让他们承认他们自己的无知吧。[1]

哲罗姆以极其易变和武断的方式，列举和描绘了他所认定的杰出的基督教文学家，从西蒙·彼得（Simon Peter）到他自己。所列人物半数以上直
54 接取材于攸西比乌斯。为了使他展示的人物尽可能地令人瞩目，哲罗姆所列的名单里不包括异教徒和非基督徒作家，比如约瑟夫、斐洛和提比略的尤斯图斯就不在其中。对每个作家的篇幅分配和处理风格取决于哲罗姆个人的评价。

以哲罗姆为榜样，公元470年，马赛的根纳迪乌斯（Gennadius of Marseilles）继续了此项工作，他的传记汇编取了与哲罗姆文集相同的书名。公元7世纪早期，西班牙主教兼百科全书编纂者塞维利亚的伊西多尔将这本文集续写到当时，仍然用了同一个书名。之后，他的作品又得到了托莱多的伊尔德丰索斯（Ildephonsus of Toledo，卒于667）的补充。伊尔德丰索斯是他的同乡。12世纪，奥敦的霍诺里乌斯（Honorius of Autun）把这本书续写到他生活的时期。续写的过程贯穿了整个中世纪，最终由斯庞海姆

1 引自Pierre de Labriolle, *History and Literature of Christianity* (Knopf, 1925), p. 362。

（Sponheim）的修道院院长约翰内斯·特里特穆斯（Johannes Trithemius，1462—1516）汇编成《圣经·传道书》（*Liber scriptorum ecclesiasticorum*），里面包括963份传记。在这些早期传记作家中，即使是最博学的人，也有令人讶异的轻信及对“制造奇迹”的热切态度，只要熟读诸如哲罗姆的《第一个隐修士保罗的一生》（*Life of Paul the First Hermit*）或者阿萨纳修（Athanasius）的《圣安东尼传》（*Life of Saint Anthony*）这样的传记，就可以觉察出来。当然，这一时期最伟大的自传——也是最具影响力的著作之一，是奥古斯丁的《忏悔录》（*Confessions*）。

参考文献

Shotwell, *Introduction to the History of History*, chaps. xxiv–xxvi.

Thompson, *History of Historical Writing,* Vol. I, chap. viii.

E. J. Goodspeed, *A History of Early Christian Literature.* University of Chicago Press, 1942.

Millar Burrows, *The Dead Sea Scrolls*. Viking, 1958.

T. H. Caster, *The Dead Sea Scriptures*. Doubleday, 1956.

M. A. Larson, *The Religion of the Occident*. Philosophical Library, 1959.

E. F. Scott, *The Literature of the New Testament.* Columbia University Press, 1932.

C. J. H. Hayes, *An Introduction to the Sources Relating to the Germanic Invasions,* chaps. x–xi. Columbia University Press, 1909.

Peter Guilday, ed., *Church Historians,* pp. 3–70. Kenedy, 1926.

Ritter, *Die Entwicklung der Geschichtswissenschaft,* Book II, chap. i.

Gustav Kruger, *History of Early Christian Literature*, London, 1897.

Pierre de Labriolle, *History and Literature of Christianity.* Knopf, 1925.

A. C. McGiffert, ed., *The Church History of Eusebius*, “Nicene and Post-Nicene Fathers.”

I. W. Raymod, ed., *Seven Books of History Against the Pagans: The Apology of Paulus Orosius*. Columbia University Press, 1936.

J. C. Ayer, *Source Book for Ancient Church History.* Scribner, 1913.

R. L. P. Milburn, *Early Christian Interpretations of History.* Harper, 1954.

第四章　中世纪的历史著作

中世纪的历史观念

55 从前文的讨论中，可以看出，在中世纪，奥罗修和卡西奥多鲁斯是基督徒们公认的历史权威，而且，早期基督教领袖的历史哲学和历史方法也并没有取得突破。伯尔教授说："中世纪没有把史学与神学分离。不仅如此，为了阻止两者之间的分离，最终发展成思想统一体和反对异端进程的完美保护者。直到漫长的信仰时代结束之时，历史也无法逃脱天父的眼睛。"

与中世纪文化的其他阶段一样，中世纪历史编纂的主要代表人物是各种类型的教士——主要是修士。他们坚持不懈地保持着对神迹和恶魔同样的热切，也同样漠视被今天的历史学家视为基本事实的因素，诸如国家的建立和毁灭，具有划时代意义的政治、经济、社会和文化运动等。"基督教史诗"一直保持着它的威信不动摇，在长达12个世纪的时间里，几乎没有受到挑战，只是到了中世纪后期，由于异教"复兴"、人文主义兴起和宗教改革阶段的矛盾冲突，才受到了一些轻微的扰乱。直到17世纪和18世纪，英国的自然神论者和法国的哲学家以其深刻而尖锐的批评，揭露了它的弱点和矛盾之处，它才遭到痛击。

至少在早期基督教时代结束后的最初几个世纪里，学术研究和历史理解都有所衰落。中世纪的作家们不仅保留了早期基督教领袖的缺点，他们自己还缺乏许多教父所具有的广博的古典学或神学知识。他们甚至经常暴露出文化上的粗鄙，易于出现不合规范的措辞。德国著名历史学家海因里希·冯·西贝尔（Heinrich von Sybel）曾对中世纪史学的突出特点进行了总结，明确指出了中世纪史学与早期基督教历史文学之间的密切关系：

> 这一阶段没有历史评判的概念，没有历史真实的感觉，没有批评反思的痕迹。权威的原则是为所有的传统以及传统的教义辩护，在宗教领域没有统治的界限。无论在哪里，人们都愿意去相信
> 而不是去检验，无论在哪里，想象都占了理智的上风。理想与现 56
> 实、美化了的诗篇和历史真实之间，没有区别。英雄诗歌被认为是一种真实而崇高的历史形式，历史随处可以被各种史诗、传说或理想化的小说所取代。缓慢的历史发展进程被追本溯源为某一个伟大的行动、某一个个体的事业。几乎没有人会因为捏造故事或伪造文件而感到有所顾忌，他们就是要为认可这个可贵的时代提供条件。而归纳推理的结果是否真实，则没有人感兴趣，只要结果与现在的权利、支配的利益和普遍的信仰相一致就足够了。[1]

中世纪历史写作的另一个重要特征，是其体现的儿童心智，乔治·库尔顿（George Gordon Coulton）教授强调过这一点：

> 与古代和现代的历史学家相比，中世纪的历史学家在对人和对事上，具有孩子般的强烈兴趣，也像孩子那样观察直接，表述直率生动，但经常是那一点点天真的恶意为一个孩子的见闻报告增添了魅力。举例来说，他对数字的计算几乎是不可信的，而且几乎总是要对他的专业和宗教偏见做出额外的考虑……典型的中世纪历史，至少一直到13世纪，都可以与印第安人的自然历史相比较——

1　参见Ernst Bernheim, *Lehrbuch der historischen Methode und Geschichts-philosophie* (Leipzig, 1903), pp. 190–191。

在日常狩猎联系方面，他们是真实的和观察敏锐的，但除此之外，他们缺乏所有的察觉能力、对证据的感知能力以及感知因果顺序的能力。[1]

我们有必要认识中世纪历史写作中存在的各种各样的局限和缺陷，但是与此同时，也应该公正地指出中世纪早期的历史写作所面对的巨大困难。罗马文明的衰落带来了混乱和暴力。学问变得毫无生气，失去了生机和活力，或者完全消失了。许多更重要的古代典籍或全部或部分地遗失，有的被故意毁坏。基督徒的狂热在很大程度上导致了对古代文学珍品的恶意掠夺——尤其是对亚历山大里亚图书馆的破坏。旅行变得艰难、昂贵，且充满危险，文化在本质上趋向于地方性，欧洲或世界社会的大视角已经遥不可及。修士是中世纪欧洲唯一有学问的大阶层，他们自然地成为欧洲的历史学家。虽然我
57 们感激他们的勤劳和奉献，但他们的宗教迷信和偏见，以及相关的宗教利益，歪曲和限制了他们的历史写作。实际上，西欧的修士们编撰了大量的编年史，其原因却不仅仅是因为修士们有闲暇和图书馆。大教堂的分会里通常也有一些饱学之士和藏书很多的图书馆，但他们并没有写出很多编年史来。修道院拥有一种历史延续感，并对自身的会社、修道院和修士的成就感到无比自豪。

我们还应该考虑到影响中世纪历史写作的其他几个重要因素。与中世纪作家一样，中世纪的历史学家除了要荣耀上帝之外，他们的内心里还有很多目标，会受到个人的抱负、赞助人和集体忠诚的影响。他们所受的教育、所接触的人及能使用的图书馆影响了他们的历史方法。当时的文献资料也不像今天这样具有一致性。因此，个人的抱负具有重要作用，许多中世纪的历史学家都是修士，在修道院担任职务。他们通常会愿意接受改进，而撰写歌功颂德的编年史是提高声望和获得晋升的行之有效的手段，能达到我们在今天

1 Article, "Historiography," *Encyclopedia of Social Sciences*.

写一本书的相似效果。这种个人的抱负可能也要通过夸大一个人或其家族或其前任的业绩来获得赞助。在拜占庭和穆斯林世界里，赞助人的影响似乎格外强大，那里有很多能欣赏文学佳作的世俗领主。中世纪的编年史由此也深受赞助因素的影响。今天，历史学家通常为广大读者写作，但在中世纪，历史学家的写作主要是为了某个赞助人或者某一限定性的小群体。还有一点很重要，即绝大多数的中世纪编年史都以这样或那样的方式与修士的记录相关联。他们是修道院里的官员，因此是这些大企业里的领导者。他们的宗教利益与那些普通教士无异，他们都是天主教徒。但是，他们在经济利益上始终与普通教士相对立，不仅如此，他们还与主教和其他的修道院相对立。驱动他们进行历史写作的热望——对集体的忠诚——同样也引领他们捍卫自己群体的地位。偶尔，中世纪历史学家也会为了满足他们的创作冲动进行写作。他们为自己的作品创作了精美的手稿，也会为自己的文学能力感到无比自豪。在每个时代，都有人能以这种方式最好地表达了他们的创新精神。

古典时代向中世纪文化过渡中的历史著作

众所周知，在欧洲文化史上，古典文明与中世纪文化之间没有明显的断
裂。古典文明逐渐枯竭，是因为人们越来越喜欢修辞，缺少原创思想，却乐 58
于为前辈作家做注释，以及由于基督教的兴起而带来的知识分子在兴趣方面的深刻转变。[1] 中世纪文化以一种明确的——尽管已经衰落——古典学问为背景，但是，相比于中世纪基督教知识分子的关注点，这种背景逐渐变得次要。从古典时代到中世纪过渡时期的历史写作也反映了这一趋势。从狄奥多里克（Theodoric）时期到查理曼时代，历史学家反思了正在消失的古典主义，同时对中世纪早期社会的宗教和政治趋势也产生了兴趣。在考察典型的

1 Cf. Taylor, *The Classical Heritage of the Middle Ages*; and *The Medieval Mind* (Macmillan, 1925), vol. I.

中世纪“年代记”（annals）和“编年史”（chronicles）之前，也许我们应该注意一下某些重要历史学家在过渡时期的著作，当然，我们也应该认识到，这一时期绝没有清晰的界限，历史学家考察的也不是一个与他们的前辈、同时代的人及其后继者断然分离的群体。

这些历史学家中，我们应该提到的第一人，是把古典思想和早期基督教思想传播到中世纪的最重要的人，马可·奥雷留斯·卡西奥多鲁斯（约480—约570）。他曾经是狄奥多里克的行政官员，担任要职——大概是东哥特国王的首席大法官。他最有价值的历史著作不是他引以为傲的《哥特史》（*History of the Goths*），而是他的《文牍十二编》（*Variae*），是他在为狄奥多里克服务期间写下的大量书信和国家文件。它们是具有不可替代价值的官方文件。尽管在风格上臃肿浮夸，在基调上迂腐卖弄，而且总是奉承狄奥多里克和东哥特人，但作为意大利东哥特王国的文献资料，它们具有无与伦比的价值。它们涵盖了这个时代每个阶段的生活，从经济、文化到政治、外交。

卡西奥多鲁斯更正式和貌似更有名的历史作品是12卷本的《哥特史》，写于526—533年间。这部著作没有完整的文本保存下来，我们对其特点的认识主要来自一个不太称职的修士约尔丹（Jordanes）所做的摘要。从他的摘要以及其他参考资料来看，为了取悦狄奥多里克和东哥特人，《哥特史》显示了与《文牍十二编》一样的偏见。卡西奥多鲁斯的资料来源主要依靠一个名叫阿布拉维乌斯（Ablavius）的哥特作者。他试图将自己对狄奥多里克的感情融入对罗马拉丁文化的赞赏之中，为此，他构建出哥特人起源于罗马这
59 一理论，并把罗马人的起源追溯到特洛伊。我们在前文中提到，《三部历史》是在卡西奥多鲁斯的指导下完成的——那本粗糙的、里面到处都是缺点的小册子是中世纪最受欢迎的教会史。

我们已经说过，我们对卡西奥多鲁斯《哥特史》的了解，大部分要归功于哥特修士约尔丹所做的摘要。约尔丹受教育水平不高，他在大约写于550年的《哥特人的起源和事迹》（*Origins and Deeds of the Goths*）里，改写了

卡西奥多鲁斯的作品。他告诉我们，他只花了几天的时间翻阅了卡西奥多鲁斯的历史，但是许多现代评论家都怀疑这一声明的真实性。约尔丹的书在处理哥特人的起源时相当异想天开，但在描述他自己所处时代的事件时则显得合乎情理。然而，约尔丹并不像人们想象的那样，作为一个哥特人对罗马人怀有偏见。从文化和情感来看，他是罗马人，也是天主教徒。罗马帝国普世性的观念给了他特别深刻的印象，他把这种观念与《旧约圣经》的前因后果联系起来，并预言了一个不确定的未来。约尔丹的作品在风格上缺乏独特性，但是并不缺少学术研究和智力上的精明。

在所有方面都远超卡西奥多鲁斯和约尔丹的历史学家是普罗柯比（Procopius，约500—565），查士丁尼战争的拜占庭记录者，他是用希腊语写作的。[1] 他的主要历史作品是著名的《战史》（*The History of His Own Time*），主要讲述了对波斯的战争、在非洲的战争及对哥特人的战争。尽管他过于明显地模仿了希罗多德、修昔底德等古希腊的历史学家，但他本人也是一个文笔流畅、精雕细琢的作家。此外，作为一个受过良好教育、富有和热衷俗事的人，他具有在他所处的时代里罕见的开阔视野。在追随拜占庭大将贝利撒留（Belisarius）征战的过程中，普罗柯比作为事件的目击者，亲笔在他的历史中做了描述。但是，作为一名历史学家，他也有一些主要的弱点。他在使用资料时粗心大意，不加区别。他偏袒拜占庭帝国，尤其敬佩贝利撒留。他内心充满了罗马承担教化使命的观念，拜占庭帝国继续着这一使命。最后，他公开维护占有财富和官职的贵族的利益。普罗柯比另外还写了一部简短的著作《秘史》（*Historia Arcana*），其中可能表达了普罗柯比个人的观点，以发生在拜占庭首都的宫廷阴谋和道德堕落等奇闻逸事来取悦读者。正如伯里和其他人所指出的那样，在今天，这本书被认为言过其实和观点片面。一些学者甚至怀疑普罗柯比不是《秘史》的作者。但不管怎样，像 60

1　在再版的吉本的《罗马帝国衰亡史》（*Decline and Fall of the Rome Empire*）里，伯里在附录中对普罗柯比做了绝好的论述。

《秘史》这样的著作是时代自然的产物。在查士丁尼时代的专制主义之下，这种类型的文学注定会繁荣发展，因为这是极少数能发泄被压抑的愤怒的渠道之一。路易十四的宫廷也培养了同样类型的历史写作。

在过渡时期的历史学家群体中，最有趣的或许是著名的图尔主教格雷戈里（Gregory，538—594）。他提供了一部最重要的法兰克人的历史，包含了法兰克人入侵高卢的关键时期，以及他们融合高卢—罗马和条顿的因素创建的墨洛温文明。格雷戈里的这本书名为《法兰克人史》（*History of the Franks*）。它的开篇是一段枯燥而随意的世界史，从古代一直讲到公元5世纪，接下来，论述了从大约417—591年的法兰克历史。格雷戈里与其后50年叙事中所描绘的事件处于同一时代，他的故事大部分是根据第一手资料写成的，因为他有独特的地位可以收集到这些资料。他是一位杰出的牧师，也是世俗领主的朋友。他游历过整个高卢。在他成为图尔主教之后，他与前来参观尊者马丁（Martin）坟墓的朝圣者有交往。

在中世纪所有文献中，被引用最多的段落是格雷戈里对入侵高卢之后学识衰落的抱怨，以及他自己用朴素的拉丁语进行写作的决心，他写的拉丁语能让同时代的一般学者读懂和理解。格雷戈里对自己的拉丁语文辞非常谦逊，但是，他写的历史更值得关注，他的历史是一部生动的个人文学，而不是一部严谨、批判性的历史作品。他有强烈的戏剧感，他的作品作为一个整体是有趣的、形象的和丰富多彩的。无论它在语法上有什么缺陷，他用本地话写成的拉丁语都比卡西奥多鲁斯等作家对古典拉丁语浮夸的模仿更受欢迎。

《法兰克人史》之所以重要，有两个主要原因：首先，它提供了唯一一幅相对完整和统一的画面，展现了墨洛温文化起源于高卢—罗马和法兰克等因素的融合。其次，它非常充分地反映了教会将在中世纪文明中占据的优势地位，并不吝笔墨地描述了信仰时代迷信的盛行。他的写作陶醉于神迹和奇迹的创造。实际上，赋予格雷戈里整部作品以统一性的因素是他对教会的强调，教会成为法兰克高卢的中心和统治机构。

格雷戈里的历史远非一种明确和冷静的历史叙述。里面充满了曲笔、逸事、寓言、训诫等诸如此类的内容，格雷戈里也利用对话来提升故事的吸 61
引力。书里面到处有证据显示他们的忠诚和思想上的正直。内心公正的读者，即使刚刚读完一系列令人窒息的奇迹报告，也有可能承认格雷戈里想要并且打算讲真话。他煞费苦心地让读者了解他的主要资料来源。也许作为历史学家，他最大的优势是他能勾画出人物的性格特征，他在这方面展示出心理分析的才能，如果不考虑文学艺术性的话，堪与塔西佗的作品相媲美。简而言之，格雷戈里为现代读者提供了关于罗马文化向中世纪文化过渡中的一部最好的历史书，而他成功的原因之一在于，他本人就是过渡时期完美个人的体现。格雷戈里的著作概括了这一过渡时期，伪弗雷德加留斯（pseudo-Fredegarius）的《编年史》（*Chronicle*）把这一时期续写到公元768年。这部作品有三个作者：一个勃艮第人、一个奥地利人和一个法兰克人。最好的部分是公元631—642年间和公元742—768年间的历史叙事。虽然这是个大杂烩，但它是法兰克人这段历史的唯一资料来源。法兰克人起源于特洛伊的传说由此而来。

尽管塞维利亚的伊西多尔比格雷戈里更有学问，但他的《西哥特、汪达尔和苏维汇诸王史》（*History of the Kings of the Visigoths, Vandals and Suevi*）绝对无法与《法兰克人史》相比。这本书篇幅很短，大体上是把早期编年史家和评论家留下的残篇进行了二手资料汇编。然而，关于西班牙在早期中世纪文明中的地位，这本书却有着一个很有价值的题外话。伊西多尔天才的想象力在他的历史写作中发挥了很大的作用，就像在他的其他文学作品中一样。

人们普遍认为，过渡时期出现的最具才能的历史著作是尊者比德（672—735）所著的《英国教会史》（*Ecclesiastical History of the English People*）。这本书记载了基督教在英格兰的胜利、盎格鲁-撒克逊文化在英格兰岛上的建立，为我们提供了此方面唯一一部完整而可靠的历史。在一段非原创的、琐碎的总体介绍之后，比德说到传教的教士奥古斯丁（Augustine）

在公元597年，来到英格兰并使英格兰人皈依，从这里开始，他的历史讲述变得严肃和积极起来。叙事一直持续到公元731年，这一年，比德完成了这本书的写作。比德的历史建立在仔细研究的基础上。他阅读了大部分重要的文字资料，也咨询了许多教会领袖。在讨论他所使用的资料的性质和可靠性时，他是诚实和真诚的。而在介绍大量神迹的过程中，在把这些神迹作为被证实了的历史事实接受时，他表现得比图尔的格雷戈里更为克制。比德的写作主要是为了向读者讲述基督教在英国的胜利和构建，但他却处理了很多与
62 英格兰宗教和教会组织发展有关的政治事件。其结果是，他的历史不仅记载了英国基督教的早期发展，也充分论述了盎格鲁-撒克逊文化与英格兰土著文化的融合以及盎格鲁-撒克逊政体的兴起。从传记的角度来看，这本书也非常重要，因为比德收录了很多早期英国教士和圣徒的传记。该书以一长篇总结收尾，其中按年代顺序概述了从恺撒到公元731年间的英国历史。

比德不是笨拙而乏味的编年史家或汇编者。为了拟定自己的历史大纲，他做了很多前期的准备工作，并为全书的叙述建立了条理清晰的结构。这本书结构完整、平衡，以简洁生动的拉丁风格写成。比德是他那个时代西欧最好的古典学者之一。如果说他在描写上不像格雷戈里那么夸张和丰富多彩的话，那么，他的思想平衡要好得多，他的历史叙述也要可靠得多。他们两人之间的差异有些类似于希罗多德和修昔底德。比德在《时间的计算》里，把从创世到公元729年的世界分为六个时代，对后来中世纪很多编年史的年表产生了广泛的影响。

伦巴第人出现在欧洲的历史场景是由伦巴第的修士保卢斯·沃恩弗里德斯（Paulus Warnefridus，约730—800）描绘的，他通常被称为执事保罗（Paul the Deacon）。保罗是一个受过良好教育的牧师，他在意大利北部和高卢游历过很多地方，与政府官员和宗教人士都有交往。他的《伦巴第人史》（*History of the Lombards*）是在他晚年写成的，当时他住在著名的卡西诺山（Monte Cassino）修道院。他没能活到完成这部历史，因为此书长达六卷，讲述了伦巴第人从传说中的起源到公元744年的历史。保罗使用了各种

各样的资料——普林尼的著作，《伦巴族人的起源》（*Origo Langobardum*），特伦特的塞昆德斯（Secundus of Trent）、格雷戈里、伊西多尔和比德的历史著作，教士的传记，格里高利一世的神学著作，以及他在旅行中获得的资料、口头传说和传奇故事。但是，在筛选和评估这大量的原始资料方面，他几乎没有批判的能力，特别是在处理伦巴第人的早期传说时，根本未做鉴别。他在思想上显然是诚实和真诚的，而且他对伦巴第人晚近历史的处理似乎更加可靠，甚至他笔下的早期神话也能准确地反映那些时代的精神和文化。正如巴尔扎尼博士（Dr. Balzani）所写的那样："《伦巴第人史》无论何时处理的真实事件，都值得认真考虑，它的证据也很重要；而另一方面，当它在介绍传说中的事物时，我们会觉得它至少描绘了伦巴第人的生活习俗，就像沃尔特·司各特（Walter Scott）的神笔重现了一样，他对早期苏格兰历史的描述比其他历史学家都要好。"[1] 保罗的历史写作有一个主要的缺点，就是它的年表做得草率和马虎，导致在叙事上出现了很多混乱。 63
这本书的写作风格是清晰、流畅、不炫耀，有些段落具有很高的戏剧趣味。它在中世纪广受欢迎，它的价值不容小觑，还因为它保存了许多后来丢失的资料。

在中世纪，第一个写出重要历史著作的非神职人员是尼特哈德（Nithard，约795—843），对一个非神职人员来说，他受到过很好的教育。他被认为是卡洛林王朝后期最有能力的历史学家。他本人是查理曼的私生外孙，是查理曼的一个女儿与一个非神职修道院院长所生。他的《历史四卷》（*Four Books of History*）主要讲述了查理曼孙子之间的内战，涵盖了从虔诚者路易到公元843年之间的历史，其中，839—843年间的历史尤为细致。他所描述的事件中，有很多都是他亲眼所见，在使用他所查阅的文字资料时，他表现了异乎寻常的鉴别能力。他的写作风格直截了当、清晰流畅、毫不夸张。在他的历史写作中，即使是生动的描述也总是要切题的。他不允许用漫

1 Ugo Balzani, *Early Chroniclers of Europe Italy* (London, 1883), p. 90.

谈或离题来获得戏剧效果。这本书在语言史上也很重要，因为它是著名的斯特拉斯堡誓言（Strassburg oaths）的唯一资料来源。尽管尼特哈德是秃头查理（Charles the Bald）的支持者和洛萨二世（Lother Ⅱ）的尖锐批评者，但他的历史著作在今天专家的批判性审视下仍然站得住脚。甚至他对洛萨的严苛评价，现在也被普遍接受了。

艾因哈德（Einhard，约770—840），或称埃尔根哈德（Eigenhard），在他那个时代里，是一位才华横溢、能力非凡的传记作家，他的《查理大帝传》（*Life of Charlemagne*）是整个中世纪最脍炙人口的历史传记之一。艾因哈德身居要职，他既是查理曼的朋友和官员，又是非神职的修道院院长。他与查理曼及其继任者的宫廷有着长久的往来，因此有足够的机会收集写作传记所需要的第一手资料。在那个时代，获得这些能亲身观察的不同寻常的机会，就是一种极好的教育。艾因哈德是一位杰出的古典学者，他在富尔达（Fulda）和阿尔昆（Alcuin）学校接受了当时最好的训练。他在写作中模仿了古典表达方式，他在这方面的能力远超任何一位早期中世纪历史学家。他尤其把苏维托尼乌斯作为模仿对象，利用了后者的《奥古斯都传》（*Life of Augustus*）。在藏有大量历史手稿的富尔达图书馆里，他遍阅了所有重要的罗马历史学家的作品。因此，艾因哈德的查理曼传记是拉丁语的成熟之作，完全不同于格雷戈里《法兰克人史》的粗朴的拉丁语，也不同于卡西奥多鲁斯浮夸的措辞。

从各个方面来看，艾因哈德的书都是一份非常珍贵的历史文献，但它也
64 有一些明显的缺点。由于他对苏维托尼乌斯的模仿过多，也太过具体，导致查理曼的形象有时被强行代入到奥古斯都的模具里。还有人指责说，出于某种原因，艾因哈德粉饰或者完全遗漏了查理曼在早期时代一些不太值得称道的行为。最后，尽管这本书赢得了赞誉，但它仍然是卡洛林王朝的宣传品。为了突出卡洛林时代的辉煌，艾因哈德把可以做比较的墨洛温时期以及这一时期的统治者描绘得过于黯淡。如今，似乎没有疑问的是，墨洛温王朝，尤其是其后期的统治者，之所以受到严苛的评判，完全是因为人们从字面意义

上接受了艾因哈德对他们的非难。然而，总的来说，历史学家的永久结论是，艾因哈德的传记在文学表达和历史阐述方面都是中世纪早期独一无二的杰作。

现在，我们可以关注更为严谨的中世纪历史文学、编年史和年代记了，从粗朴、简单的源头起步，它们已经发展成为中世纪系统化的历史著作。

中世纪的编年史和年代记

关于中世纪早期文化的基本特征有一个极好的表述，即在古典文化衰落之后的最初几个世纪里，历史写作的主要形式是在早期埃及和巴比伦很常见的“年代记”（“annals”）。这种历史写作的中世纪典范偶然出现在早期卡洛林时期，是为了满足确定复活节准确日期的宗教需要。大多数神职人员普遍缺乏天文学和纪年方面的精确知识，因此有必要让更博学的神职人员提前准备和发放复活节的时间表，使修士和教士知道未来几年复活节的具体日期。人们担心受教育程度较低的神职人员可能会弄错复活节举办的日期，从而引起非固定节庆整体系列的混乱。这也推动人们要设法找到准确的复活节时间表。据说，这种发送复活节时间表的做法起源于英格兰的诺森布里亚（Northumbria），并从这里传到整个英格兰，阿尔昆学校采纳了这一做法后，学校的修士又把它传到了欧洲大陆。

一种几乎普遍的做法是，在对应着每一年的空白之处标出事件，在记录者心目中，这些事件应该是那一年当地历史上最重要的。查理曼命令其王国内的修道院保留常规的、系统化的年代记。这些早期的年代记不仅内容很少，只提到了当年发生的几件大事，而且价值也不大，因为中世纪的年代记作者总是认为，他最重要的记录是无关紧要的奇迹、圣徒遗骸的迁移，这些 65
信息除了能够揭示中世纪年代记作家的心理状态，阐明他们有限的历史观念外，对现代历史研究者来说没什么价值。哈斯金斯教授通过引用圣加尔（St. Gall）《年代记》里的早期条目很好地说明了这一点。

709年　艰难的冬天。戈特弗雷德公爵（Duke Gottfried）去世。

710年　艰难的一年，粮食歉收。

712年　大洪水。

714年　宫相丕平（Pippin）去世。

718年　查理·马特（Charles Martel）重创撒克逊。

720年　查理与撒克逊人作战。

721年　提乌多（Theudo）把撒克逊人赶出阿奎丹。

722年　粮食大丰收。

725年　撒拉逊人（Saracens）第一次到来。

731年　那受祝福的比德长老去世。

732年　查理星期六在普瓦提埃（Poitiers）与撒拉逊人作战。[1]

正如哈斯金斯教授所注意到的，在公元732年的条目中没有更多地提及图尔战役，而这次战役被列为世界上几大决战之一。然而，随着时代的变化，年代记记录的条目越来越频繁，兴趣也越来越广泛。最终，在13世纪早期霍夫登的罗杰（Roger of Hoveden）的《英国年代记》（*Annals of English History*）里，年代记成为关于一个国家发展的极有价值的记录。后来的年代记取材于之前较简短的年代记，编撰的内容更加全面。

"编年史"（"chronicle"）的起源和发展与年代记的发展直接相关。年代记主要是同代人记录的年报，而编年史则更加全面。它通常是在一套或多套年代记的基础上，对一段相当长的时期进行历史总结，却保存了基本的年代顺序和严格的年代排列。编年史所写的一些事件可能发生在作者生活的时代之前，因此他需要把几部年代记里的记录合并，以此获得一个更加完整和全面的故事。这样一本因整合年代记的资料而构成的编年史，通常会加上一个导言，在哲罗姆版本的攸西比乌斯《编年史》里就是这样，由此把地方的编年史与自创世以

1 C. H. Haskins, *The Renaissance of the Twelfth Century* (Harvard University Press, 1927), p. 231.

来的基督教世界通史联系在一起。中世纪编年史的作者和质量差别很大。有些讲述的是个人经历或地方历史，有些保留了某个修道院的记录、院中僧侣的 66
生活及他们与外界的联系。另外，一本编年史可能会记录中世纪某个城市的社会生活，比如著名的伦敦、佛罗伦萨、热那亚和科隆的编年史。一些编年史也记录了诸如十字军东征等重大事件。但是最著名的编年史通常至少是一个地区或者一个国家的记录，有些甚至大胆地叙述了欧洲世界的国际事件。

T. F. 陶特（T. F. Tout）教授对中世纪编年史的特征做了许多颇有启发性的评论。[1]编年史作者们的主要目标通常不是文字上的差异，“总体而言，他们的目标不是一部文学作品，而是满足实际需要，提供信息，或证明某些情况”。中世纪编年史作者在处理古代历史时，没有多少独到的见解。他们从中世纪社会和利益的角度来解读，因而缺乏基本的“历史感”。他们也不能很准确地处理早于自己所处时代的中世纪历史。他们几乎没有能力鉴别他们所使用资料的价值。他们对自己的时代处理得最好，在某种程度上，他们是其所描述事件的亲历者。然而，即使在这一点上，也存在某些相同的偏见和倾向。由于编年史作者大多是修士，因此，修士的观点和典型的禁欲普遍存在。修士作家所具有的主要优势是，他们的生活稳定、平静和安全，这有利于他们的创作。一开始，人们对作品的名称并不感兴趣。这些作品被随意地称为年代记或编年史，但后来，在标题中显示风格的做法变得很常见。有一个时期流行叫“历史之花”（Flowers of History），另一个时期则流行叫“多元时间”（Polychronicons）。

随着基础年代记在范围和相关性上的扩展，编年史越来越接近历史，此类作品包括《盎格鲁–撒克逊编年史》（*Anglo-Saxon Chronicle*）、雷切瑙的赫尔曼（Hermann of Reichenau，卒于1054）的《编年史》、12世纪早期奥拉的埃克哈德（Ekkehard of Aurach）的《世界编年史》（*Universal Chronicle*）、弗莱辛的奥托（Otto of Freising，卒于1158）的《编年史》和马修·帕里斯

1 T. F. Tout, *The Study of Medieval Chronicles* (Longmans, Green, & Co., 1922).

（Matthew Paris，卒于1259）的《大编年史》（*Greater Chronicle*）。中世纪历史编纂中的这一特色工具成为这个时代最全面和最可靠的历史信息来源。

由于中世纪几乎所有的著名历史学家都是编年史家或年代记作者，当我们在研究中世纪主要历史学家的著作时，就需要讨论此类历史作品。但是，我们也会顺便提到一些更重要的编年史和年代记，它们与中世纪一些主要历史学家的个人叙述联系得不是那么密切。年代记的结构比编年史简单，因
67 此，早期中世纪作品很自然地采用了年代记的形式。实际上，大多数的年代记都涵盖了卡洛林时期及紧随其后的时代。《洛施大事记》（*Greater Annals of Lorsch*）里记载了查理曼时代，之后《王室年代记》（*Royal Annals*）续写至829年。从查理曼到公元10世纪，主要的年代记有著名的《富尔达年代记》（*Annals of Fulda*）、《圣贝尔坦年代记》（*Annals of St. Bertin*），覆盖了830—882年的历史阶段，是由普鲁登修斯（Prudentius）和兰斯的辛克玛（Hincmar of Rheims）这样的人写成的，这两部年代记的续集是《圣瓦斯特年代记》（*Annals of St. Vaast*），由创世续写到公元889年，以及《梅茨年代记》（*Annals of Metz*）续写了883—903年的历史。晚近的主要年代记是《科隆大事记》（*Greater Annals of Cologne*），一直写到1237年，著名的《热那亚年代记》（*Annals of Genoa*）记载了1100—1293年间的历史。

中世纪编年史包括下列代表作。对于英格兰来说，有非常重要的《盎格鲁-撒克逊编年史》，是少数几个用本国语言写成的编年史之一，它一直延续到大约1154年，但在诺曼征服后丧失了活力；伍斯特的佛劳伦斯（Florence of Worcester）及其后继者的《编年史》，对从征服到爱德华一世统治这段时期很重要；《斯蒂芬法案》（*Acts of Stephen*）涵盖了斯蒂芬国王在位时期的历史，是由友善的教士写成的；最有价值的是《圣奥尔本斯编年史》（*Chronicle of St. Albans*），记载了1250—1422年间的历史事件。在法国，也有重要的编年史，比如《南斯编年史》（*Chronicle of Nantes*），记载了1049年之前的历史；著名的《圣德尼编年史》（*Chronicle of Saint Denis*），是由巴黎附近的圣德尼修道院的院长写成的，记录了1250—1380年间的历

史。大部分德国和意大利的编年史是中世纪历史学家的作品，我们接下来会讲到他们。在中世纪后期，城市、地区和国家的编年史也普及开来。其中的代表作是：法国人编的著名的《伦敦编年史》（*Chronicle of London*），从亨利三世在位的第44年到爱德华三世在位的第17年；英国人编的《伦敦编年史》，模仿法国前辈，编撰了从亨利六世在位到爱德华四世统治时期的历史；著名的《佛罗伦萨编年史》（*Chronicle of Florence*），由迪诺·孔帕尼（Dino Compagni，1260—1323）编写。其他重要的中世纪编年史我们将在评价更重要的中世纪历史学家时提及。

中世纪史学方面的一些权威，如著名学者雷金纳德·普尔（Reginald Lane Poole），以编撰是否精良为标准来区分中世纪的编年史和中世纪历史。如果一部中世纪的历史著作枯燥乏味，那它就是一部编年史；如果它的风格有趣，充满活力，判断独立，那它就是一部历史。在读完中世纪作家坎特伯雷的热尔维斯（Gervaise of Canterbury）的作品之后，普尔做出了如下区分：

> 历史学家和编年史作者有同样的意图，使用同样的史料，但是
> 他们处理史料的方式不同，形式上也有差异。因为历史学家走的是 68
> 丰富和优雅的路线，而编年史作者力求简洁。历史学家的目标是用文学的形式把已经发生的事实联系起来，以他描述人物和行文的优雅来取悦于读者。而编年史作者则记录时间，计算月份和日期，简短地记录国王和贵族的所作所为，记录事件、前兆或者神迹。[1]

他的评价很有趣，但是很难被完全接受，尤其是对于中世纪鼎盛时期的情况来说。如果在中世纪早期和后期的编年史之间做比较，或者在一个纯粹的编纂者和一个有历史哲学意识的写作者之间做比较的话，他的评价也许适用。但是，我们不能说，叙事枯燥就是编年史，而一个中世纪历史编

1　R. L. Poole, *Chronicle and Annals: A Brief Outline of their Origin and Growth* (Oxford University Press, 1926), pp. 7–8.

纂的精良之作才算真正的历史而非编年史。相反，我们第一次接触到真正的历史记录是在中世纪，当时的作者脱离了年代记的方法，按照主题或者君主统治时期来组织史料。直到中世纪结束之际，这种对主题的处理才发展成一种自觉的和系统化的风格，在马基雅维利（Machiavelli）和圭恰迪尼（Guicciardini）的作品里显露出来。以君主统治时期为基础的中世纪历史记录通常没有什么历史意义，因为它们记载的主要是家谱。

因此，中世纪的大多数历史学家主要是以编年史的方法按照时间顺序和安排写作年代记的人。只有少数人，例如罗杰、马修·帕里斯、维尔阿杜安（Villehardouin）、赫斯菲尔德的兰伯特（Lambert of Hersfeld）、埃克哈德和奥托，才能在某种程度上摆脱这种方法。但是，甚至这些作家也只是比他们同时代的年代记作者具有更广阔的视角和更宽泛的兴趣。他们的写作大部分还是建立在年复一年的基础记录之上。

中世纪英国重要的历史学家

中世纪英国的历史写作始于令人忧伤的《关于大不列颠被毁的控诉书》（*Book of Complaint Touching the Destruction of Britain*），是由直率的修士吉尔达斯（Gildas，约516—570）所写。尽管这本书在拉丁语修辞上存在着“腐朽的西塞罗主义”的东西，但其写作语言充满活力。它讲述了盎格鲁-撒克逊人的入侵给英国文化带来的破坏，这几乎成为我们关于这一时期唯一连续的
69 信息来源。吉尔达斯通过这样描述撒克逊人的到来表达了他的历史态度：“那时，一窝幼崽从蛮族母狮的巢穴中奔涌而出，他们乘坐三艘平底船——他们的语言里叫平底船，我们的语言里叫长船——乘风扬帆而来，也带着他们美好的神谕，即他们将占领航行所至的国家三百年，用一半的时间一百五十年去掠夺和破坏。”[1]虽然吉尔达斯的叙述细节不可靠，但大多数历史学者今天都

1 James Gairdner, *Early Chronicles of Europe: England* (London, 1883), p. 6.

接受他对条顿人入侵所造成的大混乱的总体描绘，同时也否认前盎格鲁-撒克逊文化已被彻底毁灭的观点，而这是吉尔达斯在书中所暗示的。

吉尔达斯所叙述的历史时期之后，主要史料来自比德记载的历史，我们在前文中已做过讨论。盎格鲁-撒克逊阶段的其余部分在《盎格鲁-撒克逊编年史》里有记载。

从埃德加到亨利一世的英国教会的历史，包括教会和国家之间的关系，是坎特伯雷修士厄德麦（Eadmer，约1060—约1124）所著《英国当代史》（*The History of His Own Time*）的主题。他的这个6卷本历史著作对其所记载的主题和时间段来说是不可或缺的资料。他的作品写得清晰流畅，语气庄重，但是在处理他和教会的关系时，他对威廉二世有明显的偏见。另一个对英国教会史非常重要且有原创性贡献的作品是达勒姆的西缅（Symeon of Durham，卒于1119）所著的《达勒姆教会史》（*The History of the Church of Durham*）。这是一部独立完整的著作。他的《诸王史》（*History of Kings*）把诺森布里亚的历史追溯至731年，这是比德所著《历史》的终止时间。虽然这是对早期历史学家的汇编，却包含了许多有价值的资料。

马姆斯伯里的威廉（William of Malmesbury，约1096—约1143）可能是到他那个时代以来的英国中世纪最有能力和最可靠的历史学家，他也是一名修士，他的主要历史著作是《英国诸王行传》（*Acts of the English Kings*），记载了从撒克逊人入侵到公元1128年之间的历史事件，又在《近代史》（*Modern History*）里续写到公元1142年。他的血统里有一半是英国人，一半是诺曼人，因此他在处理诺曼征服之前和之后的事件时，能保持相对公正的态度，这也是他自己引以为傲的一件事。在整个中世纪时期，很少有历史学家像他那样，小心谨慎地查阅所有可获得的资料。在写这本书之前，威廉似乎查阅了每一本当时现存的资料。而且，他并不是一个枯燥乏味的编纂者。他的历史组织得很好，他对引人注目的大事有鉴别力，他对人物的描写很有技巧。此外，他的历史判断非常敏锐，显示了在追溯制度习俗发展方面的能力。他的《英国主教事迹》（*Gesta Pontificium anglorum*）一书也为英

70 国教会史做出了重要贡献，该书大致遵循比德历史的模式，回顾了英国圣公会和修道院下至1125年的历史。

与威廉同时代的一个人明显具有独立判断和批评的能力。这个人就是亨廷顿的亨利（Henry of Huntingdon，约1084—1157），他的《英国史》（*History of the English*）一直延续到1154年亨利二世登基。亨利热爱他作为历史学家的职业，并相信历史有实际用途。他写道："世界上没有什么比准确地调查世界事务的进程更好的事情了……历史带着我们看到过去，仿佛它就在眼前，历史能让我们通过描绘过去来判断未来。"[1]在他那个时代，亨利保持着不同寻常的泰然自若和怀疑态度，拒绝传说和超自然的奇迹。而且，作为一个叙事准确和结构平衡的编年史作家，他采用了一种令人愉悦的写作风格。亨利二世时代还出现了第一部用本地语言写作的历史《布吕特传奇》（*Roman de Brut*），这是泽西的马斯特·韦斯（Master Wace of Jersey）以诗歌形式写成的，总的来说这是第一批用本地语言写作的形式。而更重要的是后来由格洛斯特的罗伯特（Robert of Gloucester）写的英格兰地方史，一直写到公元1270年，是1256—1270年的重要资料来源，在英国语文学方面很有价值。

坎特伯雷的热尔维斯（约1200）所著的《编年史》（*Chronicle*）和《王室事迹》（*Royal Deeds*）提供了很多关于教会与王国矛盾斗争的信息，是后来诺曼国王和金雀花王朝崛起的主要资料来源之一。他的历史叙事一直讲到国王约翰。尽管在风格上不是无与伦比的，但是热尔维斯的写作努力、认真和细致，里面包含了大量可靠的信息。

诺曼底杰出的历史学家是修士奥德里克·维塔利斯（Ordericus Vitalis，1075—约1143），他在英格兰出生，但是在诺曼底度过了他人生的大部分时间。因此，他既被认为是英国的历史学家也被认为是法国的历史学家。他的《教会史》（*Ecclesiastical History*）被认为是从基督时代到他自己的时代的世界通史，但是他的历史叙事只是在诺曼征服之后的阶段才变得细致。他记

1 Gairdner, *op. cit.*, p. 99.

载诺曼人的事件，不仅包括发生在诺曼底和英格兰的，也包括发生在意大利和西西里的。他的《教会史》包含了政治和外交史，在这一点上，它甚至超过了比德的作品。

作为一个作家，维塔利斯在某些方面也暴露出许多缺陷。他无法像比德那样为他的作品拟订一个周密的整体计划。因此，他的著作在结构上不平衡，杂乱无章。他没有做到有条不紊，导致在他的书中出现了许多重复和不一致的地方。他在年表上太过粗心，犯了很多错误，给读者阅读带来很多困惑。他的文风相当学究气。然而，尽管有这些缺点，他仍然是一个非常重
要的历史学家，因为他具有宽阔的视野和广泛的兴趣。正如查尔斯·大卫 71
（Charles W. David）教授所写的那样：“在他那个时代里，没有哪位历史学家像他那样具有如此广泛的人文兴趣和获取全部细致知识的热情。新的事物和人类所有的事务都吸引着他，无论是他的修道院院长的地方事务还是遥远英格兰、意大利或东方的事件，也无论是军事的、教会的、宗教的还是文学的、艺术的事务。他尤其对人感兴趣……他看见了并且理解了所有阶层的生活……在他那个时代，没有其他的作家能如此富有地方色彩。”[1]

在狮心王理查统治时期和第三次十字军东征时期，英国重要的历史学家是德维齐斯的理查（Richard of Devizes，鼎盛期约为1190），以讽刺和机智而闻名。他的作品相当准确和敏锐，成功地描绘了那个时代的精神。尤其重要的是，它引人入胜地描述了第三次十字军东征以及理查国王前往东方后英格兰国家的准备过程。理查的文风有点矫揉造作，他的故事里充塞着大量古典引文。他对那个时代的政治、外交和战争的叙述在布雷克兰的乔瑟琳（Joceline of Brakeland，鼎盛期约为1200）的编年史里得到了很好的补充。乔瑟琳记录的是圣埃德蒙德伯里（Edmundsbury）修道院的历史。这是关于12世纪英国社会和修道院生活的独一无二的回忆录。它描述了中世纪修道院的管理，具有不可估量的价值。乔瑟琳的作品体现了高度的自传色彩，因此

1　In Guilday, *Church Historians*, pp. 121–122.

让我们看到了一个可爱、有趣和能干的修士的思想和行为。

中世纪英格兰无与伦比的历史骗子是蒙茅斯的杰弗里（Geoffrey of Monmouth，约1100—1154）。他甚至伪造了《不列颠诸王史》（*History of the Kings of Britain*）的起源和本质，却假称他只是把迄今为止还不为人所知的英国早期盎格鲁–撒克逊人的古老历史翻译成了拉丁文。尤其臭名昭著和产生影响的是，他编造了英国人起源于特洛伊的奇幻传说。但是，无论他的书在历史上多么的一文不值，它对英国的骑士文学和传奇文学都产生了非常重要的影响。李尔王和预言魔术师梅林的故事，以及亚瑟王传奇的大部分故事，都源自他的作品。

古拉道斯·坎布伦西斯（Giraldus Cambrensis，1146—1220）抨击杰弗里是一个骗子，但是在写作征服爱尔兰的历史著作《征服爱尔兰的预言史》（*Vaticinal History of the Conquest of the Island*）时，他自己却写下了大量的神迹和奇迹。而抛开他的狂热爱国主义情绪、活跃的想象力和易于轻信的特征，古拉道斯的书在这一主题上仍然是最好的中世纪作品，他也是所有英国编年史作者中最具文学天赋的艺术家。他的写作风格简洁、生动、有说服
72 力，他是英格兰中世纪最擅长描述人物特征和个性的历史学家。他的作品里包含了大量关于规矩、习俗、传统和景色的启发性资料。他还对历史地理学感兴趣，他的《爱尔兰地志》（*Topography of Ireland*）和《威尔士旅行图》（*Itinerary of Wales*）就是例证。

在对蒙茅斯的杰弗里的批判中，最有成效的是纽伯格的威廉（William of Newburgh，约生于1135），他的《英格兰史》（*History of England*）涵盖了从斯蒂芬在位到亨利二世统治末期的历史阶段。他把比德作为历史学家的榜样，写出了一本准确、清晰、有趣的书，展现了不同寻常的敏锐判断力。但是更大的进步体现在《英国年代记》一书里，这本书由霍夫登的罗杰（约卒于1201）所著，将比德的历史延续到他自己所处的时代。他打破了粗陋的年代记的写作方法，在这一点上，他比同时代的其他历史学家都更成功，由此，创作出一部结构清晰、构思大胆的历史，详述了亨利二世、理查一世统

治时期和约翰在位初期的历史。他尤其以对外国事务的了解和关注而闻名。

英国最有能力的中世纪历史学家是一群来自圣奥尔本斯（St. Albans）修道院的修士。温德沃尔的罗杰（Roger of Wendover，卒于1236）是一部世界历史纲要的作者，他把自己的书命名为《历史之花》（*Flowers of History*）。这本书向前追溯到创世时期，向后一直写到1235年。它主要涉及了诺曼征服后的英国事务，是约翰统治时期最好的原始资料。他的作品风格直率，表达克制，判断比较公正。

人们普遍认为，中世纪英格兰最有能力的历史学家是马修·帕里斯（约1200—1259），他续写了温德沃尔的罗杰的编年史。与同时代其他历史学家相比，马修的卓越之处在于，他对宗教和神话不感兴趣，得以全身心地投入到关于政治发展的故事中去。在《大宪章》（Magna Carta）和议会兴起之间的英国宪政发展问题上，他是无与伦比的权威。他的书里有很多重要的政府文件。他的书描述了外交事务及其对英国国内政治历史的影响，这一点尤其受到了人们的关注。他是一个平凡而诚实的作家，表现出极大的独立判断能力，甚至在对英国国王的行为和政策上也能保持独立判断。陶特教授称他是中世纪编年史作者中最具独立性的一个。他的作品被圣奥尔本斯的另一个修士续写到亨利五世去世。而在续写圣奥尔本斯修士著作的重要人物中，有一个是雷丁的罗伯特（Robert of Reading，卒于1318），他本人是威斯敏斯特修士，因此对兰开斯特伯爵表现出明显的偏爱。

圣奥尔本斯最后一位重要的历史学家是托马斯·沃辛厄姆（Thomas 73
Walsingham，鼎盛期约为1400），他修订了之前的年代记作者的作品，并在其《英国史》（*English History*）里续写到亨利五世去世（1422）之时。尽管他对激进运动怀有敌意，但他是关于威克里夫（Wycliffe）和瓦特·泰勒（Wat Tyler）叛乱资料的最好来源。他的作品在描述当时的宪政发展方面也颇有价值。

爱德华一世的重要资料来源是多明我会（Dominican）修士尼古拉斯·特雷维（Nicholas Trevet，约1258—1328）的作品。他算得上是一个古典学者，他对这个时期英国历史的讲述比较准确，尽管有些枯燥和生硬。相比于当时大多数著作来说，他的作品具有更多教科书的特点。在涉及外国历史时，他主要选摘了德国历史学家特罗保的马丁（Martin of Troppau）作品里的内容。

沃尔特·海明伯格（Walter Heminburgh，约卒于1315）在他的《英格兰史》（*History of England*）中，记述了从诺曼征服到爱德华三世统治这一阶段的历史。这是关于爱德华家族统治时期最有价值的资料来源。尽管他的书里包含了诸如宪章、信件和国家文件等诸多档案资料，但他的叙述依然可信，风格依然生动有力，具有较高的辨识度。而且，他的判断非常准确，观点温和而公正。

关于爱德华三世统治时期直到1356年的历史，一部重要的历史著作出自艾夫斯伯里的罗伯特（Robert of Avesbury，约1350）之手，他是欧洲中世纪为数不多的非神职历史学家之一。他是坎特伯雷登记处的管理员，他的书主要讲的是军事史，特别是1339—1356年英国与法国的战争。他很少关注国内政治、宪政历史或英格兰的宗教历史。作为一个军事历史学家，他叙述准确、抽丝剥茧，也比较公正。在叙述中，他还加进了很多原始文件和信件，使他的作品显得更加重要。

拉尔夫·希格登（Ralph Higden，约1299—1364）是一个生活在爱德华三世时代的修士，他开启了一种新奇的历史事业。他的《多元时间》（*Polychronicon*）是一部宏大而简明的世界历史，按照创世七天，分为7卷。书中还有对历史地理的精彩叙述，在当时就受到了关注。正如盖尔德纳（Gairdner）所言："从未有过如此丰富、详尽而有趣的历史。从来没有过这么大受欢迎的作品。"[1]然而，如果把这本书看作是某段历史的资料来源的话，它又是没有什么价值的。它的意义主要在于它的原创观念，以及它对那个时代的地理、科学和语言知识的展现。

1 Gairdner, *op. cit.*, p. 279.

罗伯特·费比恩（Robert Fabyan，约卒于1512）在《历史著作索引》（*Concordance of Histories*）一书里，对英国中世纪历史著作进行了综合研究，其写作的基础不仅有英国主要的编年史，还包括了更重要的法国中世纪 74
历史学家的著作。

中世纪法国杰出的历史学家

严格来说，法国第一位重要的中世纪历史学家是里歇尔（Richer），他生活在10世纪上半叶。他写了《当代史》（*History of His Times*）一书，涵盖了887—998年间的历史，分为4卷。虽然有些冗长和夸张，也存在着一些偏见，但对那个时代来说，这本书信息量大，记录也真实。作为那个时代的资料来源，这本书是无与伦比的，它记录了卡洛林王朝的衰落和加佩王朝的崛起。拉乌尔·格雷伯（Raoul Glaber，即秃头拉尔夫［Ralph the Bald］，约卒于1050）的《编年史》则不太可靠，该书从公元900年写到1046年，经常出现错误，并且因为散布传说而备受诟病。但是，我们从秃头拉尔夫那里获得了关于大恐慌的著名传说，人们认为在公元1000年到来的时候，大恐慌会席卷基督教世界。通过巴罗诺斯（Baronius）、罗伯逊（Robertson）和米什莱（Michelet）等人作品的传承，这个关于大恐慌的传说成为历史传统。但拉尔夫的书之所以重要，是因为与这个时代有关的其他材料太少了。更可信的是另外两本11世纪的著作，查巴内斯的阿德玛（Adhemar of Chabannes）的《编年史》和普瓦图的威廉（William of Poitou）的《征服者威廉行传》（*Deeds of Willian the Conqueror*），都是诺曼人历史的珍贵资料。

让布卢的希格伯特（Sigebert of Gembloux，约1030—1112）是被后世学者广泛使用的世界通史《编年史》的作者。他是比利时让布卢修道院的修士。他的编年史大约完成于1106年，从创世写起，自公元381年起内容逐渐丰富，至公元1101年结束。该书有大量内容以马里雅努斯·斯科特斯（Marianus Scotus）的早期作品为基础。作为历史，早期内容是没有价值的，但后面部分却相当有价值，尽管在这一部分，希格伯特在使用资料上并不细致。[1]后来的作家经常续写这本书，也经常使用这本书，特别是把这本书作为年代顺序的指南。所以，它无疑是中世纪最流行的通史。圣米歇尔山（Mont-Saint-Michel）修道院院长托里尼的罗伯特（Robert of Torigni，卒于1186）写了一份《希格伯特附录》（*Appendix to Sigebert*），涵盖了1154—1186年间的历史，他的年表做得很好，对教会史有价值，也是英国亨利二世统治时期的一份最重要资料。另一位有能力的编年史作者是欧塞尔的罗伯特（Robert of Auxerre，约1156—1212），他写了一部《编年史》，也是一部通史。1181年之前的资料大多取自希格伯特和其他人的作品，但是1181—1211
75 年的历史记录是非常有价值的，可以作为同时代的原始资料，也可以作为关于菲利普·奥古斯都和十字军东征的重要史料。罗伯特阅读广泛，同时也有很好的判断力。他被列为中世纪法国最好的编年史家之一。

法国人在十字军东征中起了主导作用，除了欧塞尔的罗伯特，中世纪还有许多法国历史学家为我们了解这一时期做出了贡献。沙特尔的福尔彻（Foulcher of Chartres，1058—1127）所写的《十字军东征史》（*History of the Crusades*）以自我为中心，有诸多偏袒之处，但它提供了很多关于早期基督教在近东安置点的细节情况。更广为人知的是诺金特的吉伯特（Guibert of Nogent，1053—1124）所著的《上帝通过法国人所做的事迹》（*The Deeds of God Through the French*）。这本书主要以一个早期诺曼人的叙述为基础，而一旦失去了这个向导，作者就变得不知所措。书中充满了矫揉造作，但对第一次十字军东征来说，它却是一个有价值的权威。德乌尔（Odo de Deuil，约卒于1162）在《路易七世的十字军东征史》（*History of the Crusade of Louis Ⅶ*）里，讲述了第二次十字军东征的故事，这本书叙事简洁，生动地描述了十字军的英雄气概。特别有趣的是，它生动地描述了君士坦丁堡及其居民的生活——尽管并不友好。关于十字军东征，最好的法国

1 有些权威给予希格伯特以很好的评价。莫利尼耶（Molinier）在他的《法国历史资料》（*Les Sources de l'histoire de France* II, 310）里，称他为中世纪最好的通史作家。

通史是提尔城的威廉（William of Tyre）写的。他是提尔城的大主教，他的书描绘了圣地1095—1184年的历史进程。他在收集资料时，细致而广泛，在论述时谨慎小心，也公正合理。他的著作被后来的几个编年史家所续写。

若弗鲁瓦·德·维尔阿杜安（约1167—1213）写作的《征服君士坦丁堡》（*Conquest of Constantinople*）是中世纪最著名的历史著作之一。它是中世纪第一部用本地语言写成的重要历史著作。维尔阿杜安在谈到自己的事迹时比较适度，但在某种程度上，这本书是为他自己在第四次十字军东征中所采取的策略进行的道歉。该书仍然是关于这次神圣的劫掠远征的最好资料，让我们了解到十字军战士的精神。它的写作风格雄浑简洁，充满了个人情感，洋溢着男子汉的气概。古斯塔夫·马森（Gustave Masson）评论说："对维尔阿杜安散文的细致研究会让读者相信，他明晰的风格、简洁的文笔和令人钦佩的人物特征描述，中世纪没有哪位法国作家能在这些方面比他更值得称道。"[1]在他的政治哲学中，维尔阿杜安是骑士制度和封建制度的辩护者。

显而易见，法国在中世纪最长的历史著作是多明我会修士博韦的樊尚（Vincent of Beauvais，1190—1264）所著的巨作《大镜》（*Speculum majus*）。这部作品被称为《历史的镜子》（*Speculum historiale*），分为31卷3793章。大约相当于20本今天的普通书。它涵盖了从创世到圣路易的全部人
类历史。它是从中世纪的许多编年史里摘录的。虽然不是原创的，但它是一 76
个精心编制的整合体，是中世纪所有作品中最令人印象深刻的不朽杰作。

纪尧姆·德·南格斯（Guillaume de Nangis，约卒于1330）写了一部《编年史》，从创世到公正者腓力四世统治时期。1300年之前的历史属于一般性的历史介绍，基于攸西比乌斯、哲罗姆和希格伯特的历史记录，没有什么特别重要之处。而后来的原创部分则是对腓力统治的早期阶段最好的论述了。作者赞颂了君主制和腓力的中央集权政策。让·德·韦内特（Jean de Venette，约生于1308）续写了纪尧姆的记述，他有着更强的独立判断

1　Gustave Masson, *Early Chroniclers of Europe: France* (London, 1883), p. 129.

能力和批判精神。他并不仅仅是编年史家，他还是能够驾驭史料的历史学家。他直率地批评君主制和封建诸侯，尤其是对后者的批评更多一些。他不是民主政体论者，但他坚信，如果人民负担了重税，他们至少应该得到正义和安全。中世纪法国历史学家中最多产的一位是多明我会修士伯纳德·盖伊（Bernard Guy，约1261—1331），他在中世纪宗教法庭的问题上具有特殊权威。他最精雕细琢的作品是一部通史《编年史之花》（*Flowers of Chronicles*），对他那个时代很有价值。除了宗教法庭手册之外，他还为教皇、皇帝、法国国王和图卢兹（Toulouse）伯爵写了简短的编年史。

在中世纪法国的历史学家中，风格最为鲜明的是让·傅华萨（1337—1410）。他是一位诗人，同时也是一个编年史家。他的《法国、佛兰德斯、英格兰、苏格兰和西班牙的编年史》（*Chronicles of France, Flanders, England, Scotland and Spain*）主要是为了取悦读者而写的。在这方面，他确实很成功。他的编年史是以最极端的形式表达的历史插曲。他在描绘令人不安的场景和人物方面具有非凡的才能。马森说："就风格和华丽的色彩而言，只有莎士比亚能与傅华萨相提并论。"[1]他三次重写这部著作，每一稿都具有不同的特点。第一稿清新和生动，亲英国。最后一稿更富有哲学意味，反英国。它深入地探讨了因果关系，让我们了解了很多关于礼仪、习俗和制度的内容。傅华萨不是一个民族主义的历史学家，他只是一个编年史家，是在封建制度衰落的时代里赞美骑士行为的人。他不太在意他用到的历史史实，他在年代顺序上出现了很多错误和混乱。但是他的这部著作是对百年战争最重要的当代记述，忠实地反映了骑士时代和骑士精神。

昂盖朗·德·孟斯特雷（Enguerrand de Monstrelet，1390—1453）的《编年史》在风格和基调上有很大的不同，这本书涵盖了1400—1444年间的
77 历史。他以一种冷静的风格，对被贵族战争蹂躏的平民表达了同情。他抄录了很多文件，除了年代顺序外，他在大多数细节上都很准确。他在拒绝

1 Masson, *op. cit.*, p. 176.

奇迹、魔法、预兆以及诸如此类的东西上，远远超过了同时代的大多数人。他的主要缺点是他的乡土意识；作为佛兰德斯人，他超乎寻常地夸大了在那里发生的事件的重要性。孟斯特雷的历史被马修·德·库西（Mathieu de Coucy，约生于1420）续写到1461年。库西的写作风格生动，在当时可以与傅华萨相媲美，而在处理史料方面，他更加小心谨慎，也更准确。他清醒、诚实，也承认在资料上有欠缺，因为事实就是如此。他的作品对查理七世统治后期尤其具有价值。

托马斯·巴赞（Thomas Basin，1412—1491）所著的《查理七世和路易十一的统治时期》（*The History of the Reigns of Charles Ⅶ and Louis Ⅺ*）是一部非常苦涩的作品。它显然是反英国和反君主制的，对路易的暴政提出严厉批评。作者对他使用的史实非常谨慎，但他的判断却有失偏颇。

让·德·特罗耶（Jean de Troyes）所写的《丑闻编年史》（*Scandalous Chronicle*）记录了1460—1483年间的历史。但它的内容与其说是丑闻，不如说是流言蜚语。许多材料都是肤浅的二手描述，但在让我们了解当时巴黎人的生活方面，它具有一定的价值。

最后一位也是法国中世纪最有能力的历史学家是菲利普·德·康敏斯（Philippe de Commines，1445—1509），他的《回忆录》（*Memoirs*）反映了历史写作向早期现代形式的转变。作品以生动有力的叙述展现了真正历史学家所具有的诸多特征——对事件发展趋势的明智把握，对动机的透彻分析，对历史事件因果关系的探究，对文化环境的描述，以及全面的概括。康敏斯以戳破复杂的政治诡计和外交阴谋为乐。他特别强调历史的实用价值和政治价值。他建议国家领导人、政治家和外交家要“好好学习它，因为它是掌控各种欺诈、谎言和背信弃义的万能钥匙”。他的《回忆录》涵盖了1464—1483年和1488—1494年两个阶段，为我们提供了关于路易十一和查理八世统治时期的最好资料。康敏斯总体上支持路易，他对君主政治角色的美化令人想起马基雅维利的《君主论》。英国古典历史学家哈勒姆（Hallam）这样评价康敏斯：“他是第一位现代作家……在某种程度上，他已经在基于人物性格、行为后果进行推理上展现了睿智和远见，他能够通过比较或者反思去总结和概括他的观察。”[1]

中世纪意大利重要的历史学家

78 中世纪早期意大利最重要的历史学家是执事保罗，我们在前文曾提到过他，他是一名介于古典史学和中世纪编年史之间的历史学家。意大利作为一个国家，版图内却一直存在着西方基督教世界的首都，只是在中世纪后期才发生了短暂的阿维农之囚。因此，有关教皇的资料构成了中世纪意大利历史著述的重要内容。这里最有趣的是《教皇传》（*Liber Pontificalis*）。记录开始于公元4世纪，以简短的事实陈述每位教皇的履职生活，逐渐发展为非常完整的教皇传记。另一部对教会史有重要意义的著作是拉文纳主教的历史，时间跨度是从使徒时代到8世纪中叶，作者是拉文纳的安泽鲁斯（Angellus of Ravenna，约生于805）。不出所料，他在记载真实历史资料的同时，还记载了大量的奇迹和传说。

中世纪意大利第一位杰出的和严格意义上的历史学家是克雷莫纳的柳特兰（Liutprand of Cremona，约922—972）主教。柳特兰是一个活力四射、幽默风趣的人，是他那个时代最有才干的意大利历史学家，可能也是10世纪欧洲最有能力的历史学家。他是三部重要历史著作的作者。其中，最著名和最有价值的是他的《针锋相对》（*Antapodosis*），记载了888—950年间的历史。而在主要叙述意大利的历史中，也包含了大量关于德国、拜占庭和穆斯林的历史资料。他激烈反对曾经流放他的贝伦加留斯国王（King Berengarius）。这本书的书名就由来于此。它提供了大量细节各异的材料。相对于他那个时代的作家来说，柳特兰对奇迹和传说的描写少之又少。他的《奥托的历史》（*History of Otto*）是柳特兰本人在960—964年间亲眼所

1 Masson, *op. cit.*, p. 260.

见的历史事件的全景图。他的《出使君士坦丁堡的陈述》（*Account of the Mission to Constantinople*）就是关于当时拜占庭宫廷的一幅有趣但充满讽刺意味的图画。柳特兰也是一位优秀的古典学者，这在他那个时代是相当罕见的，也几乎并不为他那个时代的其他历史学家所知。在风格上，他以波伊提乌（Boethius）为榜样，大量引用古典著作中的段落，甚至直接引用希腊作家的希腊原文。他的主要弱点是他易于感情用事，怀有偏见和仇恨，比如他对贝伦加留斯的敌意显而易见。他还倾向于过分渲染史料，下判断有时过于轻率。但是，他还是远远地超越了他那个时代的其他编年史作者。

中世纪对历史科学的一项有趣而重要的贡献是由卡蒂诺的格雷戈里（Gregory of Catino）在11世纪编撰的《法尔法记录》（*Farfa Register*）。他整理了法尔法修道院的档案，将这些档案按顺序抄录成一本书。这项工作他 79
大约花费了15年之久，而这一经历也帮助他获得了对档案资料进行历史批判的良好能力。接下来，格雷戈里以《法尔法记录》为基础，写出了一部以历史讲述为形式的编年史。也是从11世纪开始，阿普利亚的威廉（William of Apulia）写了一首重要的历史诗歌，吟唱了诺曼人征服南部意大利的故事。

利奥·奥斯蒂恩西斯（Leo Ostiensis，约卒于1116）所著的卡西诺山大修道院的官方史对中世纪意大利的宗教和文化史做出了宝贵的贡献。他写了一部完整的卡西诺山修道院的历史，涵盖了从其建立到1075年间所有的活动。它是整个中世纪意大利历史写作的典范之一，条理清晰，不偏不倚，富有教育意义，令人愉悦。在处理奇迹和传说方面，作者也非常谨慎。利奥的历史叙述由佩特鲁斯执事（Petrus Diaconus，约卒于1140）续写到1138年，但他的作品与利奥的相比，已大为逊色。佩特鲁斯自负且情绪化，他在使用传说资料时不加批判。

在他的《法庭自由》（*Liber ad Amicum*）里，苏特里主教伯尼左（Bonizo，约生于1060）提供了他那个时代的教皇制度史。他对教会主题有着很好的了解，他的书主要是一部拥护教皇的历史，讲述了著名的授职权之争，包括格里高利和亨利四世之间的激烈冲突。伯尼左是授职权之争的一个目击者，但他倾向于引用《圣经》和权威的话来证明自己的观点。

西西里的历史，尤其是诺曼人在西西里的历史，引起了雨果·法尔坎杜斯（Hugo Falcandus）的关注。雨果被认为是“西西里历史上的塔西佗”，他出生在法国，但在意大利和西西里生活了很长时间。1169年，他写完了这本书。虽然雨果是一个不折不扣的诺曼封建贵族，但他有敏锐而独立的判断能力。他的历史中包含了关于中世纪西西里制度、风俗和习惯的宝贵资料，他的写作风格生动有力、语言优美圆润。

中世纪意大利历史著作中，最有趣的一本书是弗拉·萨林本尼（Fra Salimbene，1221—约1290）的编年史。萨林本尼是方济会修士，他游历甚广，与形形色色的人交往，上自教皇和国王，下到平民百姓和乞丐。他的编年史是他全部的所见所闻，无条理、无组织、随意地堆砌在一起，一直写到1288年。尽管他的编年史以松散为特征，但萨林本尼仍然是他那个时代眼光敏锐的观察者和天生的说书人。因此，他的作品非常有趣，他所描述的那个时代的风俗、习惯、服饰和文化具有无与伦比的价值。他详细叙述了他所处
80 时代的重大政治事件，特别是腓特烈二世（Frederick Ⅱ）与意大利城镇之间的斗争。他的编年史是用生动然而粗陋的中世纪意大利语写成的。

与萨林本尼的历史方法几乎截然相对的是文森札的费雷图斯（Ferretus of Vincenza，约生于1295），他的《意大利政务史》（*History of Italian Affairs*）记载了1250—1318年间意大利的历史和外交关系。他写的历史构思周密，结构巧妙，显示出作者在选择史料方面的高超技巧。该书以优美的拉丁语写成。它的主要缺点在于作者对重要事件缺少鉴别力，导致他有时会夸大其词地进行丰富多彩的描写。

中世纪意大利的主要政治问题之一是归尔甫派（Guelphs）和吉伯林派（Ghibellines）之间的斗争。关于这一冲突最好的历史记录是阿尔伯提努斯·穆萨图斯（Albertinus Mussatus，1261—约1330）的《奥古斯塔历史记录》（*Historia Augusta*）。阿尔伯提努斯是一名军人、政治家和外交官，他在欧洲各国家游历甚广。他的写作气势磅礴，不偏不倚，拉丁文辞优美。

中世纪威尼斯的有趣故事吸引了很多历史学家。马丁·德·卡纳莱（Martin de Canale）——关于他的生平，我们知道得很少，他写了1275年之前的威尼斯历史。他的书一半是传奇故事，一半是历史，但是因为描述了威尼斯的习惯、风俗和艺术，所以很有价值。更可靠的是安德里亚·丹朵拉（Andrea Dandola，约1309—1354）的《威尼斯编年史》（*Chronicle of Venice*）。安德里亚是一位政治家、法学家和历史学家。他充分研究了威尼斯的早期历史记录，并在他的作品中抄录了很多文件，否则这些文件早已被毁掉了。他是一位公正的作家，他的历史和编年史除了早期内容之外，其他方面都很可靠。他的编年史对于了解中世纪威尼斯的生活和制度，特别是威尼斯宪法的演变，是不可或缺的信息来源。

热那亚也有自己的年代记作家，比如卡法罗（Caffaro）、欧柏图斯（Obertus）和欧格里乌斯·帕尼斯（Ogerius Panis）。卡法罗是记录十字军东征的中世纪历史学家中最可靠、最直率的一位。他的《年代记》连同他的关于十字军东征的专题著作，很好地反映了他所处的时代。但在中世纪晚期的佛罗伦萨，意大利中世纪的历史写作达到了它的鼎盛时期。两个最好的代表是迪诺·孔帕尼和乔瓦尼·维兰尼（Giovanni Villani，卒于1348）。迪诺的《佛罗伦萨编年史》简要回顾了佛罗伦萨的城市起源，接着详尽叙述了佛罗伦萨从1280年到1312年的历史，这个阶段恰好是迪诺本人所熟悉的。他不仅仅是一个纯粹的按年代做记录的人。他经常能为历史事实提供一个理性和独立的解释。这本书充满了作为公民的自豪感，写作风格生动别致。巴尔扎尼这样评价这本书的气质："在这段历史中，他生活着、呼吸着、行动着，据我们所知，现代历史学家中没有人能在这种方式上与他相提并论，他在燃 81
烧自己内心的同时，也具有点燃读者心中火焰的天赋。"[1]

人们普遍承认乔瓦尼·维兰尼是中世纪意大利最重要的历史作家。由于他的出现，意大利的历史写作进入了现代阶段。他是一名士兵、旅行家和重

1 Balzani, *Early Chroniclers of Europe: Italy*. pp. 321–332.

要的佛罗伦萨官员。他的《佛罗伦萨编年史》(*Florentine Chronicle*)涵盖了从圣经时代到1346年的全部历史，但是只有在涉及中世纪时，它才显得重要。关于佛罗伦萨的起源，维兰尼倾向于接受传说故事。从时间和空间上来看，他的作品远比迪诺的编年史更加包罗万象。它为中世纪佛罗伦萨的历史提供了一幅完整的画面，也为整个欧洲中世纪的通史提供了大量史料。这本书在广泛阅读的基础上，对早期的权威作品做了批判性的研究。尽管作者同情归尔甫派，也是商人群体的支持者，但是他的写作风格依然真挚、诚实。书的框架结构经过了深思熟虑，维兰尼也拥有足够的能力进行批评和独立判断。据费迪南德·谢维尔(Ferdinand Schevill)教授观察，维兰尼有一种“对事实的感觉，在他那个时代之前，中世纪没有哪个作家有这种感觉”[1]。他的文风清澈明晰。这本书不仅叙述了佛罗伦萨的发展，还很好地俯瞰了它的社会和文化。正如谢维尔教授所言:“他巨大的成就——作为后代的我们再怎么感激也不过分，就是准确地描述了他眼前的城市，讲述了城市的贸易、手工业、社会阶级、宗教风俗、与邻近城市的关系，以及无休无止的、热烈的国内冲突。”[2]这本书也是中世纪为数不多的包含了相对准确的数据统计信息的著作之一。这部编年史由马泰奥·维兰尼和菲利波·维兰尼(Matteo and Filippo Villani)续写到1364年。

中世纪德国主要的历史学家

在中世纪德国的历史学家中，我们肯定要列出像约尔丹、艾因哈德、尼特哈德等人，他们被我们视为古典历史学和中世纪历史写作之间的过渡人物。也许第一个严格意义上的中世纪德国重要的历史作家是弗洛多德(Flodoard)。他是兰斯(Rheims)的一个牧师，死于966年。他编撰了内容丰富的《年代记》，涵盖从919—966年间的历史。它们显然是在事件发生时

1 Ferdinand Schevill, *A History of Florence* (Harcourt Brace, 1936), p. xiv.

2 *Ibid.*, p. xv.

编写的，弗洛多德本人就是这些事件的亲历者。历史学家认为，对于这个 82
时代的作家来说，他写的历史事实是准确的，他的作品对于卡洛林王朝的结束、加佩王朝在法国的崛起以及撒克逊王朝在德国的起源都具有极高的价值。10世纪后半叶一个有趣的资料来源是修女诗人赫罗斯威塔（Hroswitha，约生于935）的著作。她以诗歌形式写了很多年代记，记录了她自己所处的时代。最著名的是她关于奥托家族（Ottoes）的史诗《奥托事迹之歌》（*Carmen de gestis Oddonis*），这首诗将故事延续到公元968年。她还创作了一些喜剧。

在下一代历史学家里，出现了韦杜肯德（Widukind，卒于1004），他是科维（Corvey）的本笃会修士，其主要历史著作是三卷本的《撒克逊人事迹》（*The Deeds of the Saxons*），涵盖了从撒克逊人的起源到973年奥托大帝去世的整个时期。他把大量的传说当作撒克逊人的早期历史，但他的作品对研究捕鸟者亨利一世（Henry the Fowler）和奥托一世有很高的价值，他的写作大约开始于968年，在奥托统治时期达到鼎盛。他为撒克逊人的皇帝感到自豪，称颂他们的品德和功绩。他的写作风格模仿了古典历史学家，尤其是撒路斯特。但是他的拉丁语并不是没有瑕疵的。韦杜肯德之后的历史学家是梅泽堡（Merseburg）主教提特马（Thietmar）。他在1018年完成了一部编年史，讲述了三位奥托皇帝和亨利二世的统治历史。关于亨利三世的统治，最重要的著作是雷切瑙的赫尔曼（1013—1054）写的《编年史》。赫尔曼是一位博学多才的学者，也是一位能干的历史学家。他凭借自己在数学、天文学和音乐等方面的论著而出类拔萃。他的历史著作是从基督纪元开始到1054年的欧洲通史，后来被他的门徒贝特霍尔德（Berthold）续写到1080年。他是他那个时代最有才干的历史学家之一，他的作品纵览了他自己的时代，因此具有特殊的价值。而针对之前的那个世纪，他的著作也很重要，因为书中所依托和引用的珍贵资料后来已经遗失了。

在李维和撒路斯特的影响下，本笃会修士赫斯菲尔德的兰伯特（约卒于1080）创作了同时代欧洲国家中最精美的一部历史著作。他的《年代记》

（*Annals*）为研究德国与罗马教皇的关系史做出了比较重要的贡献。这本书以一个从创世到1040年的年表为开头。这部分只是重复了世界通史的一般做法，加上了从之前的《赫斯菲尔德年代记》（*Annals of Hersfeld*）里选取的一些资料。从1040年开始，他的写作越来越重要，也具有了原创性，其中最好的部分是对从1069年到1077年年末历史事件的记录。在最后一部分，兰伯特有时会放弃年代记的方法，上升到具有独创性的历史学家的水平。他比同时代的人更成功地获得了时间洞察力，这是历史上一个值得尊敬的概念。他
83 不仅按时间顺序记录事件，而且理智地讨论历史发展中的因果关系。他在描绘历史场景时也表现出极高的天赋。因此，1525年，在《年代记》首次出版后的三个世纪里，兰伯特广受敬仰也就不足为奇了。但从1854年受到利奥波德·冯·兰克批评以来，他的声誉在今天受到了相当严重的损害。兰克之后的一代历史学家，汉斯·戴布流克（Hans Delbruck）对兰伯特的作品进行了更加全面的研究。他认为，兰伯特经常在处理简单的历史史实时出现错误，他坚定地支持教皇权，导致这种偏见扭曲了他对授职权之争以及皇帝们言行的叙述，忽视或者弱化了这种斗争之间的世俗法律和程序。正是兰伯特编造了所谓的卡诺莎事件，这个故事讲的是，在卡诺莎，亨利四世受到了格里高利八世的羞辱。但是，兰伯特的作品具有独一无二的历史价值，作为一部精美的历史文学作品，远远超过了其同时代的任何一部作品。

在康斯坦茨（Constance），有两本编年史对研究亨利四世及其与教会的斗争有一定的价值。康斯坦茨的贝特霍尔德（Berthold of Constance，卒于1088）写了一部关于授职权斗争的重要著作，站在教皇一边反对亨利。而更有价值和更公正的是康斯坦茨的赫尔曼（Hermann of Constance，1046—1132）写的《编年史》，尽管这本书也反对君主。布鲁诺（Bruno）的《撒克逊人叛乱史》（*History of the Rebellion of Saxony*）对亨利统治时期的日耳曼人的活动非常重要。不来梅的亚当（Adam of Bremen）在11世纪后半叶写了《汉堡和不来梅的教会史》（*Ecclesiastical History of Hamburg and Bremen*）一书，里面包含了关于德国北部的重要资料。它涉及788—1072年

间的历史。亚当精通古典学，他的历史包含了关于教会史的很多文化资料和信息，叙述了对易北河地区斯拉夫人的征服。其中也包括一些关于亨利四世统治的重要资料。亚当还写了一本非常重要的著作，论述了斯堪的纳维亚的早期历史和挪威的早期贸易。

马里雅努斯·斯科特斯（1028—1084）是美因茨（Mainz）的一位学者，但却是爱尔兰人。他写的《世界通史》(*Universal Chronicle*)是一部自命不凡的通史著作。他的历史分为三卷本，第一卷是古代史，第二卷是耶稣的生平和时代，第三卷是中世纪历史。最后一卷的第一部分以卡西奥多鲁斯和中世纪早期年代记为基础。这部著作真正有价值的地方只是作者对自己所处时代的论述。里面既有爱尔兰历史的资料，也有美因茨历史的很多资料。马里雅努斯是一位数学家，同时也是一位历史学家，在书里，他饶有兴趣地讨论了历史学上的年代问题。英国伍斯特的佛劳伦斯续写了他的作品，后来希格伯特在写作他自己的通史时也深入研究了马里雅努斯的作品。

所有中世纪通史中，最全面的一部是《世界编年史》(*Chronicle of the* 84
World)。11世纪的最后10年间，这部通史由米歇尔堡修道院院长傅录霍德（Prior Fruthold of Michelsberg）开始，1101年奥拉的埃克哈德续写，一直写到1125年他去世为止。在编写这部通史时，他异常谨慎，对史料有所选择，又经过多次修改，因此在对同时代历史的记录上，这本书全面而准确。他对授职权之争有公正的评价，对第一次十字军东征也有独立和客观的认识。埃克哈德的视野宽阔，对除了德国之外的事件也有充分的了解，因此在叙事过程中，他比兰伯特更为公正，同时也显示出他在史料选择上有很好的判断力。他在写作上虽然不如兰伯特语言优美，但他的文笔清晰简洁，整部著作非常流畅。应亨利五世的要求，埃克哈德书写了查理曼以来的神圣罗马帝国史，但是这部分内容不如他的编年史价值大。

对德国和早期的十字军东征来说，亚琛的阿尔伯特（Albert of Aachen）所著的《编年史》具有很高的价值。我们对阿尔伯特的生平所知甚少，只知道他的写作是在1158年之前。他的编年史分为12卷，一直写到1121年。这本书之所以重要，是因为它讨论了第一次十字军东征和耶路撒冷拉丁王国。提尔城的威廉利用了阿尔伯特著作里的大量资料。

中世纪最著名和最具影响力的德国历史学家是弗莱辛主教奥托（约1114—1158），他是皇帝腓特烈一世（红胡子腓特烈）的叔叔。他不仅是一位有能力记录历史事件的编年史家，而且是中世纪第一位历史哲学家。他最重要的两本书是《编年史》（*Chronicle*），也称《双城史》（*Book of Two Cities*），和《皇帝腓特烈本纪》（*Deeds of the Emperor Frederick Ⅰ*）。《双城史》一书写了1146年之前的历史，是中世纪第一部历史哲学著作。他的历史方法是奥罗修的，他的历史哲学是奥古斯丁的。这本书以奥古斯丁的上帝之城与魔鬼之城的对立观念为支撑。效仿奥罗修的方法，奥托描绘了上帝之城与魔鬼之城从创世到他那个时代一直进行的斗争。这部著作后来被另一位修士圣布莱森的奥托（Otto of St. Blaisen）续写到1209年。全书分为8卷，最后一卷写的是末世审判和来世。巴尔扎尼说，这是中世纪历史学家的第一次尝试，它使得“人类的整部历史进入了一个由因果关系预先决定的体系”。
85 奥托的哲学方法从两个方面减弱了其著作的历史价值。首先，他对世俗事务和异教事务存有偏见；其次，他的主要兴趣在历史哲学上，导致他有时不重视处理细节问题。而他对修辞效果和戏剧冲突的追求——对他来说，形式和内容一样重要——更进一步加深了他对历史史实的漠视。例如，他对重要的1122年《沃姆斯协约》（Concordat of Worms）的描述在判断上有失误，在细节上也不可靠。尽管如此，奥托在接近于自己时代时，他的资料是非常宝贵的。他使用了可靠的资料，特别依赖于埃克哈德的著作。在他那个时代，没有哪个历史学家如此关注因果关系，也没有哪个历史学家如此热切地用过去来解释现在。

《皇帝腓特烈本纪》虽然不是一本令人印象深刻的书，但对当时的历史来说更为重要。对腓特烈与教会的关系来说更是具有无与伦比的价值。奥托是事件的亲历者，对自己的任务也有着充分的了解。但他的英年早逝，使得他无法继续完成1158年之后的工作。他赞赏德国的帝制，牺牲意大利人的利益，但他的教会背景又使他经常陷入支持教皇的党派之争。这部著作由奥托的助手瑞文（Rahewin）续写并完成。人们认为奥托还写过一部关于奥地利史的著作，但是已经遗失了。作为一个语言艺术家，奥托的语言优美，戏剧性强，但是也有夸张和做作的成分。一个与奥托惺惺相惜的天主教批评家，弗朗兹·冯·韦格勒（Franz X. von Wegele），这样称赞他：

> 几个世纪以来，像弗莱辛的奥托这样具有非凡才华的作家在德国历史写作史上再也没出现过。赫斯菲尔德的兰伯特无论作为一个语言优美的叙述者超越了他多少，奥托都能以他世界哲学的深刻严肃性和始终如一的高尚观点更多地弥补回来。无论人们对他的哲学怎么看，他都是中世纪德国唯一一个能够以哲学的方式深刻理解世界历史进程的历史学家，也是唯一一个试图为世界历史的发展做出正确阐释的历史学家。作为他所处时代的历史叙述者，他始终占据着令人瞩目的地位。[1]

德国人和意大利人都声称维特博的戈弗雷（Godfrey of Viterbo，1120—1196）是自己国家的人。他似乎出生在德国并在这里接受教育，但他是在维特博去世的，在这里他度过了生命的最后时光。他是腓特烈一世雇用的专职牧师和秘书，也曾被派做重要的外交使节。他的主要历史作品是《腓特烈一世本纪》（*The Deeds of Frederick Ⅰ*），内容涵盖了1155—1180年的历史，
主要以诗歌形式写成，叙述了意大利发生的历史事件，多为偶发性事件，在 86
质量上明显低于前文提到的中世纪德国的多数作品。

特罗保的马丁（卒于1278）写的《教皇和皇帝编年史》（*The Chronicle of the Popes and Emperors*）是一本奇特但是大受欢迎的著作。马丁是多明我会修士，后来成为主教。他曾经做过罗马教皇的牧师，奉罗马教皇的命令

1　F. X. von Wegele, *Gechichte der deutschen Historiographie seit dem Aufreten des Humanismus* (Leipzig, 1885), p. 20.

写了这本编年史。这部作品在编排上非常奇特。教皇和皇帝出现在相对的页面上，每页有50行，每行写一年的历史。按照这个计划大致写到了1276年，这一年出现了三位教皇。于是马丁放弃了这个计划，开始讨论当时的重大事件。这部作品不是特别可信，却非常受欢迎，被后来的编年史作者广泛使用，包括英国的尼古拉斯・特雷维。

中世纪西欧的历史传记

在中世纪最好的历史著作里，有一些是主要政治人物和教会人物的传记。中世纪伟大的政治家和军事领袖所表现出来的英勇无畏是历史传记的诱人主题。国王通常也会赞助或支持一个传记作家，以确保在记录国王的事迹时有适当的赞美。毋庸讳言，这些传记里就不会有严格公正的内容。相反，除了中世纪历史编纂特有的缺点之外，这些传记额外还增加了阿谀奉承的缺点。而且，因为中世纪的所有思想都打上了神学的烙印，也导致传记作家要把那个时代的世俗伟人表达为神意眷顾的代言人。

中世纪历史传记仅有两三部优质著作，我们在前文已经提到的艾因哈德的《查理大帝传》就是其中的一部。非常接近历史传记的还有弗莱辛的奥托写的《皇帝腓特烈本纪》。最重要和最典型的中世纪传记可能是阿塞尔（Asser）的《阿尔弗雷德传》（*Life of Alfred*）。阿塞尔是9世纪末10世纪初威尔士的神父。他的书以849年为开端，这是传统上阿尔弗雷德出生的年代。但是这本书不仅仅是一本传记，它还涉及了阿尔弗雷德统治时期的主要活动。作者把《撒克逊编年史》（*Saxon Chronicle*）作为其传记和叙事的基础。书中充满了有趣的奇闻逸事，语气满是对阿尔弗雷德的阿谀，写作风格简洁风趣。后来的作家们对此做了无数的篡改。这些篡改中出现了很多关于亚瑟王的经典传说，比如他无意之中烧着了放牛郎的蛋糕的传说。阿塞尔的传记几乎完全被伍斯特的佛劳伦斯（卒于1118）所抄录。

更有名的是路易六世（胖子路易）的传记，这是加佩王朝早期最重要的一部传记，由担任圣德尼（Saint Denis）修道院院长和路易七世顾问的苏格（Suger）所著。这部作品只是路易的传记，并不是一部详尽的编年史叙 87
事，想要完整的路易统治编年史的话，还要到别处寻找。当然，这本书非常偏袒路易，但是还没有偏袒到要歪曲历史事实的地步，在书中，苏格对英国人还是非常公正的。这本书相当枯燥，但是在叙述重大事件时，文风又变得非常亮丽。书中的拉丁语语法确实很糟糕。皇帝康拉德二世（Conrad Ⅱ，1024—1039）的传记是他的神父威普（Wipo）所写，这是一部有智慧的杰作，尽管里面也有很多对康拉德的奉承之辞。

中世纪最丰富多彩的一个教会人物是教皇格里高利七世（Pope Gregory Ⅶ）。他的传记作者是一位意大利神父伯恩里德的保罗（Paul of Bernried），他在1128年完成了《格里高利七世的历史》（*History of Gregory Ⅶ*）。保罗为写作这本书做了精心准备，他做了大量研究，也向亲历者进行求证，因此写出了这部上乘佳作——这是意大利关于授职权斗争的最好的历史著作。诚然，他在处理材料时，并不具有极端批评的态度，但是，书中除了有某些认可奇迹和传说的倾向外，很少出现重大错误。甚至读者还能从书中的内容里分辨出，哪些来自传说，哪些得之于基本的历史资料。这本书对格里高利大为称赞，认为他具有伟大的道德力量。

法国国王菲利普·奥古斯都（Philip Augustus）阅历丰富、能力非凡，他找到了两位传记作家里格德（Rigord，约卒于1207）和纪尧姆·勒·布雷东（Guillaume le Breton，约卒于1227）为其作传。里格德与苏格一样，都是圣德尼修道院的修士。大约在1190年，他开始写作《菲利普·奥古斯都传》（*Life of Philip Augustus*），用时多年。这本书涵盖了1179—1207年间的历史，叙事中也加进了法国民族起源的传说和法国国王的年表。里格德既不是一个伟大的思想家，也不是一个伟大的历史学家，书中对国王菲利普的盛赞取悦了国王，于是国王对这本书大加称赞。纪尧姆是菲利普的神父，作为一个历史学家，他的能力远超里格德。他多次被赋予政治和外交使命，并随同国王菲利普参与了多次征服活动。他把里格德的传记续写至1219年，对于1209—1219年间的历史来说，他的著作具有无与伦比的价值。他的诗歌《菲利普》(*Philippid*)反映了当时的地理形态以及人们的风俗习惯。

中世纪唯一能媲美或者超越艾因哈德的《查理大帝传》的传记应属乔维里（Joinville，1224—1319）为路易九世所写的传记。乔维里是国王的朋友、顾问和密友。他的《圣路易史》(*History of St. Louis*)是在他年老之后写的或者口述的。第七次十字军东征是这本书的主要框架，1248—1254年间
88 的历史事件是这本书的重点内容。但是这些历史资料尽管比较可靠，也要从属于强调国王神圣品质的基本目标。乔维里在对史料的怀疑态度上远逊于维尔阿杜安，后者拒绝记载任何关于奇迹的内容。在政治哲学里，正如维尔阿杜安是封建领地和骑士制度的支持者一样，乔维里是日渐增长的中央集权的引领者。他的著作无论内容是描述、颂扬还是讽刺，都能做到文笔优美，清晰流畅。

11世纪的多尼佐恩（Donnizone）是托斯卡纳伯爵夫人玛蒂尔达的神父，他用拉丁诗歌写出的《玛蒂尔达传》(*Life of Matilda*)是意大利对历史传记的第一个重要贡献。14世纪，意大利还出现了一本匿名的《科拉·迪·瑞恩传》(*Life of Cola di Rienzo*)，这是罗马在这个世纪里最著名的历史著作。作者在重构科拉复杂多变的性格以及在描绘其权力和品格的变化时，展现了高超的技巧。这本书也因其描写了教会和国家的政治阴谋而具有极高的价值。整本书叙述生动，引人入胜。

中世纪仅次于乔维里的法国重要历史传记是让·朱文诺·宇尔森（Jean Juvenal des Ursins，1388—1473）写的《查理六世传》(*The History of Charles VI*)。作者是法国杰出的法学家和兰斯大主教。因此，他对世俗的和教会的法律政治都非常精通。他的著作涵盖了从1380年到1422年整个查理统治时期的历史，对国家和教会事务的研究具有极高价值。总的来说，这本书简洁有趣，可读性很强。作者对他那个时代的事务始终保有一种高屋建瓴、不偏不倚的观点。

在中世纪的自传中，最杰出的作品是阿伯拉尔（Abelard）的《劫余录》

（*Historia calamitatum*），这是中世纪最具独创性思想的一部精神自传。相比之下，著名的奥古斯丁《忏悔录》更亲切、更受欢迎却更加病态，那是在早期教父时代写的，我们在前文中提到过。

在中世纪，还有很多丰富的历史资料保存在诗歌、赞美诗、传奇、寓言、神话和公共宪章里，但由于篇幅所限，我们就不在这里讨论这些仍然具有珍贵历史价值的辅助资料了。[1]

中世纪拜占庭历史学家

直到最近，一直有一种不可取的倾向，认为中世纪的历史完全是拉丁语的欧洲的历史。因此，对中世纪主要历史学家的评价就局限在西欧历史学家当中，而忽略了很多非常卓越的历史学家，他们来自东方、罗马、希腊或拜 89
占庭帝国（无论哪个称谓都可以）以及更加遥远的穆斯林王国。在这里，我们将简略叙述这些中世纪的历史学家。

在早期拜占庭历史学家中，有一些我们已经提到过的作家，比如教会历史学家攸西比乌斯、苏格拉底、索卓门和狄奥多勒以及军事和政治历史学家普罗柯比。东方第一个世俗的历史学家可能是攸特罗庇乌斯（Eutropius）。他是君士坦丁的军事秘书，死于378年以后。在希腊语成为帝国东部的官方语言之前，他是用拉丁语写作的。他的主要历史著作是罗马简史《建城以来史》（*Brevarium ab Urbe Condita*），一直写到瓦伦斯统治时期。这本书后来被执事保罗使用并扩充了内容。更重要的早期拜占庭历史学家是左息马斯（Zosimus），他的创作盛期是公元5世纪中叶。他的著作名为《新历史》（*The New History*），涵盖了从奥古斯都到410年间的历史。左息马斯是一个异教徒，他敏锐地意识到罗马帝国权力和威望的衰落。他把这一罪责归咎于基督教的兴起以及罗马国家对基督教的接受。相应地，他对君士坦丁相当严

1　参见J. W. Thompson, *The Middle Ages*. Vol. II, chap xxviii (Knopf, 1931), 2 vols.。

厉，而对叛教者尤里安充满同情。他的历史观与奥罗修相反，作为一种观点上的矫正是必需的。

普罗柯比的《历史》记载了查士丁尼的战争，颂扬了贝利撒留的军事天才，这本重要的书后来又增补了从罗马帝国到叛教者尤里安的历史，是由普罗柯比同时代的显贵彼得（Peter the Patrician）所写，显贵彼得是拜占庭的律师和外交官。在查士丁尼统治时期，米利都的赫西基奥斯（Hesychius of Melitus）编撰了拜占庭第一部《通史》。它涵盖了从亚述到公元518年的历史。赫西基奥斯对查士丁一世统治时期和查士丁尼的早期统治进行了历史考察，但是他的大部分记述都已经遗失了。与《通史》处于同一时代的是约翰·马拉拉斯（John Malalas，约491—578）所著的《编年史》，记载了从早期埃及到查士丁尼时代的历史，讲述中加进了大量的传说和令人难以置信的材料。即使是针对查士丁尼时代，他的著作也只是相对准确。安条克是他叙述的中心。他是教会和君主政体的热心支持者。他的书虽然不可靠，但是非常流行，因为它是拜占庭帝国里使用习惯用语写作的第一部历史专著。

生活在公元6世纪后半叶的学者阿加提亚斯（Agathias the Scholastic）是一个能干的法学家，来自小亚细亚的米里纳（Myrina），他写的《查士丁尼统治史》（*History of the Reign of Justinian*）记述了查士丁尼的统治，尤其
90 是552—558年间的历史非常重要。这本书被守护者米南德（Menander the Protector）以低劣的风格一直续写到582年，即莫里斯（Maurice）继位之年。米南德的书完成于莫里斯统治时期（582—602），由于书中包含了民族和地理方面的资料，因此显得颇为珍贵。拜占庭的提奥芬尼斯（Theophanes of Byzantium）写于6世纪末的历史著作同样涵盖了从查士丁尼到莫里斯的统治时期，其中还附带包含着一份最早的关于突厥人的文献。在同一时代，叙利亚学者艾维格里乌斯（Evagrius the Scholastic，约生于536）续写了苏格拉底、索卓门和狄奥多勒的教会史，他的《教会史》从431年写到593年。在莫里斯统治时期，最有价值的著作是埃及学者西蒙克拉塔的提奥菲勒（Theophylact of Simocratta，约卒于630）8卷本的《皇帝莫里斯传》（*The*

History of the Emperor Maurice）。这本书在风格上有些夸张和做作，还采用了很多讽喻的方法，但它是关于莫里斯统治时代的唯一重要的历史记录。在莫里斯统治时期，以弗所的约翰（John of Ephesus，约卒于586）用叙利亚语编撰了《教会史》，概述了从恺撒到公元585年间的宗教发展。其中记载了异教最后的抗争和废止，也记载了6世纪东罗马帝国的政治和文化历史，因此具有特殊的意义。

关于赫拉克勒斯（Heraclius）的统治（610—614），生活在这一时代的彼西迪亚的乔治（George of Pisidia）详细描述了赫拉克勒斯与波斯人、阿瓦尔人的战争。也是在赫拉克勒斯统治时期，安条克的约翰（John of Antioch）在《通史》里记载了从亚当到610年的历史。这部著作显示了作者高于约翰·马拉拉斯的史学才干，在处理传说和民间故事时更为冷静，史学视角更加宽广，在资料选择上也更加理智。在破坏圣像运动时期，出现了三部重要的历史著作。乔治·辛塞勒斯（George Syncellus）概括了从创世到戴克里先时期的历史，他于公元9世纪初去世，但他的《编年史》被忏悔者狄奥法内斯（Theophanes the Confessor，758—818）续写至813年，狄奥法内斯的著作也名之为《编年史》，具有很高的价值，尤其是书中对破坏圣像之争的记载内容丰富。本书的基调是对破坏圣像持反对态度。狄奥法内斯使用和保存了很多重要的早期资料，他的作品被其后的拜占庭历史学家充分利用。君士坦丁堡牧首尼斯福鲁斯（Nicephorus Patriarcha，约758—829）写了很有价值的拜占庭简史，涵盖了602—770年间的历史。这本书也是描述保加利亚人出现在巴尔干半岛历史舞台上最重要的资料之一。尼斯福鲁斯还写了一本价值稍逊的编年史，记述了从亚当到他所处时代的历史事件。

在破坏圣像运动的末期（约850），乔治·哈马托勒斯（George Hamartolus）写了规模更庞大的《编年史》，考察了从亚当到842年的全部历史。在这本书的后半部分，作者是作为事件的亲历者来进行写作的，因此书中包含了很
多与这一阶段的文化、宗教和艺术史相关的珍贵资料，这本书也特别有助 91
于对东方修道院生活的研究。哈马托勒斯的编年史备受后来的拜占庭史学

家欢迎，对中世纪俄国编年史家的影响甚至还更大一些。在君士坦丁七世统治时期（912—958），约瑟夫·加内修斯（Joseph Genesius）写下了4卷本的《君士坦丁堡史》（*History of Constantinople*），叙述了从利奥五世到利奥六世的统治时代（813—886）。这部著作叙事可靠，风格简洁清晰，具有较高的史料价值。10世纪早期，一位有影响力的政治家译者西蒙（Simeon Metaphrastis）编撰了有名的《圣使徒传》（*Lives of the Saints*），这是关于东方教会圣徒生活的著名文集。君士坦丁七世（905—959）被认为是《皇帝瓦西里一世传》的作者。这件事可能是有些学者因为得到了皇帝的赞助才这样编造的。但无论怎样，这本书仍然包含了很多关于那个时代的法律和军事史方面的相关信息。

利奥·迪亚克努斯（Leo Diaconus）的《历史》是关于959—975年间的主要权威著作，对穆斯林与保加利亚人的战争给予了特别的关注。整个拜占庭文化中最伟大的学者也许是迈克尔·康斯坦丁·普塞勒斯（Michael Constantine Psellus，约1018—1110）。他接着利奥·迪亚克努斯的著作，写了976—1077年间的历史，颇有价值和学术性。他的风格堪称拜占庭时代希腊语修辞的典范。迈克尔·阿塔利塔（Michael Attaliata，约1075）的历史对11世纪也很重要，他记录了1034—1079年的时期。作为一名富有才干的法学家，他在法律和行政发展史方面尤为突出。约翰·斯基里扎（John Scylitza）写了一部内容充实的《编年史》，从811年到1057年，保留在由乔治·塞德勒努斯（George Cedrenus，约1100）所写的更为著名的《通史》里。

大约在同一时期，出现了两部世界史。前文提到的乔治·塞德勒努斯写了一部，概述了从创世到1059年的历史。而中世纪拜占庭最具才干的编年史家约翰·佐那拉斯（John Zonaras，约卒于1130），则写出了一部更好的世界历史杰作，时间跨度为从创世到1118年，共18卷。他的《编年史》与传统的编年史风格迥异，尤其是就晚近的历史事实来说，更加可靠。他广泛使用了希腊和罗马的经典著作。佐那拉斯还就东方教会的历史写了一些次要的著作。中世纪拜占庭帝国还出了一本广受欢迎的历史著作，是迈克尔·格列科斯（Michael Glycos）在12世纪编撰的《世界历史》（*World History*）。

阿历克塞一世统治时期的历史是由他的女儿安娜·康尼娜（Anna Comnena，生于1083）执笔的，这是一部有趣的著作。她曾密谋夺取王位，失败之后被送进了修道院。在这里，她编撰了阿历克塞皇帝1081—1118年的
历史。她刻意模仿了古典希腊历史学家的修辞风格。她对父亲的奉承导致了 92
她在写作上的极度偏袒，对与他有关的小事过分夸大，而忽视了那些重要的公共事件。这本书的年表也有很大缺陷，但是作为拜占庭帝国方面对早期十字军东征的描述，这部作品具有特殊的价值。

科穆宁王朝时期产生了一位最优秀的拜占庭历史学家，他是帝国的大臣约翰·金纳慕斯（John Cinnamus，鼎盛期约为1175）。他刻意模仿了色诺芬和普罗柯比的写作方法。他的《历史》分为6卷本，记录了约翰二世和曼努埃尔一世的统治，时间跨度为1118—1176年。他的著作写得精彩有力，高度颂扬了曼努埃尔一世，有力地捍卫了东罗马帝国，抵御了教皇和拉丁基督教会的攻击。

十字军东征，特别是第四次十字军东征，激发了拜占庭历史学家的极大兴趣。最著名的作品是尼基塔斯·阿康敏斯托斯（Nicetas Acominatus，约卒于1216）的《历史》。大体上，他可以称得上是拜占庭的维尔阿杜安。他的《历史》是一部21卷本的鸿篇巨制，涵盖了1180—1206年间的历史，因此包括1204年十字军洗劫君士坦丁堡这一历史事件。从形式上看，这本书是对这一阶段诸位皇帝的系列研究，也为曼努埃尔一世的统治和洗劫君士坦丁堡留下了最好的实况记载。作者坚定地认为拜占庭文明优于西方文明，在他眼里，西方即是蛮荒之地。与同时代不同地区的其他历史学家相比，他对东西方之间的关系背景有着更加深刻的理解。他的《历史》在风格上生动、自然、无矫饰。

13世纪上半叶是尼斯福鲁斯·布莱米德斯（Nicephorus Blemmydes）写作的鼎盛时期，他的自传不仅很好地描述了当时教会的发展，也分析了当时的政治和社会条件。他的学生、外交家乔治·阿克罗波利塔（George

Acropolita，1217—1282）写了《拜占庭帝国史，1203—1261》（*A History of the Byzantine Empire, 1203-61*），是拜占庭最重要的历史著作之一，为从洗劫君士坦丁堡到希腊帝国复兴这一关键时期，提供了最好的历史叙述。乔治书中所写的许多事件和进展动态，他本人都是亲历者。他的历史写作风格与内容一样卓尔不凡。而在接下来的时期里，我们看到了乔治·帕西迈利斯（George Pachymeres，1242—约1310）的历史著作。这些著作涵盖了东罗马帝国1261—1308年间的历史。虽然这些著作由于模仿古代历史学家而充满了学究气，却为这一时代激烈的宗教和教义冲突提供了有价值的资料。就那个时代而言，也是比较公正的。

14世纪有一部重要的拜占庭史，即尼斯福鲁斯·格雷古拉斯（Nicephorus Gregoras，约1295—约1360）写的《拜占庭史，1204—1359》（*Byzantine History, 1204-1359*）38卷本。这部著作是对宗教、哲学和科学进
93 行的博学研究，尤其有助于了解复兴之后的文明和宗教争端。希腊帝国的衰落以及最后被突厥人攻陷的情况，在三个有能力的历史学家笔下得以展现，他们都是君士坦丁堡陷落的目击者。朝中大臣和外交官杜卡斯（Ducas，鼎盛期约为1460）记载了1341—1462年间的历史，乔治·弗拉泽斯（George Phrantzes，约1401—1478）记载了从1258—1476年的历史，罗尼卡斯·乔肯迪勒斯（Laonikas Chalkondyles，鼎盛期约为1460）记载的是1298—1463年的历史。在这三部记述希腊帝国灭亡的历史著作中，弗拉泽斯的《编年史》体现了最多的史学才干，也最令人满意。作为事件的亲历者，弗拉泽斯的写作翔实生动。乔肯迪勒斯是第一个评价突厥人历史地位的人，并对突厥人在15世纪的实力给予了公正的评判。值得一提的还有希腊作者伊姆罗兹的克利托布鲁斯（Critobulus of Imbros），他记载了苏丹穆罕默德二世时代至1467年的历史。

一般来说，拜占庭历史学家通常比欧洲拉丁语的历史学家更博学。拜占庭帝国对古典文化的继承要比西方更为完整和全面。但是，各种各样的拜占庭文学却少了很多动力和原创性，因此在某种程度上也抵消了他们由于继承

古典文化而带来的博学。拜占庭文学无论在形式上还是在内容上，都因循守旧，比西方少了很多创新和发展的机会。在中世纪的西欧，文化正从近乎野蛮发展到高度文明。而在东方，文化是从古典的水平不断衰落，逐渐式微并陷于对往昔的怀想。一个是上升的文化，一个是逐渐消亡的文化。然而，在这两个地区，基督教的世界哲学都渗透到历史写作中，拜占庭人甚至比西方的基督徒更沉迷于教义的论争。

中世纪俄国的编年史深受拜占庭模式的影响。在中世纪早期，俄国几乎没有历史记录，因为除了南部地区之外，整个国家还没有文字。11世纪中叶之后，出现了匿名的编年史。其中最重要的是《涅斯托尔编年史》（*Nestor Chronicle*）和《盖里先编年史》（*Galician Chronicle*）。1400年以后，拜占庭的影响，特别是哈马托勒斯的影响，变得更加明显。编年史于是成为官方的汇编。中世纪晚期，俄国编纂了很多关于圣徒生平的作品，其实是一类充满了寓言和奇迹的文学作品。

中世纪重要的穆斯林历史学家

就很多方面来说，中世纪最先进的文明根本不是基督教文化，而是信仰伊斯兰教的人们建立的文明。同样，中世纪最有才干的历史学家也是穆 94
斯林。其中最伟大的是伊本·赫勒敦（Ibn Khaldun），在对人类和文化发展原则的基本把握上，他把中世纪的基督教历史学家远远地抛在了后面。直到18世纪伏尔泰（Voltaire）的时代，才有基督教历史学家能在这方面与他相提并论。[1] 与同时代的基督教历史学家相比，穆斯林历史学家作为一个群体，具有独立的判断，能做到不偏不倚，对编年史的方法有较好的把握。他们对史料和事件的时间标注比绝大多数的基督徒都更精确。

在穆罕默德之后的最初几个世纪里，促使穆斯林进行历史著述的主要

1　参见第149页及以次。

动力在于，他们希望将伊斯兰教的权威传统传承下来，他们热衷于建立与先知的宗谱关系，他们还希望庆祝穆斯林的征服活动，赞美穆斯林征服者。在相当长的时间里，历史文献主要是关于伊斯兰教信仰起源和传播的所谓权威传统的继承。历史的学术和批评主要是一个选择问题，在传统之中选择，也在这些传统的传播者中选择。穆斯林的历史著作主要是宗教和政治史。只有最有创新能力的穆斯林历史学家才关注社会和经济史。与基督徒接受的理论完全一致，穆斯林历史学家也采用了历史发展的神佑理论，只是安拉代替了耶和华。穆斯林的写作风格深受波斯模式影响，尤其受到菲尔多西（Al-Firdausi，935—1020）《列王纪》（*Book of Kings*）的影响，这本书面世后很快即被翻译成阿拉伯语。

当然，最早的穆斯林重要历史著作是穆罕默德的传记以及对穆罕默德征服活动的记述。第一部著名的穆罕默德传记是《先知传》（*The Biography of the Prophet*），由伊本·伊沙克（Ibn Ishaq，卒于768）所著。这本书诚挚而衷心地收集了与穆罕默德和伊斯兰教起源相关的传统和历史事实。这是穆罕默德之后时代的最为可靠的记录。这本书被后来的穆斯林历史学家广泛使用，并在伊本·希沙姆（Ibn Hisham，卒于834）的《穆罕默德传》（*Biography of Mohammed*）中得到了几乎是逐字逐句的完整体现。最早记载伊斯兰战争的重要编年史家是瓦基迪（Al-Waqidi，747—823），他是阿拔斯王朝宫廷中最受欢迎的历史学家。他的主要著作是《圣战史》（*History of the Wars of the Prophet*）。白拉左里（Al-Baladhuri，卒于892）则往前迈了一大步，他写了关于早期穆斯林战争和胜利的标准版本。他把关于穆斯林征
95 服活动的早期论述汇编成一个综合叙述，即他的《各地的征服》（*Conquests of the Countries*）。[1]同一代人中，迪奈瓦里（Al-Dinawari，卒于895）完成了高水准的《阿拉伯和波斯史》（*History of Arabia and Persia*）。关于巴格达哈里发的最好著作是伊本·阿比·塔希尔（Ibn Abi Tahir，卒于902）所著

1 Translated by P. K. Hitti and F. C. Murgotten as *The Origins of the Islamic State* (Columbia University Press, 1916, 1924), 2 vols.

的《巴格达及其哈里发史》（*The History of Bagdhad and Its Caliphs*）。

塔巴里（Al-Tabari，838—923）是著名的穆斯林政治和叙事历史学家，是一位旅行家和作家，精通穆斯林法律和知识。他的主要著作是《历代先知和帝王史》（*The Annals of the Apostles and Kings*），一直写到公元915年。他完善了穆斯林所使用的编年史方法，他的作品成为榜样，为后来的作家提供了广泛的借鉴。他被称为“穆斯林的李维”，但这样的类比是不恰当的。他写的内容比李维更准确，但文笔却远逊于李维。事实上，他的大部头著作是大量材料的组合，几乎没有经过梳理和组织——只是一种可以被后来的历史学家深入研究的资料。马苏迪（Al-Masudi，卒于956）不仅是一位伟大的百科全书式的人物，也是穆斯林最重要的历史学家之一。他没再采用塔巴里的简单的编年史方法，而是按照国王、王朝和主题来构建自己的史料。他的《黄金草原》（*Meadows of Gold*）及其他作品包含了大量的民族资料和文化社会历史，也记录了政治活动，非同寻常。他被恰当地称为“阿拉伯的希罗多德”，因为他和“历史之父”一样，有着强烈的好奇心和求知欲。但在接受传说和奇闻逸事方面，他比希罗多德更容易上当。

米斯卡瓦伊（Ibn Miskawaih，鼎盛期约为970）是最具才干的穆斯林历史学家之一。他崇拜塔巴里，具有高智商，同时掌握了行政和军事事务的大量第一手资料。他的《各民族历程》（*Experiences of the Nations*）一书因其公正及对穆斯林统治者进行直言不讳的评价而备受尊重。马戈留斯（Margoliouth）教授在评论穆斯林历史学家时，这样评价米斯卡瓦伊：“在米斯卡瓦伊的作品里，阿拉伯历史著述似乎达到了其顶峰。”但作为历史哲学家，他还不能与伊本·赫勒敦相提并论。

在982—994年间，阿里·塔努克（Ali al-Tanukhi，939—994）写了《历史集成》（*Collection of Histories*），这是关于穆斯林历史事件和奇闻逸事的庞大文集。阿里·哈桑（Ali al-Hasan，1121—1193）的《大马士革的故事》（*The History of Damascus*）记录了大马士革和在此居住的著名穆斯林的历史。玛克里齐（Makrizi，1360—1442）是最多产的穆斯林历史学家，他记录了穆斯林埃及的历史。虽然他的创新性不强，但他是一个博学而睿智的编撰者。他的著作描绘了埃及的地形地貌，书写了穆斯林埃及的历史，尤其以对中世纪开罗无与伦比的描述而闻名。他还写了法蒂玛（Fatimite）和
96 马穆鲁克（Mameluke）苏丹的历史，其本身也是一本埃及传记的百科全书。阿布-法拉吉（Abu-l-Faraj al Isfahani，897—976）、伊本·阿西尔（Ibn-al-Athir Izz al-din，卒于1234）和阿布-菲达（Abu-l-Fida，1273—1331）写就了世界历史的重要篇章。伊本·阿西尔是第一个对历史进程中的因果关系进行哲学思考的穆斯林历史学家。

毫无疑问，伊本·赫勒敦（1332—1406）是阿拉伯史学上最具史学才干和最有影响力的人。他的重要性在于他的一项独一无二的功绩，即在当时，他能够理顺历史主题，反思历史方法和目的。他是中世纪史学领域的罗杰·培根[1]。他相信历史是一种科学，历史应该探讨社会发展的问题，他认为，社会发展是自然环境和人类集体生活相互作用的结果。首先，在他的《通史导论》（*Prolegomena to Universal History*）里，他系统地阐述了他的理论观点，明确区分了传统的编年史和他所处时代的片段化的历史写作，他所构想的历史，就是关于社会和文明起源和发展的科学。他比维科（Vico）和杜尔阁（Turgot）更早地理解了历史发展的统一性和连续性。伊本·赫勒敦对时间概念和由时间带来的制度变化有着非凡的理解。与当时基督教史学的静止历史观或末世论概念形成鲜明对照的是，他认为历史是动态的，历史发展的过程如同生物个体的生命一样，也是不断变化的。他明确阐释了在文明进化的过程中，心理因素和环境因素共同发挥作用。在他的言论中，还有一个前马克思主义的思想光点，即人们的习俗和制度取决于他们维持生存的方式。伊本·赫勒敦的心血之作《通史》（*Universal History*）分为7卷，他把这些理论都应用到分析历史当中，尤其是应用到分析阿拉伯社会和文化发展之中。罗伯特·弗林特（Robert Flint）对其著作的意义做了如下评论：

1 Roger Bacon，13世纪英国具有唯物主义倾向的哲学家和自然科学家。——译者注

> 伊本·赫勒敦最先把历史当作一门特殊科学的研究对象。因此，他是否应该被看作是历史科学的奠基人，这是一个众说纷纭的问题；但是，任何一个读过《通史导论》的公正读者都会承认，在维科之前，没有任何其他的历史学家能比他更适合拥有此项荣誉。[1]

历史传记吸引了很多穆斯林历史学家的关注。我们已经提到过早期比较重要的穆罕默德传记。同样重要的还有巴哈·阿尔丁（Baha al-Din，1185—1234）写的萨拉丁传记。伊本·萨得（Ibn Sa'd，卒于845）写了第一部关于穆斯林领袖的分类传记合集，非常珍贵。雅古特（Yaqut，1179—1229） 97
是一位杰出的穆斯林地理学家，也编撰了一部非常实用的关于博学之士的词典。但最重要的穆斯林传记文集是鸿篇巨制《传记大词典》（*Biographical Dictionary*），由伊本·卡里坎（Ibn Khallikān，1211—1282）编撰，描述了至少865位伊斯兰历史上的重要人物，堪与特里特穆斯的基督教作品相媲美。阿布-法拉吉的《诗集》（*The Book of Songs*）探索了穆斯林的古代，伊本·莱亚斯（Ibn Iyas）的《埃及史》（*History of Egypt*）一直写到奥斯曼的征服。著名的穆斯林百科全书编纂者、数学家和天文学家阿尔-比鲁尼（Al-Biruni，973—1048）在穆斯林历史年代学方面写出了最好的著作，他在天文学的基础上，试图清晰解读年代学并使其系统化。而在基督教世界，直到斯卡利杰的时代，才出现一位有才干的年代学家。

对中世纪史学著作的总结评论

虽然与现代历史编纂学相比，中世纪的历史著作等而次之，但我们并不应该对此进行夸大，这可能对中世纪的历史学家——尤其是对西欧的历史学家不公平。比较容易看到的历史写作模式，比如奥罗修和卡西奥多鲁斯的，

1 Robert Flint, *The Philosophy of History in France* (Scribner, 1894), pp. 158 ff.

都是比较差的类型。资料的收集没有系统性，学术研究没有条理和技巧。历史研究的准则削弱人的意志而不是对人有所提升。各人类群体之间很少有信息上的交流，也就无法全面掌握整体情况。中世纪历史学家对生活的看法原始而迷信，也导致他们无法为写作水平偏低负责。没有自然科学能为其拒绝奇迹提供基础，也没有社会科学为其批评社会制度提供正当的依据，但是这些历史学家不仅能够去做，而且已经做到了，这倒是一桩奇事。

即使是如前所述对中世纪历史编纂学进行的简单回顾，有几件事实也非常突出。第一，与绝大多数古典历史著作一样，中世纪大量的历史著作严格来说主要都是当代史。对遥远古代的处理几乎是不变的，都是对事件进行粗略的和贫乏的编年记载。第二，由于方法论相同，几乎不可能严格区分编年史、系统化的历史记录和传记等写作形式。第三，显然，绝大多数的历史学家都是教士，尤以修士为最。因此，虽然教会损害了历史研究的方法，但对他们的批评不能过于严厉，我们应该记住，如果没有他们，中世纪的历史文献几乎将是一片空白。第四，很明显，中世纪历史几乎完全是松散和片段化
98 的，并没有尝试着去分析历史发展中更深层次的社会、经济和理性的力量。第五，我们也很容易看到这样一个事实，即在十字军东征期间及之后，由于智力因素的刺激，历史著作在数量上大规模增加，在质量上也有了提升，预示着已经丢失了的古典时代的历史标准将要再次复苏。

参考文献

Hayes, *An Introduction to the Sources Relating to the Germanic Invasions,* chaps. viii–xv.

Guilday, *Church Historians*, pp. 71–127.

Ritter, *Die Entwicklung der Geschichtswissenschaft*, Book II, chaps. ii–iii.

Thompson, *History of Historical Writing,* Vol I, Books II–IV.

Charles Gross, *Sources and Literature of English History*. Macmillan, 1915.

M. L. W. Laistner, *Thought and Letters in Western Europe A D. 500–900*. Dial Press, 1931.

R. L. Poole, *Chronicles and Annals.* Oxford University Press, 1926.

C. H. Jenkins, *The Monastic Chronicler.* London, 1922.

Marie Schulz, *Die Lehre von der historischen Methode bei den Geschichtschrei bern des Mittelalters*. Berlin, 1909.

James Gairdner, *Early Chroniclers of Europe: England*. London, 1883.

Gustave Masson, *Early Chroniclers of Europe: France*. London, 1883.

Ugo Balzani, *Early Chroniclers of Europe: Italy*. London, 1883.

Wilhelm Wattenbach, *Deutschlands Geschichtsquellen im Mittelalter, bis zur Mitte der dreizehnten Jahrhunderts*. Berlin, 1893–94. 2 vols.

Ottokar Lorenz, *Deutschlands Geschichtsquellen im Mittelalter seit der Mitte des dreizehnten Jahrhunderts*. Berlin, 1886–87. 2 vols.

A. A. Vasiliev, History of the Byzantine Empire, "University of Wisconsin Studies." Madison, Wis., 1928–29. 2 vols.

Karl Krumbacher, *Geschichte der byzantischen Litteratur*. Munich, 1897.

D. S. Margoliouth, *Lectures on Arabic Historians*. Calcutta, 1930.

R. A. Nicholson, *Literary History of the Arabs*. Macmillan, 1929.

Nathaniel Schmidt, *Ibn Khaldun*. Columbia University Press, 1930.

J. H. Robinson, ed., *Readings in European History*, Vol. I. Ginn, 1904. 2 vols.

J. A. Giles, ed., *Six Old English Chronicles*. London, 1888.

L. R. Loomis, ed., *The Book of the Popes*. Columbia University Press, 1916.

Ernest Brehaut, ed., *The History of the Franks by Gregory, Bishop of Tours*. Columbia University Press, 1916.

C. C. Mierow, ed., *Two Cities by Otto, Bishop of Freising*. Columbia University Press, 1929.

P. K. Hitti and F. C. Murgotten, eds., *The Origins of the Islamic State* (Translation of Al-Baladhuri). Columbia University Press, 1916, 1924. 2 vols.

J. M. Hussey, *Church and Learning in the Byzantine Empire*. Oxford University Press. 1937.

Heinz Quirin, *Einführung in das Studium der mittelalterlichen Geschichte*. Brunswick, 1961.

第五章　人文主义和历史著作

人文主义的本质及其对历史著作的总体影响

99 最近对欧洲历史理性主义潮流的研究及对其更具批判性的审查，已经深刻地修正了雅各布·布克哈特（Jacob Burckhardt）和约翰·西蒙兹（John Addington Symonds）的观念，他们夸大了所谓的“文艺复兴”与欧洲思想和文化发展之间的关系。研究已经表明，从最乐观的方面看，这一时期并没有标志着向现代观念的直接而自觉的迈进。文艺复兴是在中世纪的母体中自然发展而来。它无疑是对古代文化兴趣的复兴，这种兴趣在许多根本方面都与当时的观念背道而驰。文艺复兴打破中世纪思想的教会“定位”，并将对世俗事物的兴趣再次推到前面，从而间接地推进了现代观念的发展。

广义上来说，这一运动的文学阶段按照惯例被称为“人文主义运动”。这不仅意味着对古典文学重新发生了兴趣，而且意味着重新评价广义上的人类旨趣和异教文化的世俗观点。这是对神学家狭隘和禁欲态度的感性而诗意的反动，但是并没有在神学和社会哲学领域里引发任何真正的和有意识的革命。人文学者是中世纪经院哲学家与现代怀疑论者和社会哲学家之间的中间人，协调了两者之间的旨趣和理想。

这一时期的历史学家的作品在性质和质量上都有很大的不同，比如波吉奥和圭恰迪尼的作品就完全不同。然而，人文主义史学的某些基本特征是非常普遍的，此方面的例子不胜枚举。

在历史写作方面，人文主义的复古与整个运动的基本方面完全一致。运用到历史中的人文主义，首先意味着对经典文本的寻找，以及对那些被复原的经典文本的比较、批判和完善。对文学文本的批评至少产生了一种基本认识，即认识到了批判性处理历史文献的价值。

人文主义在历史解释中，显著地减少了奇迹因素，减弱了“基督教史 100
诗”的“情感刺激”。然而，我们也不应该认为多数人文学者都是反神学的或怀疑基督教的。在很大程度上，他们是在忽视而不是要否认神学主张和争议，其中的部分原因在于文艺复兴时期天主教比较温和。

曾经被基督教作家尤其是被奥古斯丁和奥罗修全部推翻的异教历史，在某种程度上，恢复到最卓越的地位。这是人文学者对古典文化崇拜的结果，而另一个原因是，主流历史学家的大部分人不再是教会人员和神学家，而是非教会人员和处理事务的实践家，这是自罗马帝国灭亡之后的第一次。当然，历史编纂的古典范式也常常有效地促进了风格的改进，尤其促进了对政治事件和政治力量的更多关注。简而言之，这意味着历史的重新世俗化。这一趋势的另一个强大推动力来自意大利城邦的公民自豪感，以及其他地方的近代民族主义萌芽。

从意大利开始的人文主义历史写作，最初主要是地方性的，记录的是市民成就和城市贵族的业绩。后来，在近代民族主义崛起的影响下，历史写作拓宽了其政治视野。最后，随着人文学者的写作，历史逐渐回归其原有的历史含义。他们的主要兴趣中心是过往时代的文化，他们的历史写作不再仅仅局限于当代史，也不再是对哲罗姆乏味的《编年史》进行精巧的改编。值得称道的世界史出现在萨伯里库斯（Sabellicus）、乔万尼·道格里欧尼（Giovanni Doglioni）、弗朗索瓦·德·贝尔福莱斯特（François de Belleforest）、约翰内斯·克鲁弗（Johannes Cluver）和沃尔特·罗利（Walter Raleigh）等人的著作里。

然而，很明显，人文主义给历史写作带来的文学和文化上的改良远大于科学方法上的进步。它是作为文学而不是作为一种批判或社会科学对历史形成了巨大的推动。人文主义历史学家的主导思想是伊索克拉底、李维、塔西佗、普鲁塔克和苏维托尼乌斯的修辞规范，而不是修昔底德和波里比阿的历史理想。人文主义者能够抛弃中世纪历史学家所兜售的关于奇迹的记录，同时又对传统的古代寓言给予相当的尊重，尽管他们并不总是太过轻信。但是为了适应修辞形式和演说的要求，他们也经常歪曲历史事实和历史过程。比如说，1500年的欧洲历史通常被解释为古典文明，而古典文明也被解释为当代史，但这两种情况都丧失了历史的感觉和视角。

101 人文主义从来没有像人们通常认为的那样，在历史写作中完全摆脱既得利益和权威的束缚。人文主义在一定程度上把历史从神学的偏见下解放出来，却代之以一种世俗的约束，也同样会经常损害历史的客观性和准确性。英雄崇拜得以延续下来。如果说中世纪的历史学家尊崇和歌颂了教士、殉道者和圣女的话，那么人文主义者歌颂的是城邦贵族的事迹和个人品格，对后来的民族国家的国王们也做了同样的赞美。伯尔教授对这种情况做了很好的阐释：

> 当中世纪逐渐消逝的时候，必须承认，对古代的重新研究以及世俗文坛的兴起，起初并没有大大推进历史学的自主权。作为官员的人文学者有责任为他的高贵的赞助人写传记或者为他的王朝写历史，而作为城市长官的人文学者也被城市元老们指派去写作城市的历史，他们发现和讲述真理的自由可能会少于教会的编年史家，因为后者不会受到世袭领主和地方权贵的阻碍。听众也是人文主义者，修辞学的专横，在整个中世纪从没有被完全消除，现在又以双倍的力量卷土重来。正是人文主义历史学家的这种功能使贵族或城市的荣光成为一种工具，来展现他借此获得职位的拉丁风格。如果历史——同时也是一门艺术——作为文学的一个分支，敢于在如此世俗的领域内，回避提及教会的奇迹，甚至忘记伟大的救赎计划，那么，就需要经常从古代著作里借用关于征兆和奇迹的粉饰。[1]

1 Burr, *loc. cit.*, p. 261.

还应该记住的是，正是在这个阶段，印刷技术开始被广泛使用，这一点与人文主义没有直接的或因果的联系。但是，它极大地刺激了历史领域的书籍出版，就像在文学的其他分支领域一样。对历史科学的未来来说，其更大的意义在于，印刷术的发明与人们最初掌握书写艺术的意义一样重大。毫不夸张地说，在历史编纂学发展到目前地位的过程中，相比于活字印刷术来说，修昔底德、波里比阿、布隆德斯、马比荣和兰克都不具有这么大的影响力，也不是不可或缺的。

意大利的人文主义历史著作

在介绍具体的人文主义历史学家之前，我们应该先说一下对历史科学做出贡献的这个重要阶段，那就是，人们在修道院和其他偏僻之所狂热地收集古典作家著作手抄本的阶段。波吉奥和埃斯克利的埃诺克是这方面的先锋。西塞罗、昆体良（Quintilian）、奈波斯（Nepos）、普劳图斯（Plautus）、马歇尔（Martial）、奥维德（Ovid）、普林尼（Pliny）、瓦罗和塔西佗等古典作家已经散佚的著作被重新发现。尤其重要的发现是，埃诺克发现了塔西佗的《日耳曼尼亚志》。正如我们所看到的，这本书成为有史以来最具争议的 102
历史文献之一。重要的历史文献得以重见天日，而在编辑这些文献的过程中，也催生了辨伪和校勘方面的科学实践。

阿尔伯提努斯·穆萨图斯和乔瓦尼·维兰尼的作品显露出历史写作向人文主义观念和方法的过渡。前者在14世纪初，以优美的古典拉丁语记录了意大利的领袖人物和历史事件；后者在前文已做了说明。但是，弗朗西斯科·彼特拉克（Francesco Petrarch，1304—1374）才是真正的意大利人文主义和人文历史学之父。他是古典拉丁语和古典风格的大师，他对历史学的兴趣集中在古典时代——主要是罗马——的文化和领袖人物身上。他在《名人列传》（*Liber de viris illustribus*）里写了罗马的纪传体历史，描绘了罗马历史上的31个传统英雄，从罗慕洛斯到恺撒。他还写了一本关于这些英雄的奇闻逸事的书，即《备忘录》（*Rerum memorandum*）。相比于古典著作，他对中世纪关于罗马的神话叙述极为概略，他非常排斥古典著作中的这些神话描述，诸如台伯河桥上的贺拉提斯这样的故事。他在历史观念上有严重缺陷，他强调在罗马时代之后有一个漫长的“黑暗”时代，从他自己所处的时代来解释罗马文化。

人文主义历史学的第二个重要成果是列奥纳多·布鲁尼（Leonardo Bruni，1369—1444）12卷本的《佛罗伦萨史》。布鲁尼是一位律师、教皇秘书和佛罗伦萨高官。在这本书及其后来对这本书的注释中，我们可以发现人文主义史学的许多特点——明确坚持希腊和罗马的修辞准则；认为古典文化而非当时的文化是历史灵感最可靠的来源；摒弃异教和基督教的许多奇迹和传说；主要关注对政治事件和活动的实际分析。一般来说，布鲁尼拒绝奇迹和传说，甚至拒绝了那些关于佛罗伦萨起源的传说。但他在这里所获得的，被他的两种做法所抵消，他引入了修辞学家的演讲，根据需要调整了他讲述的历史事实。他使用罗马术语来描述文艺复兴时期的历史。他确实认为对史料的考证是一个重要的历史原则，如果他没有屈服于古代修辞学的教条，他本可以做得更好。在他的叙述中，佛罗伦萨是世界的中心，尽管他很坦率地承认，不是所有的佛罗伦萨人或佛罗伦萨所有的政策都是绝对正确的。他为典型的人文主义倾向开了先河，把政治事件归因于个人原因，并戏剧性地描绘出政治领袖的事迹和个性。

布鲁尼的标准和方法深深影响了威尼斯人文主义学派中最重要的历史学
103 家马尔坎托尼奥·科其奥（Marcantonio Coccio，1436—1506），他更为人们所熟知的是其古典风格的名字萨伯里库斯。他是演说术的教授，受雇于威尼斯政府部门，编撰威尼斯的正史。他写出了一部内容丰富的故事，杂糅了威尼斯历史中的各种传统和编年史，尤其依赖了丹朵拉的记载。萨伯里库斯自己补充了想象中的演说辞粉饰部分。他的历史被极大地削弱了，因为他几乎忽略了教会史和经济史，而这恰恰是威尼斯发展过程中特别重要的问题。萨伯里库斯还写了一篇歌颂李维的演说。但更重要的是，他试图写一部通史，即《九章集》(*Enneades*)——这是人文学者首次对世界历史进行重要探索。

萨伯里库斯并没有为这部作品做好专业准备，而他获得成功的事实则说明，人文主义对历史意识和历史视野起了多么大的推动作用。在中世纪的世界编年史家中，有更伟大的学者，但是，由于他们对异教的历史充满偏见，视野狭窄，在很大程度上抹杀了他们关于前中世纪时期的历史著作的价值。尽管萨伯里库斯主要借用了攸西比乌斯和哲罗姆的编年史里的历史记录，但他在一定程度上按照自己的观点和内容安排，记录了几个古老国家的发展，从而修复了古代史。他拒绝了已经延续一千多年的写作时尚，拒绝吸收希伯来历史中的荒诞因素。但这并不是《九章集》与中世纪世界史的唯一反差。萨伯里库斯对《圣经》里的奇迹持怀疑态度，把这些奇迹视作古典的寓言，参孙也就相当于希伯来的赫拉克勒斯。尽管他对哲罗姆的《编年史》非常熟悉，但在他的著作里没有提到"四个王权"。萨伯里库斯在他的古代史写作中，很少查阅古典历史学家，却试图给人留下一个博学的假象，他在导论里暗示读者，他查阅了所有他用到的资料。他还陷入了一种典型的人文主义的误区，即从罗马人的视角来看待古代历史。对中世纪历史来说，他的书由于广泛使用了那些好的历史学家——如执事保罗和弗拉菲乌斯·布隆德斯——的记载，而得以提升；但是，他的书在处理社会、经济和文化等方面的历史时，又格外薄弱。无论是在基调和内容上，这本书都比奥罗修以及那些写作古代和中世纪历史的中世纪历史学家迈进了一大步。另一个比较成熟的意大利人文主义学者是威尼斯历史学家乔万尼·道格里欧尼，他在世界史写作上的成就是《世界史摘要》(*Compendio historico universale*, 1601)。

如果说布鲁尼是人文主义历史学里的希罗多德的话，那么，萨伯里库斯就是狄奥多罗斯，而波吉奥（1380—1459）就是埃福罗斯。和布鲁尼一样，波吉奥也是罗马教皇的秘书、佛罗伦萨高官，作为一名历史学家，他显然希望超越自己的前辈。他还特别希望自己是精通古典拉丁语的大师。他的8卷 104
本《佛罗伦萨史》(*Florentine History*)以极端的形式呈现了古典修辞对人文主义历史文学的影响，人们可能会同意富埃特的说法："他作为文学家所获得的，正是他作为历史学家所失去的。”尽管如此，波吉奥仍然是一个很好的观察者，他的作品比布鲁尼的作品更有内涵，也更客观。如果他不去努力模仿古典大师的话，他就不会过度修辞，他的作品也会更加优秀。此外，他的官方身份也使他在分析佛罗伦萨内部政治时不能更加坦率和深入。然而，作为一名狂热的古籍搜寻者，波吉奥的写作及成功理应被铭记和尊重。

与波吉奥著作风格迥异的人物是洛伦佐·瓦拉（Lorenzo Valla，1407—1457），他是那个时代最著名的意大利历史评论家，那不勒斯第一位人文历史学家。瓦拉唯一系统性的历史著作《阿拉贡的斐迪南一世》（*The History of Ferdinand Ⅰ of Aragon*）并没有取得显著的成功。事实证明，在历史叙事上，瓦拉与其说是历史学家，不如说是一个传播丑闻的人。他对政治和军事事务不感兴趣。然而,《阿拉贡的斐迪南一世》之所以有这样的缺点，在很大程度上可能是因为它是一部“正”史，这对瓦拉的批判意识来说，是一项非常不合适的任务。

瓦拉在评论界获得一致称赞的成就是他为“君士坦丁的赠礼”[1]提供了最后的证伪。此前，针对这份文件的真实性，卡萨努斯（Cusanus）提出过怀疑，英国的主教雷金纳德·皮科克（Reginald Peacock）也证明是假的。正如富埃特已经说明的那样，瓦拉之所以获得声名，是因为他借助于技巧和博学所分析和攻击的文件在性质上至高无上。这是对其勇气的证明，而不是对其批判能力的证明，其他几位人文学者也做到了这一点。埃莫顿（Emerton）说得好:“揭露最有趣之处在于它所带来的令人惊讶的轻松。这并不能证明作者的学识和睿智，因为这两者都不是必需的。一旦事实真相展露在学者的眼前，谬论的整个组织就会土崩瓦解。”[2]

瓦拉的《两个塔尔奎尼》（*Duo Tarquinii*）抨击了李维对早期罗马历史某些阶段的处理，展现了更多的技巧和独创性。这本书说明，与最受尊崇的

1 这是中世纪的一份重要文件，后来被证明是天主教会伪造的。这份伪造的文件曾为罗马教廷和世俗政权提供了依据。——译者注

2 Ephraim Emerton, *The Beginnings of Modern Europe* (Ginn, 1917), p. 504.

教会文件相比，古典时代最受尊敬的世俗权威也未能逃脱瓦拉的严格批判。对一个人文学者来说，质疑古典传说比质疑中世纪的传说和赝品需要更多的勇气。大多数人文学者怀疑中世纪的奇迹和传说，但很少有人敢于质疑像李维这样伟大的古典权威。伊拉斯谟之前，没有其他的批评家在能力上能与瓦拉相提并论。

瓦拉的方法被同时代的威尼斯人贝尔纳多·朱斯蒂尼亚尼（Bernardo 105
Giustiniani，1408—1489）所采用，在其《809年之前的威尼斯城起源及发展》（*Origins and Growth of the City of Venice to 809*）一书中，他用瓦拉的方法推翻了与威尼斯建城相关的传说。朱斯蒂尼亚尼是政治家，不是精通文学的人文学者，因此在历史写作中，避免了人文学者较为严重的修辞矫饰。他也不是官方历史学家，因而能以真正独立的思想进行思考和写作。

意大利人文主义产生的最伟大的历史学家是弗拉菲乌斯·布隆德斯——他的意大利名字是弗拉维奥·比昂多（Flavio Biondo），意为"人文主义的蒂迈欧"，他毕生致力于研究古罗马的古文物和中世纪国家的崛起。布隆德斯关于罗马史的著作主要是古文物和考古学方面的。他的《插图本意大利》（*Illustrated Italy*）、《复原的罗马》（*Rome Established*）和《胜利的罗马》（*Rome Triumphant*）是人文学者对古罗马地志和考古学的首批重大贡献。他的《罗马帝国衰亡史》（*Decadence of the Roman Empire*）也主要是一本考古学著作。他对罗马帝国历史上各辉煌阶段的评价，主要依据的是和平的程度和占主导地位的学术研究。

尽管布隆德斯在罗马古文物方面的著作非常重要，但他的主要成就在于他对中世纪历史提出了原创性观点，并对之进行了非常准确的描述。他在这方面的主要著作是31卷本的《自罗马帝国衰亡以来的千年史》（*Decades of History Since the Decline of the Power of the Romans*）（从472年到1440年）。这部著作除了具有严谨的学术价值之外，其最著名之处在于，作者在解释中世纪的意义时，展现了独一无二的态度。"布隆德斯态度里的新奇成分，"伯尔教授写道，"是不再像中世纪人习惯做的那样，把中世纪看成是罗马帝国的历史延续，而是把罗马留在过去，讲述了那个取罗马而代之的崛起的民族的故事。”[1]富埃特说，布隆德斯对于我们了解中世纪的贡献大大超过了所有其他人文学者的贡献总和。[2]

作为意大利最伟大的历史学者和学者，布隆德斯从来没有因为他在学术上的杰出贡献而得到过正式的认可或适当的奖励，因为他的写作风格不够优美，而这可能是人文主义原则的最好例证。从更根本的意义上说，他的著作也许得到了最大的肯定。在这一时期的学术成果中，这部著作是为后世作家利用最多、抄袭最多的一部，也通过这种方式，间接提升了人文主
106 义的历史学研究。布隆德斯本人的经历也显示出，他的学术研究没有受到欢迎，所以他只有一个意大利学生，即特里斯坦·卡尔基（Tristan Calchi，1462—约1516）。卡尔基是睿智而独立的米兰历史学家。布隆德斯是莱布尼茨（Leibnitz）、马比荣和蒂耶蒙（Tillemont）等人的真正先驱。

教皇伊尼阿斯·西尔维乌·比科罗米尼（Aeneas Sylvius Piccolomini，1405—1464）作为人文学者，在人文主义历史学的发展史上，值得一提的是他个人的事业以及他对后世德国历史学家的影响，而不是他对系统化历史写作所做贡献的内在价值或他对历史方法的改进。他写了大量的历史著作，包括《巴塞尔会议评论》（*Commentaries on the Council of Basel*）、《欧洲史》（*The History of Europe*）、《世界史》（*Universal History*）、《评论》（*Commentaries*）和他的自传，都是肤浅之作，缺乏深刻的哲学理解，支离破碎，还多为未完成之作。实际上，作为历史评论家，他比不上布鲁尼，更不用说瓦拉和布隆德斯了。然而，他在政治上是个实干家，在某种程度上可与修昔底德、波里比阿或塔西佗相提并论。同时代人中，没有人比他更了解欧洲的政治和文化，他的历史著作最有价值的地方就是充满了个人的回忆。作为腓特烈三世帝国大法庭的成员，以及通过他后来的神职与帝国之间的联系，他对德国历史和文化产生了浓厚的兴趣，超过了同时代任何一个意大利人。

---

1 伯尔教授给作者的个人信件。

2 Eduard Fueter, *Histoire de l'historiographie moderne* (Paris, 1914), p. 131.

他对历史学发展的意义主要在于他使用了早期德国历史学家的记载。在他的《腓特烈三世的历史》(*History of Frederick Ⅲ*)里，他大量使用了弗莱辛主教奥托的记载，也因此使奥托的著作受到关注。他还找到并普及了约尔丹的著作。他的《波希米亚史》(*History of Bohemia*)是人文主义历史学家把民族志资料引入历史文献的首次尝试。最后，他的《欧洲史》和《世界史》也试图揭示历史和地理之间的内在关系。正是在这些方面，他影响了后来的德国历史学家。关于这一点，富埃特说，伊尼阿斯·西尔维乌要为后来德国人文主义历史学家中普遍存在的一种倾向负主要责任，即历史著作涉及法律的起源和发展，涉及历史发展的地理联系，对种族起源的传说至少持批判态度，在涉及民族问题时要展示一种喧嚣的沙文主义。[1]

马基雅维利和圭恰迪尼是两位著名的佛罗伦萨历史学家，他们的著作很好地证明了从严格的人文主义历史学到为现代政治和国家进行历史写作的转变。当时，佛罗伦萨的文化霸权以及高压的政治生活，为历史写作构建了一个非常有利的环境，产生了一批高质量的历史著作。和布隆德斯一样，这 107
时的历史学家不再重视修辞，而更加珍视真相。他们舍弃了矫饰而迂腐的文风，也就避开了前辈学者的晦涩，作品因此大受欢迎。由于他们的写作，历史变成了对世俗事务的描述，并主要局限于对政治事件的直接叙述和分析。也有人尝试用心理学和物欲的因果论来代替已被抛弃的超自然主义。

谢维尔教授这样解释马基雅维利和圭恰迪尼“对政府尤其是对佛罗伦萨政府的强烈关注”：

> 在某种程度上，是古典时代历史学家的榜样促使他们形成了这样的观念，但从根本上说，他们的历史观念来自他们自己国家复杂而现实的发展。在几代人的时间里，实际上自13世纪封建制度崩溃以来，由个人或团体设计的政府已经充满希望地在意大利各地

1　Fueter, *op. cit.*, p. 143.

> 建立起来，但在不到一年甚至不到一个月的时间里，就被另一种更新的和更有前景的发明所取代。[1]

马基雅维利（1469—1527）首先是一位政治哲学家，他对历史没有任何特殊的情感，除非为了政治理论的利益，他才会利用历史。正是这种倾向使他在仓促中写出的重要历史著作——8卷本《佛罗伦萨史》——具有鲜明的特点。就其风格或准确性来说，这部著作无法与这一时期的其他历史著作相比，但是值得怀疑的是，自马基雅维利所熟知的波里比阿以来，是否有哪一位历史学家能在政治方面对历史因果关系的本质有如此强大的把握？是否有哪一位历史学家能够对政治发展的进程有如此清晰的展现？在市民进化的过程中，马基雅维利更多地表现为出色的政治思想家和因果因素的组织者，而不是政治事件的客观叙述者。正如谢维尔教授指出的那样，引发人们进行政治反思的是“一种非同寻常的现象，即意大利在文化上占主导地位，但在政治上，它又太过软弱，无法抵御邻国对它的攻击和侵略”。这一点促使马基雅维利把他的著作变成了“一个政治实验室，古代的和他自己的所有学说都在这里得到实践检验”[2]。

与同时代的其他人文主义历史学家相比，马基雅维利对政治发展的历史背景有着更好的洞察力。他充分理解国内外政治、军事活动与政治发展中的
108 相互关系。他还认识到佛罗伦萨在整个意大利历史上的地位，也投身于意大利国家统一的理想。他赞颂那些试图建设统一国家的人和群体，反对被他视为阻碍了意大利统一的教皇权。他的这一倾向性解释了他为著名的雇佣兵卡斯特拉卡尼（Castracani）写作传记的原因。然而，总的来说，他轻视历史因果关系中的个人因素，富埃特说，自波里比阿以来，没有哪个历史学家能像马基雅维利那样把历史写成“政治的自然史”。[3] 他以一种直率的因果唯

1 Schevill, *op. cit.*, p. xix.

2 *Ibid.*, p. xviii.

3 Fueter, *op. cit.*, pp. 79–82.

物主义理论取代了古老的超自然主义和英雄崇拜，他的历史哲学反映了《君主论》（*The Prince*）的信条。在史料安排上，马基雅维利也在很大程度上放弃了传统的编年史方法，按主题来组织他的著作结构。他还摒弃了老套的修辞手法，以一种犀利而现实的方式进行写作。他使用的资料很少，却是最好的那一些，主要取材于布隆德斯、乔瓦尼·维兰尼和西莫内塔（Simonetta）的记载。其著作中最精彩的部分是关于内部政治的演变。他不仅详细描绘了历史事件，而且加上了很多个人评论——“对政府和政党进行深刻反思，对在各种各样的嫉妒、热情、野心和人类所承继的其他激情驱使下的领导者的行为进行批评”。相对于“作为副产品的这种美味评论”来说，他的叙事逊色不少。[1] 作为一个历史学家，按照现代标准来评价的话，他的著作可以概括为“在史实上存在无数错误，文献资料薄弱”。

与马基雅维利相比，弗朗切斯科·圭恰迪尼（1483—1540）少了很多哲学性，却多了真实的历史性。他年轻时写作的《佛罗伦萨史》是史学上最具独创性的著作之一。作者几乎完全与基督教史学和早期人文主义史学决裂，甚至也超越了古典史学传统，因为在叙述中，他去除了对直接对话的使用。他的写作风格清新，没有离题和无关紧要的琐碎细节，没有华丽的修辞，他的关注点聚焦于当时的政治历史，这使得他在这本书的后半部分，在相当大的程度上，摆脱了他那个时代所沿用的传统历史写作上的年表和严格的时间顺序。在哲学分析方面，他比马基雅维利略为逊色，主要致力于对事件进行有力而深刻的叙述，对人和政策进行坦率的批评。他在选择基本史实方面具有杰出的才能。如果说他有什么历史理论的话，那就是一种理性的假设，即政治形势归根结底取决于算计和阴谋。他个人看破红尘，反倒有助于他在叙 109
述时不偏不倚。在他的作品中，多少有点儿愤世嫉俗的调子，这是通过一些观察表露出来的，其中的一个例子是说，阿拉贡的斐迪南“除了不够慷慨，言行不一”之外，没有什么可指责的。他个人的利益是与佛罗伦萨的古老家

1　Schevill, *op. cit.*, pp. xx–xxi.

族和统治集团联系在一起的。“伴随着《佛罗伦萨史》的出版，”富埃特说，“出现了现代分析历史学和历史的政治推理。”[1]大多数评论家都认为，在圭恰迪尼的《佛罗伦萨史》之后，西欧的历史学写作再次达到了修昔底德和波里比阿的水平。但是这本著作对文艺复兴时期的历史学没有什么影响，因为它直到1859年才出版。

从写作风格和结构安排的角度来看，圭恰迪尼的另一部主要著作《意大利史》(*History of Italy*)，写于他的创作成熟期，少了很多新奇性，因为在他的第一本著作里，他极力排斥人文主义的那些修辞传统，但在这本著作里，他与这些传统却达成了妥协。比如，他关注大规模的战争、使用直接对话和演说致辞。然而，就广度、范围和独创性的方法而言，第二部著作更有划时代的意义。这是自古典时代以来，历史学家第一次能够打破传统，不再关注特定的国家和朝代，而是致力于研究更广阔的领域——“一个地理上的共同体的历史”。这本书——有史以来的第一部意大利通史——给了他一个前所未有的机会去研究国家的发展和衰败，研究国家之间的相互作用、国际关系的特点和政治演化的进程。换句话说，这一主题为一个小范围复制的世界历史研究提供了可贵的机会。尽管圭恰迪尼缺乏马基雅维利那种独特的洞察社会和政治进程的哲学眼光，也没有对社会和政治发展做出经典性的分析，但是，他的历史事业无论是在视野还是在创新性上，都构成了历史方法和历史视角的巨大进步。

几乎没有人会否认，在卡姆登(Camden)、图阿努斯(Thuanus)和克拉伦登(Clarendon)出现之前，圭恰迪尼的著作已经达到了后古典史学能达到的最高水平。在现代系统化的政治史被书写出来之前，这一巨大的进步是必经的过程，现代科学学派的首位杰出代表利奥波德·冯·兰克通过对圭恰迪尼进行严格的精研细读，给予了最好的评价。即使是最优秀的文艺复兴时期的史学家，比如马基雅维利和圭恰迪尼，也主要是对“政治思

1 Fueter, *op. cit.*, p. 88.

考、推理和神圣化”感兴趣，对史实是否准确的兴趣只在其次。“通常他们 110
用最漠不关心的态度来对待史实，往往对同一领域的早期作者的话不改一词。甚至马基雅维利和圭恰迪尼也遵循这一传统，按我们今天的标准看来，他们很容易被指控为剽窃。”他们在使用前人的第二手叙述与原始文献时，并不做严格区分。这种基本的对历史的科学区分，在他们的著作中还未充分发展起来。[1]

如果不是宗教改革阻碍了历史写作的发展——宗教改革带来的神学利益的复苏和各种宗教矛盾需要人文主义逐渐和平地清除——历史写作可能会更快达到现代的标准。直到神学垄断被18世纪的理性主义所粉碎，世俗利益在欧洲扩张、商业革命和现代国家的崛起中得到巩固，人类社会才得以实现许多根本性的进步。[2]

人文学者对历史传记的写作开始于乔万尼·薄伽丘（Giovanni Boccaccio，1313—1375）的《但丁生平》（*Life of Dante*）。这本书对于理解作为文学艺术家的但丁是有价值的，但对但丁所关注的政治方面却着墨不多，因为薄伽丘对政治没有兴趣。之后，菲利波·维兰尼（约1325—1405）迈出了重要一步。他以薄伽丘为榜样，最初只是要简单地编辑薄伽丘的《但丁生平》，但此项工作却引导他开始准备一系列关于佛罗伦萨最杰出人物的传记。他的著作中，绝大多数都是相似的系列传记研究，而这一先例却为后来的人文学者书写传记提供了示范。在他们的书中，常常依葫芦画瓢地模仿苏维托尼乌斯的矫饰风格，因为人文传记作家愿意把苏维托尼乌斯看作是自己的古典偶像。

在所有的人文学者里，最著名的传记作家乔治·瓦萨里（Giorgio Vasari，1511—1574）在相当大的程度上拒绝服从古代修辞的风格。瓦萨里是不朽传记《著名画家、雕塑家、建筑家传》（*Lives of the Most Eminent Painters, Sculptors and Architects*）的作者，他是画家和建筑家，对文艺复兴时期伟大的意大利艺术家的生活和作品深感兴趣。在红衣主教法尔内塞（Farneses）、

1　Schevill, *op. cit.*, pp. xxi–xxii.

2　参见第七章。

保罗·吉奥维（Paolo Giovi）等人的鼓励下，他准备了一系列的生平传记。他游历甚广，也和很多艺术家交谈过，做过很多笔记。他坚持做这些事情，同时还钻研伟大的画作、雕像和公共建筑。所有这些都是他磨坊里的原材料，他不加选择收集到的信息在一定程度上说明了其作品的魅力，同时也是造成其弱点的原因。该书出版于1550年。之后，他又游历了更多的地方，采访了更多的人，在1568年，推出了更好的版本。

总的来说，这部作品是整个历史文学史上留有记载的首部重要而全面的
111 艺术史。其优点和缺点都非常明显。瓦萨里了解艺术技巧，能从专业的角度娴熟地处理主题。他以无与伦比的魅力进行写作，以超凡的能力使他的人物角色具有生动的个性。在一个容易产生偏见和偏爱的领域里，他做到了适度的不偏不倚。他收集的大量信息对于文艺复兴时期的艺术史来说是必不可少的。但是另一方面，他在筛选信息来源时并不仔细。他接受了大量道听途说的信息。在时间顺序上，他也很粗心，导致他的著作出现了许多矛盾之处。有时，他在那些微不足道的艺术家身上耗费了大量笔墨，却对重要人物没有给予适当关注。然而，尽管有这些缺点，他的作品却脱颖而出，成为意大利或其他地方所有人文学者传记中最有趣的一部，也是艺术史上永久的里程碑之一。[1] 本韦努托·切利尼（Benvenuto Cellini，1500—1571）的著作是一部杰出的人文学者自传，是对一个人及其时代的绝妙描绘。

意大利以外地区的人文主义历史著作

在意大利以外的地区，有很多人文主义信徒，尤其是在历史领域。总体而言，人文主义史学的传统准则仍被奉为圭臬，尽管在不同文化的影响下会有所变化。在阿尔卑斯山的那一边，由于人文主义运动发生得比较迟缓，再

1 我们在下文将会提到的里巴登内拉《罗耀拉传》（*The biography of Ignatius Loyola*），可能被认为是一部杰出的人文学者的传记，尽管它是宗教冲突时代的作品。参见下文第132页。

加上宗教改革时期宗教冲突的复杂性，经常涉及教会冲突，因此已迥然不同于15世纪意大利的历史写作。再者，古典文学的品味也发生了变化。在追求华丽修辞和尖锐抨击的热情中，塔西佗代替李维成为16世纪北方众多人文学者的榜样。更深层的原因是，宗教改革、欧洲扩张和资本主义的兴起为欧洲北部的人文主义历史写作增添了浓厚的民族主义和爱国主义色彩。新的政治制度下还出现了政党冲突，促使人文主义的历史写作逐渐融入近代政治史编撰的开端。

瑞士人文学者中最具学术价值的历史著作是约阿希姆·冯·瓦特（Joachim von Watt，1484—1551）所著的《圣加尔和瑞士森林州的历史》。瓦特更为人所知的名字是瓦迪亚努斯（Vadianus），作为历史学家，他甚至被认为比布隆德斯更优秀。他不仅在考证批评上能与布隆德斯相媲美，而且 112
还在内证法，即考证文献作者的“倾向性”方面，取得了一些根本性的进步，更进一步接近了兰克。他特别善于发掘和戳破基督教会的传说。此外，瓦迪亚努斯博学多才，文风清晰生动，能够抓住历史发展中的关键因素。他的判断具有高度独立性，他的想法也非常明智。正是因为他具有追踪宗教和政治组织演变的超凡能力，以及对社会发展概念的敏锐感知，使他跻身于人文主义历史学家的前列。他还采用了一种宽泛的历史因果学说，拒绝将历史发展完全归因于个人或琐碎事件的传统倾向。富埃特认为他的成就是整个人文主义史学中最具有想象力的，因为作者的智慧、超然的态度，以及他的著作本身包含了广泛的主题和兴趣。然而，与万众期待的圭恰迪尼的《佛罗伦萨史》相比，瓦迪亚努斯的历史著作注定要被埋没更长的一段时间，因为它直到19世纪末才得以出版。

在德国，杰出人文主义历史学家的名单是从阿尔伯特·克兰兹（Albert Krantz，1450—1517）开始的，他是继伊尼阿斯·西尔维乌之后第一个将人文主义的文学和史学方法应用于原始民族研究的人，他写作了早期撒克逊人和文德人的历史。更著名的历史学家是约翰内斯·特梅尔（Johannes Turmair），也被称为阿文迪努斯（Aventinus，1477—1534）。在他的《巴伐利亚公爵年代记》(*Annals of the Dukes of Bavaria*)及其他早期德国史著作里，特梅尔试图把布鲁尼的文学规范与布隆德斯的学术研究相结合，结果他哪一项都没做好。他强烈的新教偏见使他无法客观对待天主教会、教皇或当时的各种事务。除此之外，他还对德国怀有狂热的民族主义情感，对巴伐利亚和巴伐利亚人具有特别的情怀。虽然他在收集资料时异常勤奋，但在使用这些资料时，他并不做严格考证。他的作品在谋篇布局上也存在缺陷。他对罗马皇帝着墨过多，好像他是在写一部通史。特梅尔作品的主要优点是，在历史叙述之前，他描绘了他写作的土地和人民，另外，他在描绘他所研究的人群的生活习俗时表现出了非凡的才能。他的风格和表达方式也清晰有力。

乌尔里希·冯·赫顿(Ulrich von Hutten，1488—1523)在反对偏见的运动中展现出来的讽刺文学远比他对历史文学的贡献更令人瞩目。但是，《亨利四世反对格里高利七世宣言》的复原和出版，加上广泛的评论，既是新教射向罗马教皇的一支箭，也增添了有价值的历史知识。

113 在德国人文主义历史学家中，贝亚图斯·雷纳努斯(Beatus Rhenanus，1486—1547)是唯一具有布隆德斯的博学和考证倾向的杰出代表。他是伊拉斯谟的朋友和学生，写作了《德国事务史》(*A History of German Affairs*［*Rerum Germanicarum*］)。伊拉斯谟在处理教会记录和教义时，采用了客观的语言学研究的方法，雷纳努斯也是如此，对德国早期历史的资料进行了严格考证。他的研究工作代表了德国人文主义史学所达到的最高学术水平。贝图斯总是溯源到最原始的资料，仔细考证，精确引用。他毫不留情地拒绝古典时代的寓言，也以同样的态度对待教会传说。他对历史研究有一种真正的热爱，也能正确判断和评估他的历史发现。尽管他有民族主义的同情心，但他的爱国主义并没有明显扭曲他的判断。他的主要缺点是，他无法把他的材料编织成一个连贯完整的叙述。他的日耳曼人史是碎片化的。只是到了撒克逊诸皇帝时，针对罗马统治和入侵，他的叙述才相对完整。

有很多公法学家和法学家在德国人文主义文学中占有一席之地，其中，塞缪尔·普芬道夫(Samuel Pufendorf，1632—1694)是历史学家的领袖。

他的著作包括《瑞典史》(*History of Sweden*)、《查尔斯·古斯塔夫斯传记》(*History of Charles Gustavus*)、《大选帝侯腓特烈·威廉传记》(*History of Frederick William the Great Elector*)，以及《欧洲主要强国和国家历史导论》(*An Introduction to the History of the Leading Powers and States of Europe*)。普芬道夫具有一种高贵的格调和独特清晰的古典风格。不幸的是，这是他的历史著作所体现出的最好的部分。由于他经常根据他所使用的档案材料的日期和性质来安排资料，他就不能对事件做出明确一致的叙述。他习惯于以一种极端的方式对历史进行个人和传记式的解释。皇帝、国王和选帝侯都是他心目中的英雄，在普芬道夫看来，他们的行为决定了历史事件的走向。他没有根据当时的总体历史运动来解释历史事件，也没有明确指出国内政治政策和外交事务之间的相互关系。作为一个半官方的历史学家，他隐瞒了很多相关的资料。他的写作主要是为了指导德国以外的世界。因此，他把德国描绘成了一个有凝聚力的统一帝国，却很少提及许多德意志国家存在的复杂多样的内部政治。富埃特评论说，普芬道夫不仅仅是在书写帝国的历史，他是在为帝国而写作。诚哉斯言。

正如圭恰迪尼书写了与佛罗伦萨相关的政治和外交关系，也正如普芬道夫即将要书写的勃兰登堡和德意志帝国的历史一样，博吉斯拉夫·开姆尼斯(Bogislaw Philippe de Chemnitz，1605—1678)写作的内容是瑞典王国及其外交事务，特别是发生在德国的三十年战争。当普芬道夫写作瑞典事务时，114
大量使用了开姆尼斯的著作。

荷兰人文主义历史学家中最杰出的人物是被誉为“国际法之父”的雨果·格劳秀斯(Hugo Grotius，1583—1645)。他写过关于哥特人、汪达尔人和伦巴第人的历史著作，也写过比利时和荷兰的历史。他的风格模仿了塔西佗，浮夸、冗长和复杂。但在运用心理学分析历史形势的能力上，他甚至超越了塔西佗。在他对西班牙和荷兰之间的战争原因进行追本溯源的过程中，这一点体现得特别明显。他没有对历史运动进行个人的和偶然性的解释，而这恰恰被后来的普芬道夫认为是非常合适的做法。格劳秀斯对宗教问题采取了一种宽广和超然的态度，同图阿努斯一样，他也谴责宗教战争是对公共秩序和公众福利的威胁。在处理国内政治时，他的写作更像是一个贵族而不是狂热的共和党人。彼得·胡夫特（Pieter Cornelissen Hooft，1581—1647）是一位更有能力的历史学家，他对塔西佗的崇拜甚至超过了格劳秀斯。他把塔西佗的著作翻译成荷兰语，效仿塔西佗的方法和风格。但在另一方面，他又更像是一个学者，而不是他的罗马榜样。他细致审查，筛选历史资料，以独立的判断进行写作。他的作品主要是关于法国和荷兰的历史，包括亨利四世、美第奇家族和16世纪后期荷兰的历史。约翰内斯·克鲁弗的《世界历史》（*Historium totius mundi epitome*，1637）是一部可信的世界史。

英国的人文主义史主义学与意大利文学运动的起源密切相关。事实上，英国历史文学的第一个典范是博学的上佳之作《英格兰史》，贯穿了亨利七世的统治时期，就是由伊拉斯谟的朋友、意大利神职人员波利多尔·维吉尔（Polydore Vergil，1470—1535）所著。直到近一个世纪之后的卡姆登时代，波利多尔的学术研究在不列颠诸岛也无人能及。在他写作的各部分历史里，都显示了他的批判力量。他不仅猛烈批判了蒙茅斯的杰弗里所著不列颠起源史中的神话，而且写出了一部关于亨利七世统治时期的绝佳叙事史。

英国最早的本土著名人文主义历史学家是托马斯·莫尔爵士（Sir Thomas More，1478—1535），一部简洁的《理查三世传记》（*History of Richard Ⅲ*）体现了他优雅的风格。莫尔分别用拉丁文和英文写了这部作品，两种语言都在叙述中体现了最高的文学艺术。英文版本尤其重要，因为它首次用本地语言表达了古典人文主义的纯正用语。然而，莫尔过于粉饰理查三世，对这个人物的刻画并不完全准确，也没有摆脱那个时代的迷信和传说。但莎士比亚采用了这个人物，并塑造了从莫尔时代直到我们今天都广泛流行
115 的君主形象。在英格兰，学术性的古文物研究是由约翰·斯托（John Stow，1525—1605）和约翰·利兰（John Leland，1506—1552）创立的，他们游历广泛，获得了英格兰和威尔士的历史和考古学资料。因其旅行而成就的文

章直到18世纪初才发表。

沃尔特·罗利爵士（1552—1618）是勇猛的朝臣和无畏的殖民者，被囚禁在伦敦塔期间，他写了一部《世界史》。他的历史把人文学者对古典的热爱与清教徒对《圣经》和自由的喜爱融合在一起。他熟悉所有著名的古典历史学家，尤其受到普鲁塔克的影响。然而，尽管他的历史写作有趣且文笔优美，却不能增加我们的知识，也无助于综合分析过往的历史。这本书的后半部分主要讲述了英国的历史。

博学而富有批判精神的布隆德斯学派在英国的代表人物是宫廷历史学家威廉·卡姆登（1551—1623），他公开宣称自己是波里比阿的崇拜者。卡姆登的《大不列颠》是关于不列颠诸岛的古物、年表和地理的上佳指南。他在重述关于不列颠起源神话的同时，也温和地嘲讽了这些神话。在他的《伊丽莎白统治时期的英格兰和爱尔兰年代记》（*Annals of English and Irish History in the Reign of Elizabeth*）里，他证明了16世纪的政治史不可能完全脱离教会问题，在这一点上，他与他同时代的法国人图阿努斯一样。但坦率地说，作为一个保守的保皇党人和英国国教的信徒，卡姆登远不如布隆德斯那么公正。

马基雅维利和圭恰雅尼在英国的信徒是弗朗西斯·培根（Francis Bacon，1561—1626），他是哲学家和公法学家，他的观点和风格模仿了他的佛罗伦萨前辈。他的主要历史著作是《英王亨利七世本纪》（*History of the Reign of King Henry Ⅶ*）。这本书在构思、表达及哲学基调上都无与伦比。但是后来的写作者却对其苛刻的判断提出了尖锐的批评。考虑到他自身对科学的偏爱，他对教会表现出的尊敬很令人惊讶，但是，他不单单是一位哲学家，更是一位英国绅士，这一点要求他尊重英国国教。比培根的历史写作更重要的是他对历史发展的全面把握，他断言，“我们是古人”。“这是古老的时代，世界在逐渐变老。我们自己的时代比从我们自己的时代开始向后追溯的那个时代，更像是真正的古代。”[1]同样富有原创性和意义的是他对欧

1 这个观点可能帕斯卡表达得更为透彻。参见Preserved Smith, *A History of Modern Culture* (Holt, 1930), I, 255。

洲思想史的大力提倡[1]，具有讽刺意味的是，这一倡议最初是由美国科学家约翰·威廉·德雷珀（John William Draper）开始实施的，他曾对培根提出过最尖刻的批评。

116 人文主义历史与现代政治和政党的历史在塞尔登、克拉伦登和伯内特的作品中得以融合。约翰·塞尔登（John Selden，1584—1645）主要撰写了关于英国法律和政府的专题论文，其中包括《诺曼征服前的英格兰政府》《英国头衔史》和《英国十一税史》。他是一个狂热的反保皇派和自由主义者，他也因此被詹姆斯一世监禁了一段时间。

在塞尔登晚年爆发的内战促使他写作了政治和政党史。克拉伦登伯爵（the Earl of Clarendon，即爱德华·海德［Edward Hyde，1609—1674］）写作的《英国叛乱和内战史》（*History of the Rebellion and Civil Wars in England*）在总体编排上类似于法国的"回忆录"。虽然他在分析第一次内战的基本宗教、经济、社会和政治原因时极为肤浅，但是很难说此前有哪一位历史学家、古典学家或者是人文学者能在生动描述人物的能力上胜过他。作为一个富有悲悯心的保皇党人，他对汉普顿、克伦威尔和其他叛乱领袖恨之入骨。他把内战解释为一个宪法问题，他的因果关系理论是个人的和关乎道德的理论——对于这个主题来说，这是不恰当的，但对其描述人物是有帮助的。

在《英格兰教会改革史》（*History of the Reformation of the Church of England*）和《当代史》（*The History of His Own Time*）中，吉尔伯特·伯内特（Gilbert Burnet，1643—1715）主教成为第一个记录党派阴谋和议会讨论的历史学家，之前的写作者并没有全面关注这个主题。伯内特既是现代政治史的先驱，也是人文主义学者的一员。伯内特的《英格兰教会改革史》虽然偏向于新教立场，而且在细节上也经常不够准确，但它构思宽泛，能透析事件的因果关系，在理解宗教发展的思想和社会背景方面远远优于克拉伦登

1 参见下文第296页。

的著作。他的《当代史》真实再现了急遽变化的政治场景、党派阴谋和宫廷八卦，对辉格党政策形成了有力的辩护。它除了包含对历史事件的天命解释之外，也包含了丰富的文化历史。尽管伯内特接受了英国主教的职位，但他对不从国教者也一直公平相待。他的写作风格清晰而生动。

苏格兰人文主义的杰出代表人物是博学的乔治·布坎南（George Buchanan，1506—1582）。他是一位杰出的诗人、政治哲学家、历史学家、宗教改革家和政治的虔诚信徒。他的拉丁语措辞纯正、生动，叙事清晰，即使是最优秀的意大利人也很少能在这些方面与他媲美。布坎南的主要历史著作是《苏格兰史》（*History of Scotland*），涵盖了从早期到1580年的历史。它在风格上很出色，但在语气上有党派色彩，在内容上也不可靠。针对早期阶段的历史，它具有强烈的反英格兰亲苏格兰的立场。虽然布坎南能够分析奇迹和传说，但他不愿意抛弃它们。这本书对当时的历史阶段来说是最有价 117
值的，然而，甚至在这一点上，这本书也只是代表了苏格兰长老会的党派，未能描述诺克斯（Knox）和苏格兰宗教改革的全貌。布坎南是反理性主义者，也是反保皇派。他是哥白尼学说最强烈的反对者之一。

法国人文主义者在历史研究领域里最显著的成果是约瑟夫·斯卡利杰（1540—1609）的著作。在历史年代学领域，斯卡利杰是颇为著名的古典学家和博学之士。他的《年表的构建》一书极为大胆，试图根据古代异教国家的历史证据，修改“神圣”年表，从而在科学基础上构建年表。因此这本书考察了所有已知年表，汇总了计算时间的各种方法。他的《时间汇编》（*Thesaurus temporum*）是最著名的学术展现，其中包括重建了自哲罗姆以来已经遗失了的攸西比乌斯的《编年史》，此外它也重建了一个希腊年表，这些都是珍贵和巧妙的重建工作。在克莱芒修士的研究之前，这部著作是对古代历史年表的最重要和最可靠的重建，特别是对我们今天的历史专家而言。

与斯卡利杰同时代的公法学者让·博丹（Jean Bodin，1530—1596）在《理解历史的简单方法》（*Method for Easily Understanding History*，1566）

一书中，首次推出了探讨历史方法的论文，强调对史料的解释而不是考证。尤其有重要意义的是，博丹强调地理因素在历史发展中的影响，为孟德斯鸠（Montesquieu）和李特尔（Ritter）开辟了道路。因此，他的书与其说是伯纳姆（Bernheim）《历史方法和哲学理论讲义》（*Lehrbuch*）的预兆，不如说是巴克尔（Buckle）的《英国文明史》（*History of Civilization in England*）第一章的先行者。弗朗索瓦·德·贝尔福莱斯特的《世界历史》（*L'histoire universelle du monde*，1577）展现了人文主义的世界历史。

虽然博丹关于地理影响的概念是以粗略的占星术为前提基础，但它的含义是重要的和具有前瞻性的。他还清楚地认识到历史哲学的本质，并将人类的历史发展分为三个阶段：东方民族阶段、地中海国家阶段和北欧人占优势的阶段。他质疑当时流行的认为历史是从天堂或者黄金时代不断衰落的理论，首次把发展的基本理论引入基督徒的历史写作之中。他认为自创世以来，人类一直在稳步前进。

在西奥多·达乌比涅（Theodore Agrippa d'Aubigné，1552—1630）的《通史》中，法国人文学者的研究对象转向了16世纪后半叶的法国政治和宗教战争。达乌比涅是个新教徒，他珍贵作品的副本被巴黎最高法院烧毁。关于这一时期的叙述在雅克·德·图（Jacques Auguste de Thou，1555—1617）
118 的著作中得以续写。雅克·德·图通常被称为图阿努斯，他可能是为法国人文主义时期的历史写作做出最多贡献的人。他的《当代历史》（*History of His Own Time*）旨在续写意大利人文学者保罗斯·约维乌斯（Paulus Jovius，1483—1552）的同名著作，按照开明思想和宽容的法国天主教精神，描绘了16世纪后半叶在法国爆发的国内宗教战争。这本书涵盖的时间段为1546—1607年。图阿努斯把展现在他的皇室君主和朋友亨利四世身上的政治才能作为值得赞赏的趋势引入了历史编纂。可以预见得到，在这样一个参与起草《南特敕令》的法学家的作品里，很难做到公正地对待吉斯家族和极端天主教党派，但他的主旨仍然是在法国更大的利益下，对双方的宗教宽容做崇高的呼吁。他力劝法国君主保持宽容与和平。他的作品显示出在思维拓展方面的强大能力，在语气上从始至终保持了一种真正的尊严。如果图阿努斯没有为历史的天命理论辩护的话，又如果他拥有建设性的历史想象力，使他能够把他的著作写得连贯一致的话，那么他可以比肩马基雅维利和圭恰迪尼。然而，我们可以说，在某一方面，他已经在马基雅维利和圭恰迪尼的基础上有了改进，那就是他证明了合理考察教会事务对于全面理解政治和宪政发展是多么的必要。图阿努斯的风格清晰，但是仍然沉迷于古典的矫揉造作。

与图阿努斯同时代的伊萨克·卡索邦（Isaac Casaubon）所做的贡献将在另一章节加以讨论。[1]图阿努斯之后的法国历史学家在能力和准确性上都逊色于他。恩里科·达维拉（Enrico Caterino Davila，1576—1631）曾是法国宗教战争中的一名士兵，退伍后，他回到意大利，用意大利语写了一部关于法国内战的通俗历史。他对胡格诺派运动的理解是肤浅的。弗朗索瓦·尤迪斯（François Eudes），也就是众所周知的德·梅泽雷（de Mezeray，1610—1683）编撰了一部法国资产阶级史，从源头写到1610年。它在细节问题上并不可靠，通篇反映了资产阶级对强大的法国君主制的认同。因此，它荣耀了法国国王，尤其是那些强大的国王。这本书是用优美的法语写作的。

在法国人文学者中，历史著作中最具文学才华的作品是圣西蒙公爵（Duke of Saint-Simon，1675—1755）关于法国波旁王朝统治时期的回忆录，溢彩流光，却又充斥着流言蜚语。圣西蒙远不是一个深刻而准确的学者，也不是一个哲学史学家。他在细节上不可靠，不能正确判断其史料的价值，并且过度偏袒他自己所属的贵族阶级。他对外交政治不感兴趣，对流言蜚语却有着敏锐的嗅觉。在重现宫廷社交圈的历史场景方面以及在刻画人物性格方面，他是独一无二的。他的作品是有史以来最有趣的历史著作之一。乔 119
治·古奇（George Peabody Gooch）称其具有催眠作用，他这样提及“作家在宫廷中的地位，他非常熟悉那些领袖人物，因此写出了无与伦比的丰满

1　参见下文第128页。

细节，体现了一以贯之的活泼风格"。谢吕埃尔（Chéruel）和布瓦里斯勒（Boislisle）的批判性研究兴起之后，圣西蒙记录里的种种不准确之处也被暴露出来。

西班牙为人文主义的历史文学贡献了三位重要人物：迭戈·门多萨（Diego Hurtado de Mendoza，1503—1575）、杰罗尼莫·祖里塔（Geronimo de Zurita，1512—1580）和胡安·马里亚纳（Juan de Mariana，1535—1625）。门多萨是一位具有丰富的军事和管理经验的作家。他曾经在法庭上受到菲利普二世的青睐，但后来又被流放了。这为他在《格拉纳达战争史》（*History of the War of Granada*）中所表现出的批判态度提供了心理基础。这本书在叙述上独立且有个人见解。作者熟悉他的材料，经常像圭恰迪尼或培根那样坦率，遵从自己的判断。但是，作为人文学者，他对模仿古人极为渴望，反而大大降低了他作品的清晰度和价值。他意图追随撒路斯特和塔西佗，但是在这一过程中他没有做到明智和优雅。他把自己睿智的观察与塔西佗的陈腐用语混杂在一起。他甚至试图以塔西佗所使用的描述语言来重新构建他自己所处时代的历史情境。所有这些做法严重打乱和破坏了原本可能会更加可信也更加直截了当的叙述。

比较而言，祖里塔是一个更为严谨的学者，他是阿拉贡王国的官方历史学家，在这一时期西班牙的历史学家中，他是布隆德斯最杰出和最忠实的追随者。他的著作《阿拉贡王国年代记》（*Annals of the Kingdom of Aragon*），概述了这一地区从起源到1516年间的历史。尤其重要的是，在这本书里，祖里塔最早广泛使用了档案资料和外交通信并对其进行了严格的考证，重构了在遥远过去发生的政治事件的记录。他的历史对斐迪南统治时期具有很高的价值。

马里亚纳是西班牙最著名的人文主义历史学家，也是著名的政治哲学家和专制王权的反对者。在爱国主义情绪的驱动下，他决定为西班牙写作一部可信的民族历史著作，并以这种方式对外展现西班牙的伟大。因此，他撰写了一部从诺亚的孙子殖民于此到1492年发现美洲的《西班牙史》（*History of*

Spain)。之后，他又以简洁的风格将此书续写到1621年。他使用的资料都是方便易得的，也是众所周知的，在资料筛选方面远没有祖里塔那么严格，甚至还乐于接受古典时代和基督徒的神奇故事和传说。马里亚纳在处理西班牙政治时，尤其是在处理最接近于他自己所处时代的事务时，非常谨慎。他的 120
叙述中有不少关于政治和事件发展的道德说教。由于他的写作目的是普及大众，因此写作风格清新流畅、生动自然。他也因此被称为“西班牙的布坎南”。这是有道理的，虽然同这个伟大的苏格兰人文学者相比，马里亚纳并不具备纯正和庄严的古典风格，但是作为一个历史学者，他又远胜于布坎南。这里，还需提及尼古拉斯·安东尼奥（Nicholas Antonio，卒于1684），他写了第一部西班牙文学史。

我们已经提到了16世纪新教改革引起的宗教冲突。接下来，我们必须要做的是，关注这些冲突对历史写作的影响。菲利普·梅林通（Philipp Melanchthon，1497—1560）曾对从人文主义到宗教改革过程中的历史理念变化做了很好的说明。

参考文献

Article, “Humanism,” and “Renaissance,” in *Encyclopaedia of the Social Sciences.*

E. M. Hulme, *The Renaissance, The Protestant Revolution and the Catholic Reformation in Continental Europe*, chaps. v, xix, xxix. Century, 1915.

E. P. Cheyney, *The Dawn of a New Era*, 1250–1453. Harpers, 1936.

Thompson, *History of Historical Writing,* Vol I, chaps. xxviii–xxix.

M. P. Gilmore, *The World of Humanism.* Harper, 1952.

Will Durant, *The Renaissance.* Simon and Schuster, 1953.

James Gairdner, *Early Chroniclers of Europe, England*, chap. vii.

Ugo Balzani, *Early Chronicler of Europe: Italy*, chap. vii.

Ritter, *Die Entwicklung der Geschichtswissenschaft*, Book III.

Preserved Smith, *A History of Modern Culture*, I, 252–57, 270–78. Holt, 1930.

Robert Flint, *Historical Philosophy in France*, pp. 183–207. Scribners, 1894.

John Morley, *Critical Miscellanies,* IV, 1–108. Macmillan, 1908.

Ferdinand Schevill, *A History of Florence*, Introduction Harcourt, Brace, 1936.

W. K. Ferguson, *The Renaissance in Historical Thought.* Houghton Mifflin, 1948.

Eduard Fueter, *Histoire de l'historiographie modern*, Books I–II. Paris, 1914.

F. X. von Wegele, *Geschichte der deutschen Historiographie seit dem Auftreten des Humanismus*, Book I. Leipzig, 1885.

Paul Joachimsen, *Geschichtsauffassung und Geschichtschreibung in Deutschland unter dem Einfluss des Humanismus*. Berlin, 1910.

A. A. Tillev, *The Literature of the French Renaissance.* Macmillan, 1904. 2 vols.

A. W. Ward and A. R. Waller, eds., *Cambridge History of English Literature*, Vols. III–VI. Macmillan, 1907–17. 15 vols.

J. E. Spingarn, *History of Literary Criticism in the Renaissance.* Columbia University Press, 1908.

Sir J. E. Sandys, *History of Classical Scholarship*. Putnam, 1906–8. 3 vols.

Merrick Whitcomb, *Literary Source Book of the Renaissance*. University of Pennsylvania Press, 1904.

第六章　宗教改革与反宗教改革时期的教会历史著作

宗教改革与反宗教改革对历史著作的重要意义

就在马基雅维利受托写作《佛罗伦萨史》的那一年，路德在威登堡焚烧 121
了教皇诏书，很快，新教革命迅速蓬勃高涨。强烈的人文主义冲动在转向历史文学世俗化的健康道路上受到了巨大震动。历史学的兴趣再次被迫回到神学争论的旧轨之中，而这正是从彼特拉克和薄伽丘的时代以来，学者们一直试图挣脱的轨道。伯尔教授的话最为贴切：

> 的确，对历史自由来说，我们称之为宗教改革的巨大宗教反作用是一种突然的遏制。人类事务再次变得无足轻重。路德或加尔文的神学在符合现实上或值得人类的努力上远比旧教会少得多。路德重视历史，这是真的，但他只把历史看作是神圣的训诫；梅林通把自己置身于历史之中去描绘上帝之手，根据新教教义的需要调整了所有的教义。无论是天主教徒还是路德宗信徒都要使基督教团结一致，于是，历史学注定再次成为神学的婢女。[1]

不仅教会事务——包括教义和组织——被认为是最重要的历史研究领

1　Burr, *loc. cit*, p. 262.

域，而且世界历史也再次被描绘成上帝和魔鬼之间的伟大斗争。然而，奥古斯丁和奥罗修笔下的异教“城市”被两个新的“撒旦之城”所取代——分别是“罗马的魔鬼之巢”和“威登堡狂热信徒”的追随者。斗争现在局限于基督教世界，就像是一个家庭处于内部分裂之中。奥罗修的方法被用于处理“家庭争吵”。

122 毫无疑问，无论是对圭恰迪尼类型的历史作品的客观性来说，还是对马基雅维利学派所维护的世俗观点来说，由宗教来重新引导历史研究的兴趣都是至关重要的。历史学家不再像布隆德斯那样，仅仅为了获取信息或为了丰富关于过去的知识库而从事历史研究了。历史再次变成奥古斯丁及其门徒曾使用的极端实用主义工具。历史被认为是一个巨大而多样的“弹药库”，辩论的双方可以从中获取无限的弹药供应，目的是在论争中把他们的敌人打得落花流水。顶尖级的人文主义历史学家在一定程度上建立起来的早期批评原则，此时被轻易忽略了。每一方都有意识地力求对过去发生的事件做出最具己方色彩的叙述，以使对手处于最不利的地位。信息来源的价值并不在于它们的真实性，而在于它们是否具有支持辩论实战的潜能；抨击谩骂替代了冷静的历史叙述。最终，在宗教改革之后的很长一段时间里，人们几乎没有可能对中世纪进行完全自由和公正的研究。一个时代，如果如何解释它对基督教世界的两大宗教团体都至关重要的话，就很难成为一个冷静和公平的分析领域。

然而，认为宗教改革没有给历史研究带来动力也是不准确的。在古典主义或人文主义历史写作最辉煌的日子里，爬梳过去的记录也从未表现出比这时更多的热情。其有害之处并不在于活动或兴趣的衰落，而在于冲突的特征直接导致了对信息的强烈追求和对已获取知识的使用方式。新教历史学家在寻找证据的过程中，得到了“圣徒保罗的上帝”的援助，毋庸置疑地证明了罗马天主教会的复杂仪式和教义完全是《圣经》之外的和半异教徒式的发展，教皇才是基督的真正敌人。而天主教研究人员在“圣母”的特别引导下，进行了反证，认为教会及其附属机构是对《圣经》最丰富和最完美的实现，新教徒注定会遭到最可怕的惩罚，因为他们专横自大，因为他们罪恶地背叛了圣彼得按照基督的命令直接建立起来的教会组织。

这场论争对历史研究最重要的贡献是，关于教会历史的重要早期文献得以发现和出版，出版了关于两派论争的著作，一个世纪之后，理性主义历史学家对此进行了充分利用，推动了这两个阵营的相互瓦解。

这一时期的重要历史著作

新教阵营的第一个重要贡献是罗伯特·巴恩斯（Robert Barnes，1495— 123
1540）所著的《罗马教皇传》（*The Lives of the Popes of Rome*）。巴恩斯是一位英国的路德教徒，他是为了寻求保护才逃到德国的。在路德的直接督导下，他完成了写作，旨在证明教皇和天主教会对中世纪的灾难负有责任，同时称颂了天主教会世俗政敌的美德。最后，把奥罗修的证明过程变成了对教会本身的攻击。

新教徒喜欢的另一种历史手段是大肆渲染（如果需要的话）天主教在欧洲各国对改革者的迫害。因此，天主教迫害的殉道者转而服务于新教的宣传，就像过去被罗马人杀害的基督教殉道者被用来荣耀早期的天主教会一样。此类作品的第一部是法国新教徒让·克雷斯潘（Jean Crespin）于1554年出版的《殉教史》（*The Book of Martyrs*）。这是一部丰富多彩又异常坦率的辩论著作，陈述中也没有过分的自我意识，显示出这种类型的历史文学具有发展的可能性。它完美地激发了人们的热情并赢得了罗马敌人的支持。

此种类型的第二本书更为完整，也更有影响力，这是英国一位作家的作品，即约翰·福克斯（John Foxe，1516—1587）写的《基督教殉道者传记及纪念》（*The Acts and Monuments of the Christian Martyrs*，1563）。这本书肯定是以克雷斯潘的著作为基础的，模仿了后者的写作结构。从威克里夫开始，这本书追溯了新教殉道者的历史，以这样一种方式反映了当时基督教的纯洁与堕落——基督与反基督——之间的神学斗争。作为一种反思，福克斯决定把他的作品扩大成对基督教教会的总体史和批判史，他大量剽窃了《马格德堡世纪》（*Magdeburg Centuries*），我们稍后将对此进行说明。福克斯掌握了文字煽动家的全部艺术，赢得了一大批盲目热情的读者。他的性格和可靠性受到天主教评论家的猛烈抨击，但后来的学者，如普里泽夫德·史密斯（Preserved Smith）教授，在仔细检查了他的著作及其使用的资料之后，认为他的敌人对他的指责过于严重了，但是他的著作的确不能全信。

新教在加尔文教徒中找到了苏格兰拥护者约翰·诺克斯（1505—1572），他写了《苏格兰王国的宗教改革史》（*History of the Reformation of Religion Within the Realm of Scotland*），证明魔鬼格外关怀天主教事业的福利。尽管诺克斯的作品带有明显的新教色彩，并明显以自我为中心，但仍然远远优
124 于《马格德堡世纪》和福克斯的作品。从文学质量的角度看，他的历史堪称天才之作，“在材料选择上异常准确和确切，展现了意义非凡和令人惊叹的细节”。作为当时的辩论作家，他展现了对幽默和讽刺非同寻常的控制能力和依赖。诺克斯不会以最激烈的言辞谴责那些把接受加尔文教作为手段以实现自私的物质目的的人和以宗教的名义诉诸暴力来报复政治或个人恩怨的人。当诺克斯以自己教派的视角审查事实的时候，他并没有故意伪造或隐瞒事实。

最具野心也最著名的新教论著是多卷本的《马格德堡世纪》，它是由马萨斯·伊尔库斯（Matthias Vlacich Illyricus，1520—1575）策划和编辑的综合著作，伊尔库斯还有一个更为人所知的拉丁名字弗拉希乌斯（Flacius），他得到了一批杰出的新教学者如阿莱曼（Aleman）、科珀斯（Copus）、维甘（Wigand）和朱蒂克斯（Judex）等人的帮助。他们大规模地使用了奥罗修的方法，并转而用这种方法反对天主教会。所有可以用来反对天主教和教皇的教会历史事实都被他们急切地抓住了。他们重新回顾了几个世纪以来直到1300年的教会史和基督教教义史，努力证明路德教会确切的历史地位，并显示出天主教教义和组织已经远离了基督教教义的纯洁性，成为一种奇异的和非神圣性的趋势。这部著作在1539—1546年间首次出版。在提议考察基

督教教会全部历史的时候，作者们主要局限于枯燥的基督教教义史，因此既轻视又误解了教会的政治史和法律史。尽管作者们在剖析教皇的教义和教条方面表现出非凡的能力，但他们在采用荒谬的资料和神话来支持己方的争论时，也表现出同样的轻信或恶意。他们创立了两种类型的奇迹。那些似乎对他们的论点有帮助的，就被认为是真实发生的奇迹；那些对天主教徒有利的奇迹就被认为是伪造的和虔诚的欺诈。只有在有利的情况下，他们批评的力量才会明显，而在这种情况下，他们展现了自己的能力，正如在首次对伪造的《伪伊西多尔教令集》（pseudo-Isidorian Decretals）进行重大揭露时所展现的那样。《马格德堡世纪》的主要意义在于，他们开创了处于现代阶段的教会史。

与《马格德堡世纪》相比，野心没有那么大，但是对于论争中新教一方更为可靠的著作，是斯莱达努斯（Sleidanus）和布林格（Bullinger）所写的宗教改革史。

在吉尔伯特·伯内特主教之前，由天主教徒或新教徒撰写的最出色的宗教改革史是《皇帝查理五世时期政治和宗教状况评论，1517—1555年》（*Commentaries on Political and Religious Conditions in the Reign of the Emperor Charles V, 1517–1555*）。该书的作者是约翰·石雷丹（John Sleidan，1506—1556）——他的拉丁名字斯莱达努斯更广为人知。斯莱达努斯的学术背景是人文学者和中世纪晚期历史著作的研究者。他最早是伊拉斯谟的学生，在他 125
写作宗教改革史之前，翻译过傅华萨和康敏斯的著作。这有助于他获得一个新的视角，具有比参与论争的一般历史学家更宽容和更开阔的视野，同时，这也为他提供了都市化的历史写作理念——如果不借助一种超然和解释性的方式来看待历史的话，没有人能翻译康敏斯的著作。作为外交家和法学家，他获得了有关改革的第一手知识。此外，斯莱达努斯花了大约十年的时间为他的宗教改革史收集资料。他对加尔文教派的研究促进了其政治和法律观点的形成。

斯莱达努斯著作的重要之处在于，它率先对宗教改革运动和新教反抗进行了政治分析。他是德国北部路德教邦国的官方宪法辩护者，他的任务是在公众舆论的支持下，为新教诸侯们脱离教会的整体合法性进行辩护。因此，他得以从政治、宪法和神学的观点来研究这场运动的历史。他主要依靠真实的档案，他的作品就出自一个克制的辩护律师之手。这不是一篇辩论文章，而是一篇冷静的律师辩护状，仔细梳理了要呈交的历史证据。在这种情况下，可想而知，他的评论在逻辑结构和材料呈现方面显示了强大力量，他的语言表达极为流畅清晰，语气庄严，目的就是向欧洲的有识之士发出呼吁。

斯莱达努斯的著作里既没有冯·兰克的神秘宗教热情，也没有预见到杨森（Janssen）的社会研究或韦伯（Weber）和松巴特（Sombart）的经济分析，但其本身却有着极高的意义，因为它为现在被广泛接受的鲁滨逊教授和其他人的观点做了基础铺垫，这个观点是，新教反抗不仅仅是宗教运动，它更是一场政治运动——它更明显地是对《奥格斯堡宗教和约》（the Peace of Augsburg）和《威斯特法利亚条约》（the Treaty of Westphalia）的政治调整，而不仅仅是“因信称义”的胜利。斯莱达努斯率先做了这样的解释，不仅通过他解决问题的基本模式，还依赖于他对新教反抗过程中重要政治阶段的具体评论。正如斯莱达努斯自己所说：“在描述宗教事务时，我不能忽略政治，因为正如我之前说过的，它们几乎总是相互影响的，在我们这个时代，它们尤其是不可分开的。”[1]

简而言之，斯莱达努斯的著作在任何意义上都不是一部关于新教改革的
126 原因、性质或教义的深刻而完整的历史。相对于当时其他大多数低质量的作品而言，它只是比较优质而已。它之所以具有持久的价值，主要是因为它发现并强调了与新教运动的政治方面相关的基本真理。同时，斯莱达努斯推动了卡姆登和图阿努斯等政治历史学家思考宗教发展的趋势。正如人们所预料的那样，这一智慧而宽容的作品遭到了新教和天主教狂热分子的猛烈攻击。伟大的路德教学者梅林通说，把它交到新教青年一代的手里是不合适的，而

1 Preserved Smith, *The Age of the Reformation* (Holt, 1920), p. 705.

天主教徒也不认同这本著作。

瑞士改革家、茨温利（Zwingli）的信徒亨利克·布林格（1504—1575），是宗教改革时期最具才能的新教作家之一。他的著作受到斯莱达努斯所开先例的影响。他倾其才能写作了《宗教改革史，1519—1532》（*History of the Reformation, 1519-32*），论述了宗教改革运动的早期岁月。这本书在风格上迥异于诺克斯的著作和《马格德堡世纪》。虽然这是一部偏袒新教的历史，但它是护教的而不是辩论的篇章，是生动如诺克斯的历史。布林格在选择史料和措辞上也像诺克斯一样谨慎。他的态度谦和克制，总体而言，他的目标是公平和诚实。但即便如此，有时候他也无法抵挡住诱惑，去掩盖新教运动过程中发生的尴尬事实。布林格在史料收集上非常勤奋，他遵循了布隆德斯的抄录所有档案的方法，但是他能巧妙地把这些编入自己的叙述中。布林格是一个具有爱国心的瑞士人，他努力将瑞士的宗教改革描述为独立于德国的运动，也把这场运动局限在宗教事务内进行阐释。只有当这些宗教事务直接卷入茨温利的计划时，他才会谈及政治。

法国的宗教改革史是由加尔文教徒、人文学者西奥多·贝扎（Theodore Beza，1519—1605）记述的。他写的《法兰西王国教会改革史》（*Ecclesiastical History of Church Reforms in the Kingdom of France*，1580）记录了加尔文教在法国的兴起。贝扎是加尔文的继承人。他的作品在某种程度上是克雷斯潘《殉教史》的补充和续写，人们所期待的像贝扎这样博学的学者所具备的学术质量，在这本书里并没有体现出来。这本书也没有署贝扎的名字，但是有足够的证据表明，作者就是他。[1]

天主教对《马格德堡世纪》的正式回应是红衣主教恺撒·巴罗诺斯（Cardinal Caesar Baronius，1538—1607）更大部头的《教会年代记》（*Ecclesiastical Annals*）。与《马格德堡世纪》的那些作者相比，他的方法总体上没有太大的改进。但是，因为他可以随时使用梵蒂冈图书馆，所以获得

1 但是，关于贝扎的著作权问题，在当代重要的学术权威中间仍然存有争议。

127 了更多的档案资料。在整理资料时他不够求真，在面对难题时，他的风格不够直接和坦率。正如我们的宗教改革权威所评论的那样：

> 不管《马格德堡世纪》的作者们写得有多差劲，至少他们在整理资料方面是诚实的。但这一点放在恺撒·巴罗诺斯身上就不好说了。巴罗诺斯的《教会年代记》号称是天主教对新教著作的最猛烈的官方抗议。然而，他的批判没有比他们的好到哪里去，他采用了狡猾的策略，简单地忽略或压制了不利的事实，而不是去驳斥从中得出的推测，不幸的是，这种做法自他那个时代以来，持续且广泛地存在着。他还经常把注意力转移到枝节问题上，把问题纠缠在一起而不是去解决问题，新教徒因此恰当地称其为“大骗子”。[1]

巴罗诺斯曾在受人爱戴的菲力普·奈里（Philip Neri）的指导下，接受过长期的基督教谦卑和教会历史方面的培训。他很早就决定为书写教会史而献身，在他开始写作《年代记》之前，他曾就这一主题做过多次演讲。他的第一次演讲是在1559年左右，因此算起来他研究教会史的时间几近半个世纪。1597年后，他成为梵蒂冈的图书馆馆长。《年代记》概括了从创世之初到1198年的教会史，在1588—1607年间出版了很多卷。这部著作历经多年，在确立历史年谱上具有重要价值，但在叙述上却有些模糊不清。巴罗诺斯对资料孜孜以求，他考察了几乎所有的关于基督教教会的历史著作，甚至还钻研了大量的异教历史。他收录了大量迄今为止尚未出版的档案材料。他的著作比多卷本的《马格德堡世纪》更加具有人性的亲和力和个人魅力。

巴罗诺斯对所有涉及早期基督教的资料持有非常虔诚的态度，但在处理中世纪后期的资料时，他则显示了更多的批判能力。他接受了瓦拉对君士坦丁赠礼的证伪，却未能关注到《马格德堡世纪》对《伪伊西多尔教令集》的

1 Preserved Smith, *The Age of the Reformation*, p. 585.

揭露。《年代记》显然是辩解性的，也带有很多偏见。巴罗诺斯与《马格德堡世纪》的作者们一样，在选择史料时有着明确的对自己有利的目标。正是这个目标使其发现了更广泛的历史资料，也因此成就了他这部巨著的伟大之处。他的主要缺陷是，他容易忽视或压制那些有损于己方的证据，由他开始使用的推诿、狡辩和逃避的方法后来成为耶稣会论争者的特征。为了避免遇到危险和尴尬的问题，他常常设法掩盖要点，把讨论引向次要的和毫不相干的内容。巴罗诺斯的《年代记》由奥多里克·雷纳尔德斯（Odoricus 128
Raynaldus）以更加学术化的方式续写，在出版新的和重要的档案资料方面，后者甚至超过了前者。

尼古拉斯·桑德斯（Nicholas Sanders）是英国天主教徒，远不如巴罗诺斯尊贵，他写了《英国宗教分裂的起源和发展》（*The Origin and Progress of the English Schism*），于1585年出版。这是这一时期所有宗教论争著述中最具野心的叫卖丑闻的文集。桑德斯甚至指控亨利八世乱伦，声称安妮·博林（Anne Boleyn）实际上是亨利的女儿。桑德斯的方法使其闻名于新教徒中，被称为“桑德斯博士”。

聪明和诚实的新教徒甚至也会毫不犹豫地批评《马格德堡世纪》。我们可以用格特弗雷德·阿诺德（Gottfred Arnold）为例证。他写作的《公正教会和异教史》（*Impartial Church and Heresy History*）出版于1699年，他本人是虔诚派教徒，痛恨路德宗的暴力和政治企图。他的批判与其说是出于历史的角度，不如说是站在教义和道德的立场。而在历史方法上，他所做的与《马格德堡世纪》并无差异。

巴罗诺斯著作中的很多谬误是在伟大的法国人文学者伊萨克·卡索邦（1559—1614）细致考证的过程中被揭示出来的。卡索邦认为巴罗诺斯没有能力处理希腊语，这一短板显而易见。应英格兰国王詹姆斯一世的要求，在他生命的最后几年，他写作了《巴罗诺斯的实训》（*Exercitationes in Baronium*），全面驳斥巴罗诺斯。卡索邦是一个温和的胡格诺派教徒，他接受了基督教史诗的真理，因此他的批评仅针对历史错误、文本形式错误和语言漏洞等方面。正如巴罗诺斯相信基督教的神迹一样，他也轻信古典作家所讲述的传奇和奇迹。如果他的学识能与培尔[1]或伏尔泰的视角相结合的话，他就有可能毁掉巴罗诺斯庞大著作的整体结构。

保罗·萨皮（Paolo Sarpi，1552—1623）是宗教论争时代最具才干的历史学家之一，当然也是最有趣的一位。他是威尼斯修士兼外交官。虽然萨皮受到教皇周围人员的强烈憎恨，并在这些人策划的暗杀中受伤，但他实际上是一名天主教徒。他渴望改革教会，由此招致了教廷的敌意。他谴责天主教的迷信、滥用职权和政治纠葛，希望在天主教会内部推进启蒙、宽容和净化的事业。在某种程度上，他就是17世纪的多林格（Döllinger）。他与教皇展开了一场激烈的斗争，1607年，他遭到宗教暴徒的袭击，被扔在威尼斯的一座小桥上等死。康复后，他以更大的热情继续斗争。他的理论认为，宗教改革的原因是天主教会的滥用职权以及奥斯定会和多明我会修士之间的相互猜忌。

129 萨皮写了许多小册子，但他的主要著作是《特伦特会议史》（*History of the Council of Trent*，1619）。在对宗教改革进行了介绍性的讨论之后，萨皮以斯莱达努斯的记述为基础，痛斥特伦特会议是教皇镇压、耶稣会阴谋和操纵的案例。萨皮的主要弱点是，他对细节和会议的精神具有强烈的兴趣，但是在特有的历史视角下，他又未能弄清楚会议的精神。他既没有完全弄懂会议的原因，也没有评估会议对天主教会本质和进程的反应。萨皮的写作风格生动自然，展现了敏锐的心理洞察力，也曾为自由和启蒙运动做了辩护。他的作品受到了天主教徒的猛烈攻击，正如他们攻击他的身体一样。但是普里泽夫德·史密斯在最新的评价里，这样评价萨皮的保卫战："我最终的判断是，鉴于威尼斯历史学家的叙事由于偏见偶尔会严重地偏离真实，那么通常情况下，在写作时就要符合更好的考证和精确标准。"[2]对于萨皮的评论意见分歧很大。伟大的自由派作家麦考利称萨皮为近代最杰出的作家，而著名的天主教历史学家阿克顿勋爵（Lord Acton）则说，萨皮不比一个恶痞好多少。

1 Bayle，即皮埃尔·培尔，法国哲学家和神学家，《历史与批判词典》的作者。——译者注

2 *History of Modern Culture*, I, 267.

在萨皮所处的时代，耶稣会历史学家红衣主教斯福尔扎·帕拉维奇诺（Cardinal Sforza Pallavicino，1607—1667）在1657年出版《特伦特会议史》，对萨皮做了回应。这本书试图对萨皮进行详细的驳斥，无奈在能力上和可靠性上远逊于萨皮自己的论述。这是一个倡议者逐点攻击对手摘要的作品。帕拉维奇诺对资料进行了更深入的研究，掌握了大量萨皮无法获得的资料。毫不奇怪，在许多小问题上，他能以细节碾压萨皮，但在大多数重大问题上，他都含糊其辞或躲躲闪闪。他善于掩饰令人难堪的事实，在这方面甚至比巴罗诺斯还高明。

与萨皮相比，普莱特罗·吉安诺内（Pietro Giannone，1676—1748）对天主教会更加公开地敌视和对抗，同瓦拉一样，他也是那不勒斯历史学家。他的《那不勒斯王国市民史》（*Civil History of the Kingdom of Naples*）强烈抨击了教会对政治权力的篡夺，并以特别讽刺和尖锐的口吻谴责了教会在那不勒斯的特权地位。但是吉安诺内的著作对于历史编纂学的最伟大之处不是其对教会的猛烈攻击，而是基于这样一个事实，即作为历史学家，他首次将法律和制度史作为一般历史研究和阐述的合法领域。为了证明他对教会篡夺政治权力的看法，并证明这些行为是非法的，吉安诺内被迫研究了法律、行政和宪法的历史。相应地，这种研究也帮助他理清了天主教会的主要政治特 130
征。吉安诺内非常巧妙地整合了法律和行政史方面专家的研究成果，并将它们有效地编成一部通用性的历史论文集。他思路清晰，情绪激昂，立志要把思想传达给广大读者。

法国耶稣会士路易·曼堡（Louis Maimbourg，1610—1686）对路德宗的攻击受到了极大的欢迎。他的《路德教史》（*History of Lutheranism*）出版于1680年。他汇集了传统天主教反对路德宗的绝大部分论争内容，但是摆脱了通常意义下的枯燥和严肃方式。他的书构思巧妙，风格活泼，旨在满足当时的文学品位并获得大众追随。曼堡的书生动有趣，同时又迎合了历史论争文学的普及化，因此取得了巨大成功，而作为一项独立研究的成果，它并没有多重要。曼堡还写过一篇不太重要的批判性的《加尔文教的历史》

（*History of Calvinism*）。尽管曼堡是新教的反对者，但他并不是教皇的奴性信徒。他积极捍卫法国天主教会的自由，1682年，他被教皇驱逐出耶稣会后，路易十四紧接着授予他养老金。

但是，曼堡的书被萨克森-哥达的路德维希·冯·塞肯多夫（Ludwig von Seckendorf，1626—1692）的长篇应答所击败，塞肯多夫写的大部头博学著作是《路德教与宗教改革的历史和护教评论》（*Historical and Apologetic Commentary on Lutheranism and the Reformation*，1688—1692）。塞肯多夫属于斯莱达努斯学派，他的作品里几乎没有原创的东西，却对新教地位进行了严肃而彻底的历史总结。塞肯多夫不仅要打击曼堡，而且要打击一个更危险的敌人，即击败对宗教改革基本问题的怀疑和漠不关心。撒克逊王公们向塞肯多夫开放了他们的档案，他因此能够使用很多当时的新教历史学家无法接触到的资料。他的主要工作是，以史料为依靠，逐段驳斥曼堡的观点，并附之以详细的阐述和评论。塞肯多夫还为大学教科书撰写了一本实用的教会历史概览，即他的《教会史纲要》（*Compendium of Ecclesiastical History*）。

如果说巴罗诺斯借用教会历史来为天主教辩护，那么天主教的重要历史辩护者则借用了全部的历史。这个作者是法国主教雅克·博絮埃（Jacques Bénigne Bossuet，1627—1704）。在他的《新教分歧史》（*History of the Differences Among Protestant Churches*）里，他致力于使新教徒认识到他们在方法上的错误，他向他们表明，一旦统一的教会权威出现最初的致命分裂，宗派分裂也就不可能合乎逻辑地结束。最终的结果必然是无神论、无政府主义和无道义，博絮埃试图为新教运动历史进程中的这一预测找到充分的
131 理由。他的重要性在于，在所有的争论者——新教徒和天主教徒——中，只有他一人能够看透人物和事件的本质，也能看到自由与权威之间的斗争所呈现出来的最深的哲学层面，其中，对他来说，自由的胜利意味着漠不关心、无神论和宗教混乱。在这本书里，博絮埃努力做到公正，他直接向新教徒读者发出呼吁，希望他们改变并恢复天主教信仰。他承认历史上出现过恶劣的

教皇，承认路德时代的教会需要改革，也承认路德本人具有一些高尚的品质。但是他急于利用所有对新教徒的指控来支持他的论点。

博絮埃对整个人类历史的论述体现在他的《世界历史讲义》（*Discourse on Universal History*）里。他在思想上承继了奥古斯丁，在方法上承继了奥罗修。实际上，博絮埃被称为“反宗教改革运动的奥罗修”。虽然他的书比《反异教史七书》更有能力、更富有哲理，但在历史真实方面却不如萨伯里库斯的《九章集》。因此，富埃特评论说，《世界历史讲义》并不是一部历史著作，而仅仅是一场布道，在其中，为了教会的利益，《圣经》文本被认真编辑和准备的历史主题所取代。[1]这种精心的准备就是为了证明神之手在历史中的力量。博絮埃认为，神既直接出现在世俗历史中，也直接出现在神圣历史中，只是神圣历史更直接、更恒定地反映了上帝的作品。博絮埃将其著作分为三个主要部分。在第一部分里，他回顾了从创世到查理曼时期的历史。在第二部分里，他追溯了宗教历史，表明它一直处于神的控制之下。在第三部分里，博絮埃描述了上帝赞许的恩赐或者愤怒的影响所带来的帝国的兴衰。

《世界历史讲义》是依据旧神学对世界历史进行天意理论解释的最后一次严肃尝试。在18世纪中叶伏尔泰出版《论各民族的风俗与精神》（*Essay on the Manners and Spirit of the Nations*）之后，很少再有成名的历史学家敢于拿自己的名誉冒险，去复兴奥罗修和博絮埃的学说了。[2]

耶稣会

新教之后，宗教改革最重要的宗教和制度产物是耶稣会（Society of Jesus），英文现在一般写为Jesuits。耶稣会对教会历史的贡献是巨大的，我们必须注意到其中的一些主要著作。整个时代最好的自传出自耶稣会创始人 132
依纳爵·罗耀拉（Ignatius Loyola）之手。这本自传是他在1553—1556年间

1　Fueter, *op. cit.*, p.360.

2　其他更复杂的讨论，请参见下文第192页及以次。

口述的，是对自我进行理性分析的杰作。为准备这一作品，罗耀拉经过了多年的虔诚自省。现代精神病学家可能会用完全不同的方式来解释罗耀拉的个人经历，但是罗耀拉的自我反省对他那个时代来说是一项独特的成就。

在这个时期，关于罗耀拉最好的传记是人文学者、耶稣会士皮埃尔·里巴登内拉（Pierre Ribadeneira，1527—1611）所著的《罗耀拉传》。富埃特认为，这本书确实是人文主义历史学家写出的最好传记。里巴登内拉有意识地抵制中世纪使徒传记的轻信态度，抛弃粗劣的奇迹传说，而是抄录了罗耀拉自传里的大部分内容，同时认真努力且非常明智地把罗耀拉置于教会历史和天主教发展的进程之中。他是天主教事业的忠实信徒，对罗耀拉极为崇拜，所以他并没有让自己的传主松散地脱离历史氛围，而是把他与时代的发展联系在一起。里巴登内拉精通清晰精美的拉丁语风格。能力远逊于他的加姆皮特罗·马菲（Giampietro Maffei，1553—1603）写了《罗耀拉的生活和习惯》（*Life and Habits of St. Ignatius Loyola*），介绍了大量所谓的罗耀拉传奇，肤浅但是足够虔诚，文风仿照西塞罗，辞藻华丽流畅。

第一部关于耶稣会的良史出自佛罗伦萨的耶稣会士尼可洛·奥兰迪尼（Niccolo Orlandini，卒于1606）之手。他是一位能干的历史学家，他的工作也很出色。他倾向于意大利人文主义后期的温和怀疑论，剪掉了绝大多数关于罗耀拉以及耶稣会发展的奇迹传闻。奥兰迪尼也很诚实，这种诚实使他能充分展示耶稣会的政治运作，也对耶稣会的文化活动，特别是教育领域的文化活动给予了很多关注。和里巴登内拉一样，他的写作风格也是纯粹而清晰的拉丁风格。

在这一时期，耶稣会对历史研究的最大贡献是系统地收集和整理了大量圣徒的生平事迹。这项工作是由赫伯特·罗斯韦德（Heribert Rosweyde，1569—1629）神父发起的，但其中的关键人物是西属尼德兰[1]的耶稣会士冉·博兰德（Jean Bolland，1596—1665）。这部最伟大的文集，即著名

1 即今天的比利时。

的《诸圣传记》（*Acta Sanctorum*），目前仍在编辑完成过程中。文集根据圣徒的节日——他们的死亡之日或者他们进入未来生活的“生日”——来安排圣徒顺序。根据事实或传统，所有在1月1日去世的圣徒，都出现在文集的开篇，而所有人中的最后一个，就是那些在12月31日去世的圣徒，出现在文集结束之时。这种安排从历史的角度看，很让人迷惑，同时与严格 133
的年代顺序相比，也很不可取。在博兰德所处的时代里，死于1月和2月的圣徒的传记已经完成了。第一卷出版于1643年。之后，由他的学生亨申（Henschen）和帕皮布罗茨（Papebroch）进行续写。《诸圣传记》于是成为一个庞大的文集，在编辑整理大体量的传记材料方面具有特殊的价值，同时对历史批评观念的发展也做出了一些贡献。红衣主教罗伯特·贝拉明（Robert Bellarmine）——他与伽利略的友谊令我们一直深切怀念——曾警告说，圣徒原初生活的很多事实更有助于幽默而不是启迪心智。因此，博兰德和他的助手们拒绝了传统上的奇迹记载，而主要保留了那些尚可用来启迪心智的材料。

宗教争论的时代结束，科学教会史发端于约翰·莫斯海姆（Johann Lorenz von Mosheim，1694—1755）的著作。莫斯海姆是德国著名的神学和教会史教授。他写了与这一领域相关的很多书，但最完整的是《教会历史研究：古代与现代》（*Institutes of Church History: Ancient and Modern*，1755）。莫斯海姆把新教徒的学术研究与新教版本的教会历史汇集在一起，为这一领域的大学教育写成了多卷本的教科书。教材语气温和，至少有一点理性主义的倾向，尽管他并没有涉及对基督教基本教义的理性主义批判。莫斯海姆拒绝了新教和天主教两派都具有的粗俗的超自然主义，试图在新教对教会历史的各种解释中找到折中方案。他对中世纪历史的处理不够好，这因为他不仅用新教徒的眼睛看待中世纪，而且忽略了教会法律和行政事务中的所有重要因素。他对宗教改革的原因和启动的叙述完全是新教的解释。他对新教反抗的描述是温和的新教徒对事件的呈现，比早期新教历史学家的任何陈述都更完整。正如富埃特所说，莫斯海姆是“一个有能力的教授和训练有素的作家，但他并不是伟大的历史学家或有独创性的思想家”[1]。

充满争议和超自然类型的宗教改革史并没有随着莫斯海姆而消失。最受欢迎的超自然和新教宗教改革史是由瑞士作家莫尔·达乌比涅（Jean Henri Merle d'Aubigné，1794—1872）所写。他的《16世纪宗教改革史》（*History of the Reformation of the Sixteenth Century*，1835—1853）是一本带有浓厚宗教派别偏见的著作，却获得了大量读者。这是《马格德堡世纪》精神的最后一次大规模回响。

134 我们在另外的章节提到过主教伯内特，但是我们不应该忘记，他的《英格兰教会改革史》可能是下至莫斯海姆时代，关于宗教改革各阶段的最有才华的历史作品，尤为显著的是，它考虑了宗教改革在经济、社会和文化等方面的因果关系。

基督教的年代学

本章讲述的是宗教改革和反宗教改革时期的宗教史和宗教论争，因此就必须提及关于历史年表的争论。历史年表从一开始就备受历史学家的关注，攸西比乌斯、哲罗姆和比德都曾为基督徒试验性地解决过这个问题。

基督教世界的所有计算仍然是基于《圣经》中的创世论，人类的历史被认为是从亚当开始的。一种公认的犹太人的计算方法认为，创世发生在公元前3761年，而基督教历史学家对这一计算方法进行了修改，以符合他们对历史的对称安排。这是基于这样的观念，即人类发展有7个象征性的阶段——宇宙的一周——每一个阶段持续一千年。创世被安排在公元前4000年，人们相信基督纪元还会持续2000年以上，之后就是最后的千禧年。路德将这一安排神圣化，将诺亚放在公元前2000年。研究年代学的伟大学者斯卡利杰估算创世发生在公元前3947年，基督出生在公元前4年。他认为，亚当是在4月

1 Fueter, *op. cit.*, p. 336.

23日被创造出来的。约翰内斯·开普勒（Johannes Kepler）以天文学和《圣经》为基础，认为创世发生在公元前3992年，耶稣诞生在公元前5年。在所有这些年表的重构中，最有影响力的是詹姆斯·厄舍主教的构建。在《旧约和新约年代记》（*Annals of the Old and New Testament*，1650—1653）里，他达到了非常精确的程度。他认为创世的那一周开始于周日，是公元前4004年10月23日，亚当是在星期五，即公元前4004年10月28日被创造的，而耶稣诞生于公元前4年。莱特福特（Lightfoot）在稍晚一点的时候把这一点做得更精确，他认为亚当是在公元前4004年10月28日星期五上午9点被创造出来的，从而确定了创世的精确时刻。这是所有虔诚的年代学家中最精确的一位，但是，与他处在同一时代的早期地质学家提出的观念和知识却使整个计算方案显得幼稚和荒谬。[1]

上述关于论争的作品只是从宗教改革和反宗教改革的大量历史文学作品中选出的比较重要的一部分，但是它们充分说明了历史方法和历史解释的总体倾向。在当代，这一争论仍然没有完全止息，如果把兰克和沙夫 135
（Schaff）的作品与多林格和杨森的作品进行比较的话，很容易可以看出这一点。

当人文学者和宗教论争者在写作的时候，由于地理扩张和商业革命的影响，一个新的欧洲正在形成，由此而来的是现代化文明，科学和理性主义的历史学也随之诞生。

参考文献

Preserved Smith, *The Age of the Reformation*, pp. 579–88, 699–750.

——, *A History of Modern Culture*, I, 258–69, II, 24ff.

Guilday, *Church Historians*, pp. 153–211.

Thompson, *History of Historical Writing*, Vol. I, chaps. xxx–xxxvi.

Will Durant, *The Reformation*, Simon and Schuster, 1958.

1 参见第173页。

H. O. Taylor, *Thought and Expression in the Sixteenth Century*, 2 vols., Macmillan, 1920.

T. M. Lindsay, *History of the Reformation*, 2 vols., Scribner, 1928.

A. C. McGiffert, *Protestant Thought before Kant*. Scribner, 1915.

R. H. Tawney, *Religion and the Rise of Capitalism*. Harcourt, Brace, 1926.

Pierre Janelle, *The Catholic Reformation*. Bruce, 1949.

J. H. Robinson, "The Study of the Lutheran Revolt," *American Historical Review*. January, 1903, pp. 205–16.

Fueter, *Histoire de l'historiographie modern*, pp. 305–60.

Wegele, *Geschichte der deutschen Historiographie*. Books I–II.

Hippolyte Delehaye, *The Work of the Bollandists through Three Centuries, 1615–1915*. Princeton University Press, 1922.

Gustav Wolf, *Quellenkunde der deutschen Reformationsgeschichte*. Gotha, 1915–22. 2 vols.

Heinrich Boehmer, *Luther and the Reformation in the Light of Modern Research*. London, 1930.

F. C. Bauer, *Die Epochen der kirklichen Geschichtsschriebung*. Tübingen, 1852.

K. Volker, *Die Kirchengeschichtsschreibung der Aufklarung*. Tübingen, 1921.

Eberhard Gothein, *Schriften zur Kulturgeschichte der Renaissance, Reformation und Gegenreformation*. Munich, 1924.

Adolph Harnack, *History of Dogma*. 7 vols. bound as 4 vols., Dover Publications, Inc., 1961. Vol. VII.

J. F. Mozley, *John Foxe and His Book*. Macmillan, 1940.

Emil Menke-Glückert, *Die Geschichtsschreibung der Reformation und Gegenreformation*. Leipzig, 1912.

Amabel Kerr, *Life of Cesare Card. Baronius*. London, 1898.

Georges Goyau, *Le catholicisme et l'Histoire, Ecclesia*. Paris, 1927.

J. M. Headley, *Luther's View of Church History*. Yale University Press, 1963.

第七章　社会史和文化史的出现：发现的时代和理性主义的发展

欧洲扩张对历史著作的总体影响

直到最近，历史都被认为主要是文学艺术家或神学家的领地，因此很自 136
然地，文艺复兴和宗教改革运动长期以来被认为是现代历史写作的起点。然而，现在人们普遍承认，在其最广泛的解释上，历史是社会科学的一个分支，归属于整个科学体系，因此有必要在其他地方找寻现代历史写作出现的原因。现代历史写作的源头可以在伟大变革时代的思想影响中找到，这一时代是“欧洲扩张”的时代，标志着当代社会和知识秩序的开端。“欧洲扩张”这个词指的是发生在1450—1750年间的探索和发现的拓展运动，以及由此带来的不可估量的思想和制度的影响。[1]旧秩序的孤立、重复、稳定和地方主义在不同文化间的广泛联系面前无法继续存在，因为不同文化间的广泛联系是激发求知欲望、催生各种惊人变化的最强大力量。

相比于欧洲扩张对历史写作的影响，它对历史学家兴趣视野的革命性影响则更加显著和深远。由于修昔底德或奥罗修的理念普遍盛行而形成的历史研究领域的狭窄和肤浅已经无法不受到影响。新的时代意味着回归希罗多德为历史学家创造的愿景。至少在某种程度上，作家们不再关注那些一直以来

1　H. E. Barnes, *A History of Western Civilization*, Vol. II, Part I. (Harcourt Brace, 1935) 2 vols.

137 占据他们注意力的肤浅的政治史和教会史内容。他们第一次对文明整体产生兴趣。曾经被人文主义复兴而扩张的世俗化进程又出现了更加确定性的推动力。一方面，在与更古老的东方文明接触的过程中，他们获得了大量的新知识；另一方面，在土著文化里，历史学家和考古学家似乎最终找到了“自然人”，这种人此前一直被认为只存在于大洪水之前的神话时期。而像普芬道夫这样的历史学家与戈马拉（Gómara）在所关注的题材类型上存在着巨大差异，差异之大令人无法想象。

再一次，历史兴趣的新维度为创造性思维提供了更多的机会。在一开始就妨碍作者写作的错误偏见减少了。无论是修昔底德、波里比阿和李维，还是奥古斯丁和阿奎那（Aquinas），都没有对婆罗洲的婚俗或易洛魁人的王权制度提出过最终的权威结论。在这方面，唯一的例外是流行的“自然状态”学说，这是从斯多噶学派和罗马律师那里传下来的，现在似乎在土著人的生活中得到了实践上的证明。

欧洲扩张对历史著述的影响并不是直接的，而是通过扩张产生的思想和社会变化，以及这些变化对历史兴趣和历史方法的影响来实现的。[1]但是，那些直接处理这些发现记录的人，也在他们的历史著述中留下了很多明显受到影响的重要结果。首先，在风格和叙述上发生了根本性的变化。按时间顺序写成年代记的古老结构已经不合适了。现在需要的是一种全面描述的工具，而不仅仅是按时间顺序进行叙述。探索和发现运动的早期历史学家大多数都是实事求是的人，他们的写作风格直接而朴实。虽然后来也有像埃雷拉（Herrera）这样的作家，受到了人文主义文学风格的影响，但是，传统历史文学的形式和风格已经发生了重大突破。这些作家也极大地改变了历史写作的内容。对各民族风俗习惯的全面叙述在某种程度上取代了对政治和宗教阴谋的叙述。这种倾向甚至对那些专门研究欧洲事务的作家也产生了深刻影响。16世纪中叶，西班牙人文学者胡安·卡斯特罗（Juan

1 参见下文第147页及以次。

Paez de Castro）甚至提出，将海外民族的风俗习惯与欧洲居民的风俗习惯进行比较具有教育价值。哲罗姆的《编年史》或在位君主的族谱，之前常常是历史作品的导论，现在普遍被对土地和居民的概述所取代。除了古拉 138
道斯·坎布伦西斯和拉尔夫·希格登在英国、伊尼阿斯·西尔维乌和他的众多学生在德国存有微弱的希望之外，此时，自公元前5、6世纪的爱奥尼亚历史学家以来，民族志和地理学首次开始在历史学编纂中占据显要位置。最后，虽然这一新学派的早期成员主要是收集描述性信息，但是后来，他们都变成了思考者和百科全书式的人物。在伏尔泰和赫尔德（Herder）的作品中，都出现了按照新的方向构思世界历史的尝试，具有一定的综合性，表现出对因果关系的某种把握。

欧洲人的探索和发现对历史知识和写作产生的影响，首先表现在13世纪和14世纪中世纪探险家和冒险家的文学游记中，如普兰-迦儿宾的约翰（John of Plano-Carpini）、罗伯鲁的威廉（William of Rubruck）、马可·波罗（Marco Polo）、蒙特卡维诺的约翰（John of Monte Corvino）和伊本·白图泰（Ibn Battuta）。这些人对历史文学最明显的影响出现在14世纪中叶之后，体现在著名而真实的《马可·波罗游记》（*Travels of Marco Polo*，1254—1324）里，也体现在虚构但富有启发性的《约翰·曼德维尔爵士旅行记》（*Travels of Sir John de Mandeville*）中。马可·波罗在遥远的东方待了20年，并担任重要职务，这使他能够研究东方的风俗习惯。1298年以后，他从东方回到热那亚，被关在监狱里，其间，他向另一个囚犯，比萨的鲁斯蒂卡诺（Rusticiano of Pisa），口述了自己的回忆录。而幸运的是，鲁斯蒂卡诺拥有非凡的文学才能，他写作的《马可·波罗游记》因此成为所有游记中最重要的一部。艾琳·鲍尔（Eileen Power）这样评论说：

> 对他的观察范围或者准确性无论怎样评论都不为过。他确实是在复述一些常见的旅游者的故事，他说的传闻经常出错；但是，他用自己的眼睛所观察到的几乎总是准确的；他获得了一个伟大的

> 机遇，而他自己也非常伟大，充分利用了这个机遇。[1]

《约翰·曼德维尔爵士旅行记》具有完全不同的特点。这是一部充满想象力的著作，它是从像普林尼这样的古代百科全书式人物、博韦的樊尚这样的中世纪编纂者和同时代远东旅行家的报告中随意挑选出来的。虽然这本书是事实和虚构的怪异混合物，但它抓住了大众的想象力，并在很大程度上激起了大众对东方财富、奇迹和文化的好奇心。然而，在这里，我们主要关注的是那些记录1492年之后的发现、探索和殖民活动的历史学家。

克里斯多弗·哥伦布（Christopher Columbus）没有完成他要描绘新世
139 界的宏伟计划，却记录了他自己的大量新发现。他的骄傲和对自我荣耀的渴望使他的记录里充满了奇思妙想和夸张的东西，而他又相当精确地、适度地且公正地描述了他实际看到的东西。他被称为“神话贩子”，主要是因为他描述了一些他“并未见到的东西”。墨西哥的征服者赫尔南多·科尔特斯（Hernando Cortez）发回西班牙的报告是对新世界自然和文化最有价值的描述。它们是清晰、扼要描述的杰作，多少带着一些科尔特斯想要自我辩护的色彩。富埃特将它们与恺撒大帝的《高卢战记》相比较，不是没有根据的。现在，我们不妨转向最早记录这些发现和征服的历史学家。

在大发现时代的初期，历史编纂学完全受制于人文主义的规范，自然地，最早研究欧洲扩张的历史学家是那些把注意力转向新运动的人文学者。然而，他们的风格和材料整理在某种程度上发生了改变，他们的兴趣点更是发生了深刻变化。我们先来看看西班牙、意大利和葡萄牙的编年史家的著作。

第一位研究新大陆的著名历史学家是彼得罗·马杜尔·丹吉拉（Pietro Martire d’Anghiera，1455—1526），经常被称为殉教者彼得（Peter Martyr）。他本是意大利人文学者，也是伊尼阿斯·西尔维乌和波吉奥的信徒，后来去

1 In A. E. Newton, *Travel and Travellers in the Middle Ages* (Knopf, 1926), p. 135.

了西班牙生活，并在1520年被任命为印度群岛委员会的官方编年史家。他的《新世界的数十年》（*Decades of the New World*）出版于1516—1530年间，是以独特的“新闻快报”的形式写成的。这部作品表现出了文学创作和描写能力，并在需要的时候放弃了人文主义的条条框框。尽管彼得并没有表现出多少深刻性和批判的能力，但他提供了一份相当完整的报道汇总，汇集了当时所有保留到1525年的关于新世界各民族的报道。对历史编纂学来说，这本书的主要意义在于这样一个事实，即它是第一部脱离了狭隘的政治和宗教编年史的框架，对各民族文化进行描述的现代著作。

奥维多·瓦德斯（Gonzalo Fernández de Oviedo y Valdés，1478—1557）的《印度群岛通史和自然史》（*General and Natural History of the Indies*）文学价值稍逊，但其历史价值却很大。瓦德斯是西班牙博物学家，后来成为历史学家。他在美洲生活了20多年，所以他是通过第一手资料来写作的。他具有博物学家的客观性，同时，他根据自己的观察写下来的内容是非常可靠的。

大多数记录大发现和征服活动的作家对征服者都是颂扬的，但是，土著印第安人也找到了自己的支持者：多米尼加主教拉斯·卡萨斯（Bartolomé de Las Casas，1474—1566）。卡萨斯是《印度群岛毁灭史》（*A Brief Account of the Destruction of the Indies*）、《为印度群岛而辩》（*Apologetic History of the Indies*）和《印度群岛史》（*A History of the Indies*）的作者。他对印第安 140
人的热情描述掀起了18世纪欧洲上流社会对“高贵的野蛮人”的崇拜。他对西班牙征服者的苛责被英国人和荷兰人当成了宣传品，用以反对西班牙人对殖民地王国的占有和统治。

戈马拉（1511—1560）在他的《印度群岛通史》（*General History of the Indies*）中描述了征服秘鲁和墨西哥的过程。由于受雇于科尔特斯家族，戈马拉过多强调了对墨西哥的征服。富埃特认为他可能是最具才干的记录大发现的历史学家，而威尔格斯教授（Professor Wilgus）则认为他依赖的不是文献资料，而是相信道听途说，甚至还直接编造史料。也许，阿科斯塔

（José de Acosta，1539—1600）才是更可靠的历史学家。阿科斯塔是秘鲁的一位耶稣会官员，他在写作《印度群岛自然与道德史》（*Natural and Moral History of the Indies*）时，用了一部分第一手资料。这本书带有耶稣会的偏见，也含有道德教化的倾向。另一本综合描述之作是《印度群岛的地理和总体描述》（*Geography and General Description of the Indies*，1574），是韦拉斯科（Juan López de Velasco）根据印度群岛委员会交由自己处理的档案材料编撰而成。麦哲伦的航行是由他的一个水手讲述出来的，这个水手是安东尼奥·皮加费塔（Antonio Pigafetta，1480—1534），他写的书是《麦哲伦的环球旅行》（*Magellan's Voyage Around the World*）。

17世纪有关西班牙裔美洲人的主要著作之一是埃雷拉（1549—1625）的《西印度通史》（*General History*）。这本书受菲利普二世委托写成，出版于1601—1615年间，涉及公元1555年前的历史事件。他没有广泛使用档案文献，而是直接从拉斯·卡萨斯的著作里窃取了大量史料。他具有强烈的人文主义风格，他的写作矫饰和夸张。尽管他在史料上依赖拉斯·卡萨斯，却没有像拉斯·卡萨斯那样尊重当地土著。他广受欢迎的作品被西班牙大肆宣传，歪曲了西班牙人对征服的看法。与此相比，秘鲁耶稣会士佩拉尔塔（Bernabé Cobo de Peralta，1582—1657）所著的《新世界的历史》（*History of the New World*）有着更重要的价值，因为此书建立在第一手观察的基础之上。

许多关于新世界的重要著作出版于18世纪。乌略亚（Antonio de Ulloa）的《美洲笔记》（*Notes on the Americas*）出版于1772年，其中包含了大量关于西班牙裔美洲人特别是秘鲁和厄瓜多尔的资料信息。阿尔塞多（Antonio de Alcedo y Bexarano，1736—1812）在1789年出版了《美洲西印度群岛地理与历史词典》（*Geographical and Historical Dictionary of the American West Indies*），5卷本，资料非常丰富。同样比较可靠的书是穆尼奥斯（Juan Bautista Muñoz，1745—1799）在1793年出版的《新世界的历史》。

还有很多作品涉及大发现的特殊阶段和西班牙裔美洲人的殖民。关于早期西班牙传教活动的第一本重要著作是帕迪利亚（Augustín Dávila Padilla，1562—1604）的《墨西哥桑提亚哥省的历史》（*The History of the Province of Santiago in Mexico*）。阿朗佐·费南德兹（Alonzo Fernández）在1611年出版的《当代教会史》（*Ecclesiastical History of Modern Times*）里详细叙述了天主教会在促使当地人皈依方面所做的努力。达维拉（Gil González Dávila，1577—1658）在《教会论集》（*Ecclesiastical Treatise*，1655）里 141
不仅讲述了传教活动，也涉及了印第安土著的信仰。在1755年出版的《指南》（*Manual*）手册中，里瓦德内拉（Joaquín de Ribadeneira y Barrentos）收集了关于西班牙裔美洲人改宗的天主教档案，尤其是教皇诏书。早期西班牙裔美洲人的法律史由索洛萨诺·佩雷拉（Juan de Solorzano Pereira，1575—1655）编写成《印第安人的法律辩论》（*Disputation on the Law of the Indies*）。关于这个时代的商业法，最重要的著作是《西班牙在西印度群岛的贸易统治》（*The Spanish Rule of Trade in the West Indies*，1672），作者是维蒂亚·利纳杰（José de Veitia Linaje，卒于1688）。西班牙裔美洲人的军事史由瓦格斯·马楚卡（Bernardo de Vargas Machuca，1557—1662）做了最好的描述。

西班牙人和葡萄牙人在新大陆占领的专有地区也在很多其他作品里有论述。关于巴西的第一本重要著作是巴洛斯（João de Barros，1496—1570）的《亚洲》（*Da Asia*）。该书主要以真实文献为基础，全面讲述了发现和征服巴西的过程。其写作风格清晰有力，出版于1552—1615年间。此外，该书也涉及了葡萄牙人在东印度群岛的征服活动，为清除当时关于这一地区的诸多荒谬传说做了大量的努力。另一部重要著作同样也关注了巴西和东印度群岛，这是由圣·罗马（Antonio de San Roman）所著的《东印度通史》（*General History of East India*，1603）。法瑞亚（Manuel de Faria y Sousa，1590—1648）所著的《葡萄牙历史的缩影》（*Epitome of Portuguese History*）也描写了巴西和葡萄牙的东印度群岛，具有重要价值。瓦斯孔塞略斯（Siman de Vasconcellos，1597—1671）编写的《巴西耶稣会编年史》（*The Chronicle of the Society of Jesus in Brazil*，1663）是一部重要的巴西耶稣会历史著作。18世纪关于巴西的有用之著作还有皮塔（Sebastiâo Rocha Pitta，1660—1738）的《葡属美洲史》（*History of Portuguese America*，1730）。

弗朗西斯科·赫雷斯（Francisco de Xeres，生于1504）是皮萨罗的秘书，他应皮萨罗的要求写了《征服秘鲁实录》（*Authentic Account of the Conquest of Peru*），通常被认为是关于征服的官方记录。萨拉特（Augustín de Zárate，约1492—1560）的《秘鲁征服史》（*The History of the Conquest of Peru*，1555）是关于秘鲁的总体史。萨拉特是秘鲁的皇家官员，他写的历史资料源自其工作期间的笔记。希耶萨（Pedro de Cieza de Léon，1518—1560）的《秘鲁编年史》（*Chronicle of Peru*，1553）是对早期印加文化的最好记载，维加（Garcilaso de la Vega，1539—1616）的《印加评论》（*Commentaries on the Incas*）和《秘鲁通史》（*The General History of Peru*）是最著名的秘鲁早期编年史。评论家们对维加著作的优点有着不同评价，富埃特认为他的著作是对印加文明不加批判的颂扬，而威尔格斯则声称他的这些著作是"研究这个国家早期历史的杰出权威"。迭戈·费南德兹（Diego Fernández，生于1510）的《秘鲁史》（*History of Peru*，1517）是对秘鲁内战最好的记述。阿里亚加（Pablo José de Arriaga，1562—1622）在其《秘鲁偶像崇拜毁灭记》（*Extirpation of Idolatry in Peru*，1621）里，对秘鲁印第安人皈依天主教进行了全面描述。奥瓦莱（Alonso de Ovalle，卒于1650）写了最好的智利早期历史，蒙托亚（Antonio Ruíz de Montoya，1593—1652）写了巴拉圭的皈依，他对土著人有着与拉斯·卡萨斯一样的情感。

142 征服墨西哥（新西班牙）受到许多有才华的历史学家的关注。早期作品中最有价值的是卡斯蒂洛（Díaz del Castillo，1492—1581）写的《新西班牙征服实录》（*The True History of the Conquest of New Spain*）。卡斯蒂洛是一个能干且意志坚定的士兵，他写这本书的目的是要赞扬军队及其军官的勇敢、努力和英雄主义行为。因此，这本书叙述生动，对军事装备和征服者的策略做了当时最好的描述。同时，这本书不仅生动描写了真实的征服活动，还敏锐地观察了新世界和新世界的原住民。另一部重要而真实的著作是萨阿贡（Bernardo Sahagún，生于1590）所著的《新西班牙占领史》（*The General History of the Occupation of New Spain*）。在这一时期，可读性最强的墨西哥征服史是索利斯（Antonio de Solísy Rivadeneyra，1610—1686）所写的《墨西哥征服史》（*The History of the Conquest of Mexico*）。这本书的文学价值远远超过了它的历史准确性。阿尔瓦·伊克斯尔佐奇蒂（Fernando de Alva Ixtlizochitl，1568—1648）在《墨西哥征服者的残忍暴行》（*Horrible Cruelties of the Conquerors of Mexico*）里，最为形象地揭露了征服者的残忍与无情。维拉格拉（Gaspar de Villagrá，卒于1620）的《新墨西哥史》（*The History of New Mexico*，1610）也是一部很好的记录墨西哥征服的历史著作。关于西班牙占领的加利福尼亚，最有价值的著作是贝内加斯（Miguel Venegas）的《加利福尼亚见闻》（*Account of California*，1757）。关于佛罗里达，我们有瓦卡（Alvar Nunez Cabeza de Vaca，1490—1564）的《见闻与评论》（*The Account and Commentaries*）和维加的《印加的佛罗里达》（*Florida of the Incas*）。后者对德·索托的征服活动做了浪漫的描述，但未做评判。

北欧的作家们也有兴趣书写大发现和殖民的主题，对各种航海发现进行了整理和汇编。荷兰历史学家第一部重要的著作是德莱特（Joannes de Laet，1593—1649）写的《新世界或西印度群岛》（*New World or West Indies*），对新世界的自然历史、土著人的风俗习惯和殖民进程格外关注。阿诺尔德斯·蒙塔努斯（Arnoldus Montanus，1625—1683）在《未知新世界》（*New and Unknown World*）一书中，论述了北美、西印度群岛和巴西的新发现。1678年，约翰·埃斯奎梅林（John Esquemelin，即亨德里克·斯米克斯［Hendrick Smeeks］）出版《美洲海盗》（*American Sea-Rovers*），堪称关于海盗的最早佳作之一。在荷兰人收集的所有早期航海记录里，最好的是范德安（Pieter van der Aa）在1707年出版的航海记录，共127卷。德国关于大发现和殖民的两部代表性著作是加斯帕·恩斯（Gaspar Ens）的《西印度史》（*History of West India*，1612）和约翰·戈特弗雷德（Johan Ludwig Gottfried）的《新世界与美洲史》（*New World and American History*，1655）。

法国最早的航海记录是麦基赛德·泰弗诺（Melchisedech Thévenot，1620—1696）写的《航海奇遇》（*Accounts of Various Curious Voyages*，1693—1696）。1707年，贝勒加德神父（Abbé Bellegarde）出版《航海通史》（*Universal History of Voyages*），对西班牙到美洲的航行给予了特别关注。在下文中，我们将具体分析沙勒瓦（Charlevoix）关于大发现活动的
143 宏大作品。涉及大发现和殖民活动的法国著述里，最具雄心的作品是埃克扎尔斯（Antoine Prévost d'Exiles，1697—1763）的《探险通史》（*General History of Explorations*）。这部著作虽然只是一个汇编，却包含了大量的史料信息，以多卷本形式在1746—1754年间出版。《探险通史》赞赏当地土著，同时也对拉斯·卡萨斯的天真热情持批评态度。它反映了孟德斯鸠的观点，从比较的角度看待文化和制度，强调气候对社会制度的影响。同时，这部著作还对土著社会的形成和发展进行了哲学分析。安东尼·图隆（Antoine Touron）的《大发现以来的美洲通史》（*General History of America since the Discovery*，1770）是一部14卷本的综合著作，它特别关注了新世界的宗教史。

关于欧洲扩张的英国著作，第一部是理查德·伊登（Richard Eden）的《新世界的几十年》（*Decades of the New World*，1555）。这本书部分基于殉教者彼得的著作。第二部是理查德·哈克路特（Richard Hakluyt）的《英吉利民族的主要航海和发现》（*The Principal Navigations, Voyages and Discoveries of the English Nation*），出版于1588年，1600年在扩充内容后再次出版。以此为基础，25年后，萨缪尔·珀切斯（Samuel Purchas）出版《珀切斯游记》（*His Pilgrims*，1625—1626），书中用到了很多哈克路特的资料以及珀切斯本人收集到的描述性材料。托马斯·盖奇（Thomas Gage）的《西印度群岛新调查》（*New Survey of the West Indies*，1648）以作者在西印度群岛的长期生活为基础，是一本关于西班牙裔美洲人的英语著作。约

翰·奥格尔比（John Ogilby，1600—1676）写的《美洲：对新世界的最新和最准确的描述》（*America: being the latest and most accurate description of the New World*，1671）是对新世界的全面考察，其中部分摘录了蒙塔努斯的荷兰语著作。18世纪初，奥塞姆·邱吉尔（Awnsham Churchill）在1704年出版了著名的《航海和旅行文集》（*A Collection of Voyages and Travels*），一年后，约翰·哈里斯（John Harris）推出了他那本关于航海和旅行史的畅销书《航海和旅行路线文库》（*A Library of Navigations and Itineraries*）。1715年，威廉·丹皮尔（William Dampier，1652—1715）出版《航海文集》（*Collection of Voyages*），他也因此由一个闻名遐迩的海盗华丽转身为一名作家。约翰·坎贝尔（John Campbell）写的《西属美洲简史》（*Concise History of the Spanish America*，1742）特别强调了贸易和商业关系。英国作家还关注了一些特殊的领域，一个著名的例子是罗伯特·索塞（Robert Southey，1774—1843）所著的《巴西历史》（*History of Brazil*），这本书是他计划中却未能完成的《葡萄牙史》（*History of Portugual*）的一部分。索塞抱着一种公正和现实的态度对待土著印第安人和他们的欧洲征服者，他预见了巴西未来的巨大潜力。

第一部著名的英国殖民史是约翰·史密斯（John Smith）船长所著的《弗吉尼亚和新英格兰通史》（*General History of Virginia and New England*，1624），浮夸但充满想象。史密斯只写了整部著作的一小部分，大部分是根据移民的逸事和回忆编纂而成。史密斯最臭名昭著的一个发明是风中奇缘的传说，它与华盛顿樱桃树的故事一起被列为美国最流行的历史神话。富兰克 144
林·詹姆森（J. F. Jameson）博士对史密斯作品的评价虽然充满讽刺却很准确："历史的东西不是他的，他的东西也不是历史的。"[1]

罗伯特·贝弗利（Robert Beverley）的《弗吉尼亚的历史》（*History... of Virginia*，1705）是完全不同的类型，它是应伦敦一位书商的要求而

1 J. F. Jameson, *The History of Historical Writings in America* (Houghton, Mifflin, 1891), p. 11.

写，对早期文献和记录做了公正的学术性总结，写作风格也非常生动。威廉·史蒂斯（William Stith）的《首次发现弗吉尼亚史》（*History of the First Discovery of Virginia*，1747）更具学术性，也更细致谨慎，却少了很多趣味性。

总督威廉·布拉德福德（William Bradford，1590—1657）的《普利茅斯的种植园史》（*History of Plymouth Plantation*）和总督约翰·温斯洛普（John Winthrop，1588—1649）的《新英格兰史》（*History of New England*）均以令人尊敬的方式讲述了新英格兰的早期历史。布拉德福德的叙述直截了当，带有虔敬和历史神佑理论的色彩。他为这部著作收集资料多年，因此他的记录非常可靠，涉及了普利茅斯殖民地从建立之初直到1646年间的历史。温斯洛普按照年代顺序进行叙述，风格严肃，描述了马萨诸塞湾殖民地直到1648年的历史。总的来说，它并不是一部关于新英格兰的历史，为了提高读者的兴趣和销量，伦敦出版商才用了这样的书名。它是清教徒在新大陆的最好的历史作品。

科顿·马瑟（Cotton Mather，1663—1728）写的《新英格兰教会史》（*The Ecclesiastical History of New England*）是一部更厉害也更精彩的著作。这是一部综合性著作，从所谓《圣经》预言的新英格兰殖民，一直写到马萨诸塞州的高等教育，囊括了行政人员、教育者、牧师和其他知名人士的生活，以及哈佛大学的历史、印第安战争和新英格兰历史进程中体现上帝旨意的各种证据。在体现上帝旨意方面，马瑟采用了与博絮埃一样的理论，只是用在了更小的范围里。

在所有关于早期新英格兰历史的总结中，最具学术色彩的是托马斯·普林斯（Thomas Prince）所著的《新英格兰编年史》（*Chronological History of New England*，1736），它讲述了新英格兰从古代到1633年间的历史，细致入微、扎实可靠，是一本无与伦比的论文集。托马斯·哈钦森（Thomas Hutchinson，1711—1780）的3卷本《马萨诸塞湾省的历史》（*The History of the Province of Massachusetts Bay*）在历史观念的广度和文学技巧上更要胜出一筹。哈钦森是一位美国学者，也是马萨诸塞州最后一位皇家总督，他的写作受到了理性主义对历史学的影响。他的历史书写可靠而明智，尤其是在处理法律和制度发展问题时表现出特别的才能。

许多英国作家考察了北美和南美的印第安人，并试图向欧洲人传达有关他们的真实情况。亚当·弗格森（Adam Ferguson）在他的《公民社会史》（*History of Civil Society*）一书中，就很好地处理了这些问题，带着一种温和的"高贵的野蛮人"的观念。但这种对美国印第安文化的解释受 145
到魏恩（J. H. Wynne）的大力抨击。魏恩在他的《英帝国在美洲的历史》（*General History of the British Empire in America*，1770）一书中宣称，试图教化和教育印第安人是浪费时间。相似的态度还出现在威廉·罗伯逊（William Robertson）的名著《美洲史》（*History of America*）和阿诺德（C. H. Arnold）的《南北美洲通史》（*New and Impartial Universal History of North and South America*，1781）里。所有这些著作都有攻击美化美洲土著人的倾向。与此相比，詹姆斯·阿达尔（James Adair）在他的《美国印第安人史》（*History of the American Indians*，1775）一书中采取了一种更为理智和温和的立场——介于"高贵的野蛮人"的支持者和严肃的批评家之间。在这本书中，他利用孟德斯鸠的《波斯人信札》（*Persian Letters*）里的方法来反对欧洲人对印第安人的批评。威廉·罗素（William Russell）的《美洲史》（*History of America*，1778）试图展现印第安人的善与恶以及他们的文化特征，在书中，罗素提出，那些因印第安人被强加的残暴的恶名而吓坏了的欧洲人很可能会把印第安人对白人的袭击等同于中世纪和近代早期欧洲的战争，或者是古代的——甚至是圣经时代的劫掠。

关于法国人在密西西比流域的探险活动，第一部重要的著作是马奎特（Marquette）的《航海与发现》（*Voyages and Discoveries*，1681）。另一个非常有趣也深受欢迎的作家是比利时传教士路易斯·亨内平（Louis Hennepin，生于1640）。他陪同拉萨尔进行探险，写了《新发现》（*The New Discoveries*）和《路易斯安那概述》（*A Description of Louisiana*），这两本书对美洲的地理发现和民族志都很重要，尽管亨内平所说的一些发现，比如密西西比河至其河口的航行，后来被发现都是假的。最受欢迎的法国人在美洲的探险和殖民活动史是《新法兰西历史与概述》(*The General History and Description of New France*)，由法国耶稣会士和旅行家沙勒瓦（1682—1761）根据记载和许多第一手资料编纂而成。尽管这本书有点儿啰唆、自命不凡，对材料也未加批判，但是却极具娱乐性，长期以来深受欢迎。沙勒瓦还以坎普弗尔（Kaempfer）和其他人的著作为基础，叙述了耶稣会在日本和远东地区的传教事业，也细致讲述了海地和巴拉圭的情况。

毫无疑问，在这一时期，描述与分析美洲印第安文化的最好作品是约瑟夫·拉菲窦（Joseph François Lafiteau，1681—1746）的《美洲野蛮人与早期习俗之比较》(*Customs of the American Savages Compared with the Customs of Early Times*)。拉菲窦是法国耶稣会传教士，他的理智及其对休伦族和易洛魁人文化的克制描写使他为社会和文化人类学的兴起奠定了基础。在19世纪以前的所有关于新大陆的通史中，最有智慧的要数英国理性主义历史学家威廉·罗伯逊所著的《美洲史》，后面我们将会对这本书做详细介绍。[1]

146 关于近东地区的著作中，最受欢迎的包括以下几部：理查德·诺尔斯（Richard Knolles）的《土耳其通史》(*General History of the Turks*, 1603)，这本书内容丰富，文笔令人愉悦，得到了塞缪尔·约翰逊（Samuel Johnson）和亨利·哈勒姆的高度称赞；让·夏丹（Jean Chardin）的《波斯和东印度游记》(*Travels into Persia and the East Indies*)，陆续发表在1686—1711年间，孟德斯鸠曾大量利用了此书中的记载；约翰·马尔科姆（John Malcolm）爵士的《波斯史》(*History of Persia*，1815)，也来源于第一手资料，令人赞叹；大卫·普莱斯（David Price）的《伊斯兰教史回顾》(*Retrospect of Mohammedan History*，1821)，是一部绝好的编年史。这些

1 参见下文第156页及以次。

作品激发了人们对穆斯林文化和文学的浓厚兴趣，这种兴趣随着《一千零一夜》（*Arabian Nights*）的翻译得到进一步提升。

自马可·波罗时代以来，系统记述早期欧洲人与日本和远东地区接触的第一部著作是德国医生恩格尔布莱希特·坎普弗尔（1651—1716）的《日本史》（*History of Japan*）。一个多世纪以来，这本书一直是欧洲人了解日本的最重要的资料来源，正如巴洛斯所写的东印度群岛对欧洲人的作用一样。威廉·马斯登（William Marsden）的《苏门答腊岛的历史》（*History of Sumatra*，1783）让人们对东印度群岛有了进一步的关注，这本书以理性主义的历史观念为主。多卷本的《东西印度群岛旅行笔记》（*Travels to the East and West Indies*）是一部综合性的游记，由德·布里（Dirk de Bry）所著，1590—1634年间在法兰克福出版。罗伯特·奥姆（Robert Orme）所著的《1745年以来的大英帝国在印度斯坦的军事事务史》（*History of the Military Transactions of the British Nation in Indostan from 1745*，1778）记录了英国征服印度的后期阶段，是一部生动的军事行动史。英国东印度公司的历史是由约翰·布鲁斯（John Bruce）在他的《东印度公司年报》（*Annals of the Honourable East India Company*，1810）里根据档案材料，饱含着热情和尊重写出来的。但第一部较为完整的印度探索和殖民史是詹姆斯·密尔（James Mill）的多卷本著作《英属印度史》（*History of British India*，1818），这是一部功利主义哲学家的著作，内容非常丰富，带着强烈的批判口吻——对印度文明和英国在印度的统治都持批判态度。密尔对印度文明的评价，就像今天凯瑟琳·梅奥（Katherine Mayo）在《印度母亲》（*Mother India*）一书中所写的那样令人不快。与此同时，在用边沁（Bentham）的标准来评判东印度公司的管理时，他又伤心地发现，东印度公司在效率、公正和经济方面都存在不足。英国帝国主义者托马斯·莱佛士（Thomas Stamford Raffles）爵士在《爪哇史》（*History of Java*，1817）里，约翰·克罗弗德（John Crawfurd）在《印度群岛史》（*History of the Indian Archipelago*，1820）里，都为东印度群岛的研究提供了更多的信息，这两本书都细致地描述了当地土著的生活方式和风俗。

关于南非的重要信息是约翰·巴罗（John Barrow，1764—1848）爵士在他的《南非游记》（*Travels Into... Southern Africa*）里提供的。巴罗还收集了那些努力寻找通往印度的西北方航道却未成功的航行信息，由此写成了一本较为全面的文集《北冰洋区域的探索航行》（*Voyages of Discovery and Research within the Arctic Regions*）。

147 19世纪早期，在亚历山大·冯·洪堡（Alexander von Humboldt）和卡尔·李特尔（Karl Ritter）等人的著作中，游历文学和科学地理学被联系在一起。大发现时期带来的影响给历史学家留下的普遍印象，在一个发起人和记者笔下得到了通俗化的表达，这就是纪尧姆·雷纳尔（Guillaume Thomas Raynal，1713—1796）的《欧洲人在东西印度群岛的殖民与贸易活动的哲学和政治史》（*The Philosophical and Political History of the Settlements and Trade of Europeans in the East and West Indies*）。这本书出版于1771年，它不仅是早期著作的汇编，而且说明了欧洲扩张对欧洲思想的反作用。萨斯泰露（François Jean Chastellaux，1734—1788）在他的著作《关于发现美洲的利与弊》（*A Discourse on the Advantages and Disadvantages of the Discovery of America*，1787）里，对雷纳尔的观点做了哲学上的诠释。新的地理知识对这一时期的历史观念也有影响，尼古拉斯·伦格特-迪弗雷斯诺瓦（Nicholas Lenglet-Dufresnoy，1674—1755）在他的著作里，特别是在他的《历史学习的方法》（*Methode pour étudier l'histoire*）和《地理学习的方法》（*Methode pour étudier la géographie*）里，对这种影响做了说明。

但重要的是，有些作家可能已经改变了传统的历史风格和历史研究兴趣，欧洲扩张对历史写作的总体影响，与其说是刺激了历史学家去记录大发现，倒不如说是改变了其后时代里人们的生活和思想的各个方面。这些新的发展或多或少是直接从扩张运动中产生的，并间接地带来了历史观念和方法的巨大改变。

理性主义和历史著作

欧洲扩张对历史写作的间接影响中，最重要也是最明显的一点是，它推动了新的批判和自然哲学的产生，培根、笛卡尔（René Descartes）和洛克（John Locke）就是这个领域的倡导者。对地球表面主要地区的探索不仅证明了地球上宜居地带之广阔，而且也表明，对未被探索的地区所设想的奇迹和恐怖只是一个没有事实根据并且不会出现的神话。

在达·伽马、哥伦布和麦哲伦揭示世界的范围和性质的同一时期，一些不那么引人注意的人物正献身于探索宇宙，他们对古老神学传统的摧毁同样是灾难性的。哥白尼（Copernicus）、布鲁诺、伽利略（Galileo）和第谷·布拉赫（Tycho Brahe）都初步认识到了宇宙的浩瀚和不可测量的范围。宇宙有序排列和运行的概念是由天体力学的新定律建立起来的，是由伽利略、开普勒和牛顿（Newton）发现并用公式表述的。除了这些科学上的重 148
大进展外，还应该加上对普遍存在的自然现象的解释，17世纪自然科学的每一个领域都在解释自然现象上有了显著的进步。所有这些进步的最终结果都严重挑战了旧神学对世界和人的解释。旧神学对世界和人的解释主要以一个专断的上帝为基础，是上帝在不断地改变或终止宇宙的法则，目的是惩罚一个不听话的王子或回应一个虔诚主教的祈祷。

上述科学发现的总体含义被培根、笛卡尔和洛克归纳为一套系统的哲学思想体系。培根特别强调了遵循归纳法的必要性，笛卡尔提出了对宇宙的力学解释，洛克试图将知识和真理建立在人类经验的基础上。新发现和新哲学产生出对自然和社会现象的理性解释，直接挑战了在中世纪基督教历史学家中甚为流行的对神迹的看法，这些观点非常古老，并且也已被当时的人们普遍接受。英国自然神论者，比如切伯里（Cherbury）、布朗特（Blount）、米德尔顿（Middleton）、廷达尔（Tindal）、查布（Chubb），特别是伍尔斯顿（Woolston）和休谟等人，都使受过教育的人不再相信神迹的信条。[1]最

1　米德尔顿关于神迹的观点深深地影响了吉本对基督教的认识。

后，随着霍布斯、斯宾诺莎、阿斯特鲁克、雷马勒斯（Reimarus）和伊尔根对传统的《旧约》和《新约》编撰观点的攻击[1]，神迹创造的哲学被完全摧毁，这不仅要由自然科学提供证明，也要对记载神迹的《圣经》文本的真实性进行追问。17世纪后半叶以及整个18世纪，特别是在荷兰和英国，逐渐形成的宽容氛围使得这些革命性的观念获得了充分的表达，并且得到了广泛的传播。

同样必然的是，新的科学发现和新的自然哲学对当时的社会哲学也产生了深刻影响。社会进程与自然进程一样，是有序的和持续的发展过程，这一观念在维科、休谟和杜尔阁等作家的笔下得到了阐释。之前人们认为，社会演化是从原始的黄金时代逐渐衰落或倒退的结果，但在丰特奈尔（Fontenelle）、佩罗（Perrault）、维科、伏尔泰、休谟、杜尔阁、康德（Kant）、戈德温（Godwin）和孔多塞（Condorcet）的著作里，取而代之的
149 是文明由低到高的连续发展的概念。在自然神论的观念里，人所固有的、合理的"体面"——这一观念与基督教神父和加尔文教派强调人类堕落的旧观念大相径庭，但是，随着这一观念的广泛流行，人们不再需要用神迹来证明历史和其他处理人类活动的科学。最终，新发现以及自然与社会哲学的世俗化，促使历史学家的兴趣范围超出了政治和宗教领域。

很明显，在伏尔泰、雷纳尔、孟德斯鸠和赫伦（Heeren）的著作中，这种朝着更广阔和更合理的历史范围发展的趋势已经开始影响到殖民过程描述者之外的其他人。这种扩大历史调查与叙事范围的良性趋势，在某种程度上却受制于更新的政治史的推动力，这种推动力来自民族主义的兴起。尽管如此，这种良性趋势获得了一个立足点，直到19世纪科学和工业革命之后的社会、经济和知识领域里的新兴趣彻底巩固后，这个立足点都没有消失。

这种自然主义哲学和新社会哲学对历史著作的影响，出现在传统上被称

---

1 参见前文第19页及以次。

为“理性主义学派”或“启蒙”（*Aufklarung*）历史学家的历史著作中。尽管这一学派的著述差异如此之大，以至于人们习惯于将他们分成若干个小派，但在方法和兴趣方面，他们基本上是一致的，因此，我们可以概括18世纪理性主义史学的一般特征。

这一学派最重要的创新之处在于它拓宽了历史领域的总体趋势，因此它能够超越教会和国家的政治阴谋，涵盖社会、商业、工业和文明的最广泛内容。记录这些发现的历史学家们也表现出相似的趋势，但他们的著述主要局限于对新世界的讨论，而且他们还没能形成一个历史学家的大体上的欧洲学派。对于理性主义者来说，无论在哪个时期或哪个国家，他们都努力采用一种显著的文化方法来研究历史，并将一些萌芽阶段的社会学原理引入历史分析。

同样重要的还有，他们努力使迷信和历史因果论的神学理论失去权威并代之以自然因果论。理性主义历史学家接受自然神论者从牛顿天体物理学里推导出的关于宇宙和社会的一般机械论。上帝指导着这个过程，但宇宙按照自己的自然法则运转。人类历史上的一切都是确定的因果关系的产物，但这并不妨碍理性主义历史学家相信个人原因是次要的。事实上，有时候，他们在把主要的运动或政策解释成某些个人的行为时，已经接近“灾难性”的因 150
果关系理论了。总之，他们坚持认为，智力因素——也就是“思想”——是历史上的主导因素。因此，他们特别重视思想史。

作为一个群体，他们认为，世界各地的人的思维本质上是相同的，而差异是由于社会环境的不同——即各种形态的礼仪和习俗——造成的。这些历史学家追溯了礼仪和习俗背后的地理环境的差异，特别是气候的差异。孟德斯鸠及其学派特别强调这些地理影响。伏尔泰则主张，影响人类思想的三种主要力量是气候、政府和宗教。理性主义历史学家相信进步是必然的，他们认为人类所迈出的最伟大的一步就是将人类的思想从迷信和对超自然事物的恐惧中解放出来。因此，与之前人类历史上的任何一个时期相比，他们有对自己时代的优越感，有一种普遍的自信和满足感。理性能够摧毁过去遗留下来的邪恶，带来更美好的未来。16世纪之前，人类的进步速度慢得令人难以置信，但自那以后，人类启蒙运动的速度将大大加快。

甚至理性主义者的政治史也被赋予了一个新的、更有前途的角色。它不再仅仅局限于政治护教学这一领域，就其对政策的态度而言，它成为一部真正批判性的政治史。它通常不是由统治阶级的成员写的，也不是在他们的赞助下写的，而是由新兴的资产阶级或第三阶层的代表写的——在那个时代，他们在英国之外的欧洲政府中没有什么影响力。它成为政治批评和鼓动改革的工具，但很少被用于革命。然而，人们普遍相信，只有参与过公共事务的人才有能力书写政治历史。即使不是政治家或外交官，他们也至少应该是我们所说的“公法学家”。

然而，必须记住的是，理性主义者带来的关键进步，显而易见地主要表现在他们对历史写作的一般性主题的态度上。他们在处理资料来源时并没有展现出达到与此相似的高度。作为研究学者，他们在使用和考订印刷品和手稿资料时，并没有超越马比荣学派。他们通常在使用现有的印刷资料时具有一定的辨别力。

在构建他们的作品时，理性主义历史学家的兴趣主要放在如何为他们的作品赋予文学艺术性上了。他们在这方面的兴趣与人文学者的一样多，但
151 他们的文艺观念却与人文学者的大相径庭。他们没有模仿西塞罗、李维或塔西佗去写那些矫饰的拉丁辞藻，而是用本国语言写出了一种直率和卓越的风格。正如布莱克教授所说：

> 请注意，这并不是仅仅为了找到正确的词，把句子拼凑起来，使过渡容易：为了恰当地控制重点，合理地分配重点，充分地表达意义的深浅，把细节艺术性地组合在一起，各段乃至整个章节的架构都得到了认真考虑。[1]

1 J. B. Black, *The Art of History* (F. S. Crofts and Company, 1926), pp. 17–18.

但是，理性主义历史著作的突出之处在于，它的目的是将历史事实与广泛的社会、哲学和人道主义的参照标准联系起来，就像我们今天所讲的这样：

> 18世纪的历史学家们，不管他们还有什么不足之处，他们都毫无疑问地以值得称赞的活力完成了他们对过去的评价。例如，伏尔泰和休谟对他们所描述的事物的看法，在读者心中从来没有留下任何疑问。历史上的重大事件都被设定在一个宽阔的框架里，它们的意义都被指向一个伟大的道德背景，在这个道德背景下，正上演着人类的戏剧，而评判它们的标准是作家们认为的终极标准，无论对错。因此，对那些从历史中寻找更多事实指导的人来说，以及对那些认为历史事实只有被放在哲学联系和纯因果联系中才能被完全理解的人来说，理性主义时代的历史学家永远不会失去他们的魅力；相反，他们可能将一直是最精彩的例子，去说明人类文化如何与本来会死去的——对绝大多数人来说——无价值的过去进行富有成效的联系。[1]

在这里，所有这些作家普遍持有的理性主义的特殊历史哲学都是值得强调的，因为这是他们历史写作的基础。它决定了他们的目标和他们书写历史的方法，并解释了为什么作为一个学派，他们如此强调历史作为"哲学教学的实例"——这句话被认为是理性主义政治家博林布鲁克（Bolingbroke）说的。他们对历史的热情在很大程度上源于他们对新自然主义哲学的兴趣。他们试图解决宇宙中普遍存在的邪恶假设与他们自己的人性善的论点之间的矛盾。他们发现，单靠诉诸理性很难充分证明他们对自然法则和自然之神的信仰的正确性，于是，他们通过仔细考察人类在这个星球上的过往经历，为

1　J. B. Black, *The Art of History*, p. 7.

152 解决困惑求得援助。过去，人类只有在那些“不幸的时代”，也就是在被宗教——尤其是基督教——所强迫，其善良的本性也被扭曲的时候，才会显露出邪恶的迹象。与之相反，在宗教和教会无法支配和控制人类的“幸福时代”，人类的经验也证明了在自然条件下他们可以达到的高超水平和良好举止。因此，在最广泛的意义上，历史就是通过实例来教授哲学，它有助于指出理性主义信念下的道德。这大致是奥罗修和奥古斯丁方法的反用。因此，理性主义历史学家深切关注“快乐的中国人”、美洲印第安人和脱离教会统治的其他人，他们也赞赏伊斯兰教和穆斯林文化。理性主义学派的学术研究常常是“客观的”，但他们写作的故事——无论是英国史、罗马衰亡史还是中世纪史——里的基本道德，始终是相同的，也是预先确定的。他们在开始研究之前，就已经事先形成了总体结论，因为他们在正式追问历史求得答案之前，就已经知道人类是什么样子的了。

伏尔泰和他的后继者

理性主义史学的创始人和这场运动的策划者是弗朗索瓦·阿鲁埃（François Arouet），通常他被称为伏尔泰（1697—1778），他的著述中，有一部分是为了回应弗朗西斯·培根、费奈隆（Fénelon）的早期问题，其他的则是关于思想、文化和社会史的著作。伏尔泰的政治和历史哲学里的主要因素是他对科学和理性的信仰、他对当时英国文明的崇敬，以及他作为批评家的无与伦比的能力。他为开明君主专制辩护，认为这种制度能够允许资产阶级的文化自由发展，并走向繁荣。他把英国的沃波尔（Walpole）看作是他的政治理想，他鼓动法国的改革，目的主要是希望在法国创造出他在英国看到的东西。理性使历史学家能够明智地处理过去，也使当时的政治家能够为人类的生活设计一个更加美好的世界。作为一个批评家，伏尔泰在任何时代都未被超越过，这主要是因为他对任何制度都没有敬畏，也没有错误地崇拜过某种制度。因此，他完全可以自由地充分表达他对蒙昧主义每一个阶段的反感。

伏尔泰的第一部重要历史著作是《查理十二传》（*Life of Charles XII of Sweden*），写于1731年。虽然这本书缺乏对制度背景的理解，也缺少一个击败查理的更大的“事件逻辑”——不应该是彼得大帝击败了查理，但作为文学作品和对查理性格的描写上，这部作品堪称是一部杰作。布莱克教授这样 153
评论说：

> 书中没有多余之处，没有刻意追求效果，没有修饰，没有过度干涉作者的观点，没有堵塞，没有离题，每一行都简洁、准确、清晰。于是，查理十二的形象从文本中脱颖而出，仿佛他被雕刻在了钢板上一样。[1]

伏尔泰最优美的历史著作是《路易十四时代》（*The Age of Louis XIV*, 1751），富埃特称其为“第一部现代历史著作”。在这本书中，伏尔泰完全打破了编年史的方法，甚至打破了严格按时间计算的体系，而是按照编排专题的方法来构建该书的框架。另外，这本书也是第一次全面描述了欧洲一个伟大国家的文明。即使是从最严格的批判角度来看，它也是出类拔萃的。在着手写作这本书的时候，伏尔泰广泛阅读，认真思索，掌握了关于这一时期的大部分资料。

伏尔泰对路易十四时代的全面评述不仅仅是展现编纂的技巧，而且是要展现一个强大的国家和一个文明的社会，其全部生活的主要发展潮流如何在当时的政治关系中展开。就像那些具有国际视野的理性主义学者一样，在他的书中也几乎没有沙文主义的影子，与这本书相比，下个世纪的政治历史学家的作品大大减色。路易十四及其时代的优点和缺点在伏尔泰的笔下得到了同样坦率而清晰的展露。路易十四本人的战争和宗教偏见受到了严厉的谴责，而这个时代的文化成就则受到了相应的赞扬。从文学的观点来看，这部

1　Black, *op. cit.*, pp. 63–64.

作品是一部杰作。它的主要缺陷在于伏尔泰没有把路易十四时代与欧洲文明的总体发展联系起来，也没有把这个时代置于现代文化的整体发展的图景中，这一点不甚明智。

伏尔泰的《论各民族的风俗与精神》（1756）虽然不够透彻，但更有意义，通常被认为是第一部真正意义上的世界史。它被规划成一部涵盖各个阶段和各个民族的庞大文化史（*Kulturgeschichte*）。虽然伏尔泰在成功完成这部巨作时没有必备的知识和闲暇，而且这本书比例失衡，存在很多严重的疏漏，但是，它仍然是历史写作发展史上的一个重要里程碑，它为现代意义上的文明史奠定了真正的基础。这是第一部承认非基督徒，特别是东方人和穆斯林对欧洲文明做出了应有贡献的著作。它首先把政治史置于人类总体发展
154 中，置于其与经济史和社会史的恰当关系中，由此彻底地摧毁了从奥罗修直到博絮埃以来一直盛行的神学和神佑解释。

尤其重要的是，伏尔泰放弃了地方主义，甚至也放弃了欧洲的视角。他不仅论述了古代文明，还论及了新发现的原始民族，这都有助于摧毁人文学者把古典时代神圣化的倾向。他特别批判了中世纪、中世纪基督教和中世纪的历史学家。新教改革者对他来说，也没什么用处，因为他们的超自然主义和偏执令他反感。给他留下深刻印象的只是理性的时代，他在《论各民族的风俗与精神》中没有提到这一点，因为这本书只写到路易十三统治时期。伏尔泰认为人类历史是由思想和文明的冲突推动的。基督教向异教信仰提出了挑战。伊斯兰教与基督教发生了冲突。新教崛起，公然反抗中世纪天主教。在他那个时代，理性击败了各种迷信。这本书的主要缺陷仅在于其缺乏统一性和完整性。关于原始文化和东方的讨论是值得称赞的，却没有与世界的其他部分联系起来，因此它们在一开始就离题了。古典时代的历史被一带而过，整本书的故事只有在查理曼时期才真正开始，但是对中世纪的描写又是支离破碎的，侧重点也不均衡。

伏尔泰在法国的主要追随者是哲学家艾蒂安·德·孔狄亚克（Étienne de Condillac，1715—1780），他出版的《古代史》（*Ancient History*）和《近

代史》（*Modern History*）比伏尔泰收录了更多的知识、文化和社会方面的资料。他的作品足够深入，甚至处理了理性时代的问题。孔狄亚克清晰而准确地阐述了理性主义的历史因果观，强调艺术和科学。在一部深入研究的著作中，他详细地论述了商业对政治和政府的影响。

在英格兰和苏格兰，伏尔泰研究历史的方法体现在几个杰出的典范作品里。但是，这里面有一个重要的区别。英国作家中几乎没有潜在的改革推动力。就那个时期的英国历史学家而言，他们在很大程度上，都对英国制度的结局和完善感到沾沾自喜，这一点明显地表现在布莱克斯通（Blackstone）的法律著作中，只是在后来才引起了边沁的愤怒。其中的部分原因在于，英国资产阶级的政治革命在17世纪就已经完成了。而法国仍然处于专制统治和腐朽封建制度的社会剥削之下，革命即将爆发。因此，法国的知识分子和历史学家对改革更感兴趣。此外，正是由于他们被排斥在政治之外，他们才更加专注于思想以实现自我表达。

在这个时代，这种崇高而自满的倾向在英国历史写作中有一个最好的例 155
子，那就是大卫·休谟（1711—1776），他著有《英格兰史：从尤利乌斯·恺撒入侵到1698年革命》（*History of England from the Invasion of Julius Caesar to the Revolution of 1698*）。休谟并不是有意识地模仿伏尔泰。他的历史写作来源于他的一般哲学，这在伏尔泰写作《路易十四时代》或《论各民族的风俗与精神》之前就形成了。事实上，他们两个人都受到启蒙运动共同思想的支配。

正如一位评论家所观察到的，休谟的历史写得就像女巫念她们的咒语——是倒着写的。关于斯图亚特王朝（1603—1688）的那几卷出版于1750年，引起了轩然大波，以至于他在写作都铎王朝（1759）的卷本时还要为自己早期的卷本辩护。之后，为了使整个故事更圆满，也使自己保持精神上的愉悦，他又编写了从恺撒到亨利七世（1762）的英国早期历史。整部历史构成了第一部相对完整的或具有“民族特色”的英国历史，这一事实加上休谟令人愉悦的写作风格和广受欢迎的理性主义，使他的书拥有了广泛的阅读群体和巨大的文化影响。

休谟在收集资料方面，做不到像伏尔泰为《论各民族的风俗与精神》做的那样广泛而彻底，更不用说像伏尔泰为《路易十四时代》做的那样了。休谟主要阅读了那些容易获得的编年史和历史，尤其不幸的是，他受到了克拉伦登的《大内战史》的影响。他的历史不仅在学术上有缺陷，有时甚至无法提供一个有条理的叙述，陷入混杂的事件备忘录里。这一点在休谟关于思想、礼仪和风俗的章节中应该是最突出的。总的来说，我们可以说，休谟的智力远远超过了他作为一个专业历史学家的才能或勤奋。正是渗透在他各卷中的哲学、怀疑论及洞察力，胜过了其书中所包含的历史事实，赋予了休谟的历史以永恒的价值。作为对英国历史的一部记录，它是相当令人遗憾的展示，但作为一个强有力的大脑充分利用历史资料的一个例证，它很少被超越，即使曾经被超越过，它也仅仅因为这一点而赢得了不朽。

休谟认为，历史在很大程度上是对人类思想和道德观念的记录。但他选择了去写一部政治史。因此，其历史著作的基本模式是在描述思想、道德和宗教如何塑造了政治。它也是从休谟自己在科学、哲学、宗教和道德领域的观念出发，对政治的一种判断。他无意推动一场革命。他的目标是“寓教于乐”——简而言之，提倡温文尔雅的教养。休谟对迷信和东正教的敌意使他蔑视中世纪，他认为中世纪是一千年的文化空白——是人类发展图表上的一个大低谷。这种态度也影响了他对宗教改革和17世纪英国宪政斗争的看法。
156 新教改革者的狂热和英国清教徒的偏执，以及狭隘的道德观使休谟对宗教改革保持着敌对的态度，也反对清教徒对抗英国君主制的斗争。休谟被指控为政治和历史中的托利党，但实际上他并不是。他反对辉格党，缘于他主张道德和宗教上的解放以及他对革命的反感。虽然他写的关于17世纪的历史受到了猛烈的抨击，但在摆脱历史的党派偏见看待这场运动上，这本书比他那个时代的任何其他著作都要深入得多。佩尔登（Peardon）教授这样写道：

> 在关于斯图亚特王朝的卷本中，他试图以一种不偏不倚的态度

> 来处理17世纪的斗争，并适当考虑国王和议会的主张各自被提出来的历史背景。他认为，对斯图亚特王朝的君主来说可能是合法和符合宪法的事情，到了下个世纪，就会被正确地视为对公共自由的攻击，他强调这样一个事实，即直到1688年以后，宪法才被清晰地勾勒出来。通过这些做法，他把现实主义的气息带进了狂热的党派偏见氛围之中，而这种氛围一直笼罩在之前的关于17世纪的讨论里。[1]

虔诚的天主教徒和新教徒在写作英国教会史和英国宗教发展史时，都带着狂热或偏见，休谟对宗教的态度也有助于说明历史氛围，对这些狂热或偏见做了有力的纠正。休谟的英国历史最重要和最持久的价值已经由布莱克教授做了很好的总结：

> 今天读起这些文字的时候，仿佛它们刚被写出来一样新鲜。有很多学生，无论是专业的还是非专业的，都会觉得这些文字令人充实，具有启迪意义。这些作品呈现出来的风格极其轻松、率直和简洁，除此之外，浸润其中的深奥、智慧和浓缩的经验，也使他的作品"有益且有趣"，而这也正是休谟所期待的。[2]

与休谟相比，苏格兰人威廉·罗伯逊（1721—1793）是一位更有能力的历史学家。罗伯逊也许是英国理性主义学派中最具才干的历史学家。当然，在这方面，只有吉本能与他媲美。他具有学者的禀赋，努力掌握资料，并在使用资料时细致甄别，对真理抱有一种真正的敬畏。正如布莱克教授所说，"准确性和普遍真实性"是罗伯逊历史著作的主要特点。他的文笔清晰 157
有力，丝毫不做作。斯威夫特（Swift）和笛福是他文学风格的典范。吉本

1 T. P. Peardon, *The Transition in English Historical Writing, 1760–1830* (Columbia University Press, 1933), p. 20.

2 Black, *op. cit.*, p. 116.

在写作自己的历史巨著时，有部分灵感来自他对罗伯逊语言的钦佩。罗伯逊还认为，历史应该是一件高贵的事业，也就是说，它讲述的应该是一个高贵人物——重要的公众人物——的所作所为。因此，他很难对文化、经济和社会的历史产生相应的兴趣，毕竟，这些领域的很多内容都与普通的人与事相关。“高贵的”历史往往只是肤浅的政治史和军事史。[1]罗伯逊并非没有意识到历史上的文化、经济和社会因素，他经常提到这些因素，却永远不让这些因素成为其作品的基本内容。英国理性主义历史学家里，罗伯逊是最不理性的。他曾做过一段时间的新教牧师，他认为宗教改革主要是由上帝的旨意引起的。但他并不是一个狂热的新教徒，他的理性主义主要表现在他对天主教会历史的处理上。

罗伯逊有4部主要著作：《苏格兰史》（*The History of Scotland*，1759）；《查理五世在位时期史》（*The History of the Reign of the Emperor Charles V*，1769）；《美洲史》（1777—1794）；《印度古史研究》（*An Historical Disquisition Concerning Ancient India*，1791）。大多数评论家认为《查理五世在位时期史》是其中最优秀的，但是，罗伯逊研究最重要的英国权威布莱克教授倾向于认为，《美洲史》才是罗伯逊最令人瞩目的著作。事实上，作为一部完整的、优秀的历史著作，《苏格兰史》很容易被排在前面，就像伏尔泰的《路易十四时代》作为一部统一的历史作品要优于《论各民族的风俗与精神》一样。写作苏格兰的历史，使罗伯逊成了他那个时代的大师。他阅读了大量可获得的资料，仔细筛选，以不偏不倚的态度处理资料，并把所有资料都编织成流畅、有趣和高贵的叙述。因此，他的作品和布坎南的作品有着天壤之别。

罗伯逊的《查理五世在位时期史》之所以受到高度重视，很大程度上是因为其中单独成册的一卷考察了中世纪的哲学，总结概括了自16世纪开始的主要研究。这一册的题目是《中世纪社会状态考察》（*A View of the State of*

1 对这一历史态度的当代辩护，参见W. C. Abbott, *Adventures in Reputation* (Harvard University Press, 1936)。

Society in the Middle Ages），它在学术价值和内容均衡方面都优于伏尔泰的《论各民族的风俗与精神》一书的中世纪部分，在18世纪的所有历史著作中，只有吉本的著作能超越它对中世纪的解释。罗伯逊对中世纪文化贫瘠的总体态度，虽然不像休谟的评价那么极端，也未免过于苛刻。罗伯逊对天主教持 158
敌对态度，虽然不像伏尔泰那样强烈，却是最早抓住中世纪政治和制度发展本质的人之一，他也是最早强调经济和文化在中世纪进展中具有主导影响的人之一，比如他强调十字军东征、法律的演变、城镇的发展和商业扩张等因素。然而，罗伯逊确实又多少夸大了十字军东征的影响，他让公元1000年的传说重新流行起来，这个传说是从秃头拉尔夫通过巴罗诺斯的《编年史》流传下来的。关于《查理五世在位时期史》的冗长而乏味的内容，最引人注目的事实是对宗教改革的“次要”原因的关注：教会的胡作非为、教皇的过度征税、学识的复兴、印刷术的发明，等等。尽管它没有充分强调民族主义的因素、商业和中产阶级的兴起等，却是直到罗伯逊时代以来，历史学家写作的关于宗教改革时代的所有作品中最好的一部。不用说，罗伯逊虽然尊贵，却是明确支持路德和改革派的人。

《美洲史》是罗伯逊最雄心勃勃的作品，也是最具独创性的作品。这本书的主题也比他的其他作品更加丰富多彩和引人注目。它的主题特性迫使罗伯逊在更大程度上脱离了传统的历史标准和兴趣，采用了很多关于风俗习惯和山川地理的资料，这些资料为美洲土著文化和探险者、征服者的事迹提供了地理背景。《美洲史》在对土著居民的讨论上偏弱，却长于探讨探险家的生活和功绩，在处理当时西班牙帝国体系的本质和发展上也非常娴熟。但即使是在对土著居民的讨论上，罗伯逊也是最早提出美洲印第安人是通过白令海峡和阿拉斯加进入新大陆的人之一，这个观点已成为被公认的学说。《印度古史研究》是一部仓促之作，但它侧重于探讨东西方之间的贸易关系在古代和中世纪的范围和重要意义，因此也是非常重要的一本书。

迄今为止，最著名和最杰出的理性主义作家是历史学家爱德华·吉本（1737—1794）。作为一个历史学家，他缺乏独创性，对后来的历史写作进程也缺乏伏尔泰那样的影响力，作为一个守职尽责的学者，他也逊色于罗伯逊。然而，他作为历史学家的声誉，在专业历史学家之外的受过教育的公众中，远远超过了伏尔泰或罗伯逊。作为一个历史学家，吉本的这种独一无二的声名源于很多现实情境。他的主题是罗马文明和帝国制度的衰落，旨在抓住大众的想象力。他的书稿整体宏大，具有史诗般的规模。他的著作结构巧
159 妙，写作风格优雅、愉悦，令人印象深刻。此外，考虑时代所限，他的作品堪称惊人的准确，它的可靠和实用在此后的一个半世纪里被不断证明。《罗马帝国衰亡史》不仅流行一时，更成了一部不朽之作。

与其他主要的理性主义史学家不同，吉本终其一生致力于历史阅读和历史写作。伏尔泰是文学家、公众人物和改革家，休谟是哲学家，罗伯逊是牧师和大学校长，而吉本从青年时代起，就或多或少有意识地准备为自己开启历史学家的职业生涯。在很多年里，吉本广泛阅读了古典和中世纪历史，但他却主要使用了最好的印刷资料。他对研究手稿没什么兴趣。他有一种崇高的想法，认为历史学家是伟大的文学和学术事业的缔造者，他极为蔑视纯粹的抄写员或研究人员——这些人在我们这个时代，已成为杰出的历史学家。虽然他关于真正的历史学家比埋头苦干的编纂者更有优势的判断可能是正确的，但他并没有充分认识到，只有在编纂者完成了艰巨的准备工作之后，“历史”才成为可能。

吉本沉浸在罗马古物中，他最初的计划是写一部下至奥古斯都时期的罗马历史。但在1764年，他决定把注意力转向从奥古斯都到1453年东罗马帝国灭亡的罗马史，由此成就了这部名为《罗马帝国衰亡史》（1776—1788）的伟大经典。它详述了从180年到641年间的历史，提供了从641年到1453年间的发展概要。例如，对宗教改革的文化和制度结果的经典总结就出现在吉本的《罗马帝国衰亡史》里。

与理性主义史学家的大多数著作相比，吉本著作的哲学色彩不那么明显，它更像是一部文学史诗。吉本注重作品的形式和风格，而不是其实用主义的哲学意义。吉本著作的总体特征在人们心中留下了深刻的印象，人们使

用各种各样的形象化比喻来描述《罗马帝国衰亡史》。它被比作一场辉煌的后卫军行动，一次罗马的凯旋，一场路易十四的豪华晚会，一座哥特式大教堂，一块打碎了时间浪潮的崖石，一座随光影变化而变换外观的高耸山脉，等等。他的风格也同样受到赞赏。弗雷德里克·哈里森（Frederic Harrison）曾这样评价吉本："他是完美的文学艺术家，他把堆积如山的精确研究转化为一个复杂的整体，每个部分都焕发着生命的光芒，而将其作为一个整体来凝视时，它也是灿烂辉煌的。"总的来说，文学品质是吉本著作最杰出的一 160
个方面，布莱克教授对此所做的简短总结也许是最好的：

> 语言表达的庄重和高贵、华美和情境与宏大的主题相得益彰……吉本不会以朴素的方式讲出简单的真相，正如他所感知到的那样。他一定要通过一系列神秘而复杂的过程，这些过程不断地打磨、提炼和充实，直到它最终被装饰得珠光宝气、光彩夺目，辨认不出其最初的模样。但是，对于那些想按照《罗马帝国衰亡史》的本意来阅读——全神贯注、深思熟虑，并充分考虑作者的机智——的人来说，世界上没有比这更吸引人的文献了。这是一部长篇巨作，作者的博学也会以磅礴的气势力透纸背，让普通的读者感到无所适从，但同时，这本书又非常的轻松，富有活力。这种风格的特殊引力是如此之大，以至于它似乎能够承载所有东西，从没完没了的波斯与拜占庭的战争，到早期教会深奥的神学争论，再到查士丁尼法律改革的技术细节，都被囊括其中。[1]

吉本似乎也深受罗马主要历史学家的影响。他从李维那里获得了史诗般的流畅叙事，从塔西佗那里获得了处理历史材料的哲学的和实用主义的态度，从波里比阿那里获得了对准确性的高度重视和对公共事务的深刻理解。

1　Black, *op cit.*, pp. 144, 175.

这些历史学家对历史主题的看法也影响了吉本。他认为，“战争与公共事务的管理”应该成为历史的主题。在吉本的叙述中，也有一些关于社会、经济和文化史的材料，但完全是附带着出现在叙述之中的，并非他有意为之。而且，他的“巴洛克风格”也不适合处理这类历史主题。

吉本对罗马及其历史充满了热情。他认为罗马的灭亡是世界的灾难。然而，尽管他的巨作卷帙浩繁，却没有对罗马帝国的覆灭进行系统的分析。吉本承认并描述了专家们现在列出的大多数原因，却未能将它们整合成一个关于罗马衰落的彼此协调的统一理论。他最全面的解释是罗马帝国变得太大了。这个解释可能来自孟德斯鸠，但他并没有说清楚的是，罗马帝国的变大之所以致命，主要是因为缺乏现代化的工业、交通和通讯方法。吉本的书写得太早，他还无法意识到这一点。

在吉本的著作里，最具原创性和最值得称赞的一个创新是他对基督教起
161 源的论述，他以学术研究和个人经验为这个题目做了令人敬佩的准备。他曾经相继信仰过新教、天主教和自然神论。正是因为信仰自然神论，他才写出了《罗马帝国衰亡史》。他并不像伯里和其他解释他著作的一些人所说的那样，激烈地反对基督教。他采纳了休谟的观点，认为人们应该用自然主义的方式看待宗教，就像人们看待其他社会机构一样。他首次以完全客观的方式看待基督教的兴起。他对基督教成长和发展的解释，就像他解释其他宗教或世俗机构的演变一样。简而言之，他是从历史的角度而不是从神学的角度来处理这一问题的。他并没有假定基督教是独一无二的，也不认为基督教有超自然的援助。对基督教的历史影响，吉本的评价自然带有批判和敌意。他认为罗马帝国是人类最伟大的创造，而基督教在削弱和破坏罗马帝国上起到了重要作用。因此，他难免会对它产生反感。然而，当这个世俗帝国瓦解后，他对基督教的凝聚力和持久的权力表示了敬意。他清楚地了解中世纪的教会文化服务，但是，作为一个理性主义者，他对这个信仰的时代又无法给予高度的重视。吉本也是基督教世界中最早以一种公平合理且敏锐的方式来处理伊斯兰教崛起和穆斯林文明贡献的作家之一。即使他在解释拜占庭历史时出

现过一些错误，他的解释也不能被完全忽视，因为这是一种创新，也是一种贡献，正如中世纪的大多数历史学家已经做的那样，也正如自他以后，许多历史学家继续做的那样。

吉本的著作出版一个半世纪之后，仍然受到了学者们的高度赞扬，这是对他勤勉和学识的回报。结合伯里教授的批评和补充笔记来看，这本著作在今天也是最好的，在他所涉及的广阔领域里也是可读性最强的概述。

还有几部影响力较弱的作品也反映出理性主义对英国历史写作的影响。其中之一是理查德·亨利（Richard Henry，1718—1790）的《英格兰史》，原计划分10卷，旨在写成一部伟大的文化史，因此更多地关注了文化、社会和经济史。它忠实地执行了这一计划，因此与通常的政治史有很大的不同。但是，这个计划是机械地制订出来的，它更像是一部百科全书而不是一部历史著作。它读起来非常枯燥，因为诸如此类的汇编书也几乎必然会出现这样的结果。亨利是一位理性主义者，对基督教持怀疑态度，但在处理异教徒、圣经的传统和传说时，他却表现出极大的轻信。他的书只写到1547年，之后由詹姆斯·安德鲁斯（James Petit Andrews）续写到1603年。针对年轻一代的需要，威廉·罗素在他的《从罗马帝国灭亡到1763年的现代欧洲史》（*History of Modern Europe from the Fall of the Roman Empire to 1763*，1779—1784）一书里，把理性主义的欧洲史改编成一本令人愉悦的小册子。这个小册子是以书信的形式写成的，在一位贵族写给儿子的信里，介绍了许 162
多文化和社会历史，尽管远没有预定要写的那么多。在半个多世纪的时间里，这个小册子一直深受欢迎。另一本与之类似的世界史流行手册是亚历山大·泰特勒（Alexander Fraser Tytler）的《通史要素》（*Elements of General History*，1801），它试图从非政治影响的角度来解释政治历史，却没有取得很大的成功。然而，作者确实将专题顺序和时间顺序巧妙地结合在了一起。热心于上帝一位论[1]的科学家和哲学家约瑟夫·普里斯特利（Joseph

1　Unitarian，一位论派主张上帝只有一位，否认基督神性和三位一体教义。——译者注

Priestly，1733—1804）做了一项有趣的尝试，使理性主义和神佑历史哲学和谐地出现在他的《历史演讲》（*Lecture on History*）里。在后面的章节里，我们还会讨论亚当·弗格森的著作。

另一部更为重要的著作是4卷本的《英联邦史》（*The History of the Commonwealth of England*），论述了南北战争和英联邦，作者是著名的理性主义者威廉·戈德温（1756—1836）。如果戈德温坦率地表达自己的判断，他就会行使独立权，对双方都有批判。他认为查理一世是世界上最大的罪犯之一，同时又认为，查理一世被处死是一个战略上的错误，会不可避免地造成王政复辟。他认为克伦威尔背叛了自由和共和主义的支持者，却对克伦威尔的能力极尽赞美，并相信如果他再活10年的话，就会在英国建立起一个新的王朝。

威廉·罗斯科（William Roscoe，1753—1831）是伏尔泰在英国的当之无愧的信徒，他努力填补吉本和罗伯逊的伟大历史之间的空白时段。因此，他致力于研究美第奇家族和文艺复兴时期的教皇，这些人被他赞美为艺术和科学的赞助人。他的主要作品是洛伦佐·德·美第奇和教皇利奥十世的传记，但实际上，这些传记是对那个时代历史和文化的考察。罗斯科将这一时期的辉煌与他所认为的中世纪天主教和宗教改革中新教所带来的黑暗与狂热进行了对比。

虽然亨利·哈勒姆（1777—1859）表面上相信上帝在历史中的运作，他本人也属于新教徒，但他实际上归属于吉本和理性主义者的传统。他对过去有着同样的哲学态度，认为历史应该为现实提供借鉴，他和理性主义者一样贬低中世纪文化，却对社会、思想和文化史表现出真正的兴趣。他的学术特质也类似于罗伯逊和吉本。他是一位有学问的绅士，他的研究是非正式的，并不追随尼布尔（Niebuhr）和兰克这样的欧洲人在研究中所开发的新
163 方法。他对历史资料的阅读甚至比吉本或罗伯逊更广博，在资料上也更加扎实可靠。

哈勒姆的第一部名著是3卷本的《中世纪欧洲国家观》（*A View of the*

State of Europe During the Middle Ages，1818），概述了从克洛维到查理八世的中世纪总体史。这是西欧第一篇在感染力和视野上堪与吉本媲美的历史专著。虽然在风格和文采上不如吉本，但作为一部中世纪的制度史，它却有很多优点。哈勒姆严格剔除了历史中的奇闻、逸事和个人解释，在制度发展方面投入了大量笔墨。这本书的主要缺陷在于，涉及不同国家的篇章彼此独立成册，没有对中世纪的欧洲制度进行比较研究。他对中世纪的评价，虽然并不全是敌意，也是冷酷无情的，只有他用大量篇幅赞美了的中世纪英格兰是个例外。这是他的作品所体现出来的主要民族主义色彩。哈勒姆与理性主义关于历史范围的概念具有亲缘关系，体现在其作品的结论部分，在这里，他对欧洲文明一般特征进行了总体概括，对文化史进行了深入考察。

大多数评论家认为哈勒姆的《英格兰立宪史》（*Constitutional History of England*，2卷本，1827）是其最出色的作品。这本书从亨利七世写到乔治三世，代表了辉格党的立场，却保持着一种超然、严肃和怀疑的视角。作者展现了宗教论争时期的双方及争论的观点，在学识和洞察力两方面都远远超过了休谟。凭借这本书，英国宪制史和政党史在严肃性和可靠性方面都达到了一个新高度。哈勒姆的辉格党偏见可以从这一事实中看出，即他的主要论点是，英国从根本上一直是君主立宪制，周期性地陷入绝对专制或无政府状态。哈勒姆最长的著作，也是他对思想史和文化史所做的重要贡献，是4卷本的《15、16、17世纪欧洲文学导论》（*Introduction to the Literature of Europe in the Fifteenth, Sixteenth and Seventeenth Centuries*），在当时，这是对欧洲思想和文化史全貌的无与伦比的描述。亨利·巴克尔是英国极端理性主义在后期的附和者，我们将在下文中结合历史哲学的兴起来论述他。[1]

在德国，有三个伏尔泰的追随者：冯·施洛策尔、施密特和斯皮特勒。奥古斯特·冯·施洛策尔（August Ludwig von Schlözer，1735—1809）针对世界历史进行了一项雄心勃勃的科学考察，但形式简略而呆板，还接

1 参见下文第202页。

受了传统的创世纪年。他的主要著作是《斯拉夫欧洲的历史》（*History of Slavonic Europe*），在这本书里，他认为凯瑟琳二世的开明君主专制是理想典范。他的《俄国史》（*History of Russia*）出版于1769年，《北方通史》
164 （*General History of the North*）出版于1772年。这些著作可能是现存最好的关于斯拉夫欧洲的著作。冯·施洛策尔的考证能力——尤其是针对圣经问题的考证能力不足，他的历史想象力很弱，也没有吸引人的风格，但他却是理性主义学派里最有才干的语言学家，也是理性主义史学家中开明君主专制的杰出辩护者。

伏尔泰为法国、休谟为英格兰、罗伯逊为苏格兰所做的事情，在德国，是由迈克尔·施密特（Michael Ignatz Schmidt，1736—1794）来做的。他的《德国史》（*German History*）写至1660年，是历史文学中最成熟的理性主义作品之一。他的文风优美，在史料使用上谨慎而准确，他没有沙文主义，是第一个以公正态度处理德国宗教改革的人。他的著作在视野上与伏尔泰相似，是一部真正的文明史。

德意志小国和基督教教会也找到了自己的理性主义史学家——路德维希·斯皮特勒（Ludwig Timotheus Spittler，1752—1810）。他书写了德意志小国的历史《欧洲国家历史概览》（*Survey of the History of the European State*，1793）和《基督教教会史》（*History of the Christian Church*，1782）。他最擅长描写离他最近的时代。他对中世纪进行了理想化的描写，他之所以对中世纪怀有美好的和浪漫的想法，部分原因是，他认为中世纪的主要赛事是比武，主要人物是骑士、游吟诗人和抒情歌手。他的这个想法在后来的浪漫主义学派中很流行。斯皮特勒是第一个从理性主义的立场来研究整个教会历史的作家。他的批评相对温和，采取了一种特殊的态度，即从推动理性主义事业的立场来判断教会。富埃特指出，这种态度除了为历史增添了笑料，并没有带来历史学术或启发意义上的贡献。

戈特利布·普朗克（Gottlieb Jakob Planck，1751—1833）是能力更强的教会历史学家。斯皮特勒从个人和偶然的视角处理教会史，普朗克则从思想史和制度史的立场来处理这个问题。他的《基督教社会体制史》（*History of the Christian Constitution of Society*）对中世纪教会的政治组织、教会与国家的关系，以及教会为维护其对国家的支配权所做的努力进行了研究。普朗克还写了大量关于新教教义和神学的历史，特别强调了新教对基督教观念的独特性。在某种程度上，他是新教教派比较研究的奠基人，取代了博絮埃充满偏见和敌意的作品。在理性主义历史学家中，普朗克是一个极端相信历史偶然理论的人。关于宗教改革，他认为它的偶然性特征恰好证明了上帝一直在支持着这一结果。

孟德斯鸠的学派

在18世纪，伏尔泰及其学派的理性主义比同时代一般水平的思想先进了 165
许多，因此很难得到普遍的接受和持续的成功。同时，它也具有一些局限，这些局限是与第一次重建历史，使之与科学思想和社会哲学在当时的发展进步相协调的勇敢尝试分不开的。因此，很自然地，它的很多前提条件和方法引发了相应的反响。这一方面是蒙昧主义的再现，另一方面也是为了纠正伏尔泰学派的一些缺陷。这种反响是循序渐进的，而且有明显的标志。它从孟德斯鸠较为保守和温和的理性主义，过渡到卢梭近乎非理性的感性主义，终结于浪漫主义神秘和理想化的奇思遐想。直到巴克尔、莱基（Lecky）、莫里（Morley）、莱斯利·斯蒂芬（Leslie Stephen）、德雷珀、怀特和鲁滨逊等人更深刻地复兴了伏尔泰学派，伏尔泰学派才开始自成一派。这是19世纪科学和批判思想影响历史写作的结果。

作为历史批判和调查的实例，孟德斯鸠自己的作品并没有很大的价值，但他对一般方法论的宽容态度具有重要意义。在他的政治理论中，他既不暴力，也不革命，他在文学方面类似于人文主义而不是理性主义。不过，他确实展现了思想上明显超越伏尔泰观念的某些特征。他接受了伏尔泰的未被分析的民族精神的学说，试图说明民族精神是在自然力量的作用下产生的，其中，气候影响最为重要。他首次明确提出关于社会机构的基本命题，即判断社会机构是否卓越的标准，不是任意和绝对的，社会机构与其所服务的民族精神是否相适应才是评判标准。在伏尔泰及其追随者们不甚关注的问题上，孟德斯鸠综合分析了历史发展的各种因素，虽然粗略和不全面，却标志着方法论上的巨大进步。最后，伏尔泰学派只建议处理与政治发展相联系的经济因素，而孟德斯鸠及其追随者却非常强调商业和财经活动对国家生活的深远影响。孟德斯鸠学派最忠实地表达了商业革命对欧洲史学的影响。

孟德斯鸠自己在历史领域的探索成果是一篇长文《罗马盛衰原因论》（*The Causes of the Greatness and the Decadence of the Romans*，1734）。这
166 篇论文在对资料的考证或学术研究方面没有新进展，却在解释罗马发展和衰落的主要趋势和因素时，提出了强有力的证据。他预见了在关于罗马政治和帝国权力发展与解体这一问题上，今天的专家们能给出的绝大多数解释——特别强调了帝国对于其经济来说过于庞大和笨拙这一事实。显然，他不是那种一叶障目不见森林的作家。他对罗马衰落的看法对吉本的写作产生了很大影响。[1]

由于孟德斯鸠主要是政治哲学家而不是历史学家，所以，在他的学生中，政治理论家与公认的历史学家一样多。德·洛姆（J. L. De Lolme）的《英格兰宪法》（*Constitution of England*）和亚当·弗格森的《公民社会史》最为清晰地展现了孟德斯鸠在政治哲学领域里的原则。

德·洛姆的《英格兰宪法》于1770年首次出版。它承袭了孟德斯鸠富有创造力的分析，在英格兰政府里发现了政府权力——行政、立法和司法——的明确分离，并在其中看到个人自由的主要保障。德·洛姆认为，法律的平等和执行的确定性是公民安全的最佳保障。他强烈反对卢梭的通过民众意愿建立政府的观点，而是认为人民永远是“沉默的、强大的统治者历久不衰阴谋之下”的受害者。

---

1 孟德斯鸠对罗马历史的总体概括令人赞叹，参见Smith, *History of Modern Culture*, II, 265。也参见Moritz Ritter, *Die Entwicklung der Geschichtswissenschaft* (Munich, 1919), pp. 210–232。

亚当·弗格森是苏格兰社会哲学家，《罗马共和国的进步与终结史》（*History of the Progress and Termination of the Roman Republic*，1782）一书的作者。他在解释剖析问题时，触及本质的能力堪与孟德斯鸠相媲美。他明确指出早期罗马历史建立在很多推测性的因素上。他特别强调了罗马征服所带来的制度反应，并表明共和制已不再适合应对当时的危机。但是，弗格森坚定的自由意志论使他无法正确判断那些希望推翻共和国并建立必要的帝国主义体系的人。尤其可笑的是，他还歌颂了共和国最后世纪里的腐败而短视的罗马元老院。弗格森还有一本更早出版的书《公民社会史》（1765），是此前所有关于社会演化的论述中最好的一部。它标志着历史社会学的真正开端，尤其强调了战争在早期政治发展中的重要意义。

如果说孟德斯鸠没有几个学生是专业历史学家的话，至少阿诺德·赫伦（1760—1842）是最高水平的一个历史学家，他是那个时代杰出的哥廷根 167
教授群里的一位。他的伟大著作是《关于古代主要国家政治、交流和贸易的思考》（*Reflections Concerning the Politics, Intercourse and Commerce of the Leading Nations of Antiquity*）。书中的原则是孟德斯鸠的原则，但是在更加科学的对经济生活的分析中，孟德斯鸠的原则得到了改进，并体现在亚当·斯密的著作里。赫伦以高超的技巧试图重建古代的商业生活，并指出商业生活对几个古代国家历史进程的影响，这种影响迄今为止未被怀疑过。赫伦是他那个时代最好的历史学家之一。他放弃了对华丽辞藻的所有尝试，写出了一部非常有思想深度的作品，文笔清晰连贯。研究古代国家历史的权威爱德华·迈耶称赫伦为这一研究领域的先驱。赫伦的历史研究方法与其同时代的学术方法相结合，重新出现在冯·海德（Wilhelm von Heyd）的著作《中世纪黎凡特的商贸史》（*History of Commerce with the Levant in the Middle Ages*）里。孟德斯鸠在研究政治问题时使用的比较方法和地理方法也反映在赫伦的《欧洲国家体系及其殖民地历史手册》（*Handbook of the History of the European State Systems and their Colonies*）中。赫伦启发了珀茨（Pertz）对中世纪史料的研究，启发了魏茨（Waitz）对宪政史的写作，也启发了李特尔对政治地理学的兴趣。

两位英国作家也阐述了孟德斯鸠对商业影响的重视。亚当·安德森（Adam Anderson）写了非常实用的《商业起源的历史和年代演绎》（*Historical and Chronological Deduction of the Origin of Commerce*，1764），其中的中世纪部分在19世纪初被大卫·麦克弗森（David Macpherson）重写和扩充。麦克弗森还写了一部构思全面和广泛的《欧洲与印度贸易史》（*History of European Trade with India*，1812）。在其著作的后半部分，他考察了欧洲扩张与欧洲文明和人类福祉之间的关系，这一点与雷纳尔相似。

孟德斯鸠的另一个在历史学领域的学生是苏格兰历史学家吉尔伯特·斯图尔特（Gilbert Stuart，1742—1786），他是一位才华横溢却性情古怪的作家。他反对休谟和罗伯逊对中世纪抱有的冷酷无情的态度。在他的关于英国宪法的《历史论文》（*Historical Dissertation*）和《欧洲社会观》（*View of European Society*）里，他歌颂了所谓的原始日耳曼人的民主政治制度，并宣称盎格鲁-撒克逊时代的英格兰人是纯粹的日耳曼人。他认为英国宪法实际上起源于德国的边远地区。因此，他是下个世纪英国日耳曼学派的先驱。他对中世纪早期的赞美多于对中世纪后期的评价。他写了一系列关于苏格兰历史的著作，旨在反对罗伯逊在其《苏格兰史》中提出的观点和解释。

卢梭的追随者

168 还有一个影响力较小的学派，它是理性主义学派的另一种变体，是在卢梭的引领下形成的从理性主义到浪漫主义的逻辑过渡。卢梭和伏尔泰在对待历史和社会问题的态度上有很多重要差异。首先，伏尔泰是纯粹的思想家和评论家，很少多愁善感；而卢梭几乎是病态的情绪化、感性和脆弱。其次，伏尔泰是脚踏实地的人；卢梭是理想主义者和乌托邦主义者。最后，伏尔泰是站在资产阶级的立场上写作的，他赞扬开明君主专制，不相信未受教育的平民大众具有政治能力；而卢梭在写作中热情地倡导把大众从专制的政治权力中解放出来。

直到法国大革命时期，卢梭的观点才在法国流行起来，但是在法国大革命之前，德国已经出现了几个卢梭的狂热追随者。卢梭在德国的第一个信徒是伊萨克·伊塞林（Isaak Iselin，1728—1782），他著有2卷本的《人类历史哲学猜想》（*Philosophical Conjectures on the History of Humanity*）。伊塞林也受到过孟德斯鸠政治原则的启发，但卢梭对他的影响清晰地体现在他对原始社会的广泛关注上。除拉菲荚的著作之外，伊塞林的书也许是迄今为止对原始文化和制度的最好分析，尽管他错误地试图区分人类的自然状态和野蛮状态。伊塞林对孟德斯鸠的热爱还体现在他比较分析了历史上主要民族的文明和风俗习惯。

在德国，历史领域里最引人注目的卢梭追随者是诗人、戏剧家和历史学家弗里德里希·席勒（Friedrich Schiller，1759—1805），他的主要著作是《荷兰反抗西班牙统治的历史》（*History of Rebellion of the Netherlands against the Spanish Rule*）和《三十年战争史》（*The History of the Thirty Years' War*）。他的作品综合了卢梭式的悲怆情感与伟大剧作家和诗人的天赋力量。在他对荷兰起义稍微有些夸张的描述中，他找到了要从压迫中获得解放的宏大主题，而在对三十年战争的描述中，他把古斯塔夫·阿道夫（Guastavus Adolphus）和瓦伦斯坦（Wallenstein）看成是一部伟大历史戏剧的中心人物。无须指出的是，在他娴熟的戏剧写作里，几乎没有为描述乏味的经济和文化因素留下一席之地。他在对政治运动进行清晰的基本分析时显示了极高的能力，比如他对三十年战争背景的精彩描述。然而，一旦他开始了叙述，诗人和剧作家就几乎完全控制了历史学家，他的作品——就像卡莱尔的作品一样——也就成为对伟大文学的贡献，而不是科学的历史了。作为 169
文学家，席勒在风格上模仿的不是理性主义学者，而是人文学者。

约翰内斯·穆勒（Johannes Müller，1752—1809）是他同时代的历史学家中最有影响力的一位。虽然他在各个方面都比不上席勒，仍然被认为是他那个时代最有才干的德国历史学家。事实上，他自认为是第二个塔西佗。正如塔西佗颂扬罗马共和国一样，穆勒也颂扬一个虚构的、光荣的中世纪，并倡导回归中世纪的理想和制度。他最著名的作品是《瑞士邦联史》(*History of the Swiss Confederation*)。虽然他的记忆力可与麦考利媲美，对资料的研究热情可与福斯特尔·德·库朗热（Fustel de Coulanges）相媲美，但他完全没有麦考利的分析、组织和叙述能力，也不具备库朗热的批判能力。虽然他阅读了所有可用的资料，但他不仅没有能力辨别它们的用途，也没有能力消化它们，他尤其缺乏批判能力，甚至无法发现和排除论述中明显自相矛盾的地方。

出现这些矛盾的部分原因是他自己的兴趣和信念发生了急剧变化。除了卢梭式的对自由的感性热爱，他还加上了对古典修辞的迂腐模仿。他书写的瑞士历史结合了卢梭和塔西佗的方法，成为一部关于自由的史诗。后来，他成了征服者拿破仑的崇拜者。在对中世纪解释的过程中，穆勒对中世纪德国和瑞士的处理推动了英雄崇拜和地方色彩演化成一种潮流，受到夏多布里昂（Chateaubriand）、沃尔特·司各特和浪漫主义者的欢迎。[1] 此外，他对中世纪家长式教会充满了崇拜。他的作品标志着历史写作从理性主义向浪漫主义的转变。穆勒的24卷本《通史》(*Twenty-four Books of General History*)，虽有计划，却未能完成，其意义仅在于其宏大的视野以及他对历史中上帝之手的强调。

约翰·赫尔德（1744—1803）不仅是卢梭的彻底追随者，更是理性主义史学几个发展阶段的代表人物。特别重要的是，他是历史哲学的奠基者之一。他的名著《人类历史哲学的思想》(*Ideas for the Philosophy of the History of Humanity*) 综合了多种流行学说，其中包括卢梭对脱离权威的自然和自由状态的夸张情感、伏尔泰关于民族性格的现实和永久观念、孟德斯鸠的民族性格与自然环境的关系理论，以及后来由黑格尔阐发的关于人类不断向自由状态发展的神秘概念。他有一种进化论的观点，在德国被誉为“历

---

1 参见下文第181页及以次。

史意识之父”。他对民族性格的独特性和文化演变的有机统一性的强调，使 170
他与浪漫主义作家有了直接的共鸣，激发了历史写作中的民族主义情感。在后面的章节里，我们还会讨论他的历史哲学。[1]

弗里德里希·施洛瑟（Friedrich Christoph Schlosser，1776—1861）以康德的“绝对命令”为中介，接受了卢梭的观念。在他的《破坏圣像的帝王史》（*History of the Iconoclastic Emperors*）、未完成的《世界史》及主要著作《18世纪和19世纪史》（*A History of the Eighteenth and Nineteenth Centuries*）中，他预见了阿克顿勋爵的立场，即历史应该根据很高的道德标准来严苛地评判人。他对历史事件和公众人物的判断依据的是康德个人道德戒律的原则。他对但丁《神曲》（*Divine Comedy*）的过度热爱，使他的作品具有一种忧郁的格调，也充满了个人主观的严厉而草率的批评。他不是考证批判型的学者，他对政治史的分析流于表面，也忽略了社会和经济史。他作为历史学家的重要贡献主要在于，他是最早重视民族文学的政治重要性和影响力的著名作家之一。多年以后，当学者们在纠正布克哈特和西蒙兹关于文艺复兴的独特性及其与中世纪文化的差异等观念时，使用了施洛瑟的观点，由此使之显示了巨大价值。

卢梭对自由的热爱反映在卡尔·冯·罗特克（Karl von Rotteck，1775—1840）的长篇著作《世界史》里。罗特克猛烈抨击了人类历史上所有对自由的压制，目的是要抗争拿破仑和维也纳会议及之后的所有反动派对自由的侵袭。罗特克才华横溢，情感炽热，他的书成为“自由欧洲的圣经”。到1866年已有25个版本，并被翻译成多种其他语言。罗特克晚年主要致力于政治学的研究。

瑞士的西蒙德·西斯蒙第（Jean Charles Leonard Simonde de Sismondi，1773—1842）是最有才干的理性主义史学家之一，很难把他划分到哪个学派。他身上有伏尔泰对资产阶级的崇拜，孟德斯鸠对商业和经济因素在文明发展中具有重要作用的强调影响着他，卢梭对自由的热爱激励着他，同

1　参见下文第193—194页。

时，他非常钦佩吉本的写作风格。但是，他并不像伏尔泰或吉本那样贬低中世纪，也拒绝孟德斯鸠对地理因素的强调，他背离了卢梭的民主观念，对历史内容的看法也比吉本更广泛。他的《中世纪意大利共和国史》（*History of the Italian Republics of the Middle Ages*）颂扬了意大利城邦的独立精神，同
171 时阐明了这种独立精神对城邦商贸霸权的重要意义。对西斯蒙第来说，意大利共同体的发展标志着“人类的自由从封建堕落和暴政的泥沼中崛起”。除赫伦之外，他比其他任何理性主义史学家都更关注商业和其他经济因素，但他却不太清楚经济因素对中世纪政治生活产生了哪些影响，也无法觉察到经济因素对中世纪意大利城邦政治的全面影响。总而言之，他反映了法国大革命对中世纪和文艺复兴时期的意大利的态度，就像马基雅维利和圭恰迪尼将文艺复兴的精神应用于他们的时代一样。

西斯蒙第的《法国历史》（*History of the French*）对中世纪的描写尤其出色，同时也显示出他对历史主题也有同样宽泛的态度。这是第一部较为完整的法国历史。西斯蒙第对文学也很感兴趣，写出了一本关于南欧文学史的重要著作，明显受到斯塔尔夫人（Madame de Stael）的影响。在这本书里，他表现出与浪漫主义的共鸣，认为文学是民族性格的产物。西斯蒙第是他那个时代中一位严谨细致的学者，尽管他在文学艺术方面还无法比肩吉本，但是他的写作风格仍然堪称清晰和庄重。

世界史

在大发现时代和理性主义时代，历史写作所推动的最令人关注的一项进展是世界史的日益普及。除了开始于阿非加纳斯、攸西比乌斯和哲罗姆的枯燥和千篇一律的编年史之外，西欧创作的真正世界史只有奥罗修的世界史和写于人文主义时期的世界史——即意大利的萨伯里库斯和道格里欧尼、法国的贝尔福莱斯特、荷兰的约翰内斯·克鲁弗和英国的沃尔特·罗利爵士写作的世界史。就世界史来说，这些作品令人歉然。

接下来，在大约18世纪中叶，越来越多的世界史著作开始出版，其中绝大多数都是多卷本。这一趋势受到了多种因素的影响。人文主义引起了人们对古典古代的兴趣。宗教改革和反宗教改革提升了人们对基督教教会史的关注。大发现的历史为历史学家提供了广阔的视野。理性主义学者率先为雄心勃勃的历史写作计划做了示范。很自然，富有想象力的作家会渴望把人类的全部历史写在一部历史著作里。他们努力的结果首先是多位学者合作的《从远古到现在的世界通史》（*Universal History from the Earliest Account of Time to the Present*，1736—1765）。这些学者主要来自英国，其中有约翰·坎贝尔、乔治·塞尔（George Sale）、约翰·斯文顿（John Swinton）、阿奇博尔 172
德·鲍尔（Archibald Bower）和乔治·萨玛那扎（George Psalmanazar）。虽然这不是一部杰作，也不是一部独立完成的著作，但是它展现了大量无与伦比的资料，涉及海内外各民族和各时代的人。这本书在很大程度上秉承正统基督教的观点，在处理《圣经》和古代神话方面几乎不加任何考证批判。但它是有史以来第一部相当完整的世界历史，很受欢迎，有助于引进一种更广泛的人类历史概念。

在此后的半个世纪或更长的时间里，另外一些世界史著作与各种理性主义史学家的名字密切相关，其中有很多我们已经在前文中提到过。为了让读者能对这些著作的数量和雄心有个大致的了解，我们有必要在这里一一列举。两位英国作家在参与最初的合作编撰工作之后，也贡献了自己的世界史著述：约翰·亚当斯（John Adams）的《世界历史考察》（*View of Universal History*，1795）和亚历山大·泰特勒的《通史要素》。1772年，奥古斯特·施洛策尔出版《世界史演讲》（*Lectures on Universal History*）；1775年，雅各布·韦格林（Jacob Daniel Wegelin）出版《通史》（*Universal History*）；1779年，约翰内斯·穆勒出版尚未完成的24卷《通史》；1785—1787年，约翰·加特雷尔（Johann Christoph Gatterer）出版广受欢迎的《世界历史》（*World History*）；1812—1827年间，卡尔·罗特克出版《世界史》；1837年，切萨雷·坎图（Cesare Cantu）出版《世界史》；1844—1856年间，弗里德里希·施洛瑟出版《德国人的世界史》(*World History for the German People*); 1870年，弗朗索瓦·洛朗(François Laurent)出版《人类历史研究》(*Studies on the History of Humanity*); 以及在兰克逝世之后，他的学生完成并出版了他的《世界史》。这些世界史著作中，有些是长篇巨作，罗特克的著作11卷，洛朗的著作18卷，施洛瑟的著作长达19卷。这种类型的书还有很多，这里列举的只是部分代表作，但是也能反映出这些著作的新旨趣及其庞大的数量。

学术研究和年代学

学术研究的批判态度也体现在对异教徒文献和古代文化的处理上。学者们继承了人文主义时期由斯卡利杰、卡索邦及其他学者发起的工作。理查德·本特利(Richard Bentley, 1662—1742)发展了文本考据学，并将其用于古代作家的作品中，提供了荷马和其他杰出异教徒作品的最好版本。法布利库斯(J. A. Fabricus)在科学的基础上研究希腊文学，伯纳德·蒙福孔(Bernard de Montfaucon, 1657—1741)在他的《古物图解》(*Antiquité Expliquée*)里汇集了一部古典文学选集。进步学说的兴起驱散了更感性的人文主义曾经鼓励过的对古代异教的虔诚态度，而新的态度并不是对奥
173 罗修的敌视，而是对古代异教的理智看法，一种受到了历史观念和文化进步概念制约的态度。在这一时期，西格尼乌斯(Sigonius)、[德·]普伊(Pouilly)、佩里佐尼乌斯(Perizonius)、博福特(Beaufort)等人对古代历史资料进行了批判考证，我们将在后面的章节里讨论，因为他们的著作涉及批判史学的兴起。[1]

年代学的研究是按照斯卡利杰和厄舍提出的思路进行的。艾萨克·牛顿爵士在《古代王国年表》(*Chronologies of the Ancient Kingdoms*)中注意到

---

1 参见下文第240页及以次。

了这个问题，但他在修订创世日期时走错了方向，他的创世之日比斯卡利杰和厄舍计算的要晚500年。但是，其他人在朝向我们今天的大规模计算方面取得的进展非常微小。自然神论者，从查尔斯·布朗特开始，就不太受正统基督教观念的影响，而更多地受到了新科学的影响，他们比厄舍及其追随者更加热心于更长的时间估算。尤为重要的是，自然历史学家和地质学家逐渐认识到，正统的创世日期与我们星球的历史和年龄及其上生命的科学概念根本无法协调。伟大的法国博物学家布封（Buffon）估算说，地球的年龄肯定有75 000年了。

这一时期也产生了传统的历史分期观念，至今仍为人们所接受。[1]对人类历史上两个主要阶段——异教的古代和基督教时代——的总体理解，在基督教的历史观念中是隐晦的。这两个分期逐渐变成了古代历史和中世纪。在解释这一观念中，影响力最大的作者是弗莱辛的奥托和布隆德斯。我们已经注意到，博丹的历史分期是东方、地中海和北欧三个阶段。人文主义和新教改革的兴起使那些生活在这些事件之后的作家看到，也许一个新的时代已经在15或16世纪来临了。也许这就是现代。这种传统上仍在使用的历史三分法，最早是吉斯博特·沃提乌斯（Gisebert Voëtius，1588—1676）在关于教会历史的文章中提出的。他认为，奥古斯丁之前是一个古代时期，从奥古斯丁到路德是中间时期，路德之后是一个崭新的时代。这一观念被荷兰人文学者克里斯托弗·凯勒（人称基督徒策勒留斯，1634—1717）应用到世俗世界史的写作中。他认为从创世到君士坦丁是古代史，从君士坦丁到1453年君士坦丁堡被突厥人攻陷是中世纪，1453年以来是现代史。相比于其他的年代确定方法，这些划分方式仍然被广泛接受。到雷纳尔的时代，很多作家开始认为，在开启现代的作用上，1492年以后的大发现比文艺复兴或宗教改革更重 174
要，但是，这一概念直到20世纪才被广泛接受。

1　参见下文第330—331页。

进步理论的起源

在以更真实的态度对待人类历史这方面，进步观念的逐渐兴起是这个时代最显著的贡献之一。一个重要的事实是，人类在地球上生存的时期，有99%以上是在没有意识到人类文化的实际进步的情况下度过的。就17世纪而言，人类的发展是自然和自发的，绝不是为了实现任何有意识的种族和文化进步而集体努力的结果。

古代犹太人信奉人类堕落的教义，因此他们相信完美是在过去找到的，而不是向未来寻求的。古代的异教徒在某种程度上也有一种类似的观念，即他们认为历史是从黄金时代的不断衰落。对希腊人和罗马人来说，更受欢迎的观念是人类发展的循环性本质。文化会上升到某一点，然后再衰落至与起点相当的水平。然后这个过程又会重新开始，循环往复。基督徒继承了犹太人关于人类堕落的观点，并将其与异教徒关于从黄金时代衰落的观点结合起来。人类永远不可能期望在地球上有乌托邦。这种幸福的状态只有在来世才能获得。根据《启示录》所陈述的基督教的观点，最后的审判和尘世的终结在来临之前，一定是异常可怕和毁灭性的尘世征兆。

然而，人们逐渐产生了这样一种信念：在这个地球上，可能会有更好的东西等着我们人类。早在13世纪，罗杰·培根就预见到应用科学能为人类做的事情。蒙田（Montaigne）提出，哲学应该关注人间的幸福，而不是来世的救赎，这是他当时的一个新想法。弗朗西斯·培根、帕斯卡和笛卡尔联合起来谴责过去的权威。培根和帕斯卡认为现代人优于古人，并提出用科学解决人类问题就可以实现乌托邦。

然而，传统意义上的进步学说是由伯纳德·德·丰特奈尔（1657—1757）这样的人提出的。在他的《死者的对话》（*Dialogues of the Dead*，1683）中，丰特奈尔还几乎没有超越古人并不比现代人好这一论点，但5年后，在他的《关于古人和现代人的题外话》（*Digression on the Ancients and the*
175 *Moderns*）里，他就向前迈进了一大步。他认为在生物学意义上，古代人和现代人的本质是一样的，就这一点来说没有进步。在艺术方面，也不存在进步，因为艺术主要是人类精神的自然表达。古代人取得了伟大的艺术成就，但是现代最好的艺术作品、诗歌和演讲也可以媲美最完美的古代范例。而在另一方面，在科学和工业领域，我们发现了一个完全不同的故事，这些领域的发展是累积性的。自古代以来，这些领域已经有了巨大的进步，未来可能会看到更大的发展。此外，丰特奈尔继续指出，对古人的盲目崇拜是进步的主要障碍。丰特奈尔阐述了我们称之为进步问题的一般原则，是否有人比他阐释得更成功，即使在我们这个时代也很难说。

夏尔·佩罗（1628—1703）与丰特奈尔是同时代人，他在《古今对比》（*Parallel of the Ancients and Moderns*，1688—1696）一书中深刻表达了同一观点。但是他对他那一代他所认为的文化完美印象深刻，所以他并不太关心未来的发展——如果他真的愿意承认未来可以好过自己的时代的话。对于未来的进步，圣皮埃尔神父（Abbé de Saint-Pierre）在《论多种信仰》（*Discours sur la polysynodie*，1718）一书中采取了一种更为积极的态度。他认为进步是真实发生的，他那个时代的成就远比柏拉图和亚里士多德所处时代的成就更加引人注目。他对社会进步特别感兴趣，认为政治科学研究具有引导社会进步的优势。他对开明政府的权力充满信心，他是爱尔维修（Helvétius）和功利主义者的先行者。18世纪中叶，爱尔维修处于事业的鼎盛时期，堪称法国当时最重要的社会乐观主义者。他深信人类存在着至善的可能性，通过普遍启蒙和理性教育可以实现至善。他相信人是平等的，现有的不平等可以通过教育来消除。

18世纪上半叶，意大利历史哲学家乔瓦尼·巴蒂斯塔·维科（1668—1744）[1]提出了他的“进步”概念。他认为人类的进步不是直接发生或线性发展的，而是以螺旋形式向前运动。这似乎是一个循环的发展过程，但它们永远不会回到最初的起点。每一个循环都高于前一个循环。比维科稍晚，

1　参见下文第192—193页。

安·罗伯特·雅克·杜尔阁（1729—1781）在法国提出了更加现实主义的关于进步的历史理论，这是他为历史哲学所做的杰出贡献。他非常强调历史的
176 连续性和进步的累积性。他认为文明越复杂，人类的进步就越快。因此，在原始时代，进步是非常缓慢的，但在现代，进步已经大大加速了。更乐观的人是孔多塞，他是法国大革命时期的杰出作家。他不仅阐明了他对进步真实性的信念，还把文明的历史分成10个时期，每一个时期都代表着人类和人类文明发展的一个确定阶段。其中的9个时期已经过去了，法国大革命和现代科学正把我们带向第10个时期的边缘，这将是一个前所未有的幸福和富庶的时代。

对进步观念做出各种贡献的还有其他一些人。德国哲学家赫尔德试图在自然和神意共同运作的基础上，找出进步的规律。康德试图证明道德进步的真实性。英国公法学家威廉·戈德温认为，通过废除国家和财产以及通过私人教育进行理性灌输，就有可能实现人类的至善。亨利·德·圣西蒙（Henri de Saint-Simon，1760—1825）承袭了圣皮埃尔的思想，认为必须提供一种明确的社会科学来指导人类的进步。这些观念在奥古斯特·孔德（Auguste Comte，1798—1857）的历史哲学和社会学中得到全面体现。孔德制定了一套涉及知识进步的“规律”综合体系，阐明了一套宽泛的历史哲学，把历史具体分为很多个周期和次周期，每一个周期都以文化进步的相应阶段为特征。

虽然自孔德时代以来，进步理论得到了许多人的热情支持，但也出现了某些悲观或克制的态度。德国哲学家尼采（Friedrich Nietzesche）和奥斯瓦尔德·斯宾格勒（Oswald Spengler）等人已经恢复了类似古典时代的循环学说。然而，更常见的趋势是以变化的概念替代进步的概念。进步的概念意味着事情注定会越来越好。但是对于这一点，我们现在不那么确定了，我们意识到在生活和思想的诸多阶段，存在着变化。最重要的是，人们已经认识到，科学和物质文化领域日新月异，而在制度和道德方面发生的变化则非常缓慢。物质文化和社会制度在发展速度上的差异——即所谓的“文化滞

后”——似乎已经置现代文明于异常危险之境。[1]

参考文献

J. E. Gillespie, *A History of Geographical Discovery, 1400–1800*. Holt, 1933. 177

M. W. Spilhaus, *The Background of Geography*. Lippincott, 1935.

A. P. Newton, ed., *Travel and Travellers of the Middle Ages*. Knopf, 1926.

Guilday, *Chruch Historians*, pp. 128–52.

Smith, *History of Modern Culture*, Vol. II, chaps. vii–viii.

Flint, *Historical Philosophy in France*, pp. 234–339.

Ritter, *Die Entwicklung der Geschichtswissenschaft*, Book IV.

Wegele, *Geschichte der deutschen Historiographie*, Book III.

Fueter, *Histoire de l'historiographie moderne*, pp.361–80, 415–516.

T, P. Peardon, *The Transition in English Historical Writing, 1760–1830*. Columbia University Press, 1933.

Adolf Rein, *Das Problem der europaischen Expansion in der Geschichtsschreibung*. Hamburg, 1929.

Geoffrey Atkinson, *Les Relations de voyages du XVIIe siècle et l'évolution des idées*. Paris, 1925.

Gilbert Chinard, *L'Amérique et la rêve exotique dans la littérature francaise au xvii et au xviii siècle*. Paris, 1934.

C. Wilgus, *Histories and Historians of Hispanic-America*. Pan American Union, 1942.

J. B. Black, *The Art of History*. Crofts, 1926.

Thompson, *History of Historical Writing*, Vol. II, chaps. xxxviii–xxxix.

H. L. Bond, *The Literary Art of Edward Gibbon*. Oxford Univ. Press, 1960.

Ferdinand Schevill, *Six Historians*, pp. 93–122. University of Chicago Press, 1956.

E. T. Oliver, *Gibbon and Rome*. Sheed and Ward, 1958.

F. E. Manuel, *The Age of Reason*. Cornell University Press, 1951.

——, *The Eighteenth Century Confronts the Gods*. Harvard University Press, 1959.

J. S. Spink, *French Free Thought from Gassendi to Voltaire*. Oxford University Press,

---

1 H. E. Barnes, *A History of Western Civilization* (Harcourt, Brace, 1935), II, 1101ff., and *Historical Sociology*, Part III, Philosophical Library, 1948.

1960.

Romain Rolland et al., *French Thought in the Eighteenth Century*. David McKay, 1953.

J. H. Brumfitt, *Voltaire. Historian.* Oxford University Press, 1957.

R. R. Palmer, *Catholics and Unbelievers in Eighteenth Century France.* Princeton University Press, 1939.

F. C. Green, *Jean-Jacques Rousseau.* Cambridge University Press, 1955.

Friedrich Meinecke, *Die Entstehung des Historismus*. Munich, 1936, 2 vols.

G. M. Young, *Gibbon.* Appleton, 1933.

B. Pier, Robertson *als Historiker und Geschichtsphilosoph.* Leipzig, 1929.

W. C. Lehmann, *Adam Ferguson and the Beginnings of Modern Sociology*. Columbia University Press, 1930.

J. B. Bury, *The Idea of Progress.* Dover, 1955.

C. L. Becker, *The Heavenly City of the Eighteenth-Century Philosophers.* Yale University Press, 1932.

第八章　浪漫主义和历史哲学

浪漫主义对理性主义的反动

甚至在路易十六颁布诏书指导三级会议的代表选举之前，卢梭的追随者 178
已经在著作中开始对伏尔泰的坦率而直接的理性主义做出了明确的抗拒。这一点我们在前文中已有提及。法国大革命极大地鼓舞了他们的抗拒。在保守主义者看来，法国大革命的发生最终证明了灾难性因果关系的理性主义学说是徒劳无益的，而通过应用一些“纯理性的公理”来改变社会制度则是可能的。

不幸的是，这种值得称赞的纠正卢梭教条错误的尝试却产生了相反的作用，这种反作用甚至比理性主义者的理论更无效，也更站不住脚。历史写作中的浪漫主义意味着在蒙昧主义方向上的明显倒退，并与政治和社会哲学中的反动密切相关，其中的代表人物是伯克（Burke）、德·博纳尔德（De Bonald）、德·梅斯特尔（De Maistre）和冯·哈勒（von Haller）。[1]

浪漫主义史学的根本历史前提是各民族文化演进具有渐进性和无意识性的学说。浪漫主义者宣扬各民族文化的有机统一和独特发展。在他们的思想中有一种绝对神秘的张力，维持着这些无意识的创造力以一种神秘的方式活动着，拒绝直接的理智分析。这一学说还认为，文化和宪政的发展——后

1　Cf. W. A. Dunning, *A History of Political Theories from Rousseau to Spencer* (Macmillan, 1920), chap. v.

来被冯・兰克归类为“时代精神”（*zeitgeist*）——也受到这些神秘的精神力量的影响。他们非常重视民族传统和所谓的“思想”，因为它们构成了时代和民族的精神。这些观念自然导致了一种政治宿命论。在这个理论里，国家
179 在创造性的精神力量面前是无能为力的。革命是特别邪恶的，也是特别无效的，理应受到特别的谴责。在这里，政治“寂静主义”的哲学成长起来，契合了当时经济学家和政治理论家的自由放任主义。

由于这种倾向，特别是在英国和美国，出现了一种臭名昭著、似是而非的神话，它把盎格鲁-撒克逊人描绘成政治寂静主义的完美范例，他们也就因此成为天生具有政治能力的典范。同样错误的学说把法国人描绘成一个革命的和不稳定民族的典型例子，说他们完全没有政治能力。[1]这种根本性的错误最大可能地破坏了19世纪历史和政治哲学的准确性，甚至至今都还没有被完全根除。而且，有关民族文化具有纯粹的、本土的和自发的特征的思想导致值得称赞的理性主义者的世界视野变得狭窄，导致他们把民族历史放到中心位置。[2]此外，对每一个民族来说，历史研究最丰富和最有前途的阶段被认为是在中世纪。这种趋势的部分原因在于，人们坚信这是几种民族文化的“加固”时期，另外的原因是，浪漫主义者在面对现存问题和文化发展时，与中世纪的精神反动产生情感共鸣，而很多浪漫主义者是天主教徒或皈依了天主教的这一事实也刺激了这种情感共鸣。语言被认为是民族独特性的最重要标准。这一学说在德国扎根最深，在那里，语言可能是最重要的民族纽带，这也带来了与洪堡、沃尔夫、格林兄弟（the brothers Grimm）和拉赫曼（Lachmann）等名字相关的语文学方面的杰出研究。

然而，尽管浪漫主义者赞颂民族，他们的历史著作却常常变成了一套传记汇编。这是因为对他们来说，个人更有魅力，而且传记也更适合于他们

1 Cf. H. J. Ford, “The Anglo-Saxon Myth,” *American Mercury*, September, 1924; and J. T. Shotwell, “The Political Capacity of the French,” in *Political Science Quarterly*, March, 1909.

2 虽然浪漫主义的重点是明显的民族主义，但在他们的哲学中也有一个普遍性的张力，其中的部分原因是他们对文化和历史哲学的兴趣遍及全世界。因此，赫德尔收集了关于所有民族歌曲精神的素材，施莱格尔（Schlegel）写了关于世界文学的著作。

的文学目标。这种趋势，即使在早期浪漫主义时期，也显示出早在卡莱尔之前，伟人理论就已经很普遍了。

浪漫主义者对历史因果关系的具体理性分析缺乏信心，他们的历史哲学也由此陷入了一个恶性循环。他们没有对一个民族的精神发展给出任何科学的解释，而是把国家制度、法律、文学和政府的特殊性归因于民族 180
的“天才”，把民族特征作为艺术、文学、法律和制度的产物。但是，尽管浪漫主义者有半蒙昧的倾向和哲学上的奇想，我们必须承认，他们强调了历史发展中无意识的增长因素，强调了文化整体有机统一的重要真理。此外，还有一个不可回避的事实是，浪漫主义历史学家作为一个群体，对于文化和制度的发展，确实比理性主义历史学家有着更广泛、更健全和更真实的历史观念。而且，当他们把中世纪的性质和重要性浪漫化和夸张化的时候，他们也纠正了理性主义学者对中世纪的蔑视。差不多在一个世纪之后，兰普雷希特接受了浪漫主义学说中最有价值的部分，并把它们作为民族和人类的集体心理学中的改革和突变过程，应用到他的历史发展的著名理论中。[1]

浪漫主义和历史著作

浪漫主义在历史学中的表达是多种多样的。埃德蒙·伯克把这一学说引入法律起源研究的领域，克里斯蒂安·豪博尔德（Christian Haubold，1766—1824）和卡尔·艾希霍恩（Karl Friedrich Eichhorn，1781—1854）把这一学说系统地应用到这一领域。艾希霍恩的《德国法律制度史》（*History of German Law and Institutions*）主要致力于研究德国法律的发展。艾希霍恩的父亲是最早以科学方法研究东方文明的学者之一，他的老师是古斯塔夫·胡戈（Gustav Hugo，1764—1844）。艾希霍恩从老师那里得到了

1　参见下文第316—317页。

法律是民族智慧的产物的观点，他经历的拿破仑时代，以及他对1806年耶拿-奥尔施泰特会战的不满，使他本人成了一个狂热的爱国者。他在一部关于日耳曼法律起源的长篇著作中运用了这一民族主义思想，把德国法律作为一个整体，展现了德国法律的渊源，同时指出民族文化的各个方面对法律发展的影响。他特别强调法律本身是不断发展的。他的著作对德国民族主义和德国法律研究都具有推动作用。弗里德里希·冯·萨维尼（Friedrich Karl von Savigny，1779—1861）在他的《中世纪罗马法史》（*History of Roman Law in the Middle Ages*）中进一步改进了艾希霍恩的方法。这是一部内容丰富的学术著作，追溯了罗马法在整个中世纪的持续发展，评估了罗马法对文化和制度的影响。他推动了“萨维尼时代基金会”（*Zeitschrift der Savigny*
181 *Stiftung*）的成立，该基金会出版了法律史方面最为详尽的研究成果。萨维尼与蒂博（Thibaut）进行的著名争论更是浪漫主义的一种表现，他们争论的问题是编纂德国法典的愿望。这样的想法是不被浪漫主义者接受的，萨维尼强烈抨击了这个建议。在这场令人难忘的辩论中，他以最干练和最教条的方式捍卫了法律是一个民族的天赋产物的概念。[1]同样的观点也出现在《德意志人民的古代法律》（*Legal Antiquities of the German Peoples*）里，伟大的语文学家雅各布·格林（Jacob Grimm，1785—1863）在这本书里，运用自己丰富的语言知识和习俗知识，证明了法律是“传统精神”的产物。

在此之前，浪漫主义对法律的兴趣主要是纯粹历史性的，但爱德华·甘斯（Eduard Gans，1798—1839）打破了萨维尼的传统，并在黑格尔的影响下，把哲学引入了对法律的历史讨论之中。带着这个概念，他追溯了古代中国的继承法到中世纪的日耳曼法的“发展”。他也写过关于罗马法的文章，与萨维尼就罗马法的解释进行了几次争论。正是在这一时期，出现了对中世纪起源的民族主义解释，包括对墨洛温文化、庄园、城镇、行会等现象的起源做出民族主义的解释。德国作家们倾向于支持日耳曼民族的论点，而法国

1 参见A. W. Small, *Origins of Sociology* (University of Chicago Press, 1925), chap. ii。

人则为中世纪文化和制度以高卢-罗马为基础的理论辩护。

在文学和美学领域，浪漫主义的观点在格林兄弟、夏多布里昂、斯塔尔夫人、维勒曼［Villemain］和格维努斯（Gervinus）等人的作品中得到了鲜明的体现。格林兄弟收集了无与伦比的民间故事和传说——构成了《童话》（*Marchen*）文学的全部。夏多布里昂（1768—1848）虽然一直保守，却经历了一次显著的思想变革。他从反对法国大革命的立场出发，写了他的第一部重要著作《关于革命的历史、政治和道德论文》（*Historical, Political and Moral Essay on Revolutions*，1797）。他对历史上的12次重大革命进行了考察，以证明这些革命是多余的、野蛮的和徒劳的。但他承认，法国大革命是不可避免的。在这部作品中，他表达了法国启蒙运动者（*philosophes*）对基督教的憎恶。但是，1799年，他和奥古斯丁一样，在其母去世后皈依了基督教，也经历了同样巨大的精神变化。他的情感冲破了早期的束缚，1802年，他出版了《基督教真谛》（*Genius of Christianity*）。其中，夏多布里昂强调了基督教为艺术和诗歌带来的巨大灵感及其所具有的推动人类进步和完善的能力。这本书的特点是文笔优美，尤其是对大自然的描述极为出色。夏多布里昂游历了新世界，充分利用了他的知识和观察，甚至更多地发挥了他 182
的想象力。《基督教真谛》的观点在关于早期基督教的著作《殉教者》（*The Martyrs*，1809）中，从历史的角度得到了进一步阐释。它的特点包括：虔诚感性、对早期基督徒的颂扬、气势恢宏的描写——特别是对高卢古代森林、在地下墓穴里生活的基督徒、帝国统治下的罗马文明的描写。夏多布里昂发挥了巨大的影响力，激发了人们生动而感性地描写基督教起源和发展的兴趣。他的《殉教者》在一段时期内摧毁了理性主义者对中世纪的看法，力度远远超过其他任何著作。这本书里也包含着强烈的民族主义色彩，因此颇受欢迎。他颂扬了法国的基督教，其中一个伟大的篇章歌颂了法国传奇国王法拉蒙（Pharamond）。然而，夏多布里昂的优点更多地在于其文学性而不是学术性。正如怀特（Wright）教授对他的评价：“夏多布里昂是最装腔作势的人，也是最糟糕的说谎者和文学剽窃者之一，但他的品质在一定程度上为他做了辩解，他对他所处时代的影响，可能是自卢梭以来无人能及的。他是［法国］浪漫主义之父。”[1]

斯塔尔夫人（1766—1816）也是一个令人瞩目的思想进化的例证。她是大革命之前的财政部长内克（Necker）的女儿。在卢梭思想的影响下，她拥护法国大革命中较为温和的学说和关于人类进步和完善的流行观念。但她憎恨拿破仑，视其为革命和共和主义的敌人。因此，她离开法国，四处旅行，受到了施莱格尔和康斯坦（Constant）的影响。她对法国大革命的研究早于德·托克维尔（De Tocqueville），也认为大革命是18世纪法国局势发展的自然结果。她最重要的著作是《从文学与各民族道德和政治的关系论文学》（*Literature in Its Relation to the Moral and Political Condition of Nations*，1800）。她用文学史来证实她的论点，即文学风格和模式是社会环境的直接产物，而社会环境又深受地理环境尤其是气候的影响。这后一种见解，她部分地得之于孟德斯鸠。她认为，民主作为一种新的社会制度需要一种新的文学传统。而她后来出版的长篇著作《论德国》（1810）则显示出，那时候她已经深受基督教浪漫主义的影响。在她的最后一本著作中，她极力向德国人灌输法国的民族主义思想，引发了法国读者对德国文学的兴趣。

183 维勒曼（1790—1867）是法国索邦大学的文学教授，也是法国比较文学和文学批评的奠基人之一。他的讲义是对欧洲比较文学最早的学术尝试之一。他出版的部分作品是《中世纪法国文学概要》（*Sketch of French Literature in the Middle Ages*）和《18世纪法国文学概要》（*Sketch of French Literature in the Eighteenth Century*）。他遵循斯塔尔夫人的传统，特别强调文学在任何时候都依赖于其所属文明的主流思想。圣-伯夫（Sainte-Beuve）和泰纳［Taine］进一步推进了这种观点。

我们稍后会讲到格维努斯，他是浪漫主义作家进行历史写作的一个例子。但是就目前这个话题而言，他有一部最重要的作品《德国诗歌史》

1 C. H. C. Wright, *A History of French Literature* (Oxford University Press, 1925), p. 619.

（*History of German Poetry*），努力展现了德国文学和诗歌的每一个阶段与它从中生长出来的文化之间的关系。格维努斯出于明确的政治原因写了这本书，却由此对德国文学产生了好奇。他希望他那个时代最优秀的德国人能放弃对诗歌的兴趣，转而关注德国的政治改革和自由主义。因此，当他赞美历史上最伟大的德国诗人时，他认为德国的天才人物已经在这一领域耗尽了自己的精力，最后的德国天才诗人是歌德。

在历史和文学思想领域，做出贡献的重要英国学者是沃尔特·司各特爵士（1771—1832）。他没有去写一部文学史，而是自己创作了一部伟大的文学作品。其他从事文学写作的人，即使是夏多布里昂，也没能如此强烈地激发人们对中世纪生活和骑士精神的兴趣。他是运用地方色彩再现了历史的文学巨匠。他的《艾凡赫》（*Ivanhoe*）、《护身符》（*The Talisman*）及其他关于中世纪苏格兰的小说，不仅影响了文学品位，也强烈地影响了从奥古斯丁·梯叶里（Augustin Thierry）到安德鲁·怀特等历史学家对中世纪的态度。司各特还写了一些严格意义上的历史作品，如长篇巨作《拿破仑传》（*Life of Napoleon*），但与他的历史小说对重要历史学家思想的影响相比，这些作品就不那么重要了。

人们通常认为浪漫主义者的历史写作开始于司各特和夏多布里昂的追随者，但佩尔登教授和其他学者已经明确指出，这类历史写作早在夏多布里昂和司各特的时代之前，就已经在英国出现了。它是在尚古主义、虔信主义和对英国中世纪怀有浪漫兴趣的情感中产生的。人种学说也起了关键作用。中世纪关于英国人起源于特洛伊的理论，以及其他荒诞的观念，都被一种最基本的“日耳曼主义”所取代——所有重要的欧洲种族都起源于“哥特人”，而盎格鲁-撒克逊人的历史则被写成哥特人胜利的从属事件。

很多作品对盎格鲁-撒克逊人的英格兰表现出了新的兴趣，尤其是约 184
翰·惠特克（John Whittaker）和莎伦·特纳（Sharon Turner）的作品。惠特克尖锐批评了休谟、罗伯逊和吉本，他计划围绕详尽的《曼彻斯特史》（*History of Manchester*，1771—1775）重新构建中世纪英格兰的真实历史。

他只完成了与前诺曼时期相关的部分写作。惠特克试图从前诺曼时代找寻到典型的英国制度，如附庸制度、封建制度和公民自由。他竭尽全力展现了英国早期历史里的“浪漫魅力”，在洞察“历史中的上帝之手”的能力上，他几乎可以与博絮埃相媲美。

莎伦·特纳是晚后的一位历史学家，他的能力更强，与惠特克有着相似的观点，他的主要著作是《盎格鲁–撒克逊史》(*History of the Anglo-Saxons*，1799—1805)。他认为对英国早期历史给予更广泛、更准确的关注非常重要。他甚至建议要仔细研究盎格鲁–撒克逊人来到英国之前的历史。他颂扬了尚未开化的盎格鲁–撒克逊人，把他们与被取代的颓废的罗马人进行了对比。我们可以注意到他对浪漫的“日耳曼主义”的期待，这种期待在查尔斯·金斯利的《罗马人和条顿人》中，已得到了充分的表达。然而，特纳的书是第一本对盎格鲁–撒克逊人的英格兰做了相当准确和恰当描述的著作。他的热情也让他出现了很多错误，比如他试图把贤人议会作为英国议会的源头，同时试图在盎格鲁–撒克逊人的英格兰找到陪审团的存在。这是英国制度史学家对“日耳曼主义”发展趋势的另一种期待。特纳还有一部从诺曼征服写到16世纪的英国历史著作，虽然没有多少价值，但是对中世纪文化、文学以及英国与大陆的联系给予了不同寻常的关注。特纳和惠特克同样坚信，历史的主要起因是神意。他认为上帝就站在那些证明了人类进步的证据的背后。

此外，约翰·平克顿(John Pinkerton)和约瑟夫·斯特拉特(Joseph Strutt)等人的作品也在试图对英国中世纪的文化进行美化和浪漫化。平克顿的《苏格兰史》(1788—1797)热情而深入地发掘和赞美了中世纪英国文学，特别是中世纪的英国诗歌。平克顿也是早期种族主义者的领袖。他认为欧洲主要的种族都来自哥特人，而哥特人就是古代历史文献中提到的斯基泰人(Scythians)。他说，苏格兰的皮克特人起源于哥特人。这种对哥特人的痴迷就是一种18世纪的前雅利安主义。约瑟夫·斯特拉特在他的《英格兰人的服饰和习惯》(*Complete View of the Dress and Habits of the People of*

England，1796—1799）和《英格兰人的体育和娱乐》（*Sports and Pastimes of the People of England*，1801）中，把之前在理性主义学派那里显示出来的对中世纪社会和文化史的兴趣，变成了浪漫主义者的态度。他认为，相对 185
于战争、宪法或外交政策，体育运动更能反映一个民族的精神，他的这一论点是原创的，也是站得住脚的。

浪漫主义者的方法被天主教徒约瑟夫·贝林顿（Joseph Berington，1746—1827）和福音派米尔纳兄弟（the Milner brothers）应用到中世纪英国天主教的历史写作中。贝林顿是一位牧师，但他对自由有着与浪漫主义者一样的热情。正如理性主义阵营的斯皮特勒在中世纪天主教会中寻找一个理性主义事业的仆人一样，贝林顿也努力证明了中世纪的英国天主教会是公民自由的热心支持者。他抓住了像托马斯·贝克特（Thomas à Becket）这样的案件。在他关于阿伯拉尔、埃洛伊丝（Heloïse）的著作和其他专著中，贝林顿歌颂了中世纪的英国和大陆的天主教。但奇怪的是，他的《中世纪文学史》（*Literary History of the Middle Ages*，1814）对中世纪的文学和学术持批评态度。在《基督教会史》（*History of the Church of Christ*，1794—1809）里，约瑟夫·米尔纳和艾萨克·米尔纳两兄弟对罗马天主教表现出非同寻常的热情，尽管他们是从福音派的视角来写作的。他们试图表明，无论基督教组织的外在形式如何，真正的基督教——耶稣的教导——都持续存在。因此，在中世纪的天主教徒中有许多杰出的基督徒。在这一立场上，米尔纳兄弟抨击了新教信徒和理性主义者的观点，但他们最感兴趣的是质疑理性主义者关于中世纪基督教本质的观点。他们的主要立场是，基督教起源于罗马的背景，忠诚的基督教历史学家在追溯教会历史时，不应该因这个事实而带有偏见。

浪漫主义历史学家的经典叙事不仅被前文列举的一般理论所支配，而且受到了司各特历史小说的文学规则的影响，这些规则非常强调地方色彩的元素。这种倾向实际上是反历史的，因为它的目的主要是要通过某种方式，使所描述的各历史阶段的事件宛若栩栩如生的眼前事件。这是对文学的贡献，而不是对历史科学的贡献。它追求更好的历史作品的主要动力在于，它的文学魅力唤醒了公众对历史的兴趣，这种兴趣比以往任何时候都更大。在适当的时候，很多著名的学者都投入到了历史写作中，比如冯·兰克，他个人对历史知识的贡献超过了浪漫主义叙事学派的总和。多种叙事方式的浪漫主义历史写作产生了最重要的作品，包括奥古斯丁·梯叶里（1795—1856）写的《诺曼人征服英格兰》（*History of the Conquest of England by the Normans*）和《墨洛温王朝叙事》（*Narratives of the Merovingian Period*）；阿玛布尔·德·巴朗特（Amable de Barante，1782—1866）写的《勃艮第公
186 爵史，1364—1483》（*History of the Dukes of Burgundy, 1364-1483*）；海因里希·里奥（Heinrich Leo，1799—1878）写的《意大利国家史》（*History of the Italian States*）、《荷兰史》（*History of the Netherlands*）和《世界史》；以及格维努斯（1805—1871）写的《19世纪的历史》（*The History of the Nineteenth Century*）。

奥古斯丁·梯叶里年轻时受到夏多布里昂的《殉教者》的启发，几年之后，又受到了司各特小说的鼓舞。这些使他对地方特色非常感兴趣。梯叶里的写作带有一种明确的政治哲学——对资产阶级和共和主义的热爱和对贵族的憎恨，其中一部分是他从圣西蒙那里学来的。他认为贵族政治是建立在征服之上并由外国征服者统治的。他将自己对当时法国贵族的憎恨投射到中世纪史的写作中，在他的笔下，中世纪的贵族是一群野蛮、粗俗的剥削者，他试图利用历史来反对他们。在他写的诺曼征服史里，他用征服者威廉和诺曼入侵英格兰来说明他的观点。在处理墨洛温王朝时，他把法国贵族追溯到一系列的外国入侵者——首先是法兰克人，然后是诺曼人。在那里，他的种族偏见加剧了他对贵族的仇恨。梯叶里在使用历史材料时并不过分挑剔。他拒绝了不可靠的二手权威资料，但他几乎没有能力或兴趣去评估当代编年史中存在的差异巨大的真实性。然而，他拥有强大的构建历史的想象力，拥有敏锐的艺术感觉和清晰、引人入胜的风格。他的历史著作因他的政治哲学而为法国资产阶级知识分子广泛接受。所有这些因素使他的作品大受欢迎，尽管

这些著作现在被当作真实的或稳定的中世纪法国史或英国史而受到排斥。他编辑的关于中世纪法国公社的著作有着更持久的影响力，其中表达了他对资产阶级的同情。

巴朗特作为历史学家的能力不如梯叶里，但他在使用地方色彩方面却是一个更伟大的艺术家。和梯叶里一样，他也受到了司各特的影响。他的兴趣主要是要展开一部惊心动魄的叙事——本质上是真实的，却要像历史小说一样生动。他选择了勃艮第历史作为主题，这是杰出的编年史家傅华萨和康敏斯所记录的时代。他试图做的是将当时的资料编织成一个叙事——一个雄辩的转述。然而，巴朗特在评价相关资料的准确性方面缺乏能力，而且，他根本不让自己的想法——如果他有自己的想法的话——进入叙事。在他的作品中没有反思、解释或哲学。这本书只凭借其文字魅力赢得了大批热情的读者。

里奥是德国浪漫主义历史写作叙事流派的代表人物。他最重要的作品是关于中世纪意大利城邦的，依据中世纪编年史家笔下的地方特色重建了中世纪的城镇。虽然里奥年轻时就被灌输了雅恩（Father Jahn）的自由主义思 187
想，但他变得更加保守；虽然他表面上仍然是新教徒，但后来又几乎是本着夏多布里昂的精神，成了中世纪天主教的热情辩护者。他的这种倾向性不仅出现在他对中世纪的解释中，也出现在他对犹太人、对路德和宗教改革以及对荷兰反抗天主教的西班牙事件的严厉批判中。他与冯·兰克进行争论，也惹来了更多的敌意，他不再受到欢迎。他的风格生动，在辨别史料方面，也远胜于梯叶里和巴朗特。

格维努斯是施洛瑟的学生和门徒，但与他的老师相比，他的兴趣多了政治性，少了道德色彩。他的主要政治倾向是德国的自由化，其著名的德国诗史就是出于政治目的而写的——他试图证明所有伟大的德国诗歌都已问世，他那个时代的诗人应该把注意力转向政治。他最重要的著作是鸿篇巨制《19世纪的历史》，着重追溯了宪政、民主和共和的趋势和运动。他把为自由而战看作是随宗教改革而来的民主思想反抗贵族传统的斗争，而这种贵族传统源于中世纪的教会、君主制和贵族制。这表明他对宗教改革知之甚少，因为宗教改革在某些方面实际上加强了君权神授和王权专制主义。在某一点上，格维努斯更倾向于理性主义者而不是浪漫主义者。他不是任何反动意义上的民族主义者。以牺牲自由主义为代价赢得的德国统一，对他来说没有吸引力。

在“抒情的”和主观群体的著作里，以及在米什莱、卡莱尔和弗鲁德（Froude）等人的著作里，叙事学派的主观因素都得到了进一步的强化。这些作家所做的尝试不仅使读者直接触摸到所述事件的地方色彩，也感受到了作者的个人印象和主观态度。读者可望把相关的事件具象化为他眼前发生的事件，可望分享到叙述者的感觉。

儒勒·米什莱（1798—1874）的《法国史》（*History of France*）在任何时代都堪称法国历史文学中最雄辩、最激动人心的著作。米什莱对他的国家充满了热爱与依恋，具有非凡的创造性的想象力，他的写作风格以其生动的文笔和象征性的表达而著称。米什莱对历史的浪漫态度终其一生未有改变，但是他的政治态度、宗教态度和他的性情却发生了显著变化，这种变化影响了他历史著作的基调。他一开始是虔诚的天主教徒，但是对自
188 由主义和科学深感兴趣。研究和翻译维科的《新科学》（*Scienza Nuova*）使他相信，科学和信仰是可以协调的。本着这种精神，他写出了早期较次要的作品，也着手写作重要的历史著作《法国史》。后来，他转而信仰了法国大革命的精神，并在法国自由主义政治中发挥了重要作用。天主教会积极支持法国的政治反动，米什莱也因此逐渐转变为激进的民主主义者和反对教会干预政治的人。本着这种精神，他写了《法国史》关于中世纪之后的各章节。这也解释了他的早期历史著作和晚期历史著作之间存在着明显精神差异的原因。

对米什莱来说，历史是“人类自由的戏剧”。他对历史哲学并不是特别感兴趣，却对全面而丰富地展现人类历史上的戏剧性事件非常感兴趣。他曾经写道：“奥古斯丁·梯叶里认为历史是叙述，基佐认为历史是分析。我则称我的历史为复活。”从他对“法国人民的精神”怀有炽热的爱这一点来看，

他是一个民族主义者。但事实上，在激发法国民族主义方面，他比其他任何一个法国浪漫主义历史学家做得都多。他不仅在他关于法国和法国大革命的历史里，还在他的著作《人民》（*The People*）里做到了这一点，《人民》是浪漫的民族主义的杰出典范。而米什莱比他之前的任何一位法国历史叙事学家都更勤奋、更全面地收集法国历史资料，在处理资料上，他并不像冯·兰克那样去筛选和衡量史料，而是像巴朗特那样，爬梳史料，为自己的叙述增添地方色彩。他认为历史剧的最好素材来自史料整理。他的《法国史》是一连串伟大的戏剧性场面，而不是紧凑和连续的叙述，其中，特别精彩的是关于圣殿骑士和圣女贞德的篇章。尽管他有浪漫主义和文学方面的兴趣，但他对法国历史的地理基础的描述是迄今为止最好的。米什莱对中世纪的叙述中，不仅对法国的起源做了热情的回顾，还赞颂了法国天主教，不禁让读者们想起了夏多布里昂，也在实际上赢得了夏多布里昂的热烈赞扬。

后来，米什莱的性情发生了变化，他的关注点从中世纪末期跳到了法国大革命时期。他的《法国大革命史》（*History of the French Revolution*）既是一部精彩的文学作品，也是一场反对教会干预政治的自由论战。他认为，法国大革命是获得自由的法国人民所取得的崇高成就，是反抗教会和王权制度压迫所取得的伟大胜利，他特别称赞了丹东（Danton）。他后来又填补了文艺复兴和法国大革命之间的历史写作空白。其著作的这一部分也因为猛烈 189
批评法国君主制、贵族制和法国天主教会而增色许多。他谴责圣巴塞洛缪大屠杀（the St. Bartholomew massacre），谴责废除《南特敕令》，等等，都是大胆的创新行为。总的来说，这两件事都是法国人引以为傲的民族传统的一部分。这也说明了天主教在当时法国历史观念上的影响力。米什莱对压迫者的怨恨伴随着对被压迫者的补偿性的同情。

在这一群体中，最没有吸引力的名人和最没有价值的历史学家是英国作家托马斯·卡莱尔（1795—1881）。和米什莱形成鲜明对照的是，卡莱尔对大众有一种刻薄的蔑视，对历史上的大人物却有着同样夸张的兴趣。他认为“普通群众必须得到领袖的训练、引导和惩罚”。对卡莱尔来说，历史不过是历代知名人物的“集体传记”。[1]现代历史学家对日常生活中的平凡事物有一种习惯性的蔑视，卡莱尔与其他历史学家一样对此负有责任，因为这些平凡事物对社会发展的影响，往往是那些大人物所不可比拟的。他的传记体的解释，虽然在文学意义上是精彩绝妙的，但更多的是对人物特征进行的个人主观解释，而不是对这些人物的社会行为进行理性的评价。在《克伦威尔的书信和演讲》（*Letters and Speeches of Cromwell*）、《腓特烈大帝传》（*History of Frederick the Great*）和《法国大革命》（*French Revolution*）等著作里，卡莱尔才华横溢地表达了自己的偏见。他的著作在史料上没有多少价值，同时，作者不加控制的偏见、完全缺失的批判方法和组织散乱的素材，为卡莱尔赢得了“英国最伟大的肖像画家”这一无可争议的地位。

对克伦威尔的论述是为了证明克伦威尔的品格，在这方面，这本书获得了成功。但它对宪政史的贡献是微弱的，在分析内战和英联邦所涉及的经济和社会因素方面也完全失败了。腓特烈大帝的传记被准确地称为“历史文学中最大、最多样的陈列柜”，它展现了腓特烈大帝时代主要社会人物的生动形象。但是作为开明君主时代的制度史，它彻底失败了。《法国大革命》只是“一系列生动画面”，根本没有深刻反思这场伟大革命的起源、本质、过
190 程或结果。它接受了一个荒谬的论点，即法国大革命从一开始就是野蛮的暴民的产物。无论是在细节上，还是在总体描绘上，这本书存在着很多不确之处。但是这本书是一部杰出的文学著作，可以同米什莱截然不同的解读相媲美，因此，从他那个时代到现在，这本书在那些追求娱乐而非教育的读者中广受欢迎。人们对卡莱尔作为历史学家最简短的评价来自莱斯利·斯蒂芬，他说卡莱尔的著作“是在遣词造句而不是在寻找思想”。

虽然卡莱尔的名字几乎成为历史叙述长期失实的同义词，但他的弟子詹

1 根据卡莱尔的理论，他认为，历史是由无数个大人物和小人物的传记编纂而成。“谁是最伟大的恩主？是赢得坎尼战役和特拉西梅诺湖战役的人？还是第一个为自己锤出一把铁锹的无名穷人？”但事实上，卡莱尔只关注和敬仰那些有权有势的人，而对那些卑微的人，如果他没有表现出自己的蔑视，就直接视而不见。

姆斯·安东尼·弗鲁德（1818—1894）却是比他更有才干的历史学家。弗鲁德的缺点是天生的粗心和记忆有误，他的不准确不是故意或不诚实造成的。弗鲁德对批评方法的价值有敏锐的鉴赏力，他的著作主要以未出版的文献为基础，是第一部长篇英国史。他的许多同代人曾指责弗鲁德为了与自己的学说相符合而故意改变或伪造史料，富埃特也一再提及这一点，但是今天，针对他著作的最好及最公正的批评者并不接受这一指责。他所著的《从沃尔西陷落到击败西班牙无敌舰队的英国史》（*History of England from the Fall of Wolsey to the Defeat of the Spanish Armada*）是一部把英国从“罗马的奴役”中解救出来的史诗。他对伟大人物的那种卡莱尔式的迷恋，在对亨利八世、伯利（Burleigh）和诺克斯的形象描绘中找到了更为充分的表达空间。作为一名叙事作家，在英国历史学家中只有麦考利能接近他的水准。古奇说：“没有哪位英国历史学家拥有过如此轻松、如此流畅、如此坦率的风格。”

与米什莱一样，弗鲁德也经历了深刻的心理变化，但他在开始写作其重要历史著作之前就已经感知到了这种变化。最初，他对高等教会牛津运动持同情态度，他投身于运动中的经历使他选择了与曼宁（Manning）和纽曼（Newman）背道而驰。他成了罗马的敌人，并支持英国的宗教改革。在卡莱尔的鼓舞下，他以第一手资料为基础，写出了第一部长篇的英国起义史。他受到了三种观念或思想的影响——罗马的罪恶、卡莱尔的英雄崇拜，以及对麦考利作为讲述者的崇拜。在写作的感染力上，他超越了卡莱尔和麦考利。他对主题的处理，在某种程度上结合了麦考利的叙事能力、卡莱尔的肖像描写能力以及律师简洁概括的方法。他热情地为亨利八世辩护，却并没有使他看起来像一个政治上的现实主义者，也没有在合适的经济和政治背景下描述他的历史。弗鲁德并不太欣赏伊丽莎白，而是把她的“伟大”归功于伯利。他对约翰·诺克斯很友好，因为他帮助拯救了英国的宗教改革，同时，
他对天主教徒苏格兰王后玛丽怀有敌意。尽管弗鲁德的著作存在种种缺点， 191
却仍然是英国宗教改革史上由一位作者完成的最完整、最具原创性的作品。书中的过激之处在一定程度上也是合理的，是由弗鲁德时代的高级教士和新

天主教徒对英国宗教改革的恶毒攻击造成的。

在浪漫主义的影响下，俄国也创作了一部著名的历史著作。这就是尼古拉斯·卡拉马辛（Nicholas Karamazin，1766—1826）所著的《俄国史》（*History of the Russian State*），叙述了直到1611年的俄罗斯人的历史。在这本书里，作者认为俄国的发展应归功于俄罗斯人民的特殊天赋，这种天赋根植于他们的东方传统和他们的东正教。卡拉马辛批判了西方的自由主义和西方文化。他的作品在俄国反西方思想流派中非常受欢迎。在波兰，受欢迎的民族历史学家约阿希姆·勒勒韦尔（Joachim Lelewel，1786—1861）在文化进化的浪漫主义观念指导下，编撰了《中世纪波兰史》（*History of Poland in the Middle Ages*）。在意大利作家卡洛·特罗亚（Carlo Troya）、路易吉·托斯蒂（Luigi Tosti）、切萨雷·巴尔博（Cesare Balbo）和切萨雷·坎图等人的历史著述中，也有一些浪漫主义的支派，我们会在后面章节中的相关部分予以介绍。

约翰·莫特利（1814—1877）是卡莱尔和弗鲁德学派在美国的最杰出的代表人物。莫特利是俾斯麦的朋友和同学，一生致力于书写荷兰反抗西班牙的斗争以及荷兰共和国的创建。他对自由的热望，甚至超过了米什莱和弗里曼（Freeman）。他在追溯荷兰成功起义和建立共和国的过程中找到了一个最适合的主题。在用英语写作的历史学家中，只有卡莱尔在文字表述和场景描写方面能够与他相媲美。

莫特利小时候在班克罗夫特指导下，学习了德语，之后去德国学习。正是在哥廷根，他遇到了俾斯麦。班克罗夫特对美国革命的看法以及他自己对自由美德的信念，引领他考察了自由和革命在荷兰的兴起。然而，作为上帝一位论派教徒，莫特利并不是新教狂热分子，他认识到罗马教会对新教的压迫。因此，他的《荷兰共和国的崛起》（*Rise of the Dutch Republic*）是对自由和共和主义的雄辩论战，是对天主教和西班牙专制主义的有力抨击。莫特利把沉默者威廉（William the Silent）与华盛顿相提并论，把他作为书里的英雄，而把菲利普（Philip）和阿尔瓦（Alva）写成了书里的反派人物。在

第一部著作之后，莫特利紧接着出版了同样生动的《统一荷兰史》(*History of the United Netherlands*)，之后又出版了《约翰·巴内费尔特的生与死》(*Life and Death of John Barneveldt*)，这本书攻击了总督莫里斯（Maurice）身上的加尔文派的偏执，因此遭到荷兰加尔文教徒的批判。莫特利长期从事史料研究，潜心钻研史料，因此他的著作在史实上非常准确。他的成见和偏见虽然已经受到多种评判，但没有人能够质疑他的文学才华、其著作的感染 192
力以及作者高尚的人格品质。

当浪漫主义概念在冯·兰克这样的大学者的头脑中占据了一席之地时，这些概念所起的作用就是激发作者对历史的兴趣，而不是削弱他的学术研究。浪漫主义强调“民族精神”的理论，并有其深厚的情感基础，因此极大地激励了民族主义史学的发展，民族主义史学由此在19世纪的历史写作中占据了主导地位。[1]

历史哲学的兴起

历史哲学最早并不是在浪漫主义时代出现的。它隐含在17、18世纪的进步理论中，我们在前一章已经提及。事实上，从攸西比乌斯到博絮埃，基督教历史学家都有一个非常具体的基于基督教史诗的历史哲学。弗莱辛的奥托和博絮埃的著作都对这种历史哲学做了经典的表达。但是，第一次对历史哲学做出大量非凡贡献的却是浪漫主义，其影响不仅超越了浪漫主义者的写作，还直接影响了一些晚期理性主义者的著作。浪漫主义有充分的理由去激发对人类进程进行哲学的思考。理性主义和浪漫主义提升了人们对历史的兴趣，理所当然地产生了大量可靠的历史信息，可供归纳，形成概念。浪漫主义者的立场特别强调民族文化的有机统一和文化制度的发展原则。最后，浪漫主义者对人类历史的某种神秘和伤感的态度，为思索过去创造了一种理想

1　参见下文第九章。

的精神氛围。

谁是“历史哲学之父”？关于这个问题曾经有过长期的争论，从希罗多德到黑格尔都有能获此殊荣的人选，但选择维科作为创造出令人瞩目的历史哲学体系的第一人，似乎是一个明智的妥协。我们已经提到过他“螺旋”式进步的概念。[1]维科认为，历史发展的实质是世世代代集体智慧的创造和变化——即“人的精神”在本质上的变化。像许多后来的历史哲学家一样，维科假定历史发展有三个主要阶段，对他来说，分别是神的、英雄的和人的阶段。在神的时代，感觉和原始情绪支配着精神世界，神权政体支配着政治领
193 域。英雄时代表现了诗歌的想象力在集体精神中的力量，政治上产生了贵族政体。第三个阶段证明了集体精神中的确定知识，产生了政治自由，具体表现为立宪君主制和共和政体。正如我们在前文中阐明的那样，维科认为这三个阶段循环往复，但从来不在同一层次上。人类的文化有一个渐进的螺旋式发展过程。维科的思想在许多方面都与浪漫主义相适应，特别是关于人类集体精神特征变化的观念和他关于上帝在历史中的力量的观念。我们已经指出，他的思想直接启发了一位重要的浪漫主义历史学家——米什莱。

德国的贡献

卢梭、杜尔阁和孔多塞等人提出了对历史发展的重要哲学反思——这与他们的进步观念相关，接下来，创建历史哲学的一个重要成果是赫尔德4卷本的《人类历史哲学的思想》(*Ideas for the Philosophy of the History of Mankind*)。赫尔德是介于卢梭理性主义和浪漫主义之间的一个边缘人物，一些人认为他是理性主义者，而另一些人认为他是浪漫主义者。赫尔德认为，历史过程是外部环境和人的“精神”(*Geist*)相互作用的结果，“精神”是主观冲动不断变化的总和，*Geist*这个词在英语中没有确切的对应词。“每

1 参见前文第175—176页。

一种文明的萌芽、开花和凋谢都遵循生长的自然规律。”罗伯特·弗林特对赫尔德历史哲学的主要论点做了很好的总结：

> Ⅰ. 人类本性的终点是人道；人类可以认识这一终点，上帝已经把人类的命运放在他们自己的手里。
>
> Ⅱ. 自然界的一切破坏力量不仅要在时间上必须屈服于保护的力量，而且最终必须服从于整体的完善。
>
> Ⅲ. 人类注定要经历不同程度的文明，经历不同程度的变革，但其持久不变的福祉只能建立在理性和正义之上。
>
> Ⅳ. 从人类心灵的本质出发，理性和正义必须在人类发展的过程中获得更多的立足点，促进人类的延伸。
>
> Ⅴ. 理智的善决定人类的命运，因此，没有什么更高贵的美德、更纯洁和更持久的幸福胜得过善行在人类计划中的总体合作。[1]

从赫尔德到黑格尔，历史哲学受到了德国先验唯心主义者的神学和认 194
识论的影响。就他们的历史观点而言，这些呆板的辩证家实际上与路德派的神学家或博絮埃等人差不多，他们只是改变了他们的术语而已。绝对就是上帝，绝对在世界上的展现正是上帝旨意的运作。

在赫尔德出版其历史哲学的第一稿之后的几年里，对历史哲学的另一个重要贡献出自康德笔下。伊曼努尔·康德（1724—1804）是德国最伟大的形而上学家，他的贡献是《世界历史的观念》（*Idea of a Universal History*），之后，他在《论永久和平》（*Of Perpetual Peace*）里又精心修订了其中的某些观点。康德认为，历史的动力存在于利己与利他——即个人主义与集体主义——的斗争之中，这种斗争既存在于人的个性之中，也存在于社会之内。

1　Robert Flint, *The Philosophy of History in France and Germany* (Scribner, 1874), p. 386. 赫尔德在其早期著作《关于人类教育的另一种历史哲学》（*Auch eine Philosophie der Geschichie*，1774）里，清晰地阐释了他的这一天才展望。

前者产生进步，后者产生秩序。文明是两者的结合。完美状态是这样的：富有创造力的个人主义的最大值与维持秩序所必需的国家控制的最小值相结合。政治家的任务是发现和采用这种理想的组合。这方面的成功需要和平，在和平的状态下，才可以聚集所有的公民智慧全力解决这一难题。因此，康德认为，消除战争对于实现文明的理想状态必不可少。

另一位德国哲学家费希特（Johann Gottlieb Fichte，1762—1814）在《现时代的根本特点》（*Characteristics of the Present Age*）里，提出了一个极其抽象的历史哲学概念。他几乎成功地把历史哲学从历史中分离出去。他认为，万物的历史计划，正如上帝所设计的那样，包括五个时代：（1）纯真时代，理性只能以盲目的本能呈现出其自然面目；（2）权威时代，要求理性被动服从；（3）漠视真理时代，包含了对理性的完全排斥；（4）科学时代，真理高于所有其他事物，我们开始意识到理性；（5）艺术时代，人类已自由并将自身美化为符合绝对理性的形象。在1807年出版的《对德意志民族的演讲》（*Addresses to the German Nation*）里，费希特认为，未来的希望在于德国人民。他们是纯粹的种族，拥有“隐藏的、取之不尽的精神生命和力量的源泉”。而浪漫民族是种族混合的产物。因此，他们过早地在文明中开花结果，甚至在费希特的时代已经走上了衰落的大道。毫不奇怪，费希特的学说对民族主义在德国的发展起了强烈的刺激作用。[1]

弗里德里希·冯·谢林（Friedrich Wilhelm Joseph von Schelling，1775—
195 1854）的历史哲学结合了知识神秘主义与对神引导的进步的信仰。谢林深受费希特的影响。在《先验唯心论体系》（*System of Transcendental Idealism*）里，他进一步推进了费希特的理论，融合了自然与理性，显现了二者在“绝对”过程中的结合。“自然是有形的灵魂，而灵魂是无形的自然，两者都有着连续不断的发展，在阶段上连续，在形式上渐变。”历史在本质上是“绝对”的自我揭示过程，谢林认为这个过程分为三个阶段：（1）古代帝国时期：

1 Cf. H. C. Englebrecht, *Johann Gottlieb Fichte* (Columbia University Press, 1933).

受天命的力量或命运控制；（2）开始于罗马的扩张和征服：命运让位于自然，人类社会出现秩序；（3）未来：充分证明神意在人类事务中的支配地位。

约翰·格雷斯（Johann Goërres，1776—1848）是谢林的弟子，他早在恩斯特·海克尔（Ernst Haeckel）和斯坦利·霍尔（G. Stanley Hall）之前，就已经大致提出了进化过程的重演理论，他认为，人类与生命个体一样，会经历相同的发展阶段。因此，他在历史中发现了代表人类走向成熟的四个阶段：（1）由地理环境所决定的人类的自然分组；（2）人类划分为种族、部落和国家的人种志阶段；（3）随着文明法治国家的兴起而出现的伦理政治时期；（4）人类能够理解神意启示的宗教阶段。

卡尔·冯·施莱格尔（Karl Wilhelm Friedrich von Schlegel，1772—1829）在《历史哲学》（*The Philosophy of History*）中阐释的历史哲学影响广泛。施莱格尔认为，哲学的核心问题是确定人的内在生活如何恢复统一与和谐——如何在人类的人格中恢复已失的上帝形象。历史的主要任务就是沿着人类历史的各个阶段来追溯人类对上帝形象的恢复。他写到，他的历史哲学最主要的目的是“依照上帝的恩典在不同阶段的分级，呈现人类对已抹掉的上帝形象的逐步复原，从最初的启示到中间阶段的救赎与爱的启示（基督的到来），再到最后的圆满”。因此，施莱格尔从中国早期的历史一直写到他自己的时代，以追溯万能上帝在人类记忆中逐渐回归的影像。为了寻求足够的情感支持，他成了一名天主教徒。他对中世纪的书写充满了溢美之词，当然，他对新教极为不满，认为新教是人类的产物，而天主教是上帝的杰作。

这一时期，最著名的德国历史哲学是令人瞩目的武断思辨家格奥尔 196
格·威廉·弗里德里希·黑格尔（Georg Wilhelm Friedrich Hegel，1770—1831）的哲学。黑格尔的《历史哲学》（*Philosophy of History*）是一部相当主观的著作——它记录了人类精神中发展起来的对自由的自觉意识。对这部著作最好的总结也许是半个多世纪前罗伯特·弗林特所写的评论：

太阳的轨迹是精神轨迹的象征；太阳从东向西运转，自觉意

> 识的光也是如此运转。亚洲屹立在东方，是绝对的开始，而欧洲处在西方，是历史的终结。历史上有三个伟大的时刻、阶段或时期——那是属于东方的、希腊—罗马的以及现代或日耳曼人的。在第一个阶段，精神对作为其本质的自由处于未知未觉的状态，明显屈从于教化和精神上的专制，因此，只有一个人是自由的，人们不知道个体的权利为何物。在第二个阶段，精神对这些权利出现了某种程度的觉醒，但并没有达到完全的觉醒——精神对其真正的本质有部分认知，有些人但不是所有的人有自由；在第三个阶段，精神知道自己是什么，人在本质上是自由的，同时人们也认识到所有人都具有与生俱来的追求理性自由的权利。[1]

与费希特的历史哲学一样，黑格尔的历史哲学具有强烈的民族主义冲动。这意味着宗教改革后的德国人具有了要为人类带来自由祝福的神圣使命。尽管以上分析揭示了黑格尔历史理论的一般模式，但进步本身即是冲突与综合的结果。一场运动或思想——正题——由此开始，它的反面——反题——亦随之出现。冲突中产生了最终的合题，标志着向真理迈进了一步。然后，合题变成了另一个正题，使这个过程继续下去。黑格尔关于进步的辩证法对后来的历史思想产生了巨大影响，卡尔·马克思（Karl Marx）对其辩证法的采纳及其为唯物主义历史哲学服务的探索，扩大了这种影响。[2]黑格尔还激发了历史研究中的其他重要工作，特别是爱德华·策勒（Eduard Zeller）对希腊哲学的权威研究以及费迪南德·鲍尔（Ferdinand Christian Baur）对基督教起源的考察。黑格尔的历史影响是从两个方向——马克思主义和民族主义——被感知的，其中民族主义的影响在今天更为突出。1931年，参加黑格尔逝世百年纪念活动的人几乎全是民族主义者。

1 Flint, *op cit*., p. 515. Cf G. S. Morris, *Hegel's Philosophy of the State and of History*, Scott, Foresman, 1892.

2 Cf Sidney Hook, *From Hegel to Marx* (Reynal and Hitchcock, 1936).

生物学的兴起和社会有机体的概念——个体有机体与社会的同一性——影响了查尔斯·克劳斯（Charles Christian Friedrich Krause，1781—1832）在《历史哲学通论》（*General Philosophy of History*）一书中对历史哲学的阐释。克劳斯既是费希特也是席勒的学生。他认为，人类所经历的 197
发展阶段可以比作一个人的生命历程。首先，我们经历了原始社会或称无知阶段和人类的婴儿期。然后是青年和成长时期，这一时期又可再分为三个阶段——从古代东方到希腊罗马时代的多神教时期；然后是狂热的一神教和教士统治时期，即中世纪；最后是自由时期，一切外来的精神权威均被抛弃。人类的终极时代是一个人类能同时掌握自然和社会的时代，并在一个伟大而繁荣的世界里实现所有国家的统一。对这个人类发展和命运的愿景，至少还有威尔斯[1]的微弱期盼。

作为对德国历史哲学的理想主义和浪漫主义的回答和否定，出现了弗里德里希·尼采（1844—1900）的悲观主义和反基督教哲学。但是，尼采与浪漫主义者有一个共同点，即他崇拜伟人——超人。

法国、比利时和意大利作家

一些法国作家也表述了浪漫主义历史观。维克多·库赞（Victor Cousin，1792—1867）是黑格尔的信徒，并把黑格尔的学说引入了法国。1828年，库赞在关于历史哲学的演讲中，描绘了人类发展的三个主要阶段：（1）无限阶段，此时人类主要依赖于对神的信仰；（2）有限阶段，人类开始反思个人的自由和权力，却带来了社会的混乱；（3）联合阶段，通过神意与自由的融合产生了对前两个阶段的完美联合。库赞抱着一种神意决定的态度，认为人类的历史进程从根本上说是“上帝的管理逐渐显现”的启示。库赞还吸收了同时代的英国历史学家托马斯·卡莱尔的“伟人”理论。伟大人物反映了

1　H. G. Wells，20世纪初的科幻小说家。——译者注

时代精神，也代表了个体和普遍的本质，对人类进步具有至关重要的意义。“世界通史仅仅是伟大人物的传记合集。”

德奥多尔·儒弗瓦（Théodore Jouffroy，1796—1842）在他的《历史哲学》（*Philosophy of History*，1825—1827）中提出了一种理性主义的历史哲学。他秉持前达尔文主义的观点，认为人类和动物之间的主要区别在于，当人类进步之时，动物没有改变。人类思想的变化决定着人类发展过程中的所有其他方面。因此，历史哲学的本质是观察和分析思想的变化并对这些涉及
198 “历史的外部史实”的变化——行为、习俗、制度和国家等——做出反应。人类历史上有三个主要的文明体系——婆罗门文明、伊斯兰教文明和基督教文明。基督教体系注定会征服所有其他体系。在基督教世界中，有三个主要的国家，每个国家都肩负着促进文明的明确使命。德国人是一个博学的民族，他们提供确切的事实材料。法国人在哲学方面很有天赋——他们解释了德国人发现的那些事实。英国人是务实的民族，他们把事实和哲学理论运用到工业、公共精神和立宪政府里。这些民族都认识到了自身的独特品质，并为全人类的福利而努力合作。

埃德加·基内（Edgar Quinet，1803—1875）在他本人翻译的赫尔德译本的导论，即《历史哲学导论》（*Introduction to the Philosophy of History*）中，对赫尔德和黑格尔的思想做了创新性的修订和阐释，重新再现了他们的思想。他赞同儒弗瓦的观点，认为思想是人类历史和社会发展的根本动因。他融合了对自由的强烈依恋和对共和主义的深切热爱，认为共和主义必须永远保护自由。因此，他的《基督教和法国革命》（*Christianity and the French Revolution*）对恐怖时期进行了强有力的批判。基内把这一历史过程看作是自由和自由意志的逐步实现——“历史自始至终是自由的发展和显现，是人类思想对压迫它和束缚它的世界的不断反抗，是灵魂逐渐获得和扩大其自由的过程”。基内对新教的热情不亚于施莱格尔对天主教的热情，他视新教为现代社会的重要解放因素。他认为法国大革命之所以失败，主要是因为它没有接受新教，而不是没有接受对理性的信仰。

法国对历史哲学的其他重要贡献是一项源自理性主义时代的遗产，至今仍然发挥着作用。这一传统始于杜尔阁在索邦神学院的《人类心灵的历史进程讲义》（*Discourse on the Historical Progress of the Human Mind*）中提出的清晰预测，就是后来奥古斯特·孔德对人类思想发展的三个阶段——神学、形而上学和科学的三阶段——的著名阐释。杜尔阁这样写道：

> 在知道物理现象彼此之间具有联系之前，人们会很自然地假定这些物理现象是由像我们这样有智慧的、看不见的存在创造出来的。一切未经人类干预而发生的事情都有其自身的神，恐惧或希望带来人们对神的崇拜，正如人们会尊重强有力的男人一样——神只是多少显得强大和完美的人，神的形象与他们产生的时代相吻合，相对于其所构建的完美人性来说，神产生的时代多少都是觉醒或开明之时。
>
> 但是，当哲学家们认识到这些神话的荒谬之处时，他们还没 199
> 有真正了解自然的历史，他们就用抽象的词语，用本质和感觉来解释现象，虽然实际上什么也解释不了，却是根据它们的真实存在而进行的推论。
>
> 直到很晚的时候，人们才通过观察物体彼此之间的机械作用，得出了其他的假说，这些假说可以通过数学开发出来，并通过经验加以验证。[1]

法国杰出的法学家和社会哲学家亨利·德·圣西蒙伯爵接受了这一观点。圣西蒙是一个具有独创性和丰富思想的人，可能在这个时代里，他仅次于边沁，但同时，他在持续阐释这一思想上却没有发挥什么作用。圣西蒙认为人类思想的发展有两个主要阶段，一个是神学猜想的阶段，另一个是始于

1　Flint, *op. cit.*, p. 113.

培根和笛卡尔的实证知识的阶段。他认同人类历史的有机理论，强调个人发展与社会发展的相似性。历史是对有机阶段和危机阶段演替的记录。在历史的有机阶段，社会是由思想和制度的共同体和平统一在一起的。之后会出现一个危机阶段，这是变革和进步的预备阶段，其特点是社会批评、各思想流派争鸣以及旧制度的总体不稳定。

圣西蒙的门徒之一菲利普·布歇（Philippe Buchez，1796—1866）在《历史科学导论》（*Introduction to the Science of History*）中强调了历史哲学中的神学范式。他强调种族对国家和个人发展的影响，并预见了赫伯特·斯宾塞所坚持的进步是宇宙和全人类的。但是他并不相信斯宾塞的自然论。相反，他和博絮埃一样坚定地认为，神的干预是人类和文明发展的主导力量。历史分为四个主要阶段，每个阶段都有一个重大启示：（1）亚当带来了人类制度的出现；（2）诺亚促进了部落和种族的诞生；（3）闪和雅弗子孙中的不知名先知建立了统一和平等的感觉以及劳动分工的概念；（4）耶稣基督揭示了真理和生命。圣西蒙的另一个门徒皮埃尔·勒鲁（Pierre Leroux，1798—1871）在其著作《人性》（*Humanity*）中阐述了人类团结的信条以及进步的普遍性和连续性。

200 奥古斯特·孔德在其大量著述里，经典地阐述了圣西蒙的思想，同时也加上了他自己的一些创新性思想。孔德最重要的作品是多卷本的论著《实证哲学的原则》（*The Principles of a Positive Philosophy*）和《实证政治的原则》（*The Principles of a Positive Polity*）。《实证哲学的原则》提出了孔德关于思想发展的观点，《实证政治的原则》的篇幅更大，阐释了他对于思想和社会发展的认识。孔德认为，人类思想的发展经历了三个阶段：神学阶段、形而上学阶段和科学或实证阶段。神学阶段是超自然的统治，形而上学阶段以形而上学的范畴和假设为基础，科学或实证阶段则以批判哲学和科学知识不断增长的影响为特征。

孔德把他对社会学的研究分为两个部分——社会静力学和社会动力学。在社会动力学里，他思考了社会进化的问题。他发现社会发展与思想的进步一样也分为三个阶段。第一阶段，本质上是东方社会的阶段，在精神上是神学的，在政治和社会表达上是军国主义的。然后是形而上学和法制阶段，即希腊、罗马和中世纪时期，军国主义仍在继续，但工业和公民自由取得了进展，哲学思想得到发展，法律确立了统治地位。最后，随着工业革命和现代科学的成长，社会发展迎来了科学和工业的时代，迎来了迷信的消除及对工业发展的重视。孔德的历史哲学被美国著名社会学家富兰克林·亨利·吉丁斯（Franklin Henry Giddings）[1]全盘接受，仅做了微小改动，同时，孔德也影响了德国著名历史学家卡尔·兰普雷希特。

比利时产生了一个杰出的历史哲学家弗朗索瓦·洛朗（1810—1887），他是根特大学的长聘教授，多产到令人难以置信。他的历史哲学被收录在18卷著作汇编中的最后一卷《人类历史研究》中。这部著作是一部详尽的世界史。因此，与之前任何一位写过历史哲学的人相比，洛朗都了解更多的真实历史（历史事实）。但是，他未能很好地利用他在历史哲学方面的广博知识，他的历史哲学是有神论的顶峰和反证法（*reductio ad absurdum*）——他试图把上帝纳入到宏大的历史中。他批评早期历史哲学所宣称的“宿命论”——“在维科那里，他看到的只是对古代宿命论的倡导；在伏尔泰和腓特烈大帝那里，他看到的是时机的宿命论；在孟德斯鸠那里，他看到的是对气候的宿命论；在赫尔德那里，他看到的是对自然的宿命论；在勒南（Renan）那里，他看到的是对种族的宿命论；在梯也尔（Thiers）那里，他看到的是革命的宿命论；在黑格尔那里，他看到的是泛神主义的宿命论；在孔德那里，他看到的是实证主义的宿命论；在巴克尔那里，他看到的是普遍规律的宿命论”[2]。洛朗自己的历史哲学是一种极端的有神论版本，其基础是 201
认为“历史是对上帝荣耀的展示”。上帝被认为推动着人类不可抵挡地走向现代文明，洛朗因此为我们提供了一个神学宿命论的最佳范例。他的哲学史最有趣和最重要的方面是，他强调了民族原则的发展及其对人类思想和道德

1 *Principles of Sociology* (Macmillan, 1896), Book II.

2 Flint, *op. cit.*, p. 324.

进化的贡献。最后，他提出了一个很崇高的倡议，即当代世界各国要团结与合作。

意大利人也关注着历史哲学。切萨雷·巴尔博（1789—1853）是意大利统一过程中教皇领导地位的支持者。他的历史哲学体现在其著作《历史沉思》（*Historical Meditations*）中。这是对博絮埃最晚近的回应，也是对历史天意理论进行的最重要的论述。朱塞佩·费拉里（Guiseppe Ferrari，1812—1876）深受维科影响。他提出了一种革命哲学，致力于推行这样的观念，即在人类发展过程中，革命的影响是建设性的，而不是破坏性的。他在《政治阶段理论》（*Theory of Political Periods*，1874）中提出了更为重要的观点。他认为，人类的进步是某些基本法则共同作用的结果，其中每一种法则占主导地位的时间段大致为125年。每个法则占主导地位的时间段又分为四个子阶段——准备期、开花期、反应期和溶解期。我们将在下文提及贝内代托·克罗齐（Benedetto Croce）的观点。

英国和美国的历史哲学

英国没有出现公认的、自成体系的历史哲学家。英国有先验空想家、黑格尔和孔德的追随者，但他们只是把这些哲学思想引进了英国。有时候，他们准备了详尽的评论，进行了强有力的宣传，就像弗雷德里克·哈里森和实证主义学会引进和传播孔德的学说一样。[1]但是，在整个19世纪，有些英国人提出了对历史哲学的观察，这些观察比我们在前文提到的所有武断的装腔作势和冗长的辩解都更有价值，也更加有效，只有奥古斯特·孔德的坚实贡献是个例外。这些观察大多是在新唯物主义、自然主义和进化哲学的影响下写成的。

202 赫伯特·斯宾塞（1820—1903）在其著作《第一项原则》的第二部分和

1 J. E. McGee, *Crusade for Humanity: The History of Organized Positivism in England* (Watts, 1931).

《社会学原理》（*Principles of Sociology*）中，把人类历史和人类文化的进步与普遍演化的学说联系起来。斯宾塞认为，社会和文化进步符合宇宙演化的规律——物质的逐步整合，接着是日益完善的分化与各部分之间的合作。斯宾塞尤其把人类历史从天意理论中分离出来。社会进化不再是上帝指导的结果，甚至也不是由人类有意识地计划或控制的。社会的发展是一个自然的过程，与作为整体的宇宙的发展一样。斯宾塞把社会发展分为三个主要阶段：（1）部落或氏族社会阶段，由小型和零散的群体发展而来；（2）军事时代，小部落群体通过战争联合成国家；（3）工业化时代，社会主要致力于工业和生产。

亨利·巴克尔（1821—1862）是来自英国的理性主义追随者，同时也受到孔德实证主义和新生物自然主义的影响。他在其著名的《英国文明史》中阐明了历史发展的某些自然规律，他计划把这些规律应用到具体的英国历史中，但是这一计划还没有完成，他就去世了。与霍尔巴赫（Holbach）一样，巴克尔认为，一般来说，人只是自然的一部分，因此历史发展的规律可以转化为自然规律。诸如：（1）自然法则，与土壤、气候、财富以及影响人类的自然诸方面相关，结论是，这些地理影响与思想的进步呈反比例关系——在原始社会，地理影响力最强大，在先进的文明里，地理影响力最微弱。[1]（2）道德法则，这是静态的、不变的和持久的——巴克尔并没有发现这一领域的进化趋势。（3）思想法则，科学方法的自由使用一直以来都是造福于人类的，也最有效地促进了文明的发展。巴克尔以法国、西班牙和苏格兰的历史为参照，初步阐述了这些法则，但他未能在有生之年实现他的主要计划——把这些法则应用到具体的英国文明史中。

把达尔文原理应用到人类发展中的伟大尝试是由一个英国人完成的，这就是法学家和经济学家沃尔特·白芝浩（Walter Bagehot，1826—1877）所著的《物理学与政治学》（*Physics and Politics*）。他试图利用达尔文主义为

1　Cf. Franklin Thomas, *The Environmental Basis of Society* (Century, 1925), pp. 87 ff., 130 ff., 199 ff.

203 人类发展做心理学解释。他发现人类发展过程中有三个显著的阶段:(1)风俗形成阶段，或者是原始社会阶段;(2)风俗冲突阶段，或者是国家形成阶段，战争带来部落群体合并，建立国家;(3)讨论阶段，僵化的传统信仰和实践逐渐瓦解，理性和自由讨论由此占据统治地位。国家形成阶段出现了东方古代的伟大帝国。讨论阶段始于希腊和罗马，但是在中世纪时出现了倒退，回到了古代的国家形成阶段。代议制政府起源于日耳曼人的部落集会，在现代却成为讨论阶段的复兴。

莱斯利·斯蒂芬爵士（1832—1904）是一位杰出的散文家、编辑和法学家，他致力于把历史从神意解释中分离开来，并因此而闻名，他还引进了不可知论的观点。在这方面，他最引人注目的作品是他的《伦理学》(*Science of Ethics*)，其中，他基于达尔文学说努力创建了一个自然理论和道德解释，捍卫了这样一种观念，即健全的行为准则主要是为了维持群体生活、促进社会发展。

罗伯特·弗林特（1838—1910）因其对近代历史哲学发展的历史研究而具有重要地位。他是爱丁堡大学的神学教授。他的重要著作有《欧洲历史哲学：法国和德国》(*The Philosophy of History in Europe: France and Germany*, 1874）和对维科哲学的研究（1884）。第一本书涉及法国和比利时的部分内容，被扩充为一整卷的《法国历史哲学》(*The Philosophy of History in France*，1893)，同时他也期待着出版关于德国和其他地区的历史哲学著作以及表达自己历史哲学思想的著作。但他并未在这方面进一步发表系统性的资料。弗林特将其坚定的有神论思想与英国经验主义传统巧妙地融合进他的批判性意见中，对先验主义和黑格尔主义彬彬有礼却充满敌意。他迎合的主要是英国读者和美国读者，让这些读者对其他人的历史哲学产生兴趣。

被广泛阅读的本杰明·基德（Benjamin Kidd，1858—1916）的著作，尤其是他的《社会进化》(*Social Evolution*）一书，是科学自然主义和蒙昧主义的奇怪大杂烩。基德看待历史的方式与康德相似，是从个人主动性和社会控制之间斗争的角度来看待的。但是，康德认为，个人主义的冲动是进步

的主要动力，而基德则认为，群体对个人主义的约束是人类发展的主要动
力。基德的论点是理性会滋生个人主义和无政府状态。因此，最重要的社会
控制必须建立在某种强大的超理性力量或制裁之上。基德发现这种力量存在
于宗教之中。基德接受了斯宾塞关于社会发展分为军事阶段和工业阶段的观 204
点。基督教将人类从军事阶段拯救出来，是通过基督教本身对正常行为的超
理性制裁和利他主义的道德体系来完成的。当天主教履行其职能并按其有益
的道路运行之时，新教似乎释放了一股迄今为止被压抑或被误导的利他主义
的洪流。这种利他主义深深吸引着统治阶级，使他们无法抵制争取民主和社
会正义的运动。基德由此试图否认或掩盖马克思的理论，即所有的进步都是
下层阶级通过与他们的主人斗争而获得的。

美国对历史哲学表现出极大的兴趣，尤其是就黑格尔、孔德等人的哲学信徒而言。至少在安德鲁·怀特时代之后的专业历史学家对这一领域没有什么贡献。[1]莫里斯（Morris）、哈里斯（Harris）、罗伊斯（Royce）等人引介了黑格尔。约翰·菲斯克（John Fiske）普及了赫伯特·斯宾塞关于宇宙演化的概念。约翰·杜威（John Dewey）将达尔文的概念应用于哲学。富兰克林·吉丁斯在解释社会进化时改编了孔德的方案。亨利·亚当斯（Henry Adams）建议把历史数据置于科学定律之下，尤其是归于阐明了能量衰减学说的热力学第二定律之下。他的兄弟布鲁克斯·亚当斯（Brooks Adams）影响力更大，他写的两本书是《文明和衰退法则》（*Law of Civilization and Decay*）和《社会革命理论》（*The Theory of Social Revolution*）。J. D. 福雷斯特（J. D. Forrest）在《西方文明的发展》（*Development of Western Civilization*）一书中把修正的黑格尔主义融进其对历史事实的全面掌握之中。但是，任何系统的历史运动在美国开始得都太晚了，以至于有思想倾向的历史学家解释历史的兴趣远大于对古老的历史哲学综合体系的兴趣。[2]

1　例如参见G. B. Adams, "History and the Philosophy of History," in *American Historical Review*, January, 1909。

2　Cf. Shotwell, *Introduction to the History of History*, chap. xxvii. 参见下文第355页及以次。

最新趋势

除了前文简要回顾的这些之外，还有另外一些对历史哲学的贡献。卡尔·马克思运用黑格尔的二元论建立了对历史的唯物主义解释，把技术和经济因素视为人类和社会发展的决定性因素。在这些经济因素中，阶级斗争的影响最为深远。根据马克思的观点，无产阶级最终要推翻他们的资本主义剥削者，创造一个无阶级的社会。[1]

意大利著名的美学家贝内代托·克罗齐提出了一种新黑格尔历史观，
205 但是重点已经从逻辑转向了艺术。[2]对克罗齐来说，历史是现实在当下的表现，它本身包含着过去的印象以及洞察未来的萌芽。哲学的责任就是解释现实在每一个历史发展阶段的整体表现。因此，克罗齐呼吁哲学与历史之间要建立密切的互动关系。克罗齐遵循唯心主义的理念，即除了精神之外，就没有任何真实的存在，他宣称："历史是人类心灵及其理想的故事，是人类在理论里、在艺术作品里、在实践和道德行为中表现出来的外在本质。"克罗齐以其对历史哲学的"常识"论断而闻名，其大意是，那些拒绝高贵而浮夸的哲学假设并将其从前门扔出去的人，通常会从后门偷偷带进一些琐屑而卑鄙的哲学。因此，他表示，我们最好坦率地遵循一种值得尊敬的历史哲学。

第一次世界大战之后，奥斯瓦尔德·斯宾格勒的长篇巨著《西方的没落》(*The Decline of the West*)包含了对历史哲学冗长而充分的讨论。炫耀浮夸的学究气与潜在的历史悲观主义哲学一道，在很多方面反映了尼采的影响。历史循环论再一次复兴，斯宾格勒找到了4种伟大的文明类型，尽管他也提到其他很多种文明：印度文明，大约始于公元前1800年；古希腊文明，大约始于公元前900年；阿拉伯文明，开始于基督纪元，包括基督教和伊斯

1 M. M. Bober, *Karl Marx's Interpretation of History* (Harvard University Press, 1927).

2 *American Historical Review*, January, 1934, p. 230. 也参见他的*History. Its Theory and Practice* (Harcourt, Brace, 1921)。克罗齐在多种态度之间摇摆，其中一种是暴力的反历史的态度。

兰教的兴起；西方文明，勃兴于公元900年。每一种文明都经过一个完整的四季周期：春、夏、秋、冬。西方文明现在正处于严冬期，它有可能把文化的火炬抛给东方的黄种人。虽然这本书的总体哲学是可疑的，其结论也极具商榷性，但必须承认，这本书非常具有启发性，它抛出了数以千计的有趣建议，表面上的博学也给很多读者留下了深刻印象。斯宾格勒“泡沫”破灭的部分原因是后来出版的一本小册子《人类与技术》（*Man and Technics*），这本书证明，斯宾格勒对生物学和人类学的基本原理几乎一无所知。[1] 另一位德国哲学家路德维希·斯滕（Ludwig Stein）在其《进化与乐观主义》（*Evolution and Optimism*）一书中回答了斯宾格勒的问题。

德国历史学家和心理学家保罗·巴尔特（Paul Barth，1858—1922）的著作表达了我们这个时代一项有趣的发展。巴尔特全面细致地学习了黑格尔及其追随者的历史哲学。他试图把历史哲学从历史中分离出来，并把它纳入社会学。他认为历史哲学的本质是社会学。他的重要巨作《作为社会 206
学的历史哲学》（*The Philosophy of History as Sociology*，1897，1922）既是对历史哲学的一项重要调查，也是对他的历史哲学即社会学观点的一项论证，大多数传统历史学家都非常高兴地承认了这一论断。库尔特·布雷斯克（Kurt Breysig）是兰普雷希特的追随者，也是一位能干的社会历史学家，最近他在《论历史的形成》（*Vom geschichtlichen Werden* [*On Historical Becoming*]）一书中陷入对历史哲学的思考之中。他融合了马克思和黑格尔的观点，强调物质因素和理想的力量。他对领导权力的赞美尤其引人注目。近年来，对历史哲学贡献最多的著作是阿诺德·汤因比（Arnold J. Toynbee）的《历史研究》（*The Study of History*），这部巨著于1934—1961年间出版，共12卷，此外，还有皮提里姆·索罗金（Pitirim Sorokin）的4卷本《社会与文化动态》（*Social and Cultural Dynamics*，1937—1941）。汤因比研究了大约22个文明的兴起与衰落，最终结果是，正如约瑟夫·赫格希默（Joseph

1 Henry Hazlett, in the *Nation*, February 24, 1932.

Hergesheimer）所看到的，“将宇宙埋葬在英国教会的教堂墓地里”。在索罗金的笔下，社会进化是反复出现的末日与短暂幸福之间的起伏不定。

参考文献

G. B. Adams, “History and the Philosophy of History,” in *American Historical Review*, January, 1909.

D. S. Muzzey, ed., *Essays in Intellectual History Dedicated to James Harvey Robinson*, chaps. iv, x, xiii. Harper, 1929.

Fueter, *Histoire de l'historiographie moderne*, pp. 517–73, 647–57.

R. Flint, *The Philosophy of History in France and Germany*. Scribner, 1874.

——, *The Philosophy of History in France*.

G. P. Gooch, *History and Historians in the Nineteenth Century*, chaps. ii–iv, ix–x, xvii, xxvi. Longmans, Green, 1952.

Thompson, *History of Historical Writing*, Vol II, chaps, xl, xliv, xlvii.

Reinhold Aris, *History of Political Thought in Germany from 1789 to 1815*, London, 1936.

R. T. Clark, *Herder. His Life and Thought*. Univ. of California Press, 1955.

H. C. Englebrecht, *Johann Gottlieb Fichte*. Columbia University Press, 1933.

J. C. Herold, *Mistress to an Age: A Life of Madame de Stael*. Bobbs-Merrill, 1958.

L. M. Young, *Thomas Carlyle and the Art of History*. Univ. Pa. Press, 1939.

T. P. Donovan, *Henry Adams and Brooks Adams*. Univ. of Okla Press, 1961.

Wegele, *Geschichte der deutschen Historiographie*, Books IV and V.

Roudolph Haym, *Die romantische Schule*. Berlin, 1914.

K. A. Poetzsch, *Studien zur fruehromantischen Politik und Geschichtsauffassung*. Leipzig, 1907.

Gottfried Salomon, *Das Mittelalter als Ideal in der Romantik*. Munich, 1922.

Peardon, *The Transition in English Historical Writing*.

Kenneth Bell and G. M. Morgan, *The Great Historians*. Macmillan, 1925.

第九章　自由主义和民族主义影响下的历史著作

民族主义与历史著作

欧洲的扩张不仅是激发非欧洲民族历史兴趣的一个有利因素，更是新的自然科学以及与之相伴而生的怀疑论哲学发展的强大推动力，同时也是脱胎于中世纪后期的封建君主制的现代民族国家建立起来的主要力量。欧洲的扩张增加了可供君主支配的资本和其他资源，建立了一个忠诚的中产阶级，能够为国王们提供受雇用的官员和军事力量，由此可以镇压封建贵族的反对势力，进而建立民族国家体系。

这些新兴国家涌现出的爱国自豪感促使人们去书写本民族过去的辉煌和文治武功，也推动着人们去收集各民族来自最遥远过去的珍贵记录。这一编辑和收集活动的最早阶段可以追溯到16世纪，而在法国大革命之后，出现了现代的编辑形式。拿破仑战争和普鲁士重建极大地促进了民族自觉意识在欧洲绝大多数国家的建立。同时，流行的浪漫主义信条强化了这种民族自豪感，强调了民族性的重要以及坚不可摧的“民族精神”。

自由主义也强烈地影响了民族主义的历史著作，特别是在那些君主和专制传统不占绝对主导地位的国家。17世纪的英国革命、美国革命、法国革命、普鲁士解放战争以及1830年和1848年间的革命都推动了自由传统。罗特克、格维努斯、达尔曼（Dahlmann）、梯叶里、米什莱、基内、麦考利、弗里曼、班克罗夫特、莫特利等作家细致地描述了自由冲动在创造民族主义历史叙述中的作用。

民族主义的推动力在19世纪中叶得以增强，这是约瑟夫·戈比诺伯爵（Count Joseph Arthur of Gobineau，1816—1882）《人种不平等论》（*Essay*
208 *on the Inequality of the Human Races*，1854）所造成的恶劣影响。戈比诺宣称，种族质量对历史发展进程具有决定性的影响，主张“雅利安”种族具有天然优越性，认为种族退化是其与劣等种族混合的必然结果。他的学说现在已经完全声名狼藉，但是在当时却广泛流行起来，尤其是在民族主义的德国历史学家和法学家中间盛行。[1] 他的学说在查尔斯·金斯利和休斯顿·张伯伦（Houston Stuart Chamberlain）的条顿狂想曲里、在莫里斯·巴雷斯（Maurice Barrès）的高卢人的迷狂里，以及在吉卜林（Kippling）和荷马·李（Homer Lea）的撒克逊赞歌中达到顶峰。这一学说不仅有效地在统治者的“种族”方面发展了更大程度的沙文主义，而且还导致了对少数“种族”的迫害，并由此刺激了他们的民族主义情绪。[2]

德国的民族主义历史著作

最早开始民族历史文学写作的国家也许是人文主义和旧帝国时代的德国。开明的皇帝马克西米利安一世（Maximilian Ⅰ，1493—1519）效仿查理曼，在其维也纳的宫廷里聚集了一些重要的德国人文主义历史学者。康拉德·塞尔提斯重新唤起了人们对塔西佗《日耳曼尼亚志》的兴趣，由此引发了一场持续近四个世纪的争论。约翰内斯（Johannes Spiesshеimer，1473—1529），即闻名的库斯皮尼安（Cuspinian）对约尔丹和弗莱辛的奥托的历史著作做了批判性研究。艾瑞尼卡斯（Irenicus）、波伊廷格（Peutinger）和贝

1 与一般印象相反，戈比诺在法国并没有受到多少欢迎。在法国，他被视为法国的尼采，即他是反宗教的、反基督教的、反民族主义的和反民主的。戈比诺的第一本法语传记也是在最近（即20世纪中叶。——译者注）才出版。

2 Cf. F. H. Hankins, *The Racial Basis of Civilization* (Knopf, 1926), chaps. i–v, and Theophile Simar, *The Race Myth* (Boni, 1925).

亚图斯·雷纳努斯在研究德国古代历史时展现了布隆德斯的精神。然而，他们的活动很快就在宗教改革的争论中被扼杀了，人们对世俗和民族历史的兴趣减弱了。德国历史资料的收集始于西蒙·夏迪厄斯（Simon Schardius，1535—1573）、约翰·皮斯托留斯（Johann Pistorius，1546—1608）和马夸德·弗雷赫（Marquard Freher，1565—1614）的著作。梅尔西奥·戈尔达斯特（Melchior Goldast，1578—1635）出版了他著名的文献集，处理了德国中世纪的历史和公共法律，即著名的《罗马帝国君主》（*Monarchia romani imperu*）。这本书一直是标准的德国文献集，直到《文献》（*Monumenta*）以更全面的方式涵盖了同一时期和同一材料。杰出的哲学家莱布尼茨（1646—1716）雄心勃勃地要撰写德国历史资料汇编，以此来媲美迪歇纳（Duchesne）编写的法国历史资料。[1]然而，他并未能获得帝国的必要支持，
因此不得不放弃这个更大的计划。他只是出版了一本关于归尔甫派的历史文 209
献——《西罗马帝国的布伦瑞克编年史》（*Scriptores rerum brunsvicensium*，1707—1711）——这是他对布伦瑞克（Brunswick）王朝进行历史研究的副产品。莱布尼茨强调，抄写史料时，必须照搬原稿，而不是纠正原稿。

德国历史资料最庞大的现代汇编，即著名的《德国历史文献》（*Monumenta Germaniae Historica*），是解放战争的精神产物，由德国当时的主要政治家海因里希·弗里德里希·卡尔（Heinrich Friedrich Karl），即斯坦因男爵（Baron vom Stein）发起。由于维也纳会议之后的反动倾向，斯坦因灰心丧气，转而致力于鼓励大众对德国历史的兴趣。爱国是斯坦因的主要动机。由于未能获得政府对德国历史资料汇编的支持，他动用自己和朋友的资源募集了必要的资金，建立了德国古代史学会，同时他的运气也非常好，在汉诺威档案馆找到了一位具有卓越学术和精力旺盛的编辑格奥尔格·海因里希·珀茨（1795—1876）。在半个世纪的时间里，珀茨承担了编辑的重担，其间得到了许多最有才能的德国学者的帮助，其中有著名的宪法

1　参见下文第212页。

历史学家格奥尔格·魏茨。这一宏大的汇编《文献》囊括了从罗马作家对入侵的记录到整个中世纪与德国历史相关的重要信息资料。全书共120卷，直到1925年才完成。它是历史科学写作发展的一个重要里程碑，因为它使后世历史学家有了著述丰富和写作准确的基础。这部伟大的民族汇编又增补了大量资料，涉及日耳曼国家的历史资料、德国宗教史、德国外交关系以及统治者事迹，比如埃尔德曼斯多弗（Erdmannsdörfer）关于大选帝侯腓特烈·威廉统治时期的详尽资料汇编。

德国的民族历史并不局限于资料汇编，而是在热情洋溢的叙述中得到表达，这些叙述的主题通常是日耳曼帝国过去的辉煌，或者是对后来的霍亨索伦成就的赞美。霍亨索伦的热情建议为普鲁士复兴中世纪的帝国荣耀奠定了基础。在德国民族主义历史的兴起过程中，最重要的影响来自约翰内斯·穆勒，他以丰富多彩的浪漫主义风格描写了德国中世纪。正如我们所看到的，施密特从理性主义者的立场书写了一部德国史，但是他的世界主义观点并不能使爱国者满意。弗里德里希·威尔肯（Friedrich Wilken）在其
210 长篇著作《十字军东征史》（1807—1832）里，描绘了十字军东征期间日耳曼人的大无畏精神，开启了民族主义者的叙述。海因里希·卢登（Heinrich Luden，1780—1847）在穆勒关于中世纪的观点影响下，创作了一部长篇的《德意志人民史》（*History of the German People*）[至1235年]，目的是唤起人们对中世纪德意志辉煌的民族热情。约翰内斯·福格特（Johannes Voigt，1786—1863）在他的《普鲁士史》（*History of Prussia*）和《马里恩堡史》（*History of Marienburg*）中以史诗般的笔触书写了条顿骑士对普鲁士的改变和征服。弗里德里希·冯·劳默（Friedrich von Raumer，1781—1873）考察了霍亨斯陶芬王朝的成就，也因此宣传了中世纪德国的英雄，古斯塔夫·斯滕泽尔（Gustav Stenzel，1792—1854）则带着批判性的技巧和爱国主义的教诲描绘了法兰克尼亚皇帝的事迹。威廉·冯·吉泽布雷希特（Wilhelm von Giesebrecht，1814—1889）在《日耳曼帝国时代史》（*History of the German Imperial Era*）一书中，分析了中世纪德意志帝国的形成，书

中所展现出的学术成就丝毫不亚于他的日耳曼狂热及其罕见的文学力量。

尽管利奥波德·冯·兰克的宗教改革史对路德成为德国伟大的民族英雄产生了巨大的影响，但必须承认的是，兰克和他的弟子们信奉着某些理性主义者的世界观。随着“普鲁士学派”的兴起，德国的民族主义史学变得更加沙文主义和王朝化。即使是兰克本人，虽然他通常能控制自己的情绪，但也无法抑制对普鲁士和霍亨索伦家族的仰慕。他的许多关于普鲁士历史的著作比他的任何其他著作都更接近于民族主义史学。路德维希·豪瑟（Ludwig Hausser，1818—1867）生动地描述了三十年战争和普法尔茨王朝，并在《德国史：1786—1815》（*History of Germany, 1786-1815*）一书中，为解放战争贡献了多卷本的史诗巨著。在《德国史》里，他强调了普鲁士在解放和统一德国中的作用。马克西米利安·邓克尔（Maximilian Duncker，1811—1867）是一位古代历史学家，由于他在编辑伟大的霍亨索伦王朝的国家报纸时所做的工作，他对这个王朝产生了一种狂热的崇拜，他相信这个王朝适合复兴旧德国的帝国荣光。阿道夫·施密特（Adolph Schmidt，1812—1887）在《普鲁士的德国政策》（*Prussia's German Policy*）和《自腓特烈大帝以来的尝试统一史》（*History of Attempts at Unity Since Frederick the Great*）中也对普鲁士大加赞赏。施密特强调了普鲁士对德国统一事业的坚定不移的奉献。

第一部大肆歌颂普鲁士主义的作品是由约翰·古斯塔夫·德罗伊森（Johann Gustav Droysen，1804—1884）完成的，他抛弃了早期信奉的自由主义，成为一个对霍亨索伦王朝阿谀奉承的颂扬者。他的不朽著作《普鲁士政策史》（*History of Prussian Policy*）留有瑕疵，不仅在于这本书对他所仰慕的王朝的“使命”存在着严重偏见，还在于它几乎完全局限于普鲁士外交政治的表层。它甚至都很少关注国内政策，更不用说它完全忽略了作为基础的社会条件和经济力量了。

亨利克·冯·特雷奇克（Heinrich von Treitschke，1834—1896）续写 211
了德罗伊森中断的故事。他的《19世纪德国史》（*History of Germany in the Nineteenth Century*）堪与米什莱、麦考利、弗鲁德写就的历史比肩，是现代史学的杰作之一。尽管这本书充满了对普鲁士新教领导的热情，这种热情曾激发了德罗伊森的写作，但特雷奇克的历史至少有一个真正的优点，那就是对德意志民族发展中的基本文化力量给予了足够的关注。

海因里希·冯·西贝尔（1817—1895）是普鲁士学派三位领袖中的最后一位，他以兰克弟子的身份开始写作关于第一次十字军东征的杰出著作，并对德意志王权的起源进行了深入研究。但在19世纪中叶动荡的政治局势里，他丧失了策划者的冷静，成为彻底鼓吹通过普鲁士的军事领导力促成德国统一的倡导者。他的《法国大革命史》是对整个运动的大规模论战，其中心主题是关于法国人在政治上无能的浪漫主义者的老论断。西贝尔从这种所谓的政治无能的场景中，转向对法国大革命这一事件的描述，似乎对他来说，这一事件证明了他自己的国家在政治事务中的最高能力——由俾斯麦建立德意志帝国。西贝尔的巨著《威廉一世建立的德意志帝国》（*The Foundation of the German Empire by William I*）清晰地展现了大量的政治和外交细节，这是对俾斯麦政治和外交的高度拥护和辩护。

到西贝尔完成写作时，德国的历史写作已经变得太弱，不能作为推进国家抱负的主要工具。历史著作的地位被彼得斯（Peters）、坦嫩贝格（Tannenberg）和泛德扩张主义者的文学作品所取代，被伯恩哈迪（Bernhardi）和极端军事主义者的作品所取代，被张伯伦和明目张胆的条顿派所取代。普鲁士学派的历史学家在这种民族高涨状态中所起的作用由吉扬（Guilland）做了清晰的剖析。[1]奥托·欣茨（Otto Hintze）在他的颂扬卷《霍亨索伦家族和他们的功绩》（*The Hohenzollerns and Their Work*，1915）里很好地说明了科学史本身如何在第二次世界大战期间，战胜了职业历史学家的狂热民族主义。在这本书中，即使是一本百年纪念卷的诱惑也不能使一位称职的历史学家失去冷静。然而，直到第二次世界大战时期，民族主义史学偶尔还会留下一些后遗症。迪特里希·沙费尔（Dietrich Schafer,

1 Antoine Guilland, *Modern Germany and Her Historians* (London, 1915).

1845—1929）可能是德国民族主义历史学家中的最后一位杰出人物，他是一位强有力的君主主义者和民族主义者，他的《现代世界史》（*Modern World History*）和《德国史》在德国爱国主义者中极受欢迎。

奥地利历史的资料最早是由杰罗姆·派司（Jerome Pez，1685—1762） 212
收集的，他是一位僧侣学者，写了《奥地利经书简编》（*Scriptores rerum Austriacarum veteres*）。在19世纪，这样的资料不仅被收集在德国的《文献》——大学者特奥多尔·西克尔（Theodor Sickel，1826—1908）对这部书的编辑提供了宝贵的帮助——里，也被收集在各个国家的资料汇编中。1849年以来，维也纳学院出版了70多卷本的《奥地利遗产》（*Fontes rerum Austriacarum*）。1877年之后，鲍默（Böhmer）的新版《帝国法典》（*Regesta imperii*）由卡斯帕·菲克尔（Caspar Julius von Ficker，1826—1902）在因斯布鲁克编辑出版。

大学者西克尔第一个通过编辑工作和他对撒克逊皇帝的多卷本写作使大众对奥地利中世纪历史产生了兴趣。菲克尔同样是博学学派的一员，但是，他通过比较研究法为德意志各民族之间的亲缘关系而辩护。奥地利伟大的民族叙事史是阿尔弗雷德·冯·阿尔内特（Alfred von Arneth，1819—1897）关于玛丽亚·特蕾莎（Maria Theresa）的不朽之作。翁诺·克洛普（Onno Klopp，1822—1903）回忆了三十年战争中的帝国英雄，并引导了对腓特烈大帝的攻击，他是哈布斯堡家族的主要辩护者。赫尔费特（Helfert）为梅特涅（Metternich）的反革命政策辩护，而弗里德容（Friedjung，1851—1920）以适当的方式提出了奥地利在1866年之前的最后摩擦中对抗普鲁士的方案，他的态度是泛德主义的和反匈牙利的。

法国的民族主义历史

马克西米利安宫廷开启了德国的民族历史写作，近一个世纪后，法国人才开始关注对法国民族历史资料的分析和收集。为方便起见，这个运动可以追溯到1574年弗朗索瓦·奥特芒（François Hotman）出版《法兰克-高卢》（*Franco-Gallia*）之时。这一趋势的其他早期例子是克劳德·富歇（Claude Fauchet）的《古代的高卢人和法兰克人》（*Antiquités gauloises et françoises*，1579）、皮埃尔·皮图（Pierre Pithou）的《法兰克年代记》（*Annales Francorum*，1588）、埃蒂安·帕斯基耶（Étienne Pasquier）的《法国研究》（*Récherches de la France*，1611），以及雅克·邦加尔（Jacques Bongars）的《法国人纪事》（*Gesta Dei per Francos*，1611—1617）里收集的关于十字军东征的材料。真正开始对史料进行批判性的收集，体现在安德烈·迪歇纳（1584—1640）编撰的《古代诺曼人的历史文献》（*Historiae Normannorum scriptores antiqui*，1619）和《法兰克人的历史文献》（*Historiae Francorum scriptores coaetanei*，约1636）里，体现在圣马尔兄弟（the brothers of Sainte-Marthe，1572—1650，1655）的“谱系”和《高卢基督徒》（*Gallia christiana*）里，体现在夏尔·康热（Charles du Fresne du Cange，1610—1688）对维尔阿杜安和乔维里的评述里，也体现在埃蒂安·巴吕兹（Étienne Baluze，1636—1718）的《法兰克诸王征服记》（*Capitularia regum Francorum*）里。

213 在17世纪后半叶和18世纪上半叶，这种收集资料的工作主要是由在圣日耳曼-德-普雷的圣莫尔教会那些博学的本笃会修士完成的，这个教会是泰尼埃（Martin Tesnière）和塔里斯（Grégoire Tarisse）两位修士在1618—1630年间创建的。他们在历史研究方面的领袖是不屈不挠的让·马比荣（1632—1707）。这里提到的只是他们较为著名的汇编。蒂埃里·朗纳特（Thierry Ruinart，1657—1709）修士编校了图尔的格雷戈里和弗雷德加留斯（Fredegarius）的著作；埃德蒙·马丁内（Edmond Martène，1654—1739）修士编校了《同义词典》（*Thesarus novus anecdotorum seu collectio*）和《古代文献汇编》（*Veterum scriptorum et monumentorum amplissima collectio*）；伯纳德·蒙福孔修士编校了《法兰克君主文献》（*Les Monuments de la monarchie française*）；马丁·布凯（Martin Bouquet，1685—1749）修士编校了著名的《高卢和法兰克文献》（*Rerum Gallicarum et Francicarum scriptores*），这部文献的编辑工作一直持续到现在，名称变成了《高卢和法国历史学家文集》（*Recueil des historiens des Gaules et de la France*）。安托万·里韦（Antoine Rivet de la Grange，1683—1749）修士在杜克罗（Duclou）、潘塞（Poncet）和克罗姆（Colomb）的协助下，开启了非凡的《法兰西文学史》（*Histoire littéraire de la France*）的编纂工作，后来此书由法兰西学院和铭文学院继续承担。目前，他们已经编纂到了14世纪的内容。莫尔教会的修士们还把注意力放到了法国各省的历史上，收集了许多有价值的资料，其中最著名的是维塞特和维克（Vaisette and Vic）两位修士编写的《朗格多克通史》（*Historie générale de Languedoc*，1730—1749），后来由莫利尼耶重新修订。

在18世纪后期，非教士学者再次取得显赫声名，他们有一个最重要的活动中心，那就是铭文与美文学院，这是由柯尔贝尔（Colbert）于1663年建立的。他们的活动带来了最珍贵的成果，就是由洛里埃（E. J. de Laurière）、德尼·舍古斯（Denis Secousse）和布里奎尼（L. G. de Bréquigny）编纂的大部头汇编《法国国王命令》（*Ordonnances des roys de France*，1714—1794）。他们还续编了《文学史》（*Histoire littéraire*）和《高卢基督徒》。拿破仑任命多努（P. C. F. Daunou）为国家档案保管员之后，极大地促进了文献编纂工作。多努把大量外国档案带到巴黎，并继续编纂《文学史》和其他本笃会修士的汇编。茹尔当（Jourdan）、克鲁斯（de Crusy）和伊桑贝尔（Isambert）共同编纂了著名法国法律史，即28卷本的《古代法国法律综合文集》（*Recueil général des anciennes lois françaises*，1822—1823）。19世纪第一部历史文献汇编是卷帙浩繁的《法国历史回忆录全集》（*Collection compléte des mémoires relatifs à l'histoire de France*），由波蒂托（Petitots）和蒙梅尔凯（Monmerqué）编著，共130卷，涉及从菲利普·奥古斯都到1763年的时代。

与斯坦因男爵因收集德国民族史资料而对德国做出贡献一样，在法国，政治家、学者弗朗索瓦·基佐（François Guizot）不仅组织了系统的科学活动去收集和编辑法国历史资料，其本人也是一位有能力的历史学者，亲笔贡献了一些珍贵的著作。在他从历史写作转向政治活动之前，他已经出版了一
214 部大约30卷本的文集，一直写到13世纪的历史。1833年，他组建了法国历史学会。该组织最初由巴朗特主持，此后，其成员中包括了很多法国最著名的历史学家。这一学会发表的著作（*Ouvrages publiés*）中有350多卷经过精心编辑的原始资料。更重要的是，基佐鼓动路易·菲利普（Louis Philippe）在公共教育部成立了一个小组委员会，致力于出版尚未面世的法国历史原始资料。1836年，这些资料开始以庞大的系列丛书《法国历史未面世文献汇编》（*Collection de documents inédits sur l'histoire de France*）不断面世。

在这项事业中，早期的基佐编辑团队有弗朗索瓦·米涅（François Mignet）、梯叶里、盖拉尔（Guérard）和雷努阿尔（Raynouard）等人。随着1829年巴黎文献学院协会的成立，巴黎文献学院——这个世界上最重要的历史学院，通过培训学生如何使用资料，为这项事业输送了有能力的编辑人员。[1]《未面世文献》（*Documents inédits*）是法国官方文献，相当于德国的《文献》，甚至比后者更有价值，因为它们仅限于展现那些从未被出版过的原始资料。自1881年以来，出版的卷本都是在历史和科学工作委员会的监督下进行的。另外，由高等教育学校图书馆出版的精选资料汇编也值得一提。

在为近代史研究提供大量资料方面，法国也走在了其他国家前面。这主要源于这样一个事实，即在近代，任何其他欧洲国家都没有一项国家事件或运动能像法国大革命那样生动并激起人们的浪漫兴趣。1903年，社会主义者、历史学家和政治家让·饶勒斯（Jean Jaurès）成功地促使政府建立了公共指导部委员会，以监督出版有关法国大革命经济史的未面世档案。这一工作由法国著名历史学家承担，自1906年以来，连续出版了《法国大革命经济史未面世档案汇编》（*Collection de documents inédits sur l'histoire économique de la Révolution Française*）。到目前为止已经印制上百卷。自

1 J. T. Shotwell, "The École des Chartes," in *American Historical Review*, July, 1906.

1888年以来，巴黎市政府一直在出版《法国大革命巴黎历史档案汇编》（*Collection de documents relatifs à l'histoire de Paris pendant la revolution française*）。除了这些政府所做的汇编之外，一些有魄力的学者也出版了大
量涉及大革命特殊阶段的资料汇编。其中，阿尔方斯·奥拉尔（Alphonse 215
Aulard）和他的学生们最为活跃。奥拉尔还在前文提到的巴黎档案汇编中发挥了主导作用。

在民族主义历史叙事的写作上，法国人也与德国人展开了竞争。1802年，夏多布里昂出版《基督教真谛》，为中世纪的法国历史增添了一层浪漫的光彩，其影响可与斯皮特勒和约翰内斯·穆勒的著作在德国产生的影响相媲美。他后来的作品《殉道者》延续了这种影响。克劳德·福里埃尔（Claude Fauriel，1772—1844）在《日耳曼征服下的南部高卢史》（*History of Southern Gaul under the German Conquerors*）中，先于库朗热和卡米耶·朱利安（Camille Jullian）提出，在中世纪文明的形成过程中，罗马和高卢文化对法兰克文化具有优势引导作用。约瑟夫·米肖（Joseph Michaud，1767—1839）在畅销书《十字军东征史》（1812—1817）里，生动地描述了法国人在十字军东征时期的辉煌。弗朗索瓦·雷努阿尔（1761—1836）在《古代罗马语言研究》（*Researches into the Antiquity of the Roman Language*）和《比较语法》（*Comparative Grammar*）中，描绘了中世纪游吟诗人的生动形象，并宣称法语在罗曼语中具有优势地位。库朗热（1830—1889）是法国中世纪学术研究之父，他捍卫法国制度和文化起源于罗马的论点，抨击了当时流行的日耳曼学者的学说，从而强化了法国历史著作中的爱国主义因素。很久之后，阿诺托（Hanotaux）、法涅（Fagniez）和谢吕埃尔才带着爱国主义的骄傲，以博学的笔触分析了17世纪伟大政治家进行的法国君主制的中央集权管理。

阿方斯·德·拉马丁（1795—1869）有一部在历史文学领域堪与卡莱尔齐名的，也同样不是历史科学的著作，满怀热情地叙述了法国大革命的辉煌，特别强调了吉伦特派的丰功伟业。米什莱把革命解释为一卷自由的史

诗、一项为解放人民而开展的运动。革命的基本目的是为了建立博爱，路易·勃朗（Louis Blanc）在他的《1789年法国大革命史》（*History of the French Revolution of 1789*）和《十年史》（*History of Ten Years*，1841）中为这一观点做了辩护。《十年史》讲述的是从1830年到1840年的历史。弗朗索瓦·米涅（1796—1884）是19世纪上半叶法国最博学的历史学家，他在《法国大革命史》里，对波旁王朝的复辟进行了不动声色的讨伐，表达了法国大革命是时代发展必然的和不可避免的结果，是世界历史上一个新的、更好的时代的开端。路易·梯也尔（1797—1877）从19世纪自由主义的立场出发，为法国大革命写了一部通俗性的历史巨著。尽管他在《领事馆与帝国史》（*History of the Consulate and the Empire*）中对帝国进行了批判，但是梯也尔称赞第一执政是法国和欧洲文明的救星。弗雷德里克·马松（Frédéric Masson）、阿尔贝·旺达尔（Albert Vandal）、亨利·乌赛（Henri Houssaye）和阿蒂尔·莱维（Arthur Lévy）为帝国辉煌里的拿破仑进行了
216 辩护。马松用动人的笔触描写了拿破仑的私生活，他抨击约瑟芬的不忠和轻浮，抨击波拿巴家族平庸和寄生的特性，而拿破仑却对波拿巴家族表现出了如此可悲和致命的忠诚。旺达尔把拿破仑描绘成爱好和平的人，是英国人的嫉妒才驱使他发动战争。乌赛为拿破仑一直到滑铁卢战役的军事天才辩护，并强烈谴责波旁王朝的复辟。莱维笔下的拿破仑是一个超人，具有完美的人格。直到今天，拿破仑的传奇在法国民族主义历史文学中仍占有重要的地位，泰纳、奥拉尔、马蒂耶（Mathiez）、马德林（Madelin）和塞（Sée）为各种各样的论点做着辩护。保罗·图罗-丹金（Paul Thureau-Dangin，1837—1913）在《七月王朝史》（*History of the July Monarchy*）中，虽然哀叹其世俗的起源，仍然为七月王朝的君主制做了历史辩护。皮埃尔·戈尔斯（Pierre de la Gorce，1846—1934）在他的《第二帝国史》（*History of the Second Empire*）里，把第二帝国视为君主制和教权主义的辩护者，而不是拿破仑三世的人格。埃米尔·奥利维耶（Émile Ollivier，1825—1913）在《自由帝国》（*The Liberal Empire*）一书中，自豪地叙述了帝国最后十年的自

由主义倾向。最后，加布里埃尔·阿诺托在《当代法国史》（*The History of Contemporary France*）——这是法国民族主义最优秀的史学作品之一——里，描述并捍卫了第三共和国的建立及其政策。

法国也有从民族的角度写就的通史。夏尔·埃诺（Charles Henault，1685—1770）写了第一部法国通史《法国简史》（*Abridged Chronology of the History of France*，1744）。在西斯蒙第更好、更长的作品出现之前，《法国简史》一直是这个领域最好的著作。早在19世纪，西斯蒙第就撰写了第一部法国综合史。这本书是站在一个狂热的自由主义者的角度来写的，其中苛责了国王和主教，赞扬了中世纪公社中的自由主义倾向。但西斯蒙第是加尔文教徒，在某种程度上代表了卢梭温和的理性主义，他的著作并不是为了激起强烈的爱国热情。除却自由主义之外，米什莱的杰作与这本书完全不同。米什莱不仅对法国文学做出了真正的贡献，也激发了人们的爱国自豪感，尤其是对自由主义的法国人而言。亨利·马丁（Henri Martin）的《法国史》于1883年开始出版，虽然没有米什莱的《法国史》写得那么出色，但却是建立在更坚实的学术基础之上。这本书在长达半个世纪的时间里一直是深受欢迎的法兰西民族史，原因在于其合乎逻辑的编排和清晰的表述，它表达了都市资产阶级的自由主义，其中心主题是法国民族团结的稳定发展。这本书也历经多次修订和再版。维克多·迪吕伊（Victor Duruy）的《法国史》少了些民族主义，却更受欢迎。由欧内斯特·拉维斯（Ernest Lavisse）主编的合著《法国史》是博学的和批判性的，虽然不是民族主义的史学著作，其中也 217
蕴含着大量的爱国情感。

1870年法国所遭受的失败和不公极大地刺激了民族主义。当学识渊博的法国历史学家，如戈尔斯和索雷尔（Sorel），还在公正地评价1870年战争，让西贝尔带有偏见的辩护相形见绌时，国民中的“超级爱国者”爆发了狂热的民族主义情绪。这些情绪首先通过复仇主义者领袖保罗·德胡莱得（Paul Déroulède）的激昂演说、诗歌和宣传手册得以表达。德胡莱得的追随者也做了精彩的辩论和颂歌，表达了这些民族主义情绪。法国狂热的天主教徒和爱国者同盟领袖莫里斯·巴雷斯在研究法国历史的过程中，确信“法国人把战争当作一种宗教责任。他们最先提出了‘圣战’的理念。在法国，战争不是为了掠夺，而是为了捍卫上帝的事业，正如骑士是为了维护正义”。

1870年之后，法国人比德国人表现出更多的克制，但这种情况在1918年以后发生了逆转。在德国，帝国和普鲁士暂时失信于众。而在法国，胜利和民族主义情绪不断蔓延。弗朗茨·芬克-布伦塔诺（Franz Funck-Brentano）在他的系列丛书《法兰西民族史》（*The National History of France*）里，表达了浓烈的爱国热情以及对德国的仇恨和蔑视。这种爱国主义风格甚至在加布里埃尔·阿诺托的战后大型合著《法国民族史》（*The History of the French Nation*）中，也没有缺失。

英国的民族主义历史

直到19世纪初，英国才开始系统地收集本国历史资料。就在吉本去世前，他还曾热情地敦促成立一个委员会，来编辑和出版英国中世纪所有的编年史作品汇编。他明智地推荐约翰·平克顿担任主编。但吉本去世之后，他所做的一切就没有了结果。1800年，档案委员会成立，但直到1825年詹姆斯·麦金托什爵士（Sir James Mackintosh）接受任命，才有真正的历史学家参与档案委员会的相关工作。1830年，哈里斯·尼古拉斯（Harris Nicolas）呼吁人们关注英格兰历史资料的糟糕状况，他的尖锐批评促使档案委员会在1836年成立了一个更加积极和重要的委员会。这项改革带来的一个后果是帕尔格雷夫（Palgrave）对法院令状的编辑出版。

档案委员会于1837年停止运行，历史档案归案卷主事官管理。然
218 而，直到19世纪中期，英国收集资料的活动才开始系统化。这一时期，威廉·斯塔布斯（William Stubbs）猛烈抨击了英国历史在资料收集整理方面的现状，斯塔布斯是在马特兰（Maitland）和英国化的俄国人维诺格拉多夫（Vinogradoff）之前最伟大的英国中世纪研究家。此后不久，在1857

年，案卷主事官罗米利勋爵（Lord Romilly）获得了能够出版英国中世纪历史资料的政府拨款。这一项目的总监由托马斯·哈代（Thomas Duffus Hardy，1804—1878）担任，他虽然说不上是才华横溢，也是一位细心的学者。编辑这些资料的工作是由英国若干中世纪研究者完成的，其中包括布鲁尔（Brewer）、盖尔德纳、卡农·罗伯逊（Canon Robertson）、贾尔斯（Giles）和迪莫克（Dimock），而最伟大的人物是“英国的魏茨”——威廉·斯塔布斯（1825—1901）。在1863年之后的25年时间里，他为这项工作付出了大量心血。这本资料集完成于1911年，共243卷，即著名的《中世纪大不列颠及爱尔兰编年史和记忆》（*Chronicles and Memorials of Great Britain and Ireland During the Middle Ages* [*Rerum Britannicarum medii aevi scriptores*]），也可简称为《系列案卷》（*Rolls Series*），因为它的出版是在案卷主事的监管之下完成的，属于英国官方文献，类似于德国的《文献》和法国的《未面世文献》。其他重要的文献汇编包括国家文件的大事记录、议会记录和辩论、枢密院记录等。卡姆登协会（the Camden society）和早期英语文献学会（the Early English Text society）提供的文献汇编较为朴实。还值得一提的是，塞尔登协会（the Selden society）收集了大量英国法律史资料，哈克路特协会（the Hakluyt society）出版了航海探险的重要手稿记录。

与德国或法国相比，民族主义史学在英国同样具有影响力。其最显著的特征是雅利安神话和北欧神话的变体。英国民族主义史学强调了盎格鲁-撒克逊人的政治优势，在19世纪大受欢迎。它主要基于这样的假设：入侵英格兰的日耳曼人横扫早期的不列颠和凯尔特土著，创造了一个文化上纯粹日耳曼的、在人种上也几乎是日耳曼人的英格兰。约翰·肯布尔（John Mitchell Kemble，1807—1857）在《英格兰的撒克逊人》（*The Saxons in England*）一书里，有力地阐释了这个新观点。这本书出版于1849年，不仅把这个“盎格鲁-撒克逊信条”灌输给英国人，还在德国广为流传，进一步证实了德国民族主义者对日耳曼“使命”的信念。肯布尔认为，19世纪的英国制度直接来源于日耳曼人。

爱德华·弗里曼（1823—1892）在他的《诺曼征服英格兰史》（*History of the Norman Conquest of England*）一书里，进一步阐述了这一观点。他不
219 仅接受了盎格鲁-撒克逊理论，而且作为一名狂热的自由主义爱好者，他也发现，政治自由真正起源于日耳曼人的群众大会，尤其起源于英国的示威运动。这一构想一直是历史研究中关于前人类学阶段的最持久和最有害的错误来源之一，它可以追溯到拉潘·图瓦拉（Rapin Thoyras）和孟德斯鸠，但是被库朗热和布伦纳（Brunner）彻底戳穿。即使是冷静谨慎的斯塔布斯主教和魅力十足的约翰·理查德·格林（John Richard Green）也被这种日耳曼人的英格兰构想所诱惑，但是，这种构想受到西博姆（Seebohm）的挑战，并在马特兰和维诺格拉多夫那里得到了修订。

主导大众解读日耳曼主义的情感冲动来自《罗马人和条顿人》，这部臭名昭著的著作首次出版于1864年，作者是诗人兼历史学家查尔斯·金斯利。这本书写得非常有趣，但几乎完全没有科学性和历史性，它比这一时期的其他著作都更加歪曲了对中世纪早期历史的解释。金斯利以拉斯·卡萨斯的热情，对“具有阳刚之气的日耳曼森林儿童”进行了美化，将他们与“垂死帝国”在道德上和身体上颓废的罗马人形成鲜明的对比，同时，也为来自北方的“人类洪水”毁灭颓废的罗马人而欢呼。正是对金斯利这部著作准确性的大量评论使我们注意到，上一代中世纪学者的辛勤劳动已经使他的每一个主要论点都名誉扫地。然而，这本书却大受欢迎，因为没有哪个阅读这本书的英国人不梦想着自己的祖先可以追溯到阿米尼乌斯[1]和阿拉里克[2]。

中世纪时，条顿人为不列颠奠定了国家的辉煌，此后，英国具有最强烈民族主义的历史学家詹姆斯·安东尼·弗鲁德描述了英国人反抗罗马的荣耀。[3]卡莱尔赞扬了克伦威尔及其英联邦伙伴的美德。辉格党辩护者詹姆斯·麦金托什、哈勒姆以及前文提到的托马斯·麦考利描述了1688—1689年

1 Arminius，日耳曼部族首领，公元9年打败罗马军队。——译者注

2 Alaric，西哥特国王，曾攻陷罗马。——译者注

3 参见前文第190页。

的“光荣革命”对世界自由的拯救。麦考利的《英格兰史》（1848—1861）在英国的地位相当于特雷奇克在德国和米什莱在法国的历史写作。这本书是英国人对历史文学的杰出贡献，也是一本虽然带有某些偏见但仍然弥足珍贵的历史知识汇编。斯坦霍普（Stanhope）伯爵的拓展版《从〈乌特勒支和约〉到〈凡尔赛和约〉的英国史》（*History of England from the Peace of Utrecht to the Peace of Versailles*）站在托利党的立场，展现了18世纪的英国史，支持那个时代的英国政策。威廉·纳皮尔（William Napier）将军在《半岛战争史》（*History of the War in the Peninsula*，1824—1840）一书中赞扬了英国人在半岛战争中表现出来的英勇无畏，认为战争是人类社会的一个因素，对战争的赞美与半个多世纪之后的伯恩哈迪如出一辙。赫伯特·麦克斯韦（Herbert Maxwell）爵士在其《威灵顿传》（*Life of Wellington*，1899）一书中赞美了这位“铁公爵”。哈丽特·马提诺（Harriet Martineau）在她的 220
《英国史》（1877—1878）一书里，论述了19世纪上半叶的历史，强调了辉格党在这一阶段的胜利所带来的好处。最后，约翰·西利（John R. Seeley，1834—1895）爵士在《英国的扩张》（*Expansion of England*）和《不列颠政策的发展》（*Growth of British Policy*）中，写出了对不列颠帝国不断发展的自豪感，成为历史写作中民族主义和博学的典范。西利不仅是一个民族主义者和帝国主义者，而且他还要和弗里曼一起，为英国史学局限在狭窄的政治史之中负主要责任。

英国的伟大民族史是约翰·理查德·格林的《英国人民简史》（*Short History of the English People*，1874）。这本书作为一种大众文化，小心翼翼地挪用了日耳曼人的信条，杂糅了对英国文明发展的主要兴趣。书中更多的篇幅留给了英国大众生活的发展，而不是留给了习惯法汇编。这本书成为经典著作，尤其让英国自由主义者激动不已。格林在规模更大的《英国人史》（*History of the English People*，1880）一书中重新做了这项工作，但是，这本书却少有人阅读。

随着塞西尔·罗兹（Cecil Rhodes）的作品和布尔战争而增长的民族热

情，确实产生了民族文学，这种文学与西利的学术理解相去甚远，如同伯恩哈迪的学术态度与西贝尔相去甚远一样。伯恩哈迪把克拉姆教授（J. A. Cramb）视为自己在英国的知音，克拉姆教授在英国过往的战争中发现了一个统治原则，即“英雄主义的强大力量超越了理性”。更奇怪的是，正如对日耳曼尼亚的神化任务落在了一个英国人——张伯伦——的头上一样，所以也需要一个美国人——荷马·李——通过强化和保护“撒克逊人在全世界标注的最早拥有此地的红色权力圈”，去连接世界未来的救赎与大不列颠在全世界取得胜利之间的必然关系。

欧洲其他国家的民族主义历史著作

意大利在这方面享有双重荣誉，它是第一个提供完整民族历史资料的国家，还产生了罗多维科·安东尼奥·穆拉托里（Lodovico Antonio Muratori，1672—1750）这样的最孜孜不倦的编辑。从1723年直到他1750年去世，穆拉托里编辑了25卷本的《意大利文献汇编》（*Rerum italicarum scriptores*），辑录了意大利历史从500年到1500年的现存资料。他的作品如此翔实，以至于直到最近几年人们才认为有必要对他的作品集进行更新。自1900年以来，这项工作一直在进行，最初是在焦苏埃·卡杜奇（Giosuè Carducci）和菲奥里尼（Vitorio Fiorini）的监管之下，目前由意大利历史研究所监管。1833
221 年，卡洛·阿尔贝托（Charles Albert）发起了收集意大利国家历史资料的活动，以《爱国历史文献》（*Monumenta historiae patriae*）为主题出版了大约22卷。更多的关于中世纪意大利历史的资料由意大利历史研究所编辑，结集出版了《意大利历史之源》（*Fonti per la storia d'Italia*）。[1]

与史料收集一样，在意大利，民族叙述史也可以追溯到比其他国家更遥远的时代，即追溯到人文主义时代。温琴佐·科科（Vincenzo Cuoco，

1　58卷，1887年以来出版。

1770—1823）所著的《1799年的那不勒斯革命史》（*The History of the Neapolitan Revolution of 1799*）开启了民族叙述史的现代阶段。在这本书里，他指出了革命失败的原因，并坚持认为只有意大利人自己才能实现意大利的统一。在意大利建立民族意识和有利于革命的精神氛围是非常必要的。类似的精神也体现在卡洛·博塔（Carlo Botta，1766—1837）的《革命和拿破仑战争时期的意大利历史》（*The History of Italy During the Revolutionary and Napoleonic Wars*）里，这本书洋溢着热情的自由主义，这种自由主义表现在烧炭党人活动时代的政治之中。卡洛·特罗亚（1785—1853）在《中世纪的意大利》（*Italy in the Middle Ages*）、路易吉·托斯蒂（1811—1897）在《伦巴第联盟》（*Lombard League*）和《博尼费斯八世》（*Boniface Ⅷ*）里，考察了中世纪意大利的历史，为支持他们呼吁教皇领导意大利的统一寻找证据。他们歌颂但丁、教会和教皇。德阿泽里奥（D'Azeglio）则在中世纪和近代的意大利历史中证明了教皇的无能，呼吁人们关注萨沃伊家族（the house of Savoy）所具有的领导能力。切萨雷·巴尔博在《意大利史》（*History of Italy*，1846）一书中暗示，教皇和萨沃伊家族在寻求建立意大利同盟的过程中，能够很好地合作。朱塞佩·费拉里（1812—1876）在《意大利革命史》（*History of Revolutions in Italy*，1858）里，赞美了冲突、暴力和流血所带来的所谓建设性贡献，这是与中世纪意大利为争取政治自由的斗争相伴而来的。这句话的意思是，在费拉里的时代，革命也可以起到类似的作用。费拉里在其之后的著作《政治周期理论》（*Theory of Political Periods* [cycles]）里，试图让历史哲学服务于复兴运动，这种做法令人想起维科。吉诺·卡波尼（Gino Capponi）寻找文艺复兴时期的爱国主义灵感，并撰写了一部才华横溢的长篇著作《佛罗伦萨共和国历史》（*History of the Republic of Florence*，1875）。帕斯奎尔·维拉里（Pasquale Villari，1827—1917）的历史著作主要描写了中世纪和文艺复兴时期的佛罗伦萨及其英雄人物，如萨沃纳罗拉（Savonarola）和马基雅维利，以他们的回忆激发了意大利的统一运动。维拉里为普及意大利中世纪历史做了很多贡献。他的这部佛罗伦萨史是一部杰作。但是，在国家历史读物普及方面，能像马丁对法国那样，为意大利做出巨大贡献的历史学家是切萨雷·坎图（1804—1895），他撰写了第一部完整的意大利国家历史。彼得罗·克莱塔（Pietro Colletta，
222 1775—1831）在《那不勒斯史》（*History of Naples*）中，尖锐批判了波旁王朝在西西里统治的残酷与腐败，这本书对任何反抗外国人奴役的起义都是一种鼓励。意大利统一之后，在焦苏埃·卡杜奇和加布里埃尔·丹农齐奥（Gabriele d'Annunzio）的诗歌里，出现了极端民族情绪。随着法西斯主义的到来，民族主义从历史哲学上升为一种宗教。

西班牙的第一部资料汇编不是出自西班牙人之手，而是由英国的旅居学者罗伯特·比尔（Robert Beal，卒于1601）编撰而成。1579—1581年间，他出版了《西班牙手稿文献》（*Rerum hispanicarum scriptores*）。差不多两个世纪以后，贝托达诺（J. A. C. Bertodano）出版了大卷本的外交史资料汇编（1740—1752）。然而，直到19世纪中叶，西班牙才出现真正伟大的国家史料汇编，皮达尔（Pidal）、萨尔瓦（Salva）等人开始编辑《西班牙历史未面世资料汇编》（*Colección de documentos inéditos para la historia de España*），共计112卷（1842—1895），主要涉及16世纪的文献资料。此外，位于马德里的皇家历史学院自1851年以来一直在出版原始资料汇编，名为《西班牙历史记忆》（*Memorial histórica español*）。西班牙诞生了莫德斯托·拉富恩特（Modesto Lafuente，1806—1866）这位伟大的民族历史学家，此前，有关中世纪西班牙的史料从未被系统地收集、编辑和出版过。拉富恩特的不朽著作《西班牙通史》（*General History of Spain*）旨在续写马里亚纳的历史，1850—1867年间共出版了30卷，涵盖了1833年之前的历史，拉富恩特去世之后，胡安·巴莱拉（Juan Valera）继续完成了这项工作。安东尼奥·卡诺瓦斯（Antonio Cánovas）的经典之作《西班牙衰亡史》（*History of the Decadence of Spain*，1854）把西班牙的辉煌和颓废与罗马相比。沃尔特·司各特为苏格兰、英格兰和法国所做的一切，佩雷斯·加尔多斯（Pérez Galdos）在他的广受欢迎的历史小说中也为西班牙完成了。

在波希米亚，捷克的民族主义并没有像欧洲其他国家那样激发了人们对历史的兴趣。相反，是历史首先激发了民族主义。相比于其他任何源头，弗兰基谢克·帕拉茨基（Frantisek Palacky）在其不朽名著《波希米亚史》（1836—1867）里所表达的强烈的爱国主义精神，才是现代捷克民族精神的起源。尽管1919年之前并没有政府的支持，但捷克历史资料的收集还是相当充分的。从帕拉茨基等人开始，他们编辑了32卷本的《古代捷克和摩拉维亚文字记录》（*Old Czech and Moravian Written Records*，1840—1918）。最有才华的波希米亚本土历史学家安东·金德利（Anton Gindely）编辑了另一个汇编《波希米亚历史文献》（*Monumenta historiae Bohemica*，1864—1869）。人们对收集波希米亚的宗教历史资料表现了特殊兴趣。弗朗茨·冯·吕佐夫伯爵（Count Franz von Lützow）在世界大战之前，曾高度评价约翰·胡斯（John Huss），视其为波希米亚的民族英雄。关于17世纪和18世纪，最好的民族历史是安塔尔·雷塞克（Antal Rezek）和约瑟夫·斯瓦塔克（Josef Svatek）的《波希米亚和摩拉维亚现代史》（*History of Bohemia and Moravia in Modern Times*，1892—1897）。法国学者欧内斯特·丹尼斯（Ernest Denis）和美国学者罗伯特·克纳（Robert J. Kerner）对捷克历史做出了重要贡献，对波希米亚人的愿望给予了高度同情。 223

匈牙利政府自1857年以来，在布达佩斯连续出版《匈牙利历史文献》（*Monumenta Hungariae historica*），共计面世100多卷。但是，要想获得最早的匈牙利资料，必须查阅由马提亚斯·弗洛里安努斯（Matthias Florianus）编撰的简本《匈牙利历史文献》（1881—1885）。匈牙利的历史环境如此强烈地激发了民族情绪，即使是学术性最强的历史学家也充满着爱国情怀。匈牙利第一部伟大的国家历史是伊戈纳茨·菲斯勒（Ignácz Fessler，1756—1839）所著的《匈牙利史》（*History of Hungary*），把匈牙利的历史一直写到1811年。其后，冯·迈拉斯（János G. von Mailath）把匈牙利的历史写到了1848年。亨里克·马尔扎利（Henrik Marczali）在他的《18世纪的匈牙利》（*Hungary in the Eighteenth Century*，1910）和《匈牙利史》(1911)里，将学术和爱国主义完全融合在一起，没有哪位欧洲历史学家能做到这一点。匈牙利的官方民族史是伊戈纳茨·阿克萨迪（Ignácz Acsády）的《匈牙利帝国史》(*History of the Hungarian Empire*，1904)。规模最大的著作是合作出版的《匈牙利民族史》(*History of the Hungarian Nation*，1895—1898)，10卷本，由亚历山大·西拉吉（Alexander Szilágyi）主编。

尽管波兰直到1919年才有独立的政府来资助国家历史资料的收集和整理，位于克拉科夫的科学学院在19世纪70年代就开始进行系统的资料收集工作了。较为重要的汇编是《波兰文献汇编》(*Scriptores rerum Polonicarum*，22卷)、《插图本波兰历史文献》(*Monumenta medii aevi historica res gestas Poloniae illustrantia*，18卷）和比较简洁的《波兰历史学报》(*Acta historica res gesta Poloniae*，12卷)。瓜分波兰和由此产生的对解放的热情是波兰民族主义历史上的巨大推动力。波兰第一位重要的历史学家是约阿希姆·勒勒韦尔，著有《中世纪波兰史》和《波兰史》(*Poland: Her History*)。作为一个理性主义者和民主主义者，勒勒韦尔在书写波兰历史时，追随了浪漫主义关于民族精神和民族集体智慧的理念。卡罗尔·萨诺查（Karol Szajnocha，1818—1868）因其对雅盖隆时代（the age of the Jagiellos）的重建而广受欢迎。波兰最重要的诗人、杰出的爱国主义者亚当·密茨凯维奇（Adam Mickiewicz，1798—1855）也为自己祖国的历史做出了贡献。他的《波兰通俗史》(*Popular History of Poland*）充分证明了书名的正确性，并在很大程度上激发了大众对波兰过往历史的热情。在波兰所有的民族主义历史著作中，最有才华的是约瑟夫·苏杰斯基（Józef Szujski）的《波兰史》(*History of Poland*，1862—1866)，这部巨作兼具文学价值，特别歌颂了古代波兰共和国。乌克兰最重要的民族主义历史学家是维亚切斯拉夫·利平斯基（Vyacheslav Lipinsky，1882—1931)。他特别关注了乌克兰贵族在历史上的作用。他把乌克兰的历史解释为重获乌克兰独立的长期斗争，强调乌克兰贵族在这一进程中的领导作用。

尽管俄国政府实行了反动政策和文学审查制度，民族历史的写作还 224
是在18世纪后期开始了。事实上，民族主义的叙事是沙皇统治下唯一安全的类型。俄国历史资料汇编是俄国考古委员会的主要工作，该委员会成立于1835年，出版了23卷本的《俄文编年史》（*Polnoe sobranie russkikh lietopisei*，1841—1916），里面收集了古代俄国的编年史，出版了37卷本莫斯科大公国时期的《俄国历史文献目录》（*Russkaia istoricheskaia biblioteka*，1872—1894）以及很多关于法律、经济和教会史的卷本较少的汇编。关于外交政策的最大的资料汇编是15卷本的《条约与公约汇编》（*Recueil des traités et conventions*，1874—1909），是由费奥多尔·德·马滕斯（Féodor de Martens）在外交部的指导下编撰而成。自1917年革命以来，很多关于俄国革命运动的历史资料得以出版。

第一部学术意义上的俄国通史是《俄国自古以来的历史》（*Russian History Since the Most Ancient Times*），这本书的作者是米哈伊尔·谢尔博托夫（Michael Shcherbotov，1733—1790），他以热情洋溢的笔触描绘了俄罗斯民族的发展，强调了杰出领导人在这一成就中的重要作用。尼古拉斯·卡拉马辛的《俄国史》是一本更详尽也更易读的著作，把俄国的历史一直叙述到1611年，即罗曼诺夫家族出现在历史舞台上。这本书充满了浪漫主义的术语，强调了俄罗斯人民的民族精神。书中认为，俄罗斯民族文化优越于西方文化，因为它是东方的遗产，它有虔诚的教会和贵族政治机构。与谢尔博托夫一样，卡拉马辛把统治者奉为民族英雄。谢尔盖·索洛维耶夫（Sergius Soloviev，1820—1879）在《自古以来的俄国史》（*History of Russia from the Most Ancient Times*，21卷，1851—1879）一书里，站在俄国历史学家的“西方学派”的立场上颂扬了民族主义，详细论述了1774年之前的俄国历史。这本书比之前的任何同类著作都具有更多的学术性，对俄国的西方化十分热心。因此，它对彼得大帝的成就给予了热情的赞扬。索洛维耶夫的这部作品篇幅太长，不可能成为一部受欢迎的杰作。但是，他的单卷本《俄国简史》（*Outline of Russian History*，1859）却使他广受欢迎、声名远播。尼古拉斯·科斯托马罗夫（Nicholas Kostomarov，1817—1885）在他的《历史专著与研究》（*Historical Monographs and Researches*，1872—1879）一书里，激发了俄国自由主义者对本国历史的热情。早期的写作者关注领袖人物，但科斯托马罗夫强调在国家发展过程中，俄罗斯人民所表现出来的生活、礼仪和风俗习惯。他的著作是对俄罗斯民族志最好的一项贡献。他还把俄国边境地区，尤其是乌克兰纳入了自己的视野范围。约翰·理查德·格林为英国国家
225 历史所做的贡献，瓦西列夫·克柳切夫斯基（Vasiliev Kluchevsky，1841—1911）通过更大部头的《俄国史教程》（*Course of Russian History*）也为俄国完成了。这本书追溯了俄罗斯民俗生活、制度和民族的演变。这是一部学术著作，也是现代历史写作中的一部杰作。尽管克柳切夫斯基不是职业的泛斯拉夫主义者，但是他特别强调了俄国殖民和扩张的重要意义。自1917年革命以来，贬低沙皇时代的成就和制度成为一种自然的趋势，但是波克罗夫斯基（Pokrovsky）写了一本马克思主义者针对俄国历史的调查，具有启发意义。

比利时收集国家历史资料的热情始于1830年获得独立之后。从1836年起，皇家历史委员会在布鲁塞尔出版了179卷《比利时未面世编年史汇编》（*Collection de chroniques Belges inédits*），这是一项宏大的国家收集项目。1839—1864年间，布鲁日模拟学会出版了52卷《佛兰德斯占领区古代历史的编年史、宪章和其他文献》（*Recueil de chroniques, chartes, et autres documents concernant l'histoire et les antiquités de la Flandre occidentale*）。此外，阿方斯·沃特斯（Alphonse Wauters，1817—1898）编辑了大量的公社契约，路易·加沙尔（Louis Gachard，1800—1885）编辑了自15世纪以来的外国档案，保罗·弗雷德里克（Paul Fredericq）编辑了比利时和荷兰的关于异端审判的文件档案。沃特斯还充满感情地描写了中世纪的比利时公社，加沙尔描写了查理五世和菲利普二世的时代。德·莱滕霍夫（Joseph Kervyn de Lettenhove，1817—1891）在他关于16世纪的著作里以及在他的《佛兰德斯通史》（*General History of Flanders*）里，记载了伟大的天主教徒

和比利时人对莫特利的著作以及荷兰的普林斯特勒（Prinsterer）的著作的反击。他谴责沉默者威廉及其新教支持者，捍卫西班牙和天主教党的立场。他的作品多少有点儿沙文主义和蒙昧主义色彩，也已经被保罗·弗雷德里克（1850—1920）和亨利·皮雷纳（Henri Pirenne，1862—1935）所著的令人钦佩的批判作品所取代。然而，在弗雷德里克的著作中，仍然充斥着强烈的佛兰德斯人的民族主义倾向。

虽然荷兰没有像比利时那样提供完整的国家资料，但乌特勒支历史学会（the Historical Society of Utrecht）自1863年以来，一直在出版重要资料——《乌特勒支历史文献集》（*the Werken uitgegeven door het Historisch Genootschap te Utrecht*），普林斯特勒也编辑了奥兰治王室的多卷本档案。1902年，一个由最杰出的荷兰历史学家组成的皇家委员会接受指派，去整理和分类出版荷兰历史的手稿资料。由科伦布兰德（H. T. Colenbrander）做主编，出版了22卷《1795年至1840年间荷兰通史回忆录》（*Gedenksstukken der algemeene geschiedenis van Nederland van 1795 bis 1840*）。《荷兰历史手册》（*Handbook of the History of the Netherlands*）是最具荷兰民族主义叙事风格的历史著作，作者是纪尧姆·普林斯特勒（1801—1876）。在这本书以及他的《莫里斯和巴内维尔特》（*Maurice and Barnevelt*）里，新教和奥兰治 226
王室得到了辩护和赞颂。如今，普林斯特勒的著作已经过时，被罗伯特·弗伦（Robert Fruin，1823—1899）的学术专著和彼得鲁斯·布洛克（Petrus Blok，1855—1929）的荷兰通史所超越。弗伦是荷兰最杰出的历史学家之一，而布洛克的著作准确而均衡。

北欧各国在国家历史著述方面并非没有成果。以下系列丛书收集了史料，其中包括：由雅各布·朗格贝科（Jacob Langebek）及其继任者编辑的《丹麦中世纪作家文献》（*Scriptores rerum Danicarum medii aevi*）、朗格（C. C. A. Lange）编辑的《挪威外交文献》（*Diplomatarium Norvegicum*）和耶伊尔（Erik Gustav Geijer，1783—1847）及其助理编辑的《瑞典历史学家》（*Scriptores rerum Sueciarum*）。国家主义的历史叙事是由沃萨义引入丹麦、由基瑟和蒙克引入挪威、由耶伊尔引入瑞典的。雅各布·沃萨义（Johan Jacob Worsaae，1821—1885）在其《丹麦原始古物》（*Primeval Antiquities of Denmark*）和《北方史前史》（*Prehistory of the North*）中对丹麦的早期历史给予了特别的关注，他还研究了在英格兰的丹麦人。雅各布·基瑟（Jacob Rudolf Keyser，1803—1864）在他的《挪威人的历史》（*History of the Norsemen*）中塑造了挪威丰富多彩的浪漫起源，同时他非常关注挪威的宗教史。彼得·蒙克（Peter Andreas Munch，1810—1863）的长篇巨著《挪威人民史》（*History of the Norwegian People*）涉及的内容更加广泛，也更受欢迎。耶伊尔的《瑞典史》（*History of the Swedes*）一直写到查理十世，为提升（人们对）瑞典早期历史和民间生活的大众兴趣起到了很大作用。弗里德里希·卡尔森（Friedrich Carlson，1811—1877）续写了耶伊尔的不朽著作。安德斯·弗里克塞尔（Andreas Fryxell，1795—1881）写了10卷本的《瑞典历史随笔》（*Essay on the History of Sweden*），颇受欢迎。继这些著作之后，约翰内斯·斯蒂恩斯特鲁普（Johannes Steenstrup）及其同事针对丹麦撰写了最新的也更具学术性的国家历史；约翰·萨斯（Johan Sars）、克努特·耶尔赛特（Knut Gjerset）和亚历山大·布格（Alexander Bugge）针对挪威、哈罗德·雅恩（Harold Hjarne）和埃米尔·希尔德布兰德（Emil Hildebrand）针对瑞典书写的历史也都是如此。

如果本书有足够的篇幅，就可以很容易地证明，研究巴尔干民族过去的“辉煌”对自1820年以来巴尔干各国民族主义兴起所产生的巨大的——即使不是决定性的——影响。亚历山德鲁·克塞诺波尔（Alexandru Xénopol）的《图拉真达契亚的罗马尼亚史》（*History of the Roumanians of Trajan's Dacia*，1888—1893）对罗马尼亚的民族主义的影响众所周知，而这只是历史写作对巴尔干民族主义影响的一个典型例证。[1]

1 参见下文第321页。

犹太民族主义

当然，如果不提及犹太教和犹太复国主义的国家历史文献的话，欧洲近代民族和历史写作之间的内在关系就不会有完整的叙述。19世纪犹太民族主 227
义的兴起与这一时期欧洲民族精神的总体发展密切相关。这不仅是一种直接的模仿过程，作为1870年以后沙文主义在整个欧洲大陆不断增长的结果，对犹太人的迫害也刺激了犹太人民族精神的兴起。民族情绪的增长促使犹太人对本民族历史产生了浓厚的兴趣，这是显而易见的。大多数现代国家都建立了历史学会——成立于1880年的犹太研究学会、成立于1885年的德国犹太教会联盟历史委员会、成立于1892年的美国犹太历史协会、成立于1895年的英国犹太人历史协会。这些社团在编纂犹太历史资料、激发人们的研究兴趣方面做了重要工作。特别值得注意的是自1887年以来，由德国犹太人历史委员会出版的《法兰克和德意志帝国犹太人历史的文献集：至1273年》（*Regesten zur Geschichte der Juden im frankischen and deutschen Raiche bis zum Jahre 1273*），叙述了中世纪对犹太人的迫害，激起了犹太人对过去和现在因受到压迫而产生的民族仇恨。

才华横溢的民族历史学家海因里希·格雷茨（Heinrich Graetz，1817—1891）的著作也影响了犹太人。艾萨克·约斯特（Isaac M. Jost，1793—1860）在其《犹太史》（*History of Judaism*）和《以色列史》（*History of the Israelites*）中，考察了犹太人的历史，但他过于自由、理性和公正，不能成为一个真正的民族历史学家。而格雷茨的作品《从古代到现在的犹太史》（*The History of the Jews from the Most Ancient Times to the Present*）则大不一样，他也因此有时被称为“犹太人的特雷奇克”。[1]格雷茨是保守的，基本上是正统的，他对他的人民的过去和未来充满了热情，他雄辩地追溯了犹太人从起源到1848年的历史，特别强调了他们在文学和精神上的发展——

1　11卷，1853—1875年。

换句话说，他特别强调这些因素才是民族文化发展和持续的最重要因素。他认为犹太人是“特殊的精神类型”。格雷茨的作品与“犹太复国主义”的发展尤其一致，因为他坚持认为，真正的弥赛亚是犹太人民的民族精神，他不愿意再去等待弥赛亚的到来。在杜布诺（S. M. Dubnow）的《犹太人民的世界史：从起源至今》（*World History of the Jewish People from their Origins to the Present*）[1]里，尽管民族主义并非完全缺席，学术性还是战胜了民族主义。除了格雷茨和杜布诺的通史外，还应该提到的是，有许多史学著作全面研究了几个欧洲国家的犹太人历史。《犹太百科全书》（*Jewish*
228 *Encyclopedia*）既有学术性质，又有民族色彩。与这个世纪任何一个事件相比，希特勒和纳粹发起的对德国犹太人的迫害最大程度地刺激了犹太民族主义的复兴。自1933年以来，莫里斯·塞缪尔斯（Maurice Samuels）等人写了大量的作品，涉及犹太教和民族主义的各个方面，都是在1947年犹太人建立民族国家的巨大影响下完成的。

档案材料

关于民族主义影响欧洲史学的简要总结，我们还需要说明，档案资料的数量日益增多，学者们对档案资料的获取也越来越容易。民族国家及其官僚机构的发展带来了大量的行政“官样文章”和固定外交信函。以这些资料为基础，到1800年，历史资料宝库里积累了大量关于国家、教会和私人的档案。然而，在它们能被历史学家们广泛使用之前，档案中的资料必须分类、集中，并向有鉴定资格的历史学家公开。在19世纪以前，存在着一种明显的不愿向历史学家公开档案的倾向。[2]在档案材料的集中和分类方面，法国处于领先地位，这主要是因为宪章学院（l’École des Chartes）提

1 10卷，1925—1929年。

2 Cf Gooch, *History and Historians in the Nineteenth Century*, pp. 12–13.

供了大量训练有素的档案工作人员。目前，在对其档案资料进行系统整理和分类方面，欧洲几个主要国家里，只有英国是极其落后的。即使是高度机密的档案也有一个主要的缺陷，即以私人信件和回忆录为形式的重要材料经常缺失，因为政治家和外交家会把它们从案卷中拿走。因此，俾斯麦曾宣称，公共档案材料对于书写真正的外交历史没什么价值。爱德华·格雷（Edward Grey）爵士开创了一个先例，他在辞去国务卿职务后，将大部分私人文件留在了外交部。

同样，民族自豪感和竞争促进了国家历史资料的大规模收集和编撰，这也迫使几个欧洲国家在19世纪的不同时期向历史学者开放国家档案。此外，思想开明的教皇利奥十三世于1881年开放了梵蒂冈的档案，世俗学者第一次获权考察红衣主教巴罗诺斯最早使用的宝藏。然而，直到世界大战期间，任何地方的档案材料都没有给予完全的使用自由，档案越晚近，学者们就越是接触不到。例如，梵蒂冈的档案只能查阅到1815年，法国的档案能查到1830年，俄国的档案能查到1854年，英国的档案能查到1860年。在美国，像盖拉 229
德·亨特（Gaillard Hunt）这样的学者费尽苦心将美国的档案材料收藏水平追上了大多数欧洲国家。

第一次世界大战之后，一个向学者们公开档案的新时代开始了，人们渴望着废除秘密外交，并为世界大战找到真正的责任人。布尔什维克开始了这一进程，随后德国和奥地利迅速跟进。这一行动迫使英国人以及之后的法国人追随模仿。不仅档案被公开，而且，更重要的关于战前那一代人的外交文件也以空前的规模出版问世。[1]第二次世界大战后，同盟国缴获了大量德国文献档案，并将其出版，但他们却不愿意出版自己国家的文件档案。俄国人特别守口如瓶，没再像1918年所做的那样强迫西方同盟国公布他们的材料。

1　参见下文第281页及以次。

美国的民族主义历史著作

美国从未出版过能与那些欧洲国家所编制的国家历史资料相媲美的大规模官方资料汇编。其中部分原因在于美国联邦系统所固有的特殊性，另外的原因是，联邦政府过于沉浸在常规立法和政党政治要求的细节之中，无法把注意力放在对知识兴趣的拓展上。在美国，也有与欧洲人收集国家历史资料运动相对应的人和事，在欧洲，与此项运动相联系的是这样一些名字：穆拉托里、珀茨、基佐、尼古拉斯、哈代和斯塔布斯等。彼得·福斯（Peter Force，1790—1868）在19世纪30年代做了可怜的尝试，他试图为《美国档案》（*American Archives*）争取足够的政府支持。《美国档案》旨在构建美国从大发现时代到宪法建立这一过程中的全部资料汇编。[1]美国在心理上和历史上与欧洲运动的密切关系，在福斯对其目标的陈述中清楚地显示出来："我们所从事的事业，着重来讲，是一项国家的事业；它的范围和对象，它的终点和目标，都是国家层面的。"经过漫长而痛苦的申请，1837年，福斯获得了一笔联邦拨款，使他得以开始出版《美国档案》。但是不久之后，政府又撤回了拨款，而
230 已出版的材料是他计划之中最不重要的部分。由于当时美国的历史学研究比欧洲落后一代，福斯主要是一位辛勤工作的古籍编辑，而不是像魏茨、米涅、盖拉尔或斯塔布斯那样的学术编辑。因此，与《系列案卷》《文献》和《未面世文献》发生的中断相比，他因停止工作而造成的国家损失要小得多。

已经出版的文献汇编主要是个人、出版公司和美国几个州的历史学会共同努力的结果。这一过程由贾里德·斯帕克斯（Jared Sparks）开启。他出版了12卷的《美国革命外交信件》（*Diplomatic Correspondence of the American Revolution*，1829—1830），在1834—1837年间，出版了《华盛顿生平及著述》（*Life and Writings of Washington*）以及其他几部汇编。[2]在做最全汇编方面最具雄心的尝试是休伯特·班克罗夫特（Hubert Howe

1 Cf. J. S. Bassett, *The Middle Group of American Historians* (Macmillan, 1917), pp. 261 ff.

2 Bassett, *op. cit.*, pp. 80 ff.

Bancroft，1832—1918）先生在19世纪后半叶的作品，他收集了太平洋各国的历史资料，被用在他与人合著的39卷本《太平洋国家历史》（*History of the Pacific States*）里。但不幸的是，他没有遵循斯坦因的做法，也没有获得珀茨的资助，而是相信在自己未经训练的指导下，能够完成项目，结果导致这一作品缺乏批判性的学术和细致的编辑。一个无与伦比并且学术性更强的作品是合著的美国殖民史，即由贾斯廷·温泽（Justin Winsor）编辑的《美国历史叙事与批评史》（*Narrative and Critical History of America*）。尽管这本书包含了大量的原始资料，但它绝不仅仅是为了出版，而是作为一部叙事作品，对原始资料进行了批判性评论。

与这一运动并行的是，各州大量收集殖民地时期的记录和档案，并出版原始资料。然而，在大多数情况下，这些资料收集都是由博学的古物学家，而不是由受过训练的、具有批判眼光的历史编辑来准备的，而且所用的方法也没有一致性。但是，这些州的资料收集有一些是非常高级的，最值得注意的可能是威斯康星州的鲁本·思韦茨（Reuben G. Thwaites）编辑的关于中西部探险和殖民的系列丛书，以及亚历山大·弗里克（Alexander Flick）编辑的关于纽约州的历史文献。地方历史学会数量众多，也总是非常积极地收集地方历史资料。在此类工作中，他们经常与各州的历史学会合作。另一种收集资料的方式体现在对总统的信息和文件的编辑上，以及众多学者对重要政治家著述的编辑整理中。它们在质量上差别很大，可能在W. C. 福特（W. 231
C. Ford）的《华盛顿文集》（*Writings of Washington*）、盖拉德·亨特的《詹姆斯·麦迪逊文集》（*Writings of James Madison*）、P. L. 福特的《杰斐逊文集》（*Writings of Jefferson*）和J. B. 摩尔（J. B. Moore）的《詹姆斯·布坎南作品集》（*The Works of James Buchanan*）里达到了最高水平。

美国一直不缺乏高水平的编辑，比如W. C. 福特、富兰克林·詹姆森、保罗·福特（Paul Leicester Ford）和盖拉德·亨特，可以与珀茨、魏茨、基佐或斯塔布斯相提并论。但是美国非常缺乏协调一致的计划和持续且充分的政府支持。在W. C.福特编辑的《大陆会议记录：1774—1789》（*Journals of the Continental Congress, 1774–89*)、马克斯·法兰德（Max Farrand）编辑的《1787年联邦会议记录》(*Records of the Federal Convention of 1787*) 以及富兰克林·詹姆森指导下的卡内基研究所的学术成果中，可以看到正确方向上的美好开端。约翰·摩尔（John Bassett Moore）几乎以本笃会的耐心和多产，努力耕耘着外交史的记录文献。值得一提的还有关于美国劳工历史的宝贵资料，这是由约翰·康芒斯（John Commons）教授及其同事们编写的。阿德莱德·哈斯（Adelaide Hasse）女士已经开始了无比珍贵的系列丛书，对可在各联邦的公共文件里获得的美国经济和社会历史进行了描述和资料分类。然而，总的来说，美国在收集国家历史资料过程中，在全面性和学术性上出现了重大失误，因此不能以任何说辞作为借口，将其归于缺乏狂热的民族主义情绪，或缺乏充足的财政资源。

即使美国在国家史学的编撰方面没有跟上欧洲的发展，它仍然可以声称自己培养了像特雷奇克、米什莱或弗鲁德那样的具有狂热爱国情怀的历史学家。当然，美国史学中的民族主义主要集中在浪漫的殖民时期和争取美国独立的奋斗中。美国历史学家已经为这一时期绕上了一道堪比约翰内斯·穆勒和夏多布里昂为德国和法国早期国家历史绕上的光环。

乔治·班克罗夫特（George Bancroft，1800—1891）是创作这部关于移民和解放的民族史诗的主要人物，他的早年生活恰逢19世纪三四十年代的民族繁荣和坚定的民主时期。他的多卷本著作是《发现美洲以来的美国史》(*The History of the United States from the Discovery of America*)。[1]班克罗夫特是第一个受过德国研讨班训练的美国人，对他来说，美利坚合众国建立的历史不是普通人平凡的成就，而是一个真正的《埃涅阿斯纪》(*Aeneid*)，其
232 中，华盛顿替代了奥古斯都，它在连续的场景中展示了“赋予宇宙统一、赋予事件以秩序和联系的神圣力量的运动”。班克罗夫特用优美的修辞风格，把殖民的过程描绘成反抗压迫的勇敢精神，把美国革命概括为一群正直无私的爱国者为文明人类的利益而进行的一场改革运动，认为美国宪法是一群智

1 10卷，1834—1887年。

力超群的巨人所创造的，在以前没有人能与之匹敌，在以后的任何时代也无法被超越，他认为这些巨人的作品甚至比他们本人更引人注目。只有仔细阅读了乔治·比尔（George Louis Beer）、范·泰恩（C. H. Van Tyne）、卡尔·贝克尔、艾略特（S. M. Eliot）、M. C. 泰勒（M. C. Tyler）、奥斯古德、克拉伦斯·阿尔沃德（C. W. Alvord）、C. M. 安德鲁斯（C. M. Andrews）、S. G. 费希尔（S. G. Fisher）、马克斯·法兰德、查尔斯·比尔德和施莱辛格（A. M. Schlesinger）等人对相同题目的学术性研究之后，我们才能鉴别班克罗夫特所有重要论断的不准确性。他的作品对从理性角度书写美国历史所造成的损害，即使不是不能弥补的，也几乎是不可估量的。他创作的这个神话在约翰·帕尔弗里（John G. Palfrey，1796—1881）的长篇清教辩解《新英格兰史》（*The History of New England*）中得以巩固，又在亨利·洛奇（Henry Cabot Lodge）的《英国殖民地在美洲的历史》（*History of the English Colonies in America*）中以较和缓的形式多次重复，这本书至少激发了人们对殖民地生活的兴趣。

约翰·莫特利对美国在自由和民主方面的成就感到自豪，并受到激励去研究荷兰人在反抗西班牙暴政并建立共和国时的类似运动。[1] 弗朗西斯·帕克曼（1823—1893）摆脱了班克罗夫特的盎格鲁-撒克逊恐惧症，首次把在新世界殖民的全部功劳归于法国。在大量详尽而有趣的书卷中，他发现英雄主义的记录并没有完全被英国和德国殖民者所垄断。当帕克曼关注北部和西部的法国人时，威廉·普雷斯科特（William H. Prescott，1796—1859）这位现代早期西班牙领域的著名历史学家，也找到了自己的美国选题，他研究的是西班牙人对中美洲和南美洲的征服和殖民活动。他还对墨西哥和秘鲁的美洲土著文明进行了精彩的描述。他的《墨西哥征服史》和《秘鲁征服史》堪称文学名著，但需要根据后来的考古工作加以修订。阿尔弗雷德·马汉（Alfred T. Mahan，1840—1914）对美国独立战争和1812年战争中美国海军的功绩印象深刻，当时美国海军的规模很小，因此激励他去研究制海

1　参见前文第191—192页；及D. A. Pease, *Parkman's History*, Yale Press, 1953。

权对历史的影响。他的两部主要著作是《海权对历史的影响：1660—1783》（*The Influence of Sea Power on History, 1660-1783*）和《海权对法国大革命和帝国的影响：1793—1812》（*The Influence of Sea Power on the French*
233 *Revolution and Empire, 1793-1812*）。没有几本书能在促进现代海军军备灾难性的增长方面发挥这么大的影响力了。理查德·希尔德雷思（Richard Hildreth，1807—1865）和约翰·汉密尔顿（John Church Hamilton，1792—1882）的著作赞颂了联邦党人努力巩固国家联盟的过程。作为一个反清教徒，希尔德雷思在这一点上回应了帕尔弗里。他赞扬联邦制，批评杰斐逊。汉密尔顿是联邦制的伟大政治家汉密尔顿的儿子，他在《共和国史》（*History of the Republic*）中为自己父亲的政策辩护。在班克罗夫特的文章和演讲中，杰克逊时代的“纯粹”民主得到了祝福，他相信他在杰克逊追随者的欢呼中发现了“上帝的声音”。西奥多·罗斯福（Theodore Roosevelt，1858—1918）在《西部的胜利》（*The Winning of the West*）里描述了美国向西部扩张的过程，书中流露出一个西部的仰慕者、一个狂热的爱国者和一个民族帝国主义者所具有的难以掩饰的自豪感。罗斯福还宣传了马汉的著作。德裔美国人赫尔曼·霍尔斯特（Hermann von Holst，1841—1904）在其《美国宪法和政治史》（*Constitutional and Political History of the United States*）中认为，在对奴隶制的斗争中，存在着正义与不正义之间的永恒冲突。他被这个国家的民族主义的胜利所鼓舞，并从中看到了德国同胞在为统一而斗争的过程中可以借鉴的精神。约翰·伯吉斯（John William Burgess，1844—1931）教授是《中间阶段》（*The Middle Period*）、《内战与宪法》（*The Civil War and the Constitution*）、《重建与宪法》（*Reconstruction and the Constitution*）的作者，他认为内战中北方的获胜不仅证明了他自己的民族主义政治哲学，也是日耳曼精神在政治统一和组织方面的明确展现。

然而，总的来说，当内战和重建时期已经成为严肃历史分析的主题时，威廉·邓宁（William A. Dunning）教授领导的批判性和博学性兼具的学术研究开始盛行，“美国史诗”从学术著作中消失，被保存在代代相传的学校教科书中。

将班克罗夫特史诗合理化并使之适应19世纪后半叶流行趋势的任务落到了哲学家兼历史学家约翰·菲斯克[1]身上。他具有和蔼可亲的斯宾塞理性主义，对中产阶级的崛起给予赞扬，以最好的方式总结了他那个时代受过教育的美国人所具有的精神气质。他的风格生动，富有吸引力，他的主要兴趣是大发现时期、殖民和革命，因此吸引了一批追随者，并被看作是上一代最受欢迎的民族历史学家。在解释英美关系方面，他是新时代的预言家。"英语世界人民的史诗"取代了班克罗夫特的清教徒和美国人的史诗，描述了英国和美国中产阶级的崛起和胜利。

与伯吉斯一样，菲斯克完全相信"雅利安人"作为日耳曼人的分支所具有的最强大的政治能力。他认为，历史上有记载的第一个自治的例子是日耳曼人的村庄社区，这是"史前雅利安的古代遗产"，他相信，"美国历史是从顽强的阿米尼乌斯在德国北部森林里，成功地挑战罗马帝国的威力那一天开始，持续不断地延续下来的"。 234

然而，菲斯克强调，衡量政治能力的最可靠的标准是自由因素，而不是伯吉斯所青睐的秩序和权威因素。格莱斯顿统治下的英国似乎比俾斯麦统治下的德国更适合成为实现完全政治自由的典范，当时流行的英格兰完全日耳曼化的理论是支持自由事业的一个种族论据。因此，菲斯克并没有引导自由女神从"德国原始森林"直接走向1787年的联邦制宪会议，而是为她向新世界迁徙的过程中，安排了一条迂回的道路，引导她以"1688年光荣革命"的方式来到美国。这部英国资产阶级的著作认为，在这场革命中，"政治和宗教自由建立在如此牢固的基础之上，再也不会动摇，再也不受惩罚的威胁，只要洛克、弥尔顿和西德尼的言论仍是人们口中的生动语言"。

菲斯克与乔治·特里维廉（George Otto Trevelyan）合作，试图向人们展示美国革命如何完美实现了1688年精神。他认为这是辉格党在大西洋两岸

1　1842—1901，美国著名史学家，著有《新英格兰的起源》和《美国革命》等书。——译者注

的杰作，英勇地检查和粉碎了保守的地主阶级的独裁倾向和“德国国王”的违宪暴政，为世界保留了英国人权法案中的自由。他带着自豪感描写了美利坚联邦共和国的建立，认为这是西半球对解决政治问题的重大贡献。它调和了新英格兰城镇会议与大政治集团存在的自由。菲斯克对19世纪征服美洲大陆的过程中，美国中产阶级在政治和经济上所取得的进步感到由衷的高兴。20世纪初，就在他去世之前，他非常高兴地看到自己的国家通过保留菲律宾终于承担起它的一部分“白人的负担”。但他根本不是一个军国主义者，他认为这是把世界带进和平统治的最重要的一步，“说英语种族的两大分支负有在世界的大部分地区建立更高级文明的使命，要建立比以往任何时候都更加持久的政治秩序”。

菲斯克在这个国家的通俗历史中采用了日耳曼和盎格鲁-撒克逊的神
235 话，赫伯特·亚当斯（Herbert Baxter Adams，1850—1901）和约翰·伯吉斯的著作却为神话在学术界的地位奠定了基础。亚当斯和伯吉斯两人都在德国接受过训练。亚当斯在约翰·霍普金斯大学建立了著名的历史研讨班。在那里，他培养了许多杰出的历史学家和政治学家，其中包括伍德罗·威尔逊。将日耳曼理论应用于美国制度的最好例子是亚当斯的学生乔治·霍华德（George Elliott Howard）于1889年出版的《美国地方宪法史导论》（*Introduction to the Local Constitutional History of the United States*）。伯吉斯在阿默斯特学院开始他的工作，然后在哥伦比亚大学创立了著名的政治科学学院，但是他的许多学生因为热衷于日耳曼神话而被欺骗。日耳曼学说主要通过他的著作和尼古拉斯·巴特勒（Nicholas Murray Butler）的公开演讲得以传播。威伯·阿伯特（Wilbur Cortez Abbott）的《新野蛮人》（*The New Barbarians*）也许是对今天自鸣得意的美国民族主义最好的表达。

民族主义的历史也出现在新大陆的其他地方。渥太华自治领档案馆和几个省的档案馆已经收集了大量关于加拿大自治领的原始资料。弗朗索瓦·加尔诺（François Garneau）从法裔加拿大人的视角、威廉·金斯福德（William Kingsford）站在反对加拿大独立的立场上，详细回顾了加拿大的历史。这两部作品现在都被乔治·朗（George M. Wrong）和休·兰顿（Hugh H. Langton）以及亚当·肖特（Adam Shortt）和亚瑟·道蒂（Arthur G. Doughty）编辑的关于加拿大历史的学术著作所取代。其中，最好的一卷加拿大历史是乔治·朗的《加拿大人》（*The Canadians*）。

拉丁美洲各国从西班牙档案中精心收集了拉丁美洲的历史资料。有特色的资料汇编包括：由布宜诺斯艾利斯大学哲学和文学系编辑的阿根廷文献、何塞·梅迪纳（José Medina）编辑的智利文献和M. O. 贝拉（M. O. y Berra）编辑的墨西哥文献。奥尔特加·卢比奥（Juan Ortega y Rubio）、迪亚戈·巴罗斯·阿拉纳（Diego Barros Arana）、弗朗西斯科·卡尔德隆（Francisco Garcia Calderón）和卡洛斯·拉马尔卡（Carlos Navarro y Lamarca）等人写作了拉丁美洲的通史。巴托洛梅·米特雷（Bartolomé Mitre，1821—1906）特别耕耘了独立战争动荡时期的历史。有些国家出版了很多重要著作。其中，弗朗西斯科·瓦尔尼亚根（Francisco Adolpho Varnhagen）、佩雷拉·席尔瓦（Joáo Manuel Pereira da Silva）、何塞·庞波（José Francisco da Rocha Pombo）、奥利韦拉·利马（Manoel de Oliveira Lima）和费利斯贝洛·弗莱雷（Felisbello Firmo de Oliveiro Freire）等人写了巴西的历史；米特雷、马里亚诺·佩利扎（Mariano Pelliza）、马丁·梅柔（Martín García Mérou）、比森特·盖鹏（Vicente Gambón）、比森特·洛佩兹（Vicente Fidel López）、里卡多·莱韦内（Ricardo Levene）写了阿根廷的历史；本哈明·麦肯纳（Benjamín Vicuna Mackenna）、何塞·梅迪纳、米格尔·阿穆纳特吉（Miguel Luís Amunátegui）、迪亚戈·巴罗斯·阿拉纳、多明戈·索拉尔（Domingo Amunátegui y Solar）和贡萨罗·布尔内斯（Gonzalo Bulnes）写了智利的历史；马里亚诺·索尔丹（Mariano Felipe Paz Soldán）、塞巴斯蒂安·洛伦特（Sebastián Lorente）、内梅西奥·巴尔加斯（Nemesio Vargas）写了秘鲁的历史；洛伦佐·马埃斯特雷（Lorenzo 236
Motúfar y Rivera Maestre）、安东尼奥·郝勒吉（Antonio Batres Jáuregui）、佩德罗·卡斯特利亚诺斯（Pedro Zamora Castellanos）、何塞·罗德里格

斯（José N. Rodríguez）写了中美洲的历史；路易斯·贝尔迪亚（Luís Pérez Verdía）、路易斯·奥夫雷贡（Luíz Gonzáles Obregón）、尼塞托·萨马科伊斯（Niceto de Zamacois）、恩里克·桑蒂瓦涅斯（Enrique Santibañez）、埃米利奥·拉瓦萨（Emilio Rabasa）和格雷戈里奥·金特罗（Gregorio Quintero）写了墨西哥的历史。

历史和民族主义

民族和民族主义的增长影响历史学的最终结果是多样的，也是好坏参半的。好的方面是，它收集了大量原本无法获得的原始资料，并在整理编撰史料的过程中培养了许多优秀的历史学家。坏的方面是，出现了一种危险的爱国主义偏见。这种偏见不仅妨碍了冷静、客观、准确地处理历史事实，甚至一些接受过高水平训练的历史学家也受到了影响，而且，这种偏见也在很大程度上助长了沙文主义，进而导致了1914年的灾难。H. 莫斯·史蒂芬斯（H. Morse Stephens）教授对民族主义历史学家在这方面的责任评论得非常好："如前所述，19世纪某些最有说服力的历史学家在历史写作中表现出夸张的民族主义，专业的历史学家、专业的历史学生、专业的历史教师，如果我们看不见写在鲜血里的和写在垂死的欧洲文明里的这些夸张的民族主义所带来的可怕后果的话，我们就有祸了！"[1]的确，对于特雷奇克、米什莱、弗鲁德或班克罗夫特所制造出来的每一个爱国者而言，如他所说的话，那还是幸运的，但是，成百上千人被三流教科书的编辑所迷惑，这些编辑天真而带有邪恶的傲慢，模仿了史学大师的偏见，却忽略了他们的文学价值。[2]这些教科书的本质及其对过去一代人的影响已经被史学家所注意，查尔斯·阿特

1 H. M. Stephens, "Nationality and History," in *American Historical Review*, January, 1916, p. 236.

2 Bessie L. Pierce, *Public Opinion and the Teaching of History in the United States* (Knopf, 1926); J. F. Scott, *Patriots in the Making* (Appleton, 1916), *The Menace of Nationalism in Education* (Macmillan, 1926); Mark Starr, *Lies and Hate in Education* (London, 1929), and C. E. Merriam, *The Making of Citizens* (University of Chicago Press, 1931).

舒尔（Charles Altschul）先生和贝西·皮尔斯（Bessie L. Pierce）女士为美国、斯科特（J. F. Scott）教授为法国和德国都指明了问题所在。英国在这方面也没有落在这些国家后面。随着极权主义在法西斯的兴起，以及伴随着第二次世界大战的到来，民族主义热情和偏见以当代社会前所未有的规模卷土重来。

教会史

应该附带指出的是，收集历史资料的热情并不仅仅局限于世俗历史资料。就像迪歇纳在17世纪开始收集国史资料一样，教会历史资料的收集活动 237
也是在这个时期开始的，并一直持续到现在。1844—1864年间，雅克·米涅（Jacques Migne）收集并出版了第一本教父著作全集《教会圣师希腊语和拉丁语著作全集》（*Patrologiae cursus completus, graeca et latina*），共382卷。与班克罗夫特的《太平洋国家历史》一样，这本书是出版商的作品，而不是学者的作品。尽管如此，这本书对学者们来说仍然具有巨大价值。米涅未能在所有情况下使用最好的文本，激发了人们试图收集更好的教父文学作品的热情。自1866年以来，维也纳学院出版了一批精心编排的拉丁语的教父著作，1897年，柏林学院也开始出版希腊语的教父著作。17世纪中期，在博兰德开始的收集圣徒生平事迹的工作，至今仍在进行中。[1]由拉贝（Labbe）和考萨赫（Cossart）编辑的教会会议法案集，出版于17世纪下半叶。1783年，埃蒂安·巴吕兹重启对教会法案的整理工作。1685年，让·阿杜安（Jean Hardouin）开始做另一部文集，在18世纪中叶，吉安·曼西（Gian Mansi）编纂了所有教会会议文集中最完整的一部《神圣会议文集》（*Sacrorum counciliorum nova et amplissima collectio*），共31卷，1924年在巴黎出版了最新版本，共56卷。在曼西准备教会会议文集的同时，马伊纳

1　参见前文第132—133页。

尔迪（Mainardi）出版了他的教皇诏书文集。在19世纪下半叶，菲利普·雅费（Philipp Jaffé）和奥古斯特·波特哈斯特（August Potthast）出版了下至1304年的《教皇书简集》（*regesta*），是一部学术文集，而保罗·克尔（Paul Kehr）最近完成并出版了此类资料的最新和最完整的汇编。总的来说，到目前，教会历史的原始资料汇编并不输于欧洲世俗历史的资料汇编。就教会历史学家而言，他们在心理上的洋洋得意也一样没少。红衣主教赫根勒特尔（Hergenröther）在写到天主教会时的情感与他的同胞特雷奇克对普鲁士和德国民族的情感完全一样。《天主教百科全书》（*Catholic Encyclopaedia*）系统地推理了天主教在历史问题上的官方立场。

当然，新教徒在写作中也有同样的感受。我们已经提请大家注意这部文学作品，即莫尔·达乌比涅的激情与上述提到的任何一位天主教作家不相上下，甚至博学的大卫·沙夫（David Schaff）也表现出一种非常明确的新教偏见。《沙夫-赫尔佐格百科全书》（*Schaff-Herzog Encyclopaedia*）里充斥着新教的观点。

参考文献

238 C. J. H. Hayes, *The Historical Evolution of Modern Nationalism*, Long and Smith, 1931.

Fueter, *Histoire de l'historiographic modern*, pp. 608–618, 629–687.

Gooch, *History and Historians in the Nineteenth Century*, chaps. v, viii, xi–xv, xvii–xviii, xxi–xxii.

Michael Kraus, *A History of American History*. Farrar and Rinehart, 1938.

——, *The Writing of American History*, chaps. iv–vi, x. University of Oklahoma Press, 1953.

H. H. Bellot, *American History and Historians*. University of Oklahoma Press, 1952.

Harvey Wish, *The American Historian*. Oxford University Press, 1960.

David Levin, *History as Romantic Art*. Stanford University Press, 1959.

R. R. Ergang, *Herder and the Foundations of German Nationalism*. Columbia University Press, 1931.

Milton Berman, *John Fiske. The Evolution of a Popularizer*. Harvard University Press, 1961.

P. M. Hammer, ed., *A Guide to Archives and Manuscripts in the United States,* Yale University Press, 1961.

D. H. Thomas and L. M. Case, *Guide to the Archives of Western Europe*. University of Pennsylvania Press, 1959.

Thomas Pressly, *Americans Interpret Their Civil War*. Princeton University Press, 1954.

D. R. Van Tassel, *Recording America's Past, 1607–1884*. University of Chicago Press, 1960.

Peardon, *The Transition in English Historical Writing.*

Wegele, *Geschichte der deutschen Historiographie*. Books IV–V.

Antoine Guilland, *Modern Germany and Her Historians.* London, 1915.

Gustav Wolf, *Dietrich Schafer and Hans Delbruck, Nationale Ziele der deutschen Geschichtsschreibung seit der franzosischen Revolution.* Gotha, 1918.

Louis Halphen, *L'Histoire en France depuis cent ans.* Paris, 1914.

Benedetto Croce, *Storia della storiographia italiana nel seclo decimo nono*. Bari, 1921. 2vols.

P. J. Blok, *Geschichtschreibung in Holland*. Leiden, 1924.

J. F. Jameson, *Historical Writing in America.* Houghton, Mifflin, 1891.

J. S. Bassett, *The Middle Group of American Historians.* Macmillan, 1917.

Thompson, *History of Historical Writing*, Vol. II, chaps. xliii–xlv, xlviii.

W. T. Hutchinson ed., *The Marcus W. Jernegan Essays in American Historiography*. University of Chicago Press, 1937.

John Fiske, *American Political Ideals.* Harper, 1885.

Wilgus, *Histories and Historians of Hispanic-America*.

B. L. Pierce, *Civic Attitudes in American School Textbooks*. University of Chicago Press, 1930.

J. F. Scott, *Patriots in the Making*. Appleton, 1916.

——, *The Menace of Nationalism in Education*. Macmillan, 1926.

Bell and Morgan, *The Great Historians.*

第十章　批判史学的兴起

批判史学的起源

239 乔治·古奇教授在其对19世纪历史学发展的博学而鼓舞人心的论述中指出，在19世纪之前，历史科学受到4种严重障碍的制约：（1）关于历史因果关系的灾难性理论和以理性主义学派为特点的对中世纪的蔑视；（2）没有对原始资料的充分收集，也没有对档案资料的管理；（3）普遍缺乏批判性处理历史资料的方法；（4）在历史内容和方法上，无法提供系统性的并且可靠的教学。

前文已经指出，浪漫主义学派纠正了理性主义者的一些错误，他们坚持认为在历史发展中存在着连续性，把中世纪视为最富有历史研究成果的一个时期。我们也简要地说明了民族主义的自豪感如何激发了每一个主要的现代国家出版大量的原始资料。但是，在历史学领域，仍然要追溯批判史学的兴起，仍然要展示学术方法是如何通过历史专业教师的出现而被广泛传播和永久传承的。

在前一章中，我们已经清楚地看到，批判性方法注定是要在历史材料的使用中出现的，它是人文主义附带的一个阶段，布隆德斯、贝亚图斯·雷纳努斯、瓦迪亚努斯和祖里塔在他们的作品里对此已做了阐释[1]，但是在宗教

1　参见前文第105、111—113、119页。

改革和反宗教改革时期，激烈的宗教争论控制并扼杀了它。18世纪初，随着宗教辩论的数量趋于下降，客观的态度又有可能在某种程度上得以恢复，人们重新开始不偏不倚地寻找历史真相。

科学的历史方法在发展中经历了两个自然和正常的阶段：一是外交学、 240
年代学、古文字学、金石学和词典学等辅助科学的兴起，使得历史学家能够确定文献记录的真伪；二是内在批判或解释性批判的发展，超越了对文献记录真实性的简单确定，检查文献记录作者作为历史事实见证者的可信度。

甚至在这种新的学术批评的早期阶段，就出现了对此前历史学著作的严格评判。从德·普伊到邓克尔，学者们对古代东方的编年史进行了批判性的评价。格罗特（Grote）等人研究了希腊的重要历史学家。德·普伊、佩里佐尼乌斯、博福特和尼布尔评价了罗马历史学家。莫尔教会（Maurists）、博兰德派（Bollandist）、莫斯海姆和蒂耶蒙都研究了教会历史学家。从戈尔达斯特到魏茨，从福里埃尔到库朗热，从莎伦·特纳到斯塔布斯，中世纪的编年史家都受到了批判性的剖析。冯·兰克通过对人文主义历史学家，尤其是对维兰尼、马基雅维利和圭恰迪尼的经典分析而名声大噪。福里埃尔、穆拉托里、莱布尼茨和大型汇编的主编们都在研究国家历史的资料。新的学术研究就这样进入了各个领域。

现代历史科学发展中，最重要的第一步主要是圣莫尔教会本笃会修士们的工作，他们在收集法国历史资料的初始阶段非常活跃。[1] 他们在这一学术运动中的优先地位缘于这样一个事实，即他们不是一个好战的宗教团体，他们不必为天主教进行强有力的辩护。他们也比世俗学者有优势，也不必被迫去歌颂某个城市、某个省、某个家族或某个王朝。在修道院的图书馆里，他们利用现代历史学家的方法和技术，精心完成了这些不可或缺的项目。

这个宗教团体的历史学领袖是让·马比荣，他与吕克·达什里（Luc d'Achery）合作，创建了外交科学——或者说，是用批判方法来确定文献

1　参见前文第212—213页。

记录的真实性。1675年，耶稣会历史学家丹尼尔·帕皮布罗茨发表了一项影响广泛的声明，称莫尔教会所依赖的许多文献都毫无价值。马比荣用了6年的准备时间回应了帕皮布罗茨的声明，1681年，他以《新外交官》（*De re diplomatica*）这一博学之作碾压了他的对手，这本书一直是这一题材的标准论文，直到后来才被西克尔、菲克尔和吉里（Giry）的多卷本著作所取代。现代的古文字学和考古学的基础是伯纳德·蒙福孔以《希腊古文字
241 学》（*Paleographia graeca*）和《古物图解》奠定的。当世俗人员夏尔·康热以其《中世纪和近代历史词典》（*Glossarium mediae et infimae latinitatis*, 1678）创立历史词典编纂学之后，本笃会的修士们也在这一领域做出了突出贡献，卡尔庞捷（Dom Carpentier）对康热的著作进行了著名的修订和扩展（1768）。最后，在由但丁尼（Dantine）和迪朗（Durand）启动并由克莱芒于1790年完成的伟大合著《确定时间的艺术》中，年代学被从攸西比乌斯和哲罗姆手中夺了过来，并建立了科学基础。克莱芒在对年代学的系统分析上，远远超出了斯卡利杰。[1]当然，本笃会修士并没有仅仅局限于对研究方法的完善上，还把这些方法应用于出版和收集整理那些关于教会和国家历史的大量著作中，我们在本书的其他章节中提到过这些著作。

莫尔教会在科学方法上所取得的进步无论怎样评价都不过分。在他们之前，要么是没有人试图引用来源，要么是引文被弄得一塌糊涂；在他们之前，也还没有建立确定文本真实性的普遍做法；在他们之前，为了提高写作风格，人们会毫不犹豫地修改一份文献记录的文本。莱布尼茨的作品是唯一值得注意的例外。现在，人们对文献的真实性进行了严格的审查，文中的引述要准确无误，对资料的引用也要做到一丝不苟。

然而，我们很容易高估莫尔教会的现代性；他们与蒂迈欧的接近程度同与冯·兰克或加德纳的接近程度一样。他们的批判方法几乎完全局限于对外部或对文本的考证上——检验文献记录的真实性。在检验同时代权威的可信

1 参见前文第117页。

性方面，他们远不如伏尔泰学派，他们通常把一份真正的第一手资料的内容当作是几乎绝对的历史事实。他们也不具备任何浪漫主义的文化演进观念。他们更像是博学的古物学家，而不是具有现代科学的史学家。他们对教会传统并不质疑。他们有虔诚的信仰，相信事实将会证实教会的论点。但是足够讽刺的是，他们为同时代以及后续时代的理性主义者提供了用以攻击教会的大量学术信息。

詹森教派的信徒路易·德·蒂耶蒙（1637—1698）几乎使用了与本笃会修士一样的方法。他写了两部名作，涉及教会和罗马帝国下至公元515年的历史。他的书具有高度的客观性，像是一个马赛克拼图，所选取的资料如此和谐地组织在一起，并没有为了文本或事实而改变。这是最早的现代历史 242
著作之一，包含了对每个历史阶段主要文献的批判性讨论。这部坚实的著作被认为是基督教教义的支柱，也是怀疑论的吉本所使用的最主要的资料来源。

新的批判方法在德国的最早范例之一是德国的法律史。德国政治家和学者赫尔曼·康林（Hermann Conring，1606—1681）著述丰饶，他写了一篇学识渊博的《关于德国法律起源的历史评论》（*Historical Commentary on the Origins of German Law*），很多学者认为这是科学研究德国法律起源的真正开端。新的博学方法的另一个范例是对归尔甫派历史的研究，这是由德国哲学家戈特弗雷德·莱布尼茨在《西罗马帝国的布伦瑞克编年史》中完成的。事实上，莱布尼茨在1679年——也就是在马比荣发表其批判观点的前两年——写的一篇文章中，就清楚地陈述了与莫尔教会相同的先进观念。莱布尼茨的理念在《墨洛温王朝时期的日耳曼人史》（*The History of the Germans under the Merovingians*）中首次得到大规模的应用。这本书的作者是约翰·马斯科夫（Johann Jakob Mascov，1689—1761），他批判性地使用史料，拒绝广泛流行的传说。他继续了自己的历史写作，对中世纪帝国进行了同样的批判性考察。他的书是施密特之前关于早期日耳曼人的最好的历史著作。[1]

勤奋的意大利人穆拉托里在内在批判方面又向前迈进了一步，他曾多次恭维他的导师马比荣。他和布隆德斯都一样谴责奇迹，并大大背离了本笃会认为当代资料绝对可靠的做法。拉潘·图瓦拉（1661—1735）在他的《英格兰史》里，融合了马比荣和穆拉托里的方法，同时对浪漫主义的历史发展概念有了一些模糊的预期，这本书长期以来一直是欧洲大陆研究17世纪英格兰历史的主要资料来源。他预见到了孟德斯鸠将英国的自由主义归因于德国边远地区的先例。最后，在英国学者坎贝尔、塞尔、斯文顿、鲍尔和萨玛那扎合著的《世界通史》——之前我们也提到过这本书——里，这个博学的学派出版了所有历史文献中第一部具有学术性且相当完整的世界史。尽管它在态度上非常敬神，仍然被一位与富埃特具有同样权威的批评家称为“第一部名副其实的世界史”。

虽然瓦迪亚努斯[2]、穆拉托里和图瓦拉至少对当代或“原始”资料的可信度有了一些初步的见解，但对历史文献进行系统性内在批判的开端还要归功
243 于耶稣会士。新教的进攻使他们处于守势，他们不得不检查教会历史的资料来源，以发现哪些古老的传统和传说经得起科学的检验。通过这种方式，他们希望阐明新教历史学家对教会的破坏性批评，这些历史学家嘲笑了与天主教历史有关的那些粗俗且有明显错误的传说。耶稣会批评的主要例证是不朽的《诸圣传记》，是比利时的耶稣会士在博兰德的指导下于1643年开始写作的。[3]在这本书里，不同圣徒的生平资料是根据年龄和真实性排列的。

皮埃尔·培尔（Pierre Bayle，1647—1706）在《历史与批判词典》（*Historical and Critical Dictionary*）以及他对曼堡的加尔文主义历史的批评中，展现出一种更健康、更广阔的批判精神。培尔特别指出，同时代的权威观点与其所描述的事件之间存在着严重的矛盾，他毫不犹豫地将他的方法扩

1 参见前文第164页。

2 参见前文第111—112页。

3 参见前文第132—133页。

展到对“神圣”历史的考察当中。事实上，培尔推翻了神圣历史的观念。对莫尔教会这样的历史观念最有破坏力的批判来自英国的自然神论者科尼尔斯·米德尔顿（1683—1750）。在《导论》（*Introductory Discourse*）和《自由探究》（*Free Inquiry*）中，他强调，作为基督教兴起时的历史学家，教父本身具有不稳定性。他还指出了这样一个事实，即这是一个必然会伪造和篡改的时代。[1]

自人文主义时期以来，古典时期的古代历史作家通常都享有仅次于教父的尊敬和信任。如我们所见，瓦拉曾质疑过李维的一些论断。但第一个真正批判罗马古代史的学者是卡罗·西格尼奥（Carlo Sigonio），他更广为人知的名字是西格尼乌斯（1524—1584），他与斯卡利杰和卡索邦一起被认为是那个时代最伟大的学者。他以怀疑的态度处理罗马历史、法律和古代遗产等领域的问题，比布隆德斯做的更深入、更宽广。荷兰学者雅各布·沃布洛克（Jakob Voorbroek）也被称为佩里佐尼乌斯（1651—1715），是批判的《拉丁语法》（*Latin Grammar*）和《历史修订》（*Animadversiones historicae*, 1685）的作者，他对早期罗马历史的来源进行了批判，并对其正确性和真实性提出了质疑。法国伦理学者和历史学家路易·德·普伊（Louis Lévesque de Pouilly，1691—1750）更为严厉，他猛烈抨击了罗马早期的历史学家。但他的破坏性甚至比后来的博福特和尼布尔还要大，因为他认为重建可靠的早期罗马史是不可能的。德·普伊还攻击了亚述历史传统中资料的
可靠性。路易·博福特（卒于1795）在《罗马早期历史的不确定性研究》 244
（*Dissertation On the Uncertainty of the Early Centuries of Roman History*）中，对罗马早期历史的研究更加全面。博福特细致地证明了伟大的古典权威在论述罗马早期阶段时出现的分歧。他认为，这种情况说明，公元前3世纪之前的罗马史基本上全部依赖于传说。博福特的著作标志着在态度、方法和风格上与人文主义的决裂，而他的批评著作所未能关注的罗马历史，由尼布

1　他的著作比较早地预见了我们这一代的作品，比如约瑟夫·惠利斯（Joseph Wheless）的《建立在谎言和伪证之上的教会》（*The Church Founded on Lies and Forgeries*, Knopf, 1930）。

尔开始着手研究。

坚持着新批判传统的法国历史学家也把研究转向了他们自己国家的历史。在《法国史》(1713)里，加布里埃尔·达尼埃尔(Gabriel Daniel)早在马斯科夫之前，就对笼罩在墨洛温王朝时代的历史寓言和传说进行了有力批判。在尼布尔之前，让·杜博斯(Jean Baptiste Dubos，1672—1740)是早期批判学派中最不起眼的成员，但也许是最有能力的历史学者。他的《法国君主制在高卢建立的批判史》(*Critical History of the Establishment of the French Monarchy in Gaul*)是将新的批判方法应用于制度研究的第一次尝试。他以一种与冯·兰克一样的客观精神，研究了法国早期的历史文献资料，先于福里埃尔和库朗热提出，墨洛温王朝在高卢对罗马文化主要是吸收而不是取代。他还预见了浪漫主义者的出现，认为他们掌握了文明渐进、有机发展的概念，远远优于当时的理性主义者的灾难性理论。尤斯图斯·莫泽尔(Justus Möser，1720—1794)的《奥斯纳布律克史》(*History of Osnabruck*)在批判性上弱于杜博斯的作品，但是有着更多的历史真实。这本书被公认为是第一部真正的宪法史，揭示了在一个国家的生活中，政治机制如何脱胎于更深层次的社会和经济力量的模式。在德国公法和帝国制度领域的历史学家中，约翰·斯蒂芬·皮特(Johann Stephen Pütter，1725—1807)的研究更加细致，成就也更高，他敏锐而准确地分析了德国公法和帝国政治制度的演变。

莫泽尔的弟子，巴托尔德·尼布尔(1776—1831)，在传统上被公认为现代史学的创造者。然而，正如我们在前面讨论中所展现的那样，没有哪个人或者学派可以构建现代历史科学的全部。尼布尔是丹麦人，1810年被洪堡选入新建的柏林大学，是进步的批判方法的集大成者。他熟悉佩里佐尼乌斯、德·普伊和博福特关于批评罗马早期历史不可靠的著作。在研究法律和政治制度的演变时，他受到了萨维尼浪漫主义的影响。他追随莫泽尔，对
245 这些制度的发展进行了透彻入理的分析。他在罗马早期历史的资料中应用了批判方法，最终，这一方法也被沃尔夫在考察荷马史诗作者这一划时代的研

究中所采用。尼布尔的《罗马史》是把最好的新批判方法与创新性的制度史原则相融合的第一部著作，为他的后继学者冯·兰克和特奥多尔·蒙森（Theodor Mommsen，1817—1903）的历史作品提供了最重要的灵感来源。

在考察冯·兰克为历史写作带来的革命之前，我们应该先关注批判学派对历史科学和历史方法的两个贡献——遵循博丹在著名的《理解历史的简单方法》里的思路。德国学者约翰·克拉尼（Johann Martin Chladni）在1752年写了《历史概论》（*General Science of History*）。在这方面，他以智慧和批判的眼光审视了诸如历史证据的一般性质、历史资料的性质、人物作用、历史的可能性和因果关系以及历史解释等方面的问题。同样有趣的还有雅各布·韦格林（1721—1791）所著的《关于通史的理性计划》（*Rational Plan for a Universal History*）。他研究了一些特殊问题，涉及历史学家，对通史史料的批判、筛选、组织和综合分析，以及社会和文化发展的本质问题。韦格林后来在大部头的《欧洲通史》（*Universal History of Europe*）一书中引用了这些理论。

冯·兰克和德国学派

利奥波德·冯·兰克（1795—1886）是在对古典文学的研究中、在对浪漫主义思想的考察中以及在对尼布尔著作的阅读中，第一次对历史产生了兴趣。他发现同时代各主要权威对15世纪意大利历史的论述多种多样，差异巨大，由此激发了他作为历史学家的实践活动。1824年，他出版了《罗曼和日耳曼诸民族史：1494—1535》（*History of the Romance and Germanic Peoples, 1494-1535*）。这本书最重要的部分是附录，题为《现代历史作家评论》（*A Critique of Modern Historical Writers*），分析了其所涉及的历史阶段的史料来源，同时也对内在考证和解释性批评起到了推动作用，正如马比荣关于外交的论文对外在考证所起的作用一样，也与对文献的真实性进行批判性研究一样。

正是由于冯·兰克对历史方法的巨大贡献，历史学家不仅必须使用严格的同时期信息来源，而且必须深入研究每份档案作者的个性、“倾向”、活动和时机，以便尽最大可能地确定他记录历史事件的“个人方程式”。

246 冯·兰克的历史方法上还有另外两个基本特征：（1）一种源自浪漫主义者的观念，每个国家和时代都被一套流行的思想所支配，冯·兰克称之为“时代精神”；（2）一种信念，历史学家在看待过去时，必须完全不囿于当前的偏见，必须按照实际发生的真实情况去叙述历史。

后世的历史学家也指出了兰克的缺陷：（1）他无法穷尽他写作的任何一个主题的资料；（2）他主要关注了政治事件和重要人物，忽视了经济和社会史中更基本的事实，甚至也忽视了制度化的政治生活；（3）他对历史的神意理论有虔诚的偏见；（4）他对路德、霍亨索伦家族和普鲁士过分热情。

冯·兰克研究了整个欧洲和世界的历史，在每个领域都留下了不朽的印记，但他对历史方法和历史教学的贡献，对后来的史学发展影响最大。他对历史方法的主要贡献是，他制定了档案文件的内在批判原则，他坚持对过去的记录要完全客观。他通过教学对历史研究的影响可能比他在自己著作中的阐释更大一些。在学术界，推动历史研究的基本手段——历史研讨会（seminar）——是由兰克在1833年建立的，并由兰克开办了半个世纪，它不仅培养了德国许多著名的历史学家，还吸引了全世界各地的学生到这个历史实验室学习。当冯·兰克年事已高，无法有效地进行他的研讨会时，他最重要的弟子格奥尔格·魏茨在哥廷根大学采用了他的教学方法。

冯·兰克的工作最终奠定了现代历史研究的基础。自他那个时代以来，历史学的进步主要是对批判方法的进一步完善以及在不断成长的历史学者群体中广泛传播。科学的历史研究稳步发展，一方面是由于学生直接模仿了冯·兰克的方法，另一方面是由于其他国家有着同样的学术条件和发展，使得冯·兰克的工作得到认可。

在德国，史学批判学派的发展主要是冯·兰克工作的结果。在他的学生中，有科普克（Köpke）、雅费、魏茨、吉泽布雷希特、西贝尔等人，他们

在自己的写作和教学中巩固并延续了他们导师的方法。魏茨，作为最有能力
的德国法制史历史学家，可能在学术的全面性和准确性上已经超越了兰克。
特奥多尔·蒙森的案例证明了在冯·兰克之外，也存在着一种批判性学术研 247
究的冲动，蒙森彻底改变了罗马历史的写作与研究。

兰克的主要弟子是魏茨、西贝尔和吉泽布雷希特。他们这一代的德国历史学家开始应用并改进了兰克的方法。[1] 海因里希·格德斯（Heinrich Gerdes）和卡尔·汉佩（Karl Hampe）研究了中世纪德国的历史。伯恩哈德·库格勒（Bernhard Kugler）对十字军东征进行了全面研究。奥古斯特·穆勒（August Müller）写了最令人满意的穆斯林世界的政治史。研究文艺复兴和宗教改革时代的历史学家有：罗伯特·达维德松（Robert Davidsohn）、弗里德里希·贝佐尔德（Friedrich von Bezold）、格奥尔格·贝洛（Georg von Below）、古斯塔夫·沃尔夫（Gustav Wolf）、卡尔·布兰迪（Karl Brandi）、奥托·谢尔（Otto Scheel）、威利·安德烈亚斯（Willy Andreas）、格奥尔格·门茨（Georg Mentz）和阿道夫·豪斯拉特（Adolf Hausrath），豪斯拉特也是路德最重要的传记作者。莫里茨·里特尔对反宗教改革运动和三十年战争做了公认优秀的描述。同样优秀的另一个作品是伯恩哈德·埃尔德曼斯多弗关于1648—1740年间的历史论述。汉斯·普鲁茨（Hans Prutz）、莱因霍尔德·科泽（Reinhold Koser）和奥托·欣茨关于普鲁士历史的著作显示出自德罗伊森时代以来学术研究取得的显著进步。科泽为腓特烈大帝撰写了最好的传记，尽管他的笔触满是同情，却消除了卡莱尔和德罗伊森在腓特烈大帝头上制造的光环。欧根·古格里亚（Eugen Guglia）写了大量关于玛丽亚·特蕾莎的论著。卡尔·海格尔（Karl von Heigel）论述了从腓特烈到拿破仑时期的历史。

1　本章的剩余部分将省略作者的生卒日期和书名以节省篇幅，同时提升可读性。读者如果需要的话，可参考《历史文学指南》获得相关数据。*A Guide to Historical Literature*, edited by G. M. Dutcher, W. H. Allision and others (Macmillan, 1931). 由G. F. Howe 等人编辑的新版本于1961年出版。

19世纪，德国通史中最令人印象深刻的是阿德尔贝特·瓦尔（Adelbert Wahl）所著的德国通史。解放战争时期、斯坦因和哈登堡改革的历史在威廉·翁肯（Wilhelm Oncken）、马克斯·莱曼（Max Lehmann）、弗里德里希·迈内克（Friedrich Meinecke）、汉斯·戴布流克和格哈德·里特尔（Gerhard Ritter）等人的笔下也得到了非常全面的论述。格哈德·里特尔还是当时最丰产的德国历史学家之一。埃里希·马克斯（Erich Marcks）、阿诺德·迈耶（Arnold Meyer）和赫尔曼·翁肯（Hermann Oncken）胜任了接下来论述直到1870年的历史阶段的工作。法伊特·瓦伦丁（Veit Valentin）写出了关于1848年革命的最好的著作。围绕俾斯麦、德国统一的斗争和帝国形成等主题，出现了一大批文学作品。其中比较重要的著作是由威廉·毛伦布雷歇尔（William Maurenbrecher）、威廉·翁肯、埃里希·勃兰登堡（Erich Brandenburg）、约翰内斯·齐库尔施（Johannes Ziekursch）、马克斯·伦茨（Max Lenz）、奥托·贝克尔（Otto Becker）、埃里希·马克斯和埃里希·艾克（Erich Eyck）写成的。俾斯麦的最好传记是埃里希·马克斯、艾克和阿诺德·迈耶写的，艾克的著作从自由主义的角度对俾斯麦进行了有力批判。1870—1914年这段时期由格哈德·里特尔、赫尔曼·翁肯、勃兰登堡、齐库尔施和戈特洛布·埃格尔哈夫（Gottlob Egelhaaf）做了最
248 好的论述。埃里希·艾克创作了魏玛共和国最好的历史著作。汉斯·格林（Hans Grimm）和恩斯特·萨洛蒙（Ernst von Salomon）对希特勒和国家社会主义时期做出了唯一值得尊敬的初步判断。弗里德里希·迈内克被公认为是兰克以来的最好的德国历史学家，他尤其以对政治思想的研究而闻名。弗里茨·哈通（Fritz Hartung）写出了最好的德国宪法史。维尔纳·松巴特的《资本主义史》（*History of Capitalism*）是德国经济史领域令人印象最为深刻的著作，汉斯·戴布流克作为德国军事史权威，轻易超越了所有其他历史学家。从俾斯麦时代到1914年的德国外交政策史，奥托·贝克尔、法伊特·瓦伦丁和埃里希·勃兰登堡处理得最为出色。阿尔弗雷德·冯·韦格勒（Alfred von Wegerer）为第一次世界大战的起因撰写了最有力的论述。德国

近代史著作中最坚持不懈的编辑是弗里德里希·蒂姆（Friedrich Thimme）。

科学的历史研究是由西克尔、菲克尔和阿尔内特引入奥地利的。当代最能干的奥地利历史学家是海因里希·斯尔比克（Heinrich Ritter von Srbik），他是梅特涅长篇传记的作者，论述了1866年奥普战争爆发之前的历史。阿方斯·多普施（Alfons Dopsch）是当代最有能力的制度史学家之一，他为从罗马帝国到查理曼时代的西欧社会史贡献了极具独创性的重要著作。奥斯瓦尔德·雷德利希（Oswald Redlich）是奥地利最能干的中世纪史学家。卡尔·伊纳马-斯特内格（Karl von Inama-Sternegg）对中世纪德国经济史的贡献尤为突出。奥古斯特·福涅尔（August Fournier）写了也许是最好的拿破仑传记。亚历山大·赫尔费特为19世纪中期的反动倾向进行了辩护。海因里希·弗里德容对1848—1866年这一时间段进行了细致的学术研究，并对奥匈帝国与巴尔干半岛的关系做出了重要贡献。约瑟夫·雷德利希（Joseph Redlich）写出了精彩而博学的著作，涉及奥匈帝国1848—1867年的历史。阿尔弗雷德·普里布拉姆（Alfred Pribram）、路德维希·比特纳（Ludwig Bittner）和汉斯·尤伯斯伯格（Hans Uebersberger）论述了1914年之前的外交发展。阿方斯·胡贝尔（Alfons Huber）和雨果·汉施（Hugo Hantsch）创作了最好的奥地利通史，茨维迪内克-舒登霍斯特（Hans von Zwiedeneck-Südenhorst）撰写了19世纪最好的德国史。

日耳曼历史研究的一般性质，以对批判方法的采用为例，在威廉·翁肯主编的合著《个人陈述中的一般历史》（*Allgemeine Geschichte in Einzeldarstellungen*）里、在茨维迪内克-舒登霍斯特主编的《德国历史百科》（*Bibliotek deutscher Geschichte*）里都可以观察得到。对历史方法最博学的分析是恩斯特·伯纳姆的经典著作《历史方法和哲学理论讲义》，以及古斯塔夫·沃尔夫和威廉·鲍尔（Wilhelm Bauer）的著作。

除了德国政治史领域的新的批判研究之外，自“马德格堡百年纪念者”（the Magdeburg Centurians）的时代以来，教会史领域的研究也取得了很大的进步。对这一主题的兴趣是由约翰·莫斯海姆（1694—1755）和奥古 249

斯特·尼安德（August Neander，1789—1850）复兴的。在教会史领域的名著里，埃米尔·许雷尔（Emil Schurer）、保罗·维尔内（Paul Wernle）、维萨科勒（K. H. von Weizsacker）、爱德华·迈耶、多博苏茨（Ernst von Dobschütz）和汉斯·舒伯特（Hans von Schubert）论述了基督教的起源问题，卡尔·哈泽（Karl Hase）、威廉·穆勒（Wilhelm Moller）讲述了基督教教会的通史，路德维希·帕斯特尔（Kudwig von Pastor）、埃里希·卡斯珀（Erich Casper）、约翰内斯·哈勒（Johannes Haller）、弗里德里希·尼珀德（Friedrich Nippold）、D. F. 施特劳斯（D. F. Strauss）论述了教皇制度的历史，卡尔·赫弗勒（Carl von Hefele）、约瑟夫·赫根勒特尔、赫伯特·耶丁（Hubert Jedin）论述了教会委员会的历史，保罗·欣习乌斯（Paul Hinschius）、埃米利乌斯·里克特（Aemilius Richter）、鲁道夫·索赫姆（Rudolph Sohm）论述了教会法规，朱利叶斯·科斯特林（Julius Kostlin）、卡尔·霍尔（Karl Holl）论述了路德及其时代，阿尔伯特·豪克（Albert Hauck）论述了德国的教会，恩斯特·特勒尔奇（Ernst Troeltsch）论述了基督教教会的社会教育，阿道夫·哈纳克（Adolf Harnack）论述了基督教教义的发展史，弗朗茨·克劳斯（Franz Kraus）论述了基督教考古和艺术。

在恢复我们对古代世界的知识方面，德国学术界一直处于领先地位。事实上，对东方古物的科学研究是由马克西米利安·邓克尔发起的。卡尔·列普修斯（Karl Lepsius）奠定了现代埃及学的基础，阿道夫·厄曼（Adolf Erman）的著作至今仍是对埃及社会史的最好论述。雨果·温克勒致力于对美索不达米亚的研究。但迄今为止最伟大的东方学者是爱德华·迈耶，他极具权威地处理了从石器时代到基督教兴起的古代历史。奥古斯特·伯赫（August Boeckh）创立了对希腊铭文的科学研究，奥弗雷德·穆勒（Otfried Müller）是第一个把神话学科学地运用于重建早期希腊和罗马历史的科学家。在希腊史方面，我们有很多学者的重要著作，他们是恩斯特·库尔提乌斯（Ernst Curtius）、阿道夫·霍尔姆（Adolph Holm）、乔治·布索尔特（George Busolt）、卡尔·贝洛赫（Karl Julius Beloch）、本尼迪克·尼斯（Benedictus Niese）和威拉莫维茨-莫伦多夫（Ulrich Wiliamowitz-Moellendorf），爱德华·策勒对希腊哲学进行了详尽研究，西奥多·冈佩尔茨（Theodore Gomperz）对希腊思想史的研究无与伦比，威廉·克莱斯特（Wilhelm Christ）对希腊文学进行了细致的评论。对罗马历史的科学研究最初是由特奥多尔·蒙森建立起来的，他是这个领域有史以来最具独创性的人。从他的时代起，另一些学者，比如威廉·伊内（Wilhelm Ihne）、赫尔曼·德索（Hermann Desau）、维克托·格德豪森（Vicktor Gardthausen）、卡尔·尼茨（Karl Nitzsch）、奥托·谢可（Otto Seek）丰富了我们关于罗马历史的知识。保罗·克鲁格（Paul Krueger）是研究罗马法的最重要的学者，路德维希·弗雷德兰德（Ludwig Friedlander）对罗马生活和风俗进行了最著名的研究，乔治·威索瓦（Georg Wissowa）是研究罗马宗教的最重要的学者，威廉·托伊费尔（Wilhelm Teuffel）编纂了公认最优秀的罗马文学史。但是，不仅在德国人中，而且在所有研究古代史的学者中，最突出的人物——甚至远远超过了蒙森——是爱德华·迈耶（1855—1930），他的《古代历史》（*Geschichte des Altertums*）是第一部依据原始资料写成的世界古代史，同时也具有与这一任务相称的心态。他可能称得上是有史以来最重要的历史学家。

法国批判性历史著作

法国批判性历史研究的发展在一定程度上要归功于德国的影响，法国 250
一些著名的历史学家，如加布里埃尔·莫纳德（Gabriel Monod），都是由魏茨等德国大师培养出来的。但是，从总体上看，法国历史研究的进步主要还是其本身的发展。能与尼布尔比肩的，是克劳德·福里埃尔，他是基佐及其团队的灵感来源。虽然基佐在学术水平和著作数量上都不能与冯·兰克相提并论，但他的历史综合和分析能力要优于兰克，而且他还是一个能力强且非常活跃的编辑。他在推动法国历史研究上所起的作用，几乎可以与兰克对德国的影响相媲美，尽管基佐没有那种通过长期持续的研讨会而形成的巨大影响力。

在法国，与魏茨严谨的学术研究相对应的是弗朗索瓦·米涅关于16世纪欧洲和法国大革命的著作。米涅的著作之所以最先成为法国历史学的表达，不仅由于它们具有高度的批判标准，还因为它们显示了几乎不可思议的因果分析能力和对历史清晰表达的能力。米涅还是一位才华横溢的文献编辑。继米涅之后，出现了库朗热，他对法国中世纪科学研究产生的影响堪比魏茨对德国的影响。

尽管库朗热因否认日耳曼人在墨洛温王朝制度中的主导地位而引发了民族主义争议，但他首先是一个严谨的学者，对史料有着毫不动摇的坚持。然而，在法国，对历史方法精确性的完善并不是少数人的工作，这与冯·兰克和魏茨等人在德国的推动不同，这是许多学者和教师努力的结果，他们所在的学院是世界上最伟大的以精准的批判方法培养历史学家的机构——始建于1829年的宪章学院。[1]利奥波德·德利勒（Leopold Delisle）、本杰明·盖拉尔、加布里埃尔·莫纳德、阿基勒·卢查雷（Achille Luchaire）、奥古斯特·莫利尼耶、阿蒂尔·吉里和保罗·维奥莱特（Paul Viollet）等历史学家的名字显示了该机构的工作质量。法国还有阿尔方斯·奥拉尔这样的学者，他掌握了关于国家历史一个短暂时期的知识，其详细和熟练程度在世界历史学家中只有英国的加德纳才比得上，他的著作也最终平息了许多关于法国大革命的神话传说。现代法国历史研究最具代表性的文献汇编是欧内斯特·拉维斯主编的合著《通史》（*Histoire généale*）和《法国史》（*Histoire de France*）。

我们将简要地列举最近一代法国学者的主要人物。亨利·休伯特
251 （Henri Hubert）考察了古代凯尔特人的历史。卡米耶·朱利安继承了其导

1 Cf. Shotwell, “The École des Chartes,” *American Historical Review*, July 1906.

师库朗热的方法，写出了一部完整的古代高卢历史。库朗热、安德烈·贝特洛（André Berthelot）和费迪南德·洛特（Ferdinant Lot）因研究罗马帝国后期历史和欧洲中世纪的开端而闻名。古斯塔夫·布洛赫（Gustave Bloch）和洛特为罗马向中世纪文明的过渡阶段撰写了一系列引人注目的专著。查尔斯·迪尔（Charles Diehl）关注于查士丁尼统治下的东罗马帝国的复兴以及拜占庭帝国的历史进程。亨利·拉门斯（Henri Lammens）、埃米尔·戈蒂埃（Émile Gautier）、亨利·萨拉丁（Henri Saladin）、爱德华·德里奥（Edouard Driault）、克莱门·瓦尔特（Clément Huart）等人对穆斯林历史的研究做出了显著贡献。查尔斯·塞格诺博斯（Charles Seignobos）、阿基勒·卢查雷、雅克·弗拉赫（Jacques Flach）、保罗·吉尔赫莫兹（Paul Guilhiermoz）和查尔斯·佩蒂特–杜塔利斯（Charles Petit-Dutaillis）分析研究了封建制度。卢查雷是11世纪、12世纪和13世纪法国历史最重要的权威，雷内·格罗塞尔（René Grousser）写出了有史以来关于十字军东征的最好的作品。查尔斯·朗格卢瓦追溯了加佩王朝的衰落，写出了关于菲利普三世和"公正王"菲利普的经典论述。阿蒂尔·吉里关注了中世纪的城镇生活，撰写了外交方面的优秀论著。欧仁·维欧勒–勒–杜克（Eugène Viollet-le-Duc）是法国中世纪艺术和建筑研究领域的权威。查尔斯·贝芒（Charles Bémont）无疑是最杰出的研究中世纪英国的法国学者，而费迪南德·洛特在法国早期历史和英国中世纪史的研究中做出了杰出贡献。查尔斯·巴耶（Charles Bayet）因其对中世纪德意志帝国的研究而声名显赫，他还对拜占庭帝国进行了重要研究。阿尔弗雷德·科维尔（Alfred Coville）是研究百年战争时期的大师。克里斯提·普夫斯特（Christian Pfister）研究了中世纪史、南锡史和亨利四世的行政政策，写出了重要专著。

15世纪的历史吸引了佩蒂特–杜塔利斯和皮埃尔·尚皮翁（Pierre Champion）的注意力。亨利·莱蒙尼尔（Henri Lemonnier）、图尔的皮埃尔·因巴特（Pierre Imbart de la Tour）、卢西安·罗米耶（Lucien Romier）、让·马雷霍（Jean Maréjol）和亨利·豪泽（Henri Hauser）是研究16世纪法国史的权威学者。图尔的皮埃尔·因巴特是法国新教改革研究的主要权威。加布里埃尔·阿诺托和乔治·阿弗内尔（Georges d'Avenel）分析了17世纪法国早期的历史。皮埃尔·克莱门（Prerre Clément）是研究科尔伯特的主要权威，而约瑟夫·德迪埃（Joseph Dedieu）是研究胡格诺派的主要权威。欧内斯特·拉维斯和阿瑟·布瓦里斯勒精通路易十四的时代，拉维斯也是法国最重要的普鲁士史学家，在合作出版历史著作的历史学家里他是首屈一指的法国编辑。亨利·瓦斯特（Henri Vast）出色地考察了法国在17世纪后期和18世纪以及拿破仑时代的政治史。我们对18世纪的理解也得益于艾美·塞莱斯特（Almé Chérest）、卡米尔·布洛赫（Camille Bloch）、亨利·卡雷（Henri Carré）和菲利普·萨尼亚克（Philippe Sagnac）等人对18世纪法国
252 和欧洲政治史的研究。同时，阿尔贝·索雷尔对18世纪国际关系的精通达到了无与伦比的程度。18世纪的制度史和思想史也在亨利·塞研究中得到丰富。

自奥拉尔和萨尼亚克以来，法国大革命研究取得了重大进展。阿尔贝·马蒂耶抛弃了奥拉尔的资产阶级解释，转而拥护罗伯斯庇尔和第四等级。他为这一时期的经济和社会史增加了大量内容，乔治·列斐伏尔（Georges Lefebvre）也是如此，在对革命的解读上，他处于奥拉尔和马蒂耶的中间立场。他现在是法国大革命史研究权威中最受尊敬的人。路易·马德林站在保守的立场上，对大革命做了最好的批判性总结，他是研究拿破仑的主要权威，他第一个把对拿破仑的研究放在完全的学术基础之上，而此前，爱德华·德里奥就已开始了对拿破仑的研究。埃米利·布儒瓦（Émile Bourgeois）、乔治·威尔（Georges Weill）、乔治·拉龙兹（Georges Laronze）研究了从拿破仑到第三共和国时期的历史。加布里埃尔·阿诺托、皮埃尔·勒努万（Pierre Renouvin）、丹尼尔·阿莱维（Daniel Halévy）和乔治·邦内福斯（Georges Bonnefous）对第三共和国做了最好的研究。亨利·阿隆（Henri Aron）为维希政权写了最为理智和清晰的历史。

让·马雷霍是研究现代西班牙的法国主要权威学者，乔治·布朗德尔

（Georges Blondel）是研究1914年之前现代德国和奥地利的法国主要权威学者。欧内斯特·丹尼斯和路易斯·莱热（Louis Léger）在对奥匈帝国、波希米亚和波兰问题的研究上表现出色。埃利·阿莱维（Elie Halévy）是研究19世纪英国的主要学者。阿尔弗雷德·兰博德（Alfred Rambaud）在拜占庭帝国、斯拉夫欧洲、法国文明和殖民扩张等方面写出了杰出的作品。查尔斯·塞诺博出版了经典的文明史，亨利·塞是研究法国经济生活的最高权威。

法国历史学家对基督教教会史的学术研究也做出了重要贡献。阿尔弗雷德·洛西（Alfred Loisy）是《新约》文献的主要批评家，也是研究影响基督教的异教神秘宗教的权威。查尔斯·古内伯特（Charles Guignebert）研究了耶稣和基督教的发展，他使用了几乎与勒南一样的出色文体，也具有更强的学术性。路易·杜谢恩（Louis Duchesne）对基督教在最初几个世纪的发展做了经典论述。安德烈·拉加德（André Lagarde，即约瑟夫·特莫［Joseph Turmel］）写出了一份令人钦佩的中世纪基督教调查报告，而费利克斯·罗奎因（Felix Rocquain）撰写了关于中世纪教皇制度和法国宗教战争的博学论著。皮埃尔·戈尔斯写作了关于法国大革命宗教史的多卷本著作，德比杜尔（Debidour）和埃米利·塞农（Émile Chénon）论述了19世纪的教会和国家，而最伟大的合著是奥古斯丁·弗里希（Augustin Fliche）和加斯顿·马丁（Gaston Martin）主编的教会通史以及庞大的天主教神学词典。

法国历史学家对法国的殖民扩张问题特别感兴趣，除了兰博德以外， 253
还有其他人也致力于这个主题。其中最著名的是埃米尔·列瓦斯（Émile Levasseur）、尤金·法莱克斯（Eugène Fallex）、爱德华·佩蒂特（Édouard Petit）和阿瑟·格劳特（Arthur Girault）。查尔斯·浩希埃阿（Charles de la Roncière）写了最重要的法国海军史。

法国人也在重建古代历史方面做出了重要贡献。19世纪早期，让·商博良（Jean Champollion）破译了古埃及语。半个世纪后，奥古斯特·马里耶特（Auguste Mariette）继承了莱普修斯留下的古埃及学，成为马斯佩罗（Maspero）之前最杰出的古埃及学家。在爱德华·迈耶出版其经典著作之前，加斯顿·马斯佩罗是最重要的古代史学家。尤金·卡芬雅克（Eugène Cavaignac）写的古代通史，是唯一一部在总体性和视野上接近迈耶的著作。路易斯·德拉波特（Louis Delaporte）对美索不达米亚文明做了很好的考察。雅克·德·摩根（Jacques De Morgan）发现了著名的《汉穆拉比法典》。乔治·佩罗特（Georges Perrot）和查尔斯·奇皮耶兹（Charles Chipiez）编纂了一部杰出的古代艺术史。保罗·吉罗（Paul Giraud）是库朗热最得意的弟子，致力于希腊史和罗马史的研究。此外，还有古斯塔夫·格洛茨（Gustave Glotz）关于克里特岛文明、希腊城邦和希腊经济生活的上佳之作。奥古斯特·布歇-勒科勒克（Auguste Bouché-Leclercq）是研究希腊化时期的大师。卡芬雅克关于希腊经济史有很多著述，而阿尔弗雷德·克罗伊塞特（Alfred Croiset）和莫瑞斯·克罗伊塞特引领了对希腊思想史和文学史的研究。维克多·迪吕伊根据史料写了第一部希腊罗马通史。古斯塔夫·布洛赫、莱昂·法莫（Léon Homo）和约瑟夫·德克瑞尔（Joseph Declareuil）论述了罗马的政治和法律演变，维克多·夏普特（Victor Chapot）考察了帝国的各个行省。保罗·路易斯（Paul Louis）和儒勒·图坦（Jules Toutain）写了罗马经济史的优秀著作。勒内·卡尼亚（René Cagnat）和维克多·夏普特引领了罗马艺术史的研究。

在德国，兰克和魏茨对历史教学进行了种种改进，在法国，历史教学改革是由维克多·迪吕伊、欧内斯特·拉维斯、查尔斯·贝芒和加布里埃尔·莫纳德完成的。莫纳德是迄今为止最博学、最鼓舞人心的历史教师之一，他极大地改进了由迪吕伊引入的研讨课的教学方法。总之，法国历史学家具有无与伦比的能力，他们能够把严谨的学术研究与对史料的广泛解读、清晰的文字表述和罕见的综合组织能力结合在一起，如果对这一点没有适当认识的话，就不会了解法国历史研究的发展脉络。

英国历史学研究

与法国相比，英国的批判史学更是本土产物。它始于林格德（Lingard）、弗里曼、斯塔布斯、格林、莱基、克莱顿和西利等人的作品，在塞缪尔·加德纳关于17世纪上半叶那些激动人心的历史事件的著作里达到了批判研究的顶峰。加德纳完全掌握了这一有限时期内的所有资料，并把这些资料编织成 254
一个通俗易懂的叙述，因此，在欧洲历史学家中，能与他比肩的只有阿尔方斯·奥拉尔一人，而他的作品在客观公正方面却超过了这个法国人。但是，英国人却从来没有建立过类似于宪章学院或维也纳历史研究所这样的能以严格的批判性研究方法培养年轻历史学家的机构。英国历史研究在近年来最好的作品是一些合著——《剑桥古代史》（*Cambridge Ancient History*）、《剑桥中世纪史》（*Cambridge Medieval History*）和《剑桥现代史》（*Cambridge Modern History*），以及由汉特、普尔和阿曼编辑的英国历史丛书。克拉彭（J. H. Clapham）出版了一部关于英国经济史的杰作。

莱斯·福尔摩斯（T. Rice Holmes）、科林伍德（R. G. Collingwood）、迈尔斯（J. L. Myres）和弗朗西斯·哈沃菲尔德（Francis Haverfield）细致研究了不列颠在罗马时期的历史。查尔斯·阿曼（Charles Oman）、托马斯·霍奇金（Thomas Hodgkin）和查尔斯·普卢默（Charles Plummer）以学术方法研究了盎格鲁-撒克逊的历史。朗德（J. H. Round）、戴维斯（H. W. C. Davis）、波威克（F. M. Powicke）和斯坦顿（F. M. Stenton）引领了对英国诺曼底时期的历史研究。朗德严肃批判了弗里曼，斯坦顿则修订了朗德的一些结论。针对金雀花王朝的研究，萨尔兹曼（L. F. Salzman）、阿曼（C. W. C. Oman）、特里维廉（G . M. Trevelyan）、陶特、波威克、爱丽丝·格林（Alice S. Green）的著作非常重要。威廉·麦克尼（William S. McKechnie）在一部非常详细的著作中，消除了笼罩在大宪章之上的神话迷雾。詹姆斯·威利（James Wylie）为兰开斯特家族和约克家族时期的历史写了一部鸿篇巨制。英国最伟大的中世纪史学家是弗雷德里克·马特兰，他在这一领域的地位堪比德国的魏茨和法国的库朗热。他最好的作品写的是英国中世纪的法律。作为中世纪史学家，唯一能与他比肩的是俄裔英国人保罗·维诺格拉多夫。爱德华·詹克斯（Edward Jenks）在中世纪法律和政治制度等问题上贡献了具有原创性的权威著作。英国在拜占庭帝国研究领域的权威是约翰·伯里，他是世界上最多才多艺、最有能力的历史学家之一。查尔斯·阿曼和诺曼·贝恩斯（Norman Baynes）的著作也涉及了拜占庭事务。斯坦利·莱恩-普尔（Stanley Lane-Poole）、托马斯·阿诺德（Thomas W. Arnold）、马戈留斯、欧里尔（De Lacey O'Leary）和雷诺·尼科尔森（Reynold Nicholson）是研究穆斯林文明的主要作家。欧内斯特·巴克（Ernest Barker）写的十字军东征非常出色。雷蒙德·比斯利（Raymond Beazley）爵士是研究中世纪地理及其与远东联系的重要学者。詹姆斯·布莱斯（James Bryce）和费希尔论述了中世纪日耳曼帝国的历史。詹姆斯·盖尔德纳是研究兰开斯特—约克时代的权威历史学家。

研究都铎王朝的主要权威是盖尔德纳、波拉德（A. F. Pollard）、费希尔、英尼斯（A. D. Innes）、普罗西罗（G. W. Prothero）和曼德尔·克莱顿（Mandell Creighton）。波拉德和费希尔是近代最引人注目的英国历史学家。关于斯图亚特王朝时期的经典之作出自盖尔德纳和查尔斯·菲斯（Charles Firth）之手。特里维廉、F. C. 蒙塔古（F. C. Montague）、理查德·洛奇（Richard Lodge）、G. N. 克拉克（G. N. Clark）和基思·费林（Keith
255 Feiling）研究了更晚近时代的历史。自麦考利的《英格兰史》以来，特里维廉的《斯图亚特王朝统治下的英格兰》（*England Under the Stuarts*）是关于这一世纪的最杰出的著作。罗伯逊（C. G. Robertson）、利达姆（I. S. Leadam）、威廉·汉特（William Hunt）和路易斯·纳米尔（Louis Namier）研究了汉诺威王朝的历史。此外，还有一些传记作品，特里维廉为福克斯、莫里为伯克、罗斯伯里（Rosebury）和威廉为老皮特、斯坦诺普和J. 霍兰德·罗斯（J. Holland Rose）为小皮特都写了传记。S. J. 洛（S. J. Low）、桑德斯（L. C. Sanders）、特里维廉、马里奥特（J. A. R. Marriott）、斯宾塞·沃波尔、贾斯丁·麦卡锡（Justin McCarthy）和吉尔伯特·斯莱特（Gilbert Slater）全面研究了英国19世纪的历史。关于19世纪，我们也有莫里为格莱斯顿、莫尼彭尼（Monypenny）和巴克尔为迪斯累利书写的著名传记。查尔斯·马斯特曼（Charles Masterman）和莫厄特（C. L. Mowat）研究了第一次世界大战在英国引发的后果。泰勒（A. J. P. Taylor）分析了第二次世界大战的起因。

约翰·道尔（John A. Doyle）、埃格顿（H. E. Egerton）、亚瑟·基斯（Arthur B. Keith）、理查德·杰布（Richard Jebb）、英尼斯、威廉森（J. A. Willamson）和哈里·约翰斯顿（Harry H. Johnston）讨论了英国殖民地的历史、大英帝国的发展和英国殖民政策的变化。约翰斯顿在非洲殖民化问题的研究上是最高权威。但是，对英国殖民地和帝国主义进行详细论述的是几部优秀的合著——查尔斯·卢卡斯（Charles Lucas）主编的《英国殖民地的历史地理》（*The Historical Geography of the British Colonies*）、J. 霍兰德·罗斯等人主编的《剑桥英帝国史》（*The Cambridge History of the British Empire*），以及赫博森（Herberston）和霍华斯（Howarth）主编的《剑桥英帝国概览》（*The Oxford Survey of the British Empire*）。研究英国陆军的重要历史学家是约翰·福特斯克（John W. Fortescue），研究海军的是威廉·克罗斯（William L. Clowes）。

斯坦利·莱茨（Stanley Leathes）、格兰特（A. J. Grant）和布里奇（J. S. C. Bridge）是法国政治史的主要权威。蒙塔古和麦克唐纳（J. R. M. Macdonald）研究了18世纪法国的历史。H. 莫斯·史蒂芬斯对法国大革命进行了专题研究，但是，关于这一主题最好的著作是英国人汤普森（J. M. Thompson）写的。罗斯是研究拿破仑时代的无可争议的英国权威。

古奇、菲利普斯（W. A. Phillips）、莫厄特（R. B. Mowat）、爱德华·赫斯莱特（Edward Hertslet）、马里奥特等人研究了19世纪欧洲政治和国际关系。此外，还应提及的研究有：阿道弗斯·沃德（Adolphus W. Ward）对近代德国政治史的详尽研究，威廉·道森（William H. Dawson）对近代德意志帝国的细致探索，古奇对当代德国的著述，贝恩（R. N. Bain）、西顿–沃森（R. W. Seton-Watson）、华莱士（D. M. Wallace）、斯克林（F. H. Skrine）和米勒（W. Miller）关于斯堪的纳维亚、斯拉夫和东欧的学术著作，伯纳德・帕里斯（Bernard Pares）和凯尔（E. H. Carr）关于俄国的著作，金（B. King）和特里维廉对意大利统一的考察，以及休姆（M. Hume）对西班牙的研究。

教会历史在英国也没有被忽视过。最令人印象深刻的一项成就是亨利・米尔曼（Henry Milman）在早期完成的《拉丁基督教史》(*History of Latin Christianity*)。自米尔曼以来，这一领域最著名的作品是：格沃特金（H. M. Gwatkin）和福克斯–杰克森（F. J. Foakes-Jackson）关于早期教会的
256 研究，曼恩（H. K. Mann）关于教皇制度的研究，库尔顿和沃克曼（H. B. Workman）关于中世纪教会和宗教改革的研究，查尔斯・比尔德和林德赛（T. M. Lindsay）对宗教改革的总体研究，加德纳和狄克逊（R. W. Dixon）对英国宗教改革的研究，丘奇（R . W. Church）和科尼什（F. W. Cornish）对19世纪宗教运动的研究，克拉克（H. W. Clark）对不从国教者的研究，以及史蒂芬斯和汉特对英国教会史进行全面研究的鸿篇巨制。

英国学者对古代历史做出了重要贡献。乔治・罗林森（George Rawlinson）是英国第一位伟大的东方学家，他的著作在当时非常重要。皮特出版了关于埃及历史的杰作。伦纳德・伍利（Leonard Woolley）、伦纳德・霍尔（Leonard Hall）和西德尼・史密斯（Sidney Smith）是英国研究古代美索不达米亚历史的重要学者。约翰・贾斯堂（John Garstang）和戴维・贺加斯（David Hogarth）研究了赫梯人的历史。哈利・霍尔（Harrry R. H. Hall）对古代近东的政治史做了精辟的综合分析。乔治・格罗特写了第一部希腊史的学术著作。亚瑟・伊文斯（Arthur Evans）爵士引领了对有关克里特文明知识的科学重建。迈尔斯为古希腊赛会写了上佳之作。阿尔弗雷德・齐默恩（Alfred Zimmern）、马哈菲（J. P. Mahaffy）和吉尔伯特・默里（Gilbert Murray）的著作增加了我们对希腊制度史和文化史的认识。伯里写了一部关于希腊历史的精彩著作。皮特研究了意大利的史前史。格林尼奇（A. H. J.

Greenidge）对罗马历史各个阶段的研究都有贡献。威廉·海特兰（William Heitland）写出了极为优秀的罗马共和国政治史。威廉·阿诺德（William Arnold）对罗马帝国的政体进行了研究。福尔摩斯是研究恺撒征服高卢的主要权威。威廉·福勒（W. Warde Fowler）对罗马社会史和宗教史的研究做出了重要贡献。由伯里等人主编的《剑桥古代史》无疑是古代史研究中，关于史实和学术研究的集大成之作。迈尔斯的研究范围覆盖了古代史的全部领域，他是唯一能复制爱德华·迈耶成就的英国人——如果他认为这样做合适的话。约翰·桑德斯（John E. Sandys）的著作是学术史的上佳之作，研究了从古代到现代的古典学历史。

在英国的历史教师中，那些最能启发和激励学生的人都具有现代批判主义的思想和历史研究的兴趣，弗里曼、西利、阿克顿、马特兰、陶特和波拉德的影响可能是最广泛也让学生最受益的。

相对于更早的乔治·布坎南的著作来说，罗伯逊的《苏格兰史》是一个巨大的进步，同样，彼得·布朗（Peter Hume Brown）、罗伯特·麦凯（Robert Mackie）、约翰·波顿（John Hill Burton）关于苏格兰历史的可靠研究，又遥遥领先于罗伯逊。爱尔兰历史的优秀之作出自爱德华·道尔顿（Edward D'Alton）、弗洛伦斯·怀特（Florence Wright）、艾德蒙·柯蒂斯（Edmund Curtis）、罗伯特·邓洛普（Robert Dunlop）、詹姆斯·贝克特（James Beckett）、玛丽·海登（Mary T. Hayden）和埃莉诺·赫尔（Eleanor Hull）等人之手。

欧洲其他国家的批判性史学研究

在俄国，“严厉的审查制度”阻碍了历史研究的发展，一个典型的例子 257
就是瓦西列夫·比尔巴佐夫（Vasiliev Bilbasov）计划的流产。这个野心勃勃的计划是要为叶卡捷琳娜二世写一本最可靠的传记。尽管如此，俄国还是出现了一批一流的历史学者。其中包括献身于俄国通史的谢尔盖·索洛维耶夫、瑟格斯·普拉塔诺夫（Sergius Platanov）和瓦西列夫·克柳切夫斯基。索洛维耶夫遵循新的学术方法写出了第一部详尽的俄国史，而克卢柴夫斯基的著作可能是俄国最好的制度史。亚历山大·科尔尼洛夫（Alexander Kornilov）写了一部非常出色的现代俄国国内政治史，波克罗夫斯基在一部学术著作中，用马克思主义的观点审视了整个俄国历史，具有很大的启发意义。保罗·米卢科夫（Paul Miliukov）从自由主义的角度，出色地解读了俄国政治发展的一般历程。马克西姆·科瓦莱斯基（Maksim Kovalesky）在一部精彩的著作里，分析了俄国政治制度演化的社会基础，瓦西里夫·谢尔盖耶维奇（Vasiliev Sergieevich）追溯了俄国法律和政治发展的历程。路德维克·库尔泽奇（Ludwik Kulczycki）为1905年革命书写了最可靠的历史，而里昂·托洛斯基（Leon Trotsky）则出版了关于1917年革命历史的鸿篇巨制。

俄国历史学家对其他国家的历史也做出了极其重要的贡献。例如，伊凡·卢奇斯基（Ivan Luchitsky）彻底改变了我们对法国大革命前夕法国农民状况的认识，亚历山大·萨文（Alexander Savin）阐明了现代早期英国农业的历史，而保罗·米特罗法诺夫（Paul Mitrofanov）对奥地利约瑟夫二世时代给予了最好的描述。俄国历史学家写出的最杰出的作品，有些是流亡的结果。保罗·维诺格拉多夫逃离了沙皇的褊狭统治，成为马特兰死后英格兰最有才干的中世纪史学家。他还在法律和法律制度史方面做出了杰出贡献。米哈伊尔·罗斯托采夫（Mikhail Rostovtsev）和亚历山大·瓦西列夫（Alexander Vasiliev）逃离了布尔什维克，前者已成为古典历史，特别是希腊化时代和罗马时期经济史的主要权威之一，后者写了最好的拜占庭帝国通史。布尔什维克正在培养一支有史以来规模最为庞大的马克思主义历史学家队伍。他们的工作受到波克罗夫斯基及其继任者，如季霍米洛夫（M. N. Tikhomirov）和阿尔帕托夫（M. A. Alpatov）等人的指导。

西班牙出现了很多博学的历史学家，如：梅内德斯·皮达尔（Menéndez Pidal），作为一名编辑，他是研究11世纪的权威；巴列斯特罗斯·贝雷塔（Ballesteros y Beretta）写出了最好的西班牙通史；拉斐尔·阿尔塔米拉·克雷维亚（Rafael Altamira y Crevea）是研究西班牙文明史的历史学家；爱德华多·佩雷斯（Eduardo Pujol Pérez）是研究社会制度的权威；爱德华多·伊诺霍萨（Eduardo Hinojosa）是研究西班牙法律的权威；以及富有才干的经济史学家杰米·普亚尔（Jaime Pujal）。意大利要感谢穆拉托里，但更要感谢兰克和德国学派。罗莫洛·凯基斯（Romolo Caggese）写 258
了最好的意大利中世纪史。朱塞佩·利瓦（Giuseppe de Leva）为查理五世统治时期的意大利写出了一部极具才华的历史。阿尔弗雷多·科曼蒂尼（Alfredo Comandini）写了第一部关于19世纪意大利历史的博学之作。弗朗西斯科·罗菲尼（Francesco Ruffini）对加富尔时期的历史了如指掌。近年来，意大利学者在罗马史领域非常活跃。盖塔诺·德·桑蒂斯（Gaetano de Sanctis）写了最好的罗马共和国史。科拉多·巴尔巴加洛（Corrado Barbagallo）重新提出了传统的罗马早期历史是否可信的问题。古格鲁莫·费列罗（Guglielmo Ferrero）大胆地重新解释了罗马历史，震惊了学术界。埃米洛·科斯塔（Emilio Costa）和阿里戈·索尔里（Arrigo Solmi）书写了令人印象深刻的罗马和意大利法律史。

瑞士也有胜任现代历史学研究的优秀代表。约翰内斯·迪劳尔（Johannes Dierauer）、卡尔·丹德利克（Karl Dandliker）和巴特霍尔德·穆伊（Barthold van Muyden）写出了出色的瑞士通史。爱德华·希斯（Eduard His）写了最好的瑞士公共法律史。阿尔弗雷德·斯特恩（Alfred Stern）写的著作被公认为是1815—1870年间欧洲政治史的杰作。爱德华·富埃特在瑞士历史、自法国大革命以来的欧洲史以及现代历史著述史等几个领域都做出了重要的和原创性的贡献。在比利时，赫尔曼·林登（Herman van der Linden）和亨利·皮雷纳撰写了比利时通史，皮雷纳还对中世纪城市、比利时民主制度和中世纪经济进行了研究，写出了重要著作。伊萨克·戈斯（Isaak Gosses）、尼古拉亚斯·贾皮克斯（Nicolaas Japikse）、布洛克和彼得·盖尔（Pieter Geyl）写出了最博学的荷兰历史；赫尔曼·科伦布兰德也许是荷兰最重要的历史学者，他是荷兰历史上研究法国大革命和拿破仑时代的大师；罗伯特・弗伦是荷兰宪制史领域的杰出权威。约翰内斯・斯蒂恩斯特鲁普、阿吉・弗里斯（Aage Friis）等人撰写的丹麦历史是丹麦历史学研究的最好例证。在挪威，最有才干的历史学家是哈尔夫丹・科特（Halvdan Koht）、亚历山大・布格等人；瑞典有研究瑞典文化的历史学家约翰・舒克（Johann Schuck），还有埃米尔・希尔德布兰德与他人合作的瑞典史选集。

在波兰，勒勒韦尔等人撰写的旧的民族主义历史已经被奥古斯特・索科洛夫斯基（August Sokolowski）和阿道夫・因兰德（Adolf Inlender）的波兰史所取代，后者的学术性更强，堪称博学之作。卡米尔・坎塔克（Kamil Kantak）的波兰天主教史是最可靠的著作，他是站在支持天主教的立场上来写作的。在捷克斯洛伐克，帕拉茨基学派已经被学术性的历史研究所取代，比如约瑟夫・佩卡尔（Josef Pekar）和瓦科拉夫・诺瓦托伊（Václav Novotńy）写的历史著作。20世纪匈牙利最重要的历史著作是瓦伦丁・霍曼（Valentin Hóman）与朱利・切科夫（Julius Szekfu）合著的《匈牙利史》（*Hungarian History*）。尤金・霍瓦特（Eugen Horvath）对匈牙利和第一次
259 世界大战的起源做了很好的研究。在罗马尼亚，克塞诺波尔的时代已经由尼古拉・约尔卡（Nicolas Jorga）等更有才能的学者所引领。德里诺夫（M. S. Drinov）和斯拉塔斯基（V. N. Zlatarski）在保加利亚、斯托杨・诺瓦科维奇（Stoyan Novakovic）、约万・拉多尼奇（Jovan Radonic）和斯塔诺耶维奇（Stanoje Stanojevic）在南斯拉夫建立了批判性的历史研究。

美国的批判性历史著作

美国史领域的现代批判性学术研究只能往前追溯到美国内战结束时期。美国学术研究的起步在很大程度上要归功于德国的影响。19世纪的前25年，乔治・班克罗夫特在哥廷根听了赫伦的讲座，然后在柏林学习，成为兰克的朋友。由于班克罗夫特不是大学老师，所以，他对美国历史研究的科学方法影响不大，但是德国人在美国获得的声望要归功于他。把改进了的德国

历史研究方法系统化地引入美国，真正开始于1857年，这一年，亨利·托里（Henry Torrey）接替了贾里德·斯帕克斯在哈佛的工作，弗朗西斯·利伯（Francis Lieber）担任了哥伦比亚大学的教授，安德鲁·怀特接受了密歇根大学的历史学教席。所有这些人都在德国接受过培训，由此在德国和美国的学术界之间建立了直接联系。怀特教授也深受基佐的影响，他的教学从不局限于偶发的和政治的历史，而这种历史曾吸引了兰克和普鲁士学派的极端信徒。

1876年，赫伯特·亚当斯在结束其在哥廷根、柏林和海德堡的学习之后，在约翰·霍普金斯大学开设了历史教学，进一步推动美国建立了完善的历史学研究。赫伯特·亚当斯的贡献不仅在于在美国建立了研讨班教学方法，还在于他组织并创建了美国第一所培训历史学家的伟大学校。20世纪初，美国几乎每一所著名大学的历史系都有一个或几个在约翰·霍普金斯研讨班接受过训练的人。这个研讨班的文字作品也是对美国最新的批判性历史研究和日耳曼学派历史理论丰硕成果的首次展示。

约翰·伯吉斯教授是在引入德国方法和理念的过程中另一位有个人影响力的人，他曾在哥廷根、莱比锡和柏林学习，1873年开始在阿默斯特大学工作。1880年，他在哥伦比亚大学创立了著名的政治科学学院，这个学院的影响力后来超过了约翰·霍普金斯的研讨教学班。赫伯特·亚当斯教授一方面 260
认识到德国精确方法的重要价值；另一方面，对美国教授、解释和应用新方法的能力抱有乐观的信心。但是伯吉斯教授却认为，美国人充其量也不过是日耳曼原创思想的蹩脚和迟疑的模仿者，于是他说服他的大多数研究生在德国完成他们的学业。正如赫伯特·亚当斯教授所说：“伯吉斯教授的学生成群结队地去了柏林。他们人数众多，堪称‘伯吉斯学派’。他们都去听德罗伊森的演讲，回来时箱子里装满了德罗伊森的《普鲁士政策史》和兰克的著作。”[1]

除了约翰·霍普金斯大学和哥伦比亚大学的工作外，密歇根大学在查尔斯·亚当斯（Charles K. Adams）的领导下，康奈尔大学在怀特校长、

1 H. B. Adams, *The Study of History in American Colleges and Universities* (Richmond, 1898).

C. K. 亚当斯、M. C. 泰勒和伯尔（G. L. Burr）的领导下培育出新的研究方法。与此同时，在哈佛大学，以法莲·埃莫顿和爱德华·钱宁（Edward Channing）进一步推进了亨利·亚当斯在19世纪70年代创立的历史学研究的新方法。目前，这种新的学术研究方法已经在美国各大学中广泛传播，美国历史专业的学生不再像古奇教授所暗示的那样，要到国外寻求培训。在赫伯特·奥斯古德、威廉·邓宁、乔治·亚当斯（George Burton Adams）、富兰克林·詹姆森、弗雷德里克·特纳（Frederick Jackson Turner）、乔治·伯尔、爱德华·钱宁、爱德华·伯恩（Edward G. Bourne）、德纳·芒罗（Dana C. Munro）、查尔斯·哈斯金斯、费迪南德·谢维尔、卡尔·贝克尔、迈克尔万（C. H. Mcllwain）、盖伊·福特（Guy S. Ford）、穆泽和埃瓦茨·格林（Evarts Greene）等人的研讨班里，严肃认真的美国学者接受的批判性研究方法在很多方面都足可以媲美在外留学获得的训练。近年来，法国的影响在一定程度上取代了德国，绝大多数的美国中世纪学者都在宪章学院完成了学术训练，而这种学院在美国几乎还没建立起来。许多美国学者，如赫伯特·亚当斯、爱德华·伯恩、亨利·约翰逊（Henry Johnson）、欣斯代尔（B. A. Hinsdale）、特伦霍姆（N. M. Trenholme）、富林（F. M. Fling）、伯恩（H. E. Bourne）、梅斯（W. H. Mace）、文森特（J. M. Vincent）、厄尔·道（Earl Dow）、福斯特（F. H. Foster）、艾伦·约翰逊（Allen Johnson）、霍科特（H. C. Hockett）和特伦（R. M. Tryon）等人在阐述历史方法论方面都做出了杰出贡献，但在这一领域，美国并没有出现能媲美于伯纳姆、沃尔夫或者朗格卢瓦和塞格诺博斯的历史著作。

如果不提及哈佛大学阿尔伯特·哈特（Albert Bushnell Hart）教授的著
261 作的话，任何关于美国历史写作的现代方法的介绍都是不完整的。诚然，他并没有通过自己的著作进一步完善批判性的历史编纂方法，但是毫无疑问，作为一名编辑，在宣传学术方法方面，他堪称在美国历史和管理领域推动学术研究的领袖。他成功融合了美国的大众产品理念与对历史的学术研究。

随着批判性研究方法越来越多地应用于美国历史领域，不仅出现了堪与欧洲最好的作品媲美的著作，也彻底地重建了美国民族发展的早期观念。赫伯特·奥斯古德——伯吉斯教授和兰克的学生，对殖民时期的历史做了研究。他的7卷本巨著《英国殖民地在美洲的历史》是美国学术界所能达到的最高水平，可与加德纳和奥拉尔的著作比肩。乔治·比尔和吉普森（Gipson）等人的多卷本著作重新阐释了殖民地与英国外交政策的联系。安德鲁斯把批判研究与比奥斯古德还要宽广的历史概念相结合，也由此成为殖民生活研究领域最为杰出的历史学家。詹姆斯·亚当斯（James Truslow Adams）通过“拆穿”清教徒神话，完善了查尔斯·亚当斯的著作，并写出了有关马萨诸塞殖民历史的上乘佳作。爱德华·伯恩和赫伯特·博尔顿（Herbert Eugene Bolton）以严谨的学术研究考察普雷斯科特的利益，强调了西班牙殖民对北美早期历史的重要意义，为我们研究殖民历史提供了新的视角。作为研究美国殖民时期的谨慎而传统的历史学家，埃瓦茨·格林接替了奥斯古德教授的职位。克拉伦斯·阿尔沃德教授在博学而又富有创新性的著作《英国政治下的密西西比河》（*The Mississippi Valley in British Politics*）里，首次展现了在美国革命的初期阶段，在阿勒格尼山脉以西地区，大英帝国种种管理问题所带来的全面影响，最终他从波士顿·哈珀（Boston Harbor）的困扰中拯救了对革命起因的研究。施莱辛格阐明了美国独立战争的经济和商业背景。S. G. 费希尔、弗里克、赛博特（W. H. Siebert）、泰勒和范·泰恩最终也公平客观地研究了保皇派的历史。范·泰恩写出了关于美国独立战争的上乘佳作。关于革命的思想背景和对革命最具创新性的解释出自卡尔·贝克尔的笔下。马克斯·法兰德教授对美国宪法形成和被采用时期的研究细致且具有批判性，最终使得这项研究脱离宗教得以世俗化。比尔德教授对宪法的经济基础做了精彩论述。

约翰·麦克马斯特（John Bach McMaster）教授考察了美国最初70年的 262
发展，不仅依赖于学识，还使用了比任何其他综合性的美国历史著作都更加广泛的方法。他为普及社会史做了很多工作。亨利·亚当斯对杰斐逊和麦迪逊政府的美国政治和外交政策做了详细的历史论述，尽管篇幅有限，但更具学术意义。弗雷德里克·特纳教授及其后继者，如帕克森（Paxson）、比灵顿（Billington）和布雷（Buley），在研究对西部的殖民和边疆拓展问题时，既体现了奥斯古德在学术研究上的创新性，也体现了麦克马斯特在兴趣上的广泛性。从学术角度来看，他们的著作已经超过了西奥多·罗斯福所做的兴致盎然的历史考察。特纳教授的“学派”是美国现代史学把严谨的学术与综合倾向相结合的最好例证之一。[1]威廉·多德（William E. Dodd）、乌尔里奇·菲利普斯（Ulrich B. Phillips）等人的作品更好地呈现了南方立场，在这些作品的影响下，赫尔曼·霍尔斯特反抗奴隶制的史诗得以修订。

詹姆斯·罗德（James Ford Rhodes）以冷静而克制的笔触细致书写了内战时期和重建阶段的历史。艾伦·内文斯（Allan Nevins）和兰德尔（J. G. Randall）全面研究了内战及其之前时代的历史。内战之后的时代在威廉·邓宁教授及其学生的论著中得到了详尽的研究。埃尔斯·奥伯霍尔茨（Ellis P. Oberholtzer）——麦克马斯特教授的弟子，详细论述并以其导师的创新精神和深入探究精神解释了内战之后美国人民的历史。詹姆斯·施库勒（James Schouler）以一种谨慎而冷静的风格勾勒出整个国家的历史，钱宁教授试图追溯美国从殖民时期到现在的历史，他的著作可以被称为我们的伟大民族史。博学传统和学术研究保持一致的著作是穆泽的《美利坚合众国》（*The United States of America*），是对美国历史的最好概述。麦克劳克林（A. C. McLaughlin）、科温（E. S. Corwin）和兰登（J. S. Landon）妥善地处理了美国的宪法史。

在吸收了新的批判方法的第一代美国历史学者身上，具有美国历史研究最优秀的特点，这些特点可以在贾斯廷·温泽主编的《美国历史叙事与批评史》一书中找到。由阿尔伯特·哈特教授编辑的《美利坚民族》（*American*
263 *Nation*）一书中收录了美国最新学术研究的全部具有代表性的词条。由艾伦·约翰逊编辑的《美国编年史》（*Chronicles of America*）更是一部综合性

1 特纳的观点受到了路易斯·哈克等人的批评，参见*New Republic*, June 5, 1935。但是柯蒂（M. E. Curti）和斯奈德（P. L. Snyder）等人回应了哈克的质疑。

的著作。康马杰（H. S. Commager）和莫里斯（R. B. Morris）刚刚完成了一个新的《美利坚民族》项目。

除了研究自己国家的历史外，美国史学家也在对其他历史时期的研究中做出了重要贡献。詹姆斯・布雷斯特教授是当之无愧的现代埃及学的领军人物，他最早使用机器时代的技术来挖掘古近东的遗迹。杰克・费尼根（Jack Finegan）重建了这个时代和这一地区的年表。罗杰斯、莫里斯・杰斯特罗（Morris Jastrow）、奥姆斯特德和古得斯皮德（G. S. Goodspeed）为重建巴比伦和亚述的历史做了很多可靠的工作。弗格森（W. S. Ferguson）教授是世界上最权威的希腊帝国主义和希腊化时期的雅典的研究者。韦斯特曼（W. L. Westermann）以创新性的方式处理了罗马帝国系统里的各行省和古代社会史，尤其关注了古代的奴隶制。坦尼・弗兰克（Tenney Frank）、弗兰克・阿伯特（Frank F. Abbott）和格兰特・肖尔曼（Grant Showerman）对罗马的经济、社会和文化史都有出色的著述。博茨福德和考德威尔以其敏锐的洞察力和渊博的学识研究了古典时代。斯温、特雷弗（A. A. Trever）和拉尔夫・特纳（Ralph Turner）综合分析了整个古代的历史。

在中世纪史领域，乔治・伯尔精通加洛林时代和中世纪文化，无疑是欧美关于宽容史研究的主要权威。拉尔森（L. M. Larson）研究了英国中世纪早期的历史，詹姆斯・汤普森研究了路易十六时期法国君主制的发展和德国中世纪的历史。德纳・芒罗是最杰出的中世纪史学家之一，致力于十字军东征的相关研究。查尔斯・哈斯金斯对诺曼人在中世纪欧洲历史上的作用进行了研究，其彻底性和准确性是其他任何欧美学者都无法比拟的。在中世纪英国宪政史的知识上，很少有英国学者能与乔治・亚当斯相提并论。欧内斯特・亨德森（Ernest F. Henderson）总结了现代学者研究中世纪和现代德国的学术成果。以法莲・埃莫顿为整个中世纪阶段写了具有学术性且内容翔实的手册。林恩・桑代克（Lynn Thorndike）在处理中世纪史时，体现了对最好的现代学术研究的创新性综合运用，并编撰了一部关于中世纪思想和科学的巨著。亨利・泰勒（Henry Osborn Taylor）对这一时期的思想史做了最好的述评。在对欧洲中世纪历史——包括政治、社会和经济等领域——进行总结和概括上，詹姆斯·汤普森不仅在美国学者中，而且在全部的中世纪史学家中，都居于显要地位。

费迪南德·谢维尔在对文艺复兴时期的文化史研究中表现突出，并写
264 了一部精彩的佛罗伦萨史。普里泽夫德·史密斯在研究宗教改革的美国学者中成果突出。休姆概括了我们对文艺复兴和宗教改革的认识。最初和现在普遍接受的论点是，现代世界开启的标志是欧洲的扩张而不是文艺复兴或宗教改革。这一观点成为激励谢泼德（W. R. Shepherd）、威伯·阿伯特、博茨福德、吉莱斯皮和爱德华·切尼（E. P. Cheyney）等人作品的核心指南。谢泼德教授在欧洲扩张领域的著作是美国历史学家提出来的最深刻、最具独创性的历史解释之一，堪与特纳的著作齐名。由于史蒂芬斯、富林、斯隆（W. M. Sloane）、伯恩、卡尔·贝克尔及其学生利奥·格申和路易·高茨乔克（Louis Gottschalk）等人的著作，我们丰富了对法国大革命和拿破仑时期的知识。威廉·泰尔（William Roscoe Thayer）写了意大利史，从拿破仑统治结束写到意大利统一。亨德森、谢维尔和福特写了德国的现代史。梅里曼（R. B. Merriman）编撰了关于西班牙帝国的一部令其引以为傲的著作。英国史中非常优秀的著作出自切尼、拉尔森、克洛斯（A. L. Cross）、伦特（W. E. Lunt）等人之手。关于伊丽莎白统治的最后几年，切尼写了一部上佳的史学之作。迈克尔万撰写了关于政治理论史和代议制政府起源的学术著作。莱拜尔是美国最重要的历史学家，专注于拜占庭文明史和土耳其史的研究。安德鲁斯和查尔斯·哈森（C. D. Hazen）为现代欧洲历史贡献了优秀的政治叙事。约翰·摩尔教授是美国国际法和外交史领域最多产和最有权威的学者。希尔（D. J. Hill）、福斯特（J. W. Foster）、柯立芝（A. C. Coolidge）、费舍（C. R. Fish）、坦西尔（C. C. Tansill）、朗格（W. L. Langer）、斯温（J. W. Swain）、桑塔格（R. J. Sontag）、帕克·穆恩（Parker T. Moon）、布埃尔（R. L. Buell）、布莱克斯利（G. H. Blakeslee）和比米斯（S. F. Bemis）为当代国际关系的研究做出了贡献。朗格、费伊（S. B. Fay）和桑塔格追溯

了导致第一次世界大战的外交史，都写出了优秀的历史著作。关于美国参战的最好著作是坦西尔的《美国参战》（*America Goes to War*）。霍根（D. L. Hoggan）针对第二次世界大战的起因写出了唯一一部综合性著作。

在西属美洲历史的研究领域，表现出特殊才干的美国历史学家有谢泼德、博尔顿、罗伯逊、里皮（J. F. Rippy）、普利斯特列（H. I. Priestly）、伯纳德·摩西（Bernard Moses）、哈克特（C. W. Hackett）、哈林（C. H. Haring）、欧内斯特·巴克、查普曼（C. E. Chapman）、弗兰克·坦南鲍姆（Frank Tannenbaum）、道泽（D. M. Dozer）、芒罗、休伯特·赫林（Hubert Herring）和琼斯（C. L. Jones）。巴罗斯·阿拉纳、奥尔特加·卢比奥、亚历翰德罗·阿尔瓦雷斯（Alejandro Alvarez）、奥利韦拉·利马等人的著作为西属美洲带来了使用科学方法的历史。卡尔·维特克和布雷布纳（J. B. Brebner）特别关注了加拿大的历史。肖特韦尔编撰了一个关于加拿大和美国关系的多集系列丛书。关于远东的重要著作的作者是：霍恩贝克（S. K. Hornbeck）、泰勒·丹尼特（Tyler Denett）、拉图雷特（K. S. Latourette）、威廉姆斯（E. 265
T. Williams）、费纳克（H. M. Vinacke）、特里特（P. J. Treat）、格里斯沃尔德（W. W. Griswold）、纳撒尼尔·佩弗（Nathaniel Peffer）、克莱德（P. H. Clyde）和诺依曼（W. L. Neumann）。

教会史和宗教史吸引了大量美国学者。亨利·利（Henry Charles Lea）撰写了许多关于中世纪教会的巨著，使他能与哈纳克、丹尼夫（Denifle）、迪歇纳等欧洲学者齐名。费希尔、菲利普·沙夫（Philip Schaff）和威利斯顿·沃克（Williston Walker）简述了基督教教会的整个历史。麦吉弗特（A. C. McGiffert）因其对攸西比乌斯著作的编辑而在国际上享有盛誉，之后，他对早期教会史和基督教思想史也做出了重要贡献。中世纪教会的兴起引起了艾尔（J. C. Ayer）和弗里克的注意，弗里克还对中世纪教会的衰落做了最好的研究。普里泽夫德·史密斯、埃默顿、杰克逊（S. M. Jackson）和雅各布斯（H. E. Jacobs）的专著研究了宗教改革时期。沙夫、杰克逊和罗克韦尔（W. W. Rockwell）通过可贵的编辑工作，也为这一领域做出了贡献，罗克韦尔教授做了大量工作，使美国学者能与这一领域欧洲学术研究的最新发展同步。沙夫、波特和杰克逊编辑出版了一部关于美国教会的通史。彼得·古尔戴（Peter Guilday）为美国教会史领域的天主教历史研究做了大量推进工作，并为美国天主教领袖撰写了优秀的传记。

欧洲历史学家对古代和中世纪历史的兴趣——这是人文主义和浪漫主义挥之不去的影响——为美国的学术研究打下了深刻的烙印，并一度导致了对现代历史的相对忽视。然而，年轻一代的历史学家把主要精力放在了现代历史上，他们倾向于打破传统，并有希望取得能媲美于自己老师在中世纪研究中的贡献——无论是作品的数量还是质量。朗格编辑的《现代欧洲的崛起》（*The Risė of Modern Europe*）系列丛书就是这一值得称赞的趋势的最新最好的例证。希格比（C. P. Higby）等人于1929年创办的《现代史杂志》（*Journal of Modern History*）一直在推动这场运动中发挥着重要影响力。

在美国，历史传记往往是大量的简短传记，如《美国政治家文集》（*American Statesmen Series*）、《河边传记丛书》（*Riverside Biographical Series*）、《美国传记辞典》（*Dictionary of American Biography*）等，而不是局限于少数著名人物。以下是一些比较好的传记：莫里森（S. E. Morrison）写的哥伦布，卡尔·多伦（Carl Van Doren）写的富兰克林，弗里曼写的华盛顿，贝弗里奇（A. J. Beveridge）写的马歇尔（Marshall），南森·沙赫纳（Nathan Schachner）和布罗德斯·米切尔（Broadus Mitchell）写的汉密尔顿，吉尔伯特·基纳德（Gilbert Chinard）写的约翰·亚当斯，丢马斯·马龙（Dumas Malone）写的杰斐逊，欧文·布兰特（Irving Brant）写的麦迪逊，克雷森（W. P. Cresson）写的梦露，比米斯写的约翰·亚当斯，约翰·巴塞特（J. S. Bassett）写的杰克逊，威尔瑟（C. M. Wiltse）写的卡尔霍恩，贝弗里奇和兰德尔写的林肯，弗里曼写的李，斯特赖克（L. P. Stryker）写的约翰逊，艾伦·内文斯写的克利夫兰，内文斯和富林（J. T. Flynn）写的洛克菲勒，赫伯特·克罗利（Herbert Croly）写的马克·汉娜，
266 玛格丽特·利奇（Margaret Leach）写的麦金莱，普林格尔（H. F. Pringle）

和比尔（H. K. Beale）写的西奥多·罗斯福，普林格尔写的塔夫特，林克（A. S. Link）写的伍德罗·威尔逊，以及弗兰克·弗雷德尔（Frank Freidel）和小施莱辛格写的富兰克林·罗斯福。

与自然科学和其他知识领域一样，历史科学在19世纪后半叶已经成为一项合作的事业。作为历史调查和辩论的交流中心，国家历史学会得以创建。为了宣传现有的学术研究并评论当前的历史文献，历史期刊得以创办。国际范围内的学术合作由此成为可能。1859年，《历史杂志》（*Historische Zeitschrift*）创刊；1866年，《历史评论》（*Revue historique*）创刊；1884年，《意大利历史评论》（*Revista storica italiana*）创刊；1886年，《英国历史评论》（*English Historical Review*）创刊；1895年，《美国历史评论》（*American Historical Review*）创刊。在第一次世界大战之前的一代人中，交换教授成为一种普遍现象，美国和欧洲国家之间的交换尤为普遍。今天这种现象更常见了。

当博学派自豪于完全脱离了哲学并能够做到绝对的客观时，这种“客观性”本身已成为一种哲学的偏见——即德国人所说的“历史主义”（*Historismus*），查尔斯·比尔德在1935年10月的《美国历史评论》里，发表了生动活泼的论文《高贵的梦想》，其中有力地指出了这一结果。关于这个话题，我们不妨做一些批判性的评论。

基于客观历史著作的设想

针对博学的科学史学的主导原则，我们可以做一简要的批判考察。长期以来，人们一直认为，历史科学的完善就是越来越熟练地采用兰克及其学派的理念。一旦掌握了内证法和外证法，就有可能重建过往的原貌。但是我们现在所拥有的批判性知识，对这个设想出来的体系提出了尖锐的挑战。

首先，现代心理学完全摧毁了那些认为历史具有绝对客观性的人的理想。现代心理学表明，如果没有真正的兴趣和坚定的信念，一个人不可能完成一项真正智力上的杰作。那种认为人类的才智在没有情感、没有目标的虚空中也能发挥活力的观点，很显然与心理学最基本的学说背道而驰。博学派断言，我们在处理历史问题时不能有先入为主的观念，这实际上意味着我们不能有非正统的观念。但是博学派的学者自身就有很多先入为主的观念，只是他们的观点和教条在目前已被历史行会所接受和认可而已。

267 而且，对历史“事实”的迷恋，作为博学派最基本的假设，经不起批判分析的检验。每一个历史的情境在本质上都是独一无二的，也永远不会整体上再次重现。然而，在与整体历史情境的所有其他方面相联系时，这个事实就具有了独特性和完整性。一个历史事实指的是，在它发生的那一刻所产生和所终止的一系列特定的情况。当我们说我们已经发现了一个历史事实时，我们实际上指的只是我们已经获得了信息，这些信息使我们能够重建曾经存在但现在已经消失了的历史情境中的一个或几个因素，而且这种重建极其主观，也并不完整。没有人能完全重现这个历史情境，一般来说，我们对历史事实的理解基本上是我们主观想象的结果。

许多历史学家有一种天真的设想，他们认为，在我们收集的历史资料中，大量存在着的具体而完整的实例就是历史事实，这种想法实际上是一种万物有灵论的残余，还没有被已经进入历史领域的批判性科学思想完全清除。这类似于早期人们对简单积分原子的科学认识，后来发现简单原子并不简单，而是和我们的宇宙系统一样复杂。

1926年12月，卡尔·贝克尔教授在纽约罗彻斯特的美国历史协会上，宣读了一篇题为《什么是历史事实？》（“What Are Historical Facts?”）的精彩论文，彻底打破了这种对历史事实的基本错觉。[1] 他冷静地指出了我们在谈论历史的“硬事实”或“冷事实”时所涉及的谬误。“由于这种方式的讨论，历史事实最终似乎成为一种坚实的东西，一种像物质一样的实体，一种具有明确形状、具有清晰和永久轮廓的东西——像砖头和木块；因此，我们

1 P. L. Snyder, ed., *Detachment and the Writing of History Essays and Letters of Carl Becker*, pp. 141 ff., see also pp. 3–28. Cornell University Press, 1958.

可以很容易地想象，历史学家在处理过去的材料时总是跌跌撞撞，如果他不小心，就会踩到铁证如山的事实。”贝克尔教授以他所能回忆起的历史上最简单、最不容易被质疑的一个“事实”——恺撒跨过卢比孔河——为主题指出，要确定恺撒如何、何时以及为什么要跨过卢比孔河是很困难的。由于记录者本身的主观性，关于这一事实的重要性，存在着广泛的意见分歧。他指出，这一事实本质上是无关紧要的，除非它在更大的历史整体中成为一个要素，而要完全恢复和重新叙述，即使不是不可能，也是困难的。“一千零一个次要的‘事实’形成了这个简单事实——恺撒跨过卢比孔河；詹姆斯·乔伊斯（James Joyce）说，如果有人知道并叙述了所有这些事实，毫无疑问，他需要写一本794页的书[1]来展现恺撒跨过卢比孔河这一个事实。” 268

也就是说，长期以来作为博学和可敬的史学基石的简单历史事实，已被证明是头脑简单和信息不充分的人的幻觉：

> 事实证明，简单的历史事实并不是像砖块那样坚硬、冰冷、轮廓清晰并可抗压的东西。就我们所知，它只是一个象征，一个简单的陈述，是对一千零一个更简单的事实的概括，这些更简单的事实是我们目前还不愿意去使用的，而对这种概括本身，我们在使用时也不能脱离更广泛的事实和它所代表的一般性情况。一般说来，一个历史事实越简单，它就越清楚、明确，越可能是它的本真，对我们及它自己就越没有用处……这个象征是历史学家所要研究的；关于这个象征能说的最安全的话，也许不是说它实际上是真的还是假的，而只是说它在多大程度上更合适而已。

如果博学派的最基础工作只是一种错觉，那么很明显，我们就不能完全相信那个已建成的大厦的充分性或可靠性。整个结构只能被看作是烦琐的和

1 比如《尤利西斯》（*Ulysses*），爱尔兰作家詹姆斯·乔伊斯的长篇小说，只写了三位普通人在某日从早8点到晚2点一天之内的经历。——译者注

艰苦的空想，尽管这可能是我们能得到的最好的结果。

贝克尔教授的这些言论在他的论文中得到了详尽的阐述，彻底去除了兰克及其追随者的基本概念，就像爱因斯坦（Einstein）、普朗克、薛定谔（Schroedinger）和海森伯格（Heisenberg）彻底去除了从牛顿到赫姆霍兹（Helmholtz）的旧物理学一样。很明显，要创造过去的真实情况是不可能的。贝克尔教授发表的这篇论文在历史科学中的地位应该等同于不确定性理论在当代物理学中的地位。

因此，很明显，博学派的基本概念是，他们能够发现绝对的、精确的、不可改变的历史数据，即历史事实，这些数据在任何情况下都是不变的，是所有诚实的调查者一致的看法，所以他们的基本概念是前心理时代产生的一种幻觉。戈登威泽（A. A. Goldenweiser）教授已经很好地阐述了问题的本质：

> 历史学家是事件的必然选择者。而且，他的解释是与选择分不开的，更准确地说，解释决定着选择，至少在一定程度上是这样。当历史学家告诉我们，他们只是记录，“事实不言自明”时，他们只是在自欺欺人。当然，事实不会说话：历史学家会替它们说
> 269 话或者让它们说话，他们所说的话取决于其魔杖所具有的魔法。[1]

针对这种对历史事实的崇拜，还有另一种基本的批评，即博学的历史学家接近了事实并收集了事实，就好像它们存在于虚空中，却与其活跃的主体——人——毫无关系。许多过去和现在的博学的历史学家在处理他们的文献时，在理解人类行为方面没有最基本的准备。事实上，他们大部分都没有意识到有做此类准备的需要。[2] 就他们收集和叙述事实的实际活动而言，他

1 A. A. Goldenweiser, “The Nature and Tasks of the Social Sciences,” *Journal of Social Philosophy*, October, 1936, p. 12.

2 对忽视人类和社会事实的历史学家进行有益的积极辩护，参见Abbott, Adventures in Reputation, pp. 211 ff.。

们所讲述的功绩，同样可以由其他任何一种哺乳动物很好地完成，或者由命运之手操纵的木偶来完成。换句话说，博学的历史学家在叙述人类过去的功绩时，忽视了戏剧的中心元素——人的本性和行为。他们假装在写人类的故事，实际上却把人类排除在外。他们只关注难以捉摸和本质上虚幻的数据——历史事实，忽视了唯一能够使这些事实更加可靠和真实的规律，即那些能使我们了解人类本性的生物学和社会科学，恰恰是这些人类过去的行为创造了被认为是历史事实的构成要素。正如詹姆斯·鲁滨逊所明确指出的，如果对人类的生活方式没有基本的了解，我们所重新构建的过去只能是事件的“外观和表象”，而根本性的、至关重要的历史现实于我们来说仍然还是未知。[1]

博学派坚持认为历史的基本主题是过去的政治，这一论点一直受到学者们的抨击，已经声名狼藉，因此再组织论据批评他们的这一论点，不仅浪费时间，也毫无益处。最好的办法还是重复一下弗雷德里克·哈里森的经典论断：弗里曼对历史的设想忽视了90%的人类历史。很明显，政治活动只是人类利益和表达的一小部分。因此，如果历史要记录人类已经实施的、思考的和所希望的全部内容时，它就不能局限于只记录人类过去的政治成就和抱负。此外，由于政治资料是次要的和结果性的，而不是首要的和决定性的， 270
所以，政治史不能很好地作为基准体系去整理那些非政治的资料。

博学派最能说明问题的论点是，很可能是那些与他们的论文相悖的研究和对事实的积累构建了历史学家的全部义务和最高成就。事实上，历史研究只是历史工作的最初阶段。研究对于历史来说是必不可少的，但它并不构成真正的或完全意义上的历史。只有对人类本性和社会制度有着充分理解的人去整理、分析、组织和解释历史研究的结果时，历史研究才有可能以某种根本方式对具有永久价值的历史写作做出贡献。

真正的历史学家不是从各种资料中收集事实的苦行僧或编撰者。更确切

1　J. H. Robison, “Newer Ways of Historians,” in *American Historical Review*, January, 1930.

地说，历史学家是占有原始材料，评价原始材料，并把原始材料系统化组织在一起的人，他能照亮我们的心灵，使我们尊重历史的本质，尊重过去造就了现在的方式。对历史进行综合分析比进行历史研究需要更高层次的思维，因此，研究历史的学者多，但是真正的历史学家少之又少。

博学派常常把挖泥工、铁板工、制砖工和搬运工等职业的人与建筑师混为一谈。他们还常常创造出一种职业，这种职业仅具有较低级的功能，那就是能够收集历史资料。因此，这种做法削减了人们对历史进行真正探索的兴趣。

只要单纯的研究技术还被视为衡量历史才能的最终标准，历史领域的绝大多数人就不太可能有希望超越这个努力的阶段。事实上，他们不太可能意识到，任何潜在的历史活动领域实际上都远远超出了一个精确记录者的职责和成就。

同样站不住脚的是传统学派的典型论点，即在历史成就的内在价值里没有本质的差异——一部历史著作的重要意义只能由已收集到的事实的相对准确性来衡量，而不考虑它们是否揭示了与社会和文明发展相关的重要问题。如果历史除了卖弄学问、出风头之外还具有某些意义的话，我们就必须承认，历史资料对于其所要解释的现在是有一定价值的。我们不一定要阻止
271 那些在深奥领域的研究，这种研究偶尔会引发某个研究者的兴趣，但是这并不意味着研究17世纪的普鲁士外交与花同样多的时间研究17世纪西欧资本主义、中产阶级和民族发展的关键因素具有同样的价值。

很明显，对有思想的人来说，历史事实没有任何意义，除非它们被挑选、筛查、分析和解释，以表明它们对文明发展的影响。而如果仅仅停留在收集和叙述事实这一阶段，就相当于一个科学家只在实验室做试验并只把观察结果写在笔记本上。人们普遍认为，只有大量长效的研究成果能够证明试验性的科学规律已形成的时候，相关的科学成果才会出现。同样地，我们最终将认识到，真正的历史只有在这两种情况下才会出现：(1)大量累积的事实使我们有可能进行有效的历史综合分析；(2)大量累积的事实使我们能

够以这样一种方式来解释这些资料，即说明历史的发展如何影响了当今的现实。

博学派在历史结论中过于谨慎，这一观点也可以受到同样有效的攻击。这个受人尊敬的学派最受人尊敬的假设之一是，相比于超出事实1%的结论，与事实有75%差距的结论是历史研究的更好的例证。[1]

我们必须认识到，绝对的历史真实完全是一个虚构，我们最多只能希望通过准确的研究、对事件侥幸的解释、某个历史学家特别的聪明才智和敏锐来接近真实。与此同时，没有达到近似值75%的结论与超过近似值75%的结论一样，都与真实相异。传统的关于有节制陈述（understatement）的历史争论非常荒谬，就像宣称10加仑比34加仑更接近一桶一样荒谬。如果把这一历史信念应用到地理科学中，那就意味着，说地球的周长是2000英里比说26000英里更合理、更明智。历史学家的目标应该是接近准确，而不仅仅是谨慎。

与这种痴迷于有节制陈述密切相关的是一种被广泛接纳的信念，即历史研究与个人出版的资料数量成反比——在某种程度上，始终拒绝出版成了个人标准严格的证明。当然，对于发表不成熟的作品或公开未完成的研究，人 272
们总是犹豫不决。但是，如果认为不出版历史著作本身就必然表明学术严谨，那就是另一回事了。这也可能是对懒惰的一种体面的掩饰。很明显，如果不愿发表成果的人确实拥有最高的学术标准和大量的历史资料储备，那么，这种情况就是一个精神病理学的问题，而不是学术研究的问题了。多数情况下，这可能是一种“焦虑症”。大多数拒绝发表成果的人实际上通过课堂讲座的方式把他们的资料展示给了学生——通常是研究生。很明显，被研究历史的高级技术人员已经阐释且足够准确的材料，肯定适合以印刷的形式公之于众。如果一个人觉得他收集的事实不足以发表，他应该认识到对这些

1　西德尼·费伊的《第一次世界大战的起源》（*Origins of the World War*）这本名著的结论部分很好地阐释了这一点。

事实的任何形式的公开展示也不恰当。诚然，这些言论也不能被当作草率出版不成熟或“半生不熟”历史著作的理由。

从博学派的假设出发，不难破解模范历史学家的理想化概念。如果一个人达到了这样一种完全不流露情感的理想状态，完全没有人类的感情和偏见，那他很可能就是一个假性低能的典型例子。[1]事实上，人类的生活是一件生动并不断变化的事情，一个人只有像他所使用的资料那样生动，才能去发现、重建和解释人类的生活。

传统历史学家提出的“追求无热的光”的陈旧口号也没有什么说服力。就我们所知，除了萤火虫或“发光的虫子”之外，没有一种不发热而能发光的东西。而且，把很多无目的地收集和积累杂乱无章的历史资料的历史学家比作这只无用的、四处游荡的短命昆虫，也不算不公平，这只昆虫在空中飞来飞去时，也找不到任何可辨认的目标，得不到确切的结果。

费迪南德·谢维尔教授满足了博学派为成功的历史学家定义的所有资格条件，但在某种程度上又跳出了博学派理念中令人气馁的局限性，令人钦佩地总结了传统设想中的弱点：

> 难道不能把重视无党派和客观性作为历史写作者的伟大愿望吗？但是做到了完全客观，就会像一台计算器一样干巴巴的，毫无生趣，历史学家和读者都会认为这样太不近人情而去抵制。我们有权要求一个历史学家诚实，要求他能够让自己的感情屈从于理智，
> 273 要求他受过批判性地阅读文献的训练，能够耐心地挖掘事实，并在事实引导下做出判断。[2]

在所有对历史写作的活力和成效产生影响的心理因素中，对高品位的痴迷可能是影响最深远、破坏力最强的因素之一。事实上，即使是非常博学的

1 W. H. Burnham, *The Normal Mind* (Appleton, 1924), chap. xviii.

2 Introduction to Hermann Oncken, *Napoleon III and the Rhine* (Knopf, 1928), pp. xvii–xviii.

历史学家也经常会在党派的愤怒或宗教的信念之下，发生观念的扭曲。他们都愿意在理论上承认，此类事情有损于描述的清晰和分析的公正，而这两点又是历史学家不可或缺的必备条件。

然而，历史写作和分析中的高品位是绝大多数传统历史学家真正引以为荣的追求。人们甚至没有真正理解这样一个事实，即按照传统的理解，相比于历史学家花了一代人的时间去斗争的偏见和激情，高品位可能是当代史学的一个更大的障碍。他们不理解，一个“绅士”——符合令人尊敬的美国历史学家所能接受的那种地位的资格条件——要成为一个真正的历史学家，就像《圣经》里所讲的富人进入天国一样困难。

现在，动态心理学的研究者都很清楚，那些个人生活中的私密事务，在值得尊重的历史传记研究中心是禁忌，但对解释个人过去或现在的性格和行为方式有着重要意义（毋庸置疑的是，我们不能把“私密事务”仅仅局限于性利益和性活动上）。传统的历史学家，假定了一个神话理想作为他的历史学家楷模，创造出神话人物作为他的五花八门的传记写作的对象。此外，对历史高品位的认同与保守的资产阶级的经济和社会理念，共同导致历史学家在认识物质因素对历史发展的重要性上非常胆怯。对历史的经济学解释与社会主义相关，任何对社会主义的同情都是糟糕品位的极端表现。

同样地，对历史人物的最初设想，认为他们性格和目的恒久高贵，利益和动机超凡脱俗，实际上从一开始，就否定了各种传记的价值，或者否定了任何基于传记材料汇编的历史研究的价值。一个值得信赖的当代传记作家所能做出的唯一假设是，他的研究对象显然是一个人，他按照生理学家、心理
学家、精神病学家和社会科学家所定义的人类的功能去生活。詹姆斯·亚当 274
斯在与他人合著的《生活哲学》（*Living Philosophies*）[1]里，很好地阐释了这种自然主义假设带给深奥的历史学家的冲击，在这本书中，亚当斯坚信关于人类品质的真正古老的概念。

1　Simon and Schuster, 1933.

就被研究者的个性而言，一个写作者应该以对基本人性的假设为出发点，同时也要有了解人类行为的技术准备。然后，他应该继续收集、整理和解释事实，以揭示人类群体中的这个特殊实例是以何种方式从出生到死亡的——不管他的生命是一种利他行为和为人类正义而献身的特殊证据，还是人类傲慢、自私、腐败和压迫的唯一例证。

尤为荒谬的是，我们不能在一个历史学家去世之前坦率地谈论他的工作——我们可以谴责秃头拉尔夫而不受惩罚，但绝不能质疑一个在世的历史学家的动机。这就意味着，历史学家们的失实陈述肯定被允许保存下来，在它们被以专业性的技术手法弄清楚之前，可能已经造成了长达四十年的破坏。这种观念当然是荒谬的，在欧洲没有像在美国那样被完全接受。除了对历史科学的伤害外，这种态度本身也不公正。在一个历史学家还活着并且有能力为自己辩护的时候攻击他，反而要公平得多。

热衷于高品位带来的最严重的后果之一是，博学的历史学家们倾向于对有强烈争议的问题持有两种不同的观点。比如第二次世界大战的责任问题、苏联共产主义试验的性质和进展问题。一个聪明而谨慎的教授会以事实为根据，说出坦率而合乎逻辑的观点，他会把这些观点向与他关系亲密的朋友，或者在研究生研讨班里向高水平的学者自由地表达。但当涉及公开的报纸、文章和书籍时，他常常会放弃他个人的学术信念，并调整自己的观点，以符合历史行会的主流意见。这两种观点之间的偏差可能很大，也很令人震惊。[1]如果一个科学家在私下里表达了对进化论的信仰，而在公开场合却仍然坚持上帝造人的教条，我们会怎么评价这个科学家呢？德罗伊森、西贝尔和特雷奇克等狂热的民族主义者至少是坦率的。他们或许用爱国热情歪曲了历史，但他们在私下里和公开场合都是爱国者。他们也许错了，但他们的立场是毋庸置疑的。

275 我们可以公正地说，在当今受人尊敬的历史学家中，高品位情结无疑是

1 M. H. Cochran, *Germany Not Guilty in 1914*, Introduction.

掩盖真相的最重要的根源。在这些圈子里，高品位在今天是真理、诚实、坦率和准确的强大障碍，就像几代人之前的党派偏见和痴迷的爱国主义一样强烈。显然，没有一个理智的批评家会追求粗俗或任何其他的在历史写作中被视为无礼的东西。在表达上尽量文雅是没有问题的。正是由于压制了坦率、诚实和思想的基本完整性，才使得历史的高品位对写好历史至关重要，但这与精致文雅没有丝毫的关系。比如，詹姆斯·鲁滨逊、卡尔·贝克尔、普里泽夫德·史密斯和费迪南德·谢维尔等历史学家已经证明，最高程度的思想诚实可以与最精致的表达共存。

当然，事实上，博学派从来没有真正实现过高品位的理想，以到达统治一切人类情感和偏见的顶峰。在现实中，它所做的就是为任何一个特定时期的流行偏见送去专业上的认可，最令人印象深刻的例子就是在两次世界大战期间，那些滥用职权、宣扬神话的历史学家所兜售的专业性的热情喝彩。

在19世纪的最后二十年里，用日耳曼人或盎格鲁-撒克逊人的观念来解释欧洲和美国的历史是一种时尚。如果有人像库朗热那样胆敢站在高卢人的立场上，就会被认为是观念被严重扭曲的受害者。但自1914年以来，批判日耳曼人和盎格鲁-撒克逊人的假说，认为法国历经沧桑，始终是文明的真正守护者和保卫者，也同样成了一种时尚。

参考文献

H. B. Adams, *Methods of Historical Study*. Johns Hopkins Press, 1884.

A. W. Small, *Origins of Sociology*, chaps. iii–v. University of Chicago Press, 1924.

Guilday, *Church Historians*, pp. 212–415.

Wegele, *Geschichte der deutschen Historiographie*, Book V.

Ritter, *Die Entwicklung der Geschichtwissenschaft*, Book V.

Fueter, *Histoire de l'historiographie modern*, pp. 387–399, 574–614.

Gooch, *History and Historians in the Nineteenth Century*, chaps. vi–vii, xii, xviii–xxvii.

Thompson, *History of Historical Writing*, Vol. II, chaps. xxxvii, xli–xlii, xlv, xlvii.

Schevill, *Six Historians*, pp. 125–190.

B. E. Schmitt, ed., *Some Historians of Modern Europe*. University of Chicago Press, 1942.

S. W. Halperin, ed., *Some Twentieth Century Historians*. University of Chicago Press, 1961.

276 Herman Ausubel et al., *Some Modern Historians of Britain*. Dryden Press, 1951.

——, *Historians and Their Craft*. Columbia University Press, 1950.

R. L. Schuyler, ed., *Frederic William Maitland*. University of California Press, 1960.

Gertrude Himmelfarb, *Lord Acton*. University of Chicago Press, 1952.

H. F. Helmolt, *Leopold von Rankes Leben und Werken*. Leipzig, 1921.

S. Steinberg, ed., *Die Geschichtswissenschaft der Gegenwart in Selbstdarstellungen*. Leipzig, 1925–26, 2 vols.

Guilland, *Modern Germany and Her Historians*.

G. A. H. von Below, *Die deutsche Geschichtsschreibung von den Befreiungskrigen bis zu unseren Tagen*. Munich, 1924.

Gustav Wolf, *Einfuhrung in das Studium der neueren Geschichte*. Berlin, 1910.

Halphen, *L'Histoire en France depuis cent ans*.

Louis Halphen et al., *Histoire et historiens depuis cinquante ans*. Paris, 1927–28. 2 vols.

Croce, *Storia della storiografia italiana*.

P. N. Miliukov, *Main Currents of Russian Historiography*. Moscow, 1898.

Kraus, *A History of American History*.

——, *The Writing of American History*, chaps. viii, ix, xi–xii.

M. E. Curti, ed., *Theory and Practice in Historical Study*. Social Science Research Council, 1946.

Elizabeth Stevenson, *Henry Adams: A Biography*. Macmillan, 1955.

J. R. Cameron, *Frederick William Maitland and the History of English Law*. University of Oklahoma Press, 1961.

Henri Marrou, *De la connaissance historique*. Paris, 1956.

William Dray, *Laws and Explanation in History*. Oxford University Press, 1957.

Fritz Wagner, *Geschichtswissenschaft*. Berlin, 1951.

——, *Moerne Geschichtsschreibung*. Berlin, 1960.

H. W. Odum, ed., *American Masters of Social Science*. Holt, 1928.

A. M. Schlesinger et al., *Hiatorical Scholarship in America*. American Historical Association, 1932.

J. M. Vincent, *Historical Research: an Outline of Theory and Practice*. Smith, New York, 1929.

C. G. Crump, *History and Historical Research.* London, 1928.

Allen Johnson, *The Historian and Historical Evidence.* Scribner, 1926.

C. V. Langlois and Charles Seignobos, *Introduction to the Study of History*. Holt, 1912.

Ernst Bernheim, *Lehrbuch der historischen Methode und Geschichtsphilosophie.* Leipzig, 1908.

H. C. Hockett, *Critical Method in Historical Research and Writing.* Macmillan, 1955.

Heinrich Sibik, *Geist und Geschichte vom deutschen Humanismus bis zur Gegenwart.* 2 vols., Munich, 1951.

第十一章　世界大战：历史学研究的衰落与崛起

历史著作里的世界大战与民族主义冲突

277 到1914年，历史学研究似乎已经非常公正。探索真理的愿望被置于爱国主义情感之上。当然，仍有一些历史著作充斥着爱国主义热情，但这些都是例外而非规律。那些在观念上被爱国主义扭曲的或者精神平静被扰乱的历史学家受到了尖锐的批评，而那些能够不偏不倚地处理具有尖锐争端的话题以及涉及爱国主义自豪感的主题的历史学家会获得特殊的赞誉。

就在这时，第一次世界大战爆发了，历史学家的爱国热情又重新高涨起来，把历史写作暂时带回到了冯·兰克之前的那一时代，至少在心理上是这样。与历史学家关于1914—1920年世界大战的著作相比，库朗热对德国文学专家的责难、西贝尔对普法战争的解释几乎都是冷静而有节制的历史分析。实际上，可以毫不夸张地说，在《马格德堡世纪》和红衣主教巴罗诺斯以及诺克斯[1]和曼堡的时代之后，历史著述就没有出现过如此多的偏见和如此多的暴行。那些被扰乱的和偏离客观的不仅仅是历史学界的小人物。当时在世的历史学家中最杰出的一位——爱德华·迈耶——与学界其他平庸的工作者一起失去了平衡。民族主义的歇斯底里影响了所有国家的历史学家。各国政府发表了关于1914年危机的“官方文件”，为自己的政策辩护。这些文件被

1　苏格兰拥护者。——译者注

可耻地篡改和伪造了，历史学家为这些行为提供了帮助。自早期基督教神父时代以来，历史文献从未被如此随意而广泛地篡改过。

在战争初期，许多著名的德国教授起草了一份“宣言”，阐述了德国人对这场冲突的看法以及战争的益处，不少历史学家都签上了自己的名字。此后，历史相当彻底地证明了他们总体立场的正确性，但这纯属偶然。他们之 278
所以能够比协约国的学者更接近事实，并不是因为缺乏感情。他们也不知道此后能够确认他们主张的那些文件的秘密。爱德华·迈耶放弃了他的《古代历史》写作，转而撰写文章去谴责大英帝国。格奥尔格·贝洛赞扬了霍亨索伦家族，并赞扬了德国在战争中的立场。迪特里希·沙费尔热情地为泛德主义者的计划辩护。这些只是通过历史来支持德国的众多案例中最引人注目的一些。

法国的历史学家甚至比德国学者更积极、更抒情、更狂热。[1]欧内斯特·拉维斯几乎被公认为1914年法国历史学家的教长，他以前对德国文化的热情是出了名的，但在1914年以后，他带头攻击了德国人。1915年4月，他严厉谴责了一项由好战的知识分子试图为推动讨论战争问题与和平状况而提出的中立建议。他在许多演说和文章中诋毁德国人。在索邦神学院的一次演讲中，他谈到德国时说：“她毒害舆论，就像她毒害空气和水井一样。她是地球最大的毒害者。”拉维斯对参加巴黎和平会议的德国代表团说：“你们现在站在法官面前，要为史上最大的罪恶负责。你们准备着撒谎，因为你们是天生的说谎者。但是要注意，撒谎是没有用的，因为你们知道，那些听你们说话的人、那些眼睛盯着你们的人都知道你们在撒谎。”阿尔方斯·奥拉尔，以研究法国大革命闻名于世的著名历史学家，在写到德国人时也用了相似的语言：“说谎是德国人的民族工业，是他们政府的根本机制。霍亨索伦家族正是在谎言上建立了普鲁士政权，后来，又为了普鲁士的利益，建立了

1　法国历史学家最具破坏力的揭露，收录在Georges Demartial, *La Guerre de 1914: comment on mobilisa les consciences* (new ed., Paris, 1926)。

德国政权。”奥拉尔还对与德国签署停战协议感到遗憾。他希望他们能乘胜追击直至取得最后胜利。亨利·豪泽，研究16世纪历史的著名专家，猛烈地攻击了德国的和平主义者。乔治·布朗德尔，研究现代德国的法国著名历史学家，撰写了长篇抨击文章，谴责德国人企图在世界上建立军事独裁专政。作为一名编辑，拉维斯热切地出版了理查德·格莱林（Richard Grelling）等德国叛徒的肤浅文章，却把马克西米利安·蒙特格拉斯（Maximilian Montgelas）等诚实的德国专家的货真价实的论文排除在自己的版面之外。埃米利·布儒瓦，杰出的历史学家和宣传家，支持俄罗斯羔羊般的天真无罪。乔治·勒纳尔（Georges Renard），社会主义者和杰出的经济历史学家，为反德联盟提供宣传，该联盟旨在抵制一切与德国有关的事物。

279 在英国，维克汉姆·斯蒂德（Wickham Steed）创作了关于战争起源的荒诞故事，谴责奥地利人，颂扬塞尔维亚人。西顿–沃森则为南斯拉夫人辩护，攻击奥匈帝国的政策。俾斯麦的传记作者黑德莱姆（J. W. Headlam）实际上与威尔斯一道在英国为反德国的宣传做了组织和出版工作。由于这项贡献，他被封为爵士，即黑德莱姆–莫莱爵士。除了雷蒙德·比斯利、赫斯特（F. W. Hirst）、孔尼白等少数例外，英国历史学家都卷入其中。赫斯特主要是一名经济学家，而孔尼白是一位圣经研究者。甚至连可靠和受人尊敬的经济历史学家、执事长威廉·坎宁安（William Cunningham），也因为英国和平主义者揭露登山宝训而对他们进行了攻击，并争辩说，英国士兵的最高道德责任是尽可能多地杀死德国人。[1] 他的血腥布道被福音宣传协会收集、印刷和分发。

然而，正是在美国，大量杰出的历史学家摆脱了他们的学术羁绊，在他们的爱国热情方面，胜过了班克罗夫特。[2] 这主要是因为美国并没有受到侵

1 C. E. Playne, *Society at War* (Houghton Mifflin, 1931), p. 218.

2 参见格拉坦（C. Hartley Grattan）写的文风活泼的珍贵回忆录："The Historians Cut Loose," in the *American Mercury*, August, 1927, reprinted in H. E. Barnes, *In Quest of Truth and Justice* (National Historical Society, 1928), pp. 142 ff.。

略的真正危险。在没有听到真正的枪炮声时，把美国暴民煽动起来的就不是猛烈的炮火，而只是些虚构的言辞了。对于鼓舞美国人的士气、激发他们的杀戮欲，宣传是必不可少的。少数几个坚持战前客观性的美国历史学家——希尔、谢维尔、汤普森、亨德森、谢泼德、普里泽夫德·史密斯等人——被羞辱对待，有时候还被控告为知识分子中的叛徒。对伯吉斯和斯隆教授等人的所谓亲德人士的攻击则更为激烈。最热衷于历史战争宣传的是威廉·泰尔，他曾两度当选为美国历史协会主席。莫斯·史蒂芬斯在美国参战前一年的主席报告中，向美国历史学家提出的警告被证明是没用的。

准备猛烈抨击德国人的领导人有：威廉·塞耶、查尔斯·哈森、威廉·戴维斯（William Stearns Davis）、门罗·史密斯（Munro Smith）、阿尔伯特·哈特、厄尔·斯佩里（Earle E. Sperry）、麦克尔罗伊（R. McNutt McElroy）、特纳（E. Raymond Turner）、伯纳多特·施密特（Bernadotte Schmitt）和范·泰恩。也许，最令人惊讶的是乔治·伯尔。他是美国六名最具才干的历史学家之一，也是关于宽容研究的主要权威。但即使是他，虽然年事已高，仍坚持穿着卡其布与男生们一起在康奈尔大学的校园里训练。

某几个大学合作出版了仇视和反德国历史的综合性哲学论述。其中， 280
最著名的例子也许是威斯康星大学的《战书》（*War Book*），但其他许多机构也出版了类似文献。最令人印象深刻的对客观性的背离是肖特韦尔教授和盖伊·福特教授组织的国家历史服务委员会，以及该委员会与克里尔局（Creel Bureau）——政府的官方宣传部门——的公开结盟。在美国，肖特韦尔教授是新历史领域的领军人物，与詹姆斯·鲁滨逊齐名。他在国家历史服务委员会的同事们的名字读起来就像美国最杰出和最受尊敬的历史学家的荣誉名册，他们中的多数人都在美国建立了真正的历史学术研究。为了大规模宣传的需要，美国的历史著述被有序地组织起来。其他著名的历史学家也公开为国家安全联盟和美国国防协会这样的爱国团体著书立说，不仅斥责德国人是下等的、可鄙的民族，还强调我们的宝贵遗产是从英国继承而来。美国独立战争几乎成为一个草率而可悲的错误。在战后近十年里，美国历史协会会长职位上的大多数人，都是那些显而易见为协约国提供专业服务的人。[1]

黎明到来

在1918年之后的十年或更长的时间里，大多数历史学家的脑海里都充斥着愤怒和情感，但少数人很快就做出了明确的反应。新的信息来源取代了各国政府在战争期间发布的精心编辑的官方文献。那些在战争期间控制自己情绪的学者，或者那些从爱国狂欢中清醒过来的人，都致力于研究这些新的文献。结果，在不到十年的时间里，我们对第一次世界大战起因的了解，比我们在1914年对普法战争起因的了解还要全面和准确。

如果说战争期间的历史著述在历史研究的记录上留下了深深的污点，那么战争结束后，富有才干的历史学家对1914年战争前夕的研究，构建了一个世纪以来历史研究中最显著和最值得称道的多产范例之一。我们现在可以简单地思考一下战后学术复兴的原因和性质。

直到第一次世界大战时期，各国政府都有一种通行的做法，即对有关外
281 交政策的文件保密，保密的时间是事件发生后的40—60年不等。例如，在1914年，法国和德国都没有完整地公布与1870年普法战争相关的文献，那么，时间刚刚过去25年，历史学家们怎么可能以决定性的口吻来谈论那些引发世界大战的人呢？

在人类的经验中，这种情况是全新的。[2] 1917—1918年，发生在俄国、

1 Barnes, *In Quest of Truth and Justice*, Part II.

2 对有关第一次世界大战起因的学术文献进行的全面总结和分析，参见H. E. Barnes, *Genesis of the World War* (Knopf, 1928), Appendix; *World Politics* (Knopf, 1930), chap. xxi。关于战时权谋的有益启发，参见*A Guide to Historical Literature*, p. 396。编辑们习惯于从不同视角写作评论和各种代表性意见。在处理我的《世界大战的起源》（*Genesis of the World War*）一书时，弗兰克·安德森（Frank Maloy Anderson）自己就是一个"坚韧不屈的人"，他忽略了很多权威的有利评论，只把那些具有严重敌意的评论列了出来，其中有些还是匿名的评论。

奥地利和德国的革命带来的结果是，新政府出现了，他们没有理由希望隐瞒那些可能会使前王朝政权名誉扫地的事实。相反，他们更希望外交部的文件能够证明帝国政府对“一战”的爆发负有责任。他们相信此类证据将有助于维持革命政府的统治。他们认为，君主制政府要为世界大战造成的可怕苦难负责，公众对这一事实的认识很可能带来他们对旧政权的仇恨。

因此，奥、德两国政府主动通过外交部门发布了关于1914年危机的文献，相当全面而完整：这就是奥地利的《红皮书》（*Red Book*）和德国的《考茨基文件》（*Kautsky Documents*）。德国随后还发表了1870—1914年整个时间段里的所有重要文件，即弗里德里希·蒂姆等人主编的名著《大政治》（*Grosse Politik*），从而使德国在战前半个世纪的外交政策不言自明，同时也向其他国家提出了这样做的挑战。之后，奥地利出版了较简略的8卷本——《奥匈帝国从1908年波斯尼亚危机到1914年战争爆发的外交政策》（*Oesterreich-Ungarns Ausseenpolitik von der Bosnischen Krise 1908 bis zum Kriegsausbruch 1914*），由路德维希·比特纳和汉斯·尤伯斯伯格主编，主要涉及了奥地利与塞尔维亚的关系，构建了奥地利对抗塞尔维亚人和俄罗斯人的基础论据。

同样，在各协约国，外交部门也在公布档案资料方面取得了很大进展。事实上，俄国是第一个公开这些材料的国家，1917年11月，首先出版了臭名昭著的《协约国秘密条约》（*Secret Treaties of the Entente*）。俄罗斯布尔什
维克政府并没有系统地公布国家档案，但允许法国和德国学者，如雷内·马 282
尔尚（René Marchand）和弗雷德里希·施蒂弗（Friedrich Stieve），查阅这些档案，并做出适当的选择。施蒂弗的文集《伊斯沃尔斯基的外交信函》（*Der diplomatische Schriftwechsel Iswolskis*）非常之优秀，在可靠性和充分性上无与伦比。俄国驻伦敦大使馆的秘书塞伯特（B. de Sebert）复制并出版了战争前夕圣彼得堡和伦敦之间的交流资料。阿达莫夫（E. A. Adamov）编辑了关于俄国为控制海峡而进行的至关重要的外交斗争的文件。

英国政府是第一个主动公布与世界大战爆发相关文件的非革命政府。这项工作开始于1926年秋天。1898—1914年，共出版了11卷《关于战争起源的

英国官方文件：1898—1914》（*British Official Documents on the Origins of the War*, 1898–1914），是由古奇和坦波利（H. W. V. Temperley）精心编辑的。

虽然法国人在1914年以后的十多年里都没有出版文献资料，但我们可以在俄国和英国的文献中发现关于这一时期法国外交的大部分重要事实，因为法国人是英国和俄国的盟友。德玛索（Demartial）、冯·韦格勒等人所做的核查表明，战争时期法国的《黄皮书》（*Yellow Book*）——充满了伪造和遗漏——可能是战争期间发表的所有道歉声明中被扭曲得最严重的一件。在这方面，只有俄国的《橙皮书》（*Orange Book*）能与之匹敌。在世界各地学者持续公正的奚落下，在法国人对真相的要求下，法国政府最终在1928年，极不情愿地宣布将出版外交部的关于1914年危机的文献，以及自1871年以来的外交文献。然而，正如罗伯特·戴尔（Robert Dell）1928年1月14日在《伦敦民族报》（*London Nation*）上发表的一篇言辞犀利的文章里指出的那样，受托挑选和编辑这些文件的委员会的性质，几乎无法保证这些文件在出版过程中的可靠、统一或绝对完整。编辑委员会中没有反官方或对历史事件持修正主义论的历史学家：

> 法国政府终于认识到，它不能再体面地压制任何涉及战争起因的外交文件的出版了，于是，它指派了一个由48人组成的委员会来监督这些文件的公布。委员会4名秘书中有3名是政府官员，委员会还包括另外13名法国外交部的常驻官员和外交官，其中大部分人都与导致战争的事件密切相关。这样一个委员会注定会带来不良后果。法国政府永远不会公开所有的文件，因为一旦公开，就
> 283 会暴露出法国1914年《黄皮书》里的许多文献都是假的，甚至是伪造的。德玛索在他的小册子《凯道赛的福音》[1]里，已经证实了这一点，但是没有人给予答复。

1 L' Evangile du *Quai d'Orsay*，凯道赛是法国外交部所在地，用来指法国外交部。——译者注

《1871—1914年法国外交文献》（*Documents diplomatiques français, 1871–1914*）的第一批次于1929年出版，带着精选和灵活编辑的痕迹。但迄今为止出版的这些卷本在准确性上远远优于该领域的任何其他法国文集。在战争期间，德国人抢劫了比利时的档案资料，并出版了大部头的比利时外交档案文集，书名为《1897—1914年的欧洲政治》（*Zur europaischen Politik, 1897–1914*），由伯恩哈德·施韦特费格（Bernhard Schwertfeger）编辑。米洛什·博吉切维奇（Milosh Boghitschewitsch）编辑了一本档案文集《1903—1914年塞尔维亚的外交政策》（*Die Auswärtige Politik Serbiens, 1903–1914*），涉及1914年之前的塞尔维亚外交史，但是他并没有被允许使用塞尔维亚人的档案资料。美国也出版了战争时期的外交文件。这也解释了我们为什么在战争结束之后这么快的时间里就能可信地谈论战争暴行。在人类历史上还是第一次，经历过一场大战争的一代人能够知道关于战争起源的事实。

除了当局的文件，1914年外交危机的大部分重要参与者：德国皇帝、冯·贝斯曼-霍尔韦格（von Bethmann-Hollweg）、雅戈（von Jagow）、提尔皮茨（von Tirpitz）、默特克（von Moltke）、法金汉（Falkenhayn）、普塔莱斯（Pourtalès）、舍恩（von Schoen）、利希诺夫斯基（Lichnowsky）、霍约斯（Hoyos）、康拉德（Conrad）、穆瑟林（Musulin）、萨索诺夫（Sazonov）、希尔林（Schilling）、罗森（Rosen）、多布罗罗尔斯基（Dobrorolski）、庞加莱（Poincaré）、维维安尼（Viviani）、帕雷奥洛格（Paléologue）、阿斯奎斯（Asquith）、格雷、丘吉尔、伯蒂（Bertie）、布坎南、霍尔丹（Haldane）和尼蒂（Nitti），都出版了回忆录或日记，提供了他们对这场危机的看法。伊兹沃尔斯基（Izvolski）虽然因早逝未能完成回忆录，但他的信件保存得相当完整，得以被编辑和出版。这些信件所透露出的信息远比他的回忆录多。由于协约国限制维也纳档案材料的自由使用，利奥波德·伯希托尔德（Leopold Berchtold）伯爵的回忆录因此受阻而未能完成。

虽然我们在用到这些书时必须谨慎小心，但它们往往使我们能够更全面地理解这些文件，也更好地理解外交官们发动战争或未能阻止战争的原因。此外，笔者还有幸亲自采访了1914年外交中的众多杰出人物，并诱导他们尽可能澄清一些模糊或有争议的问题。[1]英国的权威人物乔治·古奇在1927年出版的名著《欧洲外交的最新真相》（*Recent Revelations of European Diplomacy*）中，生动描述了大量资料的性质和意义。古奇的这部著作在随后的修订和扩展中，保持了公正、准确、明智和相对完整，尽管在某些地方对高层的神话传播者过于客气了。

284 用更具有批判性和学术性的方法对第一次世界大战起源进行的研究，首先在德国取得了进展，这是很自然的。为了给协约国的目标找到正当的理由，协约国的历史学家不得已对大量事实进行了断章取义和歪曲。我们已经提到过1870—1914年间编辑出版的德国文献。许多德国学者对战前德国外交史进行了回顾。其中，最有才华的是埃里希·勃兰登堡写的《从俾斯麦到世界大战》（*Von Bismarck zum Weltkriege*），这是第二次世界大战之前关于外交的最好研究之一。法伊特·瓦伦丁关于德国外交政策的著作也涵盖了同一时期。约翰内斯·哈勒讲述了布劳担任总理的关键时期。在所有这些关于战前德国外交的研究中，最全面的是奥托·哈曼（Otto Hammann）的几部著作，哈曼与德国外交部有长期的联系。赫尔曼·卢茨（Hermann Lutz）对爱德华·格雷爵士领导下的英国外交进行了最具说服力的考察，并根据最新的文件撰写了关于世界大战爆发的摘要信息，这是最彻底和最克制的总结之一。弗雷德里希·施蒂弗在对俄国文件的研究中获得了相关信息和资料，完成了对庞加莱和伊兹沃尔斯基外交的最可靠和最完整的研究。之后，冈瑟·弗朗茨（Gunther Frantze）少校的专著补充了俄国加入“一战”的军事时期，包括1914年7月30日决定性的动员令。对德国1914年危机研究得最透彻的学者是马克西米利安·蒙特格拉斯伯爵。他是一位细节大

---

1 *New York Times Current History Magazine*, July, 1928.

师，也是一位叙事清晰的写作者。他还从新的英国文件中总结了一份对爱德华·格雷爵士外交的鞭辟入里的评价。阿尔弗雷德·韦格勒——《战争罪责问题》（*Kriegschuldfrage*）的编辑——极大地推动了对战争责任问题的重新考虑，他本人也猛烈地抨击了协约国外交官在凡尔赛会议上提出的对德国的起诉书。在所有关于战争起源的德国著作中，最易读的是西奥多·沃尔夫（Theodor Wolff）的《1914年前夜》（*The Eve of 1914*），这本书总体上是准确的，尽管对伯希托尔德的评判过于严厉。更加引人入胜的是路德维格·赖纳斯（Ludwig Reiners）的近作《欧洲的灯熄灭了》（*The Latmps Went Out in Europe*，1955）。有几个德国作家，如赫尔曼·坎托罗维索（Hermann Kantorowicz），被他们对霍亨索伦家族的仇恨左右了自己的判断，并使战争神话得以延续。坎托罗维索对英国的迷恋也使他的作品受到了明显的扭曲。阿尔弗雷德·普里布拉姆、路德维希·比特纳、汉斯·尤伯斯伯格和威德尔（O. H. Wedel）等人分析了奥地利在1914年危机中的角色，但奥地利和伯希托尔德的案例仍有待充分的论述。在荷兰，尼古拉亚斯·贾皮克斯是战前外交调查的领导者。

法国官方的和学院的历史学家在对世界大战到来的描述上，长期以来
都是正确的——也就是说，他们在为法国的清白无罪辩护。此类作品的一 285
个典型例子是两位杰出的外交史学家布儒瓦和帕内（Pagès）的记述。即使是广受赞誉的皮埃尔·勒努万的作品，也只不过是对法国官方立场的一种比以往更巧妙的道歉。朱尔斯·艾萨克（Jules Isaac）的作品也有类似的风格。然而，如果说法国历史学家还没有从他们的“炮弹休克”中恢复过来，那么，许多勇敢的法国记者和新闻记者已经恢复过来了。其中，著名的记者包括：佩韦特（Pevet）、迪潘（Dupin）、莫哈德（Morhardt）、玛格丽特（Margueritte）、朱迪特（Judet）和拉扎尔（Lazare）。但他们中最能干、最不知疲倦的人一直都是乔治·德玛索，他曾是法国殖民地办事处的荣誉长官。在官方的造假者和辩护者看来，他是名副其实的眼中钉，他的著作有一个特点，即广泛地掌握档案资料，谨慎地确保陈述的准确。乔治·米

歇尔（Georges Michon）可靠地论述了法俄联盟的发展，这一联盟在很大程度上导致了欧洲战争的爆发。法国杰出的宣传家阿尔弗雷德·法布尔-卢斯（Alfred Fabre-Luce）对1914年危机做出了法国最公正的叙述。阿尔西德·埃布雷（Alcide Ebray）对《凡尔赛和约》（*Treaty of Versailles*）进行了批判性的研究，指出了它与战争宣传失误的关系。他还详细研究了1815年以来欧洲违反条约的情况，驳斥了人们对德国的普遍指控，即德国是唯一一个将重要条约变为“一张废纸”的国家。

在英国，战争期间和战争之后，弗朗西斯·尼尔森（Francis Neilson）和莫雷尔（E. D. Morel）一直在为争取真相而斗争，莫雷尔曾以曝光比利时的利奥波德在刚果的不法行为而闻名。第一个对英国官方版本的战争起源进行毁灭性批评的是洛德·洛尔本（Lord Loreburn）的《战争如何到来》（*How the War Came*），英国的档案资料充分证明了这本书里的观点。古奇是特别活跃和勤勉的学者，他使人们对世界大战的外交背景有了更好的了解，他写了第一本关于1878—1920年欧洲外交的精辟综述，并给我们提供了对学术幻想破灭的新文献的最佳评论。迪金森（G. Lowes Dickinson）针对1914年及其前十年的外交写出了最令人满意的英文总结。雷蒙德·比斯利对各国出现的涉及1914年危机的事实做了最明智的简要总结。艾琳·威利斯（Irene Cooper Willis）和卡罗琳·普莱恩（Caroline E. Playne）对英国在世界大战期间的战争亢奋和宣传进行了最充分的调查。同法国一样，大多数学院派的历史学家，以莫厄特为代表，在关于战争起源的问题上，与传统和官方的观点一致。威尔逊（H. W. Wilson）的《战争之罪》（*The War Guilt*）是后期关于战争起源的最重要的英文著作，忠实地延续了战时的幻想和宣传。约翰·莫里的《辞职备忘录》（*Memorandum on Resignation*）证明早在内阁
286 会议提到比利时之前，英国就已经决定参战了。加拿大关于1914年危机及其外交经历的最佳著作，出自加拿大著名的律师埃瓦（J. S. Ewart）之手。

在俄国，布尔什维克政府没有兴趣去粉饰旧的沙皇政权。因此，其积极促进对战争起源的调查，阿达莫夫教授和波克罗夫斯基引领了这项工作。米

洛什·博吉切维奇曾是一名塞尔维亚外交官，他写过几本关于塞尔维亚在世界大战中的责任的专著，但他一直未被允许查阅塞尔维亚的档案。塞尔维亚官方小心翼翼地保护着其战前外交机密，但是，事实正是塞尔维亚的一位史学家揭露出来的：帕什奇（Pashitsch）和塞尔维亚内阁早在奥地利大公被刺杀的几个星期前就知道了这个阴谋。

在法西斯主义和审查制度下，意大利历史学家仍然为我们了解战争的起源做出了宝贵贡献。这项工作的领袖是科拉多·巴尔巴加洛、奥古斯丁·托雷（Augustino Torre）和阿尔贝托·伦布罗索（Alberto Lumbroso）。伦布罗索强调1914年背后的经济和商业因素，对英国的外交多有批评，并由此而声名鹊起。

在美国，首先批评第一次世界大战起因和关于美国参战的官方说法的是新闻记者。弗朗西斯·纳尔逊（Francis Nielson）、阿尔伯特·诺克（Albert Jay Nock）和约翰·特纳（John Kenneth Turner）的著作都与此相关。第一个戳破协约国神话的重要历史学家是西德尼·费伊，1920—1921年间，他发表在《美国历史评论》上的文章在整个文明世界引发了兴趣和震惊。8年后，费伊教授发表了关于世界大战外交原因的最完整、最有力的著述。但是由于对奥地利事件的理解不够充分，整部著作受到了严重影响，这一缺陷在后来的版本中有所弥补。美国对协约国宣传的第一次全面攻击是美国法学家弗雷德里克·鲍斯曼（Frederick Bausman）的著作《让法国解释》（*Let France Explain*，1922）。美国学者也对1914年以前的欧洲外交研究做出了重要贡献。尤其重要的是米尔德里德·韦特海默（Mildred Wertheimer）对泛德联盟的分析，威廉·朗格对法俄联盟起源的论述，舒曼（F. L. Schuman）对法国外交的全面介绍，亨德森对爱德华·格雷爵士的批判，桑塔格对整个战前时期的精练总结。但是，1914年之前欧洲外交史上最全面、最有力的著作是威廉·朗格的未竟之作，它有望成为所有语种中，关于1914年之前半个世纪的最好的一部外交史。斯温的《二十世纪初》（*Beginning the Twentieth Century*）也包含了对这种新态度的精辟总结。作为战前外交领域的研究者，伯纳多特·施密特曾给了人们很多希望，但最终他的全集却变成了对德国罪行和谎言的官方战时观点进行的最大辩护，而科克伦（M. H. Cochran）具体而详尽地粉碎了他所做的辩护。

287 美国作家抨击了美国卷入第一次世界大战的传统观点。此类书籍中最优秀的是格拉坦、沃尔特·米利斯（Walter Millis）和坦西尔的著作。特纳关于经济利益——尤其是银行——在促使美国卷入世界大战过程中具有重要意义的断言，已经得到了文献资料尤其是奈伊委员会披露的资料的充分证明。1918年之后的近20年时间里，纽顿·贝克（Newton D. Baker）否认任何银行家对美国参战施加了影响。关于这个问题的很多珍贵信息出现在雷·贝克（Ray Stannard Baker）写的多卷本的《伍德罗·威尔逊生平》（*Life of Woodrow Wilson*）里。亚历克斯·阿奈特（Alex M. Arnett）教授在仔细研究了克劳德·基钦（Claude Kitchin）在1914—1918年的活动后，证明了著名的"日出会议"的真实性，并指出，在德国决定恢复潜艇战前的好几个月，威尔逊就决定把这个国家拖入战争，加入协约国一方了。学院派的历史学家在很大程度上仍然是沉默的或者坚持着传统观点。尤其是查尔斯·西摩（Charles Seymour），始终在为战时幻觉辩护。詹姆斯·肖特韦尔对战争遗留下来的问题做了很好的说明，1936年，他在纽约信贷协会上陈述说："这个国家承担了历史赋予我们的任务。它的目的不是保护我们的钱袋，而是美国的古老精神，当我们的旗帜在远海受到攻击的时候，这个国家不会无动于衷。"但这很难解释为什么我们对英国人在远海上攻击我们的旗帜——甚至我们的旗帜飘扬在英国船只上——而无动于衷。直到1938年，有一位教授出版了关于我们参战的权威性著作，这就是媲美于费伊著作的查尔斯·坦西尔的《美国参战》。

协约国的学院派历史学家不愿意改变他们对战争责任的观点，其中一个重要的原因是，他们中的很多人作为技术顾问参加了战后条约的制定。这些历史学家对《凡尔赛和约》和这一时期的其他条约有一种父母般的责任。在某种程度上，他们把它视为他们自己的条约。因为这些条约是基于对战争责任的战时观点，参与其中的历史学家就是既得利益者，他们要维持这一问题上的传统观念。

关于战争罪责的学术意见分歧

论述战争责任一般问题的作家可以分为三类：（1）顽固派；（2）救援派；（3）修正主义者。这个分类是目前作者们在对战争罪责的争议进行历史研究时所使用的，不管怎样，已经成为一种常用的方法，用来对几个处理这一主题的作者群体进行分类和辨别。288

顽固派是指那些在获得新的档案文件后仍然坚持战时观点的人，他们认为同盟国对世界大战负有主要责任。这一群体的领导成员有海因里希·坎纳（Heinrich Kanner）、赫尔曼·坎托罗维索、埃米尔·路德维希（Emil Ludwig）、理查德·格莱林、埃米利·布儒瓦、乔治·帕内、安东尼·德比杜尔、维克汉姆·斯蒂德、西顿–沃森、黑德勒姆–莫利、威尔逊、查尔斯·哈森、雷蒙德·特纳、威廉·戴维斯、厄尔·斯佩里和弗兰克·安德森。

救援派是指这样一些作家，他们引用了有关战争责任问题的最新文献资料，但仍然坚持认为同盟国对世界大战的爆发负有主要责任。救援派的主要人物是皮埃尔·勒努万、莫厄特、伯纳多特·施密特、查尔斯·西摩、普雷斯顿·斯洛松（Preston W. Slosson）、弗洛林斯基（M. T. Florinsky）和尤金·费舍尔（Eugen Fischer）。

那些考察了当代关于战争罪责的文献证据并因此而修正了战争起源的战时观念的作家组成了修正主义者的群体。他们曾被错误地等同于约翰·凯恩斯（John Maynard Keynes）等人，后者建议修改《凡尔赛和约》，理由是该条约在经济上轻率而愚蠢。修正主义作家也同意修改《凡尔赛和约》的建议，但他们主要关注的是修订我们对战争责任的旧观念。正是因为他们不得不修改他们关于这一主题的观念，他们才会提出修改战后条约的建议，因为战后条约取决于《凡尔赛和约》的战争罪责条款。

修正主义者又分为两个阵营。温和派相信，虽然1914年协约国承担了主要的责任，但同盟国也必须承担重要责任。西德尼·费伊、斯科特、埃瓦、赫尔曼·卢茨、迪金森、古奇、科拉多·巴尔巴加洛、奥古斯丁·托雷和维克多·玛格丽特都是温和修正主义者。更强硬的修正主义者认为，尽管德国和奥地利在1914年不够机敏，但两国都不希望发生欧洲战争。他们还认为，奥地利进攻塞尔维亚和德国支持奥地利，在道义上的正当性远远大于俄国进攻奥地利和法国支持俄国。他们坚持认为，这场战争的主要军事责任在于俄国军队过早进行了总动员。组成这个群体的作家是：马克西米利安·蒙特格拉斯、弗雷德里希·施蒂弗、冈瑟·弗朗茨、埃里希·勃兰登堡、保罗·赫雷（Paul Herre）、冯·韦格勒、赫尔曼·阿尔（Hermann Aall）、尼古拉亚斯·贾皮克斯、乔治·德玛索、马蒂亚斯·莫哈德、古斯塔夫·迪潘、阿尔
289 弗雷德·法布尔-卢斯、图里的古特努瓦尔（F. Gouttenoire de Toury）、阿尔贝托·伦布罗索、波克罗夫斯基、阿达莫夫、莫雷尔、雷蒙德·比斯利、伊迪丝·杜汉姆（M. Edith Duiham）、艾琳·威利斯、费迪南德·谢维尔、林格尔巴赫（W. E. Lingelbach）、科克伦、穆恩、威廉·兰格、莱拜尔、约瑟夫·斯温、弗雷德里克·鲍斯曼以及笔者。

学术研究的复兴也产生了关于第一次世界大战的准确而客观的历史。其中的代表作包括：独立作者所写的战争史，比如约翰·巴肯（John Buchan）、赫尔曼·斯特格曼（Hermann Stegemann）和马克西米利安·蒙特格拉斯；合著的历史，比如马克斯·施瓦特（Max Schwarte）主编的历史；还有批判性的回忆录，比如马克斯·霍夫曼（Max Hoffmann）将军的记录。独立作者中最有野心的是加布雷·哈纳图（Gabriel Hanatoux），他的著作有力击穿了法国人的爱国自豪感，也击穿了对战争开始时法国高层愚蠢命令的辩护。里德尔·哈特（B. H. Liddell Hart）、惠勒-贝内特（J. W. Wheeler-Bennett）等作家揭露了在第二次世界大战期间，大多数高层领导的令人难以置信的无能和不负责任，在文献里，这几乎和修正主义者对战前外交的研究一样令人震惊。在历史写作领域，关于“一战”的令人印象最深

刻的作品无疑是由詹姆斯·肖特韦尔编辑的不朽之作《世界大战的经济与社会史》（*Economic and Social History of the World War*），总计200多卷。它的合作者均为来自各个重要国家的学者，这是历史著述史上最成功的合作成果。这套书由卡内基国际和平基金会发起和资助，旨在援助和平，但实际上，这套书可能为那些策划第二次世界大战的人提供了指南。斯温的《二十世纪初》对开启和结束了第一次世界大战的那一代人做了最好的总结。

在法西斯主义肆虐的国家，极端民族主义固化了战时历史写作的偏见。在历史研究的偏僻领域，由于与国家的当下问题没有关联，学术研究还能维持一个立足点。但是涉及当代的学术研究，就从这些国家就全部消失了。

据说，黑格尔曾经说过，我们唯一能从历史中学到的就是我们对历史一无所知。在第二次世界大战期间，各国历史学家的行为最彻底地证明了这一点，甚至那些在第一次世界大战期间已经成年的人，以及那些后来成为修正主义者领袖的人，他们的行为都是如此。与第一次世界大战时相比，历史学家更大规模地进入政府各新老部门参与宣传工作，而对历史事实几乎不屑一顾，他们撰写著作、文章和报告，带着曾在1914—1918年间流行的同样的偏见。这场战争在各方描述下成为一场名副其实的"圣战"。任何参战国家的历史学家对此观点都没有明显的异议。

修正主义和战后对真实客观的回归遭到了大多数历史学家的强烈反对， 290
其强烈程度远远超过了1918年之后，结果就出现了被称为"历史性断电"的情况。很少的几本修正主义者的书几乎全部是在美国出版的，其中，坦西尔教授的《战争的后门》（*Back Door to War*）一书在客观性和学术性上可以比肩他的《美国参战》。实际上，在1961年A. J. P 泰勒出版《第二次世界大战起源》（*Origins of the Second World War*）之前，欧洲各地都没有出现著名历史学家的修正主义著作。

如果时间足够的话，或许会出现历史现实主义和真相的回归。但是，战争刚一结束，1947年3月12日，冷战就开始了，此时正是杜鲁门政府时期。从那时起，对俄国和共产主义（或俄国对共产主义的保卫）的仇恨，叠加在仍然持续的对德国和意大利的憎恨之上，叠加在对俄国及其西方同盟国的仇恨之上。A. J. P. 泰勒在《曼彻斯特卫报》(*Manchester Guardian*)上注意到：“很明显，冷战期间，甚至学术界都无法超然物外。西方的学院派历史学家可能会主张自己的学术独立——甚至当他们受雇于政府部门时，但是他们都很‘投入’，仿佛他们穿着戈培尔博士[1]专为德国教授设计的漂亮制服一样。”[2]

参考文献

M. H. Cochran, *Germany Not Guilty*, 1914, chap. i. Stratford Press, 1931.

M. E. Barnes, *The Genesis of the World War*, chap. ii, App. Knopf, 1929.

——, *World Politics in European Civilization*, chaps. xxi–xxiii. Knopf, 1930.

——, *In Quest of Truth and Justice*, Part II. Nat. Hist. Soc., 1928.

——, ed., *Perpetual War for Perpetual Peace*, Caxton Printers, 1953.

G. P. Gooch, *Recent Revelations of European Diplomacy*. Longmans, 1928, and later supplements.

Arthur Ponsonby, *Falsehood in Wartime*. Allen and Unwin, 1928.

I. C. Willis, *England's Holy War*. Knopf, 1928.

Georges Demartial, *Comment on mobilisa les consciences*. Paris, 1926.

H. C. Peterson, *Propaganda for War*. University of Oklahoma Press, 1939.

J. M. Read, *Atrocity Propaganda*, 1914–1919. Yale University Press, 1941.

Russell Grenfell, *Unconditional Hatred*, Devin-Adair, 1953.

René Wormser, *The Myth of the Good and Bad Nations*. Regnery, 1954.

Hermann Lutz, *German-French Unity*. Regnery, 1957.

D. F. Fleming, *The Cold War and Its Origins*. 2 vols., Doubleday, 1961.

Louis Morton, “Pearl Harbor in Perspective: A Bibliographical Survey,” *U. S. Naval Institute Proceedings*, April, 1955.

---

1 希特勒政权时期的宣传部长。——译者注

2 *Loc. cit.*, January 19, 1961，也参见H. E. Barnes, “Revisionism and the Promotion of Peace,” *Liberation*, Summer, 1958; and H. E. Barnes, ed., *Perpetual War for Perpetual Peace*, Caxton Printers, 1953，尤其是chap. i。

詹姆斯·鲁滨逊

第十二章　历史学家视野和兴趣的扩大

当代历史兴趣的拓展

291　严格而博学的历史学家完善了准确判定历史事实的技术，就历史事实能够被学者们恢复和重新构建而言。但是，对于哪些事实值得追根溯源这一问题，历史学家的观念并没有因此而宽阔。在大多数情况下，他们满足于历史主题的旧观念。通常，在历史写作的发展全过程中，对宗教和政治的兴趣占据着主导地位。在犹太人那里，大部分历史写作的目的是为了证明上帝对“亚伯拉罕子孙”温柔而独特的牵挂。早期基督教领袖的著作、中世纪和宗教改革的历史著述充斥着超自然主义，总是在试图阐明上帝对人类的意愿摇摆不定而又不断变化。这一主题支配了一系列的作品，从《以斯拉-尼希米记》到奥古斯丁、奥罗修、弗莱辛的奥托、巴罗诺斯、博絮埃、佩里（Paley）、莫尔·达乌比涅、蒙塔格·萨默斯（Montague Summers）和亨利·泰勒。甚至在我们这个时代，一些著名历史学家还在固执己见地让我们相信，上帝是存在的，还在细说上帝的属性。例如，欧洲思想史的领袖、美国历史协会前主席亨利·泰勒在他的新书里，以保证的口吻总结说：

> 上帝是存在的：我们可以一如既往地相信祂；只是因为要对上帝进行理性的证明才改变和丧失了这些证据的有效性。神圣的感

觉、在对神的信仰里得到的力量和安慰，可能仍然是人类生活中最伟大的真实，也使我们确信此时以及永远，万物将永不停歇地运转以造福于那些爱上帝的人，他们安然于一种神圣的、无所不知、无所不能的爱的和谐关系中……人类的进步仍然是通过自由的智慧，朝着正义的决定意志和更加开明的对上帝和人类的爱而向前推进的。经历了各种矛盾冲突，通过多种方式——但通常是以自由的方式，人类的精神似乎已经显现并且与上帝的关系越来越密切，并在上帝那里找到了不朽。[1]

然而，总的来说，在过去的半个世纪里，历史写作呈现出显著和良性的 292
世俗化倾向。不仅对超自然主义的兴趣大大下降，而且对武断保证上帝的本性及其对人类的特殊意志的情感也明显减弱。现代科学的研究成果和圣经考证不仅破坏了旧的教义学和护教学的基础，也使人们痛苦地意识到，关于宇宙的范围、本质和操控的正统观念是多么的不恰当。面对这种情况，成熟而又深思熟虑的历史学家在表达自己的神学观点或是否对上帝抱有信心上非常犹豫，尽管他们承认，今天的宇宙问题远比奥古斯丁或路德可能面对的更令人瞩目，也更加有趣。[2]

传统历史学家的另一种痴迷——对政治事件的全神贯注——更难消除，而且仍然是一股强大的力量，阻碍着更加理性和包容的历史写作类型的发展。政治传统与神学传统一样都留下了古老的文化遗产。在犹太人那里，政治和宗教信仰是混合在一起的。在希罗多德那里，历史兴趣有了世俗的成分，并且相对集中在政治实体上。与其他古典时期的历史学家相比，“历史之父”在这方面绝不是一个始作俑者，他对文化因素和文化对比都给予了充分的考虑。但是，从修昔底德到弗里曼、德罗伊森和罗德斯，绝大多数杰出的历史学家并不致力于推进基督教或其众多教派的事业，而是专注于研究与

1　H. O. Taylor, *The Freedom of the Mind in History*, pp. 293–297.

2　Cf. J. H. Leuba, *God or Man?* (Holt, 1933), and J. H. Robinson, *The Human Comedy* (Harper, 1936).

政治史、外交史或军事史相关的各种活动、事件和逸事。德罗伊森、弗里曼、西利和沙费尔都直截了当地宣称，“政治史”是具有男子气概的历史，只有一些古怪的人才可能忙于研究经济生活、社会制度、文学或艺术等更为女性化的历史。

在相当大的程度上，现代的这种对政治的痴迷源于两种不同的影响——黑格尔的国家理论和民族主义精神。黑格尔哲学强调，在上帝的世俗成就中，国家是最崇高的一项。19世纪上半叶，黑格尔的哲学在创建现代历史科学的德国学者中颇受欢迎。除此之外，民族主义情感在法国大革命和拿破仑时期繁荣发展，带来了负面影响，同时也被工业革命赋予了更具实质性的技
293 术基础。法国人对大革命和拿破仑独裁的荣耀回忆，德国人从解放战争和帝国统一中得到的鼓舞，意大利人对最终实现意大利统一的狂喜——渴望统一的雄心曾经激励了但丁、马基雅维利和马志尼，英国人对半岛战役、滑铁卢战役以及1870年之后帝国的新扩张表现出的狂热，美国人对联邦共和国的建立及其在大内战之后的完好无损，所有这一切都令19世纪的伟大的历史学家们热血沸腾。民族主义除了这些纯粹的政治基础之外，还有其他诸如心理和文化上的基础，比如人种学说和文化优越论。黑格尔主义和民族主义相结合，足以使大多数历史学家坚定地为政治史服务。

如果这些史学家确实促进了对政治制度的研究，扩充了我们关于国家及其各机构发展的知识，人们就不会抱怨他们对政治史的忠诚与挚爱了。但是，浪漫主义对历史写作的影响通过两种途径扭曲了这段政治史的主要部分。一种是浪漫主义理论，认为历史应该是生动有趣的，因此，最优质的历史材料是在引人注目的事件中找到的。另一种主要是来自卡莱尔及其信徒的观点，认为历史是就是传记的集合。因此，个人因素在多种多样的历史著述中显得尤为突出。由于理想与雄心的这种结合取得了胜利，19世纪的大部分政治史主要是传记和事件类的，对重要政治制度的起源和演变等基本问题几乎没有任何关注。可以毫不夸张地说，魏茨、库朗热、马特兰、卢查雷、埃斯迈因（Esmein）、维奥莱特、弗拉赫、布伦纳和G. B. 亚

当斯等人所写的此类关于宪法史的专著在国家历史方面的成就，比当时几十位传统的政治历史学家的成就更振聋发聩。因此，19世纪那些令人尊敬的历史著作最具特色之处就是那些令人惊叹的细节，而这些细节又恰恰与重要的主题无关。

此外，布伦纳、埃斯迈因、弗拉赫、马特兰和G. B. 亚当斯等人所代表的是那种充满活力和至关重要的政治史和法律史，但对此种类型的排他式关注和投入，也是难以得到辩护的。国家不是人类社会或文化的全部。国家只是社会进程的仲裁者，是比国家更为根本的众多社会利益、文化利益冲突中的仲裁者。所有这些共同提供了人和社会发展过程中的动态和创新性元素，而国家的作用可能在于，把这些利益之间的相互作用和冲突变得更有建设 294
性，减少了它们之间的离心力和破坏力。况且，对国家演变进行详细的研究属于政治科学而不是历史领域的工作。

尽管在每一个现代国家，特别是在欧洲，大多数受人尊敬的历史学家仍然是政治神龛的虔诚崇拜者，但在过去的半个世纪里，历史学家的兴趣范围不断扩大，取得了革命性的进展。这可能是得益于时代在文化上的显著变革，得益于自然科学和社会科学所取得的进步，得益于学者们更加独立和自由，使得历史学家能够相对自由地表达思想，用他们的才能和创造力实现自己的雄心壮志。科学、技术和经济制度的显著进步，以及由此产生的社会和文化变化，提升了人们对科技史、经济史和社会史的兴趣。心理学、人类学和社会学的兴起为研究人类及其社会活动提供了新型方法，并为研究项目的实施提供了额外的指导。布克哈特和西蒙兹对文艺复兴的热情是引起人们对文学史和艺术史更大关注的一个重要因素。在前文提到的一些负面影响下[1]，浪漫主义通过吸引历史学家关注作为普遍性机制的宗教，关注哲学、艺术和文学，进而扩大了他们的知识范围。此外，我们还应该注意到博士学位的日益流行对推动新史学的影响。最初，博士学位论

1　参见前文第179页及以次。

文非常枯燥、琐碎、墨守成规。但随着时间的推移，寻找更多的新选题成为必需，苦恼的教授们不得不批准一些远远超出常规的政治和外交历史领域的选题。一旦有了突破口，进一步的分离就变得越来越容易、越来越明显。历史兴趣的扩大还要归功于历史学家个人的洞察力、创造力和勇气，他们在很大程度上塑造了新史学。如果从更广泛的角度来看这一变化的话，可以说，追求一种更生动和更全面的史学的运动在美国比在其他地区有着更为坚实的基础，在英国最不受欢迎并且遭遇了最大的阻力，这种判断里不夹杂任何民族虚荣心或傲慢的嫌疑。

更广泛的史学类型有一个基本的原则，即尽管作为个体的历史学家可以选择文明史中他最感兴趣的方面，但是，描绘一个民族在文化和制度上的每
295 个发展阶段是历史学家的功能和责任。必须承认，一个对盎格鲁-撒克逊文学史感兴趣或者对6世纪爱尔兰学术史感兴趣的人，与一个追溯贤人议事会（Witanagemot）的演变或撒克逊王朝兴衰的历史学家一样，也是一个真正的历史学家。但这并不意味着历史学家根本没有必要去甄别、评估事件的重要性，历史写作要生动的观念的确严重对抗了这样一种观点，即人类成就的某一阶段在重要性上超过了其他所有阶段，以至于我们有理由只关注文化的一个方面而忽视其他。历史学家所恳求的，不是用一个新的偶像来代替对政治的痴迷，而是要认识到有必要去描述社会生活和文化在每个阶段的发展。很明显，随着历史领域以这种方式不断扩大，甚至是一个单一民族国家的全面历史也需要众多热情和宽容的专家合作才能完成，没有人能指望完全精通某个社会的每一个阶段的历史——即使是一个短暂的时期。未来的伟大历史著作似乎注定是合作的产物。

因此，许多历史学家不再满足于为政治领域的公众人物写作编年史，记录他们的所作所为。他们倾向于关注地球上人类业绩的全部——思想、经济、社会、政治、科学和美学。在这方面，现代天文学的进步及其精密的宇宙新视角、与生活和文化相关的进化论观点的发展、心理学和社会科学的兴起、现代工业主义和城市生活的进步，以及当代日益增长的世俗主义等因素

都起到了推动作用。在理性主义和浪漫主义时期，这种对待历史的态度曾有过显著的征兆，但在当代的发展中则更为丰富多彩。它们以更广泛和更坚实的知识为基础，也以更加精确的历史研究技术为约束。

思想史

在各种有益的努力中，首要的是打破政治历史的狭隘传统，代之以对我们将要讨论的人类文化演变的兴趣，这就是我们所说的“思想史”，或者说，是要回顾从原始时代到我们今天知识分子的思想、信仰和观点所发生的变化。这种历史方法的倡导者们认为，就像人的思想是人的个性及其行为的综合因素一样，盛行于任何时代的知识分子的观念和见解，都是人类文化发 296
展中最重要的因素，起到了促进统一和组织建构的作用。

弗朗西斯·培根在《论进步》(*De Augmentis*)中预言了思想史的重要意义，他写道:“没有人会对自己说，学习的一般状态是要去描述和表达各个时代，因为很多人已经写出了关于自然、关于国家公民和教会的很多著作；对我来说，如果没有历史，世界就是失去了一只眼睛的波吕斐摩斯[1]的雕像，缺失的那部分最能显示一个人的精神和生命。”塞缪尔·约翰逊博士对此有着同样的态度，他在《拉塞拉斯》(*Rasselas*)里这样说:“人类思想的进步，理性的逐步提升，科学的持续进步，学问与无知的沧桑变迁——这是处于思考之中的人的光明与黑暗，艺术作品的消失与复苏，以及知识世界的革命，与此相关的因素都是历史中最普遍有用的部分。”法国社会学家奥古斯特·孔德也推动了这一方法的发展。孔德假定人类的思想观念是神学的、形而上学的和科学的，并以思想观念演变发展中的各主要阶段的一般概念为基础，提出了一种历史哲学。斯坦利·霍尔在开发遗传心理学的过程中，做出了更重要的贡献。霍尔认为，对人类思想的发展可以做历史的研

1　希腊神话里的圆目巨人，只长了一只眼睛，也被英雄奥德修斯弄瞎了。——译者注

究，应该从最早生物的精神生活起源开始，直到现代人类的精神呈现。在白芝浩、塔德（Tarde）和涂尔干（Durkheim）等人的推动下，社会心理学补充了遗传心理学的研究成果。莱基、安德鲁·怀特、约翰·德雷珀和约瑟夫·麦凯布（Joseph McCabe）批判了欧洲思想进步中的蒙昧主义及其表现，并由此激发了人们对这一领域的极大兴趣。[1]

对这一领域进行系统性研究的第一个当代历史学家是莱比锡的卡尔·兰普雷希特（1856—1915）。兰普雷希特承认孔德对其立场的大体预判，但他想出了一个更为周密的方案。在他看来，任何适当的历史分期，其基础都在于从另一历史阶段承继而来的占主导地位的集体心理。它们赋予了每一个时期以文化特色，并为下一个时期的文化做好了准备。[2] 虽然他最初只是为了德国历史的需要，提出并详细阐述了这一方案，但是后来，他很高兴地发
297 现，这一方案似乎很适合作为一个框架，来构建人类文化的通史。他的弟子——库尔特·布雷斯克近年来一直致力于研究思想对历史进程的影响。

兰普雷希特的总体论点是，时代主导的社会心理特征形成了最本质的基础，以此为基础，才能构建起文化整体发展中的主导趋势。很多历史学家虽然承认兰普雷希特的总体观点，但还是认为，他的某些解释过于僵化、主观和抽象化，不适合对欧洲思想史进行准确的解释。他们认为，这是带着主观努力，人为地把人类历史分为发展“阶段”的又一例证。这种划分方法已成为许多关于社会和文化演变的人类学、社会学和“文化—历史”类著作的特点，尤其是德国作家的特点。它常常为了结构和解释的条理性、统一性和简洁性而牺牲准确性。对兰普雷希特的批判带来了一种更加务实和灵活的方法，以构建和呈现欧洲思想的发展，即研究西方社会的主流观点和思想观念从东方时代到现在的变化及本质特征，但不承诺做任何具体类型的解释，也不做预先安排的僵化了的组织方案。

在把这个更新和更科学的方法应用到思想史的过程中，原哥伦比亚大学

---

1 Cf. H. E. Barnes, *Psychology and History* (Century Company, 1925).

2 参见下文第316—317页。

的教授詹姆斯·鲁滨逊（1863—1936）是最活跃的人物。20多年前，鲁滨逊教授开设了一门非常具有原创性的课程，即“欧洲知识阶层的历史”。在这项试验中，鲁滨逊展现了他对这个领域的兴趣及其史学才能。这门课成为哥伦比亚大学历史系最受欢迎、最具影响力的课程。他为这门课准备的教学大纲名为《西欧思想史纲要》（*An Outline of History of the Western European Mind*），翻阅此书，可以了解他对这一领域的界定，以及他关于这一领域的性质和范围的一般概念。他在《思想的形成》（*Mind in the Making*）、《知识的人性化》（*The Humanizing of Knowledge*）和《人类喜剧》（*The Human Comedy*）中，又比较详细地论述了这些内容，这三部作品比其他任何作品都更能激发人们对这一领域的广泛兴趣，而他一直以来计划要写的关于欧洲思想史的大部头著作并未出版。[1]相反，在他的激励下，大量学术成果出自他的学生和追随者之手，最著名的是：普里泽夫德·史密斯关于人文主义和宗教改革时期的论述以及《现代文化史》（*A History of Modern Culture*），林恩·桑代克关于中世纪的《魔法与实验科学史》（*History of Magic and Experimental Science*），玛莎·奥恩斯坦（Martha Ornstein）女士关于17、 298
18世纪科学社会的兴起，霍华德·罗宾逊（Howard Robinson）对培尔的研究，卡尔·贝克尔对法国和美国政治思想的研究，以及约翰·兰德尔（J. H. Randall）对现代思想史的全面论述。最近以来，阿茨（F. B. Artz）、克兰·布林顿（Crane Brinton）、尤金·韦伯（Eugen Weber）、约翰逊（E. N. Johnson）、柯蒂、康马杰和马丁（J. J. Martin）等人对思想史也给予了关注。

虽然鲁滨逊教授及其追随者对思想史的划分和培育做出了贡献，使之成为历史学研究中最有前景的一个领域，但是，关于这个主题的研究，还有很多人做出了重要贡献。他们甚至在很多情况下，并没有意识到此类历史活动的真实存在，只是在兴趣引导下，持续研究了某个阶段或某个时期的思想史。这些人的辛勤努力丰富了思想史的内容，其中应该提到的代表

1　这一领域所涉及的范围比鲁滨逊想象的要大得多，参见H. E. Barnes et al., *An Intellectual and Cultural History of the Western World*, 3 vols., Dover Publications, 1964。

性著作包括：勒维-布吕尔（Lévy-Bruhl）、冯特（Wundt）、戈登威泽、巴特莱特（Bartlett）、保罗·雷丁（Paul Radin）、马雷特（Marett）和威斯勒（Wissler）等对原始思想的著述；布雷斯特、厄曼、罗杰斯、杰斯特罗、罗伯逊·史密斯和温克勒对古代东方思想的著述；冈佩尔茨、克莱斯特、克罗伊塞特、俄斯特（Aust）、策勒、威索瓦、福勒等人对古典思想的研究；哈纳克关于基督教教义的大部头历史著作，李对中世纪宗教审判的研究，泰勒、普尔、拉什达尔（Rashdall）、哈斯金斯和德·伍尔夫（De Wulf）关于中世纪思想的著述；福格特和桑德斯研究人文主义学术的著作；莱基、莫里、本（Benn）、斯蒂芬和罗伯逊对现代理性主义起源和影响的研究；梅尔茨（Merz）对19世纪欧洲思想的无与伦比的论述；狄尔泰（Dilthey）、里克特（Rickert）、温德尔班德（Windelband）对精神科学的研究；迈内克对现代政治思想史的原创观念；斯坦因、巴恩斯、贝克尔和索罗金的社会思想史，以及施密特（Schmidt）、费舍尔、勒维-布吕尔、法格特（Faguet）、克罗齐、斯蒂芬、帕藤（Patten）、莱利（Riley）、帕林顿（Parrington）和柯蒂等人的国家思想史。在资料的丰富性方面，没有任何领域能比及思想史，也没有任何著作能在学术上超越前文所提及的著作。

科学史

科学史与思想史密切相关。事实上，它们之间几乎有一种因果关系，因为普遍的思想观念一般决定了科学发展的状态和科学在文化综合体中的地位。当然，科学史至今还没有从专业历史学家那里获得多少支持或者有效的关注。历史学家与文学的和学术的传统有着更加紧密的联系，直到最近，这
299 种传统对自然科学还保持着一种蔑视态度。工业革命以及我们日益增长的科学知识得到多方面的应用，使现代物质文化发生了革命性的变化，然而，对历史学家来说，他们越来越难以忽视科学在人类和社会发展中日益增长的重要性。慢慢地，一些比较进步的历史学家加入了科学家的行列，研究文化史

中这一极其重要的方面。然而，直到现在，这一领域的大部分工作都是由科学家完成的，但由于缺乏历史方法和历史表达的适当训练，他们的成果并不总是最好的。当历史学家敢于进入科学史领域时，他们仅处于初级水平的自然科学知识又成为他们发展的羁绊。双方都需要更好的培训。[1]

科学家和哲学家对科学史的一些有代表性的重要贡献是丹内曼（Dannemann）、金斯伯格（Ginsburg）、塞奇威克（Sedgwick）、泰勒、利比（Libby）、丹皮尔-维特海姆（Dampier-Whetham）、乔治·萨顿（George Sarton）等人写的科学通史；辛格（Singer）博士编辑的关于科学和思想史各方面的重要论文；康托尔（Cantor）、米豪德（Milhaud）、布歇-勒科勒克、贝特洛和杜海姆（Duhem）对古代科学的考察；杜海姆、辛格和萨顿等人对中世纪科学的研究；希普利（Shipley）和沃尔夫关于现代科学兴起的专著；以及梅尔茨在他的《19世纪欧洲思想史》（*History of European Thought in the Nineteenth Century*）第二卷里对当代科学发展所做的重要考察。除了这些关于科学发展中某些特定方面的著作外，还有一些著作涉及了一些特殊的科学，例如，奥斯本（Osborn）、辛格、罗茜（Locy）、卡约里（Cajori）、马赫（Mach）、索普（Thorpe）、鲍尔、加里森（Garrison）、祖德霍夫（Sudhoff）和西格里斯特（Sigerist）的著作涉及了生物史、数学史、物理史、化学史和医药史。尤其值得一提的还有：乔治·萨顿和弗雷德里克·布拉什（Frederick Brasch）的杰出工作，他们使科学家和历史学家都对科学史产生了浓厚兴趣；萨顿作为科学史的编辑和研究者的重要活动；阿克塞尔·约瑟夫森（Aksel G. S. Josephson）博士完成的著名的文献书目工作。萨顿的科学通史是这一领域迄今为止最具雄心和能力的著作。

一大批进步的历史学家表现出对科学史的浓厚兴趣，比如兰普雷希特及其在德国的追随者、亨利·贝尔（Henri Berr）及其在法国的团队、英国的马文（F. S. Marvin）、美国的詹姆斯·鲁滨逊，在美国历史学家的名

1　Cf. George Sarton, *The Study of the History of Science* (Dover, 1957).

单里，还应该加上布雷斯特、哈斯金斯、桑代克、史密斯和兰德尔。但
300 是，还有两部全面且保持了长久影响力的著作是专业的历史学家写的科学史，即林恩·桑代克的《公元后13个世纪里的魔法和实验科学史》（*History of Magic and Experimental Science during the first Thirteen Centuries of the Christian Era*）[1]和哈斯金斯的《中世纪科学史研究》（*Studies in the History of Medieval Science*）。然而，可以有把握地预测，历史学家再也不能自以为是地忽视科学史了。在这一代人之后，科学史可能会像立宪史一样占据他们的注意力，预兆已经在一些做法中显露出来，比如，美国历史协会的分部会议已经转向了科学史。

科技史

很明显，科技史——特别是影响文化和社会制度变化的科技史，与科学史密切相关。如果把广义上的科技等同于应用科学，那么很明显，自然科学主要是通过技术这一媒介与实际生活和文化建立联系的。技术对历史的重要性显而易见，人们只要关注这样一个事实，即物质文化进步的历史主要是对技术发展的记录。正是现有的机械技术决定了人类征服和开发自然并使之为我所用的程度。这一成就实质上就是环境变化中的物质文化。无论人们是否愿意接受这样的假设，即物质文化在其与其他文化因素和人类制度的关系中具有决定作用，都几乎不能否认，物质文化是一项极其重要的条件，影响着人类生活和情感表现的所有其他方面。技术进步的两个主要阶段是：（1）工具的制造；（2）机器成为工具。当然，工业革命是技术变革带来革命性影响的突出例证。工业革命依靠的是纺织、钢铁制造、运输方式和通讯等方面的一系列科学技术变革，深刻地改变了现代文明的面貌和走向。

如果科技史对理解文化和制度的发展可能非常重要的话，那么，就必须

1 这是他对6卷本的关于中世纪晚期和近代早期的魔法与科学的续写。

承认，作为一个群体，历史学家们并没有认真地关注这一领域。这种情况倒是不足为奇，我们知道，在好几代人的时间里，关于现代历史的书都把大量 301
篇章给了一个相对不重要的政治事件——法国大革命，而第一本关于现代欧洲历史的通用教科书甚至只有一章是关于工业革命的，这就是罗宾逊和比尔德的《现代欧洲的发展》（*Development of Modern Europe*），出版于1907年。然而，这个问题已经从各个角度得到了解决，并产生了很多重要的成果。

考古学家和文化人类学家已经做了很多工作，使我们了解了物质技术起源的知识、各种工具的出现和发展，以及一些显而易见的规律或过程，它们支配着物质文化起源、发展和传播。奥蒂斯·梅森（Otis T. Mason）在《发明的起源》（*Origins of Invention*）里，汇总了物质技术在早期的一些数据，并对这些数据进行了理论上的说明和综合分析，最近，昆内尔（Quennells）和威斯勒的著作又以更现代的方式普及了梅森的分析。从所谓的"史前"时期到工业革命时代，除了关于各种技术进步的历史之外，几乎没有其他的著述。工业革命所涉及的机械发展史在厄舍（Usher）、坎普费特（Kaempffert）、芒福德（Mumford）等人的著作中得到了研究。此外，还有各种不可或缺的研究，针对的是具体类型的技术进步史，如纺织工业、钢铁工业、陆上和海上运输方法、现代化学工业、煤炭工业、橡胶工业、现代电力开发方法的应用等。[1]

比伦德尔（Vierendeel）、厄舍、德利（Derry）和威廉姆斯、菲斯克、克莱姆（Klemm）以及查尔斯·辛格和他的同事在大部头的合著中写了关于科技史的通史。托尔斯坦·凡勃伦（Thorstein Veblen）做了一种尝试，推动了卡尔·马克思的想法，技术进步的过程由此作为一个整体显现出来，并被置于文化历史和社会经济发展中的适当位置。凡勃伦还试图在其中找到一些能解决当今主要经济和社会问题的重要建议。他的思想在霍布森（Hobson）、松巴特和奥格本（Ogburn）等作家那里并没有得到彻底和有效

1　关于当代技术书籍的总结和评价，主要是用英语写成的，请参阅笔者所著的《西方文明史》（*History of Western Civilization*, Harcourt, Brace, 1935）第二卷第7—8章和第20章结尾的参考书目。

的发展。但是近几十年来，他的思想却由对挑战“技术统治”运动感兴趣的作家群重新振兴，并得以详细叙述和发展。

在一代人的时间内，专业的历史学家将会认真而系统地完成对技术发展与人类和文化演变之间关系的考察任务，做出这种预测可能并不草
302 率。尽管令人遗憾的是，兰普雷希特、贝尔、鲁滨逊、马文和肖特韦尔等人的兴趣还没有产生出具体的著述成果。在追溯技术进步并将技术进步与文明史相关联方面，第一次真正令人满意的尝试是刘易斯·芒福德的专著《技术与文明》(*Technics and Civilization*)。[1]辛格及其同事，以及齐格飞·吉迪翁(Siegfried Giedion)在专著《机械化指挥一切》(*Mechanization Takes Command*)里，都继续发展了这一主题。罗杰·伯林盖姆(Roger Burlingame)巧妙地将这一主题广泛推广开来，尤其是他的《建设美国的机器》(*Machines that Built America*)起到了重要作用。

经济史

经济进程和经济体系的历史与科技史有着直接的联系，因为我们的经济生活是现有的机械技术开发的自然结果，同时，也受到社会观念和法律制度的制约，特别是受到财产所有权和经济阶层的分化和地位的制约。因此，经济历史学家必须在开始时借助技术，最后在社会学家的帮助下完成自己的研究。在我们这个星球上，各民族的经济生活史几乎完全是19世纪的发展。

经济生活，就像科学数据一样，涉及的都是司空见惯的平常事，因此被那些充满浪漫主义想象和文学气质的历史学家所轻视，他们更愿意去关注国王、将军、政治家、外交官和大人物们所取得的伟大成就。对经济史进行系统化关注，最早是在重商主义和重农主义时期，是作为经济学兴起的一个方面而偶然出现的，在这期间，作家们借用多少有些可疑的经济史来阐述他

1 Harcourt, Brace, 1934.

们的观点。此类作品中，最好的一部是亚当·斯密的《国富论》（*Wealth of Nations*）。孟德斯鸠认识到了商业关系在人类和文化发展过程中的重要性，雷纳尔不久之后也试图评价欧洲扩张和商业革命对欧洲历史的意义。正是在孟德斯鸠精神的指导下，赫伦这位才华横溢的哥廷根大学教授写出了第一本关于经济史的伟大著作——他根据当时的经济生活和商业关系写出了他的古代历史。19世纪上半叶关于贸易政策的争论，以及德国历史经济学派的发展，进一步激发了人们对经济史的兴趣。然而，对经济史的真正兴趣发生在工业革命之后。工业革命发挥了足够的影响力，唤起人们去关注经济因素在历史中的重要意义。

在经济史的发展中，有两个主要的阶段或类型。第一个阶段表现为，将描述性的政治史的概念和方法引入经济史领域。如果只是一般性的论文，就 303
会以纯粹叙事的方式描述和记录连续的经济事件，而在另一些情况下，在对政治或外交史上某些特殊问题进行细致的专题研究的同时，还会对某些经济机制或实践活动，或者对具体时间内的特殊表现进行深入的研究。不论是哪种情况，学术研究都可能是格外准确的、受过训练的类型，这种特殊的贡献虽然有限，但却是真正重要的。但是，人们很少努力将经济活动与整个社会的普通生活联系起来，也很少努力将人类和社会的历史发展描绘成经济与文化增长的其他因素之间的相互作用。这种经济史的初步类型有很多例子，可以在罗杰斯、吉宾斯（Gibbins）、阿什利（Ashley）、坎宁安、昂恩（Unwin）、利普森（Lipson）、克拉彭、华纳（Warner）、伊纳马-斯特内格、马弗（Mavor）、厄舍、希顿（Heaton）、鲍嘉（Bogart）、利平科特（Lippincott）、科曼（Coman）和卡曼（Carman）等人写的非常有名的著作中找到。这样的专著太多了，在这里已无法罗列。而在这方面最具雄心的著作是乔治·勒纳尔及其同事所著的《劳工通史》（*Universal History of Labour*）。亨利·大卫（Henry David）及其同事写出了另一部令人震撼的合著《美国经济史》（*Economic History of the United States*）。

一种更重要的、动态的、综合性的经济史已经逐渐形成，它不仅努力叙述经济事件的发展，而且也努力描述经济体系的演变。这种方法重要的第一步出现在德国早期经济学家的著作里，他们是由罗谢尔（Roscher）领导的历史学派。当他们试图深入说明经济体系的发展与其他社会体系之间的相互关系时，又把研究往前推进了一步。虽然自亚里士多德以来，就有对这种方法的预期，但对这种思想观念的系统阐述是卡尔·马克思的贡献，尽管沿着这一思路继续进行的工作可能不依附于马克思所假定的经济重建的社会主义理论。这一论断被一个事实所证实，即在这一领域已完成的最重要的工作是这些作家的著作：科瓦列夫斯基（Kovalevsky）、施穆勒（Schmoller）、松巴特、布赫（Bücher）、韦伯、勒瓦瑟、霍布森、韦布（Webb）、哈蒙德（Hammond）、托尼（Tawney）、凡勃伦、康芒斯、格拉斯（Gras）、福克纳（Faulkner）、柯克兰（Kirkland）、多尔夫曼（Dorfman）、科克伦、米勒、克拉夫（Clough），其中一些人是正统马克思主义的主要批评者。

很明显，这种高度发展的经济史必须以足够的社会学知识为基础，只有社会学知识才能确保作者对体系内部发展的规律和模式有足够广泛的把握，
304 从而使他能够成功地处理这类问题。总而言之，可以说，这个领域的作家一直与他们的社会学观点保持一致。[1]在美国，这种研究经济史的动态方法在很大程度上是托尔斯坦·凡勃伦及其弟子们的成果，为新经济学或制度经济学奠定了基础。关于这两种类型的经济史的发展，最有趣的事实可能是，除了少数例外，这一领域的大多数工作都是由经济学家而不是历史学家完成的。有一个非常有趣但并不是偶然的问题，每个国家在每个时代都会盛产政治史、外交史和宪法史的大学教授职位，而目前在美国，所有的历史系加起来，经济史教授的人数还不到6人。事实上，笔者只认识在明尼苏达大学的那位教授。

1 写好经济史的一个主要困难在于，很少有历史学家具备丰富的经济学知识，同时掌握历史方法的经济学家也非常少见。一流的经济历史学家应该熟悉历史方法、经济学、社会学、科学、技术、心理学和哲学，同时要有文字表达的才能。我在1937年出版的《西方世界的经济史》（*Economic History of the Western World*, Harcourt, Brace）反响有限，证明了传统方法仍然是最受欢迎的。

社会史

社会史是另一个相对较新的成就，它使史学在范围上更广泛，在内容上更重要。近一个世纪之前，里尔（Riehl）和弗赖塔格（Freytag）试图唤起人们对德国历史的兴趣，但不是通过回忆神圣罗马帝国或霍亨索伦家族那些辉煌的传说，而是通过重建德国在中世纪和现代的社会生活和习俗，他们的著作由此开启了社会史的研究。[1]这类著作，特别是弗赖塔格的著作，与关于人们日常生活的文字图片、场景、逸事和情节的文集相比，对社会制度发展的描述少了很多系统性。他们的方法是以大量研究不同时期的风俗习惯为基础而发展起来的，构思和实施这一方法的基础也是对古文物的兴趣而不是对广泛的历史分析的渴望。路德维希·弗雷德兰德关于罗马帝国生活的著作和保罗·拉克鲁瓦（Paul Lacroix）关于中世纪风俗习惯的著作为这类社会史做出了良好的示范。有些人往前迈出了一步，他们试图在叙事作品里给予人类历史上的社会因素以更大的空间和更多的关注，他们更加严格地按照历史观念而不是古代观念来构思和写作。此类成就体现在如下著名作品里：特雷尔（Traill）和曼恩（Mann）的《英国社会史》（*Social England*）、兰博德对法国文明的概述、布洛克的《荷兰人民史》（*History of the Dutch People*）、阿尔塔米拉对西班牙文明的概述、麦克马斯特关于美国民族时期 305
发展的巨著以及他的学生奥伯霍尔茨对内战以来的续写。

更有意义的社会史仍然是那种试图指出社会发展的一般模式的类型，这种一般模式是由各种制度和力量的相互作用以及不同社会阶级和群体的冲突所创造和修正的。这种类型假定社会发展是一个传承和累积的过程。那些在不同程度上促进了动态社会历史多样性的作家包括：德国的兰普雷希特、施泰因豪森（Steinhausen）、哥赛因（Gothein）、戈茨（Goetz）和尼采；法国的库朗热、贝尔及其同事；英国的约翰·格林、马特兰、维诺格拉多夫、

1　参见下文第312页。

波拉德、斯莱特、芭芭拉·哈蒙德、韦伯夫妇（Sidney and Beatrice Webb）和克拉彭；意大利的巴尔巴加洛和费列罗；俄罗斯的克柳切夫斯基；以及美国的肖特韦尔、特纳、西蒙斯（Simons）、福克斯（Fox）、肯德里克、哈克、卡曼、贝克尔、多德、海耶斯（Hayes）、切尼、施莱辛格、福克纳和鲍登（Bowden）。施莱辛格和福克斯合编的关于美国社会和文化史的著作很好地说明了社会史研究在当今美国的地位。

有些作家，与其说是社会历史学家，不如说是历史社会学家，他们推动社会史的研究走向更远，他们试图探究社会发展的规律，查明历史中的反复，追寻历史的因果关系；换句话说，他们试图将历史简化为遗传社会科学的一种定量的和图解式的标志。这类著作的例子有：孔德、巴克尔、霍布豪斯（Hobhouse）、吉丁斯、米勒-莱尔（Müller-Lyer）、布雷斯克、阿尔弗雷德·韦伯、特加特（Teggart）、华莱士、福雷斯特和索罗金。

制度政治史

经济史和社会史的新趋势对政治和法律历史产生了重要的影响。19世纪，重要的政治史类型主要是逸事和偶发事件。这种类型很少对政治发展做出清晰的描述，更不用说经常忽视政治制度与国家历史中其他力量之间的关系了。即使作者接受过相当好的政治学方面的训练，他通常也会将宪法和制度发展的线索埋在大量传记、逸事和事件材料中，以至于只有最有耐心和能力的读者才能从他的作品里读出来。加德纳经久不衰的《英国学术史》（*Students' History of England*）就是一个很好的例证。这本书有着更宽广和更全面的视角，认为政治发展在本质上是冲突、压迫、力量和调节在社会上
306 自由作用的结果，由此带来了可能被称为制度政治史的出现。

人们因此采用了发展演变的观点，将注意力集中在制度变迁而不是事件和人物上，指出了政治演变的主要阶段，并阐述了政治背后的经济和社会基础。早在18世纪后半叶，尤斯图斯·莫泽尔在他的《奥斯纳布律克史》

一书中就用到了这种方法。托克维尔、库朗热、拉孔布（Lacombe）、卢查雷、维奥莱特、弗拉赫和佩蒂特–杜塔利斯在法国继续了这项工作。作为一名经济学家而非历史学家，施穆勒在德国促进了这种类型的历史写作。尼采的著作是一个很好的范例。布伦纳、魏茨、格奈泽特（Gneist）和杜吉德（Duguit）从法律和宪法的角度促进了此类著作的发展。马特兰、维诺格拉多夫、爱德华·詹克斯、波拉德和韦伯夫妇在英国走在了前列。米卢科夫代表了俄罗斯史学的这一趋势。这也是费列罗对罗马历史的著作进行政治分析的基础。在美国，对制度政治史做出最大贡献的是奥斯古德写的从英国殖民地到革命的历史，尽管这本书由于没有对经济、社会和政治因素的相互作用给予足够的关注而显得有些陈旧，但是，它确实将殖民史从盛行的倾向中剥离开来，这种倾向把殖民制度的发展淹没在传记、事件和逸事等细节构成的坚硬外壳之下了。它还推动有能力的学者对地方政治单位进行制度方面的调查。迈克尔万写的名著涉及了中世纪管理，也涉及了英国法律和美国制度史的政治背景。安德鲁斯和詹姆斯·亚当斯对殖民时期的社会和经济因素给予了更充分的关注。最接近于马特兰及其学派以及韦伯夫妇这样的欧洲成就，可以在如下作品里找到：亚当斯的英格兰宪法史，比尔德关于宪法和早期民族时期的专著及其关于美国宪法史的大部分未出版的演讲，哈克和肯德里克的《自内战以来的美国历史》(*History of the United States Since the Civil War*)，以及多德和比灵顿的著作和演讲稿。特纳、比尔德、施莱辛格和贝克尔为美国制度政治史上尚未实现的目标提出了最具启发性的建议。然而，必须承认，还没有政治史学家可以给出证据，让人们能理解政治制度的发展和运作中产生的制度与制度之间的相互作用，这是诸如白芝浩、贡普罗维奇（Gumplowicz）、拉岑霍费尔（Ratzenhofer）、米歇尔（Michels）、韦伯、奥本海默（Oppenheimer）、科瓦列夫斯基、洛里亚（Loria）和本特利等人借以研究社会政治演变的社会学的特点。[1]

1　最接近的观点是E. McC, Sait's *Political Institutions*, Appleton-Century, 1938。

法律史

307 以经济史和社会史为基础，这种更加深入地研究政治制度演变的方法也影响了法律史和法律制度史。这一学派将对法律发展的研究从形而上学和神学的概念中分离出来，展示了法律起源、改革的世俗和社会本质，阐明了法律如何自我调整以适应不断变化的社会条件。在法律史的划时代变革中，我们最应该感谢的人是：奥地利的贡普罗维奇；德国的基尔克（Gierke）、伊尔林（Ihering）、布伦纳、科勒（Kohler）、坎托罗维索和伯罗茨海默（Berolzheimer）；英国的马特兰、波洛克（Pollock）、詹克斯、维诺格拉多夫和拉斯基（Laski）；法国的埃斯迈因、杜吉德和莎蒙（Charmont）；意大利的瓦卡洛（Vaccaro）；以及美国的福尔摩斯、威格摩尔（Wigmore）、卡多佐（Cardozo）、罗斯科·庞德（Roscoe Pound）和他们的弟子。[1]

世界历史和世界观

最近有一种趋势与19世纪的科学和经济发展密切相关，即消除以往历史著述中的褊狭心理和地方主义，取而代之以一种世界性的观点。越来越明显的是，即使是一个国家的内部政治历史，如果不参考来自其边界之外的影响，也很难让人理解。甚至更明显的是，在世界范围内人与人之间的联系变得简单而快捷的时代里，现代史的所有类型都必须在真正意义上成为世界史，必须有一种国际视野。近些年来，很多研究世界政治和国际关系的作家开启了这一有益的新起点。威尔斯试图用这种任何时候都占主导地位的观点来写一部通史。菲斯克、西利、海耶斯、博茨福德、阿伯特、格莱斯皮、富埃特、凯勒和弗里克等更有学识的史学家也曾努力将这一论点运用到现代历史中。但是，哥伦比亚大学的谢泼德教授在他关于欧洲扩张的讲义里，对揭

1 参见H. E. Barnes, *Social Institutions*, Prentice-Hall, 1942, chap. xi。

示世界历史对现代文明发展的意义做了最基本和最全面的尝试。自此，所有类型的历史著作都要具有全球观。[1] 威廉·翁肯、沃尔特·戈茨、古斯塔夫·格洛兹、路易斯·哈尔芬（Louis Halphen）、亨利·贝尔、尤金·卡芬雅克和莫瑞斯·克罗伊赛特编著了令人印象深刻的多人合作的世界史。第二次世界大战之后，由朱利安·赫胥黎（Julian Huxley）和拉尔夫·特纳编著 308
的世界史成为联合国教科文组织的项目，这是世界史写作的顶峰。

文化通史

在最普遍的意义上，越来越多的"文化史"的证据，比如艺术史、文学史、风俗习惯史、印刷史、音乐史以及其他所有的民族文化的表达，都为拓宽历史范围做出了重要贡献。[2] 由于接受了新史学的概念，史学家们被迫拥有了如此多的兴趣，很明显，未来的历史写作一定是越来越多的合作，作家们将根据自己的特殊兴趣和训练为之努力，只要他们的工作准确可靠，任何团队的作品都不能被轻视。

历史与社会智识

关于新史学，我们在此可以指出的最后一个方面是，近年来为使历史立刻变得既科学又实用的努力，即让历史对我们今天还活着的人有用。当然，实用主义的历史在过去很常见，《以斯拉-尼希米记》和奥罗修的《反异教史七书》是臭名昭著的例子。最近，人们努力从不同的角度审视历史，以便从历史研究的可靠结果中进行归纳，进而把历史事实置于政治家、改革家

1　参见H. E. Barnes, "World Histories since Herodotus," in *Encyclopedia Americana*, 1963。

2　在此类对历史写作的贡献中，重要的例子可以参考Maurice Parmelee, *A History of Modern Culture*, Philosophical Libarary, 1961及一本合著，Ralph Gabriel, ed., *The Pageant of America*, 15 vols., Yale University Press, 1926 ff.。

和有思想的公民支配之下。此类尝试的著名例子有：马文的《活着的过去》(*Living Past*)和《希望的世纪》(*The Century of Hope*)、鲁滨逊的《思想的形成》和《人类喜剧》、华莱士的《历史的趋势》(*Trend of History*)、威尔斯的《历史大纲》(*Outline of History*)，以及房龙的《人类的故事》(*Story of Mankind*)。其中，鲁滨逊的著作和马文编辑的多卷本系列丛书可能起到了最大的促进作用。

不论人们怎样看待这些在初步发展中已展现出来的成就，似乎除非历史本身具有这种实用性，就人类的实际意义而言，一旦人们客观而谨慎地利用历史，历史就变得无关紧要——只是一种纯洁而枯燥的智力游戏。[1] 这样看来，就我们今天所关注的而言，历史的基本实际用途是展示我们的文化从原初到现在的发展，尽管其间有重要的起伏和倒退，但也显示了进步，证明现在与过去是如此不同，以至于不能从人类过去的经验中得出许多具体而直
309 接的类比。换句话说，实用主义历史的主要实际用途可能是，它有助于减少“死亡之手”对现在某些人的影响，因为正是这些人必须为人类规划一个更有效、更幸福的未来。

参考文献

C. L. Becker, "Some Aspects of the Influence of Social Problems and Ideas upon the Study and Writing of History," in *Publications of the American Sociological Society*, 1912.

J. H. Robinson, *The New History*. Macmillan, 1911.

——, *Mind in the making*. Harper, 1921.

——, *The Human Comedy*. Harper, 1937.

——, "New Ways of Historians," *American Historical Review*, January, 1930.

W. G. Beasley and E. G. Pulleyblank, *Historians of China and Japan*. Oxford, 1961.

H. K. Beale, ed., *Charles A Beard*. University of Kentucky Press, 1954.

1 Cf. Robinson, *The Human Comedy*, especially chap. i, iv, and R. L. Heilbroner, *The Future as History*, Harper, 1960.

C. W. Smith, *Carl Becker: On History and the Climate of Opinion.* Cornell University Press, 1956.

Thompson, *History of Historical Writing*, Vol. II, chaps. li–lv.

Kraus, *The Writing of American History*, chap. xiv.

Howard Odum, ed., *American Masters of Social Science.* Holt, 1927.

H. E. Barnes, *History and Social Intelligence*. Knopf, 1926.

——, *The New History and the Social Studies.* Century, 1925.

——, *Social Institutions.* Prentice-Hall, 1942.

A. A. Goldenweiser, *History, Psychology and Culture.* Knopf, 1933.

White, *The Evolution of Culture.*

G. E. Dole and R. L. Carneiro, eds., *Essays in the Science of Culture.* Crowell, 1960.

Joseph Dorfman, *The Economic Mind in American Civilization*. 5 vols., Viking, 1946–1959.

E. R. A. Seligman, *The Economic Interpretation of History.* Columbia University Press, 1907.

T. K. Derry and T. I. Williams, *Short History of Technology.* Oxford Univ. Press, 1961.

Crane Brinton, *Ideas and Men.* Prentice-Hall, 1950.

H. G. Wells, *Experiment in Autobiography.* Macmillan, 1934.

W. W. Wagar, *H. G. Wells and the World State.* Yale University Press, 1961.

Lewis Mumford, *Technics and Civilization.* Harcourt, Brace, 1934.

C. A. Beard, *The Economic Basis of Politics.* Knopf, 1922.

H. J. Laski, *A Grammar of Politics.* Knopf, 1922.

Fritz Berolzheimer, *The World's Legal Philosophies.* Macmillan, 1912.

Roscoe Pound, *Interpretations of Legal History.* Macmillan, 1923.

第十三章　文化史的兴起：文明和文化的历史

文化史兴趣的由来

310 在当代历史著作史上，最重要和最新的发展一直是人们对人类生活史和文化史的兴趣有增无减。历史兴趣的扩大超越了教会事务和国家事务，在前一章中，我们已对其所具有的各种特征做了简要描述。在本章里，我们将考察思想进步的历史学家对文明史所做的一些重大贡献。

人们普遍认为，现代文化史的真正开端要追溯到伏尔泰的《路易十四时代》和《论各民族的风俗与精神》的出版，这两本书的特点我们在前文已有过描述。[1]随着浪漫主义的兴起，世界历史也包含了很多关于文明史的内容。[2]此后，对文化史有重大贡献的人是约翰·温克尔曼（Johann Joachum Winckelmann，1717—1768），名著《古代艺术史》（*History of Art in Antiquity*）即出自他手。该书于1764年以两卷本出版，是第一部精彩的古代艺术史，尤其对古希腊艺术着墨甚多。温克尔曼认为古希腊艺术的主要特点是“高贵的单纯，静穆的伟大”。这本书对学者、诗人和艺术家，尤其是对研究文化史的浪漫主义学者产生了广泛的影响。但职业历史学家并没有受到多大影响，他们仍然致力于研究公共事务及在其中活动的人的历史。

1　参见前文第153—154页。

2　*Ibid.*, pp. 171–172.

19世纪初，斯塔尔夫人和西斯蒙第的作品开始把文学史作为文明史和社会文学史的一个分支。格维努斯以其德国诗歌史紧随其后。不久，赫伦强调了商业在古代文化和制度史中的重要性。爱德华·策勒在黑格尔的启发下，以其毕生精力写出了具有权威性的希腊哲学史。法国历史学家和法学家 311
弗朗索瓦·基佐（1787—1874）写的《欧洲文明通史》（*General History of European Civilization*）被公认为是最早的文明史，于1828年出版。该书考察了从罗马帝国到18世纪的欧洲发展史，特别强调了资产阶级思想的兴起和代议制政府的发展，最好地反映了19世纪上半叶法国保守的中产阶级历史观念。

接下来的发展与亨利·巴克尔和他的重要弟子约翰·德雷珀（1811—1882）相关。我们已经讨论了巴克尔对历史写作的贡献。[1]他们赞颂思想自由，同时强调地理因素和食物资源对文化发展的影响。根据这些假设，美国物理学家和化学家约翰·德雷珀写了《欧洲思想发展史》（*History of the Intellectual Development of Europe*，1863），具有强烈的怀疑论风格，但作为一部综合性的欧洲思想史却令人失望。他的《科学与宗教冲突史》（*History of the Conflict between Science and Religion*）更是强烈反对教会对政治的干预，具有一定的胆识。以相似的才智和性情在写作的还有一个爱尔兰历史学家，他的两本著作可能是整个历史文学史上最著名的早熟范例。这就是威廉·莱基（1838—1903）所著的《欧洲理性主义的兴起和影响》（*Rise and Influence of Rationalism in Europe*，1865）和《从奥古斯都到查理曼的欧洲道德史》（*European Morals from Augustus to Charlemagne*，1869）。莱基关于理性主义的著作是西方思想史上的里程碑，标志着西方思想摆脱了奥古斯丁和加尔文等人的束缚。另一个自由思想和不可知论的有力鼓吹者是英国的莱斯利·斯蒂芬爵士，他以《18世纪英国思想史》（*History of English Thought in the Eighteenth Century*）和《英国功利主义者》（*The English Utilitarians*）而闻名。这种文学的另一个重要例子是美国学者、宣

1　参见前文第202页。

传家和教育家安德鲁·怀特（1832—1918），他是康奈尔大学的校长。他的不朽之作《基督教世界科学与神学的战争史》（*History of the Warfare of Science with Theology in Christendom*），实际上是他为自己的思想自由和宽容事业所做的历史辩护，也可能是有史以来所有“思想自由”的历史著作中最令人印象深刻、最激动人心和最引人入胜的一部。

在一些重要的历史著作——主要是德国人的——里，出现了另一种倾向，即特别关注日常生活和风俗习惯的历史发展。这一学派真正开始于雅各布·格林对德国语言、法律习俗、民间故事及此类内容的历史研究。其中最
312 早也是最重要的作家是威廉·里尔（1823—1897），他既是德国文化史的先锋，也是叙述社会学的拓荒者。他的资料不仅来自档案文件，还有更多的来自他在德国的广泛游历。他的主要著作是《作为德国社会政治基础的民族自然史》（*The Natural History of the People as the Basis for German Social Politics*），共4卷，出版于1851—1864年间。里尔的历史学说基于这样一种假设：诸如气候、地形等地理因素是文化多样性的主要原因。他认为，社会条件和日常活动也在这一过程中发挥了作用。农民天生褊狭，而城里人见多识广，具有进取心。他认为家庭是社会的细胞，是伟大的社会稳定器。里尔对17、18世纪德国的地方生活和文化做了精彩的戏剧性描述。但是，他并不善于概括历史，也缺乏对文化演变的理解。他是一位杰出的叙述性社会历史学家。里尔特别关注艺术和音乐的文化重要性，他在其重要著作以及关于德国艺术和音乐的专题著作里，对此倾注了大量的精力。除了自己写作之外，他还编辑了一部大型合作丛书《巴伐利亚的土地和人民》（*The Land and People of Bavaria*）。

古斯塔夫·弗赖塔格（1816—1895）的作品是民族主义历史和文化史的融合。弗赖塔格在研究德国社会史和文化史之前，接受过语文学和戏剧史的学术训练。他在文化史领域的主要作品是《德国历史的再现》（*Bilder aus der deutschen Vergangenheit*），5卷本，出版于1859—1862年间。这本书涵盖了德国人从起源到19世纪的生活历史。弗赖塔格认为，人民生活的突出特

征使德意志民族的历史具有了整体性。他以怀旧的浪漫主义情怀强调了民族文化所具有的不可分割的本质特征。他同意基佐的观点，认为中产阶级是民族生活和文化的支柱。相比于里尔的著作，他的著述更多地涉及了政治史和军事史，为德国重要的民族英雄——查理曼、巴巴罗萨、路德、腓特烈大帝等——提供了丰富多彩的历史画面。里尔在很大程度上是一个多愁善感的、对过去充满崇拜之情的人，但是，弗赖塔格并不是这样的人，他非常清楚，如果我们脱离现实，不切实际，生活就会变得更加严酷和狭隘。弗赖塔格的作品具有巨大的文学魅力，充满了令人愉悦的奇闻逸事。

关于德国文明的另外三本著作，更具有传统意义上的学术性和严格的历史内涵。卡尔·尼茨（1818—1880）的著作《奥格斯堡和约之前的德国人民史》（*History of the German People to the Peace of Augsburg*）是在他死后出版的，1883—1885年共出版了3卷。尼茨不仅关注政治和历史，还关注 313
经济、社会和思想史，他在重建中世纪德国制度生活方面显示了非凡的才能。他还写了一部关于罗马共和国的重要历史，虽然并不是很明显的文化史。天主教对文化史的主要贡献也许是大部头的《中世纪末期德国人民史》（*History of the German People at the End of the Middle Ages*），作者是约翰内斯·杨森（1829—1891），1877—1894年共出版了8卷。它以人民群众的生活为主题，对社会生活和文化的历史也给予了极大的关注。他对宗教改革前夕德国社会的描绘堪称一曲绝唱，但他认为德国文明在中世纪末期达到了发展顶峰，这一观点引发了学者们的质疑。

里尔和弗赖塔格学派的最终成果出自他们的崇拜者格奥尔格·施泰因豪森（1866—1933）的笔下，他在1904年出版了一部精彩的《德国文化史》（*History of German Culture*），还写了一批更专业的著作，涉及了德国文化史的不同阶段和时期。他与弗赖塔格的不同之处在于，在对文化史的思考中完全把国家排除在外，但他在刻画日常生活中最重要和最引人入胜的细节方面，有着与弗赖塔格同样的能力。在美学史上，他的原创性不如布克哈特，但是他对事实却有着更好的了解。从里尔到施泰因豪森，这种持续存在的历史兴趣类型，映现在阿尔弗雷德·兰博德（1842—1905）的《法国文明史》（*History of French Civilization*）里，映现在约翰·格林的关于英国历史的畅销书里，映现在特雷尔和曼恩编辑的6卷本的《英国社会史》（*Social History of England*，1901—1904）里，也映现在约翰·麦克马斯特多卷本的美国人民史里。

瑞士学者雅各布·布克哈特（1818—1897）对文学和美学的兴趣远远大于他对生活和制度的兴趣。他对文艺复兴做了最杰出的考察，对希腊文明做了最真切的研究。布克哈特跟随伯赫和兰克学习过历史，跟随库格勒学习过艺术。他还受到过向往艺术和文学的浪漫主义者的影响。他借以闻名的重要著作是1860年出版的《意大利文艺复兴时期的文化》（*Civilization of the Renaissance*）。布克哈特极为成功地抓住了他所认为的那个时代——个人主义出现的时代——的基本心理特征。70多年之后，这本书仍然是关于文艺复兴最具创新性，也最引人入胜的作品。它的主要缺点在于，作者并不认为文艺复兴是从中世纪逐渐发展出来的过程，而是将其描述为一段突然出现的更令人眼花缭乱的插曲，远非事实所呈现的那样。然而，布克哈特对文艺复兴的各个方面并不是无差别对待的。他充分认识到文艺复兴残酷和丑陋的一
314 面，同时也相信这是它在美学领域取得辉煌成就所付出的代价。布克哈特的《希腊文明史》（*History of Greek Civilization*）是一部更长的著作，也是一项杰出的历史成就。它摒弃了对希腊人的所有的浪漫敬畏，以一种公平而现实的方式对待希腊文明。但是，这本书从未像他对文艺复兴的论述那样引起轰动。布克哈特对文化史的兴趣范围令人惊讶，1918年，他的学生在他诞辰100周年之际出版了他的随笔和演讲文集，从中可以看出他的兴趣之广。

布克哈特对文艺复兴的观点在他的英国仰慕者约翰·西蒙兹（1840—1893）的作品中得到了更全面、更自然的表达。西蒙兹是但丁和米开朗琪罗的传记作家，也是《意大利文艺复兴》（*The Renaissance in Italy*）的作者，这本书共7卷，出版于1875—1886年间。研究但丁及其时代的学者应该更清楚，西蒙兹比布克哈特更强调中世纪和文艺复兴之间的尖锐断裂。对西蒙兹

来说，文艺复兴不仅是西方人文主义的春天，也是一个致力于促进自由和人文主义的时代。西蒙兹看到了贯穿于从文艺复兴、宗教改革到法国大革命的一条清晰的思想和道德主线，它们在精神上都是相似的。西蒙兹对文艺复兴时期文化和人物的描写有力而迷人，他关于文艺复兴在西方历史中的地位的一般理论也已经有了很大的改变。

路德维希·弗雷德兰德（1824—1909）阐释了古代的文化史。他早期的兴趣是荷马研究，之后受到了蒙森、里尔、弗赖塔格和布克哈特的影响，在1862—1871年间出版了3卷本的《罗马帝国早期的生活和礼仪》（*Roman Life and Manners Under the Early Empire*）。这部书展现了一个伟大文明——罗马帝国最初两个世纪——几乎无与伦比的图景。在他充满魅力、生动而亲切的笔触下，礼仪、风俗、生活、旅行、艺术、古物以及其他许多方面都得到了展现。在研究方法上，弗雷德兰德与其说是一个充满活力的文明史学家，不如说是一个丰富多彩的、引人注目的古物学家。塞缪尔·迪尔（Samuel Dill，1844—1924）爵士的3部著作有着更长的时间跨度，但少了很多细节，这3部著作是：《从尼禄到奥勒略的罗马社会》（*Roman Society from Nero to Marcus Aurelius*）、《西罗马帝国最后一个世纪的社会》（*Roman Society in the Last Century of the Western Empire*）和《墨洛温王朝时期高卢的罗马社会》（*Roman Society in Gaul in the Merovingian Age*）。迪尔的文笔清晰且有吸引力，他对材料的解读能力极强。他的最后一部作品不像这3部作品那样令人满意，远远逊色于法国历史学家费迪南德·洛特的作品，也不及阿方斯·多普施关于加洛林王朝时期经济和社会生活的那部杰作。费迪南 315
德·格里戈洛乌斯（Ferdinand Gregorovius，1821—1891）的鸿篇巨制《中世纪罗马城史》（*History of the City of Rome in the Middle Ages*）讲述了从罗马帝国灭亡到文艺复兴时期的罗马文化史与政治史，这部书出版于1859—1872年间，共计8卷。格里戈洛乌斯还写过《中世纪雅典城史》（*The History of the City of Athens in the Middle Ages*），但不够完整。他是一位惊人的写作者，涉及了很多主题，从早期希腊历史到歌德著作里的社会主义问题。

卡尔·伊纳马-斯特内格（1843—1908）和马克西姆·科瓦列夫斯基（1851—1916）的重要著作将经济发展带进了文化史领域。前者写了一部不朽的德国经济史，特别强调了农业发展的重要性。后者在斯宾塞进化论概念的影响下，写出了一部雄心勃勃的著作——一部全面的欧洲经济史。他还详细论述了现代民主制的兴起，以及从古代法律和习俗中脱胎而出的俄国现代制度。

在兰普雷希特之前，一些历史学家也试图去写一部文明通史，其中最努力的是瑞士学者奥托·亨-埃穆-吕恩（Otto Henne-am-Rhyn，1828—1914），他的《从早期到现在的文化通史》(*General Cultural History from the Earliest Times to the Present*）出版于1877—1897年间，共计7卷。考虑到这本书的写作范围和完成阶段，它堪称杰作，一直都是文化史和历史综合分析中最重要的个人成就之一。亨-埃穆-吕恩是文化史领域一位惊人的多产作家。除了这部大型的通史之作外，他还写了一部德国人的文化史、一部犹太人的文化史、一部十字军东征的文化史、一部关于妇女在文化史中地位的著作，以及一部关于德国民间故事具有文化重要性的著作。保罗·欣内伯格（Paul Hinneberg）编辑的伟大著作《当代文化的起源与命运》(*The Culture of the Present: Its Origins and Destiny*），出版于1905—1921年间，共计37卷，这套书创作于兰普雷希特时代，但在某种程度上并未受到兰普雷希特的影响。

新兴的人类学对德国文化史的影响在朱利斯·利珀特（Julius Lippert，1839—1909）的著作《人类文化史》(*Kulturgeschichte der Menschheit*）里找到了最好的范例说明。利珀特在鉴别时尚时，把摩根和斯宾塞等作家的进化论概念应用到文化资料中，同时也强调了文化传播的重要性。此外，他认为人类历史上的动态因素不是生物和地理因素，而是文化因素。因此，他是最早的“文化决定论者”之一。在每个文化综合体中，他都强调思想的力量。利珀特还写了其他一些书，涉及了宗教思想和仪式的演变、家族史，以
316 及德国的风俗习惯史。他的著述和影响力不仅促进了文化史，也促进了历史社会学的发展。

莱比锡的卡尔·兰普雷希特（1856—1910）是文化史最积极的倡导者，也是文化史在近期的发展中，得到最多评论的人。兰普雷希特的第一部重要著作是关于中世纪德国经济史的长篇原创论文，对摩泽尔地区（Moselle area）给予了特别关注。在这本书里，他表明了自己的历史兴趣所在，认为经济群体和经济大规模运动能影响一个民族的社会史。尽管兰普雷希特并不是正统的马克思主义者，但他的这种观点在一定程度上来自卡尔·马克思。他还受到尼采和奥古斯特·孔德思想的很大影响，认为历史应该被视为人类集体心理的连续发展，此外，进化论的学说也深刻地影响了他。

所有这些观点都被他写进了不朽之作《德国史》里。这本书出版于1891—1909年间，共计12卷，最近又增补了3卷。在这本书中，兰普雷希特围绕着这样一个基本概念来组织他的材料，即每个主要时代都有一个支配着这个时代的集体心理特征。历史记录了这些“心理支配者”的影响和演化。原初阶段的群体心理具有象征意义：中世纪早期是典型的，中世纪后期是传统的，文艺复兴和启蒙时代是个人主义的，浪漫主义时期是主观的，后工业革命时代是神经紧张的。兰普雷希特没有忽视政治史，而是使其从属于经济史和文化史。他对经济史的兴趣使他特别重视德国发展中的经济因素，并对艺术和音乐史给予了不同寻常的关注。兰普雷希特不仅著述颇丰，还热心于论争，为宣传自己的历史观点做了很多努力并卓有成效。他对法国的拉孔布和贝尔、意大利的费列罗和巴尔巴加洛、比利时的皮雷纳、美国的多德和卡尔·贝克尔都有相当大的影响。

虽然兰普雷希特没有在德国建立正式的学派，但他留下了深刻影响。1909年，在崇拜者的支持下，他在莱比锡成立了文化与世界历史研究所（*Institut fùr Kultur-und-Universalgeschichte*），按照他的传统方式培养学者。他的一些弟子做出了杰出贡献。库尔特·布雷斯克在《现代文化史》（*Cultural History of Modern Times*）中，把兰普雷希特的总体思想运用到对现代世界文化演变的系统考察之中。布雷斯克的著作甚至比兰普雷希特的更加系统和全面。近年来，布雷斯克还致力于思想史和历史哲学的研究，写出

了《论历史的形成》。埃伯哈德·哥赛因为文艺复兴研究和耶稣会与反宗教
317 改革的历史写作做出了可贵的贡献，他还是欣内伯格系列丛书的撰稿人。沃尔特·戈茨编辑了《历史文化档案》(*Archiv fur Kulturgeschichte*)，写过关于文艺复兴和宗教改革时代的重要专著，讲述过阿西西（Assisi）和拉文纳（Ravenna）的文化史以及德国文化史。他还编辑了《世界历史》(*Propylaen Weltgeschichte*)，这是一本内容丰富、配图精美的世界文化杂志。鲁道夫·科茨克（Rudolph Kötzschke）是中世纪经济史尤其是中世纪农业史的专家。伯恩哈德·格雷图伊森（Bernhard Groethuysen）为文艺复兴和人文主义的最新诠释做出了卓越贡献，他还论述了法国资产阶级精神的兴起。兰普雷希特及其追随者的工作推动了德国文化史的发展，再加上他在国外的影响，促使之前对文化史的零星而随意的兴趣转变成了一场朝着既定方向发展的组织良好的运动。

弗朗茨·米勒–莱尔（1857—1916）是心理学家、生理学家和历史社会学家，他的著作将德国文化史与历史社会学融合在一起。他的历史体系杂糅了斯宾塞进化论术语、进化人类学家的“阶段”理论和马克思唯物史观。他认为，制度和文化的历史发展可以简化为明确的规律。世界各地的文化和制度发展总体上是一致的，其中的差异是局部的，性质相对来说也是微不足道的。他对技术发展和经济发展的处理尤其具有启发性。他的总体理论观点属于现在持批判态度的人类学家、社会学家和历史学家在严格保留的情况下才接受的那种类型，但他对具体材料的处理往往非常巧妙，也具有启发性。米勒–莱尔写了万物的进化——从工具到爱情。他最重要的理论著作《社会发展史》(*The History of Social Development*）已被译成英语。在对历史资料的掌握上更加简练、更加全面，也更加与时俱进的，是阿尔弗雷德·韦伯（Alfred Weber）的《文化社会学视域中的文化史》(*Kulturgeschichte als Kultursoziologie*，1935)，这也许是迄今为止最优秀的著作，在解释人类制度的发展时，融合了文化史与高度概括的人类学。它是通过社会学的方法来处理典型性的文明的演变的。

在法国，文化发展的传统体现在奥古斯特·孔德的历史哲学和历史社会学里，也一直借助于勒内·沃姆斯（René Worms）和孔德其他学生的著作保持着鲜活的状态。其后对法国文化史的发展做出重要贡献的是几位才华横溢、富有独创性的文学研究者和文学评论家：伊波利特·泰纳、查尔斯·圣-伯夫和欧内斯特·雷南。泰纳是研究英国文学和法国大革命的历史 318
学家，他认为，历史必须是一门科学，而人类文化是种族、社会环境和历史时机的产物。圣-伯夫是一位才华横溢的文学评论家，他写了一部关于詹森教派信徒的令人赞叹的文化史——《罗亚尔港史》（*History of Port Royal*）。雷南是一位温文尔雅的理性主义者、迷人的散文家和伟大的闪米特文化研究者。为了把"自由思想"与文化历史联系在一起，他做了大量工作。

雅克·拉罗克（Jacques Philppe Tamizey de Larroque，1828—1898）的著作，展现了考古学和文学与文化史的关系，成为法国文化史的重要推动力。他最重要的作品关注的是法国考古学和中世纪的社会和宗教史。保罗·拉孔布（1834—1919）的作品提出了另一种启发性的方法，他的重要著作是《被视为科学的历史》（*History Regarded as a Science*，1894），强调了历史是在制度发展过程中产生的科学，并将传统的事件历史与他所认为的更为重要的人类制度发展史进行了鲜明的对比。他理解并设想了历史和历史社会学之间的相互依存关系。在他自己的叙事写作中，他在文学史、政治史、经济史和教育制度史上投入了大量精力。拉孔布对亨利·贝尔有不小的影响力。贝尔为法国历史分析的思想做出了重要贡献，主编了关于文化史的最具雄心的合作著作。还有两位更杰出、思想也更开阔的法国历史学家也写了文明史的杰作，他们是阿尔弗雷德·兰博德和查尔斯·塞格诺博斯。兰博德写了最好的法国文明史，而塞格诺博斯为全部的西方文明写了历史导论。乔治·勒纳尔主编了从原始时代至今的经济通史，他自己就是这方面的权威，因此这本书《劳工通史》堪称最好的合著。这类作品常常能把历史带入现实，引发了人们对物质文明发展和人类共同命运的兴趣。这一点与普芬道夫、罗伯逊和吉本的历史理念相去甚远，因为罗伯逊和吉本认为，历史是对杰出公众人物和王侯将相的记录。勒纳尔还撰写了一部重要专著，探讨了民族文学的社会和制度基础，对斯塔尔夫人和西斯蒙第最早提出的观点进行了科学和现代化的处理。

在法国，亨利·贝尔是历史综合评论和文明史的最重要的倡导者。他在1911年出版的《历史综合评论》(*Historical Synthesis*)一书中，阐述了他的总体理论观点。十年后，他拓展了自己的观点，并在《传统历史和历史综合评论》(*Traditional History and Historical Synthesis*)一书中回应了对他的批
319 评。贝尔从根本上理清了博学的总结和科学的历史综合评论之间的差异，并细致区分了科学的历史综合评论与之前旧的先验历史哲学之间的关系。贝尔承担了编辑《人类的进化》(*The Evolution of Humanity*)的重任，这是迄今为止关于文明史的合著中最雄心勃勃的一部，大约有一百卷。在这部书的导言中，他言简意赅地提出了他关于历史综合评论的一般理论：

> 我们不必声称，科学综合的方法能够以一种确定的方式修正历史，但我们可以假定——至少，作为一种不确定的假设——构成人类进化的事实可以分为截然不同的三类。第一类是偶然的，第二类是必然的，第三类是与某种内在逻辑相关的。我们将试图利用和协调已经尝试过的各种各样的解释，努力证明这样一点，即人类进化的全部内容大致可以分为偶然性、必然性和逻辑性这三类。在我们看来，通过这三种类型的划分，历史既可以得到自然的阐述，又可以得到完整的解释。实际上，这种分类开启了更深层次探究因果关系的视角。它要求我们探究大量的历史事实并试图解开三种因果关系：连续性，其中的事实仅仅由其他事实决定；恒定关系，其中的事实通过必然性与其他事实相联系；内在联系，其中的事实理性地与其他事实相联系。从历史起因的本质来看，综合评论法可能看起来并不容易，但至少是可以理解的……
>
> 基于这一原因，尽管有着深刻的科学思想内涵，这套丛书仍然

> 有很多成功的机会。人们曾经非常错误地认为，把科学引入历史是与生活相抵触的，认为恢复过去是艺术的特权。分析使过去变成一堆事实，博学收集到的事实不是被拯救于死亡，而是被拯救于遗忘。是综合评论，而不是直觉复活了过去，并且使之变得更好。综合评论的任务正如米什莱所定义的，"全部生命的复活不仅是表面上的复活，更是其内在和更深层次的有机体的复活"，仅靠天赋是无法完成这一任务的，但是，科学可以通过深化其因果关系理论以及通过其综合评论，努力重新构建原因的相互作用，进而来完成它。

可以说，这套丛书包括被拓展了的英文版，没有辜负其编者的厚望。它是对人类文明史所有贡献中最全面的一部。大多数参与写作的人都是研究某个阶段的法国文明史的专家。另一位对历史综合评论深感兴趣的当代法国历史学家是路易斯·哈尔芬，他是研究罗马和中世纪早期文明的权威，他与菲利普·萨尼亚克合著了一部大型文明史《人民与文明》（*Peoples* 320
and Civilizations），共20卷。古斯塔夫·格洛茨——《贝尔丛书》（Berr series）的重要写作者，也编辑了一本内容详尽的、强调文明史的书《通史》（*General History*）。莫瑞斯·克罗伊塞特编写了7卷本的文明史，强调了文化的交往和传播。由一个人撰写的关于法国文明史的最新著作是《世界文化史》（*Universal Cultural History*），作者是法国生理学家和科学历史学家查尔斯·里歇（Charles Richet），他视科学史为人类文化发展的最重要的因素。因此，他的两卷本的文明史著作在第一卷里，叙述了1789年之前的文明史故事，人类历史上绝大多数的令人震惊的科技进步发生在1789年之后。任何一部对法国文化史的简要回顾，都会提到一位博学的学者——所罗门·雷纳奇（Salomon Reinach，1858—1932），对卷帙浩繁的艺术史、文学史和宗教史来说，他是一个多产而独立的贡献者。

在英国，自巴克尔时代以来，历史综合评论事业的主要工作者是弗朗西斯·马文和阿诺德·汤因比。马文的《活着的过去》和《希望的世纪》是对历史综合评论和阐释的最佳介绍。他是一位真诚的和平爱好者，编著了很多卷本的《团结丛书》（*Unity Series*），致力于追溯文明的历史，强调西方文明的国际性。阿诺德·汤因比的《历史研究》是历史综合评论中由单个人完成的最具雄心的著作。伯里写过一本关于思想自由史的令人着迷的小书，还写过一篇关于进步理论的长篇论文，他以编辑的身份为文明史做出了重要贡献。作为《剑桥古代史》和《剑桥中世纪史》的策划者，他考虑到要对经济社会史、哲学、科学、艺术和宗教进行扩展研究，当然，这些伟大的作品集主要是政治史。被称为《遗产》（*Legacy*）的系列丛书包含了一部部有趣且简短的文化史合著：埃德温·贝文（Edwyn Bevan）和查尔斯·辛格编辑的《以色列的遗产》（*The Legacy of Israel*）；利文斯通（R. W. Livingstone）编辑的《希腊的遗产》（*The Legacy of Greece*）；西里尔·贝利（Cyril Bailey）主编的《罗马的遗产》（*The Legacy of Rome*）；托马斯·阿诺德和阿尔弗雷德·纪尧姆（Alfred Guillaume）主编的《伊斯兰的遗产》（*The Legacy of Islam*）；以及克伦普（C. G. Crump）和雅各布（E. F. Jacob）编辑的《中世纪的遗产》（*The Legacy of the Middle Ages*）。约翰·汉默顿（John Hammerton）爵士为推动文化史研究做了大量工作，他编辑了大量能够复原过去的图画文集——《过去的奇迹》（*Wonders of the Past*），等等，他还编辑了迄今为止最有用的文明史——《世界通史》（*A Universal History of the World*），以英文出版，共8卷，插图丰富。奥格登（C. K. Ogden）与笔者合作，承担了编辑《文明史》（*History of Civilization*）的任务。这本书
321 甚至比贝尔的研究更为全面，它收录了贝尔和勒纳尔的丛书，以及由英国、美国和德国学者增补的卷本，它是所有合著的文明史中最庞大也最全面的一部。[1]最好的英国文明史是一部合作的文集《英国社会史》，由特雷尔和曼恩编辑。自约翰·格林之后，威尔斯的《历史大纲》在激发英国读者对非政治史的兴趣方面所做的贡献比其他任何学者都多。

---

1 参见H. E. Barnes, *History and social Intelligence* (Knopf, 1926), pp. 55ff.。第二次世界大战爆发之后，这套丛书就停刊了。

欧洲其他地区的历史学家也推动了人们对文明史兴趣的增长。拉斐尔·阿尔塔米拉所著的《西班牙文明史》（*History of Spanish Civilization*）是所有国家文化史中最具才干和独创性的一部。安东尼奥·巴列斯特罗斯（Antonio Ballesteros）的《西班牙史及其在世界史上的影响》（*History of Spain and Its Influence in Universal History*）虽然比阿尔塔米拉的作品更完整，但对文化史的关注却比较少。在意大利，对中世纪晚期和文艺复兴时期的文化史做出重要贡献的帕斯奎尔·维拉里，非常强调历史综合评论的重要性。维拉里尖锐地批评了古老而宏大的历史哲学，认为历史学家只有把事实进行了合乎逻辑和有序的综合分析之后，才能完成历史学家的任务。贝内代托·克罗齐一方面试图粉饰旧的历史哲学，使之更合乎人们的口味，同时也推动了欧洲和意大利的艺术史、文学史和美学理论的研究。古格鲁莫·费列罗的《罗马的辉煌与衰落》（*Greatness and Decline of Rome*）反映了兰普雷希特的影响，后者强调集体心理因素在历史发展中的重要作用。科拉多·巴尔巴加洛是意大利重要文化史杂志的编辑，他自己也写了一本最精彩的文明通史。

比利时的亨利·皮雷纳受到兰普雷希特和拉孔布的影响，创作了具有广泛意义的比利时历史，对中世纪经济和城市生活的历史也做出了显著贡献。在罗马尼亚，亚历山德鲁·克塞诺波尔（1847—1920）不仅写了激动人心的国家历史，还出版了重要著作——《历史基本原理》（*Fundamental Principles of History*）和《历史理论》（*Theory of History*），对历史科学的本质和问题进行了探讨。他在谨慎区分自然科学和包括历史在内的社会科学的本质和问题之后，认为历史可以被视为一门发展的社会科学。对于一般的历史模式和趋势，历史因果规律是可以计算出来的，而对于个别的历史事件则无法找到其发展规律。唯一重要的历史事实是那些具有重要的社会关系并产生影响的事实。克塞诺波尔的主要门徒之一，尼古拉·约尔卡在他的《人类历史综合评论》（*Essay on the Synthesis of the History of Humanity*）中，试图写出一部关于文明和人类进步的通史，展现了广阔的视野、敏锐的洞察力和博学的知识。俄罗斯人对文化史的兴趣体现在前文已经提到的许多著作 322

中——科瓦列夫斯基的经济史和制度史，维诺格拉多夫关于中世纪社会史和法律史的著作，保罗·米特罗法诺夫关于俄国制度史和法律史的著作，以及罗斯托采夫关于俄国南部早期文化史和古代世界社会经济史的权威著作。在捷克斯洛伐克，托马斯·马萨里克（Thomas Masaryk）出版了关于斯拉夫思想和文学的学术著作。

我们已经注意到，在德雷珀、泰勒、怀特和亨利·亚当斯的作品中，美国人很早就表现出对文化史的兴趣。在20世纪，美国致力于推动文化史的重要人物是詹姆斯·鲁滨逊。尽管他熟悉兰普雷希特或欧洲改革者的著作，却几乎没有接受他们影响。他从一个超学术的宪制史传统学者转变为一名超然的“人类喜剧”——他自己这样形容的——的观察者，这个发展过程是渐进的、非正式的和个人的事情。[1]他从生物学中得到了发展的观点，循序渐进却有效地使用这一观点来解释历史材料。由于他对法国大革命产生了兴趣，就像他自己曾经说的那样，他逐渐从断头台回到了短柄斧。在1911年出版的被广泛讨论的《新史学》（*New History*）中，他总结了自己的观点，但他的影响力主要来自他编写的关于欧洲历史的革命性教材和他独特的启发式教学。他启动了一部野心勃勃的欧洲思想史写作计划，但是未能完成。他的学生们著述颇丰，詹姆斯·肖特韦尔编辑了关于文明史的大部头史料集——《文明记录》（*Records of Civilization*），提升了人们对美国社会经济史的兴趣，成为这一领域的先驱。林恩·桑代克写了关于中世纪科学和思想的最完备的著作。他还对文明史做了简要的介绍。卡尔·贝克尔是鲁滨逊和特纳的学生，他对17世纪和18世纪的思想具有非凡的洞察力。普里泽夫德·史密斯在对宗教改革时期的文化史研究中独树一帜，在由学者个体完成的现代文化史中，他的著作最为激动人心。霍华德·罗宾逊发展了理性主义时期的文化史，并写出了关于皮埃尔·培尔的最好的英文作品。查尔斯·比尔德、本

1 参见H. E. Barnes, in H. W. Odum, ed., *American Masters of Social Science* (Holt, 1927), pp. 321 ff., J. H. Robinson, *The Human Comedy* (Harper, 1937), L. V. Hendricks, *James Harvey Robinson*, New York, 1946。

杰明·肯德里克、施莱辛格、福克斯、哈罗德·福克纳和哈里·卡曼等人把鲁滨逊的兴趣和观点带进了美国历史领域。福克斯和施莱辛格编辑了《美国生活史》（*A History of American Life*），这是最完整和最贴近时代的美国社会生活和文化史。费迪南德·谢维尔没有受到鲁滨逊的影响，他可能是美国 323
最敏感、最具洞察力的"文化史"倡导者，他关于锡耶纳和佛罗伦萨的著作非常出色，因为这两个城市对我们理解文艺复兴时期的文化有重要的帮助。弗雷德里克·特加特关于新史学的理论基础和设想的著述最为广泛。维森特·帕拉西奥（Vicente Riva Palacio）和杰西·弗洛雷斯（Jesús Romero Flores）关于墨西哥文明的著作和罗穆罗·卡尔比亚（Romulo D. Carbia）关于阿根廷文明的著作，都反映了西班牙裔美国人在文化史上的成就。

文化史和人类历史上的重要时期

通过几个重要的标志性事件，我们追溯了文化史的发展，指出了自史前时代以来，在人类进步的各个时期里，文化史上的一些突出贡献。我们只能提请读者关注从这个领域已存在的众多书籍中拣选出来的优秀作品。不管有意识地为文化史辩护的书籍多么稀少，也不管最近出现的有组织的历史发展的趋势，在研究文化发展的某些特定领域里始终有大量的专门著作。读者如果希望获得更加完备的资料，可以参考《历史文学指南》几节连续的"文化史"部分，其中所列的题目大有裨益。

当然，人们在文化人类学中发现了对所有文化史的概论——文化人类学大有描述的是我们现在称之为史前时代的这一人类发展的长期阶段的文化进展。史前考古学领域的著作——前文中已做过概括——为文化史的研究提供了基础。[1]特奥多尔·蒙森直到去世之前才听说"冰河时代"，但是今天，所有还不错的古代史著作都从史前时代开始叙述。爱德华·迈耶的《古代历

1　参见前文第4—8页。

史》的第一卷整卷都是关于人类学的论述。《剑桥古代史》开篇最精彩的两章，是迈尔斯关于史前文化的论述。乔治·麦考迪的《人类的起源》对这一领域迄今为止的学术成就做了最好的总结。我们还必须参考文化人类学家关于原始制度和文化的著作，参考他们关于文化发展原则的著作。在这里，我们应该从泰勒（E. B. Tylor）的《人类学》（*Anthropology*）这一经典的著作开始，然后再关注一些体现了更贴近于时代构想的著作，这些著作包括：弗朗茨·博阿斯（Franz Boas）的《原始人类的思维》（*Mind of Primitive Man*）和《人类学与现代生活》（*Anthropology and Modern Life*），克罗伯
324 （A. L. Kroeber）的《人类学》，罗伯特·罗伊的《原始社会》和《文化人类学导论》（*Introduction to Cultural Anthropology*），亚历山大·戈登威泽的《早期文明》（*Early Civilization*）和《历史、心理学和文化》（*History, Psychology and Culture*），怀特的《文化的进化》，克拉克·威斯勒的《人与文化》（*Man and Culture*），托泽（A. M. Tozzer）的《社会起源与社会连续性》（*Social Origins and Social Continuities*），哈罗德·培克（Harold Peake）的《人类发展的早期阶段》（*Early Steps in Human Progress*），以及古斯塔夫·施瓦贝（Gustav Schwalbe）的《人类学》等。这些作品重构了历史的最初阶段，揭开了“历史的黎明”的神秘面纱。在已知资料允许的范围内，这些作品描述了人类进入文字文明所取得的成就，分析了人类和群体行为的进程，阐明了文化发展的原则和模式。雅克·德·摩根的《东方史前史》（*Oriental Prehistory*）、马克斯·布兰肯霍恩（Max Blanckenhorn）的《巴勒斯坦、叙利亚和北非的石器时代》（*The Stone Age in Palestine, Syria and North Africa*）、查尔德（V. Gordon Childe）的《欧洲文明的黎明》（*The Dawn of European Civilization*）和《最古老的东方》（*The Most Ancient East*），以及莫雷（Moret）和戴维（Davy）的《从部落到帝国》（*From Tribe to Empire*），以上这些著作完美总结了从原始社会到历史文明的文化和制度变迁。

关于古埃及的日常生活，阿道夫·厄曼的《古埃及生活》（*Life in

Ancient Egypt）至今仍是经典论述。原著在出版30多年后，这个富有才干的学者又出版了新的版本。厄曼还总结了埃及的文学和思想。格奥尔格·施泰因多夫（Georg Steindorf）在《法老帝国盛世》（*The Pharaonic Empire in Its Prime*）一书中对埃及文化做了一个更简短但更加与时俱进的描述。詹姆斯·布雷斯特对埃及的精彩记述里，包含了大量的文化史，他还撰写了一些关于埃及宗教和思想的专著，以及一些关于埃及道德和人文主义运动初期的著作。莫里斯·杰斯特罗的《巴比伦尼亚和亚述的文明》（*Civilization of Babylonia and Assyria*）论述了美索不达米亚文化的大多数阶段，是一部可读性强的权威之作。杰斯特罗在古代美索不达米亚宗教的研究方面也是名列前茅的权威。关于美索不达米亚文明最完整和最新的研究是布鲁诺·迈斯纳（Bruno Meissner）的《巴比伦人和亚述人》（*Babylonians and Assyrians*）。罗杰斯、克莱门·瓦尔特、达拉（M. N. Dhalla）、赛克斯（P. M. Sykes）、杰克逊（A. V. W. Jackson）等人回顾了古代波斯对西方文明的重要贡献。在乔治·佩罗特和查尔斯·奇皮耶兹的《艺术史》（*History of Art*）中，有关东方艺术的章节仍然是对古代近东艺术的最好论述，尽管近期也出版了新的著作，如让·卡帕特（Jean Capart）的《埃及艺术讲义》（*Lectures on Egyptian Art*）。《汉默顿世界通史》（*Hammerton Universal History of the World*）的早期卷，特别擅长介绍史前时代和近东地区的文化史。在《文明史丛书》（History of Civilization Series）中，莫雷、戴维、德拉波特和瓦尔特等人关于东方的卷本具有新意和原创性。《剑桥古代史》和拉尔夫·特纳的《伟大的文化传统》（*The Great Culture Tradition*）也包含了很多精彩的文化史料。马克斯·韦伯（Max Weber）和赫茨勒（J. O. Hertzler）研究了古代东方的社会思想。

再来看希腊。古斯塔夫·格洛茨最近的著作里有对克里特和爱琴文明
令人赞叹的考察研究。在阐明希腊文化方面，最多产的写作者是爱尔兰学者 325
马哈菲爵士，他几乎写尽了希腊文化和历史的每一个方面。虽然有时候散
乱无章和赞扬过度，但是，马哈菲的热情和勤奋是值得称赞的，他做了很

多工作，激发了公众对古希腊文化的兴趣。英国人文主义者吉尔伯特·默里和迪金森的著作更有鉴别力，也更简洁。伦纳德·惠伯利（Leonard Whibley）教授编辑的《希腊研究指南》（*Companion to Greek Studies*）是最好的针对希腊文化的单卷本导读。更完整的是德国著作《古代知识导读》（*Introduction to Antique Learning*），由阿尔弗雷德·格尔克（Alfred Gercke）和爱德华·诺登（Eduard Norden）编辑。关于希腊和罗马文明，有一套很好的系列丛书，即由乔治·哈兹西斯（George D. Hadzsits）和大卫·罗宾逊（David M. Robinson）编辑的《我们受希腊和罗马的恩惠》（*Our Debt to Greece and Rome*），以及由奥托·伊米施（Otto Immisch）编辑的同类德语丛书。爱德华·策勒、西奥多·冈佩尔茨和威廉·温德尔班德对希腊哲学进行了权威性的总结。欧内斯特·巴克写了一部关于希腊政治哲学的不朽著作。雨果·伯杰（Hugo Berger）、奥古斯特·布歇-勒科勒克和皮埃尔·杜海姆都研究过希腊科学。奥托·克恩（Otto Kern）、简·哈里森（Jane Harrison）、路易斯·法内尔（Lewis R. Farnell）和欧文·罗德（Erwin Rohde）对希腊宗教史研究做出了巨大贡献。阿尔弗雷德·克罗伊塞特和莫瑞斯·克罗伊塞特以及威廉·克莱斯特研究了希腊文学史。珀西·加德纳（Percy Gardner）、马克西姆·克里尼翁（Maxime Collignon）和约翰内斯·奥弗贝克（Johannes Overbeck）对希腊艺术进行了考察和解读。《汉默顿丛书》（*Hammerton Series*）、《文明史》和《剑桥古代史》的相关卷本对希腊和罗马的文化史都有很高的价值。

关于罗马。约翰·桑德斯爵士主编的《拉丁语研究指南》（*Companion to Latin Studies*）对罗马文化各个方面都有全面的介绍，极有价值。马里恩·帕克（Marion Park）、弗兰克·阿伯特、威廉·福勒、塞缪尔·迪尔、路德维希·弗雷德兰德研究了罗马社会史。关于罗马宗教的文献特别丰富。其中，公认最优秀的著作出自杰西·卡特（Jesse B. Carter）、威廉·福勒、乔治·威索瓦、加斯顿·博西尔（Gaston Bossier）、阿尔弗雷德·洛西、弗朗茨·卡蒙特（Franz Cumont）和特罗·格洛弗（Terrot R. Glover）之手。

后三位作者的著作对于研究罗马帝国的宗教冲突也特别有价值。约翰·杜夫（John W. Duff）、爱德华·诺登和威廉·托伊费尔对罗马文学的发展进行了考察。亨利·沃尔特斯（Henry B. Walters）、勒内·卡尼亚、维克多·夏普特、弗朗茨·威克霍夫（Franz Wickhoff）和里格拉特（G. T. Rivoira）对罗马艺术进行了深入的研究。希腊和罗马时期以来的古典学术史在桑德斯爵士的不朽著作中得到了全面研究。从罗马文明到中世纪文明的过渡阶段引起了亨利·皮雷纳、费迪南德·洛特、阿方斯·多普施、克里斯托弗·道森（Christopher Dawson）、莱斯特纳（M. L. W. Laistner）、兰德（E. K. Rand）、埃莉诺·杜克特（Eleanor Duckett）和亨利·泰勒等人的关注。

所有关于基督教起源和发展的材料都必然是文化史的一部分。我们只 326
能指出其中一些更重要的贡献。关于基督教教会，有许多有价值的通史，其中，威廉·莫勒（William Möller）的著作最具特色。在整个基督教的历史上，查尔斯·古内伯特写了关于耶稣和基督教演变的优秀作品。埃米尔·许雷尔写了一部关于基督教早期犹太人史的权威之作，而路易·杜谢恩、阿瑟·麦吉弗特和亨利·格沃特金则研究了教会的早期历史。雪莉·凯斯（Shirley Jackson Case）关于早期基督教的著作含有非常丰富的社会文化史。亨利·利关于中世纪教会的作品仍然是这一主题的杰作。沃尔特·阿德尼（Walter Adeney）对希腊或东方教会的论述最具实用性。乔治·高尤（Georges Goyau）及其同事合著的《梵蒂冈、教皇和文明》（*The Vatican, the Popes and Civilization*）是研究天主教会文化史的最佳著作。亚历山大·弗里克分析了中世纪教会的衰落。宗教改革时期得到了托马斯·林德赛、普里泽夫德·史密斯、路德维希·帕斯特尔、恩斯特·特勒尔奇和马克斯·韦伯等人卓有成效的关注。乔治·费希尔（George P. Fisher）、阿道夫·哈纳克和阿瑟·麦吉弗特创作了关于基督教思想和教义的最令人满意的历史。古斯塔夫·克鲁格（Gustav Kruger）是早期基督教文学史的大师。约瑟夫·斯特济诺夫斯基（Josef Strzyowski）写了一部关于基督教艺术的激动人心的论著。基督教的劲敌——伊斯兰教——的文化史是在下列作家的推动下发展起来的：斯坦利·莱恩-普尔、托马斯·阿诺德爵士、德·莱西·欧里尔、邓肯·麦克唐纳（Duncan B. Macdonald）、雷诺·尼克尔森、爱德华·布朗（Edward G. Browne）、理查德·伯顿爵士（Richard F. Burton）、亨利·拉门斯、亨利·萨拉丁、克莱门·瓦尔特、伊格纳茨·戈尔德齐哈尔（Ignaz Goldziher）、伯纳德·沃克斯（Bernard Carra de Vaux）等。

亨利·亚当斯的《圣米歇尔山和沙特尔》（*Mont-Saint-Michel and Chartres*）对中世纪文明的本质和精神进行了令人振奋的学术讨论。雅克·拉罗克在法国考古学、中世纪公社史、中世纪文化和宗教史领域做出了重要贡献。保罗·拉克鲁瓦在多部出色的著作中详细介绍了中世纪的风俗习惯。亨利·泰勒的《中世纪思想》（*Medieval Mind*）和雷金纳德·普尔的《中世纪思想史图解》（*Illustrations of the History of Medieval Thought*）是研究中世纪思想史的重要代表著作。莫里斯·德·伍尔夫写出了关于中世纪哲学的最好著作。查尔斯·哈斯金斯和林恩·桑代克对中世纪思想史和科学史做出了显著贡献。斯蒂芬·德伊尔赛（Stephen d'Irsay）、黑斯廷斯·拉什达尔、海因里希·丹尼夫和哈斯金斯是研究中世纪中学和大学教育的权威。马克西米利安·曼尼提乌斯（Maximilianus Manitius）对中世纪拉丁文学进行了最全面的考察研究，卡尔·克伦巴赫（Karl Krumbacher）写
327 了关于中世纪希腊文学（或称拜占庭文学）的公认最优秀的著作。威廉·莱萨比（William Lethaby）撰写了最好的中世纪艺术概论，查尔斯·迪尔和道尔顿（O. M. Dalton）写了公认最优秀的拜占庭艺术手册，拉尔夫·克拉姆（Ralph Adams Cram）、托马斯·杰克逊（Thomas G. Jackson）爵士和欧仁·维欧勒-勒-杜克创作了关于中世纪建筑的杰作。乔治·库尔顿的作品是对整个中世纪建筑群的最有说服力的批评。

约翰·兰德尔的《现代思想的形成》（*Making of the Modern Mind*）是对现代文化史的导论。而有望成为所有语种中最令人满意的现代文化史的是才能非凡的历史学家普里泽夫德·史密斯所写的《现代文化史》，但是这部书在出版了两卷之后没再继续出版。埃贡·弗雷德尔（Egon Friedell）的

《现代文化史》（*Culture History of the Modern Age*）包含了许多精彩的概括和原创性的解释，但是，这本书经常出现古怪的观点，在某种程度上是以奥斯瓦德·斯宾格勒的可疑立场为基础了。威廉·朗格编辑的《现代欧洲的崛起》系列丛书中有大量文化史的内容。这是英语中最接近合作编写现代文化史的方法。前文已经提到过，哥赛因、戈茨、格雷图伊森和布兰迪等人在著述里都以最新的方法对文艺复兴进行了研究。埃米尔·格布哈特（Emile Gebhart）对中世纪后期和文艺复兴之间的关系做了大量的阐述，并说明了文艺复兴起源于意大利的原因。他还对中世纪晚期的神秘主义和虔诚主义与早期基督教复兴之间的关系进行了研究，写出了特别重要的著作。罗伯特·达维德松和费迪南德·谢维尔为文艺复兴时期的佛罗伦萨写出了经典历史。在美国，亨利·泰勒、谢维尔、阿尔伯特·海曼（Albert Hyma）和爱德华·切尼一直是对这一时代进行研究的领军人物。普里泽夫德·史密斯和恩斯特·特勒尔奇写了宗教改革时期、沃尔特·戈茨写了反宗教改革时期的最好的文化史。科瓦列夫斯基和维尔纳·松巴特的著作是关于现代经济史的最具才华的通识之作。主要国家都出版了一批经济史和社会史的杰作，比如，在德国，有兰普雷希特的学生们的著作；在英国，有韦伯夫妇和哈蒙德的著作；在法国，有勒瓦瑟的著作；在美国，有多尔夫曼和亨利·大卫及其同事的著作。

关于现代哲学、思想和科学的最重要的著作包括：哈拉尔德·霍夫丁（Harald Höffding）和亚伯拉罕·沃尔夫（Abraham Wolf）的书，约翰·莫里关于法国理性主义者的书，以及约翰·梅尔茨关于19世纪思想和科学的大量研究。赫思肖（F. J. C. Hearnshaw）编辑了一系列丛书，讨论了从中世纪到20世纪的社会政治思想，非常实用。哈罗德·拉斯基是一位杰出的现代政治思想史学家，尤其擅长对自由主义兴起的研究。伯纳德·贝伦森（Bernard Berenson）等人描述了文艺复兴时期的艺术，小弗兰克·马瑟（Frank J. Mather, Jr.）描述了现代绘画，托马斯·克雷文（Thomas 328
Craven）、克莱夫·贝尔（Clive Bell）和布吕特（C. J. Bulliet）等人描述了

现代艺术。许多重要的民族文学研究都涵盖了文学史，比如《剑桥英国文学史》（*Cambridge History of English Literature*）、埃米尔·法格特的法国文学史、弗朗西斯科·布兰科（Francisco García Blanco）的西班牙文学研究，弗朗西斯科·桑克提斯（Francesco de Sanctis）的意大利文学研究，以及威廉·舍雷尔（Wilhelm Scherer）撰写的歌德时代德国文学史。威廉·狄尔泰和海因里希·里克特做出了卓有成效和独创性的尝试，将思想史置于科学基础之上，但是仍然严格区分了自然科学和社会科学，弗里德里希·迈内克把自由主义和民族主义作为19世纪的主导思想，在这一领域的研究中做了重要工作。在美国，卡尔顿·海耶斯为提升人们对民族主义历史的兴趣做了大量工作。

在美国，文化史的发展是一项系统性的工作，在这方面，没有哪一个国家能赶上美国。施莱辛格和迪克森·福克斯编辑了12卷的《美国生活史》，这是真正最高水准的文化史。由拉尔夫·盖布瑞尔（Ralph H. Gabriel）编辑的《美国的盛会》（*Pageant of America*），共15卷，其插图和文本都非常精美。伍德布里奇·莱利写出了关于美国思想和哲学史的上佳之作。弗农·帕林顿在当时的社会背景下，写了一部非同寻常的美国文学史。万·布鲁克斯（Van Wyck Brooks）关于美国文学的著作充满真知灼见和启发性。但是更全面的是《剑桥美国文学史》（*Cambridge History of American Literature*）。塞缪尔·伊沙姆（Samuel Isham）、小弗兰克·马瑟、罗拉多·塔夫脱（Lorado Taft）、菲斯克·金博尔（Fiske Kimball）、塔尔梅奇（T. E. Tallmadge）和奥利弗·拉昆（Oliver Larkin）论述了美国各个阶段的艺术史。

本书对一些文化史上的重要贡献进行了快速然而非常必要的概略性描述，这一领域的著述，在其重要性、卷数和种类等方面，可能都会给读者留下深刻的印象——特别是如果他记得，这里提到的作品只是从近年来的全部作品中挑选出来的更重要或更有代表性的作品的话。考虑到如此庞大的文献，他可能会得出这样的结论，即文化史已经确定性地战胜了更早的政治史和军事史。然而，我们仍然有必要记住，这些著作大部分并不是专业的历史学家撰写的学术研究成果。大多数作者都是文学、艺术、宗教、社会学、经济学、科学、哲学等学科的学者。但是，无论这些著作是否由专业的历史学家撰写，我们都应该感谢它们的广泛内容和启蒙作用。最可期待的发展是越来越多的专业历史学家生发出对文化史各个方面的兴趣。正是这一事实奠定了希望和预测的基础，即历史终将越来越趋向于与文明和文化的历史相一致。截至本书写作之时，在描绘人类文明全部过程的努力中，最雄 329
心勃勃也最值得称赞的是威尔·杜兰（Will Durant）的《文明史》（*Story of Civilization*），计划出版10卷，现已出版了7卷。专业的历史学家能否以如此全面的综合能力完成这一壮举，这一点值得怀疑。

参考文献

Gooch, *History and Historians in the Nineteenth Century*, chap. xxviii.

Fueter, *Histoire de l'historiographie modern*, pp. 652–57, 708–52.

Ritter, *Die Entwicklung der Geschichtswissenschaft*, pp. 421–61.

Becker, "Some Aspects of the Influence of Social Problems and Ideas upon the Study and Writing of History," *loc. cit.*

Guilday, *Church Historians*, pp. 321ff.

Robinson, *The New History*.

Barnes, *The New History and the Social Studies*.

Muzzey, *Essays in Intellectual History Dedicated to James Harvey Robinson*.

Thompson, *History of Historical Writing*, Vol. II, chap. lv.

Odum, *American Masters of Social Science*, chapters on James Harvey Robinson and Frederick Jackson Turner.

L. V. Hendricks, *James Harvey Robinson*.

M. E. Curti, *Frederick Jackson Turner*. Mexico City, 1949.

Beale, *Charles A. Beard*.

Smith, *Carl Becker. On History and the Climate of Opinion*.

Schmitt, *Some Historians of Modern Europe*, chaps. i, x, xix–xxi.

Halperin, *Some Twentieth Century Historians*, pp. 1–39, 277–298.

Ausabel et al., *Some Historians of Modern Britain*, chaps. 8–10, 15, 20, 22.

Kraus, *The Writing of American History*, chap. xiv.

J. C. Levenson, *The Mind and Art of Henry Adams*. Houghton Mifflin, 1957.

Philip Bagby, *Culture and History*. University of California Press, 1960.

Ernst Schaumkell, *Geschichte der deutschen Kulturgeschichtschreibung*. Leipzig, 1905.

R. Kotzschke and A. Tille, *Karl Lamprecht*. Gotha, 1915.

E. J. Spiess, *Die Geschichtsphilosophie von Karl Lamprecht*. Erlangen, 1921.

Steinberg, *Die Geschichtswissenschaft der Gegenwart in Selbstdarstellungen*.

Halphen et al., *Historire et historiens depuis cinquante ans*.

Halphen, *L'Histoire en France depuis cent ans*.

Henri Berr, *L'Histoire traditionelle et la synthèse historique*. Paris, 1921.

Croce, *Storia della storiografia italiana*.

Blok, *Geschichtschreibung in Holland*.

Miliukov, *Main Currents of Russian Historiography*.

Kurt Breysig, *Die Meister der entwickelnden Geschichtsforschung*. Breslau, 1936.

J. B. Bury et al., *Evolution in Modern Thought*, chap. ix. Boni and Liveright, 1915.

H. G. Well, *The Science of Life*. Doubleday, Doran, 1931. 2 vols.

Clark Wissler, *Man and Culture*. Crowell, 1923.

W. F. Ogburn, *Social Change*. Viking Press, 1922.

第十四章　历史与人的科学

新的宇宙定向

在本章，我们将讨论思想文化的发展和人类知识的进步，它们拓宽了历史视野，丰富了历史题材，帮助历史学家重建了过去的文明。但首先，我们必须考虑新的天文学观点对历史学家视野的影响。 330

新的天文学和天体力学，始于牛顿的初步探索，已经证明了乔尔丹诺·布鲁诺（Giordano Bruno）的敏锐直觉，即世界是多元的，天体与地球在物质组成方面具有相似性。已经发现的遥远的行星，比如天王星和海王星，它们的存在证明了我们太阳系的范围超乎想象。但更为重要的是仪器的进步，使我们能够探测到不计其数的——在许多情况下几乎是难以计算的——遥远而复杂的太阳系。我们的宇宙观需要调整，不仅要适应多元化世界这一令人不安的概念，还要适应宇宙几乎是无限多元化的这一更加震撼的概念。这样，就有必要严格修订希腊科学、希伯来传统和基督教史诗的宇宙论。地球相对渺小和年轻已经是显而易见的事实。

随着人们对这一事实日益深刻的认识，也为蒙田的怀疑提供了科学依据。蒙田认为，上帝对每个人的每一个一闪而过的想法和不经意的举动都怀有细致调查的兴趣，这是极不可能的。新的天文学远远超过了进化生物学，对超自然的和神定的历史因果理论造成了致命的打击。

此外，新发现的宇宙年表对时间元素的巨大要求，使得公元前4004年宇宙诞生的这个假定日期，几乎与任何已知的原始人未经加工的创世故事一样，既幼稚又不恰当。由天体物理学引入的新的宇宙时间观比旧的地质学观念更加令人印象深刻，它与后者的距离正如地质学观点与摩西编年史的距离一样遥远。弗劳恩霍夫（Fraunhofer）、迈克尔逊（Michelson）、爱因斯坦、
331 沙普利和琼斯（Jeans）正在取代的不仅仅是亚当、诺亚和摩西，还将取代莱伊尔、盖克尔（Geikie）和张伯伦等人的著作，成为历史学家建立其时间观念和历史相对论等概念的基础。

就像天文学带来对整个宇宙的认知一样，地质学和古生物学改变了我们关于地球起源和发展的概念，从宇宙的视角来看，我们的星球是一个极其微小的少年天体。历史地质学和构造地质学已经证明了地球的自然演化，证明了其发展所需要的相对漫长的时间，也证明了地球上生命起源之前的地质时期可能远远长于此后的地质时期。古生物学，作为进化生物学的真实历史背景，揭示了地球上有机生命的渐进发展、动植物生命类型的演变，以及已灭绝物种与现存属、种之间的遗传联系。最重要的是，它指出，人类正处于一个多少有些自相矛盾的位置。从有机生命整体进化的视角来看，人类走进现代真是惊人之举。然而，与更古老的正统观点相比，人类生存在世界上的时间，又是惊人地古老。

伴随着历史学家对新的宇宙观和新的时间观的接受，曾经支撑旧的创世论假说的超自然主义衰落了。在传统史学的背后，几乎一直存在到今天的超自然主义的观点，已经受到了挑战。这些挑战不仅有间接挑战，也有直接挑战。前者伴随着自然科学和社会科学的发展而来，彻底打破了传统的世界观（*Weltanschauung*），后者就是对体现着超自然假说的“神圣”文献资料所进行的批判性历史研究。[1]这样，超自然主义就完全丧失了所谓的文献基础，对受教育阶层来说，“科学与神学之间的战争”最终化为乌有。

1 参见前文第19—22页。

进化假说对历史的意义

在引发了历史著述在观念、定位和思想上进行变革的各种知识和科学中，毫无疑问，进化假说的影响力是最大的。我们对进化的概念必须超越达尔文主义在生物学上的局限，并接受斯宾塞意义上的普遍进化。作为一个一般概念，进化假说只是坚称，已知宇宙的所有部分——伟大的或渺小的，都产生于自然原因，这种自然原因既带来进步，也带来衰退。它也暗示着变化 332
是宇宙伟大的基本原则，这一点与赫拉克利特的古老假设相一致。就其本身而论，进化论假设也绝不涉及神学上的争论。对于上帝在宇宙发展过程中所起的作用，它并不是站在教条的立场上，也绝不假装事先得到了祂的启示，知道祂的目的是创造构成宇宙的不计其数的天体。很可能对于那些关注超自然现象的人来说，宇宙发生论具有无限的意义，但是，思考进化论假说的目的论有何意义，对哲学家和神学家来说，是一个问题，对生物学家或历史学家来说则不是。

当然，进化论绝不是西方文明思想流中的一个全新内容。进化论的历史与反省性思维的历史一样悠久，可以追溯到古希腊苏格拉底之前的哲学家。在对宇宙进化的一般概念和含义的阐释上，赫伯特·斯宾塞本人并没有比西塞罗时代的卢克莱修更充分。而卢克莱修也断言，他的论述不过是伊壁鸠鲁学说的拙劣版本，他的老师伊壁鸠鲁生活的时代早于他三个世纪。随着18世纪和19世纪科学和浪漫主义的发展，这种对自然的进化解释得以全面复兴。但是，这一思想路线很少引起争论，直到它把人类自己纳入到概括范围之内。斯宾塞阐述了普遍进化的论点，并展示了它在人类思想活动全程中的各种相关应用。达尔文主要研究了这个问题的生物学内容，他指出，相比于为新颖而特殊的创造性行为的正统观点所举出的任何一种证据而言，人类由较低级的有机生命形式发展而来的证据都更有说服力。他的理论受到海克尔、赫胥黎、罗曼斯（Romanes）和华莱士等学者的热烈拥护、有效捍卫和热情传播。进化论概念的文化和历史含义在大量作家笔下得到阐释，这些作家包括：罗伯逊（J. M. Robertson）、莱基、莱斯利·斯蒂芬、卡尔·兰普雷希特、德雷珀、安德鲁·怀特和亨利·亚当斯等。他们的努力卓有成效，以至于进化论的概念在我们目前的文化素养和思想生活中，可能已成为最实用和最有说服力的假设，持怀疑和反对态度的只有善意但无知的原教旨主义者，如威廉·布莱恩（William Jennings Bryan）、约翰·斯特拉顿（John Roach Straton）和贾斯帕·马西（Jasper Cortenus Massee）以及具有相似思想气质的天主教辩护者。[1]

333 甚至进化假说对历史也有很多重要意义，其中最引人注目的，也许是它对超验主义哲学的否定。柏拉图认为，他的审美本质，以及他的认识论，被不断变化的现实这一概念所践踏，但是这似乎就是事物的本性。如果在自然界中有什么东西是完美的、确定的和不变的，那么它的存在还没有被任何类型的科学家所发现。非常矛盾的是，似乎变化的原则几乎是唯一“不变的”、恒定的宇宙原则。

当进化的含义从自然领域转移到社会领域时，对于虔诚的信徒来说，这一观点甚至更让他们不安。对许多人来说，岩石和植物能改变其特性的想法都不如这样的事实令人震撼，这个事实是，人类的制度、观点和信念在本质上是进化的、相对的、持久的和有价值的。我们对上帝、《圣经》的启示以及一夫一妻制、民主制、保护性关税和无限繁殖力的有效性和持久性等概念的某种确信，可能纯粹是人类推导出的观念，可能与另一些人对这些主题的认识截然相反，也可能完全是错误的，对很多人来说是骇人听闻的，但是这些都是进化论让我们得出的不可避免的结论。[2] 把进化论假说应用到社会制度的发展中，尤其具有说服力。我们的文化和制度代表着社会为了适应特定地区的生活条件而做出的原始而笨拙的努力。人类的任何制度都不可能从开始一直存在到它们目前的状态；所有的制度都是人类为适应不断变化的环境和技术因素而持续调整的产物。因此，组织和制度在其起源和后来的特性上

1 Cf. Robinson, *The Human Comedy*. chap. ii.

2 W. G. Sumner, *Folkways* (Dover, 1959), and Barnes, *Social Institutions*.

都是世俗的，而不是由神创造的或由神而激发的。一项制度是否优秀、是否适当，唯一有效的检验就是它能否在特定时间、特定地区有效适应某一群体的需要。因此，制度和道德是短暂的、相对的，是人与社会的产物，无论好坏，都有可能被人为改变。

同样地，多少有些令人不安的还有遗传学的观点，因为它也与早期的神定论相反。现在看来，我们目前所知的所有现象都是自然原因的产物，并以一种进化的方式运行。一个阶段是另一个阶段的结果。在特定条件下，作用于具体材料的一组确定的力，就会产生一个不变的结果。在某种程度上，人类可以改变自然力量所作用的物质和环境，但是人类从属于自然因素及其自
身智力共同作用的结果，他不能安心地沉湎于倒退的错觉，以为上帝一定会 334
眷顾他。对一些人来说，这令人不安，但对另一些人来说，这是对人类智慧和创造力的一个充满活力和吸引力的挑战。

在遗传心理学、遗传学和优生学领域，进化生物学直接应用于历史问题是最直接和最适当的。斯坦利·霍尔和后来的作家通过令人印象深刻的著作表明，人类的思想同身体一样，必须被视为进化的产物，因此，他们的著作也使遗传心理学被称为思想史的自然导论。

基督教的和民主的古老观念以所有人在本质上是平等的这一信念为基础。生物学和心理学已经证明，再没有比这更明显或更糟糕的错误了。正如变化是宇宙的基本原则一样，多样性和差异性是包括人类在内的有机生命的基本原则。因此，人类最明显的事实，同时也是在当前的社会和历史哲学中最常被忽视的一个因素，不是能力的一致性，而是获取成就的能力差异。尽管社会进步的两个主要因素之一是人口的体质优势，我们仍然必须要警惕高尔顿-皮尔森学派（Galton-Pearson school）以牺牲环境和教育影响的效能为代价，对纯生物学因素的过分强调。没有证据表明，一个强大的民族或一个持久的文明在历史上是以人口中低劣和退化的身体类型为其优势的。事实上，很明显，导致文明周期循环和文化兴衰的一个重要原因是有差别的出生率，借助于出生率，更有能力的统治阶级降低生育能力，把人口

增长的问题留给劣等的生物阶级，由此创建一个生物反选择的过程。今天，如果一个历史学家对弗朗西斯·高尔顿（Francis Galton）、卡尔·皮尔森（Karl Pearson）、拉普吉的瓦彻（Vacher de Lapouge）和奥托·阿蒙（Otto Ammon）的生物哲学一无所知，就不能被认为在智力和专业上接受了很好的训练。

尽管生物因素在人类社会中可能很重要，但有一点仍然很危险，那就是试图将生物学概念直接移植到社会环境中，并假定在个体有机生命里所观察到的重要过程可以无条件或无保留地应用于社会。有机体和社会之间存在着一些有趣的相似之处，这是不可否认的，尽管这些相似之处可能并不比原子和宇宙体系之间的相似性更有实际意义。此外，可能有一些生物过程对人类社会的运作有着重要的应用，但在接受这种类比的恰当性之前，必须计算和
335 考虑这两种情况的明显差异。把生物学概念直接应用于社会过程，可能导致的最严重的错误是这样一种设想，即正如生存竞争在有机生命领域中具有建设性作用一样，战争在社会和文化进化中也起到同样的建设性作用。这种曾经被认为是完全正确的设想值得怀疑，当这种假说被应用到现代条件下和当前文化背景下的战争时，就更是荒谬可笑了。

进化论假说在历史领域一直发挥着影响，它塑造了某些学者的取向。这方面的重要著作是斯宾塞、德拉蒙德（Drummond）、莱基、莱斯利·斯蒂芬、艾伦、朗格、舒尔曼（Schurman）、基德、霍布豪斯、菲斯克和萨瑟兰（Sutherland）等人关于宗教和伦理的论述，以及波斯特（Post）、缅因（Maine）、麦克伦南（McLennan）、白芝浩、勒图尔勒（Letourneau）、科瓦列夫斯基、里奇（Ritchie）和摩根等人关于法律和政治史的著作。然而，总的来说，进化假说留给历史的主要影响是在敏锐的历史学家心目中，创建了一种认知，即社会过程具有发展的特性，并为合理的历史发展理论提供了基础。正如詹姆斯·鲁滨逊常说的那样，是生物学家给了历史学家发展的概念——这才是真正的历史意识。

人类学对历史的贡献

关于进化假说对历史具有重要影响的讨论，直接引发了人们开始思考人类学与新的或动态的历史之间的关系问题。事实上，正是通过人类学的各个领域，进化的概念才与当代思想产生了某些最重要的联系。马雷特教授说得恰如其分：

> 人类学是被进化论思想所激发和渗透的全部人类历史。进化中的人——这是人类学的全部主题。人类学研究的是人在任何已知的时间里、在世界的任何地点出现的情况。人类学研究人的身体和灵魂——作为一个身体有机体，受到时间和空间条件的制约，身体有机体与精神生活密切相关，也受到相同条件的制约。它从头到尾观察着这些情况，力图描绘出人类在其历史过程中所经历的身体和精神上的一系列变化。人类学是达尔文的创造。达尔文主义使之成为可能。拒绝达尔文的观点，你也必须拒绝人类学……因此，我们人类学家说：人类历史的每一部分都应该从整个人类历史的角度来研究，并以全部生物的历史为背景。这其中，重要的是达尔文的观 336
> 点。达尔文的任何一种学说都不一定能经受住时间的考验。它们必须尽可能经常地被放进熔炉，只要任何一个科学家认为合适就行。但是达尔文主义就像使整个世界成为亲缘关系的大自然的作用一样，是很难消失的。人类学无论成功还是失败都与衍生于达尔文主义的假说相关，这个假说就是，人类生活的所有形式之间的变化都具有基本的亲缘关系和连续性。[1]

很明显，人类学对历史的意义广泛而多样。首先也是最重要的事实是，

1　R. R. Marett, *Anthropology* (Holt, 1910), chap.i.

只有人类学才能提供关于人类早期发展的那类知识，而这类知识对于古代史的任何明智的研究来说都是必不可少的。大约30年以前，人们还习惯于打开古代史的书，讨论诺亚的儿子们开枝散叶、移民到世界各地的故事，因为这些杰出人物及其后代的丰功伟绩使人类不断繁衍。有时候也会出现这样的事，即同一本书可能会同时提到，古埃及文明早在传统上被认为是“创造”亚当的日期之前就已经达到了非常高的文明水平。只有彻底删除阿非加纳斯、攸西比乌斯和厄舍的希伯来化的年表，并以涉及史前人类发展的无限漫长阶段，已经被人类学建立起来的事实作为古代史的背景才能消除如此令人绝望的矛盾和困惑。

这种研究历史的新方法不仅从“历史的黎明”中消除了奇怪和神秘的元素，也使这个术语变得容易理解。在所谓的“史前”时期和历史时期之间并没有中断。自从一百多万年前人类出现在这个星球上以来，人类自身的发展过程一直是缓慢而稳定的——虽然不一定完全均衡，但是从未间断。书写艺术是明确划分出历史时期与史前时期的重要成就，但这只是人类文化成就的一个阶段。直到书写艺术出现了几个世纪后，它才足够完善，足以对人类文化和行为产生革命性的影响。

假如有人想做一个书写艺术出现之前的文化发展的详细目录——包括下列各种技术：狩猎和捕鱼、动物驯化、农业的起源、纺织工业的纺线和编织基础、艺术的重要发展、定居生活的开始、人造的居所、高度发展的社会合作形式、以动产和土地形式明确出现的私有财产，以及政府和法律方面的一些重大进步，他就会开始理解那些来自史前时代的文化遗产的重要意义，也
337 会理解那些被30多年前的历史教科书所省略的资料的巨大意义。

人类学知识对历史学家有价值的另一个原因在于这样一个事实，即原始社会的生活和心理特征仍然存在于我们当今社会之中。几乎没有一种现代制度不是扎根于其原始的源头，或者说，如果不知道一种现代制度的源头，那么就无法准确地理解和解释这种制度。我们有关宗教、财产、性别、政府、法律和伦理的制度不仅建立在原始的基础之上，在它们今天的形式和表达

中，甚至也掺杂着大量原始遗产。如果我们正确地理解这些事实，就不会有沙文主义、文化傲慢和保守主义存在的理由了。事实往往会使我们相信，我们的制度缺乏独特性、神的启示、完美和持久性，而这些正是我们习惯于用来粉饰我们的制度的。例如，对一个精明的礼拜日仪式立法的倡导者来说，精读赫顿·韦伯斯特的《休息日》(*Rest Days*)比阅读大量的神学论证更令人困惑。尤其是，当代生活的仪式大多建立在原始起源的基础上。很难想象，能有比阅读类似于赫伯特·斯宾塞的《社会学原理》第三卷中所展示的文化遗产更有趣、更有启发性而同时也更令人困惑的体验了。

我们也无法摆脱心理的特质，虽然这些心理特质有了一些变化，但却是我们与原始的野蛮人所共有的。其中包括如下性格上的倾向：急于下结论，能看到比真实存在更多的东西；形象思维，以一种高度神秘的方式看待经历的某些方面；相信单词和短语的效能，以及对超自然力、万物有灵论、图腾崇拜、拜物教、禁忌和迷信等原始信仰在现代的沉渣、变种和重新利用。有多少原始思想存续到现代，对这一点，我们没有绝对的说法，因为在当代文化的不同阶段，原始思想的存续方式千差万别。在科学上，我们已经相当彻底地脱离了原始的观点和思维方式，但在宗教和伦理学上，正统派完全保留了一套伪理性化的、极其详尽的原始神秘主义和超自然主义。我们思维的其他方面的原始因素在这两个极端之间变化。例如，在政治上，我们仍然依赖于修辞，而这只不过是希腊人对萨满教咒语和首领驱邪解救的精细加工。理解在我们当代的精神特质和心理解释中存在着原始遗存这一事实，对思想史领域的工作者具有特别的价值。因此，人类学把遗传心理学与人类的智力发展联系在一起。冯特、勒维-布吕尔、保罗·雷丁、戈登威泽等人 338
的著作构建了思想文化史的逻辑门槛，它们的作用相当于奥斯本、伯基利(Burkitt)、培克、泰勒、德谢莱特、怀尔德(Wilder)、克莱兰(Cleland)和麦考迪的著作对人类物质文化史的正确介绍。

人类学家在服务历史的过程中，为历史分析方法提供了一项极其重要的贡献，即解释人类文化演化以及解释文化相似性和差异性的方法。当然，这种技术方法不适用于传统的历史学者，他们只对“独特的”片断和逸事感兴趣，但对于那些试图用科学的方法研究文明史和文化史的历史学家来说，这种方法是必不可少的。

从希罗多德时代和更早的时候起，各个地区在文化上存在的相似性和差异性就吸引了许多观察者。尽管文化之间的相似性比差异性引发的兴趣更少一些，但却造成了解释上的最大问题。基于种族、地理环境、民族交往和文化发展阶段的多样性，差异性似乎是很容易理解的。但是在文化的相似性上，情况就不同了。例如，我们如何解释金字塔同时出现在埃及和中美洲？或者如何解释在相隔甚远的地区出现了相似的武器和陶器设计？

文化人类学家对文化相似性和一致性现象进行解释的最早尝试，是在诸如斯宾塞、泰勒，尤其是摩尔根和勒图尔勒等人的著作里。他们以巴斯蒂安（Bastian）理论为基础，运用了人类思想的统一性、地理环境对文化的直接和决定性影响，以及从简单到复杂、制度统一、有序发展的进化假设。然后，他们构建了一个假设的制度发展演化方案。最后，他们致力于不加区别地寻找具体的信息，以证实社会进化的这一预定轮廓。一般来说，这一学派认为，文化的同一性并不是来自群体之间的外部联系，而是源自群体内部。因此，他们强调独立发展，强调人类创造力的丰富性，尽管这些创造力可能受到了自然环境和人类思维的某些特质的强烈影响。

朱利斯·利珀特和泰勒（E. B. Tylor）提出了一个截然相反的理论，后来被拉采尔（Ratzel）所认同，最终由弗里茨·格雷布纳（Fritz Graebner）、埃利奥特·史密斯（G. Elliot Smith）、佛伊（Foy）、安克尔曼（Ankermann）、施密特（W. Schmidt）、佩里（W. J. Perry）、里弗斯（Rivers）等人明确发展起来。这一群体认为，文化的相似性和同一性全部来自群体之间的交流，是
339 文化传播的结果。他们研究分析了工具和习俗上经常出现的独立发明。这个学派中比较极端的成员，如格雷布纳和史密斯，认为在看似被不可逾越的距离和障碍分隔开来的两个区域间，仍然存在着文化传播，以此来支持他们的观点。尽管有些夸张，但这个学派对文化和制度的迁移提出了非常有价值的

建议。他们的工作在协助调查物质文化的传播方面尤其重要。[1]

相比于对独立发展学说或传播学说的片面夸大，在美国，博阿斯教授及其学生提出的历史—心理的分析方法更让人满意，也在一定程度上被马雷特和埃伦赖希（Ehrenreich）等欧洲的人类学家所接受。这一学派没有前提预设或假想，却以调查与某种文化综合体的本质和起源相关的实际事实为宗旨。作为调查的结果，他们发现，绝大多数文化环境的创造都离不开独立发展和传播。然而，一个文化群体从另一个文化群体中获取助益的敏捷性，在很大程度上取决于所要借鉴的具体文化。人们最容易借用物质文化，最不情愿借用宗教信仰和习俗。

这一关键方法的发展在相当大程度上修正了社会进化的早期理论。事实表明，许多所谓的同一性只是表面如此，真正的同一性并不总是意味着它们有着相似经历或完全相同的后续发展。换句话说，这种方法在某种程度上改变了关于制度演化具有统一性和有序性的旧观点，正如刘易斯·摩根在《古代社会》等著作中所总结的那样。[2] 显著的多样性似乎是地球上社会发展所呈现出来的自然规律。在怀特的《文化的进化》一书中，他根据人类学的实际内容修改了摩尔根的理论。

显而易见的是，如果一个人对一些著作所提供的材料类型不够精通的话，就不能被认为具备了研究制度和文化历史的足够能力，这些著作包括：博阿斯的《原始人类的思维》、威斯勒的《人与文化》、克罗伯的《人类学》、罗伊的《文化和人类文化学》（*Culture and Ethnology*）和《原始 340
社会》、戈尔登韦泽的《早期文明》、狄克逊的《文化的建构》（*Building of Cultures*）、米勒-莱尔的《社会发展史》、林顿（Linton）的《人类研究》

1　关于传播论的争议仍然比较激烈。美国批判人类学家对传播论提出了最严厉的批评。在欧洲，支持传播论的人比较多，但是其中有些人正在转变想法，比如A. C. Haddon, V. Gordon Childe, W. J. Perry, Bronislaw Malinowski, A. C. Hocart 等人。关于这一争论的最佳简短讨论，参见G. Elliot Smith et al., *Culture: The Diffusionist Controversy* (Norton, 1927), and Effie Bendann, *Death Customs* (Knopf, 1930), pp. 1–20。

2　Cf. B. J. Stern, *Lewis Henry Morgan*, University of Chicago Press, 1931, and Carl Resek, *Lewis Henry Morgan*, University of Chicago Press, 1960.

（*Study of Man*）和怀特的《文化的进化》等。克罗伯教授在其关于人类学的杰作的最后两章里，为了实现把人类学与动态的历史学联系起来这一令人赞叹的目标，做出了巨大的贡献，他以人类学的方法，对从旧石器时代到当代的人类历史进行了极具启发性的考察。

尽管很多哲学历史学家，如巴克尔、德雷珀、斯宾格勒和切尼，针对人类的发展或衰落提出了各种假想的规律，但唯一对这个问题做出重要贡献的学派是兰普雷希特和布雷斯克，许多人认为，体现在他们方法论里的构想有着很多与摩尔根的人类学相同的错误。还有几个历史学家已经掌握了文化人类学的更新的技术方法，他们是爱德华·迈耶、迈尔斯、詹姆斯·肖特韦尔、詹姆斯·鲁滨逊和特加特。

关于种族和宗教的问题，人类学已经做了许多工作来帮助历史学家从沙文主义和偏见中解放出来。30多年以前，即使是最客观、最杰出的历史学家也免不了受到戈比诺魔咒的影响，在他的关于白人优越和白人中雅利安人最优越的怪诞理论下进行研究。对历史的客观性而言，除了对民族优越感的痴迷之外，再没有比人种神话更具灾难性的影响因素了，此类神话涉及与人种的统一性和刻板性相关的概念，以及由此产生的关于优势和劣势的证据。

现代批判性的体质人类学揭示了人种概念本身难以捉摸的本质，也很难找到足够重要的恒定体质标准来鉴别它。事实已经证明，白色人种各分支之间有无可救药的内部混合，每一分支内部也有广泛多样的类型。此外，体质人类学还显示，远没有什么高贵和优越的雅利安人种，也从来没有任何形式的雅利安人种。而且，博阿斯教授和张伯伦教授还证明，就不同人种而言，他们表现出来的文化素养差异不必使用人种存在先天能力差异的假说，就可以得到充分的解释。他们指出，当把适应当地环境的因素考虑进来时，就很难证明人种的综合优势了。简而言之，人种问题目前仍然非常不确定、模糊
341 和混乱，无论心理学和生物学以后能否以可确知、可核实的方式走出混乱，历史学家都应该而且必须谨慎对待。卡尔·皮尔森通过对查尔斯·达尔文种族血统的总结，有力地证明了历史上的人种假设是无效的：

有这样一种观点，即智力和体质密切相关，常常被用于分析人类群体中的个体，也就是说，分析属于众多种族中的一种人或另一种人，而这些种族已经构建了我们的种群。我们说得好像是我们混合在一起的种群，而不是我们的遗传物质。我们习惯于谈论一个典型的英国人。例如，查尔斯·达尔文，我们认为他的想法是一个典型的英国人，他的工作也是典型的英国人的工作方式，然而当我们研究他的血统时，我们又在徒劳地寻找“人种的纯洁性”。他有来自爱尔兰国王的四个不同的血统，还有来自苏格兰国王和皮克特国王的多种血统，以及曼克斯人的血统。他声称至少从艾尔弗雷德大帝那里获得了三个血统，所以与盎格鲁-撒克逊血统有联系，同时他也通过几个血统与查理曼大帝和加洛林王朝有联系。他的血统还来自德国的撒克逊皇帝们以及巴巴罗萨和霍亨斯陶芬家族。他有挪威人的血统，还有很多诺曼人的血统。他是巴伐利亚公爵、撒克逊公爵、佛兰德斯公爵、萨伏伊王子和意大利国王的后裔。他的血管里流着法兰克人、阿拉曼人、墨洛温人、勃艮第人和朗哥巴德人的血。他是匈牙利的匈奴统治者和君士坦丁堡的希腊皇帝们的后裔。如果我的记忆没错的话，伊凡雷帝为其提供了一份俄罗斯的血缘联系。很可能，流浪在民间的欧洲种族中，没有哪一个与查尔斯·达尔文的祖先没有血缘关系。如果对于这样一个英国人来说，他有这么多种血统，很可能说明他的血统是多么的不纯洁，我们能否大胆地断言，如果能够获得类似的知识，我们还能指望他的同胞的血统更纯洁吗？[1]

尤其有必要警惕新的戈比诺[2]式的文学所带来的荒谬作品，如麦迪

1 *Scientific Monthly*, November, 1920, pp. 435–436.批判人种缺陷的历史杰作是F. H. Hankins, *The Racial Basis of Civilization*, Knopf, 1926。

2 戈比诺，法国历史哲学家，宣扬雅利安人是主宰的种族。——译者注

逊·格兰特（Madison Grant）的《消逝的伟大种族》（*Passing of the Great Race*）及其低劣的变异作品。这是对人种谬论的一种糟糕表达，就像马克斯·穆勒和他那一代人所制造的雅利安传说在德国被希特勒和纳粹复活一样糟糕。

然而，从生物学的观点来看，对同一种族和群体的成员来说，他们存在着特征和能力上的差异，体质人类学家和人口学学者已经注意到这种差异的重要性。这就触及了民主问题的根源。此外，人类学家已经指出，历史和文化的重要材料可能存在于诸如不同的出生率、种族混合和移民等社会过程之中。

342 同样，人类学为减少宗教史问题研究中存在的偏见，也做了很多工作。用人类学的方法对宗教起源进行分析，显示出在这几个方面的显著相似性：宗教的原材料，全世界所有民族对超自然现象的反应方式，以及与宗教现象相关的心理行为模式。它们清楚地表明，宗教机构和仪式的基本核心在很大程度上是一致的，但在其所表现出来的外部形式上却有所不同。这种分析方法已经被马雷特、罗伯逊·史密斯、威尔浩生、休伯特和莫斯、加德纳和孔尼白等学者应用到对犹太教和基督教的研究中。事实已经充分表明，无论是哪种情况，任何关于历史或文化独特性的主张都无法得到事实支持。换句话说，人类学被用于对宗教现象的研究，提供了长远的视角和比较的方法，而这两者的结合可能为宽容和理解奠定了最坚实的基础。如果人类学证明犹太人和非犹太人、佛教徒、伊斯兰教徒和基督徒彼此之间的偏执和傲慢是没有根据的，那么，天主教徒和新教徒、卫理公会教徒和长老会教徒、南北浸信会教徒之间的争吵会显得多么荒谬呢？！罗伊的《原始宗教》，马雷特的《宗教入门》（*Threshold of Religion*）、《普通人的圣礼》（*Sacraments of Simple Folk*），雷纳奇的《俄耳甫斯》（*Orpheus*），卡彭特（Carpenter）的《比较宗教》（*Comparative Religion*），摩尔的《宗教史》（*History of Religion*）和拉尔森的《西方宗教》（*Religion of the Occident*）等著作，为致力于研究某一特定民族宗教制度史的人提供了最好的背景。

考古学与历史学

人类学还有一个方面对发展变化的历史学有重要帮助，即所谓的“史前”考古学，它为我们打开了文字出现之前的广阔历史阶段，这一阶段比有文字记载的历史更长，取得了几乎同样重要的基础性成就。[1]经过从汤姆森和佩尔特斯到德谢莱特和麦考迪几代人的开拓和发展，“史前”考古可能已成为最精确和最令人印象深刻的分支学科。确切地说，它是进化生物学和人类文化之间的桥梁，追溯了人类从猿逐渐过渡到在体质和文化上明显处于人的阶段的物质证据。第一，史前考古学提供了明确的证据，证明在书写记录出现之前，人类的生活和文化就已经长期存在。无论人类起源或被创造的实际情况如何，考古学表明，即使多么费尽心思的寓言或诠释也无法使基督教的编年史与被证明具有几十万年历史的人工制品相吻合。第二，如上所述，343
通过对史前时期的文化贡献进行的简要分类，可以看出，考古学对人类在创造亚当的那个时代所使用的文化工具进行了一场令人印象深刻的展览，直到工业革命，这种工具才在物质领域得到了很大的发展。因此，在很大程度上，正是史前考古学提供了这类信息，使人类学在事实上成为“历史学的门槛”。昆内尔夫妇和哈罗德·培克关于史前时代日常生活的著作，构成了对社会史和物质文化史的入门介绍，是广受欢迎的典范。正如我们所看到的，这些著作消除了“历史开端”的所有神秘的和令人困惑的元素。

考古学家有助于我们更好地理解历史时代，这一点广为人知。一个世纪以前，我们对东方历史的了解仅限于《旧约全书》以及贝罗索斯、希罗多德、约瑟夫和几个古代编年史家提供的某些模糊和可疑的参考文献。现在我们对埃及、美索不达米亚、波斯、安纳托利亚、叙利亚、爱琴海和克里特等地的文明有了明确的、相当完整的记录。这些珍贵的信息绝大多数都来自考古发掘。以克里特和伊特鲁里亚（Etruscans）为例，由于学者们还没有完

1　参见前文第4—8页。

全掌握这些古代的语言，考古学就是我们的主要向导。相对于东方的历史来说，我们在研究古典历史时，可以更多地依赖文字资料，但是，对希罗多德之前的希腊历史和公元前390年之前的罗马史，我们要想获得准确的知识还得依赖于考古工作。考古学助益于历史学的最好的可能也是最鲜为人知的贡献是德谢莱特在高卢的考古工作。这项工作显示了高卢在恺撒时代之前的高度文明，使高卢摆脱了因尤利乌斯·恺撒自私的诽谤和日耳曼历史学家的蔑视而陷入的黑暗状态。如今，考察阿尔卑斯山以北的古高卢文明，就可以获得研究西欧史的明智方法，古高卢文明从湖上居民的时代（the age of the lake dwellers）直到克洛维时代（the days of Clovis），对欧洲文化和制度的发展做出了无数贡献。[1] 埃勒斯·明斯（Ellis H. Minns）在《斯基泰人和希腊人》（*Scythians and Greeks*）一书里，彻底改变了我们对古代俄罗斯南部的认识。美国考古学使我们对印度本土文化有了更广泛的了解，尽管这一贡献没有多大的历史价值，因为欧洲文化的入侵，印度本土文化后来未能得到广泛的发展。

历史发展的新视角

344 生物学和人类学服务于历史学所取得的最令人印象深刻和最重要的成果，也许是历史发展的新视角，即我们在对人类的过去和未来进行解释时，新的历史方法所带来的变化。

1650年，大主教詹姆斯·厄舍出版《旧约和新约年代记》，系统提出了关于人类起源的权威观点，直到30多年前仍被大多数学者所接受。此后，剑桥大学的副校长莱特福特进一步改进了这一观点，他认为，人类的出现是公元前4004年10月28日上午9点的创世举动。因此，人的起源很明确地来自上帝，人的周围环境和工具也同样源于上帝的工作和远见。

1 参见H. E. Barnes, *History of Western Civilization* (Harcourt, Brace, 1936, 2 vols.), Vol. I, chap. xii。

生物学和人类学为历史提供的视角和观点则恰恰相反。新的观点基于这样一个概念：人类在地球上存在的时间明显很长，但人类的类人猿祖先存在的时间更加久远。人类的生物进步和文化进步都是渐进的过程。当我们追溯人类和社会进化的源头时，我们来到的不是天堂，而是野蛮的状态。在不否认历史上有明显倒退的案例，也不介入关于种族体质改善的争议性问题的情况下，毫无疑问，如果我们能够充分开发人类智力的潜在资源，就有可能实现文化和制度的无限改进。我们以发展变化的、乐观的历史观来代替令人沮丧的正统取向，尽管这种历史观不可能成功捍卫任何目的论的解释，也不可能认为地球不会在某一时刻因轻微的宇宙扰动、调整或新的平衡而消失。

直到大约四五万年前，文化的进步与生物的发展是并行的，而且很可能是加速发展的，但是，自从克罗马农人（智人）出现以来，几乎没有任何生物学和神经学进步的证据。因此，人类的进步越来越依赖于文化和思想的进步。我们对后天教养的依赖越来越明显，而对自然的依赖越来越少，但是这绝不意味着我们怀疑优秀人种的能力或者怀疑优生计划的效力——如果真能实施的话。就人为地促进人类进步和文化成就的可能性而言，毫无疑问，我们是有能力来提升物质文化的。自工业革命以来，我们取得了无与伦比的巨 345
大成就。但正如凡勃伦和奥格本所指出的那样，最大的问题在于，我们是否能够确保我们的社会传统在制度方面有类似的进步，或者文明是否会因为我们的技术和社会制度之间存在着严重的差距而消亡。

然而，历史的取向让我们在谋求制度进步的尝试中具有足够的耐心。如果认识到人类抵达今天的状态是一个漫长而艰苦的过程，我们就不会因为明显缓慢的当代改良和改革而产生过度悲观的情绪。我们在大多数方面都比以往任何时候都走得更快，尽管不能确定我们是否走在正确的方向上。没有哪一种文明能够长期安全地停滞不前。进步或衰落似乎是自然的规律。在我们目前的情况下，一种危险的因素——之前并不存在——是我们的新技术具有破坏人类和文化的潜力。如果直到我们的智慧有更多机会能够解决今天的复杂问题，还没有战争爆发的话，那么，我们也许能够及时地将我们的制度生活提高到现有技术所能达到的效率水平上。

维科、杜尔阁、康德和孔多塞等作家在18世纪首次奠定了我们关于进步的现代学说，但是他们还不知道现代生物学、心理学和社会科学，也否认了亚当之前几百万年间缓慢发展的人类文化。他们也无法完全预见到未来的科学和技术所取得的巨大进步。因此，与他们所持的历史观点相比，新的历史视角为研究进步问题提供了更加令人满意的基础。现代人类学、历史学以及自然科学和社会科学领域的研究第一次为至少是一种试探性的进步理论提供了基础，尽管必须坦率地承认，某些文化领域的进步要比其他领域更加显著。当然，进步的所有标准在一定程度上都是主观的。

历史年代学和历史分期

历史年代学的历史是史学史的一个有趣部分。这一点我们已经讨论过，但是在这里还可以稍加提及。[1]一直到基督教早期教父时代，人们对历史年
346 代学的兴趣都不大，因为即使是历史学家都常常无法“发现过去”。事实上，正如韦伯斯特教授和肖特韦尔教授所阐明的那样，找到时间和日期计算方法的人不是历史学家而是牧师。基督教时期之前的历史著作绝大多数都是当代史，否则，从纪年的角度来看，书中所提及的过去都是模糊和不准确的。虽然今天的历史学家能够从国王名年表和其他宫廷的记录中，构建一个尚可接受的东方历史的年表，但这些民族本身并没有系统的历史年代学。希腊的历史学家们除了最基本的年表外，从来没有研究出更多的年代学，直到公元前300年左右，蒂迈欧才参照古希腊两次奥林匹克运动会之间的四年时间，确定了年代计算方法。罗马人最终更成功地设计了相对实用的纪年方法，在所谓的公元前753年罗马建城的基础上，确定历史事件的时间。尽管奈波斯已经开始了编制比较年表的准备工作，但是很明显，这个系统并没有

1 参见前文第12—16、117、133页。

试图带着历史学家的眼光，穿越时间的长河，回到历史的开端。

尽管早期基督教教父写作的编年史很怪诞，但它也有一个优点，即试图找出一种方案来涵盖全部的历史时间。可以肯定的是，对于实现这一目标来说，基督教关于上帝造人的时间假说是远远不够的，因为其假设上帝造人发生在耶稣诞生之前不到6000年的一个时间点上。此外，选择希伯来历史作为比较年表的基础，荒谬地夸大了犹太历史的地位，同时歪曲了东方历史，但至少基督教编年史学家解决了历史年表里的问题。从那时起直到今天，历史年代学的学者们把主要精力都用在如何使阿非加纳斯、攸西比乌斯和哲罗姆计算出来的年表更加精确上了，这些著作有时以更具体的形式展现，比如厄舍和莱特福特的著作，有时以更科学和更可靠的方式展现，比如斯卡利杰和克莱芒等学者的著作。

总的来说，直到我们这一代的所有类型的历史年表，都非常不准确，将人引入歧途。其标准极其主观，通常基于一些特殊的宗教或国家事件，或者是基督的诞生，或者是希吉拉[1]，或者是远东地区的朝代变更。但这些都不具备适合作为世界史年表的客观性或普遍的文化有效性。更严重的是，从时间因素的角度来看，它们始终存在缺陷。所有这些从它们的出发点算起，都是现代或近期，即使是在跨度最广的正统编年史上，公元前6000年也是他们能计算的最古老的时间了。

以生物学和人类学的知识为基础，重新构建的人类进步年表也会面临
如下境况和挑战。历史最广义的背景是天文学背景，它揭示了宇宙的巨大范 347
围，而我们自己的星球的大小和历史是微不足道的。这无疑是人类进化背景中最重要和最不确定的阶段。接下来是地球发展过程中的地质时代，生命起源之前的时期无疑要比自原始生命物质出现以来的时期长得多。生命起源以来，我们有古生物学提供的记录指南，其涵盖的时间如此之长，以至于没有任何谨慎的地质学家愿意冒风险以年为单位来表达这段时间，而必须以十

1　伊斯兰教纪念穆罕默德由麦加迁往麦地那的“徙志”事件。——译者注

亿年为单位。在地质时间很晚的时候，即在地质第三纪，大约500万年前，人类出现。

从那时起，我们就有了我们自己的年表，这是从汤姆森到莫尔蒂耶、德谢莱特和麦考迪等学者，在史前考古学领域计算出来的。它分为石器时代和金属器时代。石器时代再细分为原始石器时代、旧石器时代和新石器时代，每一个又都包含着被精心命名的亚时期；金属器时代贯穿了铜、青铜、铁和钢铁各时期。石器时代的年表有了重大修改。原始石器时代的开端可以追溯到200多万年以前，旧石器时代的开端可以追溯到100多万年以前，新石器时代的开端至少可以追溯到1.5万年到2万年前。铜器时代可能早在公元前4000年就在埃及开始了。青铜时代大约在公元前2600年出现在爱琴海地区。铁器时代是在大约公元前1350年由安纳托利亚的赫梯人开启的，大约一个世纪后，奥地利的哈尔斯塔特人（Hallstatt）开始使用铁器。可以说，铁器时代跨越了从公元前14世纪直到工业革命的西方文明，工业革命产生了真正的钢铁时代及其所包含的全部意义和影响。也许，自金属器时代开始以来，人类历史最基本的时代划分应该是：（1）畜牧和农业时代，其主要特征是心理和文化上的乡土主义、停滞、重复。在工业革命到来之前，这些特征始终主导着社会；（2）蓬勃发展的当代，以资本主义、工业主义和城市文明为主要特征。

然而，我们很容易发现，这个对更新的和更全面的年表所做的理性总结只是年代学的一部分，并不完整，因为它主要强调物质文化，而物质文化是取得最大进步的方面，也是最容易发现和证明其变化和发展的方面。很明显，对于文化进化的其他方面来说，另一种分期方案是必不可少的，即使前
348 文所提供的方案中可能已包含了文明兴衰更有特色的部分内容。此外，最具体的历史年代确定仍然是基于“小个子”狄奥尼修斯和比德武断选择的事件，即基督的诞生。虽然这种方法可能会像其他方法一样服务于实际目标，但在中世纪的作家看来，使用这种方法的特殊原因已不再被大多数进步的历史学家所重视。更合理的年代确定应该是公元前4236年，这个时间采用的是

埃及的太阳历，也是人类历史上最早的已被证实的日期。再往前计算，我们就不能指望比文化时期更精确的纪年了。

任何有思想的人都应该清楚地知道，这些关于年代学的新概念对传统的历史分期方法具有革命性的影响。我们现在的历史分期模式采用的起点完全是任意和偶然的，没有理由成功或者延续使用下去。对于基督教早期教父来说，人类发展过程只有两个重要阶段：（1）在创造亚当和基督诞生之间有一个糟糕透顶的异教阶段，只有一个例外，那就是由神引导的犹太文化照亮了这个阶段；（2）救世主的到来开启了光荣的时代。这种分期的概念在中世纪得以延续，很大程度上是因为奥罗修的工作，他为欧洲文化传统的这种划分做了最多的修订工作，直到人文主义时代萨伯里库斯的世界史问世之前，他的著作一直是公认的通史指南。人们可以发现，在弗莱辛的奥托的作品中，混杂了奥罗修的观点以及对奥托之前的历史阶段的模糊认识，这个阶段把奥托从奥古斯丁时代分离出来，有着重要意义。但第一个把中世纪看作是一个独特时期的人可能是弗拉菲乌斯·布隆德斯，他认为中世纪的特征是，随着罗马权威的衰落，在欧洲西北部兴起了新的国家。让·博丹将人类历史分为东方时期、地中海时期和北欧时期。我们今天所使用的古代、中世纪和现代史的三阶段划分主要是受到了荷兰人文主义学者克里斯托弗·凯勒的影响。[1]

对任何有思想的历史学家来说，这种分期方法有着显而易见的幼稚和不足。第一，它忽略了人类在地球上90%以上的生存时间。第二，在地球上的各民族之间，不存在这样一种普遍的文化同步现象，也就不可能对全部历史进行明确的分期。比较一下埃及、美索不达米亚、印度、中国、不列颠和加利福尼亚在公元前4000年的文化状况，就会发现，不同地区在一个任意拣选的历史年代里，有着巨大的文化多样性。再比较一下公元800年的亚琛和君 349
士坦丁堡的文明，或者比较一下公元1825年的英国、俄国和中国的文明，就可以进一步证明这种分期方法是荒谬的。第三，以这样的方案甚至对单一国

1　参见前文第16、172页。

家进行历史分期都是不恰当的，如果把公元500年的德国文化和腓特烈二世的宫廷文化做一个比较，也会很容易认识到这种分期是不恰当的，因为这两种文化都处于所谓的“中世纪”时期。

如果要保留这些旧的术语和分类，我们就必须扩大它们的范围，以涵盖更久远的岁月。一般说来，我们可以说，古代史似乎最合乎逻辑地包括了从人类起源到旧石器时代结束这一阶段；中世纪史是新石器时代；近代史是从金属器时代到工业革命时代；现当代史是自工业革命以来的历史阶段。但问题是，我们是否需要坚持旧的命名法。此外，可以肯定的是，未来所有的科学分期方法都需要高度多元化、有辨别性和专门化。在诸如技术和经济制度等文化发展的某些方面，似乎存在一种累积的和进步的确定模式。但是艺术和宗教似乎不遵循这样的模式，世界上不同国家的文化之间将继续存在巨大的差异。因此，未来对历史时期的划分需要被限制在单一国家或文化区域的某种特定类型的文化发展上。[1]这可能会给教学带来困惑，但是在历史的准确性和辨识性上会更加富有成效。兰普雷希特建议，我们应该放弃旧的分期方法，而采用一种以集体心理学的系列主导类型为基础的方法，无论兰普雷希特自己对社会—心理分期的提议是否有效，历史学家们能否接受，他的建议都值得称赞。最后，当然，历史连续性的概念对随意进行历史分期的任何计划都提出了挑战。

历史发展中的地理因素

德国哲学家赫尔德认为，人类历史本质上是对“精神”不断变化的表达，这种变化源于对外部环境多样化的适应。在外部环境中，物质环境最重要。但是历史学家们受到了黑格尔绝对论和国家论的影响，也受到卡莱尔关于伟人是上帝的工具这一观念的影响。因此，19世纪的历史在宪政主义和

350

1 Cf. Lewis Mumford, *Technics and Civilization* (Harcourt, Brace, 1934).

民族主义的魔咒下，在生物学的奇闻逸事的魅力下，渐渐失去了活力。卡尔·李特尔几乎没有被人注意到，巴克尔被嘲笑，而拉采尔也基本上是被忽视的。甚至在我们今天，一位博学的美国历史学家在展现“精神”跨越美洲大陆的壮丽迁移时，竟然丝毫不考虑经济利益和地理因素。[1]然而，渐渐地，历史学家们已经意识到，如果脱离了人类的物质环境，就无法充分理解或者合理描述他们的行为。我们有一些明显的例子，说明历史学家越来越认识到那些由自然地理学和人类地理学的学者们处理的大量材料的重要性。

人们很早就对地理因素、社会制度和人类文化之间的关系产生了兴趣，这种兴趣几乎和历史本身一样古老。希波克拉底，与希罗多德和修昔底德同时代的“医学之父”，显然是第一个对这一主题进行系统论述的人，同时，他还努力确定了气候和其他物理因素对疾病的类型和发病机制的具体影响。最后，他找到了“温和气候”的居民——希腊人——优于南方的懦弱者和北方的蛮族人的原因。亚里士多德承认自己对希波克拉底的解释很满意，西塞罗也明确这种观点可以用来证明罗马人的优越性。阿奎那在中世纪复兴了亚里士多德的观念，不久之后，这些观念又出现在伊本·赫勒敦的著作中，这一次，穆斯林的地理知识丰富了这些观念。博丹展示了地理如何与上帝共同策划，使法国成为一个伟大的国家，并就如何研究地理学以帮助政治家避免革命提出了建议。理查·德米德（Richard Mead）和约翰·阿布斯诺特（John Arbuthnot），两位18世纪上半叶的英国医生，利用物理学和气象学的新发现，试图解释气候和天气对人产生的影响，虽然不能令人信服，但很有趣。孟德斯鸠的经典著作在地理研究基础之上，建立了历史哲学和法理学，他借用了阿布斯诺特的理论和夏丹《游记》里的描述性材料。19世纪上半叶，卡尔·李特尔在亚历山大·冯·洪堡等探险家辛勤劳动所积累的可靠知识的基础上，创立了现代意义上的人类地理学。他推动和启发了后来的人，比如佩舍尔（Peschel）、盖约特（Guyot），特别是弗里德里希·拉采

1　E. D. Adams, *The Power of Ideals in American History* (Yale University Press, 1913). 近年来，新黑格尔主义历史观的鼓吹者是意大利哲学家克罗齐。参见前文第205页。

尔和埃利塞·莱克鲁斯（Elisée Reclus），他们的工作使这门学科更加系统化。除了拉采尔、莱克鲁斯及其后的作家如里希特霍芬（Richthofen）、布
351 容赫斯（Brunhes）、瓦洛（Vallaux）、布拉切（Vidal de la Blache）、森普尔（Semple）和亨廷顿（Ellsworth Huntington）等人的系统性工作之外，德莫林斯（Demolins）、考恩（Cowan）、梅契尼科夫（Metchnikoff）、麦金德（Mackinder）、勒普莱（LePlay）、格迪斯（Geddes）、哈恩（Hahn）、亨廷顿、沃德、德克斯特（Dexter）、赫尔帕奇（Hellpach）等人也对这一主题的重要层面做出了很多重大贡献。[1]

这些作品对历史阐述和历史解释的影响是显而易见的。以上提到的人类地理学家几乎触及了影响人类社会的各种环境因素，并提供了一幅人与自然关系的清晰图画。德莫林斯和考恩强调了地形和旅行路线的重要性，也强调了自然屏障对入侵和交流的重要性。勒普莱和格迪斯分析研究了大河流域作为自然地理区域在现代工业社会中所起的基础作用。麦金德指出了战略地理位置在国家扩张和国际关系发展史上的重要性。哈恩和沃德写出了系统化的导论，涉及了在不同历史时期气候对人类的影响。埃尔斯沃思·亨廷顿做出了新的贡献，他提出了一种大胆创新的气候振荡假说，这一假说可以解释历史上许多重要的民族迁移以及历史文化的衰落。赫尔帕奇、德克斯特、亨廷顿和莱芬威尔（Leffingwell）已经开始研究气象和季节变化对人类体力和活动的影响。亨廷顿在他的《地球与太阳》（*Earth and Sun*）一书中提出一个假说：太阳、气候和气象对文明进程的影响在本质上是一致的。

除了这些关于地理广泛影响文明进程的著作外，一些地理学家还致力于研究环境因素和历史之间的具体关系。莱克鲁斯和费尔格里夫（Fairgrieve）指出了地理和世界历史之间的关系，而在最近，布容赫斯、瓦洛和吕西安·费弗尔（Lucien Febvre）更是彻底地执行了这项任务。莱昂·梅契尼科夫分析了大河流域在早期东方文明中的重要性。菲利普森（Philippson）

1 Cf. Franklin Thomas, *The Environmental Basis of Society*, Century, 1925，对历史地理理论做了最好的总结。

对地中海区域地理因素的研究具有里程碑的意义，他研究了这些因素对东方和古典历史的影响。森普尔和纽比金（Newbigin）的作品紧随其后，也更受欢迎。纽比金详细地分析了巴尔干半岛的地理与历史之间的联系。尼森（Nissen）对意大利的地理学进行了经典研究。布拉切和布容赫斯对法国历史上的地理因素做了极为详尽的论述。麦金德对大不列颠的地理做了最好的研究，而里希特霍芬、克雷奇默（Kretschmer）、帕奇（Partsch）、潘克（Penck）和戈茨对中欧的历史地理研究有重要贡献，克鲁波特金
（Kropotkin）等人也研究了与欧洲斯拉夫人的历史相关的地理因素。在美 352
国，森普尔、布里格姆（Brigham）和史密斯（J. Russell Smith）已经成功地考察了美国历史上的地理因素。还应该提到的是经济地理学家对经济史的贡献，这些经济学家包括奇泽姆（Chisholm）、麦克法兰（McFarlane）、戈茨和史密斯。

历史学家跟随地理学家的脚步，开始关注地理影响，这些地理影响塑造了特定的历史领域或民族国家的发展。乔治（H. B. George）和赖特（J. K. Wright）努力展示了地理对历史特别是对政治史和军事史的总体影响。迈尔斯对早期历史文化兴起的地理基础做了一项有趣的调查，激发了人们对此项研究的兴趣。古代东方的历史学家对这些文化所处的河谷环境进行了如此全面的研究，以至于尼罗河、底格里斯河和幼发拉底河已经成为地理决定论的经典例子。库尔提乌斯和齐默恩详细阐述了希腊半岛的地理环境与希腊文明的起源及特征之间的关系。半个世纪前，迪吕伊提供了一份意大利地理与罗马历史关系的概述，至今仍未被取代。哈纳克认识到影响基督教传播的地理因素。比斯利针对中世纪的历史地理背景做了颇有价值的研究。米什莱和朱利安详尽地描述了法国历史的地理背景。关于不列颠的自然特征对英国历史的影响，格林提供了一份经典考察，而卢卡斯则展示了地理因素如何影响了大不列颠帝国扩张的过程及其特征。里尔深刻地指出了日耳曼人的地理环境与德国社会和文化演变之间的关系。斯宾豪斯（Spilhaus）论述了欧洲扩张的地理起源和殖民进程。在对美国的研究上，佩恩（Payne）阐释了物理环境特

征与探险和定居生活的关系，温泽展示了密西西比河流域的历史意义，赫尔伯特（Hulbert）详细描述了征服内陆的行进线路。但直到弗雷德里克·特纳及其追随者，才令人信服地阐释了美国的地理区域与其地方历史和国家历史之间的关系。最后，德国学者赫尔莫特（Helmolt）适当采纳了拉采尔关于地理与历史关系的观点，并在此基础上，编辑了一部自命不凡的世界史。

物理环境对一个民族的历史发展有着重要意义，关于这一认识，尽管在前文的论述中已经有了良好的开端，但大多数传统的历史学家仍然很少关注
353 地理因素。事实上，人们可能会怀疑，许多历史学家是否能清楚地意识到地理因素的存在或其影响力。那些对这一问题有所思考的人几乎没有意识到，发现地理因素在历史发展中的作用所要凭借的重要手段是地形图和经济地图，而不是政治地图。翻开大多数现代的历史著作，人们会发现政治地图与地形图出现的比例大致是20∶1。对一个普通历史老师来说，历史地理学仍然仅仅是按时间顺序来考虑的、关注于政治边界变化的“彩色政治活动”。

除了对历史事件的兴趣仍然占主导地位外，历史学家对地理的这种冷漠态度（如果不是反感的话）可能主要在于这样一种错误的印象，即对地理学感兴趣就意味着接受了地理决定论这一唯物论的学说。但是，这个问题不能从这个角度来看待，而应该看成是人与自然的共同进化。套用拉采尔的话是，“每一个地理问题都必须从历史的角度来研究，而每一个历史问题也必须从地理的角度来研究”。在技术发展的各个阶段，地理因素的影响是不同的。而且，正如博阿斯学派的重要人类学家已经充分证明了的，除了比属刚果土著设计的服装在北极圈以北几乎行不通这样明显的认识之外，完全相信地理决定论是不可能的。在几乎相同的地理环境中存在着迥然不同的文化，而在迥然不同的物理环境中却存在着高度相似的文明。文化似乎是历史上的动态因素，与许多其他因素相互影响，其中最有效的因素是自然环境和物质资源。

而地理因素的考虑对所有阶段的历史都很重要，尤其是对动态的社会史具有特殊的意义。物质文化及随之而来的社会制度似乎主要是某种具体技术应用于自然资源的结果。两者对于任何繁荣的经济社会都是不可或缺的。在

经济相对落后的国家里——现代意大利是一个很好的例子，尽管有非常熟练的技术人员，但是由于缺乏发展钢铁工业的矿产资源，他们的经济发展仍然滞后了。1917年（或1928年）之前的俄国则是相反的例子，他们的工业落后是由于缺乏现代技术，无法开发异常丰富的矿产资源。在这种相互作用中，技术是动态的因素，而地理是潜在的因素。有一个被反复使用的例子可以说明科技变革对地理作用的改变，那就是地中海和大西洋带来的影响。地中海 354
和大西洋曾经是旅行的障碍和文化隔离的原因，但是由于航海术——首先是帆船，然后是蒸汽船——的出现，从公元前三千纪初期至今，它们已经变成了文明发展和扩张的作用力。同样，由于交通不便或远离海洋和定居地，能够水力发电的河流一度几乎毫无用处，但现在可以通过发电和传输电力来加以利用。

近年来，关于历史与地理关系日益密切的最有趣的一个例子是，人们对区域地理和地方历史的兴趣。继布拉切之后，法国地理学家为促进对自然地理区域的深入研究做了大量工作，为社会和文化统一的发展规划了理想化的逻辑基础。这一概念被勒普莱在法国的信徒和苏格兰的格迪斯作为社会改革理论的基础。虽然许多欧洲历史学家，如兰普雷希特和施穆勒，已经分析了某些地理区域与其中所包含的经济生活之间的关系，但为开发这一领域做出最大贡献的是特纳教授。他解释美国历史的关键是一个合乎逻辑的论点，即美国的历史主要是一个将边疆和拓荒者社会从大西洋海岸向西推进到太平洋的过程，他描述了这一总体运动如何因所穿越的不同地理区域而变得复杂多样的过程。虽然从某种意义上说，美国的发展始终是一个面积不断扩大、实力不断增强的过程，但从另一种意义上说，它又具有社会、经济、文化和政治多样性的特征，这种特征主要源于地理环境和资源的差异。区域差异通过一种区域分工和协作已经成为实力的源泉。但与此同时，也导致很难维持政治上的统一和忠诚。可以预见，在未来，历史学家将把他们的注意力从只关注国家这样一个人为的单位，转向追溯自然地理区域与其社会和文化产品之间互动关系的历史。也许，在未来，政治实体将符合适当和便利的地理环境，而不再根据王朝野心和民族自豪感的武断考虑来决定。

最后，从自然区域的基本地理统一过渡到另一个极端，有一点可以指出，自1500年以来，特别是自1870年以来，随着欧洲在海外的扩张，世界地理已成为历史学家越来越重要的课题。一个历史学家，除非他熟悉被发现、被殖民和被开发之地的自然特征和自然资源，否则就不能指望写出有智识的欧洲
355 扩张史。在某种程度上，这种对世界地理的兴趣可以说在空间上扩展了历史，就像地质学、生物学和人类学扩展了历史的时间视角和时间方向一样。

历史的解释

正如我们所看到的，到19世纪末，就处理历史信息而言，大量的原始资料已经汇集在一起，历史研究的机制也臻于完善。我们已经非常清楚这些是如何发展而来的。但在大多数情况下，历史学家的工作只是收集了历史资料。历史学者与物理学家、化学家或生物学家所处的环境并无二致，他们面对的是大量的笔记本，里面详细记录着无数的实验和观察，但对这些资料的意义却没有任何要去解释的尝试，也没有要从中得出普遍应用的科学规律的尝试。在半个世纪以前，大多数历史学家决心不让人们从发现事实和对连续事件的叙述中转移注意力，这不是没有道理的。哲学家们曾试图利用历史事实来证实他们对历史发展的荒诞观点[1]，这种奇怪的尝试在人们的脑海中记忆犹新，而且，任何合理的解释所依据的事实在那时还没有完全收集起来。

然而，这样会暴露出一些人所持有的阴暗观点，即收集事实标志着历史学家任务的最终完成，这就好像一名科学家认为，他把自己的观察制成表格后，他的工作就结束了一样。[2]对历史资料进行细致而谨慎的解释，非但不是不科学的，也完全没有远离历史学家的任务，反而构成了科学方法对历史

1 参见前文第192页及以次。

2 参见前文第266页及以次。

的最后完善，并使大量集合起来的事实具有了某种意义。鲁滨逊教授和波拉德教授已经有力地阐释过这一重要事实：

> 历史学，要想成为科学的，首先要成为历史的。令人无法理解的是，我们现在所认为的真正的历史兴趣，几乎被19世纪以前的历史学家忽略了。他们把过去发生的事情叙述了一番，以为读者会感兴趣。他们带着训诫的目的对这些事情做了评论。他们煞费苦心地想弄清楚事情的真相。在这种程度上，他们是科学的，尽管他 356
> 们的动机主要是文学的、道德的或者是宗教的。然而，一般来说，他们并没有要去确定事情是怎么发生的。在两三千年的时间里，历史一直是对过去事情的一种记录，那些没有思想的人仍然满足于这一定义。但是，描述过去是一回事；试图确定它是怎么发生的又是另外一件事。[1]
>
> 事实——我冒着被学究们嘲笑的风险说出这番话——只是次要考虑的问题，在我看来，事实只会被用作示例。这句话可能并不恰当；至少最近它带来了一些无恶意的欢乐。事实上，一个人的事实应该是正确的；但是事实的意义比事实本身更大，我现在所关心的正是历史事实的意义。只有透过事实的外壳，我们才能触及历史真相的核心。一个事实，除非它在传达一个意义，否则其本身没有什么价值。只要你能发现，所有事实的背后都有其意义；但是，发现事实的意义通常是教科书作者的最终目标。在陈述事实的时候，似乎这些陈述比理解事实更为重要，似乎教育的目的是使青年的头脑成为堆满事实的储藏室，而不是训练他们掌握一种有效的方法，履行生活责任，去发现真理的特征。[2]

1　Robinson, *The New History*, p.62.

2　A. F. Pollard, *Factors in Modern History* (Knopf, 1928), pp. 2–3.

正如孔德所建议、肖特韦尔教授也明确指出的那样，各个时代的主流历史解释类型都忠实地反映了各个时代的主流学术兴趣。古代东方的超自然史诗被古典时代思想家的神话和哲学解释所取代。随着基督教被普遍接受，二元论、末世论和天佑观念——其中某些观念源自波斯人——取代了古典神话，这些观念主导着从奥古斯丁到博絮埃时代的历史解释。随着欧洲的扩张及其对旧的知识秩序的猛烈冲击，出现了批判的理性主义学派——其中包括培根、笛卡尔、伏尔泰、休谟和吉本。由于这一学派远远超前于时代的知识取向，因而又陷入康德的二元论和赫尔德、费希特、施莱格尔、谢林和黑格尔的浪漫主义和唯心主义。我们已经注意到历史解释对历史著述的影响。法国大革命以后，民族主义的发展相比于政治解释模式得到了优先考虑的暂时先机。但是，构成科学和工业革命的巨大变革注
357 定使这种肤浅的观点成为一种短暂的存在。现代知识和思想兴趣以史无前例的广度和深度带来了对历史发展的大量解释，其中很多解释也反映了近百年来发展的杰出成就。

随着现代自然科学的发展，人们对知识的运用有了批判态度，对旨在构建和呈现历史发展的宏大而系统的哲学体系所做的努力明显减少，奥古斯丁、弗莱辛的奥托、博絮埃和黑格尔等人都曾经提出过这种哲学体系。对任何正统历史哲学的怀疑主义似乎都必然伴随着我们不断拓展的对社会和历史现象无限复杂性的认识。那些试图将历史进程归纳为一个准则的宏伟尝试，带着太多的先验方法的无知味道，现在已经完全丧失了可信性。

为了取代旧的教条主义的历史哲学，人们提出了所谓的对历史资料的“解释”。[1]现在的历史哲学与以前的历史哲学不同，因为它没有任何目的论的内容，也否定了演绎法。它们的目的仅仅是强调和更充分地揭示某些因素，根据各种解释学派的解释，这些因素似乎对过去和今天的文明产生了

1 参见前文第192页及以次。对历史解释的最全面的论述可参见H. E. Barnes, *The New History and the Social Studies*, Century, 1925。

最大的影响。简而言之，这是为了补充兰克对过去所发生事情的无目的的探索，至少是为了解释现在的秩序是如何形成的。它不像旧的兰克体系那样缺乏科学性，而是真正完成了历史编纂的科学方法，正如自然科学以同样的方式对一般规则和规律的阐述，构建了通过野外观察和实验室试验完成收集数据任务的逻辑完整性。

目前，研究历史现象的现代学者提出的历史解释大致可分为7个具体的学派，每一个学派都对我们认识历史发展做出了重要贡献。它们之间绝不是相互排斥的，而是在很大程度上相互补充的。它们可以被称为：（1）个人的、传记的或“伟人”的理论；（2）精神的或唯心主义的解释；（3）科学技术的解释；（4）经济学的解释；（5）地理学的解释；（6）社会学的解释；（7）综合的或“集体心理”的理论。我们可以顺便指出，传统的历史学家基本上还坚持着政治因果关系这种陈旧的理论，或者仍然认为历史的发展完全是任意的，不遵循任何可确定的规律。

在这些历史解释学派中，最著名的也是传统历史学家唯一给予重视的 358
学派是浪漫主义学派，其中最著名的代表人物是卡莱尔和弗鲁德，他们认为历史上的伟人是历史发展的主要原因——历史是一部集体传记。当然，这种观点与18世纪理性主义者的灾难性解释密切相关。同时代坚持这一观点的著名历史学家是埃米尔·法格特、马洛克（W. H. Mallock）、卡尔·皮尔森、威廉·泰尔、威廉·邓宁、埃米尔·路德维希、克劳德·鲍尔斯（Claude Bowers）和艾伦·内文斯。

作为一个迟到的分支，冯·谢林和冯·施莱格尔的唯心论也是在被称为“历史的精神解释”（the spiritual interpretation of history）中发现的。“历史的精神解释”曾经拥有最热切的倡导者，他们是鲁道夫·奥伊肯（Rudolph Eucken）、谢勒·马修斯（Shaler Matthews）、泰勒和麦克劳克林（R. W. McLaughlin）。马修斯教授适当而谦逊地定义了这种历史观。“历史的精神解释一定是在探索精神力量的过程中发现的。这种精神与地理的和经济的力量共同起作用，产生出一种向真正个人化状态发展的普遍趋势，而这些个人化的状态不会存在于形而上的概括中，只能存在于有价值的人的活动中，这些人在社会关系中寻求自我表达，使自然规律本身能更完全地服从于人类的福祉。”[1]从这个意义上说，这种类型的解释已经远离了早期的先验论，与“伟人”理论有着很大的相似性，也明显地要在普遍的神学取向掩盖下，试图与批判性和综合性的解释相融合。与这种解释模式趋向一致的是亚当斯和克罗齐的解释，亚当斯试图将美国的历史发展与一系列占主导地位的国家理念联系起来，尽管这些理念的起源和基础尚未得到充分的解释，克罗齐则试图综合分析和捍卫这种唯心论的解释。

人类进步与自然科学和技术的进步直接相关，这样的观点在孔多塞的著作里得到了首次阐释，又在孔德和巴克尔的著作里得到再次阐释。除了诸如丹内曼、萨顿、杜海姆和塔内里（Tannery）等历史学学者关注这一观点之外，这方面的历史解释被最近的历史学家们遗憾地忽视了，尽管马文、刘易斯·芒福德、林恩·桑代克、哈斯金斯、沃尔夫、厄舍和查尔斯·辛格已经指出了这种历史解释的真正潜力。兰普雷希特、塞格诺博斯、肖特韦尔、鲁滨逊和普里泽夫德·史密斯在他们对历史的综合解释中也顺带强调过这种观
359 点，但利用这种观点的人仍然很少，虽然这可能是历史解释的所有特征中最有前景的。它的倡导者声称，它具有比经济学解释更根本的因果重要性，这种经济学的解释认为，科学知识的普及及其技术解释决定着经济生活和经济活动的现有模式，甚至卡尔·马克思也承认这一论点的正确性。[2]

对历史进行解释的经济学派最初是由费尔巴哈和马克思创立的，之后被很多不那么教条的作家所继承，比如罗杰斯、阿什利、托尼、韦伯夫妇、哈蒙德、施穆勒、松巴特、纪德（Gide）、阿希洛里亚、凡勃伦、西蒙斯、比尔德、哈克和西姆科维奇（Simkhovitch），他们的贡献对我们来说都很熟悉，不需要进行任何额外的阐述。这一学说最好的也被普遍接受的观点是，

1 Shailer Matthews, *The Spiritual Interpretation of History* (Harvard University Press, 1916).

2 A. H. Hansen, “The Technological Interpretation of History,” *Quarterly Journal of Economics*, November, 1921.

社会中普遍存在的经济制度和过程类型在很大程度上决定了在此基础之上产生的社会制度和文化性质。尽管偶尔有些夸张，但没有哪种历史解释比这一学派更富有成效或具有划时代意义。

与此直接相关的是对历史的地理解释，这种解释始于希波克拉底，通过斯特拉、维特鲁威（Vitruvius）、博丹、孟德斯鸠和巴克尔的著作得以发展，李特尔、拉采尔、莱克鲁斯、森普尔、布容赫斯、瓦洛、德莫林斯和亨廷顿等作家重新将这种解释发扬光大，并使之更加科学。自李特尔以来，几乎没有进步的历史学家敢在不了解地理知识的情况下冒险写作一个国家的编年史。关于这一趋势的意义我们在前文中已经做过说明。

对历史的社会学解释可以追溯到阿拉伯的伊本·赫勒敦，在维科、杜尔阁、弗格森、孔多塞、康德和斯宾塞那里得到发展，而这种解释的现代杰出代表是吉丁斯、奥格本、托马斯、霍布豪斯、米勒-莱尔和阿尔弗雷德·韦伯。吉丁斯令人钦佩地将这一理论描述为“一种尝试，即尝试着通过进化过程中的物理、生命和心理原因的共同协作来解释社会的起源、结构和活动”。作为一门遗传社会科学，社会学与文化人类学共同致力于解释历史因果关系的重复性和统一性。

在所有类型的历史解释中，综合的或者“集体心理”的解释是最新的、最具包容性的和最重要的，或许也最完美地代表了更新的历史学。按照这种历史解释，没有哪一类“原因”能充分解释历史发展的所有特征。只有 360
某一时期的集体心理才具有足够的力量去支配这一时代的历史发展。历史学家的任务是发现、评价和阐述那些构建了群体人生观的重要因素，这些因素决定着群体在求得生存和发展过程中的特点。对这一观点最好的概括也许是，一般的智力状况通常会决定人们对科学技术的普遍态度。科学技术创造和控制着经济机制的类型，反过来，它们又逐渐建立起一套“相联系的”或防御性的机制，从实际的经济生活中找到具体的特点。这些机制就是社会制度和习俗、政府的形式和政策、法律体系的类型、教育理论、公众意见和媒体表达、被认可的行为模式以及普遍的世界观。因此，每个时代既有过去的传统，也有未来变化的萌芽，但最具活力的因素始终是通过与外部文化的接触而引入的新思想。兰普雷希特、费列罗、塔德、勒维-布吕尔、富耶（Fouillée）、塞格诺博斯、涂尔干、马文、鲁滨逊、肖特韦尔、贝克尔、普里泽夫德·史密斯、兰德尔和阿尔伯特·哈特虽然有着截然不同的背景和观点，但他们都堪称这一历史解释学派的最杰出的领袖人物。

历史学和社会科学

在沿着更先进的路线进行的历史研究中，有一种最有希望的新发展，即历史学家对社会科学——在教育界被广为人知的“社会研究”——的兴趣日益浓厚。这是历史和社会科学中不断发展变化的观点相互作用的自然结果。社会学家无法忽视历史，因为对所有社会科学来说，起源的问题都具有重要意义。社会制度、经济过程、国家、法律以及被认可的普遍行为方式的历史，都是社会学、经济学、政治学、法学和伦理学的最重要内容。所有有效的和有价值的历史都应该为这些问题提供充分的资料。可以肯定的是，许多过去的历史文献并没有考虑到这一目标，而且很难被利用在这一目标上。但是，我们可以预期，历史学家将越来越多地受到这种认识的指导，即如果他们不能阐明我们今天所熟悉的各种制度的起源，那么他们的努力在很大程度上将会徒劳无功。

361 同样，如果历史学家要描述主要机制类型的演变，他就必须掌握一些基本的与这些主要机制相关的各种社会科学知识。过去大多数引人注目的和偶发性的政治史反而变得毫无价值和无关紧要，其中的一个原因在于，历史学家们可悲地忽视了他们所掌握的哪怕是粗浅和表面的政治学。否则，他们就不会浪费时间，滔滔不绝地讲述个人的逸事了。他们更应该关注那些与说明各种宪法、政府机构、政党运作和政治生活等方面发展相关的事务。当然，这并不意味着在描述性的历史里，个人因素就被完全忽略，它强调的是，对个人活动要做不同的选择，以便使所描述的内容能够影响各种形式的制度生活，或者能够说明某种特定类型的人格反应。[1]

简而言之，对一个想要明智地写作社会、国家、法律或经济生活的历史学家来说，掌握社会学、政治学、法律体系和经济学的相关知识是必要的，这就如同为了写作化学史需要掌握一些化学知识一样。社会科学的知识之所以没有被普遍认为是历史写作的先决条件，唯一的原因是，对于历史和社会科学来说，经验法则和常识性方法已经足够的观念非常普遍且持久。但是，这类观念却不被自然科学所接受。指出以下两点事实，令人感到既有趣又不幸：（1）历史学家坚持在古文字学、外交、词典学和内证、外证法方面进行强化训练，以确保获得准确的文本和叙事；（2）同时存在的问题是，在唯一一组能使历史学家明智地组织和解释史料的研究中，却忽视了适当的强化训练。

1929年，在美国历史协会的赞助下，历史学家们任命了一个社会研究委员会，这是历史学家们对社会科学态度发生变化的最显著证据。委员会从卡耐基基金会得到一大笔钱后，进行了一项雄心勃勃的调查计划，并出版了一批具有创新性和启发性的著作。[2]他们的研究与1903年的历史学家形成了鲜明的对比——1903年，历史学家提供了对社会科学运动具有明显敌意的证据，吉丁斯教授在他们面前的著名演讲“社会因果关系理论”就是一个 362
例证。

心理学曾经几乎不被看作是一门社会科学，只被看作是对个人心理过程的研究。然而，没过多久人们就承认，如果不考虑内在心理活动，不考虑社会中思想之间的相互作用，对个体心理过程的研究就不可能是完整的或令人满意的。这也促进了心理学一个特殊分支的发展，这一分支即社会心理学，集中研究心理之间的关系。

---

1 Cf. H. D. Lasswell, *Politics: Who Gets What, When, How* (McGraw-Hill, 1936).

2 参见A. C. Krey, ed., *Conclusions and Recommendations of the Commission of the Social Studies* (Scribner, 1934)，以及委员会出版的15卷本的专题研究。

历史可以通过心理学获得最重要的信息，这些信息涉及人类行为和信仰的动机、模式和控制的本质。[1] 思想是有机组织和社会的统一和整合因素，显然，如果不了解人类行为的一般心理，历史学家就无法理解人类过去的行为模式。自有文字记载的历史以来，人类心理的精神物理学基础或基本的行为模式似乎从未有过根本的变化，在有充足数据资料的情况下，分析过去的历史人物和群体状况，可以利用今天的人类心理学。在传统历史写作尤其是在传记写作中，最明显的就是缺少专业心理学的知识，就连许多最有才华的文学传记作家也是如此，结果，为个人动机和行为提供的解释常常极其肤浅和荒诞。可以毫不夸张地说，普通的历史传记完全就像弗洛伊德的《列奥纳多·达·芬奇》(*Leonardo da Vinci*) 一样怪异，尽管怪异的方式各有不同。林顿·斯特拉齐（Lytton Strachey）、安德烈·莫鲁瓦（André Maurois）、甘梅利尔·布拉德福德（Gamaliel Bradford）等人的著作说明了心理学对传记的影响。除了更好地理解个人行为之外，心理学与社会学的结合还指出了个人行为是如何被社会环境、社会联系以及风俗习惯所改变的。

历史学与心理学的交流应该是互惠互利的。历史学为心理学家提供了从野蛮时期到我们今天的关于人类行为的许多具体实物例证，虽然这些资料几乎总是不完整的，但历史提供了心理学家感兴趣的几乎所有性格类型的例子，至少为不同条件下的人类行为模式提供了一些蛛丝马迹。随着资料的日益丰富，我们可能希望，历史学最终将成为心理学家的一个重要实验室。

363 因为人类总是生活在规模或大或小的群体里，很显然，心理学，或研究群体中人的生活和活动的科学，对历史学具有很大的价值。社会学试图对影响群体生活的场所和方式的各种地理、生物、心理和经济力量进行分类和分析。同样，它也旨在描述和解释在社会行为模式、风俗习惯和道德观念中，这种群体生活的结果以及更永久的制度控制和指导。因为它既包括群体生活的原因，也包括群体生活的结果，所以它是基本的社会科学，也是唯一

1 Cf. H. E. Barnes, *Psychology and History* (Century, 1925)，是对这一重要主题的详细论述。也参见 W. L. Langer, “The Next Assignment,” *American Historical Review*, January, 1958。

有希望能概括社会过程和全部社会因果关系的社会科学。由于历史学在很大程度上致力于描述经济、政治、军事、美学和宗教原则下的群体行为，很明显，掌握社会学的基本原理，将会使历史学家的准确性和洞察力得到极大的提高。

另一方面，历史学对社会学也具有极大的价值，它为社会学提供具体的数据，这些数据既涉及特定时期特定社会的横截面，也涉及社会和制度的动态变化。虽然许多传统的文学历史学家强烈反对这种从社会学的角度来评价历史作用的观点，但毫无疑问，历史学最卓有成效的贡献之一是其有意或无意地整合了动态社会学的原始资料。历史的事实内容越是准确和明晰，它的结论对社会学来说就越中肯，相应地，也就越能启迪和陶冶人类。

作为一门研究人类获取和利用物质财富的科学，经济学是以心理学和社会学为出发点的。人类的动机在人类获取财富的活动中发挥作用，因此，只有在充分理解人类冲动的基础上，才能正确地理解它们。同样地，群体活动是为了获取物质利益、提高生产力，也需要正确的分析，以此来理解群体行动的一般原则和法律。虽然人们不能接受一个绝对教条的说法，即从完全经济决定论的意义上对历史做经济学的解释，但是，一个理智的人不会怀疑经济因素在社会中的重要性。在某些时代，经济因素显然拥有真正的决定性力量。这种情况在公元1750年以后尤其明显。对现当代社会崛起的经济学解释，尽管无疑会漏掉许多有趣的因素，但却比任何其他解释都更接近真相。人类历史上的任何时期都不能忽视或否认经济因素对社会的影响。

在这种情况下，历史学家必须处理经济活动，如果不熟悉创造和利用物质财富的相关科学，他很难指望胜任这一工作。现当代历史尤其如此。在这 364
一领域，任何历史学家，除非事先掌握了经济学理论和制度经济学，否则只能对我们高度复杂的经济体系进行浅显的描述。

对于经济学家来说，历史也有潜在的贡献，历史可以让经济学家掌握经济发展的动态。不仅近代如此，古代也是如此。例如，芝加哥东方研究所最近发现了大量资料，涉及亚述历史上很长一个时期的价格和税收，这对经济学家和经济历史学家而言都是非常重要的。德国历史经济学家在反对古典学派的静态教条主义时，有一个伟大贡献，那就是他们坚持认为经济制度具有相对性且其性质不断变化。经济理论的主体，作为对每一种经济体系的解释和合理化辩护，同样也是相对的。过去的历史因其令人吃惊的肤浅和对经济生活的忽视而存在失误之处，因为它沉浸在引人注目的事件中，对日常生活中的琐事漠不关心。然而，对于那些对经济动机和制度的起源感兴趣的经济学家来说，最重要的是那些被克里奥[1]的信徒偶然保存下来的历史档案和历史叙述。尽管现有的资料可能不尽令人满意，但如果没有历史本身所能提供的对其起源发展的梳理，就不可能获得研究当前经济生活的恰当视角。此外，历史在许多情况下为经济学家提供了经济学与其他制度之间相联系的例证。约瑟夫·多尔夫曼在其杰作《美国文明的经济思想》(*The Economic Mind in American Civilization*)中，证实了上述概括的正确性。

政治科学，或国家及其机构和功能的科学，同样必须以心理学和社会学为基础。政治服从的基础必须通过研究从属心理学、研究领导和效法的习惯来发现。[2]制度化的服从，以公民对国家的反应为例，也需要社会学家的介入，来解释巩固这种惯例的风俗习惯和道德观念的起源。如果不理解群体
365 生活一般是如何发展的，不理解国家是如何逐渐从早期社会制度中发展而来的，就无法解释政治群体里的生活。

相比于承认其他社会科学的作用来说，甚至是传统政治学派的历史学家也更愿意承认政治学对历史学科的价值。19世纪绝大多数杰出的历史学家把他们的注意力集中在政治领域的活动上，但是，很少有人以充分系统的政治学为基础。只有制度史、法律史和宪法史的历史学家，如魏茨、布伦纳、弗拉赫、维奥莱特、马特兰、维诺格拉多夫和亚当斯，真正关注了政治进程的

1 古希腊掌管历史的缪斯女神。——译者注

2 Cf. C. E. Merriam, *Political Power* (McGraw-Hill, 1934), H. D. Lasswell, *Psychopathology and Politics* (University of Chicago Press, 1930), and *Politics: Who Gets What, When, How?*, Bertrand Russell, *Power: A New Social Analysis*, Norton, 1938; and Thurman Arnold, *The Symbols of Government*, Yale University Press, 1935.

历史。大多数人只是满足于讲述政治家或外交官职业生涯中的某一阶段。然而，今天使用科学方法的政治史学家认为，如果不先学习基本的政治原理和政治制度的基本形式，研究政治制度史的尝试就只能是一种未经训练的过程。同样地，由于对政治的长期痴迷，历史学家能够向政治学家提供的发展进程的数据，比任何其他社会科学所能提供的都更为丰富。但是，不幸的是，过去所写的许多政治史都过于夸张，偶发性和逸事性色彩颇为浓烈，以至于他们所提供的大多数细节都没有什么实际意义。

前文提到的政治学同样适用于法律体系，因为法律不过是通过国家传达的社会意志。传统政治历史学家的很多著述都是关于立法的，他几乎不可能对法学一无所知，而法律体系的学者只有掌握发展方法的意义和内容，才能避免自然法和分析学派的枯燥无味。

最后，在伦理方面，虽然历史学家的职责不再是遵循塔西佗、施洛瑟和阿克顿勋爵的先例，根据高度个人化和主观化的伦理教条，对历史人物做出鲜明的判断，但是有一点仍然是值得向往的，即历史学家应该了解人类的行为标准借以形成和实施的过程。不幸的是，伦理学作为一门科学，并没有获得如心理学、社会学、经济学和政治学所获得的成就地位。几乎毫无例外，所有过去被认为是道德规范的东西几乎都是毫无价值的，这仅仅是因为生物学、人种志、心理学和社会学等任何可靠的伦理科学都不存在先决条件。所谓的行为科学只不过是一种先验的哲学思考和猜测，在大多数情况下，这是对某个作者的偏见和情绪的合理辩护。然而，一个新的时代开始了，勒图尔 366
勒、拉采尔、萨姆纳（Sumner）、韦斯特马克（Westermarck）、霍布豪斯和克鲁波特金等人在作品中，提供了关于道德规范的多样性和起源的民族志材料；斯蒂芬、杜普拉特（Duprat）、埃利斯（Ellis）、杜威、海耶斯、格罗夫斯（Groves）、格夫勒（Givler）、塔夫斯（Tufts）、德雷克（Drake）等人试图将伦理学理论建立在生物学、心理学和社会学的事实基础之上；肖（Shaw）、门肯（Mencken）、乔德（Joad）、奥尔德斯·赫胥黎（Aldous Huxley）及其信徒对超验主义的和清教徒式的道德准则进行了批判，所有这些新变化预示了一门行为科学的开端，而历史学家也将与这门科学保持良好的联系。

历史学家提供了有关人类普遍存在的各种行为方式的具体资料，对民族志学家是一个补充，但是历史学家在这方面的贡献并不像本来可能的那样显著。他们很少对风俗习惯感兴趣，当他们谈到道德行为的时候，他们通常并不客观，不是给出一种冷静的解释，而是用一些人为的标准进行判断。此外，历史学家也经常遵从新教和清教的道德规范，认为道德仅仅是与性有关的问题。然而，在莱基、迈尔斯、麦凯布等人的作品中，收集整理了珍贵的资料，这些资料还没有被基督徒的热情严重歪曲。尽管历史学家们并不是有意识地要建立一个历史学的专门机构，旨在研究与性、财产、娱乐和生活的总体取向相关的各种行为演变，他们仍然为特定时期和地区的行为史做出了很多贡献。

历史教学和研究中的新方法

自兰克以来，虽然历史编纂学的重要进步体现在出现了一种更广阔的视角，但在更早的和传统的发展路线上也有了重要的改进。首先，虽然学术上取得的成就都是兰克方法论体系中的一部分，但自兰克时代以来，历史方法论在批判和技巧上都有了重要改进。在伯纳姆、沃尔夫、朗格卢瓦和塞诺博等人的杰作中，历史批评的基本原则得到了提炼和系统化，因此，初学者现在可以对历史学术和方法论进行广泛的讨论。帕伊托（Paetow）、朗格卢瓦、莫利尼耶、莫纳德、达尔曼—魏茨（Dahlman-Waitz）、格罗斯（Gross）、威廉姆斯、爱德华·钱宁、哈特和特纳等人编制了详尽的各国史学著作参考
367 书目。除此之外，还有新作品的最新目录，出现在各种历史期刊上，学生因此能够完全了解他所在领域的文献。[1] 波特哈斯特、切瓦勒（Chevalier）、

1 参见Coulter and Gerstenfield, *Historical Bibliographies*。

格罗斯等人在19世纪收集了大量民族的和教会的历史资料，并编写了非常详尽和准确的指南，因此，现代学者可以在几分钟内找到任何重要的图书馆资料，而在之前的任何时代里，这些资料可能需要数月无果而终的搜寻。再者，自第一次世界大战以来，公共档案和私人档案更加开放，历史学者可以更自由地使用——这是自1918年以来发生的一场真正的制度革命。在很多情况下，如何找到这些档案也有精心的指引和说明。人们也不应忽视卡片目录、归档系统、活页笔记本和详细的索引、交叉引用方案极大地提升了历史调查的效率和准确性。[1] 更激动人心的是，出现了复制文献的新方法，如直接复印照片和微缩胶片。这就使不存在安全风险的文件得以广泛流通、分发和存储。

与图书目录和其他辅助技术的进步同样重要的是历史教学工作得到了极大拓展和改进。在训练有素的学者指导下，研究生历史研讨会的成员尽管文学才华平庸，但是相对于早期流行的多卷本的文学史来说，他们通过深奥难懂的论文为历史领域贡献了更为准确的知识。

总体而言，上一代的历史教学在外部形式上没有什么变化。在所有类型的先进教学中，讲座和研讨课仍然是最广泛使用的方法。也许最重大的创新是所谓的“项目法”的引入，这种方法建立在这样一个有益的观念之上，即针对过往的历史教学，主要应该指出历史对于今天的主要问题有什么重要意义。虽然这种方法可能夸大和歪曲了历史，但如果谨慎使用，它比迄今提出的任何其他方法都更有希望突出历史研究和历史教学的重要性。然而，在大学和学院里，这种方法几乎没有取得任何进展，教授们通常能够抵抗住任何一种通过提升教育方面的实用性而降低历史本身尊严的威胁。

大学的历史教学推动了有组织的活动和合作，毫无疑问，历史科学已经从这些活动中获利颇丰，但是，它同各种形式的有组织和专业化的活动一 368
样，也有其消极的和令人沮丧的一面。特别重要的是，这一运作方式阻碍了关于历史本质和目的的新观念的进步，也阻碍了最成功的教学模式的发展。

1　Jacques Barzun and H. G. Graff, *The Modern Researcher*, Harcourt, Brace, 1957.

这种情况主要源于这样一个事实：自从目前仍从事着教学工作的老一代历史学家接受训练以来，历史观念经历了一场大革命，而且这种革命在很大程度上是年轻人的工作。[1]但是，这些年轻人必须在那些由历史学家主持的部门教书，而相对于这些年轻的、更进步的下属来说，这些历史学家所持的观点过于老旧。在许多情况下，年轻人要成功地压制他们关于历史方法和解释的非正统信念。

一个经常被用来阻碍教师进步的措施是，对他们提供的课程类型进行密切的监督，这样一来，就几乎没有介绍更多新材料的可能了。虽然时间最终将纠正这种情况，但有一点并非毫无意义，那就是，也许大多数曾经塑造并正在塑造新史学的人现在并不在大学的历史系教书。另一种让进步的年轻历史学家具备“可靠”和“观点稳定”等美德的技术手段是，在历史协会授予官方荣誉时，明显应该得到晋升和优先地位的是那些对历史问题有着令人尊敬的观念、具有良好的礼仪举止和卓越品位的人。

当然，关于历史的现状在任何意义上都不是独一无二的，而是大学教学的总体特点。在这里，自阿伯拉尔时代以来，规范的成功通常属于那些循规蹈矩的人，他们没有惹人厌烦的新思想，或者属于那些有潜能改革的人，他们有良好的感觉和判断力，能够有效地实践笛卡尔从奥维德那里提出的中肯而有用的格言：*bene qui latuit bene vixit*（可意译为：“谁把自己的想法隐藏得最好，谁就能活得最好”）。

现代科技和历史的新奇事物

在历史领域最近的发展中，那些从各种新技术中衍生出来的变化最引人注目，也最异彩纷呈，其中绝大多数都与对当下的历史事件进行全面而快速的
369 描述相关，尤其与现代日报、电影（特别是新闻片）和广播联系在一起。

1 当然，这种说法是有限定条件的，也有例外的情况。业内的老一代人，如鲁滨逊、肖特韦尔、卡尔·贝克尔、布雷斯特等，对新史学表现出的兴趣远大于这一领域的后来者。

现代报纸对当地的、国内的和国外的当代史进行了异常全面的评述。这些事实在发生后的最短时间内呈现在读者面前。当代报纸的读者在24小时内了解到的世界重要事件要比美国内战后人们在一年里所知道的还多。最近发明的无线电传真通过对事件和个人形象的即时视觉呈现，补充了播报新闻。

尽管新闻记者有速度要求，而且新闻在被刊登在报纸专栏之前经过了筛选，但这些新闻信息还是相对可靠的。之所以能有这些非凡的成就，是因为现代印刷技术具有惊人的效率，有专业设备保证信息迅速传播，以及合众社、美联社等组织严密的新闻收集机构的运作，世界各地的专业工作者随时准备像鹰一样扑向每一个可能的新闻。因此，通过现代报纸这一媒介，关注时事的历史学家获得了一种完整而有效的工具，这对于一个世纪之前的前辈学者来说，即使在他资源最丰富的情况下，也是无法想象的。如果这个历史学家太忙或懒于自己整理这些信息，还会有周刊可以帮他整理，顺便为当前的新闻提供解释。

自从报纸成为重要的新闻采编机构以来，报纸档案逐渐被认为是历史学家最珍贵的原始资料之一。这就引出了一个有趣的问题，即新闻报道和正统历史的相对可靠性问题。“纯粹的新闻报道”和“纯粹的记者”是历史学家对报纸产品和记者个体最为推崇的称号。然而，很可能的是，更好的新闻写作就像由它们构建起来的历史叙述一样可靠。在这个领域内，一个训练有素的记者也非常适合收集、组织和播送他的材料，他经验丰富，具有快速观察和准确记录的能力。他的任务要求他有经历、洞察力和专业技术。在正常情况下，他的作品应该是对事件的忠实再现。即使是在像世界大战那样普遍歇斯底里的情况下，记者也不太可能比专业历史学家更容易受情绪的支配。

这些新闻作品最终作为图书馆的文献被束之高阁。一代人的时间之后，专业历史学家来了，并开始着手工作。他翻阅这些因年代久远而泛黄的纸 370
张，然后抄写和转述。最终，他会拼凑起一幅由数百名记者的报道整合而成的马赛克图画。历史学家的优势在于，他对报纸上记载的事件有更好的视角，他可以检查和比较各种报纸上的报道。但是，他的结论最终不可能比他所使用的资料更准确。

与历史学家更好的视角形成鲜明对照的是，最初的报道者拥有很多优势。他们最先目睹了这一事件。他们是见证事件的专家。他们生活在那个时代，他们对报道中所描述事件的整体背景了如指掌。历史学家出现的时间要晚得多，在心理上与相关的人和事件较为疏离。他使用的只能是第二手资料，与他所要描述的问题、事件和人物之间只能有远距离的联系。在这些方面，与现场训练有素的记者相比，他处于极大的劣势。他的优势在于他的长远眼光，但是这一优势很难抵消这些缺点。因此，比较温和的说法是，以新闻报道为基础的历史很难能像比较好的同时代报道那样可靠。

以新闻记者转变成历史学家的案例为参考，可以进一步说明新闻技术的优点。哥伦比亚大学的艾伦·内文斯教授就是这样一个例子。多年来，他一直是一名出色的记者，也并没有受到专业历史学家的特别重视。他写了几本令人印象深刻的历史著作，后来成为一名教授，于是，人们开始理所当然地认为他是历史学界的一位领军人物。显然，就训练而言，无论是在哥伦比亚大学的教授职位上还是在《纽约世界报》（*New York World*）的新闻工作者岗位上，他都保持着记者的身份。汉斯·科恩（Hans Kohn）教授则是另一个恰当的例子。

与报纸相辅相成的是，以视觉形式快速呈现当前历史事件的伟大媒介——电影世界里的新闻片。每一周，新闻片都以丰富多彩的方式将时事呈现在数百万人眼前，观看者则不需要付出多少思考。专业的历史学家正在求助于电影来呈现历史大事，不仅仅是回顾当下的事件，而且要重现很久以前的重大事件。

近年来，无线电作为一种迅速传播新闻的工具，也已占据新闻领域的显著位置。它几乎为世界提供了即时新闻，这一点在1930年阿德穆尔·伯德（Admiral Byrd）飞越南极这件事上得到了很好的说明。《纽约时报》（*New York Times*）通过他们自己设立在纽约的电台，在伯德的同事们知道这件事
371 的同时，就知道了伯德的壮举。因为他们的电台收到了伯德从飞机上发出的

消息，当时这条消息正被发往他的基地。广播电台每天播放很多次的新闻简报，使数百万人不用走出家门，就知道当地和全世界发生的事件。《时代进行曲》等广播节目不仅呈现了当代的历史，也再现了过去的历史事件。乔治六世的加冕礼有亿万名听众，而16年后，又有数百万人通过电视观看了他女儿的加冕礼。美国历史协会最近赞助了一档广播节目。在这种联系中，观察到这一点是非常有趣的：历史，始于人类早期民间传说中的口头叙事，现在却在某种程度上回归到口述传播的方式。如今，我们能保存“历史事实”，也能使历史学家有可能再现它们，当未来能做出跨过“卢比孔河”的电影和录音时，我们也许能往前再迈进一步。[1]

1930年，卡尔·比克尔（Karl Bickel），时任合众社的社长，做了如下预测：“转动表盘、按动开关，你坐在客厅，就能看到和听到肯塔基赛马，能看到职业拳击比赛或者体育竞赛——视野甚至比租包厢的人还要好，能跑遍全世界，观看戏剧或歌剧，参加重要的宴会，出席华盛顿的国会，或者观看非洲的飞机会战。”[2]当这样的预测被做出来的时候，如同到月球上旅行一样不可思议。今天，这一预测以及更多的预测已经成为每个拥有电视机的家庭中司空见惯的事。

科学技术还彻底改变了复原古代文明知识的方式。钾—氩测年法使得测定遗骸的年代能够追溯到200万年前。[3]在开始重要挖掘之前要先进行飞机航拍测量。事实上，有发掘前景的考古地点甚至是通过飞机航拍调查发现的。当挖掘工作开始的时候，除了更全面、更精细的工作外，其余的工作都用蒸汽铲代替了铁锹，挖掘进度变得更快。然后，出土的遗迹可以被飞机航拍成照片，对考古成果的描绘因此比以往更完整、更有效。已故的詹姆斯·布雷斯特的最后一个历史项目就是收集和展示古代近东考古发掘

1　参见前文第267—269页。

2　Bickel, *New Empires* (Lippincott, 1930), p. 43.

3　关于这些为早期遗存定年的激动人心的新方法，参见L. J. Briggs and K. F. Weaver, “How Old Is It?” in *National Geographic Magazine*, October, 1958, and G. H. Curtis, “A Clock for the Ages: Potassium-Argon,” *Ibid*, October, 1961。

的空中全景。

因此，如果说技术为历史学家创造了一个全新的社会环境的话，那么，它也为历史学家处理许多历史问题提供了巨大的帮助，这些问题包括从美索不达米亚和尤卡坦半岛的古代文明到当代历史上的最新事件。

参考文献

372 Robinson, *The New History*.

Shotwell, *An Introduction to the History of History*. chap. xxvii.

H. E Barnes, *Historical Sociology*. Philosophical Library, 1948.

——, *The New History and the Social Studies*.

H. E Barnes and Howard Becker, *Contemporary Social Theory*. Appleton Century, 1940.

——, *Social Thought from Lore to Science*, Vol. II.

E. C. Hayes, ed., *Recent Developments in the Social Sciences*. Lippincott, 1927.

W. F. Ogburn and Alexander Goldenweiser, *The Social Sciences*. Houghton Mifflin, 1927.

Pendelton Herring, *The Social Sciences in Historical Study*. Social Science Research Council, 1954.

H. M. Parshley, *Science and Good Behavior*. Bobbs-Merrill, 1928.

E. P. Cheyney, *Law in History and Other Essays*. Knopf, 1927.

Dray, *Laws and Explanations in History*.

Patrick Gardiner, *The Nature of Historical Explanation*. Oxford University Press, 1957.

Harlow Shapley, *Of Stars and Men*. Beacon, 1958.

White, The Evolution of Culture.

Jacques Barzun, *Race, A Study in Superstition*.

R. G. Hoxie et al., *A History of the Faculty of Political Science*. Columbia University Press, 1955.

B. F. Hoselitz, ed., *A Reader's Guide to the Social Sciences*. Glencoe Free Press, 1959.

Paul Tillich, *The Interpretation of History*. Scribner, 1936.

Muzzey, *Essays in Intellectual History Presented to James Harvey Robinson*.

V. F. Calverton, ed., *The Making of Man*. Modern Library, 1931.

Goldenweiser, *History, Psychology and Culture*.

F. H. Hankins, *The Racial Basis of Civilization*. Knopf, 1926.

MacCurdy, *Human Origins.*

Grahame Clark, *World Prehistory*. Cambridge Univ. Press, 1961.

R. V. D. Magoffin and E. C. Davis, *The Romance of Archeology.* Holt, 1929.

Stanley Casson, *The Progress of Archeology*. McGraw-Hill, 1935.

C. R. Knight, *Before the Dawn of History.* McGraw-Hill, 1935.

J. C. McDonald, *Chronologies and Calendars.* London, 1927.

Franklin Thomas, *The Environmental Basis of Society*. Century, 1925.

Seligman, *The Economic Interpretation of History.*

R. W. McLaughlin, *The Spiritual Element in History.* Abingdon Press, 1926.

C. A. Beard, *A Charter for the Social Sciences in the Schools*. Scribner, 1932.

——, *The Nature of the Social Sciences*. Scribner, 1934.

P. V. N. Myers, *History as Past Ethics*. Ginn, 1913.

R. M. Tryon, *The Social Sciences as School Subjects.* Scribner, 1935.

Paul Klapper, *The Teaching of History.* Appleton, 1926.

第十五章　新史学和历史著作的未来

导　论

373 在本章里，我们将努力为新史学做一个和解性评价，勾勒出隐含在新史学的假设和愿望里的计划，并指出培植新史学所必需的准备条件。无论这种表述是否有缺陷，这样的努力都是有价值的，因为没有目标或者漫不经心，是不能让新史学顺利成长起来的。我们必须知道我们想要实现什么，以及如何确保得到这样的结果。

第一个问题，是卡尔·贝克尔教授提出的一个微妙而中肯的问题。1925年8月15日，《星期六文学评论》(*Saturday Review of Literature*)发表了一篇题为《新史学和社会研究》(*New History and the Social Studies*)的评论，其中谈到了新史学的真正本质及其范围，也论述了新史学所标榜的“新意”。一般认为，新史学指的是一种历史写作方式，它抛弃了弗里曼式(Freemanesque)的历史观——即“过去的政治”才是真正的历史，选择的是逸事，采用的是片段化阐述。新史学通常呈现的是一种历史解释的模式，它试图以最广阔的方式，重建总体的文明历史——正如鲁滨逊教授所表述的，“我们所知道的人类曾经做过、思考过、希望过和感受到的所有事情”。作为关于新史学范围的一个概念，这个观点大体上是恰当和准确的，但更根本的是新史学在发展方向上的胜利。

但是，这种关于历史范围和历史任务的概念是经过修正的，也更为广泛，必然包含着另一个同样基本的要求：要进行一种训练，目的是要充分保证有抱负的历史学家自信而成功地完成其严格而广泛的专业任务。这种更广泛的训练主要包括掌握人类的本性及其与自然和社会环境的关系，从而能够应对重新构建文明史的不同阶段的难题。历史学家还必须具备分析制度发展演变的能力，这种演变保存了人类逐渐征服其物质环境的记录以及种族合作所取得的业绩。换句话说，那些期待在新史学领域工作的人必须具有扎实的生物学、人文地理分布学、心理学和社会学的基础。他们还必须在社会科 374
学、科学或美学等分支领域接受专门的训练，这些领域与他们打算从事的历史写作最为相关。[1]

在本章后面的小节中，我们将讨论为有效开发新史学所需要的准备工作，但是，我们在一开始，就要坚持这样一个事实，即我们对历史美好本质的修正观念不仅仅意味着要雄心勃勃地扩展历史学家的兴趣范围，还要求同样全面地扩大准备工作，这种准备对这一领域的任何工作来说都是不可或缺的，也有可能激发信心，获得永久的价值。有人建议说，写作新史学所需要的一切，就是想法的彻底改变[2]——人们只要改变想法，就能从处理神圣联盟的起源或辉格党的分裂，转向分析古代的阶级冲突、中世纪自然科学史、伏尔泰的心理分析、大陆体系的经济学、现代法律体系的演变或者希波克拉底学说衰落以来的医学发展。《圣经》里说，没有人只靠思考就能使自己的身高增加一腕尺。可以肯定地说，想仅仅通过思考，就把自己从一个传统的叙述者突然转变为一个文化史学家或制度史学家，应该是非常困难的。新史学意味着对历史内容的重新规划，也意味着历史实践的一套新的资格条件。

以上就是新史学的范围。那么其所宣称的“新意”有哪些合理性呢？在它的内涵里，历史兴趣的范围远远超过了政治和外交，所以，其绝对的或独特

1 作者在其著作《新史学与社会研究》中已经详细讨论了这种情况。

2 Cf. Becker, *loc. cit.*

的“新意”是无可非议的。正如我们所看到的，第一部综合性的历史著作——希罗多德的《历史》——在很多方面都是对文化史的贡献。在随后的每一个时代，都有一些作家对过去的兴趣超越了军事战争和党派冲突——哪怕他们的兴趣是圣徒的大腿骨所创造的奇迹或是女巫破坏之后留下的残迹。就其主题的范围来说，新史学所能提出的“新意”在某种程度上是其广阔的视野已经得到了现时代的接受。在过去几代里，文化史作家都是孤独的，是常常受人轻视的个体。今天，也许大多数年轻的历史学家已经认真地接受了新史学的前景，而传
375 统历史写作的老一辈倡导者已经让步，或者已经显现出士气低落的迹象，这比99个朝气蓬勃的年轻人的转变更有意义，也更令人欢欣鼓舞。进化论观点和发展观念所取得的胜利，引导着历史学家把主要兴趣放在说明现在的秩序是如何形成的这个问题上，这种胜利才是真正具有新意和独特的。希罗多德的著作中很少提到这一点。但是，这才是处于最佳状态的真正的新史学。[1]

从研究历史和写作历史所必需的前期准备这一概念来看，新历史的论争无疑也是富有新意的。一直到兰克的时代，虽然也有波里比阿和马比荣等少数作家坚持认为，历史学家要有特殊的训练和任职资格，但人们普遍认为文学野心和流畅的风格使任何人都有资格以严肃的方式从事历史写作。兰克及其后继者宣称，一个人必须通过在文献考证和历史目录学方面的强化培训才能为从事历史工作做好准备。历史学家必须具备充分的社会科学知识，这种观点则是最近才出现的。社会科学只是在最近才达到这样一种状态，即它们的主题足够可靠，可以作为了解历史和分析历史的可靠基础。实际上，历史必须要依靠社会科学，就像依靠外交和古文书学一样，但是这样的观点是最近才出现的。也许最终人们会承认，在鲁滨逊教授革命性的著作《新史学》——这本书是新史学秩序的宣言——里，最具原创性和独创性的部分是《历史的新同盟》这一章。那么，就大多数历史学家普遍接受的更广泛兴趣

1 这种情况的理论基础在特加特教授的《历史导论》(*Prolegomena to History*)、《历史过程》(*The Processes of History*)和《历史理论》(*The Theory of History*)以及鲁滨逊的《人类喜剧》(Harpers, 1936)里得到了很好的阐释。

而言，新史学是新的；而就其发展方向而言，新史学也是新的，它认识到，为了有效完成任务，必须进行更广泛的准备。[1]

新史学胜利的几个表现

新史学的发展似乎是多种不同的因素和影响带来的结果。首先，有许多作家，他们的个人兴趣与对过去的深切关注紧密结合在一起，另外，看待过去的视野也比政治、外交和军事战略所能提供的更为宽广。对于威廉·里尔来说，这是一个浪漫的故事讲述者对国家历史的兴趣；对弗赖塔格来说，这是一个剧作家对自己国家历史的创造性理解的投射；对布克哈特来说，这是一个美学家对最伟大时期意大利艺术成就的欣赏；对伏尔泰、雷南、德雷珀 376
和安德鲁·怀特来说，这是理性主义者对所有关于人类启蒙思想的事实的贪婪汲取；对格林来说，这是一个敏感而有教养的人渴望能更充分地描绘其祖国之所以伟大的社会基础；对麦克马斯特来说，这是一个心灵手巧的工程师通过描述各阶级的生活和利益，欣赏国家发展引人入胜的历史本质。

另一个强大的影响是进化论假说，特别是生物学家对基因的兴趣。正如鲁滨逊教授经常说的那样，正是生物学家最先向历史学家们传授了发展的原则和遗传的观念，这些原则和观念是新史学发展中关键阶段的基石。[2]历史学家之所以关心事情是如何发生的，主要是因为进化哲学影响了那些更警觉和更易于接受这种哲学的历史头脑。3000多年来，被历史学家们忽视了的历史观，最终由自然科学家提了出来，在18世纪，圣皮埃尔神父、杜尔阁和孔多塞已经预见一种关于社会变化的科学可能会出现。[3]

1　参见Barnes, *The New History and the Social Studies, pssim*。

2　也许应该强调的是，生物学家和其他自然科学家对发展观点的“传授”，在很大程度上是间接的和无意识的。没有几个自然科学家会用他们自己学科的原理来解释社会现象。当涉及社会问题时，科学家们的态度几乎都不是“发展的”，而常常是静态的和反动的。已故的亨利·奥斯本就是这一现象的著名例子。

3　参见前文第174页及以次。

这种追溯事物起源的遗传学兴趣来自科学、技术和经济的伟大变革对文明的彻底改变，因此，对文化和制度发展的阐释不再仅仅意味着宪政史、政党发展、外交纠纷的起源或王朝的谱系。它必须涉及诸如发电机、外科麻醉、国际交流、放射现象、梅毒治疗、心理卫生、机械设备、工厂系统、内燃机、贝塞麦工艺、印刷机以及许多其他成就的发展，而这些成就从来没有扰乱过自鸣得意的弗里曼的思想。也就是说，人类想找到现在的秩序因何而来的冲动，出现在占主导地位的文明不再以少数几个绅士的争斗来展现自身的时候，这些绅士为了经济特权、政治声誉或者权力而进行战争，他们自娱自乐的代价是多少有点儿仁慈的专制君主组建的常备军做了炮灰。事实上，是遗传学的趋势推动了人们对文明史的兴趣。

377 追踪发展的遗传学方法引领缜密思考的学者进入到新史学发展的下一个也是最后一个阶段，即以这样一种方式来解释历史的演变，以便发现文明的突变和社会机制的起源具有什么意义（如果有的话）。新式历史学家不再希望在过去的记录中发现上帝的意志或人类的最终命运，正如那些习惯于将历史视为通过实例进行哲学教学的人一样。然而，必须承认，过去比较重要的事件关系到对今世及后代的指导。此外，历史所具有的唯一真正的价值在于它能提供潜在的帮助，使我们能够更好地理解、控制和引导我们自己的文明。

在将这些推动新史学形成和启动的多种力量融合在一起的工作中，主要的人物有卡尔·兰普雷希特、亨利·贝尔、詹姆斯·鲁滨逊、特加特、马文、汤因比和约翰·汉默顿爵士。

兰普雷希特的体系源于他对文化人类学的兴趣、冯特的心理学方法和孔德对人类进步的心理学阐释。他自己的文化兴趣也很宽广，从经济发展延伸到音乐史。无论人们如何看待兰普雷希特的体系和历史表述，他的作品第一个引发了广泛争议，并最终以新史学的明确胜利结束了这场争议。

亨利·贝尔的著述学识渊博，不仅体现在历史综合的理论方面，而且，正如我们所看到的，他还编辑了卷帙浩繁的丛书《人类的进化》

（*L'Evolution de l'humanité*），旨在实现这种综合性。他的理论背景可以在以下几个方面找到：制度演化的社会学观念、把科学观念引入历史因果关系的愿望、对所谓历史综合逻辑的阐述以及世界观。他的理论背景使他的历史综合概念真正拓展了对全部人类历史的研究。

与兰普雷希特、贝尔和特加特不同，鲁滨逊并没有建立任何与历史学相关的理论原则体系。他是逐渐地、依靠着自己的经验转向动态历史的。在笔者看来，原因在于这样一个事实：他是一个思想缜密、求知欲极强的人，而新史学只是一部深思熟虑的历史。鲁滨逊脱离传统史学的开端可见于他对法国大革命的发展态度中，这种态度也把他带向了对人类起源的思考。正如他自己所表达的那样，他最初是在宾夕法尼亚大学担任讲师，此后的20年里，他从现代政治的泥淖返回到诞生了生命本身的原始泥淖。同样地，他也深受 378
生物学家的进化论和遗传学倾向的影响。随着他越来越了解思想和文化逐渐发展的过程，他对历史过程的意义越来越感兴趣。这使他认识到解释历史资料才是最为重要的。鲁滨逊在美国新史学运动中之所以能够确立无可争议的卓越地位，是因为他的教材被广泛普及，因为他在美国最伟大的一所研究生院里是一名成功的教师，因为他作为新观念的倡导者所具有的温和可亲的说服力，还因为他拥有一批忠诚而坚定的追随者。

在所有用新方法和新观念写作的重要历史学家中，特加特教授的功绩与他的影响力并不相符，这其中的差异使他所承受的痛苦比任何人都要更大一些。新史学作为社会变化的一门科学，在理论基础方面，特加特无疑是美国乃至世界上最杰出的作家，但在为数不多的学者圈子之外，他却一直默默无闻，没有任何影响。这是因为他喜欢单枪匹马，否认其他人的工作意义，也拒绝与那些成功建立起新史学的人保持积极的联系。

马文不是一个专业的历史学家，他是一位开明的社会哲学家和宣传家。然而，为了引起人们对新史学的兴趣，促进新史学的发展，他与英国的重要人物一样，做了很多事情。他相信进步是真实存在的，相信科学和技术在人类福祉中的作用，相信人类需要和平的世界关系，因此他创立了《团结丛书》，与他自己的著作——著名的《活着的过去》一起，极大地促进了新史学的发展。汤因比比较文明兴衰的项目具有启发意义，却被他极端的神学前提所破坏，这使他的巨著成了神学的而不是历史学的作品。汉默顿爵士主要是作为编辑推动了新史学的发展。最引人注目的作品是他的《世界通史》（1933），共8卷，是英国新史学领域中的杰作。

在意大利，新史学只是在最近才出人意料地得到了支持。最早的征兆是费列罗的著作《罗马的辉煌与衰落》备受争议，之后，新史学得到了著名哲学家贝内代托·克罗齐的大力支持。意大利进步历史学家在科拉多·巴尔巴加洛——他著有一部辉煌的文明史——领导下，于1917年创办了著名的期刊《新史学杂志》（*Nuova Revista Storica*）。

新史学的内容简介

379 人们曾经认为，任何一个人有了一支鹅毛笔和一瓶墨水，都可以成为历史学家，只要他能从当地教堂的墓碑上抄录一些铭文，或者为了在当地的缝纫妇女会上朗读，而写出一篇关于克娄奥帕特拉的文章。在我们这个时代，出现了一些深思熟虑和进步的历史学家，他们谴责那些为定义和划分历史领域而做的努力，却愿意敦促那些想要投身其中的人尽其所能地解决任何可能激发他兴趣的历史问题。

在笔者看来，几乎没有人会认可这个想法，除非有人愿意承认所有把沸腾散[1]混合在一起的人都是医生，所有拿着屠夫尖刀的人都能立刻出去做外科手术。即使是更古老和更简单的只写偶然事件和轶事的历史也需要一个深思熟虑的方法论。新史学肯定也会深受其害，除非对其计划和实现其愿望所必须进行的训练，人们能够形成普遍共识。与医疗、法律或工程专业现有的情况一样，这将需要更多的协议、团结与合作。

1 Seidlitz powders，一种轻泻剂。——译者注

新史学的计划就其兴趣的范围而言，显然是包罗万象的。它是过去发生的一切事情的记录。无论是在严格意义上还是在字面意义上，过去发生的任何事情都不能作为“非历史的”而被排除在外。但这并不意味着草率的漠不关心，也不意味着早期的无政府状态。新一代的历史学家承认过去发生的一切都具有历史性质——从原始萨满的咒语到所罗门众嫔妃的化妆习惯、蒸汽机的发明，以及华盛顿在从弗吉尼亚到马萨诸塞的路上，所使用的支撑他在睡觉时还体现出男子气概的床垫的质地，但这个事实并不意味着他对所有事情都有同样的兴趣，或者认为它们都同等重要。毫无疑问，一个人只有在自己感兴趣的领域才能做好工作。如果一个人必须是一名历史学家，并且对研究瑞士海军战略的演变有着强烈的热情，那么他应该被鼓励这样做。但是，他不应该被引导着认为，这一任务与研究工业革命或研究当代科学史同等重要。

常识性的观点必须得到普及。历史资料的相对重要性，一方面取决于它们所处的时代性质，另一方面取决于它们对同时代生活的影响，但实际上，无论在哪种情况下，都直接取决于写作者内心的目的。

新史学的两个主要任务是：(1)重建作为过去主要时代的整体文明； 380
(2)追溯当代文化和制度的起源。在第一个问题中，人类文化各方面的相对重要性是由它们在我们希望重建的那个时代里所具有的意义来决定的。在试图重建伯里克利时代的文明时，判断事件和利益是否重要的标准应该是伯里克利时代对它们的评价，而不是历史学家所处时代对它们的评价。正因为如此，对于堪萨斯一所教派学院里的一个历史学教授来说，如果这个教授纯真、虔诚、缺乏美感并且禁欲，那么，让他熟练地描绘亚历山大或奥古斯都时期的文明的话，即使不是完全不可能，也是非常困难的。希腊人和罗马人的性道德观念会像主日学校的逃课、禁止吸烟的法律和禁止饮酒的规定一样，让他感到震惊。这也是基督教历史学家在描述和评价异教文化时极尽扭曲的一个原因。一个以教导人们如何幸福地生活为哲学的文明，很难被一个热衷于让人们为平安死去做好准备的时代所欣赏和阐释。

另一方面，当一个人专注于新史学的第二个主要任务时，也就是在追溯当代生活的特征和制度的发展时，人类文化各方面的相对重要性是由它们与现时代的相关性决定的。宗教显然比科学更具有中世纪的特征，但就当代文明而言，中世纪的科学史显然比研究中世纪宗教生活更有意义。一个人如果想忠实地描绘希腊文明的整体史的话，他研究占星家的篇幅就不得不超过对希腊天文学家的研究。但如果他感兴趣的主要是阐明当代文明的起源，那么，阿里斯塔克斯[1]和希巴克斯[2]的作品就应该被认为比整个古典时代所有占星家的作品都更重要。如果要真实地描绘出新教改革中知识分子的兴趣，人们就需要更多地处理因信称义的问题，而不是路德、加尔文和其他领导人偶然提到的经济观点。然而，就今天的文化演变而言，新教徒对天主教的经济观点和经济实践的背叛，比那个时代所有神学问题的总和都更重要。对于中世纪研究家来说，罗杰·培根就其兴趣和活动而言，肯定是一个中世纪的人物，但对于探求起源的历史学家来说，培根让人感兴趣的地方在于他对现代性的几次评议，以及他偶然提及的归纳法和观察法的优点、未来机械发明的意义。

381 这几个例子足以表明，历史事件和文化表现在实际上不是一元论的或绝对的，而是二元的，也可能是多元的。从以下两个方面看，每一个历史事实都有其相对的意义：（1）它在其所处时代的重要性；（2）它对当代文化起源的影响。如果不充分了解这种对历史材料有着不同评价的实际情况，并且也不遵从内心目标的指引，历史学者就无法仅靠智力或能力来解决问题。

人们通常认为，在一本书里，任何一位历史学家都能充分完成两项任务，即重建一种文明，并指出这种文明与当代的关系。但这种看法是否完全正确却很值得怀疑。相同的材料在从两种不同的兴趣角度来看时，其相对重要性有着巨大的差异，很容易造成对双重成就中的一个或另一个方面的严重扭曲，如果不是两个方面都扭曲的话。

同样明显的是，如果一个人有兴趣追溯自己以外的文明的起源，那么

1 Aristarchus，古希腊著名的天文学家。——译者注

2 Hipparchus，古希腊著名的天文学家。——译者注

材料重要性的标准就必须是它们与正在调查其起源的文明之间的相关性。因此，对于一个研究希腊文明起源的人来说，埃及资料的重要性将取决于它们对希腊文化的特殊贡献，而不是它们在埃及文明中的相对重要性或它们对研究者自己所处时代的重要性。

有些人可能会抱怨，这些对历史材料重要性的检验是相对的和实用的。难道就没有绝对的、先验的检验吗？显然没有，事实上，在最后的分析中，历史材料在解释当代文明的价值方面，远远超过了它们可能具有的任何其他意义。

以上简短的讨论涉及了新史学实践者的视野和无所不包的兴趣范围，以及历史题材相关性的双重标准，也自然产生了在新的概念和观念下组织历史材料的问题。

过去的情况比较简单。政治史和军事史的框架始终存在，也被认为足以成为构建人类完整史诗的框架。正如现代天体物理学、进化生物学和圣经批评破坏了我们前辈的简单信念和令他们得以慰藉的教条一样，新史学的概念破坏了传统历史的古朴和单纯。我们现在必须认识到，不仅政治舞台完全不足以构建完整的历史大厦，而且，任何一种历史事件或事实都不能作为组织 382
历史材料的基础。没有一把钥匙可以解开历史因果关系之谜。有时，一个或另一个因素可能上升到极其重要的位置，但在整个人类历史中，没有一个单一的“原因”或“影响”能占主导地位。

关于历史因果关系的链条，我们可以大致粗略地描述如下：人的最初本性和某一特定地区的地理环境是历史上两个相对稳定的因素，但并不能说它们是绝对静态的，它们与其他条件作用的影响密切相关，而它们彼此之间的相互作用在本质和范围上持续发生着变化。人类最初的本性，会在地理环境的促进下做出特殊的反应，产生一种独特的对生活的看法，而这种看法反过来在很大程度上决定着科学和技术出现和发展的可能性。技术的最先进水平相当严格地控制着一个时代、一个地区的经济生活的本质。经济制度往往具有强大的制约作用，有时对社会、政治、法律、宗教、伦理、教育和文学等其他制度和文化因素具有决定性的影响。

但实际上，这是对历史进程的一种过于简化的表述。因果不断地相互作用、相互影响。一些诸如印刷术或信息传播技术之类的新发明，对人类生活的改变如此之大，已经完全改变了一个时代的主导心理。此外，某些心理和文化因素有时可能具有足够大的力量来阻碍经济优势和物质繁荣所带来的显著影响。历史发展的脉络是错综复杂的。一个深刻的历史学家能做的只是解决某个时代的历史因果问题，更不用说对整个人类历史做出普遍有效的解释了。

有一些人足够警觉，他们看到曾经支持了那些勤奋而活跃的历史学家的政治史框架材料已然崩塌，也试图从这样一种想法中寻求安慰：如果我们不能用政治事件作为历史作品的框架，我们至少可以把国家作为单位，书写法国文化、意大利文化、西班牙文化及诸如此类的演变故事。但是这样一来，我们会再次剥夺了生活的乐趣。国家历史的整个概念与“民族精神”、政治迷信和假定的政治因果关系等浪漫主义者的神话密不可分。当一个人从文化和制度演变的角度来看历史时，立刻就会明白，国家历史这种
383 东西根本就不存在。从定义上讲，朝代更迭、党派政治和外交阴谋可能是严格意义上的国家事务——尽管它们在实践中很少完全如此，但文化和制度的发展从来都不可能是严格意义上的国家事务——现在不是，过去不是，也永远不可能是。

一部关于汽车、印刷机或显微镜的国家历史，其令人不可思议的程度不亚于一部独立的法国或德国的文化史。研究一种从国际间衍生，并受到制约的文化是如何在某一国家的范围内得到特别发展或明显受到限制的，可能会吸引学者的注意力，满足他们对历史的好奇心。但是，与文化起源的研究相比，任何国家的文化史和制度史都注定是人为的和琐碎的，因为文化起源的研究过程无法辨别出王朝野心或经济贪婪划出的人为界限。

因此，我们可以继续研究国家对文化的制约，但肯定不会研究文化的国家主义演变。当被视为历史事实的组织和呈现基础时，国家史肯定会被新史

学所忽略，正如政治史一样。国家曾被视为一个政治实体。之后，雷南、赞维尔（Zangwill）、齐默恩等人摒弃了国家的政治基础，将其描述为一种文化统一体。我们可能还要更进一步，把一个国家定义为一种误导性的文化幻觉——一种文化精神病或一种文化痴呆。对于研究国家主义问题和战争与和平问题的学者来说，上述思考具有深刻的意义，但我们不能在本章讨论这些问题。

历史的政治框架和国家主义的分割模式曾经是老派历史学家的庇护所，当他被赶出这个庇护所之后，惶恐之余，他至少可以认为，在古代史、中世纪史和近现代史这些传统的编年史所提供的港湾里，他可以继续挖掘史料并且观望形势。但是，正如我们在前文中已经阐明的那样，新史学的无情解释者为他留下的空间甚至远远少于那些政治因果关系和民族主义取向的理论研究者。[1]

很容易看出，仅仅根据基本的年代顺序而编制的年表没有任何重要意义。历史的延续性证明了在连续的时代之间划出明确的分期都是徒劳的。此外，关于理论上存在的人类学和文化史的一个众所周知的事实是，文化综合体中的各种因素有着截然不同的发展速度，而且，文化里的宗教和美学原则似乎并不遵从那些显而易见的发展或进步规律。如果我们用现代性来解释社会充分性和科学有效性的话，那么，希腊人的伦理要远比约翰·萨姆纳或曼 384
宁主教更具有现代性。同样，文艺复兴时期的艺术生活也远比今天的更丰足和更广泛。因此，很明显，没有一种科学的编年史建立在这种假想之上，即假想所有类型的文化和制度都有一致的发展速度。此外，文化演变的速度在地球的不同地区之间也有很大差异。想象一下，试着在“古代文明”的标题下描述公元前1000年的中国、斯堪的纳维亚、南美洲、高卢、美索不达米亚和印度的文化，或者在“当代文明”的标题下描述公元1890年的中国、英国、德国、俄罗斯和巴西的文化。正如我们在前一章中指出的那样，似乎唯

1　参见前文第345—349页。

一有效的年表，必须是一个高度专门化的年表，其基础和所描述的只是一个相对同质的文化区域内，某些有限的文化时期或某些具体制度的发展。传统的历史学家可能会反驳说，他还不如根本没有年表，而这样说是有道理的。

老派的历史学家可能会绝望地抗议说，这意味着难以忍受的混乱、无序和错综复杂。我们必须坦率地承认，目前是这样的，但这无论如何都不应该由新史学的倡导者对此负责。它只是表明，历史学家开始意识到我们今天的生活中所面临的各个方面的问题。这意味着历史在其观点上趋向于当代化，并开始认识到神学家、哲学家、社会学家和伦理学学者在很久以前就已经认识到的问题。它仅仅意味着这样一点，即具有象征意义的历史鸵鸟终于从中世纪和人文主义的沙堆中抬起头来，为20世纪的世界做了一个全面而细致的评价。[1]

生活条件不再是质朴而简单，每个世纪都有了飞速的变化，历史无法建立在原始的宇宙论和几个朴素的宗教教条基础上，从轻信和不加批判的依赖中获得虚幻的安全感，我们的鸵鸟现在看到了工业时代快速变化的机械化和城市文明。他可以看到一种令人不安的不断扩张的宇宙论，以及对所有假设的严肃质疑，这些假设是人类习惯于用以证明其在宇宙中位置以及面对世俗世界和超自然世界所具有的安全观念的基础。这些历史事件和历史形势的惊人变化，正迫使人们在历史观念、目标和方法上进行类似的革命。因此，毫不奇怪，历史鸵鸟的第一个冲动就是再一次钻进沙堆里。

385 换句话说，历史学家只不过正面临着这样一个问题，他应该如何按照20世纪的知识和方法，来实践其职业过程，正如我们都面临着生活在当代这个事实，需要我们重新适应一样。50年前，一个有教养的美国公民，因信仰古典语言、赎罪学说、保护性关税和共和党而会感到充分的富足和安全。今天，同一个人面对的是令人困惑和痛苦的不确定性，这些不确定性源自引人注目的当代天体物理学——因为天体物理学证明了我们的星球是渺小的，源自人

1 参见前文第292页及以次。

类本身的含义，源自人们对以关税制度为基础的整个社会经济复合体的怀疑，源自人们越来越认识到共和党和民主党等党派在面临当代复杂局面时的彻底无能——如果这不是人类实际上的政治无能的话。过去50年来的种种变化，迫使大学里警觉的历史教授在世界观上发生了很多变化，这同样意义深远。

如果有人声称，只有少数优秀的头脑能够处理这种关系到历史学家任务和责任的观点，那么，我们可以回答说，家庭主妇不能再给人用药，理发师也不能再做外科手术，然而，自从科学限制医药从业人员被承认和实施以来，内科和外科的发展都达到了前所未有的程度。将来，我们可能不得不在真正的历史学家和记录员之间做出更明确的划分。

在强调遗传学方法对当代社会起源的重要性时，我们触及了历史给人类的一个教训——这种真正的教训为数不多。很明显，对所有有思想的人来说，过去与20世纪，在社会和文化状况上存在巨大差异，我们甚至无法从遥远历史时代的经验中获得多少有价值的东西。然而，通过追溯我们自己的文化制度起源，我们不仅可以更好地了解我们所处的时代，还可以摧毁对过去所抱有的虔诚而盲目的态度，这种态度是社会进步和思想进步的最大障碍，也是对社会最大的威胁。[1]

顺便要指出的是，如果历史主要就是为了追溯当代文化和制度的起源的话，前文提到的涉及历史资料的综合组织和历史年代的冲突理论的很多问题，可能就会自动消失了，因为每一种情况下的问题都可能是某一种制度或文化的起源和发展，尽管它的历史通常会涉及文化的相关方面。 386

学习新史学的必备训练

我们毫无争议地承认这一点，新史学要想获得成功，就必须在这一领域培养出一个更大的有工作热情的群体，并以这样一种方式，使他们能够完成

1　Cf. Robinson, *The Human Comedy, passim.*

值得称道的研究和分析。如果传统历史因其工作者的培训不足而深受其害，那么新史学的情况就会更加严重，因为新史学需要更广泛的准备性学习。当然，我们也应该承认，有一种天才人物，即使没有经过广泛的训练，也能完成令人赞叹的工作，但在这里，我们不讨论此类天才人物的情况。与传统历史一样，新史学也在很大程度上依赖那些热情的和具有奉献精神的开拓者，而这些人需要通过全面而精准的技能训练才能获得提升、支持和引导，尽管对他们来说，在这个领域获得成功还要更难。

必须强调的是，新史学在本质上是一门关于文化重建和制度起源的科学。有一点可以坦率地承认，新史学中的杰出历史学家将是像鲁滨逊、贝克尔和比尔德这样的人，他们在科学的精确和博学之外，还具有高度的艺术创造能力，这种能力对于熟练地重建文明和敏锐地追踪思想和制度的起源至关重要。很明显，这就像伟大的医学诊断专家一样，在某种程度上，他超越了一个训练有素的技术医师，但是，他必须首先是一个称职的医学科学家，然后才能成为一个伟大的医学诊断专家。最不应该的是把文学艺术与历史的超凡艺术混为一谈。[1]就其本身而言，聪明的评论作家与其说是一位历史学家，不如说是一位画家，他画出了一幅色彩斑斓的杰作，目的是重现圣彼得或查尔斯一世的形象。凡·戴克（Van Dyke）与卡莱尔一样有资格成为历史学家。贺加斯和麦考利一样也是真正的历史学家。

有人认为，历史学对公众生活和舆论缺乏影响的主要原因是，当代作家在文体上缺乏特色。对现在的作家来说，真正的原因是关于历史写作的性质、范围和目的的陈旧观念强加给历史学专业的障碍，同时，制造这种障碍的还有迂腐的表现主义、对晦涩话题的选择、扶轮社[2]、对高雅品位的观念，
387 以及历史写作上的探索，这种探索旨在促进学术进步和专业友谊，而不是为了启蒙人性和促进人类福祉。即使是松巴特或凡勃伦的作品，也会有许多热心的读者通过艰辛的阅读，从中获得了一些实质上的东西——这是最终的回

1 与此相反的观点，参见Trevelyan, *Clio a Muse*。

2 20世纪初在美国建立的一种组织，提供博爱服务，在职业方面鼓励崇高的道德标准。——译者注

报奖励。毋庸置疑，我们需要优秀的作品，但优秀的作品应该出自优秀的历史学家之手；换句话说，这是对优秀历史作品的最恰当的说法。

我们尤其要研究有关重大历史情境的独特性和神秘性的理论，承认传统“历史事实”具有唯一性和难以被发现的特点。[1]所谓的历史戏剧就是生物化学实体对地球刺激的反应记录。人类的反应并不比其他动物的行为或实验室里所研究的有机组织和无机物的反应更神秘或更独特。[2]法国大革命时期的国民制宪会议的审议决定，就像布朗克斯动物园里的猿猴的古怪姿态一样，是纯粹的自然产物。在严格的时间意义上，一个历史情境可能是独一无二的，但从科学的观点来看，它不可能是独一无二的。它是能被科学分析的人类行为的产物。此外，无论怎么强调也不为过的是，历史情境中那些独特的方面是最无关紧要的部分。只有把历史现象纳入科学分析的合乎逻辑的范围之内——正如相关的自然科学和社会科学所提供的范围那样，才能理解历史现象。

人们也不能指望仅仅通过古物研究或获取大量的传统历史事实就可以成为历史学家。收集和编辑大量铭文的人，不管他的贡献对学问和对历史有多大价值，都算不上历史学家，正如为美术博物馆收集和分类古董家具的人不是历史学家一样。而且，一个能背下来威廉·朗格的《世界史百科全书》的人，也并不能仅仅因为这个事实，就有资格成为历史学家。

当然，在新史学中，所有技术训练的基础仍将是对文献研究技术的传统指导。对于初学历史的人来说，扎实掌握研究文献、铭文和古迹的原则是非常必要的。事实上，这方面的培训需要比以往任何时候都更大。在今天的古代历史中，一个学者不仅要熟悉铭文的收集，还必须精通史前考古学和纸草书学，这两门学问都没有破坏库尔提乌斯和蒙森的宁静。他可能还得熟悉机械挖掘和空中摄影技术。现代史对技术知识的真正需求远大于中世纪档案 388
资料研究的需求。一个想成为中世纪史学家的人，一旦掌握了拉丁语、希腊语、阿拉伯语以及对文献批评至关重要的辅助科学，并得到神学术语的词汇

1　参见前文第267—268页。

2　关于与之相反的神秘观点，参见Alexis Carrel, *Man, the Unknown* (Harper, 1935)。

表和他的康热[1]对中世纪用法的指导，就可以继续研究了。而从事当代研究的学者必须面对更广泛的要求，如果他想真正读懂那些包含着专业第一手资料的档案文献的话，他就必须熟悉簿记与会计、基础技术、公司金融元素、当代政治学术语、交通运输基础设施、进化生物学的基础知识、电介质物理学的基础知识，以及当代文明的其他表现形式。

其次，除了这种文献研究的基本技术之外，他还需要在彻底掌握进化论的观点之后，获取真正的历史观点。历史学家应该完全习惯于从起源的角度思考问题，就像医生习惯于依据诊断和预后处理病患一样。他应该精通宇宙进化、生物进化、文化进化和制度进化的基本过程，应该使自己习惯于按照进化的术语和过程来思考人类。进化论之于历史学家，应如同动力学之于物理学家。换句话说，我们应该坚信，一个想成为历史学家的人在一开始就应该有历史思维。

再次，历史学家必须掌握基本的事实和人文地理分布学的原则，即由最新的区域地理学的倡导者所解释的原则，他们的观点就是文化人类学家的观点。诸如吕西安·费弗尔的《历史地理导论》（*Geographical Introduction to History*）此类的书能够阐明其中的含义。历史学家如果想在某一区域成为专家，他就尤其应该仔细研究这一地区的自然和社会地理。新史学的实践者必须从一开始就认识到，迄今为止被认为是历史地理学的东西——熟悉不断变化的政治边界和战争地点，在任何意义上都不是历史地理学，尽管这些知识可能有用。他也应该习惯于按照历史地理条件作用的三个主要阶段——也就是河流期、内海期和海洋期——来思考问题，这三个阶段是莱昂·梅契尼科夫和赖特教授概括出来的。他还必须对吉尔菲兰（S. C. GilFillan）关于“进步过程的冷却”的论文给予适当的考虑。他同样应该熟悉世界各地文化交流的
389 基本历史意义，这是谢泼德教授在研究欧洲扩张的历史意义时所着力描述的。

学习新史学的人必须全面了解人类及其正常的和非正常的行为。他一定

1 《中世纪和近代历史词典》的编者，前文第十章提到过。——译者注

掌握了生理化学和内分泌学的基本知识。任何不熟悉人类天生的基础行为的人，都无法理智地解释人类在过去或现在的行为。新史学的学者要像波特哈斯特或伯纳姆一样熟悉肾上腺的作用。1914年7月，在萨索诺夫决定发动战争的过程中，肾上腺素可能和泛斯拉夫主义起的作用一样大。同样地，理智的且接受过良好训练的历史学家也必须熟悉与人类主要病理种类相关的更常见的异常行为。[1]政治家、外交家和最高法院的法官通常都是上了年纪的人，可以确定的是，如果不了解与动脉硬化和老年痴呆相关的行为模式，就无法理解这些老年人的行为。显然，如果不了解梅毒的影响，任何人都无法对欧洲一些重要的君主、政治家和外交官的行为做出充分的解释。慢性肾炎和消化不良往往比政治、教育、宗教或经济投资更能解释一个人的行为。了解与主要精神疾病和癫痫相关的行为模式也是必不可少的。

当人类的行为与其他动物，特别是与我们的类猿人有明显差异时，我们就会无法理解人类的行为。因此，有必要充分了解比较心理学。耶基斯（Yerkes）写过一本《与人近似的猿类》（*Almost Human*），此类著作对类人猿的心理做了最好、最可靠的通俗阐述，对于任何想要尝试对人类行为做出现实解释的人来说都是不可或缺的。有足够幽默感的初学者还应该把克拉伦斯·戴（Clarence Day）的《猿人世界》（*This Simian World*）作为补充读物。对于一个有判断力的历史学家来说，“人类只比猿类高一点点”这个事实，远比他的“人只比天使低一点点”这个令人半信半疑的断言重要得多。行为主义心理学强调社会条件作用，对于那些想要从一个人的早期生活和社会环境来解释其个性的历史学家来说，都是很重要的。如果想要了解人类活动的隐秘源头的话，精神分析心理学也必须作为一个补充，因为这门学科有助于理解行为的无意识动机，能够考察个人历史和日常生活中较为隐私的事实。最后，必须对社会心理学的事实有足够的了解，才能明确群体心理状况对一个人的影响，才能说明群体与个人之间的多重互动关系。 390

1 Cf. Charles MacLaurin, *Post Mortems of Mere Mortals* (Doubleday, Doran, 1930); James Kemble, *Idols and Invalids* (Doubleday, Doran, 1936), and Langer, “The Next Assignment,” *loc. cit.*

必须发展人类学，不仅因为它强调人类及其制度的演化基础、阐明人类发展的新视角，更重要的是，它阐明了文化进步的规律和过程。在怀特的《文化的进化》、威斯勒的《人与文化》、戈尔登韦泽的《历史、心理学和文化》、克罗伯的《人类学》等著作里，关于历史发展的基本原则的有用知识比十几本关于历史方法的杰作还要多。从年代学和方法论的观点来看，人类学确实比其他新的辅助科学更能成为历史学的门槛。

如果一个人不熟悉社会学——这是其他所有社会科学的基础，也不熟悉经济学、政治学、法学、伦理学等特殊的社会科学，他就不能胜任新史学的研究工作。[1]历史是对人在社会环境制约下发展的记录。因此，如果社会学和各种社会科学没有提供关于群体生活的事实和过程的科学知识，就不可能合理解释这一记录。此外，如果一个人想要从事一种工作，而这种工作需要超出一般水平的某种社会科学知识，那么他就必须全面掌握这种社会科学。例如，一个人如果没有在现代经济学和经济统计学的每个主要分支都受过全面训练，就不应该尝试做细致的经济史工作；一个人如果希望从事科学史或美学史领域的写作，那么，除了要做一般准备之外，他还要对自然科学或艺术有专门的了解。

许多人可能会承认，上述筹备新史学的雄心勃勃而又严格的计划是正确的，但他们也会争辩说，对单个人来说，满足这些要求是不可能的。在笔者看来，这种反对意见是似是而非的，也是不准确的。一旦人们对其必要性的理解达到了人们充分认可医学和工程学所必需的特殊准备条件的程度，历史学达到这样的准备条件就会非常容易。我们已经在大学开设了医学预科课程，紧随其后，又开设了专业医学课程。在适当的时候，我们将开设我们的"史前史"课程以及专业的历史学和社会科学学校，以充分实现上述的教育计划，它所需要的时间不会多于我们在学院和大学里因为无计划和低效协作
391 而浪费的时间。所有的对新史学成功学者的要求将在七年内得到满足，而现

1　参见前文第360页及以次。

在，我们传统的历史系学生正用这段时间忙于获得文学学士和博士学位。然后，当我们完成准备工作后，我们就会有一些实质性的东西。我们的研究生将不再是密歇根大学前校长克拉伦斯·利特尔（Clarence Little）所说的那种迂腐、心胸狭窄的专家，这种迂腐的专家比任何在世的人都更了解亨利七世的吊裤带，却对其他的事情漠不关心。

有些人可能会固执地争辩说，新史学现在的诠释者中，很少有人能满足刚刚定下的关于历史学家必备的准备条件。这种批评是正确的。毫无疑问，鲁滨逊教授会第一个承认，比照我们所总结的新史学学者的几乎每个准备条件，他都只不过是一个和蔼可亲的、谦卑的新手，但是他也可能会风趣地反驳说，如果他有机会再活一次，他会有充分的准备。他还可以进一步合理地反驳说，他在没有充分准备的情况下所取得的成就，正是我们期待那些在未来受过全面培训的学者可以达到的优异成绩的最好证明。

关于新史学的结论

至此，我们在本章中试图阐明的观点主要有：

1. 新史学不仅仅是关于历史范围和目的的新概念，它还承载着一种义务，即要为历史学家的职业生涯做更深刻和多样化的准备。

2. 从更广阔的历史观已被广泛接受的程度上看，从认识到社会科学对培训历史学家的重要性上看，从认识到生物学家和进化哲学家提供的遗传学观点已征服了历史学上看，新史学是新的。

3. 到现在，新史学的倡导者们已经发现，有必要进行一场持续不断的宣传和教育运动，这场运动明显地与兰普雷希特、贝尔、鲁滨逊、特加特和马文的名字联系在一起。现在，他们已经取得了决定性的胜利，从此可以集中精力完善新史学的基础，培养有能力实践新史学的人。

4. 新史学的两大主要任务是：尽可能地全面重建过去的文明；追溯当今主要社会制度的发展。在这两者中，后者显然更为重要。它让我们更好地了 392

解我们这个时代，这个贡献如果不是唯一的，也是主要的，是真正的历史服务。有些人还增加了第三个任务，即阐释社会因果理论或概括对社会变化的研究，但这类调查似乎更适合在历史社会学领域进行。

5. 没有哪一类历史事件能被认为足以为人类文化的整个历史演变提供一个组织框架；至少政治事件不能。随着文化史和制度史的出现，被遗忘的不仅有以前的政治史支撑材料，还有各国的传统历史和公认的历史编年史。

6. 决定历史事件进程的动因并不是单一的。历史学家必须对历史因果关系采取试探性的和经验主义的态度，并接受多元化的观点。

7. 旧史学的纯朴和固执己见的确定性具有虚假性和误导性，必须被抛弃。今天的历史学家所面临的问题是复杂的、不确定的、混乱的和动态的，这些问题只是整个时代的表象——这是历史学家发现自己生活在20世纪的必然结果。

8. 在培养新史学的未来实践者时，有必要从一开始就抛弃历史是一种文学艺术或一种古玩消遣模式的观念。一个随意挖掘历史素材的文学艺术家，与其说是一个历史学家，不如说是一个描绘所谓历史场景的画家。历史是重建过去文明的科学，也是追溯现代文化起源的科学。因此，那些从事历史研究的人必须掌握在重现人类过去和追溯人类发展过程中所涉及的所有类型的信息。这就需要从大学本科开始就对学习进行周密的规划，就像现在为医学和工程学的准备需要远见和专业化一样。简而言之，我们无法在不考虑人的本性和行为的情况下，再继续从事历史写作和教学了。[1]

历史写作的最新趋势和威胁

这本书的第一版编撰于1936—1937年间，在笔者的《西方文明史》出版不久之后，这可能是20世纪30年代美国出版的历史著作里，受到评论和争

1 关于新史学优点的探讨，参见克兰·布林顿和笔者的研究，*Journal of Social Philosophy*, January, 1936。

论最多的一部，与威尔斯的《历史大纲》在20世纪20年代遇到的情况一样。在读了对我的数百篇书评之后，我确信，历史写作的真实性面对的最大威胁 393 是对立的意识形态之间的冲突。如果一个人把文明世界作为一个整体来考虑的话，可能这一点就是实实在在的。也许，如果一个人把他的视角扩展到所谓的“自由世界”与所有的共产主义国家之间的冲突的话，就会发现，意识形态的斗争现在更为激烈了。而在1936年，意识形态给我的压力还只是西方国家本身存在的法西斯和共产主义之间的冲突。

历史著作的真实性主要是根据其内容是否符合法西斯或共产主义的信条来评价的。因为在美国，实际上没有学者支持法西斯主义，对我的书所做的意识形态的评价主要是基于它在多大程度上与马克思主义学说相吻合。年轻历史学家的评价尤其如此。毫不夸张地说，对《西方文明史》的所有批判性攻击中，除了有争议的细节外，至少一半以上的攻击源于我没有忠诚地追随马克思，尽管事实上，我对经济因素和经济力量的关注远远超过了那些传统的历史学家。

这种对客观历史写作造成威胁的各种意识形态，在20世纪30年代非常猖獗，现在几乎消失了，尤其是在美国。任何仍然崇尚法西斯意识形态的历史学家只能保留自己的看法。冷战也结束了一种倾向，铁幕之外的国家不再将马克思主义作为历史写作的一种正确的检验标准。

本章的前半部分论述了新史学的兴起和发展，因此，可以明确指出，对历史的这一更广泛模式和内容的热情，已经在过去的25年里明显衰退了。

在美国，新史学能在20世纪20年代末和30年代日益流行，部分归功于“社会科学运动”。这场运动得到了社会科学研究委员会的有力推动，该委员会获得了洛克菲勒基金支持，卡耐基公司也为美国历史协会慷慨赠款，用来研究社会科学与历史写作和综合教育之间的关系。自由主义和新政一代的社会利益鼓励了一种对文明整体的兴趣。

随着第二次世界大战的到来，对军事和政治的关注以及趋于保守主义的总体倾向反映在历史学家的观念里。及至战争结束，文明史课程中最受欢迎 394

的课本是这样一本书，书的扉页上写着“文明史”，与鲁滨逊出版于1903年的名著《西欧史》(*History of Western Europe*) 相比，这本书并不是新史学的范例。在《纽约时报》的带动下，各家报纸抨击了社会研究方法，并呼吁历史教学和写作回归到一个“正确的”政治核心和参考框架之中。

宣告新史学的小溪已经干涸是不对的，但毫无疑问，其水流的速度和深度在明显下降。膨胀的军事热情和对军事的关注必然会随着历史学家对内战百年纪念的真正痴迷而增加。随着战后沙文主义的日益高涨，对近代史——被称为“现代主义”(Presentism)——有了新的强调，它把老式历史的倾向引向另一个极端，那就是到法国大革命为止，或者至多大胆地归到1871年。

自第二次世界大战以来，被认为对历史的完整性和稳定性构成主要威胁的东西，一定被打上虚构和幻想的烙印——即使它是真实的和现实的。它是逃避现实的产物，是一种对罪恶感的过度补偿，它产生的原因是历史学家不愿承认和谴责那些真正威胁到历史的完整性和真实性的东西。我这里提到的是历史学界所称的“历史相对主义”(historical relativism)。在这种罪恶的行为中，有两位罪魁祸首——卡尔·贝克尔和查尔斯·比尔德，他们是特别杰出的历史学家和美国历史协会的前任主席。

就贝克尔、比尔德及其观点的支持者而言，这个邪恶的“相对论”的本质是下列关于历史学的真实情况：(1) 历史事件如此复杂、易逝，后来的历史学家，即使训练有素、诚实、勤奋，也无法实现兰克重建真实过去的梦想；(2) 包括历史学家在内的公众，在任何时候所接受的历史真相，在很大程度上取决于这一时期的精神气候对事实本身有效性的影响；(3) 被历史学家和公众作为真相接受的事实在情感因素的影响下，会随时间发生重大改变；(4) 这些能被发现和初步说明的事实，其主要价值在于，它们能在一定
395 程度上帮助我们理解过去和现在，并提出对未来的计划。针对其中的第4条，贝克尔从未做过积极的诠释，但是比尔德对阐明这一条的内容充满热情，尤其是在他人生的最后几年。

我们看到，1926年，针对历史事实所具有的易逝、复杂和不全面的特

质，贝克尔首先阐释了他的观点。[1]比尔德获得同等地位的报告是在1933年，他向美国历史协会发表的主席演说。[2]在之后发表的论文里，他又详细阐述了这一观点。[3]

历史真相是人们在任何时候都能接受的真理，这一不言自明的事实至少在1926年贝克尔讨论历史“事实”之前的一代里，对社会科学家特别是社会心理学家来说，是司空见惯的事。早在1913年，威廉·邓宁在美国历史协会的主席致辞中就提出了这一观点，他说：“只要某一时代或某一代人相信是真实的，那么，对于那个时代和那代人来说，就是真实的。”任何声称历史学家不受公众舆论影响的历史学家，只会遭到嘲笑，嘲笑者熟悉自1914年以来的历史学家的行为观点。这一切都发生在所谓的科学和客观的历史原则确立并被正式接受了25年之后。很难理解，为什么一些有知识的人会被这样一个不言自明的真理所困扰。

历史事实帮助我们理解过去和现在，为未来提出规划，它是应该因为其实用功能受到褒奖，还是仅仅作为有限的职业自豪感和求知的本能可以合理存在，这当然是个见仁见智的问题。但可以确定的是，实用主义的方法更有助益，也更具启发性。鲁滨逊甚至比比尔德走得更远，他支持历史事实具有功利主义和实用主义的观点。他宣称，“客观的历史学家”没有任何目标，除非有人能利用他所收集的事实，否则他就是一个毫无用处的人。

在笔者看来，关于相对论的全部争论是一场令人分心的茶杯里的风波，部分是为了转移人们的注意力，因为历史学家不愿意面对其职业的真正重要的威胁。这就等于在斑疹伤寒或黑死病流行的时候，有人却在为风疹或水痘 396

1 参见前文第267页及以次。1931年，这一观点以更柔和的形式出现在他的美国历史协会主席报告里，题目是“每个人都有自己的历史学家”。在一篇题为“历史证据”的未发表论文里，这一观点得到了详细阐释。也参见Crane Brinton and H. E. Barnes, “The New History: Twenty-five Years After,” *Journal of Social Philosophy*, January, 1936。

2 “Written History as an Act of Faith,” *American Historical Review*, January, 1934.

3 “That Noble Dream,” *American Historical Review*, October, 1935, and “Currents in Historiography,” *Ibid*., April, 1937. 对比尔德历史观点的基础和发展所做的最好分析，参见G. D. Nash, “Self-education in Historiography. The Case of Charles A.Beard,” *Pacific Northwest Quarterly*, July, 1961。

而苦恼一样。思想潮流的非理性本质常常会影响公众和历史判断，威廉·朗格在题为“下一个任务”（The Next Assignment）的美国历史协会主席就职演说中，细致地描述了这一点。[1]一些历史学家对历史主义、现象学和知识社会学的简要概括，甚至不如相对论更能成为兴奋的理由。

历史的准确性和洞察力以及公众的福祉所面临的更大的威胁是一种倒退的趋势，即退回到罗马帝国解体的状态，当时的罗马知识分子恰如吉尔伯特·默里所描述的“丧失了勇气”。他们转而求助于各种神秘宗教，因为宗教为他们提供了净化尘世罪恶和永生祝福的允诺。特别受到欢迎的还有新柏拉图哲学，这种哲学贬低理性，轻视科学，颂扬虔诚和轻信。今天，我们可以看到一种相似的趋势，不安的知识分子们在诸如存在主义或宗教的哲学形式中寻求庇护。超自然主义的崩溃，当代民族主义的、民主的和资本主义的政权所面临的威胁，造成了一种精神上的混乱，这与伴随着古典文明衰落而来的混乱并无二致。

这一趋势在历史领域的最好例证是阿诺德·汤因比的《历史研究》广受欢迎。汤因比无疑是最有学问的、还在世的历史学家，但他的历史框架是建立在神学的反常、怪异和残迹之上，这些东西会让任何一个见识颇广的大学生感到惊骇。荷兰历史学家彼得·盖尔在其《历史的使用与滥用》（*Use and Abuse of History*，1955）和《与历史学家辩论》（*Debates with Historians*，1957）一书中，以毁灭性的方式揭示了支撑思想和神学的框架的脆弱性。[2]

1 关于“相对论”的讨论，请参阅1956年10月发表在《美国历史评论》上的文章，作者是Perez Zagorin，Leo Gershoy和W. A. Williams。Cushing Sttout, *The Pragmatic Revolt in American History: Carl Becker and Charles A. Beard*, Yale University Press, 1958, B. T. Wilkins, *Carl Becker*, Harvard University Press, 1961, chaps. vii–x, and C. W. Smith, *Carl Becker On History and the Climate of Opinion*, Cornell University Press, 1956, chap. iii. 这最后一本书原本很优秀，但它令人惊讶而又相当可笑的是，它试图在贝克尔的相对论和奥威尔的《一九八四》（*Nineteen Eighty-four*）的“英社”之间找到相似之处，而《一九八四》鼓吹压制和破坏历史事实，蓄意伪造和歪曲历史信息。

2 关于汤因比，参见H. E. Barnes, ed., *An Introduction to the History of Sociology*, chap. xxxviii, University of Chicago Press, 1948。

对未来历史更大的威胁是，自1939年以来，战争狂热及伴随而来的情绪重新出现在历史学家中间。然而这一次，这种狂热情绪没有像1918年之 397
后的情况那样，冷却下来，恢复平静。我们在前面几页已经讨论过这种情况。[1]这种情况对正确的历史理想和实践产生了影响，英国海军历史学家拉塞尔·格伦费尔（Russell Grenfell）对此做了很好的阐述：

> 对于你我这些生活在1914年之前的精神自由世界的人来说，历史上的格拉森人[2]横冲直撞进谎言和失真的海洋是一个令人震惊的现象。在本世纪的头十年，我们谁能相信，在当时看来，历史学专业已经牢固确立的价值观会如此轻易而迅速地消失，只留下一小群不被关注却被嘲笑的抗议者为他们的损失而悲叹呢？[3]

自1939年以来，历史学家从未有机会回归合理的客观性，其主要原因是，杜鲁门总统执政期间，热战刚刚在1945年结束，冷战就在1947年年初开始了。历史学家的敌意从针对德国和意大利，很快扩展到俄罗斯、中国和其他社会主义国家。这种新增的仇恨大部分是真诚的，尽管有些是出于自我保护的目的而伪装出来的，尤其是就那些在1945年之前以暴力支持共产主义狂热的历史学家而言。关于这一点如何影响了历史的独立和开放心态，英国杰出的历史学家、《第二次世界大战的起源》的作者A. J. P. 泰勒教授做了很好的阐释。赫伯特·费斯是最多产的作家，也是我们这个时代被称为“太史”（court historians）的人中最杰出的一位，他写了《战争与和平之间》（*Between War and Peace*），泰勒教授这样评论费斯的这本书：

1　参见前文第十一章，特别是第290页及以次。

2　Gadarenes，典出《圣约·马太福音》中的the Gadarene Swine，说鬼入猪群，全群闯海而死。——译者注

3　1952年10月23日给笔者的信。参见拙文“Revisionism and the Promotion of Peace,” *Liberation*, Summer, 1958。

> 被翻译成历史学术语的一份美国国务院简报。费斯博士的结论不是从证据中得出的，它们是不言自明的，在这本书开始之前……历史上有一段时期，那时，历史学家们抛开了对自己国家的责任，他们的写作仿佛来自于另一个星球的观察。事实上，当美国历史学家们在写第一次世界大战的起源时，他们矫枉过正得太过厉害，以至于他们偏向德国一方。很明显，在冷战中，甚至学术界也不知道超然为何物。西方的学院派历史学家即使受雇于政府部门，也可能声称他们的学术独立性，但他们非常“敬业”，就像他们穿了戈培尔博士为德国教授设计的漂亮制服。[1]

398 这种对历史写作的官僚控制以及与政府政策相一致的历史“真相”，其最令人不安的方面是，这是进入奥威尔式噩梦——“一九八四”社会——的历史状态的第一步，也是非常重要的一步。在这里，我们可以看到，历史著作要全面而严格地符合党派的狂热、愿望和品位的日常动向和教条，为了得到这样的结果，就需要篡改、消除和毁坏同样多的文献资料。下面一段话出自奥威尔的著作，说明了在“英社”原则下主导历史写作的精神，英社是“一九八四”体系的思想参照标准。

> 历史被不断地重写。真理部日复一日地伪造过去，同友爱部管控的镇压和间谍工作一样，对政权的稳定是必要的……过去的事件不是客观存在的，而是仅仅存在于文字记录和人类记忆之中。过去是记录与记忆一致的东西。既然党控制着所有的记录，也同样控制着党员的思想，因此，过去是党选择的东西……确保所有的记录都与当下的正统观念相一致仅仅是一种机械的行为。但也有必要记

1 *Manchester Guardian*, weekly edition, January 19, 1961. 也参见另一位英国杰出的历史学家的评论，Herbert Butterfield, on “Official History Its Pitfalls and Criteria,” in his *History and Human Relations*, Macmillan, 1952, pp. 182–224。

> 住，事情是按照我们想要的方式发生的。如果需要重新整理记忆或篡改书面记录，那么就有必要忘记自己曾这样做过。[1]

“英社”控制下的这一历史过程包括故意压制和销毁所有现存的档案——这些档案在任何时候都与所谓的历史真理相冲突。

很多读者会觉得，我们还远远没有达到前文所描述的各种情况。但事实是，我们已经处于这样一种历史制度支配之下。这只是一个程度的问题。除了几本遭人鄙视的“修正主义”历史著作外，自1939年以来，甚至在自由世界，也没有任何一部历史著作从根本上挑战或背离了作者所在国的基本政策。

众所周知，有关第二次世界大战的重要外交文件已被压制或销毁。多年来，大约有40卷关于美国近期外交政策的文件一直等待出版，但尽管提供的资金充足，并在1953年5月就已做出迅速出版的官方承诺，却几乎没有人去
实施出版计划。在雅尔塔和德黑兰等地举行的重要战时峰会上，最终公布的 399
文件往往被严重篡改，有些甚至被消除。珍珠港事件的调查揭示出，那些关系到这场灾难责任的重要文献已被消除、篡改或毁坏。

也许，这种情况还不会导致历史学上的任何恐慌——实际上，也没有出现这种情况，因为就历史学家而言，他们没有一种普遍的倾向要去质疑当前的趋势——但对某些历史学家来说，以本书中最保守的论述作为结束语，仍然是令人非常不安的，因为他们依然坚信先前的完整性和真实性的理念。

关于史学史的历史注释

笔者的一位朋友，听说历史学目前的事业时认为，不久就会有人写“史学史的历史”了。如果关于这一主题的论文出现在一本好的历史期刊上，确

1　George Orwell, *Nineteen Eighty-four*, pp. 213–215, Harcourt, Brace, 1949.

实会有启发意义，也会大有助益，所以，我们期待着有这样的论文出现。当然，要结束对历史著作史的简短回顾，最恰当的方法无疑是，对人们迄今为止已经在这一领域做出的贡献做一个概括。

对早期历史著作的思考可能首先出现在波里比阿的著作里，他回顾和批判了之前古文物研究者在罗马历史写作中使用的方法和成果。正如我们所看到的，大多数希腊和罗马的历史著作都是当代史。因此，在此之前的任何时代，写作历史的人都寥寥无几，而这个时期的早期历史学家也没有被系统地讨论过和研究过。然后，出现了早期基督教编年史学家——从阿非加纳斯到哲罗姆——对异教徒和犹太历史作家的评论。在整个中世纪，中世纪的编年史学家和年代记作者思考了以前的历史著作，哪怕只是为了把它们抄写进自己的手稿里。在宗教改革和反宗教改革的争论中，兴起了对过去的历史学家的系统性研究。马格德堡百年纪念者、红衣主教巴罗诺斯以及其他人批判性地回顾了从使徒时代到16世纪的写教会史的作家。接下来，从弗拉菲乌斯·布隆德斯到西格尼乌斯和德·普伊，人文学者分析了古代史和中世纪史的作家。早期考证《圣经》的学者，从伊本·埃兹拉到阿斯特鲁克和雷马勒斯，研究了《圣经》的历史来源。这些研究方法被理性主义历史学家和浪漫
400 主义历史学家所继承，得以有意识、系统化地发展起来，当收集国家历史资料的运动开始后，近代批判的史学研究也出现了。伟大的编辑者——比如穆拉托里、魏茨、基佐、莫利尼耶、盖拉尔和斯塔布斯等人——批判地评价了早期基督教作家和中世纪编年史学家的作品。尼布尔、魏茨和兰克等学者，对古代、中世纪和文艺复兴的历史学家进行了批判性的评价。

编辑们推动出版了第一批引发关注的著作，无论从哪方面来说，它们都可以被看作是关于历史著作的历史。它们是国家历史资料的指南——简要总结了国家历史的重要历史学家——主要是中世纪和现代早期的作家。其中，第一本是1830年由弗里德里希·达尔曼出版的关于德国历史写作的指南手册《德国历史资料》（*The Sources of German History*）。乔治·魏茨对它进行了修改，之后出版过多个版本。第八个版本由保罗·赫雷编辑，在

1912年出版，已经是一套多卷本的巨作了。它对1912年以前用德语写的德国历史著作进行了分类和简要描述。关于中世纪，威廉·瓦滕巴赫（Wilhelm Wattenbach）和奥托卡尔·洛伦茨（Ottokar Lorenz）的著作《德国中世纪历史资料》（*The Historical Sources for Germany in the Middle Ages*）更为完整。在法国，加布里埃尔·莫纳德的《法国历史书目》（*Bibliography of the History of France*）所做的贡献，堪比达尔曼—魏茨的《史料学》（*Quellenkunde*）为德国历史所做的贡献。瓦滕巴赫和洛伦茨对德国历史的贡献，也由莫利尼耶、亨利·豪泽、埃米利·布儒瓦和安德烈·路易斯（André Louis）通过他们的杰作《法国历史资料》（*The Sources of the History of France*）带给了法国历史，他们的编目和评论一直持续到1715年。美国学者查尔斯·格罗斯在《英国历史的资料和文献》（*Sources and Literature of English History*）一书中对英国中世纪历史学家进行了颇具权威的考察，戈弗雷·戴维斯（Godfrey Davies）把这项考察延续到了斯图亚特时期。大多数的欧洲其他国家也为他们过去的历史著作提供了类似的指南。这些都可以在《历史文献指南》中找到。钱宁、哈特和特纳为美国历史著作编写了权威指南。

詹姆斯·盖尔德纳、古斯塔夫·马森和乌戈·巴尔扎尼写的系列丛书《欧洲早期编年史家》（Early Chronicles of Europe）为中世纪历史著作史提供了一个很好的介绍，涵盖了英国、法国和意大利，由于中世纪德国和意大利的密切联系，这套丛书还提供了一些关于德国中世纪历史学家的相关资料。但是，关于中世纪德国历史著作的更多细节还必须翻阅瓦滕巴赫和洛伦茨的著作。对中世纪结束以来所有历史著作的简要调查和评价，可以在法国学者查尔斯·朗格卢瓦无比珍贵的《历史文献目录手册》（*Manual of Historical Bibliography*）中找到。查尔斯·亚当斯的《历史文献手册》 401
（*Manual of Historical Literature*）也很有用，里面列出并描述了1889年之前出版的以英语、法语和德语书写的大量重要历史著作。现在，这本书又增补了重要的《历史文献指南》，是由乔治·杜策尔（George M. Dutcher）、威廉·艾利森等人策划和编辑的，出版于1889—1930年之间。1961年，由豪依（G. F. Howe）编辑出版了新版本。

虽然前文提到的这些著作对学术研究做出了巨大贡献，为历史写作提供了入门指导，但它们只是附带了一些史学史的内容。第一部可以被称为自觉的历史著作史的重要著作也许是罗伯特·弗林特的《欧洲历史哲学：法国和德国》，出版于1874年。在之后的20年里，弗林特把关于法国历史学家的那一节扩充成了一卷，但他从未出版过关于德国历史学家的扩充内容。这本书不仅仅是一部历史哲学史，因为它还涉及了理性主义、浪漫主义、民族主义和早期学术性的历史著作以及正式的历史哲学。自弗林特的书出版以来，有很多关于历史著作史的著作得以问世。因为它们都是近年来出版的，所以描述它们的最好的方法是，把它们与连续的历史时期联系起来，而不是根据出版日期对它们一一列举。

对整个古代史的考察，没有一部作品能与詹姆斯·肖特韦尔的《史学史导论》（*Introduction to the History of History*）相提并论。它涵盖了从原始社会到早期基督教编年史学家的历史著作。肖特韦尔教授本来计划出版一部完整的史学史，他在《大英百科全书》（*Encyclopedia Britannica*）中发表了一篇上佳之作《历史》，其中预告了他的这一计划，但他只出版了第一部分。此外，就没有其他的关于古代历史的综合性著作了，哪种文字书写的都没有。关于古代近东，最有价值的著作是社会学家乔伊斯·赫茨勒的《古代文明的社会思想》（*The Social Thought of the Ancient Civilizations*）。詹姆斯·布雷斯特的《古代埃及记录》（*Ancient Records of Egypt*）研究了古代埃及人更重要的历史著作。阿道夫·厄曼的《古代埃及文献》（*The Literature of the Ancient Egyptians*）也很重要。奥姆斯特德的《亚述史学》（*Assyrian Historiography*）中对古代美索不达米亚的历史著作做了很好的介绍。在巴比伦的历史编纂学方面没有相似的著作。罗伯特·哈帕（Robert F. Harper）的《亚述和巴比伦文献》（*Assyrian and Babylonian Literature*）、巴顿（G. A. Barton）的《苏美尔和阿卡德王室铭文》（*The Royal Inscriptions*

of Sumer and Akkad）和卢肯比尔（D. D. Luckenbill）的《古代巴比伦和亚述档案》（*Ancient Records of Babylonia and Assyria*）都提供了许多历史文本的翻译。针对希伯来人的历史著作，有很多导论，其中乔治·摩尔的《旧约文献》（*Literature of the Old Testaments*）是最好的起点。关于古希腊人的历史写作，我们有约翰·伯里的杰作《古希腊历史学家》（*The Ancient* 402
Greek Historians），其中包括了对罗马历史编纂学的简短的考察。与之类似的关于罗马历史著作的作品是威廉·索尔陶（Wilhelm Soltau）写的，亚瑟·罗森堡（Arthur Rosenburg）的《罗马史及其史料导论》（*Introduction to Roman History and Its Source Materials*）、赫尔曼·彼得的《罗马帝国至狄奥多西一世时期历史文献》（*The Historical Literature of the Roman Empire to the Time of Theodosius* Ⅰ）对罗马历史资料进行了专业研究。关于古代历史上的条约和修辞，彼得还写了一本颇具启发意义的书——《真实与艺术》（*Truth and Art*）。关于希腊和罗马历史学家的书有很多，其中，最有代表性的是格洛弗对希罗多德的评论，格伦迪（Grundy）、阿伯特和康福德对修昔底德的评论，以及博西尔对塔西佗的评论。

关于基督教的史学编撰，最好的入门指南是古斯塔夫·克鲁格的《早期基督教文献》（*Early Christian Literature*）和皮埃尔·拉布里奥勒（Pierre de Labriolle）的《基督教历史与文献》（*History and Literature of Christianity*）。安德烈·拉加德的《中世纪拉丁教会》（*The Latin Church in the Middle Ages*）一书，列举了一份关于中世纪基督教历史学家的简要目录。更完整的是莫里茨·里特尔的《基督徒与中世纪历史著作》（*Christian and Medieval Historical Writing*），最早发表在1911年的《历史杂志》上。所有关于中世纪历史写作的著作自然都涉及基督教编年史家。彼得·古尔戴编辑了一本重要的书，其中论述了具有代表性的天主教历史学家——从攸西比乌斯到19世纪后半叶的丹尼夫和帕斯特尔等历史学家。

关于中世纪早期的历史著作，最好的入门指南是海耶斯的《日耳曼入侵相关资料导论》（*Introduction to the Sources Relating to the Germanic*

Invasions)。关于中世纪年代记作家的介绍性著作，比较优秀的是由陶特教授、詹金斯教授和斯坦利·莱恩-普尔博士写的，海因茨·奎林（Heinz Quirin）和舒尔茨女士（Miss Schulz）也有关于中世纪历史方法的精辟专论。我们希望人们关注《欧洲早期编年史家》系列丛书，这套丛书与奎林和瓦滕巴赫的作品一起，构成了对西方基督教世界中世纪历史写作的最佳考察。唯一用英语介绍拜占庭历史学家的是瓦西列夫的《拜占庭帝国史》（*History of the Byzantine Empire*），其中还包含了一篇优秀的评论，评论了所有关于中世纪东罗马帝国的现代历史著作（I. 13–54）。唯一详细介绍拜占庭历史写作的材料是卡尔·克伦巴赫的经典著作《拜占庭文献史：从查士丁尼到东罗马帝国灭亡》（*The History of Byzantine Literature from Justinian to the End of the Eastern Roman Empire*）。关于穆斯林历史学家，我们有马戈留斯所著的简洁明快的《阿拉伯历史学家讲义》（*Lectures on Arabic Historians*），以及纳撒尼尔·施密特为穆斯林最杰出的历史学家写的《伊本·赫勒敦》（*Ibn Khaldun*），这是令人钦佩的专题著作。

关于文艺复兴时期的历史写作没有一部全面的综合之作，但有一些专题论述，如谢维尔、莫里、格布哈特和格维努斯关于佛罗伦萨历史学家的著作，以及约阿希姆森（Joachimsen）关于德意志人文主义历史学家的著
403 作。对宗教改革时期的历史写作同样也没有一个全面的总结概括，但是，古斯塔夫·沃尔夫的《德意志宗教改革历史资料》（*Sources of the History of the German Reformation*）对这一时期的资料做了极好的专业评论。杰出的瑞士学者爱德华·富特所著的《现代史学史》（*History of Modern Historiography*）提供了整个现代时期，包括文艺复兴和宗教改革时期的优秀历史著作。阿道夫·赖因（Adolf Rein）在《历史写作里的欧洲扩张问题》（*The Problem of European Expansion in Historical Writing*）一书中很好地研究了海外扩张对欧洲历史写作的影响。约翰·布莱克（John B. Black）的《历史的艺术》（*The Art of History*）讨论了理性主义时代的杰出历史学家——伏尔泰、休谟、罗伯逊和吉本，这本书虽然比较简短，却是所有关

于历史著作史的著作里最智慧也是最易读的。关于浪漫主义的史学，我们在前文提到过，罗伯特·弗林特的书提供的讨论是最好的，尽管富埃特对这些作家也有一些很好的总结。乔治·古奇的《19世纪的历史与历史学家》（*History and Historians in the Nineteenth Century*）洋洋洒洒地描述了民族主义史学和学术性、批判性历史写作的兴起，并对此进行了明智的评价。更近时期，在古奇书中只被简要概述的内容，在路易斯·哈尔芬等人的法语综合著作《近五十年来的历史和历史学家》（*History and Historians of the Last Fifty Years*，1927）和斯坦伯格（Steinberg）编辑的《个人阐释中的现代历史科学》（*The Historical Science of the Present in Individual Exposition*）里面，得到了充分论证。

关于几个西方国家的历史著作有很多历史，德国得到了最令人满意的处理。弗朗兹·冯·韦格勒的《自人文主义兴起以来的德国史学史》（*History of German Historiography since the Rise of Humanism*）考察了德国整个现代的历史著作史。安托万·吉扬的《现代德国及其历史学家》（*Modern Germany and her Historians*）对民族主义流派进行了研究。格奥尔格·贝洛在他的《从解放战争至今的德国历史写作》（*German Historical Writing from the War of Liberation to Our Own Day*）里对19世纪的处理令人赞赏。路易斯·哈尔芬的著作《法国最近一百年的历史》（*History in France During the Last Hundred Years*）对法国民族主义史和学术史的发展做了最好的描述。贝内代托·克罗齐对19世纪意大利的历史著作做了详尽的论述。虽然古奇的书中有很多关于19世纪英国历史学家的材料，但对英国历史写作并没有一个完整的论述。关于英国历史著作的最重要的专著是赫伯特·巴特菲尔德（Herbert Butterfield）的令人振奋的研究《英国人及其历史》（*The Englishman and His History*），以及托马斯·佩尔登的《英国历史写作的转折点：1760—1830年》（*The Transition in English Historical Writing, 1760–1830*），关注了从休谟到林格德这一时期。富斯纳（F. S. Fussner）和道格拉斯（D. C. Douglas）关于1580—1730年的研究是对佩尔登的一个补充。彼得鲁斯·布洛克为我们提供了一本重要著作《荷兰历史著作》(*Historical Writing in Holland*)，而保罗·米卢科夫则撰写了多部关于俄国历史写作的专著，其中包括《俄国史学的主流》(*Main Currents of Russian Historiography*)。很
404 多年以前，富兰克林·詹姆森写了一本关于美国历史写作的优秀导论《美国历史著作史》(*The History of Historical Writing in America*)，囊括了莫特利、帕克曼、普雷斯科特、班克罗夫特等伟大的历史学家。这些人连同彼得·福斯和其他编辑，在约翰·巴塞特的《美国历史学家中层小组》(*Middle Group of American Historians*)和大卫·莱文(David Levin)的《作为浪漫艺术的历史》(*History as Romantic Art*)里得到更全面的阐释。西奥多·史密斯(Theodore Clark Smith)、威廉·邓宁、艾伦·内文斯和施莱辛格及其同事总结概括了最近一段时期的史学史。迈克尔·克劳斯的《美国史学史》(*A History of American History*)和马库斯·杰尼根(Marcus W. Jernegan)的《美国历史编纂随笔》(*Essays in American Historiography*)首次全面处理了全部美国历史著作史。当代作家的《新史学和社会研究》(*The New History and the Social Studies*)对文化制度史的起源和特征做了最为详尽的论述。特加特的《历史导论》《历史过程》和《历史理论》睿智地探讨了历史作为社会科学这一概念的兴起，直到1938年这本书的修订版出版后，我们才终于对历史著作史有了一个相当完整的考察。同时促进我们这项工作的还有詹姆斯·汤普森的两卷本著作《历史著作史》(*History of Historical Writing*，1942)、迈克尔·克劳斯的《美国历史写作》(*The Writing of American History*，1953)和由菲茨西蒙斯(M. A. Fitzsimons)、蓬特(A. G. Pundt)和诺埃尔(C. E. Nowell)编辑的专题讨论集《历史编纂学的发展》(*The Development of Historiography*，1954)。[1]

---

1 关于历史学和历史编纂学的历史文献，有一个很好的总结和概述，参见《社会科学百科全书》的参考书目，*Encyclopedia of the Social Sciences*, 15, vols., Macmillan, 1932, Vol. VII, pp. 389–391。也参见Fitzsimons et al., *op. cit,* pp. 441ff.。在前文对历史著作史的简要评论中所提到的书目之外，还有相当数量的可读可取的附加书目，本书末尾的补充参考书目中提供了这些书。

参考文献

Robinson, *The New History*.

——, “New Ways of Historians,” *loc. cit.*

H. E. Barnes, ed., *An Introduction to the History of Sociology,* chaps. xxxvii, xlvi. University of Chicago Press, 1948.

——, *The New History and the Social Studies.*

——, *History and Social Intelligence.*

Barnes and Becker, *Contemporary Social Theory*.

Jacques Barzun, *The House of the Intellect.* Harper, 1959.

Smith, *Carl Becker: On History and the Climate of Opinion*.

B. T. Wilkins, *Carl Becker.* Harvard University Press, 1961. 405

Lee Benson, *Turner and Beard*. Glencoe Free Press, 1960.

Dexter Perkins and J. L. Snell, *The Education of Historians in the United States*. McGraw-Hill, 1962.

E. T. Gargan, ed., *The Intent of Toynbee's History*. Loyola University Press, 1961.

R. G. Collingwood, *The Idea of History.* Oxford University Press, 1946.

Allan Nevins, *The Gateway to History*. Appleton-Century, 1938.

Louis Gottschalk, *Understanding History*. Knopf, 1950.

Geoffrey Barraclough, *History in a Changing World.* University of Oklahoma Press, 1956.

Pieter Geyl, *The Use and Abuse of History.* Yale University Press, 1955.

——, *Debates with Historians.* Philosophical Library, 1957.

George Orwell, *Nineteen Eighty-four*. Harcourt, Brace, 1949.

C. L. Becker, *Everyman His Own Historian*. Crofts, 1935.

Karl Lamprecht, *What Is History?* Macmillan, 1905.

Odum, *American Masters of Social Science*.

Schaumkell, *Geschichte der deutschen Kulturgeschichtschreibung*.

Karl Heussi, *Die Krisis des Historismus*. Tubingen, 1932.

E. H. Carr, *What Is History?* Knopf, 1962.

P. L. Snyder, ed., *Detachment and the Writing of History*. Cornell University Press, 1958.

Charles Samaran, ed., *L'Historie et ses methodes*. Paris, 1961.

J. H. Hexter, *Reappraisals in History*. Northwestern University Press, 1961.

Cushing Strout, *The Pragmatic Revolt in American History.* Yale University Press, 1958.

Donald Sheehan and H. C. Syrett, eds., *Essays in American Historiography.* Columbia University Press, 1961.

补充参考文献

在准备多佛版本的过程中，需要保持本书的原始页码不变，因此每章后面的参考文献部分篇幅有限，需要补充的参考文献就必须限制在原始参考书目所提供的篇幅之内。这样，在大多数情况下，这部分的篇幅是不够的。我们面对的一个问题是要删除一些早期出版的经典著作，腾出位置给那些近期出版的高质量著作。我认为，我已成功地增加了相当一部分在20世纪前25年里更值得称赞的著作，同时并没有删除1937年出版的基本性著作。

然而，在本书的初版中，仍然有许多重要的新书目和1937年出版的几部很有价值的书目未能列入其中。因此，我们决定插入一个新的或补充性的参考书目，从而使每一章修订后的参考书目与补充参考文献合为一个完整的书目，这样，每个可能用到这本书的读者，都能够继续在这一领域阅读。

与此同时，即使是合并起来的综合书目也不能说穷尽了有关史学编撰和发展的著作。本书只收录了最优秀和不可或缺的外文著作。我们努力在最小限度的充分性和可能导致选择混乱的大量书籍里找到一个合理的平衡。

我认为，在这一领域，读者需要和具有实用性才是最适当的专业阅读引导。如今，低价平装版的书籍使学生购买成为可能，已经不再需要沿用之前由图书馆购买收藏几册的老传统了。这样也使教师无须再制作和张贴额外的阅读清单。

我谨向加州大学圣巴巴拉分校的亨利·亚当斯（Henry M. Adams）教

授表示感谢。感谢他在我们准备这个新的补充参考书目的过程中所提供的建议和帮助。

第一章　历史著作的起源

W. F. Albright, *The Archaeology of Palestine.* Penguin Books, 1960

Robert Braidwood, *The Near East and the Foundations for Civilization.* University of Oregon Press, 1952

Charles Breasted, *Pioneer to the Past.* Scribner, 1943

408 V. G. Childe, *The Dawn of European Civilization.* Knopf, 1958

——, *New Light on the Most Ancient East.* Grove, 1957

J. G. D. Clark, *Archaeology and Society.* Harvard University Press, 1957

——, *Prehistoric Europe.* London, 1952

W. E. L. Clark, *The Fossil Evidence for Human Evolution.* University of Chicago Press, 1955

Adrian Coates, *Prelude to History.* Philosophical Library, 1952

G. H. Curtis, "A Clock for the Ages Potassium-Argon", *National Geographic Magazine*, October, 1961

R. C. Dentan, ed., *The Idea of History in the Ancient Near East.* Yale University Press, 1955

R. W. Ehrich et al., eds, *Relative Chronologies in Old World Archeology.* University of Chicago Press, 1954

Henri Frankfort, *The Birth of Civilization in the Near East.* Anchor Books, 1959

O. R. Gurney, *The Hittites.* Penguin Books, 1961

E. A. Hooton, *Up from the Ape.* Macmillan, 1954

G. H. R. von Koenigswald, *The Evolution of Man.* Ann Arbor Books, 1962

Weston La Barre, *The Human Animal.* University of Chicago Press, 1960

L. S. B. Leakey, *Adam's Ancestors.* Harper Torchbooks, 1960

W. F. Libby, *Radiocarbon Dating.* University of Chicago Press, 1955

K. P. Oakley, *Man the Tool-maker.* University of Chicago Press, 1957

D. J. Wiseman, *Chronicles of the Chaldean Kings.* London, 1956

第二章　希腊人和罗马人的历史著作

J. H. Finley, *Thucydides*. Harvard University Press, 1942

W. W. Fowler, *Roman Essays and Interpretations*. Oxford, 1920

Kurt von Fritz, *Aristotle's Contribution to the Practice and Theory of Historiography*. University of California Press, 1958

F. R. B. Godolphin, ed., *The Greek Historians*. Random House, 1942

A. W. Gomme, *A Historical Commentary on Thucydides*. Oxford University Press, 1945

Walter Leaf, *Homer and History*. Macmillan, 1915

C. A. Robinson, Jr., *Selections from Greek and Roman Historians*. Holt, Rinehart and Winston, 1957

Aubrey de Selincourt, *The World of Herodotus*. Little, Brown, 1963

Ronald Syme, *Tacitus*. 2 vols., Oxford University Press, 1958

P. G. Walsh, *Livy: His Historical Aims and Methods*. Cambridge University Press, 1961

第三章　早期基督教的历史著作

W. F. Albright, *From the Stone Age to Christianity*. Johns Hopkins University Press, 1957

Henry Bettenson, ed., *Documents of the Christian Church*. Oxford University Press, 1947

Herbert Butterfield, *Christianity in European History*. Macmillan, 1953 409

F. C. Conybeare, *Myth, Magic and Morals*. Beacon Press, 1910

Martin D'Arcy, *The Meaning and Matter of History, a Christian View*. Meridian Books, 1961

Adolph Harnack, *History of Dogma*. 7 vols. bound as 4 vols., Dover Publications, Inc., 1961

David Knowles, *Saints and Scholars*. Cambridge University Press, 1962

T. W. Manson, *The Beginning of the Gospel*. Oxford University Press, 1950

D. W. Riddle, *Early Christian Life as Reflected in Its Literature*. University of Chicago Press, 1936

J. T. Shotwell and L. R. Loomis, *The See of Peter*. Columbia University Press, 1927

C. C. Torrey, *Documents of the Primitive Church*. Harper, 1941

Johannes Weiss, *Earliest Christianity*. 2 vols., Harper Torchbooks, 1959

第四章 中世纪的历史著作

A. S. Atiya, *The Crusade. Historiography and Bibliography.* Indiana University Press, 1962

J. L. Cate and E. N. Anderson, eds., *Medieval and Historiographical Essays in Honor of James Westfall Thompson.* University of Chicago Press, 1938

C. P. Farrar and A. P. Evans, *Bibliography of English Translations from Medieval Sources.* Columbia University Press, 1946

D. J. Geanakoplos, *Greek Scholars in Venice.* Harvard University Press, 1962

C. H. Haskins, *The Renaissance of the Twelfth Century.* Meridian Books, 1957

Ibn Khaldun, *The Muqaddimab. An Introduction to History.* Trans. by Franz Rosenthal, 3 vols., Pantheon Books, 1958

C. L. Kingsford, *English Historical Literature in the Fifteenth Century.* Burt Franklin, 1913

Maximilianus Manitius, *Geschichte der lateinischenLiteratur des Mittelalters.* 2 vols., Munich, 1911–1931

C. C. Mierow, *The Gothic History of Jordanes.* Barnes and Noble, 1960

L. J. Paetow, *Guide to the Study of Medieval History.* University of California Press, 1917

A. H. Thompson, ed., *Bede, His Life, Times and Writings.* Oxford University Press, 1935

Richard Vaughan, *Matthew Paris.* Cambridge University Press, 1958

Dorothy Whitelock, ed., *The Anglo-Saxon Chronicle.* Rutgers University Press, 1961

第五章 人文主义和历史著作

Levi Fox, ed., *English Historical Scholarship in the Sixteenth and Seventeenth Centuries.* Oxford University Press, 1958

F. S. Fussner, *The Historical Revolution: English Historical Writing and Thought, 1580–1640.* Columbia University Press, 1962

410 H. A. Enno van Gelder, *The Two Reformations in the Sixteenth Century.* The Hague, 1961

P. O. Kristeller, *The Classics and Renaissance Thought.* Harvard University Press, 1955

Mark Pattison, *Isaac Casaubon.* Oxford, 1892

J. H. Robinson and H. W. Rolfe, *Petrarch: The First Modern Man of Letters*. Putnam, 1914

Willard Wallace, *Sir Walter Raleigh*. Princeton University Press, 1959

W. H. Werkmeister, ed., *Facets of the Renaissance*. University of Southern California Press, 1959

第六章 宗教改革与反宗教改革时期的教会历史著作

R. H. Bainton, *Here I Stand*. Abingdon, 1959

——, *Bibliography of the Continental Reformation*. University of Chicago Press, 1935

Herbert Butterfield, *Christianity and History*. Scribner, 1950

C. H. Firth, *Essays, Historical and Literary*. Oxford, 1938

B. J. Kidd, *Documents Illustrative of the Continental Reformation*. Oxford, 1911

——, *The Counter-Reformation, 1550–1600*. London, 1933

Paul Peeters, *L'oeuvre des Bollandistes*. Brüssels, 1961

Gerhaid Ritter, *Die Weltwirkung der Reformation*. Munich, 1959

E. G. Schweibert, *Luther and His Times*. Concordia, 1950

第七章 社会史和文化史的出现：发现的时代和理性主义的发展

H. N. Brailsford, *Voltaire*. London, 1935

A. E. Burlingame, *Condorcet, the Torchbearer of the French Revolution*. Stratford, 1930

Robert Caponigri, *Time and Idea, The Theory of History in GiambattistaVico*. Regnery, 1953

Bernal Díaz del Castillo, *The Discovery and Conquest of Mexico, 1517–1521*. Farrar, Straus and Cudahy, 1956

J. W. Caughey, *Hubert Howe Bancroft*. University of California Press, 1946

Garcilaso de la Vega, *The Incas*. Orion Press, 1961

G. P. Gooch, *French Profiles*. Longmans, 1961

N. N. Schargo, *History in the Encyclopedia*. Columbia University Press, 1947

Albert Sorel, *Montesquieu*. McClurg, 1888

N. L. Torrey, *The Spirit of Voltaire*. Columbia University Press, 1938

第八章 浪漫主义和历史哲学

H. A. Beers, *A History of English Romanticism in the Eighteenth Century.* Holt, 1916

George Brandes, *Main Currents in Nineteenth Century Literature.* Macmillan, 1904, Vols. V–VI

411 Christopher Dawson, *The Dynamics of World History.* Sheed and Ward, 1956

Howard Doughty, *Francis Parkman.* Macmillan, 1962

W. H. Dunn, *James Anthony Froude.* Oxford University Press, 1961

M. H. Fisch and T. G. Bergin, eds. and trans., *The Autobiography of Giambattista Vico.* Cornell University Press, 1963

Patrick Gardiner, *Theories of History*. Free Press, 1959

V. F. Harrold, *Carlyle and German Thought.* Yale University Press, 1934

H. A. Hodges, *The Philosophy of Wilhelm Dilthey*. Humanities Press, 1952

H. S. Hughes, *Oswald Spengler.* Scribner, 1962

William Kluback, *Wilhelm Dilthey's Philosophy of History.* Columbia University Press, 1956

S. P. Lamprecht, *Nature and History.* Columbia University Press, 1950

Karl Lowith, *Meaning in History*. University of Chicago Press, 1957

D. M. McKinnan, *On the Notion of a Philosophy of History*. Oxford University Press, 1952

Hans Meyerhoff, ed., *The Philosophy of History in Our Time.* Anchor Books, 1959

M. Nowicki, *Bibliography of Works in the Philosophy of History, 1958–1961.*The Hague, 1963

Herbert Paul, *Life of Froude.* London, 1905

Carroll Quigley, *The Evolution of Civilizations.* Macmillan, 1961

J. H. Randall, Jr., *Nature and Historical Experience*. Columbia University Press, 1958

J. M. Robertson, *The Genesis of Romantic Theory.* Cambridge University Press, 1923

R. O. Rockwood, ed., *Carl Becker's Heavenly City Revisited*. Cornell University Press, 1958

J. C. Rule, *Bibliography of Works in the Philosophy of History, 1945–1957.* The Hague, 1961

C. J. S. Sprigge, Benedetto Croce, *Man and Thinker.* Yale University Press, 1952

A. J. Toynbee, *A Study of History*. 2 vols., (Somervell abridgment) Oxford University Press, 1947–1957

第九章　自由主义和民族主义影响下的历史著作

H. B. Adams, *The Life and Writings of Jared Sparks.* 2 vols., Houghton Mifflin, 1893

J. A. Borome, *Life and Letters of Justin Winsor*. Columbia University (dissertation), 1950

Algernon Cecil, *Six Oxford Thinkers.* London, 1909

M. L. Clarke, *George Grote.* London, 1962

Alfred Cobban, *Historians and the Causes of the French Revolution.* London, 1958

H. W. C. Davis, *The Political Thought of Heinrich von Treitschke.* Scribner, 1915

D. C. Douglas, *English Scholars, 1660–1730.* Jonathan Cape, 1939 412

E. M. Earle, ed., *Nationalism and Internationalism. Essays Inscribed to Carlton J. H. Hayes.* Columbia University Press, 1950

Paul Farmer, *France Reviews Its Revolutionary Origins.* Columbia University Press, 1944

Hans Kohn, P*rophets and Peoples*. Collier Books, 1962

E. E. Leisy, *The American Historical Novel.* University of Oklahoma Press, 1952

Mark Longaker, *English Biography in the Eighteenth Century*. University of Pennsylvania Press, 1931

Erich Marcks, *Männer und Zeiten.* Leipzig, 1912

S. E. Morison, *History as a Literary Art.* Knopf, 1948

E. E. Neff, *The Poetry of History*. Columbia University Press, 1947

R. B. Nye, *George Bancroft, Brahmin Rebel.* Knopf, 1945

Charles Oman, *On the Writing of History.* London, 1939

G. M. Trevelyan, *Clio A Muse*. Longmans, 1914

第十章　批判史学的兴起

Georges Belloni, *Aulard, historian de la révolution française*. Paris, 1949

Marc Bloch, *The Historian's Craft*. Knopf, 1953

J. W. Burgess, *Reminiscences of an American Scholar*. Columbia University Press, 1934

Herbert Butterfield, *The Englishman and His History*. Cambridge University Press, 1944

J. E. Cooke, *Frederic Bancroft, Historian.* University of Oklahoma Press, 1957

A. S. Eisenstadt, *Charles McLean Andrews, a Study in American Historical Writing.*

Columbia University Press, 1956
D. R. Fox, *Herbert L. Osgood, an American Scholar*. Columbia University Press, 1923
Eric Goldman, *John Bach McMaster, American Historian*. University of Pennsylvania Press, 1943
G. P. Gooch, *Studies in German History*. Longmans, 1948
A. J. Grant, *English Historians*. London, 1906
W. H. Jordy, *Henry Adams: Scientific Historian*. Yale University Press, 1952
Lionel Kochan, *Acton on History*. London, 1954 (Deutsch)
T. H. von Laue, *Leopold von Ranke: The Formative Years*. Princeton University Press, 1950
David Mathew, *Acton: The Formative Years*. London, 1946
A. G. Mazour, *Modern Russian Historiography*. Van Nostrand, 1958
Bertram Newman, ed., *English Historians*. Oxford University Press, 1957
F. M. Powicke, *Modern Historians and the Study of History*. London, 1955
Benito Sánchez Alonso, *Historia de la historiografía Española*.3 vols., Madrid, 1941–1950
K. F. Shteppa, *Russian Historians and the Soviet State*. Rutgers University Press, 1961
413 L. F. Smith, *Modern Norwegian Historiography*. Oslo, 1962
G. R. Tavlor, ed., *The Turner Thesis*. Heath, 1956
G. M. Trevelyan, *An Autobiography and Other Essays*. Longmans, 1949
R. G. Usher, *A Critical Study of the Historical Method of Samuel Rawson Gardiner*. Washington University Studies, 1915
L. B. Viight, *New Interpretations of American Colonial History*. American Historical Association, 1959
Bernard Ziffer, *Poland, History and Historians*. Mid-European, 1952

第十一章　世界大战：历史学研究的衰落与崛起

T. A. Bailey, *The Man in the Street*. Macmillan, 1948
H. E. Barnes et al., *Select Bibliography of Revisionist Books*. Oxnard, Cal, 1952
Herbert Butterfield, *Christianity, Diplomacy and War*. Abingdon, 1953
——, *History and Human Relations*. Macmillan, 1952

W. H. Chamberlin, *America's Second Crusade*. Regnery, 1950
H. M. Hyde, *Room 3603 The Story of the British Intelligence Center in New York During World War II*. Farrar, Strauss and Co., 1963
Kenneth Ingram, *History of the Cold War*. Philosophical Library, 1955
David Irving, *The Destruction of Dresden*. London, 1963
J. J. Martin, *American Liberalism and World Politics, 1931–1941*. 2 vols., Devin-Adair, 1963
C. W. Mills, *The Causes of the Third World War*. Ballantine Books, 1960
E. E. Robinson, *Scholarship and Cataclysm, 1939–1945*. Stanford University Press, 1947
C. P. Snow, *Science and Government*. Harvard University Press, 1961
A. J. P. Taylor, *The Origins of the Second World War*. Atheneum Press, 1962
Freda Utley, *The High Cost of Vengeance*. Regnery, 1949
F. J. P. Veale, *Advance to Barbarism*. C. C. Nelson, 1953

第十二章　历史学家视野和兴趣的扩大

E. G. Barber, *The Bourgeoisiein Eighteenth Century France*. Princeton University Press, 1955
H. E. Barnes, *Social Institutions*. Prentice-Hall, 1942
Kurt Breysig, *AusmeinenTagen und Traumen*. Berlin, 1962
M. H. Carré, *Phases of Thought in England*. London, 1946
Pieter Geyl, *From Ranke to Toynbee*. Smith College Press, 1952
J. L. and Barbara Hammond, *The Town Laborer, 1760–1832*. Longmans, 1925
Herbert Heaton, *A Scholar in Action: Edwin F. Gay*. Harvard University Press, 1952
Hans Kindermann, ed., *Handbuch der Kulturgeschichte*. 9 vols., Potsdam, 1934–1939
W. E. Lingelbach, ed., *Approaches to Social History*. Appleton-Century, 1937 414
Friedrich Meinecke, *Entstebung des Historismus*. 2 vols., Berlin, 1936
F. C. Palm, *The Middle Classes, Then and Now*. Macmillan, 1936
V. F. Parrington, *Main Currentsin American Thought*. 2 vols., Harcourt, Brace, 1927
J. G. Robertson, *Buckle and His Critics*. London, 1895
Chauncey Sanders, *An Introduction to Research in English Literary History*. Macmillan, 1952

A. M. Schlesinger, *New Viewpoints in American History.* Macmillan, 1922

Leslie Stephen, *Letters of John Richard Green.* Macmillan, 1901

F. R. Stern, V*arieties of History, from Voltaire to the Present.* Meridian Books, 1957

G. M. Trevelyan, *Illustrated English Social History.* 4 vols., McKay, 1949–1952

A. P. Usher, *A History of Mechanical Inventions.* Beacon, 1959

第十三章　文化史的兴起：文明和文化的历史

Brooks Adams, *The Law of Civilization and Decay.* Vintage Books, 1961

F. Stuart Chapin, *Cultural Change* Century, 1928

V. G. Childe, *What Happened in History.* Penguin Books, 1942

——, *History.* London, 1947

——, *Man Makes Himself.* New American Library, 1952

S. B. Clough, *The Rise and Fall of Civilization.* Columbia University Press, 1961

F. R. Cowell, *History, Civilization and Culture*. Humanities Press, 1953

R. B. Dixon, *The Building of Cultures.* Scribner, 1928

C. A. Ellwood, *Cultural Evolution.* Century, 1927

R. B. Fosdick, *The Old Savage in the New Civilization*. New York, 1928

J. L. Gillen, ed., *For a Science of Social Man.* New York, 1954

Walter Goetz, *Historikerin meiner Zeit*. Munich, 1958

F. A. Hayek, *Capitalism and the Historians*. University of Chicago Press, 1954

Johan Huizinga, *Geschichte und Kultur.* Stuttgart, 1955

H. J. Laski, *The American Democracy*, Viking Press, 1948

F. S. C. Northrop, *The Meeting of East and West*, Macmillan, 1946

——, ed., *Ideological Differences and World Order*. Yale University Press, 1949

Maurice Parmelee, *A History of Modern Culture*. Philosophical Library, 1961

H. J. Shapiro, ed., *Man, Culture and Society.* Oxford University Press, 1960

P. A. Sorokin, *The Reconstruction of Humanity.* Beacon, 1948

H. N. Spalding, *Civilization in East and West.* Oxford University Press, 1939

J. N. Spuhler, ed., *The Evolution of Man's Capacity for Culture.* Wayne University Press, 1959

A. J. Toynbee, *Civilization on Trial.* Meridian Books, 1948

A. M. Tozzer, *Social Origins and Social Continuities*. Macmillan, 1925

W. D. Wallis, *Culture and Progress*. McGraw-Hill, 1930 415

C. F. Ware, ed., *The Cultural Approach to History*. Columbia University Press, 1940

H. G. Wells, *The Salvaging of Civilization*. Macmillan, 1921

L. A. White, *The Science of Culture*. Grove, 1958

Clark Wissler, *Man and Culture*. Crowell, 1923

第十四章　历史与人的科学

H. E. Barnes, ed., *History and Prospects of the Social Sciences*. Knopf, 1926

——, *Society in Transition*. Prentice-Hall, 1952

Jacques Barzun, *The Modern Researcher*. Harcourt, Brace, 1957

J. D. Bernal, *Science in History*. London, 1954

H. F. Blum, *Time's Arrow and Evolution*. Princeton University Press, 1962

Marcel Brion, *The World of Archaeology*. 2 vols., Macmillan, 1962

G. S. R. Kitson Clark, *Guide for Research Students Working on Historical Subjects*. Cambridge University Press, 1958

Siegfried Giedion, *Mechanization Takes Command*. Oxford University Press, 1948

R. W. Hale, Jr., *Guide to Photocopied Historical Materials in the United States and Canada*. Cornell University Press, 1961

Ernest Horn, *Methods of Instruction in the Social Studies*. Scribner, 1937

H. S. Hughes, *Teachers of History Essays in Honor of Lawrence B. Packard*. Cornell University Press, 1954

Samuel Koenig, *Man and Society*. Barnes and Noble, 1957

Louis Leprince-Ringuet, *Atoms and Men*. University of Chicago Press, 1961

R. H. Lowie, *The History of Ethnological Theory*. Farrar and Rinehart, 1937

G. A. Lundberg, *Can Science Save Us?* Longmans, 1947

B. P. McCrum, *Microfilms and Microcards. Their Use in Research*. Library of Congress, 1950

C. W. Mills, *The Sociological Imagination*. Oxford University Press, 1959

Gerard Piel, *Science in the Cause of Man*. Knopf, 1961

Marcel Reinhard, *L'enseignement de l'histoire et sesproblèmes*. Paris, 1957

H. H. Ross, *Synthesis of Evolutionary Theory.* Prentice-Hall, 1962

L. M. Salmon, *The Newspaper and the Historian.* Oxford University Press, 1923

T. R. Schellenberg, *Modern Archives: Principles and Techniques*. University of Chicago Press, 1956

R. A. Stirton, *Time, Life and Man*. Wiley, 1959

J. R. Strayer, ed., *The Interpretation of History.* R. R. Smith, 1943

Union List of Microfilms. University of Michigan Press, 1953

第十五章　新史学和历史著作的未来

C. E. Black, ed., *Rewriting Russian History.* Vintage Books, 1956

Harrison Brown, *The Challenge of Man's Future.* Compass, 1956

Herbert Butterfield, *Man on His Past.* Cambridge University Press, 1955

J. H. Hexter, *Reappraisals in History.* Northwestern University Press, 1961

416 John Lukacs, *A History of the Cold War.* Doubleday, 1963

M. H. Mandelbaum, *The Problem of Historical Knowledge.* Liveright, 1938

Ved Mehta, *Fly and the Fly-Bottle.* Atlantic Press, 1963

C. W. Mills, *The Power Elite.* Oxford University Press, 1956

Marin Pundeff, *Communist History: Its Theory and Practice.* Northridge, Cal, 1962

Richard Rovere, ed., *The Orwell Reader.* Harcourt, Brace, 1961

Cushing Strout, *The Pragmatic Revolt in American History*. Yale University Press, 1958

索　引

［本索引中的页码为原书页码，即本书边码］

F

I

L

U

V

X

Y

Z

译后记

哈里·埃尔默·巴恩斯是美国新史学的代表人物之一。20世纪30年代，国内学界已经翻译出版了他的著作，当时他的名字被译为“班兹”，他的《史学》（向达译，1930年版）、《史学史》（向达译，1934年版）和《新史学与社会科学》（董之学译，1933年版）均由商务印书馆出版。但是改革开放之后，国内学界对巴恩斯的关注却比较少，没有对他作品的翻译，甚至在提到美国新史学的重要代表人物时，人们提到的多是鲁滨逊、比尔德、贝克尔等人，很少会提及他的名字，可以说，他是一个被我们低估了的美国历史学家。

巴恩斯的《历史著作史》是20世纪供历史教师和学生使用的一部史学史教材，是以美国新史学研究的视角对西方史学史的全面回顾。这本书最早出版于1937年，之后，巴恩斯根据多方面的意见和建议，也立足于当时美国新史学的蓬勃发展，在1963年做了重新修订，我们的译本依据的就是这个修订本。这本书的写作和修订恰逢美国新史学的两次发展高潮，即首次出版之时，表达的内容是新史学对传统史学的挑战，而修订本书之时，由于计算机的应用和计量研究等新方法的出现，其史学视角也以更为宏阔的“自下而上”代替了之前的“自上而下”，因此体现了对以往史学的更彻底的反思。

另一位美国新史学派的历史学家詹姆斯·汤普森也写过同名著作（*A History of Historical Writing*），其中译本于1996年由商务印书馆出版，篇幅巨大，分为上下两卷，每卷又分为两个分册，计四册。译者谢德风先生评价说，“尽管这部著作有极其丰富的历史资料，但决不是一部史学史，充其量只是一部比较完备的史料学和历史目录学史而已”（译者前言，第7页）。相比较而言，巴恩斯的《历史著作史》称得上是一部真正的史学史，不仅叙述了历史著作的编撰情况，更对这些历史著作进行了优劣评判，并以新史学研究的方法和视角叙述了历史写作本身的发展过程，追溯了西方史学发展的东方源头，预测了史学研究的发展方向。因此，出版于20世纪60年代的这本教材，放在今天来读，仍然可从中获得很多真知灼见，巴恩斯对史学研究的预测有些已经成为现实，有些仍然是对史学未来发展的警示。

我个人在鲁东大学任教以来，除了世界古代史的教学之外，也承担了西方史学史的教学任务，对国内高校使用较多的两部史学史教材——郭小凌老师的《西方史学史》和张广智、陈新老师的《西方史学史》——非常熟悉，在翻译本书的过程中，一些历史学家人名的翻译沿用了这两部教材中的人名，目的是使读者在学习时不会因人名而产生歧义。翻译这本书是我学习和反思西方史学史的过程。站在历史后来人的视角看古今中外的历史学家，真切感受到他们的伟大、深重和悲壮，令我敬佩、崇拜并心生向往。

感谢上海师范大学陈恒教授的信任和鼓励，让我能够完成这项翻译任务。译稿完成后，不仅有登山至顶的欣慰，更享受到与诸多史学大师对话后的精神洗礼。

感谢商务印书馆的鲍静静老师、李彦岑老师和周小薇老师，在书稿翻译和出版的过程中曾给予我无私而细致的帮助。当然，本书难免错误和疏漏，敬请同行及读者批评指正。

译者

2022 年 9 月

"二十世纪人文译丛"出版书目

《希腊精神：一部文明史》　〔英〕阿诺德·汤因比　著　乔　戈　译

《十字军史》　〔英〕乔纳森·赖利－史密斯　著　欧阳敏　译

《欧洲历史地理》　〔英〕诺曼·庞兹　著　王大学　秦瑞芳　屈伯文　译

《希腊艺术导论》　〔英〕简·爱伦·哈里森　著　马百亮　译

《国民经济、国民经济学及其方法》　〔德〕古斯塔夫·冯·施穆勒　著　黎　岗　译

《古希腊贸易与政治》　〔德〕约翰内斯·哈斯布鲁克　著　陈思伟　译

《欧洲思想的危机（1680—1715）》　〔法〕保罗·阿扎尔　著　方颂华　译

《犹太人与世界文明》　〔英〕塞西尔·罗斯　著　艾仁贵　译

《独立宣言：一种全球史》　〔美〕大卫·阿米蒂奇　著　孙　岳　译

《文明与气候》　〔美〕埃尔斯沃思·亨廷顿　著　吴俊范　译

《亚述：从帝国的崛起到尼尼微的沦陷》　〔俄〕泽内达·A.拉戈津　著　吴晓真　译

《致命的伴侣：微生物如何塑造人类历史》　〔英〕多萝西·H.克劳福德　著　艾仁贵　译

《希腊前的哲学：古代巴比伦对真理的追求》　〔美〕马克·范·德·米罗普　著　刘昌玉　译

《欧洲城镇史：400—2000年》〔英〕彼得·克拉克　著　宋一然　郑　昱　李　陶　戴　梦　译

《欧洲现代史（1878—1919）：欧洲各国在第一次世界大战前的交涉》
〔英〕乔治·皮博迪·古奇　著　吴莉苇　译

《古代美索不达米亚城市》　〔美〕马克·范·德·米罗普　著　李红燕　译

《图像环球之旅》　〔德〕沃尔夫冈·乌尔里希　著　史　良　译

《古代波斯：阿契美尼德帝国简史（公元前550—前330年）》
〔美〕马特·沃特斯　著　吴　玥　译

《古代埃及史》　〔英〕乔治·罗林森　著　王炎强　译

《酒神颂、悲剧和喜剧》

〔英〕阿瑟·皮卡德-坎布里奇　著　〔英〕T. B. L. 韦伯斯特　修订　周靖波　译

《诗与人格：传统中国的阅读、注解与诠释》　〔美〕方泽林　著　赵四方　译

《商队城市》　〔美〕M. 罗斯托夫采夫　著　马百亮　译

《希腊人的崛起》　〔英〕迈克尔·格兰特　著　刘　峰　译

《历史著作史》　〔美〕哈里·埃尔默·巴恩斯　著　魏凤莲　译

《贺拉斯及其影响》　〔美〕格兰特·肖沃曼　著　陈　红　郑昭梅　译

《人类思想发展史：关于古代近东思辨思想的讨论》

〔荷兰〕亨利·法兰克弗特、H. A.法兰克弗特　等　著　郭丹彤　译

《意大利文艺复兴简史》　〔英〕J. A.西蒙兹　著　潘乐英　译

《人类史的三个轴心时代：道德、物质、精神》　〔美〕约翰·托尔佩　著　孙　岳　译

《欧洲外交史：1451—1789》　〔英〕R. B. 莫瓦特　著　陈克艰　译

《中世纪的思维：思想情感发展史》　〔美〕亨利·奥斯本·泰勒　著　赵立行　周光发　译

《西方古典历史地图集》　〔英〕理查德·J. A.塔尔伯特　编　庞　纬　王世明　张朵朵　译

《中世纪与文艺复兴时期的佛罗伦萨》　〔美〕费迪南德·谢维尔　著　陈　勇　译

《乌尔：月神之城》　〔英〕哈丽特·克劳福德　著　李雪晴　译

《塔西佗》　〔英〕罗纳德·塞姆　著　吕厚量　译

《哲学的艺术：欧洲文艺复兴后期至启蒙运动早期的视觉思维》

〔美〕苏珊娜·伯杰　著　梅义征　译

《宗教与西方文化的兴起》　〔英〕克里斯托弗·道森　著　长川某　译

《永恒的当下：艺术的开端》　〔瑞士〕西格弗里德·吉迪恩　著　金春岚　译

《罗马不列颠》　〔英〕柯林武德　著　张作成　译

《历史哲学指南：关于历史与历史编纂学的哲学思考》〔美〕艾维尔泽·塔克　主编　余　伟　译

《罗马艺术史》　〔美〕斯蒂文·塔克　著　熊　莹　译

《中世纪的世界：公元1100—1350年的欧洲》〔奥〕费德里希·希尔　著　晏可佳　姚蓓琴　译

《人类的过去：世界史前史与人类社会的发展》
〔英〕克里斯·斯卡瑞　主编　陈　淳　张　萌　赵　阳　王鉴兰　译

《意大利文学史》　〔意〕弗朗切斯科·德·桑科蒂斯　著　魏　怡　译

"二十世纪人文译丛·文明史"系列出版书目

《大地与人：一部全球史》　〔美〕理查德·W. 布利特 等　著　刘文明　邢　科　田汝英　译

《西方文明史》　〔美〕朱迪斯·科芬 等　著　杨　军　译

《西方的形成：民族与文化》　〔美〕林·亨特 等　著　陈　恒 等　译

图书在版编目（CIP）数据

历史著作史 /（美）哈里·埃尔默·巴恩斯著；魏凤莲译. —北京：商务印书馆，2024
（二十世纪人文译丛）
ISBN 978－7－100－21968－6

Ⅰ. ①历…　Ⅱ. ①哈…　②魏…　Ⅲ. ①史学史－世界－教材　Ⅳ. ①K091
中国国家版本馆 CIP 数据核字（2023）第096321号

历 史 著 作 史
〔美〕哈里·埃尔默·巴恩斯　著
魏凤莲　译

商　务　印　书　馆　出　版
（北京王府井大街36号　邮政编码 100710）
商　务　印　书　馆　发　行
山东临沂新华印刷物流
集团有限责任公司印刷
ISBN　978－7－100－21968－6

2024年9月第1版　　开本 640×960　1/16
2024年9月第1次印刷　　印张 36¾
定价：168.00元